Über dieses Buch

Kybernetische Begriffe und Modelle werden in den unterschiedlichsten wissenschaftlichen und technischen Disziplinen verwendet. Zu den Hauptbereichen des »Wörterbuch der Kybernetik« gehören die System- und Regelungstheorie, die Theorie der Informationsübertragung und -verarbeitung, die Automatisierungs- und Datenverarbeitungstechnik sowie der vielschichtige Bereich der Operationsforschung.
Dieses zum erstenmal 1969 als Fischer Taschenbuch erschienene elementare Sachwörterbuch wird hier in einer völligen Neubearbeitung wiederum in 2 Bänden vorgelegt. Die seit der ersten Bearbeitung erfolgten Fortschritte in den verschiedenen theoretischen Bereichen wurden ebenso berücksichtigt wie die inzwischen gesammelten praktischen Erfahrungen bei der Anwendung des kybernetischen Konzepts.
Eine einschneidende Veränderung dieser überarbeiteten Ausgabe besteht darin, daß angestrebt wurde, Grundbegriffe eines Teilgebietes in einem größeren Zusammenhang als Komplexstichwörter zu erläutern. Damit wurde die Zersplitterung etwa der Regeltheorie und anderer Gebiete in viele Einzelstichwörter vermieden.

Die Herausgeber

Georg Klaus, 1912–1974, Prof. Dr. phil. habil., Mitglied der Akademie der Wissenschaften der DDR, zuletzt Direktor am Zentralinstitut für Philosophie der Akademie. Georg Klaus war Herausgeber der ersten Auflage des »Wörterbuch der Kybernetik« (1967) und damit Begründer dieses Nachschlagewerks.
Heinz Liebscher, geb. 1931, Dr. phil., tätig im Zentralinstitut für Philosophie der Akademie der Wissenschaften der DDR. Heinz Liebscher war Schüler und langjähriger Mitarbeiter von Georg Klaus, insbesondere bei Forschungen zu philosophischen Problemen der Mathematik und der Kybernetik.

Wörterbuch der Kybernetik

Herausgegeben von
Georg Klaus und Heinz Liebscher

Band 2
Natürliche Zahl – Zweipunktregelung

Fischer
Taschenbuch
Verlag

Autoren:

E. A. Alexandrow, J. Behr, M. Bierwisch, W. Born, W. S. Dadajan, W. I. Danilow-Daniljan, N. P. Fedorenko, M. W. Filippow, G. J. Fridman, J. Frotscher, H. Fuchs, J. N. Gawrilez, R. Giesecke, K. Glaß, W. Gühne, W. Gutjahr, J. Hackler, H. Heynert, A. Hofer, D. Horn, E. G. Jasin, D. B. Judin, S. Junge, H. Jüttler, S. v. Känel, W. W. Kisseljowa, G. Klaus †, A. A. Konjus, S. Körting, T. K. Krawtschenko, J. Kunze, H. Liebscher, H. Metzler, S. M. Mowschowitsch, K. Müller, W. Pfeiffer, W. M. Polterowitsch, G. Puttrich, G. Schnauß, D. Schreiter, W. M. Sherebin, P. T. Smelow, P. Starke, A. Sydow, W. Weiße, H. Werner, K.-H. Wiggert, G. Wildenhain, G. Wintgen, S. M. Wischnew

Fischer Taschenbuch Verlag
Mai 1979
Überarbeitete Neuauflage
Ungekürzte Ausgabe des Lexikonteils und des Sachwörterverzeichnisses
Die Originalausgabe enthält zusätzlich einen 16seitigen Bildteil

Umschlagentwurf: Jan Buchholz/Reni Hinsch

Fischer Taschenbuch Verlag GmbH, Frankfurt am Main
Lizenzausgabe im fotomechanischen Verfahren
nach der 4., völlig überarbeiteten Auflage 1976
mit freundlicher Genehmigung des Dietz Verlages, Berlin

Druck und Bindung: Clausen & Bosse, Leck
Printed in Germany
1080-ISBN-3-596-24504-4

Inhalt

N

natürliche Zahl: eine der Zahlen 1, 2, 3, ... Diese „naive“ Auffassung vom Begriff der natürlichen Zahl erfährt im Rahmen der modernen Mathematik eine erhebliche Präzisierung, die sich im Ergebnis eines komplizierten Erkenntnisvorgangs herausgebildet hat. Dabei erwies sich die Unterscheidung von Kardinalzahlen und Ordnungszahlen als besonders bedeutungsvoll.

Die heutigen Zahlbegriffe sind das Ergebnis eines Abstraktionsprozesses, bei dem reale Beziehungen der materiellen Welt untersucht und die wesentlichen Eigenschaften hervorgehoben wurden. Beim Vergleich von endlichen Mengen untereinander in bezug auf die Anzahl der Elemente ist es unwesentlich, *welche* Objekte in den betrachteten Mengen vereinigt wurden. Aus dem Vergleich von endlichen Mengen ergeben sich die endlichen *Kardinalzahlen* (Grundzahlen, Anzahlen). Hierbei spielt der im Rahmen der Mengenlehre definierte Begriff der Gleichmächtigkeit eine wesentliche Rolle: Alle zueinander gleichmächtigen Mengen können zu *einer* Klasse (*Äquivalenzklasse*, *Abstraktionsklasse*) zusammengefaßt werden. Hierbei wird von den qualitativen Eigenschaften der Elemente der betrachteten Mengen abgesehen. Somit wäre z. B. die Kardinalzahl 2 die Klasse aller zweielementigen Mengen. Bei diesem Abstraktionsprozeß läßt man gewöhnlich auch die leere Menge (das ist eine Frage der Konvention) zu, d. h. die Kardinalzahl 0 wird als die Klasse aller zur leeren Menge gleichmächtigen Mengen betrachtet, also als die Klasse, die als einzige Menge nur die leere Menge enthält. Die Menge der Kardinalzahlen 0, 1, 2, ..., n, ... läßt sich so ordnen, daß n' (der *Nachfolger* von n) genau dann unmittelbar auf n folgt, wenn n' die Kardinalzahl der Menge $M \cup \{a\}$ ist, wobei M eine beliebige Menge der Kardinalzahl n ist und $a \notin M$.

Bei der Herausbildung des heutigen Begriffs der natürlichen Zahl spielt neben dem Begriff der endlichen Kardinalzahlen der Begriff der endlichen *Ordinalzahlen* (Ordnungszahlen) eine gleich bedeutsame Rolle. Zum Unterschied von den Kardinalzahlen geht es bei den endlichen Ordinalzahlen nicht um die Anzahl der Elemente, sondern um die Abzählung der Elemente einer endlichen Menge, wobei eine vorgegebene Ordnung (Anordnung) zu berücksichtigen ist. Zwischen den geordneten Mengen wird wieder eine Äquivalenzrelation betrachtet, womit man eine endliche Ordinalzahl als eine Klasse (Äquivalenzklasse) von geordneten endlichen Mengen erhält. Die Menge der Ordinalzahlen $\bar{0}, \bar{1}, \bar{2}, \ldots, \bar{n}, \ldots$ kann man in Analogie zur Menge der Kardinalzahlen wiederum durch eine Nachfolgerrelation ordnen. Es läßt sich nun zeigen, daß *die Menge der endlichen Kardinalzahlen und die Menge der endlichen Ordinalzahlen in bezug auf die betrachteten Nachfolgerrelationen isomorph sind.* Damit gibt es zu jedem Satz über endliche Kardinalzahlen, der sich allein auf die Nachfolgerrelation stützt, einen analogen Satz über endliche Ordinalzahlen und umgekehrt. *Deshalb* kann man auch auf eine Unterscheidung zwischen diesen beiden verschiedenen Zahlbegriffen verzichten und kann allein von den ***natürlichen Zahlen*** 0, 1, 2, ..., *n*, ... sprechen.

Aus der Definition der endlichen Kardinalzahlen bzw. Ordinalzahlen und der Nachfolgerrelation ergeben sich für die natürlichen Zahlen unmittelbar folgende Eigenschaften (Nz sei die Menge der natürlichen Zahlen):

(1) $0 \in Nz$
(2) $\forall n \, (n \in Nz \rightarrow n' \in Nz)$
(3) $\forall n \, (n \in Nz \rightarrow n' \neq 0)$
(4) $\forall n \, \forall m (n, m \in Nz \wedge n' = m' \rightarrow n = m)$
(5) $\forall M \, [0 \in M \wedge \forall m (m \in M \rightarrow m' \in M) \rightarrow M = Nz]$

Das System dieser fünf Sätze kann man auch zum axiomatischen Aufbau der Theorie der natürlichen Zahlen verwenden. Deshalb spricht man auch vom *Peanoschen Axiomensystem* für die natürlichen Zahlen.

Es ist sehr bemerkenswert, daß dieses Axiomensystem auch von ganz anderen Mengen, wie z. B. von den Mengen

$$G = \{0, 2, 4, 6, \ldots\} \text{ oder } U = \{0, -1, -2, -3, \ldots\}$$

erfüllt wird, d. h. die Menge Nz ist durch G bzw. U ersetzbar.

Das Axiom (5) nennt man auch das *Axiom der vollständigen Induktion.* Es besagt, daß jede Menge M, die die Zahl 0 und mit jeder Zahl m auch die Zahl m' enthält, alle natürlichen Zahlen enthält. Man kann es auch so formulieren, daß die Menge der natürlichen Zahlen die kleinste Menge ist, die die Zahl 0 und mit einer Zahl n auch ihren Nachfolger n' enthält.

Das Axiomensystem von G. PEANO ist nicht vollständig. Es lassen sich in ihm wahre Aussagen mit den Hilfsmitteln dieses Systems formulieren, die *in* diesem System weder beweisbar noch widerlegbar sind.

Die natürlichen Zahlen lassen sich in verschiedenartiger Weise darstellen. Das gebräuchlichste System der Darstellung ist das *Dezimalsystem*. Für die elektronische Rechentechnik ist das *Dualsystem* wichtig.
Im Laufe der Geschichte wurden verschiedene Systeme von Ziffern zur *Bezeichnung* der natürlichen Zahlen erfunden (römische Ziffern, arabische Ziffern usw.). Für Zwecke der elektronischen Rechentechnik werden vor allem Binärziffern (durch O, L oder 0, 1 symbolisiert) gebraucht.
Unklare Verwendung von Zahlwörtern führt oft zur Verwechslung von Ziffern und Zahlen: Zahlen sind die Bedeutungen der Zahlwörter, Ziffern hingegen Bezeichnungen der Zahlen.
Der modernen mathematischen Grundlagenforschung ist es gelungen, die Lehre von den Zahlen und die elementare Arithmetik, die die Grundlage der gesamten Mathematik bilden, ausschließlich mengentheoretisch zu begründen. So kann man mit Hilfe der natürlichen Zahlen alle weiteren Zahlenbegriffe streng mathematisch definieren. Die *ganzen Zahlen* z. B. kann man über den Begriff der Differenzgleichheit als Äquivalenzklassen definieren. Die ganze Zahl $+1$ wäre dann die Klasse

$$\{[1, 0], [2, 1], [3, 2], \ldots, [n', n], \ldots\}$$

und die ganze Zahl -1 die Klasse

$$\{[0, 1], [1, 2], \ldots, [n, n'], \ldots\}.$$

Nervennetz (Neuronennetz): im Sinne der Theorie der Nervennetze, einem Spezialgebiet der Theorie der logischen Netze, jeder endliche digitale digital-arbeitende Automat, der durch Verknüpfung einer endlichen Menge von *abstrakten Neuronen* entsteht.
Ein *abstraktes Neuron* ist ein mathematisches (abstraktes) Modell von real existierenden biologischen Neuronen. Der Begriff des abstrakten Neurons wird durch einen typischen kybernetischen Abstraktionsvorgang aus dem biologisch definierten Neuron gewonnen, wobei von allen biochemischen, physikalischen und anderen speziellen biologischen Eigenschaften des Neurons und seiner Teile (Soma, Synapse, Axon usw.) abstrahiert wird und einige Eigenschaften, die für die kybernetische Betrachtung wesentlich sind, durch Idealisierungen begrifflich so genau bestimmt werden, daß sie mathematischer Behandlung zugänglich sind.

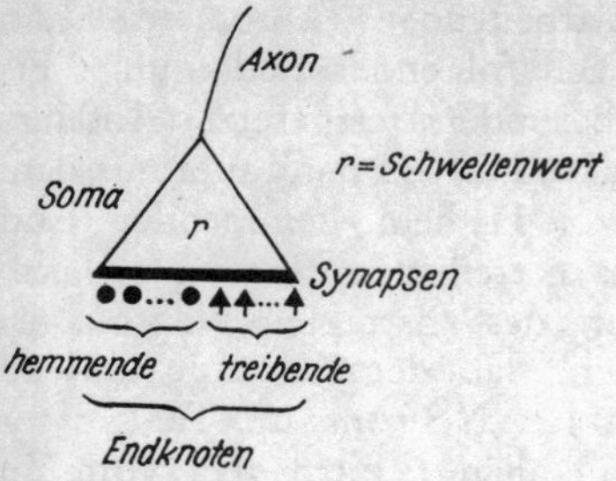

Abstraktes Neuron

Im allgemeinen werden folgende Festlegungen getroffen: Ein abstraktes Neuron ist ein endlicher digitaler digital-arbeitender Automat. Es besteht aus dem *Soma* (Zellkörper), von dem das *Axon* (Nervenfaser) ausgeht. Das Axon bildet die Ausgabe des abstrakten Neurons und dient gleichzeitig zur Weiterleitung des Ausgabesignals an die Eingabe eines abstrakten Neurons. Die Eingabe eines abstrakten Neurons besteht aus endlich vielen *Endknoten*, die an einer als *Synapse* bezeichneten Kontaktstelle an das Soma stoßen. Alle Endknoten sind entweder *hemmende Endknoten* oder *treibende Endknoten*; jene, die dann, wenn ein Impuls (Eingabesignalwert) von einem benachbarten abstrakten Neuron bei ihnen eintrifft, die Erregung des abstrakten Neurons hemmen, sind hemmende Endknoten, solche, die die Erregung fördern, sind treibende Endknoten. Das abstrakte Neuron kann nur dann einen Impuls aussenden, wenn die Gesamtwirkung, die sich aus dem Verhalten beider Arten von Endknoten ergibt, den *Schwellenwert* des abstrakten Neurons erreicht. Jedem abstrakten Neuron ist ein Schwellenwert in Gestalt einer der Zahlen 1, 2, 3, ... zugeordnet. Das abstrakte Neuron kann genau zwei stabile Zustände annehmen, den aktiven (*Aktivität*) und den passiven (*Passivität*). Das Ausgabesignal jedes abstrakten Neurons ist binär und beschreibt seinen Zustand eindeutig, d. h., ist das abstrakte Neuron aktiv, so wird unabhängig von der Eingabe der eine (aktivierende) Signalwert ausgegeben, während im Ruhezustand stets der andere (wirkungslose) Signalwert emittiert wird. Jeder Endknoten an einem abstrakten Neuron bildet einen Eingang dieses abstrakten Neurons und kann gerade *ein* binäres Signal (und zwar das Ausgabesignal eines abstrakten Neurons) aufnehmen. Ein Endknoten heißt in einem Arbeitstakt *n* aktiv, wenn er in diesem *n*-ten Takt den aktivierenden Ausgabesignalwert eines abstrakten Neurons erhält. Der Zustand (und damit der

Ausgabesignalwert) des digital-arbeitenden Automaten „abstraktes Neuron“ ändert sich nach folgender Bedingung: Für den Takt 1 wird der Zustand besonders festgesetzt (Anfangszustand). Im Takt n ist das abstrakte Neuron dann und nur dann aktiv, wenn im Takt $n - 1$ ($n > 1$) kein hemmender Endknoten aktiv ist und wenigstens r treibende Endknoten aktiv sind, wobei r der Schwellenwert des abstrakten Neurons ist. Aus dieser Bedingung ergibt sich, daß der Zustand (und der Ausgabesignalwert) eines abstrakten Neurons im Takt n nur von der Eingabe im Takt $n - 1$ abhängt, nicht aber vom Zustand im Takt $n - 1$, wie dies im allgemeinen bei abstrakten Automaten der Fall ist.
Die Verknüpfung von abstrakten Neuronen zu Nervennetzen erfolgt, indem Axone von Neuronen mit Endknoten verbunden werden. Dabei dürfen die Axone „aufgespalten“ werden, so daß mit jedem Axon beliebig viele Endknoten an Neuronen des Netzes verbunden sein können, jedoch darf kein Endknoten mit mehr als einem Axon verbunden sein. Daher ist jeder Endknoten mit höchstens einem Axon verbunden und ist damit ein Endknoten dieses Axons. Einige oder alle Endknoten, die nicht mit

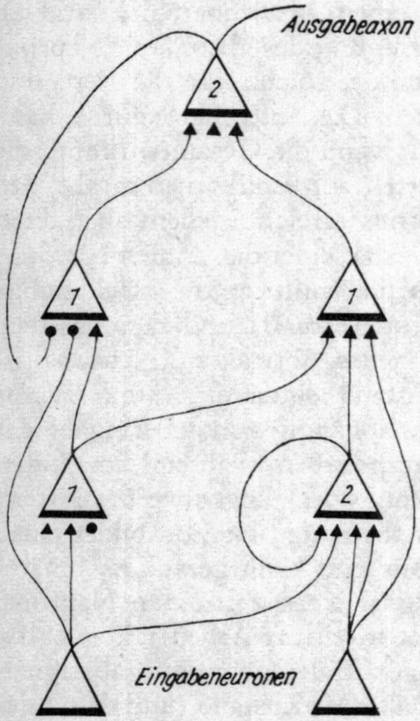

Nervennetz mit 2 Eingabeneuronen, 5 inneren Neuronen und Ausgabeaxon einem Axon verbunden sind, werden mit den Axonen spezieller *Eingabeneuronen* verbunden. Die Eingabeneuronen haben keine Synapsen, und ihnen ist auch kein Schwellenwert zugeordnet. Ihr Zustand hängt nur von Bedingungen außerhalb des Netzes ab, wird also von außen eingestellt. Die Eingabeneuronen bilden die Eingabe des Nervennetzes. Signale von Neuron zu Neuron innerhalb des Nervennetzes werden über die Axone übermittelt. Die Ausgabe des Netzes wird von Axonen gebildet, die von einigen oder allen Neuronen des Nervennetzes ausgehen. Die Neuronen des Nervennetzes, die nicht Eingabeneuronen sind, heißen *innere Neuronen*.

Das mathematische Modell des Nervennetzes läßt sich technisch realisieren. Ein so gewonnenes technisches Schaltnetz ist selbstverständlich weder ein Nervensystem noch gar ein Gehirn im Sinne der Biologie. Es ist jedoch eine technische Nachbildung einiger wesentlicher Eigenschaften und Relationen der entsprechenden organischen Systeme und gestattet z. B. die Durchführung gewisser Experimente, hilft bei der Aufstellung neuer Hypothesen und Theorien über das Nervensystem und kann bei *den* Formen der Mensch-Maschine-Systeme den Menschen ersetzen, bei denen der Mensch nur mit Funktionen beansprucht wird, die sich durch ein (abstraktes) Nervennetz modellieren lassen.

Da Nervennetze im Sinne der *Theorie der Nervennetze* (Theorie der Neuronennetze) Netze von endlichen digitalen digital-arbeitenden Automaten sind, gehören sie als solche zum Untersuchungsgegenstand der Theorie der logischen Netze, und zwar ungeachtet der Tatsache, daß die Theorie der Nervennetze aus einer ganz anderen Fragestellung und früher als die Theorie der logischen Netze entstanden ist (sie war ursprünglich ein Teilgebiet der Biologie bzw. Neurophysiologie, das die Funktionsweise des Nervensystems zum Thema hat).

Das wesentlichste Ergebnis der Theorie der Nervennetze besagt, daß jede in einem endlichen digitalen digital-arbeitenden Automaten realisierbare Informationsverarbeitung bereits durch ein Nervennetz geleistet werden kann. Darüber hinaus kann gezeigt werden, daß es unter den abstrakten Neuronen universelle Elemente gibt.

Wie in der Automatentheorie kann man Nervennetze als initiale oder nichtinitiale Automaten untersuchen, je nachdem, ob man einen Anfangszustand festlegt oder nicht. Ein Anfangszustand für ein Nervennetz ist dann festgelegt, wenn im Takt 1 für jedes

innere Neuron bestimmt ist, ob es aktiv oder passiv ist. Die Eingabeneuronen dagegen befinden sich in den durch den Eingabesignalwert im Takt 1 gegebenen Zuständen.
Es sei ein Nervennetz mit k Eingabeneuronen $E_1, E_2, \ldots, E_k$ gegeben, wobei $k > 0$ ist. Die Eingabesignalwerte des Netzes werden durch k-Tupel $[e_1, e_2, \ldots, e_k]$ von Nullen und Einsen dargestellt; dabei ist eine Komponente e_κ genau dann eine 1, wenn der beschriebene Eingabesignalwert das Eingabeneuron E_k in den aktiven Zustand versetzt. Geschieht dies nicht, so ist $e_\kappa = 0$. Durch diese Vorschrift werden die Eingabesignalwerte mit k-Tupeln von 0 und 1 kodiert. Bei einem Netz mit 3 Eingabeneuronen E_1, E_2, E_3 wird also durch das Tripel [0, 1, 0] der Signalwert beschrieben, der nur das Eingabeneuron E_2 aktiviert und die beiden anderen im Ruhezustand beläßt. Ebenso wie die Eingabesignalwerte kodiert man auch die Eingabewörter der genannten Eingabesignale. Die Eingabewörter $x_1 x_2 \ldots x_n$ werden durch Matrizen beschrieben, die k Zeilen und n Spalten haben; dabei enthält die erste Spalte die Kodierung des Signals x_1, die zweite Spalte jene von x_2 usw., die n-te Spalte schließlich die Kodierung von x_n. Wäre x_1 mit [0, 1, 0] und x_2 mit [1, 1, 0] kodiert, so würde etwa das „Eingabewort" $x_1x_1x_2x_1$ durch die Matrix

$$\begin{bmatrix} 0 & 0 & 1 & 0 \\ 1 & 1 & 1 & 1 \\ 0 & 0 & 0 & 0 \end{bmatrix}$$

beschrieben.
Ein Ereignis im Sinne der Automatentheorie wird durch eine Menge solcher Matrizen beschrieben, die alle die gleiche Zahl k von Zeilen haben (k ist ja gerade die Zahl der Eingabeneuronen), aber eine beliebige endliche Zahl von Spalten haben können (die Anzahl der Spalten ist ja gerade die Länge des Eingabewortes). In der Theorie der Nervennetze benutzt man eine abgewandelte Definition der Darstellbarkeit von Ereignissen. Diese Definition ist aber der in der Theorie der Automaten angegebenen äquivalent, d. h., die Klasse der darstellbaren Ereignisse ist bei beiden Definitionen die gleiche, wenn die Begriffe „Ausgabesignal" und „Ausgabesignalwert" für Nervennetze passend definiert werden.
Ein Ereignis an k Eingabeneuronen heißt *darstellbar*, wenn es ein Nervennetz mit k Eingabeneuronen, einen Anfangszustand für

dieses Netz, eine Zahl $s > 0$ und ein inneres Neuron N aus diesem Netz so gibt, daß das Neuron N im Takt $n + s$ genau dann aktiv ist, wenn ein Wort der Länge n aus dem Ereignis E eingegeben wurde, wobei das Netz im Takt 1 im Anfangszustand war. Man kann zeigen, daß nach dieser Definition in Nervennetzen dieselben Ereignisse darstellbar sind wie in abstrakten Automaten. Man kann ferner zeigen, daß jede in einem endlichen digitalen digitalarbeitenden Automaten erzeugbare sequentielle Funktion bei passender Definition der Begriffe „Ausgabesignal" und „Ausgabesignalwert" schon durch ein Nervennetz erzeugt werden kann.

Nervensystem: komplexes Teilsystem höherer organischer Systeme, dessen Elemente Neuronen sind; es dient der Informationsaufnahme, -speicherung sowie -verarbeitung und erfüllt Regel- und Steuerungsfunktionen.
Die *Neuronen* (Nervenzellen) bestehen aus einem *Zellkörper* (Soma), von dem fadenförmige Fortsätze unterschiedlicher Länge und Anzahl ausgehen. Sie dienen der Weitergabe spezifischer Erregungen. Eine typische Anordnung der Fortsätze besteht darin, daß ein einziges, langes *Axon* eine Erregung vom Zell-

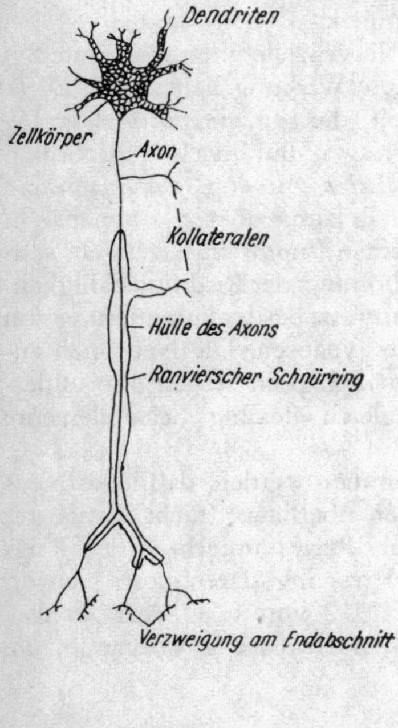

Neuron (schematisch)

körper weg zu einem anderen Neuron oder zu Effektoren führt, während zahlreiche, wesentlich kürzere *Dendriten* eine Erregung von den Axonen anderer Neuronen erhalten.
Die Übertragung der Erregung von einem Neuron auf andere Neuronen findet in den *Synapsen* statt, die gleichsam organische Schaltmechanismen darstellen.

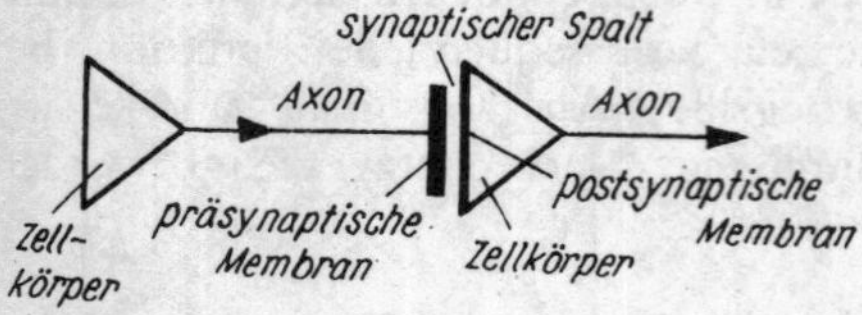

Synapse (schematisch)

Die ankommende Erregung setzt eine in der *präsynaptischen Membran* gespeicherte chemische Substanz (*Azetylcholin* u. a.) frei, die eine Änderung der bioelektrischen Verhältnisse des Neurons herbeiführt und, wenn diese einen bestimmten Schwellenwert übersteigt, zu einer Erregung des Neurons mit nachfolgender Abgabe eines elektrischen Impulses führt. Es gibt Synapsen mit biochemischer und mit elektrodynamischer Überbrückung des synaptischen Spaltes. Manche Synapsen haben die Fähigkeit, die Erregung eines Neurons biochemisch (z. B. durch *γ-Amino-Buttersäure*) oder elektrisch zu hemmen.
Eine Erregung muß die folgende Nervenzelle über bestimmte Synapsen reizen, wenn sie eine weitere Wirkung haben soll. Diese Reizung erfordert eine gewisse Zeit, die sog. *synaptische Verzögerung*. Die meisten Synapsen übertragen nur in einer Richtung, und zwar von der sog. *präsynaptischen* zur sog. *postsynaptischen* Seite. Im allgemeinen vermag die Reizung über *eine* Synapse in der empfangenden Nervenzelle keinen Impuls zu erzeugen, sondern nur eine vorübergehende Erhöhung der Reaktionsfähigkeit. Eine Impulsübertragung erfolgt dann erst bei der Summierung von Erregungsleistungen über mehrere Synapsen. Die Neuronen zusammen mit den sie verbindenden Synapsen stellen also außerordentlich komplizierte und zugleich flexible Schaltelemente dar.
Mit guter Näherung kann angenommen werden, daß jedes Neuron auf adäquate Reize entweder überhaupt nicht antwortet (wenn die Stärke des betreffenden Reizes unterhalb der Reizschwelle liegt) oder mit der vollen Erregung, deren dieses Neuron fähig ist (*Alles-oder-nichts-Gesetz*, 1912 von E. D. ADRIAN formuliert). Viele biochemische und bioelektrische Vorgänge, die

diesem Gesetz zugrunde liegen, sind heute weitgehend bekannt. Die durch den Reiz, der einen elektrischen Impuls auslöst, zugeführte Energie erhöht die Durchlässigkeit der Membran, die im Innern des Neurons zwei Zonen unterschiedlicher Konzentration von Kalium- bzw. Natriumionen voneinander trennt. Außerhalb dieser Membran ist die Konzentration von Natriumionen, innerhalb der Membran die von Kaliumionen größer. Wird nun durch den Reiz, der auf das Neuron wirkt, die Durchlässigkeit der Membran für Natriumionen erhöht, so strömen diese in größeren Mengen ins Innere des von der Membran umschlossenen Raumes. Dadurch ändern sich die elektrischen Spannungsverhältnisse völlig. Die so erzeugte elektrische Störung pflanzt sich in Form eines Impulses längs des Axons fort. Ist der Impuls vom Neuron abgegeben, so wird der ursprüngliche Zustand wiederhergestellt. Das ins Innere des von der Membran umschlossenen Raumes gelangte Natrium wird durch die Membran heraus-, das aus der Membran herausgetretene Kalium wird ins Innere dieses Raumes wieder hineingepumpt (man spricht daher von der „Natrium-Kalium-Pumpe"). Während des Ablaufs dieser Vorgänge ist das Neuron nicht in der Lage, weitere Reize aufzunehmen bzw. Impulse abzugeben. Es befindet sich dann in der sog. *Refraktärperiode*.

Der Erregungszustand des Neurons äußert sich im Aussenden eines Impulses. Überschwellige Reize unterschiedlicher Stärke erzeugen nicht unterschiedliche Erregungen in ein und demselben Neuron, sondern bei Zunahme der Reizstärken vermehrt sich die Zahl der pro Zeiteinheit ausgesandten Impulse. Die Größe des Reizes wird also im Nervensystem nach dem *Impulsfrequenzmodulationsverfahren* kodiert. Es zeigt sich also, daß das Alles-oder-nichts-Gesetz nur eine Seite der impulsübertragenden Nervensysteme ausmacht. Der Elementarvorgang, die Reaktion der einzelnen Nervenzelle, folgt zwar diesem Gesetz, nicht aber die Signalübermittlung insgesamt.

Es ist leicht einzusehen, daß das Prinzip der Impulsfrequenzmodulation größere Sicherheit gewährt als das der binären Kodierung: Man kann sich ein Prinzip vorstellen, bei dem die einzelnen Informationen, Meßwerte usw. im Nervensystem mit Hilfe eines Binärkodes auf der Grundlage des Alles-oder-nichts-Gesetzes dargestellt werden, wobei etwa dem Reiz die Ziffer 1, dem Fehlen eines Reizes die Ziffer 0 entspricht. Nun ist das Nervensystem zwar ein im ganzen zuverlässiges System, aber ein zuverlässiges System, das aus unzuverlässigen Elementen aufgebaut ist. Reagiert eine Nervenzelle, die einen Impuls aussenden müßte, nicht (weil z. B. durch eine statistische Schwankung im Elektrolythaushalt die Erregungsschwelle ausnahmsweise abnorm hoch ist), so würde bei einer mehrstelligen Binärzahl unter Umständen ein Wert signalisiert, der sich vom wirklichen Wert ganz erheblich unterscheidet. Das aber könnte den Organismus zu Fehlhandlungen mit fatalen Konsequenzen verleiten. Bei der Impulsfrequenzmodulation hingegen kommt es nur auf den Abstand der einzelnen Impulse an, nicht auf ihre genaue Stärke (von M. Spreng wurde daher für diese Art der Modulation der Ausdruck *Pulsintervallmodulation* vorgeschlagen, denn die Information ist gleichsam in den Intervallen zwischen den Impulsen enthalten). Es ist dabei belanglos, ob einzelne Nervenzellen zuverlässig funktionieren oder nicht, da nicht der Abstand zweier aufeinanderfolgender Impulse die Größe ausmacht, mit der kodiert wird, sondern der *durchschnittliche* Abstand zweier Impulse. Das Nervensystem arbeitet als statistische Gesamtheit zuverlässig, nicht jedoch in seinen Elementarakten.

Einer allgemeinen Auffassung der materialistischen Dialektik zufolge sind alle Bewegungsvorgänge der objektiven Realität letztlich eine dialektische Einheit von Kontinuität und Diskontinuität. Dies trifft also auch für die biologische Bewegungsform der Materie zu und wird hier als Einheit von diskreter Reaktionsweise der einzelnen Nervenzellen und kontinuierlicher Signalfortpflanzung realisiert.

Weitere für das Nervensystem sehr wesentliche, in dialektischer Beziehung stehende Vorgänge sind die Prozesse der *Erregung* und *Hemmung*. Jeder stabile Zustand in organischen Nervensystemen hat den Charakter einer dialektischen Einheit von Erregung und Hemmung. Dabei wird die Hemmung in vielen Fällen durch eine kompensierende Rückkopplung realisiert. Hemmungen von Systemprozessen, die durch äußere Störungen hervorgerufen werden, müssen von solchen unterschieden werden, die innerhalb des Systems auftreten.

Beispielsweise ist die Aufrechterhaltung des Blutdrucks durch zwei Paare von entgegengesetzten Informationsprozessen gewährleistet. Die Tätigkeit des einen Paares wird im sog. Herzhemmungszentrum synthetisiert, die andere im Vasomotorenzentrum. Der eine Prozeß steuert jeweils die Erhöhung, der andere die Herabsetzung des Blutdrucks, wobei die Rezeptoren und Effektoren der entsprechenden Regelungen in beiden Fällen sehr unterschiedlich sind.

Nach I. P. Pawlow ist das dialektische Wechselverhältnis von Erregung und Hemmung grundlegend für das Verhalten des gesamten Nervensystems. Diese These ist besonders exakt am elementarsten Teilsystem des Gesamtnervensystems, dem Neuron mit seinen Synapsen, nachweisbar. Neuronen und Synapsen zerfallen in zwei Klassen mit entgegengesetzter Wirkung: in *Erregungsneuronen* bzw. *-synapsen* und in *Hemmungsneuronen* bzw. *-synapsen*. Ein einfaches Modell mag dies veranschaulichen.

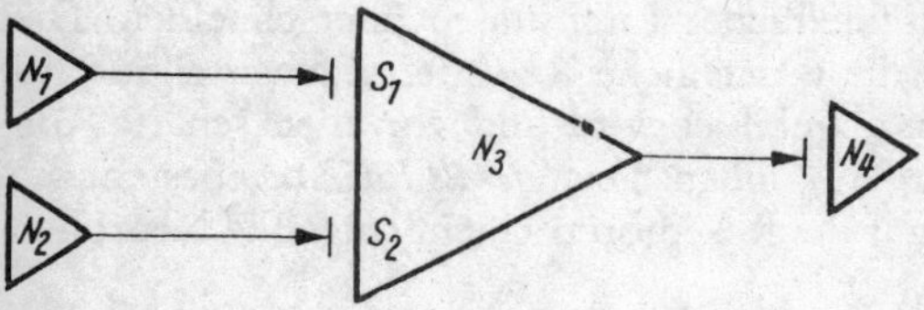

Modell einer einfachen Neuronenschaltung

Die Neuronen N_1, N_2 und N_3 mögen die Schwellenhöhe (Erregungsschwelle) 1 haben. Die Synapse S_1 sei eine Erregungssynapse, die Synapse S_2 eine Hemmungssynapse. Würde nur N_1 aktiv sein, so könnte N_3 ebenfalls aktiv werden und einen Impuls nach N_4 weitergeben. Sind jedoch N_1 *und* N_2 aktiv, so hebt die durch S_2 erzeugte Hemmung von N_3 die Wirkung von S_1 gerade auf. Der von N_2 ausgesandte Impuls ändert das Aktionspotential der präsynaptischen Phase so, daß die Erregbarkeit des Neurons N_3 herabgesetzt wird. Der Überträgerstoff, der den Durchgang eines Impulses durch eine Synapse biochemisch ermöglicht, ist bei den Hemmungssynapsen chemisch anders geartet als bei den Erregungssynapsen. Er erhöht die Durchlässigkeit der subsynaptischen Membran für Kalium- und Chlorionen, erzeugt also elektrochemische Prozesse, die denen der Erregungssynapsen entgegengesetzt sind. Die Existenz solcher hemmender Synapsen ist die Grundlage für die in der Neurophysiologie schon lange vor der Entstehung der Kybernetik bekannte *Reflexhemmung*.

Die dialektische Widersprüchlichkeit von Erregung und Hemmung gilt auch für das Nervensystem als Ganzes. Dies wird beim vegetativen Nervensystem besonders deutlich, das in höher organisierten Lebewesen die niedrigeren Ebenen der Regelung und Steuerung in der Hierarchie des Gesamtsystems bestimmt. Dieses System besteht aus zwei antagonistischen Teilsystemen, und zwar dem sympathischen Nervensystem (*Sympathikus*), das erregend,

beschleunigend auf die physiologischen Prozesse einwirkt, und dem parasympathischen Teilsystem (*Parasympathikus*), das diese Prozesse in stabilisierender Weise hemmt.
Große Bedeutung für die Informationsaufnahme, -weiterleitung und insbesondere -identifizierung in höher organisierten lebenden Systemen haben die speziellen Hemmungsvorgänge der *lateralen* und der *zeitlichen Inhibition*. Die Eingangsneuronen eines Sinnesorgans (z. B. des Auges) bilden ein Netz, dessen einzelne Rezeptoren sich in ihrem Einzugsbereich gegenüber der angebotenen Signalmenge unterschiedlicher Intensitäten überschneiden. Dies hat zur Folge, daß die tatsächliche Reizintensitätsverteilung nur sehr unvollkommen abgebildet wird und vor allem scharfe Konturen verwischt werden können. Die *laterale Inhibition* besteht nun darin, daß sich die auf die Rezeptorenschicht folgende Neuronen-

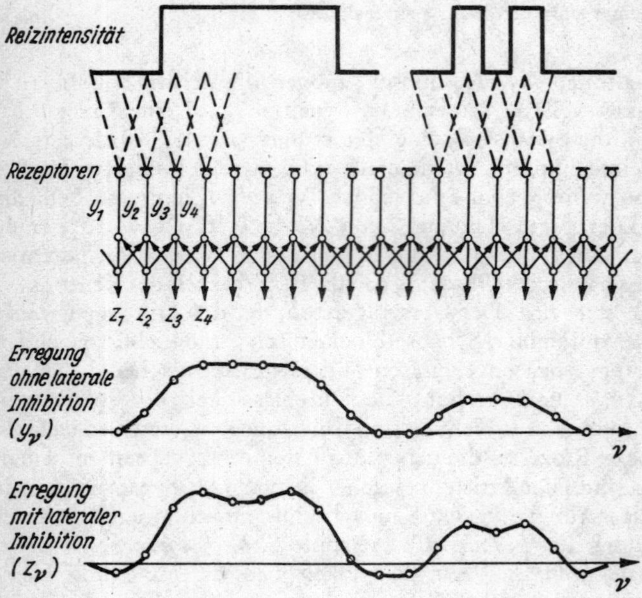

Laterale Inhibition (nach K. Steinbuch)

schicht aus Neuronen zusammensetzt, die die Eigenschaft haben, die Erregung ihrer Nachbarneuronen zu hemmen. In den höheren Nervenschichten stellt sich dann ein Reizverteilungsmuster

ein, das die Konturen wieder schärfer hervortreten läßt und das Auflösungsvermögen (d. h. die Fähigkeit, relativ eng benachbarte Reize noch unterscheiden zu können) verbessert. Diese besondere Art der Schaltung, die auf einer spezifischen Form der Synthese von Erregung und Hemmung beruht, ist bei höheren organischen Systemen wesentlich für die Gestalterkennung. Die *zeitliche Inhibition* tritt z. B. auf, wenn parallele Informationskanäle, die miteinander vermascht sind, von Rezeptoren zur Hirnrinde laufen und die in diesen Kanälen weitergegebenen Erregungen bzw. Impulse keine einheitliche Phase haben. Dies würde zu einem verschwommenen Abbild des objektiven Sachverhalts in den höheren Gehirnzentren führen. Ein etwaiges Nacheilen der Erregungen hinter der Phase wird durch die zeitliche Inhibition ausgeglichen; eingeschaltete Hemmungsneuronen gleichen die schnellen und die langsamen Folgen von Aktionspotentialen einander an.
Die hier an typischen Beispielen erläuterte Dialektik von Erregung und Hemmung läßt sich auf fast allen Ebenen des physiologischen und neurophysiologischen Geschehens in höher entwickelten Organismen nachweisen.
Bei den höher entwickelten Tieren und beim Menschen besteht das Nervensystem aus zahlreichen, außerordentlich kompliziert aufgebauten Teilsystemen. Als *Beispiel* sei ein Teilsystem des Nervensystems erwähnt, das der zentralen Koordination der Willkürbewegung dient. Die „niederen Programme" sind im Rückenmarksbereich lokalisiert bzw. gespeichert, die „Korrektur" im Kleinhirn, die „starren Programme" im extrapyramidalmotorischen System und die „erlernten Programme" in der Hirnrinde.
Das Nervensystem ist im allgemeinen *hierarchisch gegliedert*, ausgenommen bei sehr niedrig organisierten Tieren (wie Hohltieren u. ä.). Niedere Tiere haben ein sog. diffuses Nervensystem, das aus Nervenkomplexen besteht, die über den ganzen Organismus verteilt sind. Beim Menschen und bei höheren Tieren steht an der Spitze der Hierarchie das *Zentralnervensystem*, das im Gehirn und Rückenmark lokalisiert ist. Zum Nervensystem gehören ferner die vom Zentralnervensystem ausgehenden Nerven (*peripheres Nervensystem*). Ein weiteres Teilsystem des Nervensystems ist das *vegetative* bzw. *autonome Nervensystem* (mit den antagonistischen Teilsystemen des *Sympathikus* und *Parasympathikus*), das als Regler der Tätigkeit der Blutgefäße, Drüsen usw. wirkt. Die einzelnen Teilsysteme des Nervensystems sind nicht starr gekoppelt, sondern

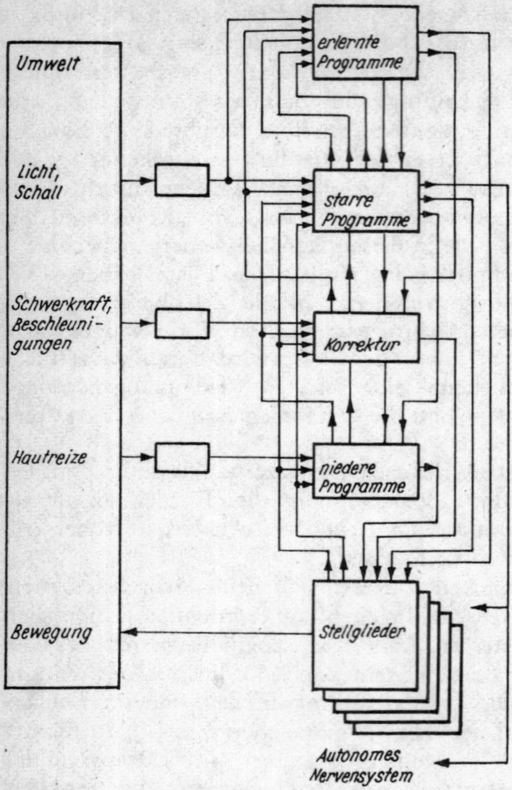

Blockschaltbild der Willkürbewegung (nach W. D. KEIDEL und O. F. RANKE)

bilden ein multistabiles Gesamtsystem. Ein geregelter Ablauf der elementaren physiologischen Funktionen wäre z. B. unmöglich, wenn stets und überall die höchsten Gehirnzentren beteiligt wären. Ebenso könnten diese Zentren nicht einwandfrei arbeiten, wenn sie ständig durch die Tätigkeit der verschiedenen Teilsysteme des Nervensystems beeinflußt würden, die die Verdauung usw. regeln.

Der wichtigste Teil des Zentralnervensystems (ZNS) ist das *Gehirn.* Es dient im wesentlichen der Speicherung und Verarbeitung von Informationen und besteht aus verschiedenen Teilsystemen unterschiedlicher Struktur und Komplexität. Die *Großhirnrinde* enthält lokalisierte Zentren, die mit bestimmten Rezeptoren (für

Hören, Sehen, Geruch usw.) gekoppelt sind bzw. als Befehlszentren für gewisse Effektoren des Körpers dienen. Es handelt sich also bei diesen sog. *Projektionsfeldern* (Projektionszentren) um Bereiche der Großhirnrinde, die der Verarbeitung der Information von spezifischen Sinnesorganen dienen (*sensorisches Zentrum*), die Befehle an die Effektoren aussenden (*motorisches Zentrum*) oder die Assoziation von Informationen vornehmen (*Assoziationszentrum*). Da die Flächen der sensorischen Projektionsfelder wesentlich größer sind als die der motorischen, andererseits aber auch die Signalmengen, die von den Sinnesorganen zu den sensorischen Zentren gesandt werden, wesentlich größer sind als diejenigen, die von den motorischen Zentren zu den Effektoren gelangen, liegt es nahe (etwa im Anschluß an H. Frank), anzunehmen, daß zwischen der Größe der Projektionsflächen und den entsprechenden Kanalkapazitäten der Zufluß- bzw. Abflußinformationskanäle eine lineare Abhängigkeit besteht.

Die bewußte Tätigkeit des Menschen kann man sich so vorstellen, daß durch die Tätigkeit der Assoziationszentren die syntaktische Struktur des ankommenden Informationsstromes erfaßt und durch deren Gegenüberstellung mit dem Informationsspeicher des Gehirns (dem Gedächtnis) festgestellt wird, ob mit dieser Struktur semantische Information verknüpft ist. Die Einwirkung des Organismus auf die Umgebung erfolgt durch Informationen, die aus den eben erwähnten Informationen gewonnen werden und in den motorischen Projektionszentren zu Befehlen für die Effektoren umgeformt werden. Dabei werden teils bereits gespeicherte Verhaltensprogramme benutzt, die sich bewährt haben, teils wird eine Form von Versuch und Irrtum angewandt.

Neben den Zentren, die für die Verarbeitung äußerer Reize zuständig sind (im Schema Z_1, Z_2), und solchen, die Befehle für die Effektoren ausarbeiten (Z_3), gibt es Zentren, die keine speziali-

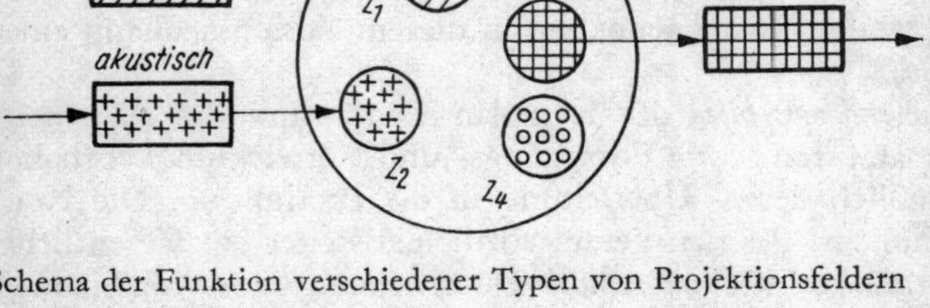

Schema der Funktion verschiedener Typen von Projektionsfeldern

sierte Funktion haben und deren Aktivität beim Menschen die höheren Formen der geistigen Tätigkeit ausmacht (Z_4).
Die Kybernetik hat eine Reihe von Modellen des Nervensystems konstruiert, vor allem des ZNS. Diese Modelle erfassen, ausgehend von erheblichen Vereinfachungen, bestimmte Seiten von Struktur und Funktion des ZNS, das sicher nur in erster Näherung ein determinierter Automat im Sinne der Automatentheorie ist. Es enthält Redundanz und ist in der Lage, auch bei gewissen Beschädigungen durch Selbstorganisation eine von der ursprünglichen Struktur etwas verschiedene Struktur zu konstruieren, die die vor der Schädigung vorhandenen Funktionen wieder ausüben kann.
In der kybernetischen Theorie der Nervennetze werden Schaltungen von Elementen (sog. abstrakten Neuronen) betrachtet, die als Idealisierungen realer Neuronen anzusehen sind. Dennoch ist zu vermuten, daß mit fortschreitender Entwicklung der Theorie der Nervennetze die von ihr betrachteten Modelle realen Neuronenschaltungen mindestens der Funktion nach zunehmend ähnlicher werden.

Netzplantechnik: Gruppe von Verfahren, die im Rahmen der Operationsforschung entwickelt worden ist; Theorie und Methodik der Netzplantechnik dient der Planung und Kontrolle komplizierter Projekte, bei denen im allgemeinen jeweils mehrere Zeit und Aufwand erfordernde Teilaufgaben (sog. *Vorgänge* oder *Aktivitäten*) gleichzeitig bearbeitet werden können, einige Vorgänge jedoch erst begonnen werden können, wenn bestimmte andere beendet worden sind. Zwei aufeinanderfolgende Vorgänge sind durch ein *Ereignis* getrennt; das ist der Zeitpunkt, zu dem der erste Vorgang spätestens beendet sein muß und zu dem der zweite frühestens beginnen kann. Für die Strukturierung und Berechnung der Realisierung von Projekten mit Hilfe der Netzplantechnik spielen *Vorereignis*, *Nachereignis*, *Startereignis*, *Zielereignis*, *Anfangsereignis* und *Endereignis* eine Rolle. Ein entsprechender Realisierungsplan kann durch einen gerichteten Graphen dargestellt werden (man nennt ihn in diesem Zusammenhang einen *Netzplan*).
Hauptanwendungsgebiete der Netzplantechnik sind das Bauwesen, Großreparaturen sowie Forschungs- und Entwicklungsvorhaben einschließlich deren Überleitung in die Produktion. Die Netzplantechnik ist für den verantwortlichen Leiter ein wesentliches Hilfsmittel bei der schnellen Durchsetzung von Maßnahmen

der sozialistischen Rationalisierung. Der Vorteil der Netzplanverfahren besteht darin, daß alle Zwischentermine und der Endtermin für die Bearbeitung des Projektes berechnet werden, wobei die Zeiten für die einzelnen Vorgänge entweder als relativ grob geschätzte oder als genauer berechnete Werte die Grundlage bilden. Zur Berechnung großer Netzpläne werden elektronische Datenverarbeitungsanlagen und in zunehmendem Maße flexible problemorientierte Programmiersysteme mit Erfolg eingesetzt.

Die *wesentlichen Phasen der Anwendung* der Netzplantechnik sind: Auflistung der Vorgänge, Strukturierung des Problems in Form des grafischen Netzplanes, Verschlüsselung der Vorgänge, Zeitschätzung bzw. -berechnung für die Vorgänge, Terminberechnung, Überprüfung der Ergebnisse (insbesondere der Termine für wichtige Zwischentermine und des Endtermins), zielgerichtete Korrektur der Ergebnisse durch iterative Neuberechnung des Netzplans auf der Basis von Korrekturen an den Vorgängen und an der Struktur des Problems, bis ein akzeptabler, bilanzierter Plan entsteht. Danach erfolgt die zyklische Plankontrolle und Planneuberechnung auf der Grundlage aktualisierter Daten.

Neuere Entwicklungen der Netzplantechnik umfassen neben der Terminberechnung noch die Kostenplanung und -optimierung, die Kapazitätsplanung und -optimierung, die Berücksichtigung von miteinander verflochtenen Netzplänen und die Berücksichtigung von Entscheidungen über das weitere Vorgehen in Abhängigkeit von Zwischenergebnissen (Entscheidungsnetzpläne).

Ein wesentlicher Vorteil der Netzplantechnik besteht darin, daß die Schwerpunkte der Leitungstätigkeit sichtbar werden. Engpässe (Termine, Kosten, Kapazitäten usw.) treten ebenso zutage wie unkritische Stellen.

Mathematisch gesehen können die Verfahren der Netzplantechnik nach drei Gesichtspunkten klassifiziert werden: nach der *Art der Darstellung der Vorgänge*, nach dem *Charakter der Zeitwerte* und nach dem *Charakter der Struktur des Netzplanes*.

Nach der Art der Darstellung der Vorgänge sind *pfeilorientierte Netzpläne* (auch *Vorgangspfeilnetz* genannt) von *knotenorientierten Netzplänen* (auch *Vorgangsknotennetz* genannt) zu unterscheiden, je nachdem, ob die Vorgänge durch Pfeile oder durch Knoten dargestellt werden.

Bezüglich der Zeitwerte werden *deterministische Netzpläne* von *stochastischen Netzplänen* unterschieden, je nachdem, ob die Zeiten als (relativ) genau berechnete (quasi-deterministische)

Werte oder als geschätzte (stochastische) Werte in das Modell eingehen.
Bezüglich der Struktur des Netzplans sind ebenfalls *deterministische Netzpläne* von *stochastischen Netzplänen* zu unterscheiden, wobei die stochastisch strukturierten Netzpläne *Entscheidungsnetzpläne* sind. Dabei handelt es sich um Netzpläne mit Alternativknoten, d. h., es werden mehrere Varianten einer Lösung aufgenommen. Für diese Varianten wird geschätzt, mit welcher Wahrscheinlichkeit man sich für sie entscheiden wird, wobei die Höhe des Aufwands zur Realisierung einer Lösung, deren Zeitdauer, qualitative Kennwerte des wissenschaftlich-technischen Fortschritts u. a. Maßstäbe zugrunde gelegt werden. Entscheidungsnetzpläne eignen sich für die Planung von Forschungs- und Entwicklungsarbeiten, bei denen manche Entscheidungen erst gefällt werden können, nachdem gewisse Zwischenergebnisse vorliegen.
Gegenwärtig sind die folgenden drei *die wichtigsten Netzplanverfahren:*

1. *Methode des kritischen Weges* (engl. CPM, *Critical Path Method*). Sie benutzt pfeilorientierte Netzpläne, die Zeiten (d. h. die Vorgangsdauer) und die Termine müssen deterministisch sein.

2. *PERT* (*Program Evaluation and Review Technique*). Bei diesem Verfahren werden ebenfalls pfeilorientierte Netzpläne benutzt, die Zeiten und die Termine sind jedoch stochastisch. Es wird angewandt, wenn die Dauer der Vorgänge nur geschätzt werden kann, wie das bei umfassenden Projekten der Fall ist, die aus Forschungs-, Entwicklungs-, Konstruktions- und Produktionsarbeiten bestehen. Mit drei Schätzwerten für jede Vorgangszeit (dem wahrscheinlichsten Wert, einem „optimistischen" und einem „pessimistischen" Wert), kann die Dauer der gesamten Arbeit abgeschätzt werden. Man unterscheidet die PERT-*Zeitrechnung* und die PERT-*Kostenrechnung*.

3. *MPM* (Metra-Potential-Methode). Dieses Verfahren benutzt knotenorientierte Netzpläne, die Zeiten und die Termine sind im allgemeinen deterministisch. Es ist besonders für Kapazitätsplanungen geeignet und für die Unterteilung definierter Vorgänge in Teilvorgänge. Dieses knotenorientierte Verfahren erweist sich gegenüber einem pfeilorientierten

Netzplanverfahren als vorteilhaft, wenn nachträgliche Veränderungen der Struktur eines Netzplanes vorgenommen werden müssen. Allerdings bleibt es in der Anschaulichkeit hinter den pfeilorientierten Netzplanverfahren zurück.

Alle drei Verfahren einschließlich der Kosten- und Kapazitätsplanung können auf leistungsfähigen Datenverarbeitungsanlagen mit vorgefertigten Programmpaketen oder Programmiersystemen bearbeitet werden. Entscheidungs- und Mehrprojektprobleme sind im allgemeinen zulässig.

Die *Methode des kritischen Weges* läßt sich anwenden, wenn sich das Gesamtprojekt in einzelne Teilaufgaben (die *Vorgänge* oder *Aktivitäten*) zerlegen läßt, deren gegenseitige Abhängigkeit nur in ihrer zeitlichen Aufeinanderfolge bestehen darf, und zwar so, daß gewisse Aktivitäten erst beginnen dürfen, wenn andere Aktivitäten ganz vollendet sind. Die Ablaufplanung für das Projekt wird in einem Netzwerk dargestellt, dessen Knotenpunkte die Ereignisse und dessen Kanten die Vorgänge sind. Start und Endpunkt sind durch Wege verbunden, die aus Vorgängen bestehen.

Die Zeitplanung für das Projekt erfolgt durch eine zeitliche Fixierung der Ereignisse und Vorgänge. Sie umfaßt folgende Phasen:

1. Bestimmung der Vorgangszeiten, d. h. der zu ihrer Ausführung notwendigen Zeiten.

2. Progressive und retrograde Zeitrechnung. Hierzu berechnet man schrittweise, vom Start beginnend, wann die einzelnen Ereignisse und der Endtermin frühestens stattfinden können, und dann rückwärts, vom Endpunkt ausgehend, wann die Ereignisse spätestens stattfinden müssen, damit der berechnete Endtermin eingehalten werden kann.

3. Ermittlung des kritischen Weges.

Für die meisten Vorgänge ergeben sich Pufferzeiten: Anfang und Ende können zeitlich verschoben werden, ohne den Endtermin zu gefährden. Die Vorgänge ohne Pufferzeiten bilden den kritischen Weg, dessen Länge die Summe der Vorgangszeiten der kritischen Vorgänge ist. Unter Umständen gibt es mehrere kritische Wege. Soll der Endtermin vorverlegt werden, oder ist er während der Ausführung des Projekts in Frage gestellt, so genügt es, sich auf die Vorgänge des kritischen Weges zu konzentrieren. Durch sinnvolle Ausnutzung der Pufferzeiten ist es möglich, den Zeitplan in gewissen Grenzen zu variieren, wodurch

Kosten eingespart werden können. Zur Kostenplanung muß man die Kosten der einzelnen Vorgänge kennen. Sie wachsen häufig mit einer Verkürzung der Vorgangszeiten stark an.
Die Aufgabe, ein Projekt zu einem gegebenen Termin mit den geringsten Kosten auszuführen, ist ein kompliziertes Problem der nichtlinearen Optimierung. Eine brauchbare Näherungslösung erhält man, indem man – von einem Zeitplan mit großen Vorgangszeiten ausgehend – den kritischen Vorgang mit dem geringsten Kostenzuwachs um eine Zeiteinheit verkürzt. Mit dem neuen Zeitplan, in dem der kritische Weg gegebenenfalls anders verläuft, verfährt man genauso usw., bis man einen Plan erhält, bei dem der geforderte Termin eingehalten werden kann.
Diese Methode soll noch anhand eines vereinfachten konkreten Beispiels verdeutlicht werden. In einem nicht erschlossenen Gelände soll eine Fabrik gebaut werden, zu der ein Lagerplatz und ein Gasbehälter gehören. Das ganze Projekt kann in folgende Vorgänge zerlegt werden (in nachstehender Tabelle sind ihre Dauer in Wochen und die notwendigerweise vorausgehenden Vorgänge als Bedingungen angegeben):

Vorgänge	Wochen	Bedingungen
a Bau einer Straße	3	kann sofort beginnen
b Bau einer Wasserleitung	6	kann sofort beginnen
c Fertigung der Behälterteile	2	kann sofort beginnen
d Aufstellen eines Kranes	4	a muß fertig sein
e Ausschachtungsarbeiten	2	a muß fertig sein
f Anlage des Lagerplatzes	7	a muß fertig sein
g Bau des Fabrikgeländes	4	b, d müssen fertig sein
h Montage des Behälters	3	c, e müssen fertig sein

Es sind fünf Ereignisse zu unterscheiden:

(1) Beginn der Arbeiten, Anfangstermin
(2) Fertigstellung der Straße
(3) Fertigstellung der Wasserleitung und Beendigung der Kranmontage
(4) Fertigstellung der Behälterteile und Beendigung der Ausschachtungsarbeiten
(5) Abschluß der Arbeiten, Endtermin

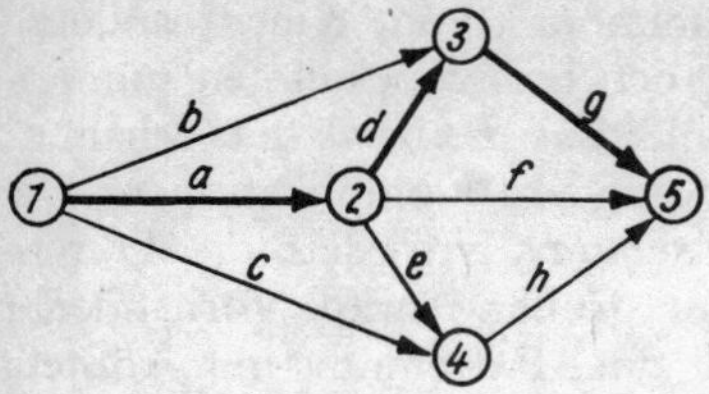

Netzplan für den Bau einer Fabrik

Der Weg 1-2-3-5, auf dem die Vorgänge a, d und g liegen und der eine Dauer von $3 + 4 + 4 = 11$ Wochen hat, ist der längste Weg von 1 nach 5. Er ist der kritische Weg, dessen Dauer die Gesamtzeit bestimmt. Will man diese verkürzen, muß man sich zunächst um die Aktivitäten a, d, und g bemühen.
Die Methode des kritischen Weges gestattet den Einsatz der weit ausgebauten Graphentheorie. Gehen von den einzelnen Ereignissen eines Projekts jeweils nur wenige Vorgänge aus, so kann die anfallende Rechenarbeit auch bei Projekten mit relativ vielen Ereignissen schon von kleineren digitalen Rechenautomaten geleistet werden.

nichtlineare Optimierung (nichtlineare Programmierung): Typ der mathematischen Optimierung, der Aufgabenstellungen behandelt, bei denen die Zielfunktion und die Nebenbedingungen nicht alle linear sind.
Eine allgemeine nichtlineare Optimierungsaufgabe kann wie folgt formuliert werden:
Gesucht wird eine Lösung $\mathbf{x}' = [x_1, x_2, \ldots, x_n]$, die dem Nebenbedingungssystem

$$f_i(x_1, x_2, \ldots, x_n) \leqq 0 \quad (i = 1, 2, \ldots, m)$$

sowie den Nichtnegativitätsbedingungen

$$x_j \geqq 0 \quad (j = 1, 2, \ldots, n)$$

genügt und der Zielfunktion

$$F(\mathbf{x}) = F(x_1, x_2, \ldots, x_n)$$

einen extremen Wert (Minimum oder Maximum) erteilt.
Zum Unterschied von der linearen Optimierung können nichtlineare Optimierungsprobleme Extremwerte im Innern und auf dem Rande des Bereichs der zulässigen Lösungen haben. Diese Extremwerte sind im allgemeinen nur *lokal*, d. h., die zugehörigen Programme sind optimal nur im Vergleich mit den unmittelbar benachbarten Programmen. Die besondere Schwierigkeit der nichtlinearen Optimierung besteht darin, ein *globales Extremum*

zu bestimmen, d. h. ein Programm, das von keinem anderen Programm übertroffen wird. Mit den bisher bekannten numerischen Methoden ist es möglich, *lokale Extrema* zu erhalten; *Randextrema* verursachen noch besondere Komplikationen. Die Bestimmung eines globalen Extremums erfordert die Durchmusterung sämtlicher, oft in sehr großer Anzahl vorhandener lokaler Extrema und die Auswahl eines Extremums mit größtem oder kleinstem Wert der Zielfunktion.

Für die nichtlineare Optimierung gibt es kein *allgemeines* wirksames Verfahren, aber eine Vielzahl von exakten und Näherungsverfahren für Probleme mit spezieller Struktur. Insbesondere sind das solche Aufgaben, die neben dem globalen Extremum keine weiteren (lokalen) Extrema besitzen. Dies ist gesichert bei Aufgaben der *konvexen Optimierung* und der *linearen Quotientenoptimierung.* Bei nichtlinearem Nebenbedingungssystem werden meist Gradientenverfahren und bei linearem Nebenbedingungssystem Modifikationen der Simplexmethode verwendet.

Eine Aufgabenstellung der nichtlinearen Optimierung zählt zur *konvexen Optimierung*, wenn über einem konvexen Bereich eine konvexe Zielfunktion zu minimieren oder eine konkave Zielfunktion zu maximieren ist. Die besondere Bedeutung dieses Optimierungstyps besteht darin, daß jedes lokale Extremum zugleich das globale ist. Dadurch führen Lösungsverfahren stets auf die (globale) optimale Lösung des Problems. Zur Lösung allgemeiner nichtlinearer konvexer Optimierungsaufgaben werden meist Gradientenverfahren eingesetzt, während für konvexe Aufgaben mit speziellen Strukturen wie der *quadratischen Optimierung* und der *separablen Optimierung* vorteilhaft Modifikationen der Simplexmethode entwickelt wurden.

Die *quadratische Optimierung* besitzt die Besonderheit, daß in der Zielfunktion und den Nebenbedingungen neben quadratischen höchstens noch lineare Beziehungen auftreten dürfen. Unter „quadratischer Optimierung" wird jedoch oft auch die speziellere Aufgabenstellung mit quadratischer Zielfunktion und linearem Nebenbedingungssystem verstanden:

Gesucht wird eine Lösung $\mathbf{x}' = [x_1, x_2, \dots, x_n]$, die dem (linearen) Nebenbedingungssystem

$$\begin{aligned} a_{11}x_1 + a_{12}x_2 + \cdots + a_{1n}x_n &\gtreqless b_1 \\ a_{21}x_1 + a_{22}x_2 + \cdots + a_{2n}x_n &\gtreqless b_2 \\ &\cdots\cdots\cdots \\ a_{m1}x_1 + a_{m2}x_2 + \cdots + a_{mn}x_n &\gtreqless b_m \end{aligned}$$

(hier bedeutet das Zeichen $\gtreqqless$, daß in jeder Zeile genau einer der Fälle $\geqq$, $=$, $\leqq$ zutrifft) und den Nichtnegativitätsbedingungen

$$x_1 \geqq 0,\ x_2 \geqq 0,\ \dots,\ x_n \geqq 0$$

genügt sowie der (quadratischen) Zielfunktion

$$\begin{aligned} Q(\mathbf{x}) = {} & c_{11}x_1^2 + c_{12}x_1x_2 + \cdots + c_{1n}x_1x_n \\ & + c_{21}x_2x_1 + c_{22}x_2^2 + \cdots + c_{2n}x_2x_n \\ & \dots\dots\dots\dots\dots\dots\dots\dots\dots\dots \\ & c_{n1}x_nx_1 + c_{n2}x_nx_2 + \cdots + c_{nn}x_n^2 \\ & + p_1x_1 + p_2x_2 + \cdots + p_nx_n \end{aligned}$$

einen extremalen Wert (Minimum oder Maximum) erteilt. Ist $Q(\mathbf{x})$ eine zu minimierende konvexe Funktion oder eine zu maximierende konkave Funktion, so liegt eine Aufgabenstellung der konvexen Optimierung vor. Bei Aufgaben der quadratischen Optimierung, die nicht konvex sind, können unterschiedliche lokale Extrema auftreten, woraus sich die spezifischen Schwierigkeiten nichtlinearer Optimierungsprobleme zur Bestimmung des globalen Extremums ergeben.

Bei der *separablen Optimierung* treten separable (trennbare) Funktionen als Zielfunktion und in den Nebenbedingungen auf. Eine Aufgabe der separablen Optimierung hat die Form:

$$F(\mathbf{x}) = f_1(x_1) + f_2(x_2) + \cdots + f_n(x_n) \Rightarrow \text{Extremum}$$

unter den Nebenbedingungen

$$\begin{aligned} & g_{12}(x_1) + g_{12}(x_2) + \cdots + g_{1n}(x_n) \gtreqqless b_1 \\ & g_{21}(x_1) + g_{22}(x_2) + \cdots + g_{2n}(x_n) \gtreqqless b_2 \\ & \dots\dots\dots\dots\dots\dots\dots\dots\dots\dots \\ & g_{m1}(x_1) + g_{m2}(x_2) + \cdots + g_{mn}(x_n) \gtreqqless b_m \end{aligned}$$

und den Nichtnegativitätsbedingungen

$$x_1 \geqq 0,\ x_2 \geqq 0,\ \dots,\ x_n \geqq 0.$$

Derartige Aufgaben der nichtlinearen Optimierung können im allgemeinen Falle mit Hilfe einer Approximationsmethode gelöst werden. Die (separablen) Funktionen $f_j(x_j)$ und $g_{ij}(x_j)$ ($i = 1, 2, \dots, m; j = 1, 2, \dots, n$) werden durch lineare Näherungspolynome ersetzt, wodurch die Aufgabenstellung auf eine Form zurückgeführt wird, die mit der Simplexmethode gelöst werden kann. Dabei vergrößert sich allerdings die Anzahl der Variablen. Im Falle konvexer separabler Optimierung (eine separable Funktion

$$\varphi(\mathbf{x}) = \varphi_1(x_1) + \varphi_2(x_2) + \cdots + \varphi_n(x_n)$$

ist konvex, wenn alle Teilfunktionen $\varphi_j(x_j)$ konvex sind) wird mit der Approximationsmethode stets ein globales Extremum des genäherten Problems erreicht und damit auch eine Näherungslösung der ursprünglichen Aufgabe gefunden. Die Güte dieser Näherungslösung hängt von der Wahl der Schrittlänge ab, die für die Aufstellung der Näherungspolynome verwandt wurde. Separable Aufgabenstellungen, die nicht konvex sind, führen wieder auf die bei der nichtlinearen Optimierung auftretenden Lösungsschwierigkeiten, falls mehrere lokale Extrema existieren.
Bei der *Quotientenoptimierung* wird die Zielfunktion als Quotient zweier Funktionen gebildet:

$$F(\mathbf{x}) = \frac{F_1(x_1, x_2, \ldots, x_n)}{F_2(x_1, x_2, \ldots, x_n)} \Rightarrow \text{Extremum.}$$

Die *lineare Quotientenoptimierung* (auch hyperbolische Optimierung) betrifft den Sonderfall mit linearer Zählerfunktion $F_1(x_1, x_2, \ldots, x_n)$ und linearer Nennerfunktion $F_2(x_1, x_2, \ldots, x_n)$ sowie linearem Nebenbedingungssystem

$$V(\mathbf{x}) = \frac{Z(\mathbf{x})}{N(\mathbf{x})} = \frac{c_0 + c_1x_1 + c_2x_2 + \cdots + c_nx_n}{d_0 + d_1x_1 + d_2x_2 + \cdots + d_nx_n} \Rightarrow \text{Extremum}$$

unter den linearen Nebenbedingungen

$$\begin{array}{l} a_{11}x_1 + a_{12}x_2 + \cdots + a_{1n}x_n \gtreqless b_1 \\ a_{21}x_1 + a_{22}x_2 + \cdots + a_{2n}x_n \gtreqless b_2 \\ \cdots\cdots\cdots\cdots\cdots\cdots\cdots\cdots \\ a_{m1}x_1 + a_{m2}x_2 + \cdots + a_{mn}x_n \gtreqless b_m \end{array}$$

und den Nichtnegativitätsbedingungen

$$x_1 \geqq 0, x_2 \geqq 0, \ldots, x_n \geqq 0.$$

Die lineare Quotientenoptimierung unterscheidet sich lösungstechnisch nur wenig von der linearen Optimierung (sie ist lösbar mit einer Modifikation der Simplexmethode). Sie erlaubt die gleichzeitige Einbeziehung zweier linearer Funktionen in

die Optimierung, weshalb sie in der betrieblichen Praxis besonders bei der Ermittlung optimaler Produktionspläne für mittelfristige Zeiträume neben der linearen Optimierung verstärkt Eingang gefunden hat.
→ lineare Optimierung → mathematische Optimierung

Nicht-Nullsummenspiel: Repräsentant einer Klasse von strategischen Spielen, für die die Nullsummenbedingung (bzw. Konstantsummenbedingung) nicht erfüllt ist.
Zur Kennzeichnung einer Klasse von Spielen, die sowohl Spiele umfaßt, für die die Nullsummenbedingung nicht erfüllt ist, als auch solche, für die diese Bedingung zutrifft, wird auch der Ausdruck *allgemeines Spiel* verwendet. Bei den allgemeinen Spielen in diesem Sinne lassen sich dann die Nullsummenspiele (allgemeiner: Konstantsummenspiele) von den Spielen mit variabler Summe unterscheiden.
Eine befriedigende Theorie für Nicht-Nullsummenspiele gibt es gegenwärtig noch nicht. Dies bezieht sich sowohl auf eine Theorie, die es gestatten würde, Empfehlungen für optimale Verhaltensweisen herzuleiten (ähnlich wie dies z. B. für die Matrixspiele gelang), als auch auf eine Theorie, die es erlaubte, das tatsächliche Verhalten der Spielpartner zu beschreiben.
Die Untersuchung allgemeiner Spiele verdient vor allem deshalb großes Interesse, weil sich die meisten der in der Realität auftretenden Konfliktsituationen mit hinreichender Genauigkeit nur als Spiele mit variabler Summe modellieren lassen. Die Theorie der Konstantsummenspiele, insbesondere die Untersuchungen zu den endlichen Zweipersonen-Nullsummenspielen, dient in dieser Sicht vor allem dazu, Grundlagen für eine *allgemeine* Theorie der Entscheidungen in Konfliktsituationen zu schaffen.
Nicht-Nullsummenspiele bzw. allgemeine Spiele wurden bereits im klassischen Ansatz von v. NEUMANN und MORGENSTERN behandelt. Kernstück ihrer Untersuchungen ist die auf dem Begriff des Wertes eines Spiels (genauer: eines endlichen Zweipersonen-Nullsummenspiels) beruhende *charakteristische Funktion.* Dabei versuchen sie, eine Theorie der allgemeinen Spiele aufzustellen, in der die Theorie der Nullsummenspiele als Theorie für einen Spezialfall enthalten ist. Sie betrachten ein allgemeines n-Personenspiel, für das die Nullsummenbedingung nicht mehr erfüllt zu sein braucht, als einen Spezialfall eines $(n+1)$-Personenspiels. Für diesen Zweck wird von ihnen folgende Konstruktion vorgenommen:

Gegeben sei ein allgemeines n-Personenspiel mit den Spielern 1, 2, ..., n, den Strategiemengen $S_1, S_2, \ldots, S_n$ und den Auszahlungsfunktionen $A_1, A_2, \ldots, A_n$. Es wird nun eine zusätzliche Auszahlungsfunktion A_{n+1} definiert, für die für jedes $s_1 \in S_1, s_2 \in S_2, \cdots, s_n \in S_n$ die Beziehung

$$A_{n+1}(s_1, s_2, \cdots, s_n) = -\sum_{i=1}^{n} A_i(s_1, s_2, \cdots, s_n)$$

erfüllt ist. Führt man ferner formal eine Strategiemenge S_{n+1} ein, so kann man $S_1, S_2, \ldots, S_n, S_{n+1}$ und $A_1, A_2, \ldots, A_n, A_{n+1}$ als Gesamtheiten von Strategiemengen und Auszahlungsfunktionen eines $(n+1)$-Personenspiels zwischen den Spielern $1, 2, \ldots, n, n+1$ auffassen. Dieses neue $(n+1)$-Personenspiel ist darüber hinaus ein Nullsummenspiel, wie aus der Definition der Auszahlungsfunktion A_{n+1} folgt.

Der neue Spieler $n+1$ wird als „fiktiver Spieler" bezeichnet. Er verfügt über keine eigenen Strategien; die formal eingeführte Strategiemenge S_{n+1} ist als leer anzusehen. Seine Einführung erfolgt nur, um aus einem allgemeinen n-Personenspiel mit nichtverschwindender Summe ein $(n+1)$-Personen-Nullsummenspiel zu erhalten. Die Hinzufügung des fiktiven Spielers $n+1$ bringt zwar gewisse Schwierigkeiten mit sich, da dieser Spieler bei Fragen der Koalitionsbildung nicht als gleichberechtigter Partner gegenüber den anderen Spielern auftreten kann; dennoch besitzt diese Darstellung den Vorteil, daß sich die Theorie der charakteristischen Funktion und die damit zusammenhängenden Resultate auf sie übertragen läßt:

Es sei Γ ein allgemeines n-Personenspiel und Γ' das durch die Einführung eines fiktiven Spielers erhaltene $(n+1)$-Personen-Nullsummenspiel. Nun besitzt Γ' eine charakteristische Funktion V, d. h., es gibt eine reellwertige, auf allen Untermengen $M \subseteq N' = N \cup \{n+1\}$ definierte Funktion V, die besagt, daß $V(M)$ für jede Untermenge $M \subseteq N'$ diejenige Summe ist, die sich die Spieler $i \in M$ in ihrer Gesamtheit, wenn sie eine Koalition bilden, als Gewinn sichern können. Diese Funktion V ist auch auf der Menge $N \subseteq N'$ der Spieler des ursprünglichen Spiels definiert, und $V(M)$ stellt auch hier für eine beliebige Untermenge $M \subseteq N$ die Gewinnsumme dar, die die Spieler $i \in M$ als eine Koalition erlangen können. Die auf den Untermengen $M \subseteq N$ definierte Funktion V bezeichnen wir als „charakteristische Funktion des ursprünglichen Spiels". Ist das Spiel Γ von vorn-

herein ein Nullsummenspiel, so sind beide charakteristische Funktionen identisch. Daraus folgt aber, daß man von charakteristischen Funktionen überhaupt sprechen kann, unabhängig davon, ob das Spiel Γ die Nullsummenbedingung erfüllt oder nicht.
Auf diese Weise lassen sich die von v. NEUMANN und MORGENSTERN mit Hilfe der charakteristischen Funktion eingeführten Begriffe für Nullsummenspiele (z. B. Verteilung, strategische Äquivalenz, wesentliche und unwesentliche Spiele) auch auf die allgemeinen n-Personenspiele übertragen.
Dieser theoretische Ansatz von v. NEUMANN und MORGENSTERN ist jedoch, vor allem bezüglich seines Lösungsbegriffs, verschiedenen Einwänden ausgesetzt. So zeigt MCKINSEY anhand eines einfachen Beispiels, wie eine Lösung im Sinne der Theorie von v. NEUMANN und MORGENSTERN manche Aspekte einer Spielsituation nur in unbefriedigendem Maße bzw. überhaupt nicht widerspiegelt:
Man betrachte das Zweipersonenspiel, in dem Spieler 1 über eine (reine) Strategie (s_{11}), der Spieler 2 über zwei verfüge (s_{21} und s_{22}). Die Auszahlungsfunktionen seien durch die Beziehungen

$$A_1(s_{11}, s_{21}) = 0; \quad A_1(s_{11}, s_{22}) = 10 \quad \text{und}$$
$$A_2(s_{21}, s_{11}) = -1000; \quad A_2(s_{22}, s_{11}) = 10$$

gegeben; in Bimatrixdarstellung:

	s_{21}	s_{22}
s_{11}	(0, −1000)	(10, 10)

Man sieht sofort, daß Spieler 1 sich in einer günstigeren Situation befindet als Spieler 2. Stellt man die Frage, welche Rolle – die des Spielers 1 oder die des Spielers 2 – man in diesem Spiel lieber übernehmen möchte, so wird sich die Mehrzahl der Befragten zweifellos für den Spieler 1 entscheiden. Daraus kann gefolgert werden, daß jede „Lösung“ dieses Spiels den potentiellen Vorteil des Spielers 1, d. h. die bestehende Asymmetrie ausdrücken müßte. Bei einer Lösung im Sinne von v. NEUMANN und MORGENSTERN ist dies aber nicht der Fall, da die Lösung ausschließlich über die charakteristische Funktion ermittelt wird. Die charakteristische Funktion ist in diesem Falle bezüglich beider Spieler symmetrisch:

$$V(\emptyset) = 0$$
$$V(\{1\}) = V(\{2\}) = 0$$
$$V(\{1, 2\}) = 10.$$

Hieraus folgt, daß die Lösung dieses Spiels im Sinne des Lösungsbegriffs von v. NEUMANN und MORGENSTERN die Menge aller geordneten Paare (Verteilungen) (a_1, a_2,) ist, bei denen die Summe der Komponenten a_1 und a_2 den Wert 10 ergibt.
Vor allem die Schwierigkeiten, die sich bei der Analyse derartiger „Lösungen" ergaben, führten dazu, daß in der Theorie der Mehrpersonen- und insbesondere der der Nicht-Nullsummenspiele neue Wege beschritten wurden.
Ein wichtiger Ansatz stammt von HOWARD (1966). Er entwickelte eine Theorie der sog. *Metaspiele*, die vielleicht erste Anfänge für eine befriedigende Inangriffnahme der Nicht-Nullsummenspiele liefert. Seine Betrachtungsweise sei anhand eines Beispiels erläutert. Eine entsprechende Konfliktsituation ließe sich durch die folgende Auszahlungs-Bimatrix abbilden:

	s_{21}	s_{22}
s_{11}	(8, 8)	(2, 10)
s_{12}	(10, 2)	(5, 5)

Zunächst scheint es hiernach für beide Spieler vorteilhaft zu sein, jeweils die erste Strategie s_{11} bzw. s_{21} anzuwenden. Da für beide Spieler jedoch vorausgesetzt wird, daß jeder für sich seinen Vorteil maximieren will, wird Spieler 1 in der Annahme, daß Spieler 2 die Strategie s_{21} benutzt, auf seine zweite Strategie s_{12} übergehen, da er in diesem Fall mit 10 Einheiten rechnen kann. Auf ähnliche Weise wird auch Spieler 2 zu diesem Ergebnis kommen und seinerseits die zweite Strategie s_{22} anwenden. Beide Spieler müssen sich dann aber mit einer Auszahlung von je fünf Einheiten abfinden. Das entsprechende Strategienpaar (s_{12}, s_{22}) bildet offenbar einen Gleichgewichtspunkt, denn wenn einer der Partner von diesem Punkt abgeht, ohne daß der Gegenspieler dasselbe tut, wirkt sich dies zu seinem Nachteil aus. Damit bietet sich das Strategienpaar (s_{12}, s_{22}) als rationale Verhaltensweise für beide Spieler an. Dieses Ergebnis befriedigt jedoch nicht vollständig, da es offenbar für beide Spieler eine bessere Möglichkeit gibt. Dieses günstigere Strategienpaar (s_{11}, s_{21}) besitzt jedoch unter der Voraussetzung, daß zwischen beiden Spielern keine Abstimmung möglich ist und daß beide nur ihren Vorteil anstreben, keine ausreichende Stabilität.

Howard versucht nun, dieses „Dilemma" in der folgenden Weise zu überwinden. Das durch die Auszahlungsmatrix dargestellte Spiel läßt sich wie folgt erweitern: Unter der Annahme, der Spieler 2 könne genau voraussagen, welche Strategie der Spieler 1 anwendet, lassen sich die möglichen Verhaltensweisen des Spielers 2 wie folgt formulieren:

s'_{21}: immer Anwendung von s_{21}, unabhängig von der Strategieauswahl durch den Spieler 1,

s'_{22}: immer Anwendung von s_{22}, unabhängig von der Strategieauswahl durch den Spieler 1,

s'_{23}: Anwendung von s_{21}, wenn Spieler 1 s_{11} benutzt bzw. Anwendung von s_{22}, falls Spieler 1 s_{12} durchführt,

s'_{24}: Anwendung von s_{21}, falls Spieler 1 s_{12} benutzt bzw. Anwendung von s_{22}, falls Spieler 1 s_{11} ausführt.

Damit ergibt sich folgende erweiterte Fassung dieses Spiels:

	s'_{21}	s'_{22}	s'_{23}	s'_{24}
s_{11}	(8,8)	(2, 10)	(8, 8)	(2, 10)
s_{12}	(10, 2)	(5, 5)	(5, 5)	(10, 2)

Damit erhält man einen Gleichgewichtspunkt (s_{12}, s'_{22}) mit Auszahlungsbeträgen wie in der ursprünglichen Formulierung, also noch keinen zusätzlichen Ansatzpunkt für eine rationellere Verhaltensweise. Die obigen Überlegungen können jetzt jedoch auch für den Spieler 1 durchgeführt werden, der unter der Annahme, daß er genau voraussagen kann, welche der Verhaltensweisen von Spieler 2 angewandt wird, die folgenden 16 „Strategien" zur Verfügung hat:

$s'_{11} = (s_{11}, s_{11}, s_{11}, s_{11})$: d. h. immer Anwendung von s_{11}, unabhängig von der Wahl des Spielers 2,

$s'_{12} = (s_{11}, s_{11}, s_{11}, s_{12})$: d. h. immer Anwendung von s_{11} mit Ausnahme des Falls, daß Spieler 2 s'_{24} benutzt;

. . . .

$s'_{1,16} = (s_{12}, s_{12}, s_{12}, s_{12})$: d. h. immer Anwendung von s_{12}, unabhängig von der Wahl des Spielers 2.

Damit wird folgende „Auszahlungsmatrix" für ein Metaspiel erhalten (die Strategien des Spielers 2 sind wie oben definiert, die des Spielers 1 sind wie oben angedeutet zu interpretieren):

	s'_{21}	s'_{22}	s'_{23}	s'_{24}
$s'_{11} = (s_{11}, s_{11}, s_{11}, s_{11})$	(8, 8)	(2, 10)	(8, 8)	(2, 10)
$s'_{12} = (s_{11}, s_{11}, s_{11}, s_{12})$	(8, 8)	(2, 10)	(8, 8)	(10, 2)
$s'_{13} = (s_{11}, s_{11}, s_{12}, s_{11})$	(8, 8)	(2, 10)	(5, 5)	(2, 10)
$s'_{14} = (s_{11}, s_{12}, s_{11}, s_{11})$	(8, 8)	(5, 5)	(8, 8)	(2, 10)
$s'_{15} = (s_{12}, s_{11}, s_{11}, s_{11})$	(10, 2)	(2, 10)	(8, 8)	(2, 10)
$s'_{16} = (s_{11}, s_{11}, s_{12}, s_{12})$	(8, 8)	(2, 10)	(5, 5)	(10, 2)
$s'_{17} = (s_{11}, s_{12}, s_{11}, s_{12})$	(8, 8)	(5, 5)	(8, 8)	(10, 2)
$s'_{18} = (s_{12}, s_{11}, s_{11}, s_{12})$	(10, 2)	(2, 10)	(8, 8)	(10, 2)
$s'_{19} = (s_{11}, s_{12}, s_{12}, s_{11})$	(8, 8)	(5, 5)	(5, 5)	(2, 10)
$s'_{1,10} = (s_{12}, s_{11}, s_{12}, s_{11})$	(10, 2)	(2, 10)	(5, 5)	(2, 10)
$s'_{1,11} = (s_{12}, s_{12}, s_{11}, s_{11})$	(10, 2)	(5, 5)	(8, 8)	(2, 10)
$s'_{1,12} = (s_{11}, s_{12}, s_{12}, s_{12})$	(8, 8)	(5, 5)	(5, 5)	(10, 2)
$s'_{1,13} = (s_{12}, s_{11}, s_{12}, s_{12})$	(10, 2)	(2, 10)	(5, 5)	(10, 2)
$s'_{1,14} = (s_{12}, s_{12}, s_{11}, s_{12})$	(10, 2)	(5, 5)	(8, 8)	(10, 2)
$s'_{1,15} = (s_{12}, s_{12}, s_{12}, s_{11})$	(10, 2)	(5, 5)	(5, 5)	(2, 10)
$s'_{1,16} = (s_{12}, s_{12}, s_{12}, s_{12})$	(10, 2)	(5, 5)	(5, 5)	(10, 2)

Das Studium dieser Auszahlungsmatrix zeigt, daß hier drei Gleichgewichtspunkte existieren: Die Strategienpaare (s'_{17}, s'_{23}), $(s'_{1,14}, s'_{23})$ und $(s'_{1,16}, s'_{22})$ sind Gleichgewichtspunkte, von denen die beiden ersten zu den Auszahlungen (8,8) und der letzte zu (5,5) führt. Aus der Sicht des Spielers 1 erweist sich vor allem die Strategie $s'_{1,14} = (s_{12}, s_{12}, s_{11}, s_{12})$ als vorteilhaft, da sie bezüglich jeder der vier möglichen Strategien des Spielers 2 ein maximales Ergebnis liefert.

Zu einem analogen Ergebnis kommt man, wenn man beim Aufbau eines derartigen Metaspiels zuerst die Strategien des Spielers 1 im dargelegten Sinn modifiziert und anschließend die des Spielers 2 entsprechend konstruiert. Es ergibt sich dann quasi ein gespiegeltes Metaspiel mit vier Strategien für den Spieler 1 und mit 16 Strategien für den Spieler 2, das ebenfalls drei Gleichgewichtspunkte mit denselben Auszahlungswerten wie im betrachteten Fall enthält.

Es liegt nun nahe, die angeführten Überlegungen fortzuführen. Howard hat jedoch gezeigt, daß eine zusätzliche Erweiterung der Auszahlungsmatrix über *n* Schritte hinaus, wobei *n* die Anzahl der Spieler ist, keine weiteren Gleichgewichtspunkte mehr ergibt. Mit der Theorie der Metaspiele ist es offenbar möglich, Gleichgewichtspunkte in Spielen mit einem oder mehreren Gleichgewichtspunkten aufzudecken, die auf herkömmliche Weise nicht ermittelt werden können. Außerdem lassen sich Beispiele angeben, in denen durch die Konstruktion von Metaspielen Gleichgewichtspunkte bei Spielen festgestellt werden können, die im gewöhnlichen Sinne überhaupt keine Gleichgewichtspunkte aufweisen. Die Theorie der Metaspiele stellt den Versuch dar, die Spieltheorie zu erweitern, jene Punkte in einem Spiel besser zu erkennen, in denen die Spieler geneigt sind, ihr Verhalten im Nicht-Nullsummenfall zu stabilisieren.

Auch in unserem Beispiel eines Metaspiels zeigt sich, daß eine Verständigung zwischen den Spielern für die Stabilisierung der Verhaltensweisen von großer Bedeutung ist. Wendet Spieler 2 die Strategie s'_{23} an, d. h. immer Anwendung der gleichen Strategie wie Spieler 1, so kann er bei Befolgung der Strategie $s_{1,14}$ durch Spieler 1, die zur Auszahlung (8,8) führt, nicht ohne weiteres erkennen, ob Spieler 1 nicht in Wirklichkeit eine der Strategien s'_{11}, s'_{12}, s'_{14}, s'_{15} usw. verwendet. Eine derartige Annahme kann dazu führen, daß Spieler 2 zu einer anderen, unter der genannten Annahme günstigeren Strategie übergeht. Das führt dann allerdings zu einer Verletzung der Stabilität.

Zur Untersuchung dieses Phänomens wurden Nicht-Nullsummenspiele auch experimentell untersucht, wobei die Experimente mit und ohne Verständigung zwischen den Spielern erfolgten. Die Ergebnisse besagen, daß sich für Spiele mit Verständigung für das Erreichen der Stabilität eine höhere Wahrscheinlichkeit ergab und daß in diesem Falle Stabilität auch schneller erreicht wurde.

Die Theorie der Metaspiele sowie durchgeführte Experimente lassen den Schluß zu, daß sowohl in konstruierten als auch in realen Konfliktsituationen die Spieler zumeist einen Gleichgewichtspunkt anstreben, der alle anderen Gleichgewichtspunkte dominiert, d. h. in der Matrix des Metaspiels einen Gleichgewichtspunkt darstellt, der für alle Spieler der vorteilhafteste ist. In der Theorie der Metaspiele existiert darüber hinaus noch der Begriff des *altruistischen Gleichgewichtspunkts*. Dabei handelt es sich um einen dominierenden Gleichgewichtspunkt, der zusätzlich die Eigenschaft besitzt, das Ergebnis der Versuche eines jeden Spielers zu sein, den minimalen Gewinn des Gegenspielers zu maximieren. HOWARD vertritt die Auffassung, daß – die Existenz eines der-

artigen Gleichgewichtspunktes vorausgesetzt – nur ein altruistischer Gleichgewichtspunkt für alle Spieler voll zu akzeptieren ist. In diesem Fall wird sich auch für lange Zeit Stabilität einstellen.
→ Strategie

nichtstochastisches System (determiniertes System): dynamisches System, dessen wesentliche Parameter nicht von zufälligen Einflüssen abhängig sind bzw. bei dem bei der wissenschaftlichen (z. B. mathematischen) Beschreibung für einen bestimmten Zweck von zufälligen Vorgängen abstrahiert werden kann.
Eine für die Kybernetik besonders wichtige Theorie für einen speziellen Typ nichtstochastischer Systeme ist die Theorie der (determinierten) Automaten.
→ Automat → stochastisches System

Nummerung (Nummern): Gesamtheit der Tätigkeiten beim Erfassen, Bilden, Zuordnen und Anwenden von Nummern; sie ist eine unerläßliche Voraussetzung für den Aufbau und die Funktion betrieblicher und volkswirtschaftlicher Datenverarbeitungssysteme sowie für die Einsatzvorbereitung und den Einsatz von Datenverarbeitungsanlagen in Produktion und Verwaltung.
Unter einer *Nummer* versteht man dabei eine vereinbarte Folge von Zeichen und gegebenenfalls Zwischenräumen, mit deren Hilfe die Elemente einer Menge (Gegenstände, Sachverhalte, Personen, Ereignisse, Zusammenhänge usw.) für ihre spätere Identifikation und Klassifikation verschlüsselt sowie eindeutig (und meist verkürzt) dargestellt werden. In diesem Sinne rationalisiert die Verwendung von Nummern anstelle der normalsprachlichen Bezeichnungen die Informationsdarstellung; für die maschinelle Erfassung, Aufbereitung, Verknüpfung, Ergebnisdarstellung und Weiterleitung großer Informationsmengen (insbesondere für die Planung, Lenkung und Abrechnung der Betriebe, Institutionen und der Volkswirtschaft) ist die Verwendung von Nummern technisch und ökonomisch unumgänglich.
Zeichen für den Nummernaufbau sind Ziffern (z. B. die arabischen Ziffern 0, 1, 2, ..., 9), Buchstaben (z. B. A, B, C, ..., Z) und Sonderzeichen (z. B. /, :, (, *, –, "). Sonderzeichen und Zwischenräume sind *Gliederungsmittel*, sofern sie ausschließlich dazu

bestimmt sind, eine gegliederte, übersichtliche und visuell leicht lesbare Schreibweise der Nummern zu ermöglichen. Sind Sonderzeichen und Zwischenräume jedoch Nummernbestandteile mit festgelegter Bedeutung, dann sind sie keine reinen Gliederungsmittel und dürfen nicht weggelassen werden, z. B. beim Übertragen der Nummern in Lochschrift. Es werden *alphanumerische Nummern* (aus Ziffern, Buchstaben und gegebenenfalls Sonderzeichen und Zwischenräumen gebildet), *numerische Nummern* (aus Ziffern gebildet) und *Alphanummern* (auch *Buchstabennummern*; aus Buchstaben und gegebenfalls Sonderzeichen und Zwischenräumen gebildet) unterschieden. Eine Nummer kann mehrere Nummernteile umfassen. Ein *Nummernteil* besteht aus einer Stelle oder aus mehreren zusammengehörigen Stellen einer Nummer. Wird die *Stellenzahl* einer Nummer genannt, kann es sich entweder um die Anzahl Datenstellen oder um die Anzahl Schreibstellen der Nummern handeln. Unter *Datenstelle* ist jede Stelle in einer Nummer zu verstehen, die für die Aufnahme eines Zeichens (Ziffer, Buchstaben oder Sonderzeichen) bestimmt ist; eine *Schreibstelle* dagegen ist eine Nummernstelle, die für die Aufnahme eines Zeichens oder das Anbringen eines Gliederungsmittels vorgesehen ist. Jede Schreibstelle entspricht z. B. einem Anschlag auf der Schreibmaschine, jede Datenstelle dagegen entspricht einem Speicherplatz für ein Zeichen, etwa einer Lochspalte.

Jede Nummer, die einen Gegenstand, Sachverhalt usw. eindeutig und unverwechselbar bezeichnet, heißt *Identifizierungsnummer*. Zum Unterschied davon dient die *Klassifizierungsnummer* (Ordnungsnummer) dem Zuordnen eines Gegenstandes usw. zu einer der festgelegten Gruppen des Objektbereichs, d. h. zu der jeweiligen Menge von Gegenständen, Sachverhalten, Zusammenhängen usw., die durch Nummern dargestellt werden soll. Viele in der Praxis anzutreffende Nummern sind zugleich Identifizierungs- und Klassifizierungsnummern. Es gibt aber auch Nummern, die nur identifizieren oder nur klassifizieren. So sind insbesondere *Zählnummern*, mit denen die Gegenstände usw. lediglich gezählt werden, reine Identifizierungsnummern, und *Kennnummern* (Kennzahlen oder Kennbuchstaben) reine Klassifizierungsnummern, sofern sie jeweils mehreren Individuen des Objektbereiches zukommen, diese aber nicht unterscheiden (z. B. Zahlen oder Buchstaben auf gleichartigen Transportbehältern zur Kennzeichnung ihres Herkunftsortes).

Bei der Einsatzvorbereitung von Datenverarbeitungsanlagen

erfolgt die Nummerung gewöhnlich in den Arbeitsstufen *Analyse* (des gegebenen betriebsorganisatorischen Zustandes), *Entwurf und Projektierung* (des neuen Zustandes) sowie *Umstellung* (der Betriebsorganisation). Sie geschieht zweckmäßigerweise in Kombination von dezentralisierter Tätigkeit der Fachgebietsspezialisten bei der Erteilung, Anwendung und Ablösung der Nummern mit zentralisierter Bildung, Koordinierung und Entwicklung der *Nummernsysteme*.

Unter einem *Nummernsystem* versteht man einen systematisch aufgebauten Komplex von Nummern oder Nummernteilen, deren Bedeutungen, Stellenzahl, Zeichenart und Schreibweise festgelegt sind. Ein Nummernsystem wird durch das *Nummernschema*, den *Nummernplan* und den *Nummernschlüssel* vollständig dargestellt. Diese Gegebenheiten seien anhand eines Beispiels erläutert:

Nummernschema

X X X XX

Nummernteil D: 4. und 5. Stelle, numerisch
Nummernteil C: 3. Stelle, numerisch
Nummernteil B: 2. Stelle, alphabetisch
Nummernteil A: 1. Stelle, alphabetisch

Nummernplan

1. Nummernteil A: Wohnort der Beschäftigten
   Buchstabe A: Wolkenhausen
   B: Regendorf
   C: Großwetterwitz
   ....
   S: Brausenau

2. Nummernteil B: Arbeitsort der Beschäftigten (Kombinatsbetrieb und Abteilung)
   Buchstabe A: Betrieb Rossau, Abteilung 1
   B: Betrieb Rossau, Abteilung 2
   C: Betrieb Neuhaus, Abteilung 1
   D: Betrieb Neuhaus, Abteilung 2
   E: Betrieb Neuhaus, Abteilung 3
   ....
   P: Betrieb Wachsmuth, Abteilung 8

3. Nummernteil C: Geschlecht und Tätigkeitsart
   Ziffer 1: männlich, Lohnempfänger
   2: männlich, Gehaltsempfänger
   3: männlich, Lehrling
   4: weiblich, Lohnempfänger
   5: weiblich, Gehaltsempfänger
   6: weiblich, Lehrling

4. Nummernteil D: Zählnummer

Nummernschlüssel

Nummer	Name des Beschäftigten
CA 4 26	Eva Steinherz
BE 4 01	Erna Schneidin
AP 1 13	Friedrich Tokaj
SC 2 81	Jens Löfflein
....	....
HJ 6 30	Ursula Duderitz

Während das *Nummernschema* darstellt, wie die Nummern innerhalb eines Nummernsystems hinsichtlich ihrer Stellenzahl, Zeichenart und Schreibweise allgemein gebildet werden sollen, ist der *Nummernplan* eine Übersicht über die im voraus festgelegten allgemeinen Bedeutungen der Stellen der Nummern sowie über die Zuordnungen von Nummernbereichen (d. h. die Anzahl von Nummern zwischen zwei festgelegten Nummern des Nummernsystems) zu Objektbereichen. Indem den Elementen eines Objektbereiches nach dem Nummernplan gebildete Nummern zugeteilt werden, entsteht der *Nummernschlüssel*, d. h. ein vollständiges Verzeichnis darüber, welche konkreten Nummern gebildet und welche Bedeutungen (welche Nummerungsobjekte) den einzelnen Nummern zugeteilt worden sind.
Nummernsysteme sind unerläßliche Bedingungen für das Funktionieren beliebiger institutioneller Datenverarbeitungssysteme; sie ermöglichen die rationelle Bezeichnung, Verarbeitung, Identifizierung und Klassifizierung der Daten. Die Effektivität der betrieblichen und volkswirtschaftlichen Informationssysteme hängt wesentlich von der Qualität der Nummernsysteme ab. Das betrifft z. B. den Gebrauchswert der Informationen hinsichtlich ihrer Integrationsfähigkeit und Aggregierbarkeit für die verschiedenen Leitungsbereiche und -ebenen. Mit der Einsatzvorbereitung und dem Einsatz von Datenverarbeitungsanlagen ist die

Ausarbeitung und Anwendung rationalisierter, gegebenenfalls optimaler Nummernsysteme verbunden. Die Umstellung von Nummernsystemen ist eine komplexe und komplizierte Aufgabe, die meist hohe Aufwendungen verursacht und erhebliche Umstellungsschwierigkeiten nach sich zieht.
In Analogie zur Unterscheidung der Arten verwendeter Nummern unterscheidet man verschiedene Typen von Nummernsystemen, die sich vielfältig miteinander kombinieren lassen: das *numerische Nummernsystem* (die Nummern sind aus Ziffern gebildet), das *alphabetische Nummernsystem* (die Nummern sind aus Buchstaben und gegebenenfalls Sonderzeichen und Zwischenräumen gebildet) sowie das *alphanumerische Nummernsystem* (die Nummern sind aus Ziffern, Buchstaben und gegebenenfalls Sonderzeichen und Zwischenräumen gebildet). Während im numerischen Nummernsystem entsprechend der Zeichenzahl 0 bis 9 je Nummernstelle 10 Unterscheidungen möglich sind, stehen im alphabetischen Nummernsystem je Nummernstelle 26 Zeichen (A bis Z), im alphanumerischen Nummernsystem 36 Zeichen (ohne Sonderzeichen und Umlaute gerechnet) zur Verfügung. Mit 2 Stellen können daher im numerischen Nummernsystem maximal $10^2 = 100$ Nummern, im alphanumerischen $36^2 = 1296$ Nummern gebildet werden. Die Verwendung des Alphabets für die Nummernbildung dient dazu, mit geringer Stellenzahl einen möglichst großen Nummernvorrat zu bilden, ermöglicht eine Anordnung der Nummern (die z. B. Familiennamen vertreten) in alphabetischer Reihenfolge und erweitert die Möglichkeiten der Gruppenbildung.
Vom echten alphabetischen Nummernsystem ist das *quasialphabetische Nummernsystem* zu unterscheiden, dessen Nummern aus Ziffern aufgebaut sind, die Buchstaben repräsentieren, z. B. 01 = A, 02 = B, 03 = C usw.
Ein *mnemonisches Nummernsystem* (auch *sprechendes Nummernsystem* genannt) ist durch Nummern gekennzeichnet, die ganz oder teilweise ohne Entschlüsselung verstanden werden können, wie dies etwa für eine Personalnummer zutrifft, die in einem Nummernteil das unverschlüsselte Geburtsjahr enthält (z. B. 12 88 36 für einen Beschäftigten des Jahrganges 1936).
Ein *identifizierendes Nummernsystem* (Identifikationsnummernsystem) ist aus Nummern aufgebaut, mit denen die Individuen des Objektbereiches zwar eindeutig und unverwechselbar bezeichnet, jedoch nicht unbedingt auch klassifiziert werden können. Eine Abart eines ausschließlich identifizierenden Nummern-

systems ist das *Zählnummernsystem* (auch *systemloses Nummernsystem* genannt), bei dem den Gegenständen, Sachverhalten usw. eine nach der natürlichen Zahlenfolge fortlaufend zu vergebende Nummer mit festgelegter Stellenzahl analog dem Zählen zugeordnet wird (z. B. den Beschäftigten eines Betriebes eine vierstellige Zählnummer, beginnend mit 0001).

Ein *klassifizierendes Nummernsystem* (Klassifikationsnummernsystem) ist aus Nummern gebildet, mit denen die Individuen des Objektbereiches nach einem oder mehreren Merkmalen gruppiert, jedoch nicht unbedingt auch identifiziert werden können. Die als Beispiel angeführte, ausschließlich identifizierende Beschäftigtennummer führt zu einem klassifizierenden *und* identifizierenden Zählnummernsystem, indem zwei oder mehrere Nummernbereiche für Gruppierungen der Beschäftigten festgelegt werden: die Nummern 0001 bis 1000 mögen z. B. den weiblichen Beschäftigten, die Nummern 1001 bis 2000 den männlichen zugeordnet werden. Durch erneute Teilung dieser Nummernbereiche könnten die beiden Hauptgruppen der Beschäftigten weiterhin gruppiert werden, z. B. nach ihrer Betriebsabteilung, wozu die Nummernbereiche 0001 bis 1000 bzw. 1001 bis 2000 in so viele Teilbereiche gegliedert werden müßten, wie Betriebsabteilungen vorhanden sind.

Das Beispiel gehört zu den *nichtdekadisch klassifizierenden Nummernsystemen*. Bei den *dekadisch klassifizierenden Nummernsystemen* werden dagegen die Ordnungsbegriffe (z. B. Beruf und Einkommensgruppe) nicht Nummernbereichen, sondern ein- oder mehrstelligen Nummernteilen zugeordnet, wodurch je Ordnungsbegriff mit einer Stelle 10, mit zwei Stellen 100 Gruppierungen usw. möglich sind.

Von großer praktischer Bedeutung ist auch die Unterscheidung von fehlergesicherten und nicht fehlergesicherten Nummernsystemen, wobei *fehlergesicherte Nummernsysteme* dadurch charakterisiert sind, daß bestimmte Sicherheitsmaßnahmen angewendet werden, um Nummern, die nicht stellenzahl- oder zeichengetreu übertragen werden, zu erkennen und einer besonderen Behandlung zuzuführen. Die möglichen Sicherheitsvorkehrungen reichen (je nach Fehlerart und Übertragungsbedingungen) von einfachen Ablesekontrollen (visuell oder maschinell) über Quer- und Mischsummenbildung bis zu Sicherheitsnummern und selbstprüfenden Nummern.

Schließlich können Nummernsysteme die Eigenschaften der *Aggregierbarkeit* und *Durchgängigkeit* aufweisen. Ein *aggregier-*

bares Nummernsystem setzt nach dem Dezimalsystem klassifizierende Nummern voraus, die nach den Gruppen der jeweils übergeordneten Stelle verdichtet und dadurch stellenzahlmäßig verdichtet werden können. Ein aggregierbares Nummernsystem ist z. B. die volkswirtschaftliche Erzeugnis- und Leistungsnomenklatur. Ein Ausschnitt davon ist z. B.:

138 00 000	Erzeugnisse für die Automatisierung
138 20 000	Maschinen und Ausrüstungen für die Datenverarbeitung und Bürotechnik
138 21 000	Elektronische Rechenmaschinen
138 21 100	Elektronische Digitalrechenautomaten und zugehörige Einzelgeräte
138 21 110	Digitale Universalrechenautomaten
138 21 111	Digitale programmgesteuerte Kleinrechner

Von einem *durchgängigen Nummernsystem* wird gesprochen, wenn die Nummern in gleichbleibender Darstellung und ohne Umschlüsselung von mehreren Leitungsebenen und/oder -bereichen verstanden und für die unterschiedlichen Zwecke der Informationsverarbeitung genutzt werden können. Die Durchgängigkeit von Nummern in vertikaler Richtung (für verschiedene Leitungsebenen) setzt deren Aggregierbarkeit voraus. Die Erzeugnis- und Leistungsnomenklatur z. B. ist ein vom Betrieb bis zur zentralen Volkswirtschaftsplanung durchgängiges Nummernsystem, das jedoch für die vielfältigen innerbetrieblichen Bedürfnisse der mittelfristigen Produktions-, Material- und Kostenplanung nicht ausreicht und dafür in andere Nummernsysteme übersetzt werden muß.

Weitere Nummernsysteme für die betriebliche und überbetriebliche Datenverarbeitung sind auf die Planung, Lenkung und Abrechnung der Erzeugnisse und Leistungen, der Produktion, des Materials, der Arbeitskräfte, der Arbeitszeit und des Lohnes, der Grundmittel, des Absatzes und der Finanzen, der Information und Dokumentation bezogen, z. B. die Zeichnungs- und Stücklistennummer, die Material-, Mengeneinheits-, Lieferanten- und Lagerstellennummer, die Betriebsmittel-, Arbeitsgang- und Fertigungsartennummer, die Personal-, Beschäftigtengruppen-, Qualifikations- und Lohngruppennummer, die Kostenträger-, Kostenstellen- und Kostenartennummer, die Inventarnummer, die Konten-, Kunden-, Rechnungsein- und -ausgangsnummer u. a.

Ein wichtiges Erfordernis für eine rationelle elektronische Datenverarbeitung sind aufeinander abgestimmte, integrationsfähige betriebliche und überbetriebliche Nummernsysteme, die mit geringster Stellenzahl und Umschlüsselungsarbeit alle Anforderungen hinsichtlich Eindeutigkeit, Aussagekraft und Gruppierbarkeit vom Standpunkt des komplexen Prozesses von der Forschung und Entwicklung über die Produktion bis zum Absatz erfüllen.

Im Rahmen der *Nummerungstechnik* (man versteht darunter die Gesamtheit von Verfahrensweisen, Regeln und Methoden beim Nummern, jedoch keine Gerätetechnik) ist eine Reihe spezieller Fachtermini geprägt worden. So versteht man unter *Benummern* das erstmals erfolgende Erteilen (Zuordnen) einer Nummer beim Aufstellen des Nummernschlüssels, was nicht mit dem *Numerieren* verwechselt werden darf, dem Zuteilen von Zählnummern zu konkreten Gegenständen, Ereignissen, Personen usw. (z. B. das Numerieren der produzierten Motoren in einer Motorenfabrik).

Dem Benummern ist das *Entnummern* entgegengesetzt, wobei eine Nummernerteilung im Nummernschlüssel aufgehoben (eine Nummer abgelöst) wird, weil der betreffende Gegenstand usw. nicht mehr zum Objektbereich gehört. Gehört dieser Gegenstand jedoch weiterhin dazu und soll er nur eine andere Nummer erhalten, findet ein *Umnummern* statt, d. h. die dem Gegenstand usw. erteilte Nummer (der Nummernteil) wird durch eine andere Nummer (einen anderen Nummernteil) aus demselben Nummernsystem ersetzt. Die beim Entnummern von ihrer Bindung an einen Gegenstand abgelöste Nummer erhöht die Anzahl der noch verfügbaren Nummern des Nummernbereiches (den *Nummernvorrat*), die für neu in den Objektbereich gelangende Individuen verteilt werden kann. Das Verwalten der Nummern ist vor allem mit dem *Änderungsdienst* (Erteilen und Ablösen der Nummern) verbunden, dem in der Praxis betriebsorganisatorischer Datenverarbeitungssysteme mit Datenverarbeitungsanlagen eine große Bedeutung zukommt, weil von ihm die volle Wirksamkeit der Identifikations-, Klassifikations- und Rationalisierungsfunktion der Nummern abhängt.

Unter *Verschlüsseln* versteht man das Übersetzen der Bezeichnung eines Gegenstandes oder der Beschreibung eines Sachverhalts usw. aus dem vorliegenden Klartext in eine Nummer oder einen Nummernteil, die in einem Nummernschlüssel bereits festliegen. Beim entgegengesetzten Vorgang, dem *Entschlüsseln*, wird die

Nummer oder der Nummernteil mit Hilfe des Nummernschlüssels in die Klartextbezeichnung oder -beschreibung des Gegenstandes, Sachverhalts usw. übersetzt. Während sich das Ver- und Entschlüsseln innerhalb ein und desselben Nummernsystems abspielen, wird beim *Umschlüsseln* eine Nummer oder ein Nummernteil aus einem Nummernsystem in die adäquate Nummer (den entsprechenden Nummernteil) eines anderen Nummernsystems übersetzt.

Nystagmusrhythmus: periodische Anspannung und Entspannung der Muskeln im Ruhezustand, die durch ein verschachteltes System der biologischen Informationsübertragung in höheren organischen Systemen aufrechterhalten wird.

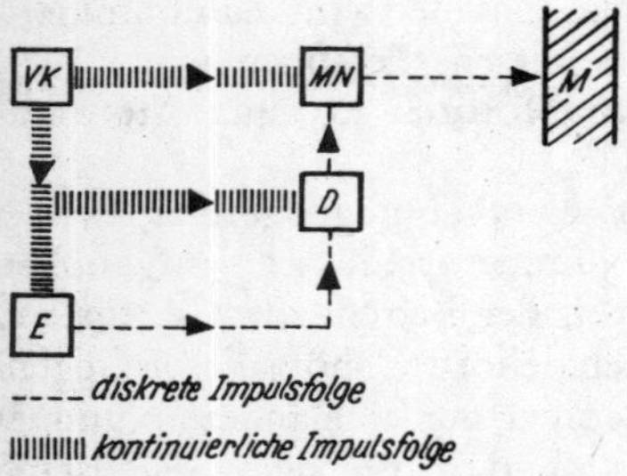

Nystagmusrhythmus

Nach L. DE NÓ muß man sich den Vorgang wie folgt vorstellen: Im *Vestibularkern VK* wird ein kontinuierlicher Impulsstrom erzeugt, der zum sog. *Motoneuron MN* geleitet wird. Die durch diesen Strom hervorgerufene Erregung von *MN* reicht nicht aus, um Impulse zu erzeugen. Es bedarf dazu noch eines kontinuierlichen Impulsstromes von *VK* nach *E*, der einen diskontinuierlichen Strom von *E* nach *D* auslöst, auf den *D* seinerseits mit einem gleichartigen Impulsstrom nach *MN* antwortet. *MN* erzeugt Impulse dann und nur dann, wenn der kontinuierliche Impulsstrom von *VK* und der diskontinuierliche von *D* zur gleichen Zeit eintreffen. Jeder Impuls von *MN* spannt den Muskel *M*; in der nach Aussendung des Impulses folgenden Pause der Inaktivität von *MN* entspannt sich der Muskel.
Der Nystagmusrhythmus ist ein Beweis dafür, daß die Muskeln in ständiger Bewegung begriffen sind, und zwar auch dann, wenn keine zielgerichteten Befehle von höheren Zentren sie in Bewegung setzen. Die Aktivität von *MN* tritt nur ein, wenn die Ein-

heit zweier dialektischer Gegensätze (diskrete und kontinuierliche Impulsfolge) gegeben ist. Der Nystagmusrhythmus kann zugleich auch als bemerkenswertes Beispiel eines Übergangs von kontinuierlicher zu diskreter Impulsfolge und damit als Widerlegung der Auffassung aufgefaßt werden, daß es im Organismus „letztlich“ nur eine der beiden Formen der Impulsübertragung (entweder diskrete oder kontinuierliche) gäbe.

O

Objektsprache: Sprache (Umgangssprache, Fachsprache, formalisierte Sprache usw.), in der über die Objekte einer Theorie gesprochen wird; Gegensatz zur *Metasprache*, in der über die Begriffe, Termini usw. gesprochen wird, die diese Theorie (ihre Sprache) verwendet.
Die Begriffe Objektsprache bzw. Metasprache sind relativ. Was jeweils Objektsprache und Metasprache ist, ergibt sich aus der Stellung dieser Sprache in der Hierarchie der Sprachen. Eine Sprache, die in bezug auf eine andere Sprache Metasprache ist, kann in anderem Zusammenhang selbst wieder Objektsprache sein. Wenn wir beispielsweise die französische Sprache lernen, so ist die deutsche Sprache Metasprache. Andererseits benutzen wir unsere deutsche Sprache, um unsere natürliche und gesellschaftliche Umgebung, d. h. den für uns wesentlichen Bereich der objektiven Realität, zu beschreiben. Die deutsche Sprache fungiert hier als Objektsprache.
Die Unterscheidung von Objektsprache und Metasprache findet ihre Begründung in der *Theorie der semantischen Stufen*, die ein wichtiges Instrument der Wissenschaftstheorie ist.
→ Metasprache

offenes System: dynamisches System, das mindestens ein Element besitzt, dessen Eingang nicht Ausgang eines anderen Elements desselben Systems ist, oder mindestens ein Element, dessen Ausgang nicht Eingang eines anderen Elements dieses Systems ist.

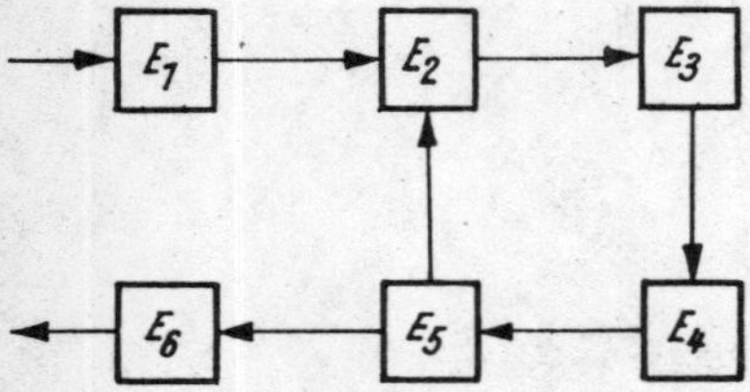

Offenes System mit 6 Elementen

Alle wirklichen Systeme sind in letzter Instanz offene Systeme, d. h., sie stehen im Stoff-, Energie- und Informationsaustausch mit der Umgebung. So gehört es z. B. zu den wesentlichen Existenzbedingungen lebender Systeme, einen ständigen Stoffwechsel mit der natürlichen Umwelt aufrechtzuerhalten.

Bei der Beschreibung des Verhaltens dynamischer Systeme erweist es sich indessen oft als zweckmäßig, ihrer Natur nach offene Systeme als geschlossene Systeme zu behandeln, d. h. von den Wechselbeziehungen zur Umwelt zu abstrahieren. Voraussetzung dafür ist, daß sich diese Abstraktion rechtfertigen läßt: Die zu untersuchenden Aspekte des Systemverhaltens dürfen höchstens unwesentlich von den vernachlässigten Einflußgrößen abhängen. Auch kybernetische (insbesondere selbstregulierende und selbstorganisierende) Systeme sind dem Wesen nach offene, mit ihrer Umgebung in Wechselbeziehungen stehende Systeme; sie enthalten aber stets wesentlich geschlossene Teilsysteme, deren Funktion je nach der Entwicklungshöhe des betreffenden kybernetischen Systemtyps verschiedene Formen von Selbstregulation, homöostatischem Verhalten oder selbstorganisierenden Prozessen realisiert.
→ geschlossenes System

ökonomische Homöostase: stabiles und optimales (bzw. im ökonomischen Gleichgewicht befindliches) Funktionieren des ökonomischen Systems in einer sich verändernden sozialen Umwelt.
Als Modelle für optimale homöostatische Systeme können alle sog. optimalen ökonomischen Systeme dienen, deren Verhalten von der Optimierungsvorschrift (Maximierung oder Minimierung) einer Zielfunktion bei vorgegebenen Bedingungen bestimmt wird. In voller Übereinstimmung mit der Definition der Homöostase funktionieren in der Realität solche ökonomischen Systeme in ihrer Umwelt, indem die Zielfunktion bei allen festgelegten Restriktionen keinen beliebigen, sondern den Optimalwert annimmt. Mit anderen Worten, die zulässigen Grenzen der wesentlichen Variablen (der Zielfunktion) werden durch eine vollständig bestimmte Optimierungsvorschrift vorgegeben, d. h., es existiert eine gewisse Abbildung der Parameter, die die Umwelt (die Parameter der Nebenbedingungen) und die Werte der wesentlichen Variablen des Zustandes des Systems beschreiben.
Die Synthese eines Systems der optimalen Planung z. B. ist die Synthese eines homöostatischen Systems. Deshalb muß ein Mechanismus konstruiert werden, der alle Veränderungen der sozialen Umwelt in konkrete Zustände des ökonomischen Systems transformiert. So müssen z. B. den demographischen Veränderungen in den Konsumentenfamilien bzw. dem unerwarteten Wachstum des wissenschaftlich-technischen Fortschritts unbedingt Verände-

rungen in der Verteilung des Einkommens und der Konsumgüter bzw. in den Verfahren der Produktion und Akkumulation (unter weiterer Beibehaltung der Forderung nach Optimalität) entsprechen. Das homöostatische Funktionieren ist unmöglich ohne ein entsprechendes System der Rückkopplungen, der Informationsversorgung und hinreichend schneller Verarbeitungsmittel.

Ein anderes Beispiel für die ökonomische Homöostase sind die stabilen, im Gleichgewicht befindlichen ökonomischen Systeme, deren Gleichgewicht durch den Marktregulierungsprozeß der Preise aufrechterhalten wird. Hier werden – wie im Falle der optimalen Systeme – die Veränderungen der Umwelt (z. B. infolge der Veränderung des Geschmacks der Konsumenten, der technologischen Möglichkeiten usw.) durch die Veränderung der Differenz zwischen Nachfrage und Angebot und durch die Veränderung des Preissystems kompensiert. Natürlich ist die Aufrechterhaltung des stabilen Gleichgewichts der Marktwirtschaft nur bei Erfüllung einer Reihe von Voraussetzungen möglich, die in der Realität häufig nicht erfüllt sind (die Forderungen nach dem „Fehlen von Koalitionen“ oder dem Fehlen der Monopolisierung der Preise). Für das kapitalistische System sind Krisen, Störungen der Stabilität usw. charakteristisch. N. Wiener bezeichnete die kapitalistische Gesellschaft als antihomöostatisch.

Die Tatsache, daß nur sowohl die im Gleichgewicht befindlichen als auch die optimalen ökonomischen Systeme homöostatische Systeme sind, zeigt sich in einer gewissen *Äquivalenz von Gleichgewicht und Optimalität*. Diese Äquivalenz kann jedoch keinen absoluten Wert annehmen, weil sie in einer Reihe von Fällen verletzt wird, d. h., die optimalen Zustände der Wirtschaft können sich auch nicht im Gleichgewicht befinden. Es ist wichtig zu berücksichtigen, daß die Begriffe des Gleichgewichtes und der Optimalität Spezialfälle der Homöostase sind und einzelne Seiten ihres Wesens hervorheben. Die realen Mechanismen der Steuerung und des ökonomischen Automatismus sind jedoch eine unmittelbare Realisierung der ökonomischen Homöostase.

ökonomische Information: Information über die gesellschaftlichen Prozesse der Produktion, der Distribution, des Austausches und der Konsumtion materieller Güter.

Die Widerspiegelung der ökonomischen Beziehungen und Prozesse der gesellschaftlichen Produktion bildet den Inhalt der ökonomischen Informationen zum Unterschied von anderen

Informationsarten, die im Leitungssystem der Volkswirtschaft Verwendung finden (wie z. B. die technischen Informationen, die die Beziehungen zwischen den stofflichen Produktionselementen widerspiegeln oder die sozialen Informationen, die die außerökonomischen sozialen Beziehungen und Prozesse widerspiegeln).

Der Begriff der ökonomischen Information ist von den gewöhnlich gleichgesetzten Begriffen ökonomische Daten, ökonomische Kenntnisse, ökonomische Angaben zu unterscheiden. Diese werden in einer bestimmten Sprache und auf einem bestimmten materiellen Träger in Form von Kennziffern, Tabellen, Texten, Dokumenten dargestellt und sind eine Widerspiegelung ökonomischer Erscheinungen, die von sich aus nicht an eine bestimmte Aufgabe, an einen bestimmten Nutzer gebunden ist. Die ökonomischen Informationen stellen Kenntnisse und Angaben dar. Aber nicht alle Kenntnisse und Angaben sind Informationen. Sie werden unter folgenden Bedingungen zu Informationen: a) wenn der Empfänger eine bestimmte Aufgabe löst; b) wenn sie die Unbestimmtheit der Aufgabenbedingungen verringern. Daten, Angaben und Kenntnisse sind im allgemeinen insofern nötig, als sie Informationen sein können.

Klassifizierung der ökonomischen Informationen. Entsprechend ihrem Inhalt können die ökonomischen Informationen folgendermaßen klassifiziert werden:

a) *nach den Phasen und Prozessen der Reproduktion:* Informationen über die Produktion, die Distribution, den Austausch und die Konsumtion;

b) *nach den Elementen* (den Faktoren) *der Reproduktion:* Informationen über Bevölkerung und Arbeitskräfteressourcen, die natürlichen Ressourcen, die Erzeugnisse und Leistungen, die Geldmittel usw.;

c) *nach den abgebildeten Struktureinheiten:* Informationen über die Volkswirtschaftszweige, Wirtschaftsgebiete, Betriebe, Organisationen usw.

Die Klassifikation der ökonomischen Information nach diesen Merkmalen entspricht der Klassifikation der abgebildeten Prozesse, Objekte und Struktureinheiten. Nach ihrer Zweckbestimmung im Leitungsprozeß wird die ökonomische Information in *Lenkungsinformation* (*Befehlsinformation*) und in *Berichtsinformation* aufgegliedert. Die wichtigste Aufgabe der Lenkungsinformation besteht darin, die auszuführenden Entscheidungen entweder in Form von direkten Weisungen oder in Gestalt ökonomischer und

anderer Stimuli, die das Verhalten der geleiteten Objekte beeinflussen, an die Durchführenden zu übermitteln. Allerdings kann im Prozeß der Ausarbeitung von endgültigen Entscheidungen die Lenkungsinformation in den Zwischenetappen auch eine andere Bestimmung erfüllen, etwa die der Abstimmung zwischen Organen derselben Leitungsebene, um den übergeordneten Organen beabsichtigte Handlungen und Bedürfnisse der ihnen unterstellten Organisationen (Planentwürfe) mitteilen zu können. Die Zweckbestimmung der Berichtsinformation besteht darin, eine Rückkopplung im Leitungssystem der Wirtschaft zu sichern. Innerhalb dieser beiden großen Klassen werden die ökonomischen Informationen nach dem Merkmal der Leitungsfunktion klassifiziert, die sie erzeugt: Planungsinformationen werden bei der Planung hervorgebracht, Informationen über Rechnungsführung und Statistik entstehen durch die Funktionen von Rechnungsführung und Analyse, Normeninformationen werden von der Normung ausgearbeitet usw.
Ökonomische Information wird in der Regel in Form von Zeichen übertragen und verarbeitet, die auf verschiedenen materiellen Trägern festgehalten werden. Zeichensysteme, die für den Austausch von Daten verwendet werden, bilden die Sprachen der ökonomischen Information. Ihre gemeinsame Grundlage ist die natürliche Sprache. Im Zusammenhang mit der Anwendung der maschinellen Rechentechnik für die Datenverarbeitung erweitern sich jedoch die Möglichkeiten für die Anwendung von verschiedenen künstlichen Sprachen wie Klassifizierungssprachen mit Ziffernkodes (Klassifikatoren), Informationssprachen vom Deskriptortyp usw. Das führt dazu, daß beim Studium der ökonomischen Information in zunehmendem Maße Methoden der Semiotik angewandt werden.
Messung von ökonomischer Information. Die auf der statistischen Informationstheorie von N. Wiener und C. E. Shannon beruhenden Methoden sind für die Messung ökonomischer Information nicht anwendbar, da es hierfür notwendig ist, eine Reihe von Eigenschaften zu berücksichtigen, die von der Nachrichtentheorie nicht betrachtet werden. Hierzu gehören Eigenschaften wie Nützlichkeit, Sinn, Wert, Informativität und andere Aspekte ökonomischer Nachrichten. Die allgemeine Informationstheorie hat bis jetzt keine genügend universellen Maße für die Beurteilung von Nachrichten ausgearbeitet. Deshalb wird in der Praxis nur der Umfang von ökonomischen Daten nach der Zahl von numerischen und alphabetischen Zeichen, nach der Zahl der Kenn-

ziffern und Dokumente gemessen. Eine wichtige Einheit für die Messung von ökonomischen Daten mit quantitativem Charakter ist die Kennziffer. Unter einer *Kennziffer* wird eine Aussage verstanden, die die quantitative Charakteristik einer der Eigenschaften des widergespiegelten Objekts beinhaltet. Die Kennziffer ist die kleinste bedeutungstragende Einheit, die selbständiger Gegenstand einer Nachricht oder eines Dokuments sein kann. Dokumente, d. h. materielle Informationsträger, die für die Speicherung und Übertragung geeignet sind und die als Gesamtheiten von Kennziffern betrachtet werden, können ebenfalls benutzt werden, um den Umfang von ökonomischen Daten zu bewerten. Sie unterscheiden sich jedoch wesentlich in der Zahl der in ihnen enthaltenen Kennziffern und in anderen Angaben.

Charakteristika der ökonomischen Informationsflüsse. In einem Leitungssystem sind die Funktionen, die von verschiedenen Leitungsorganen realisiert werden, durch Informationsflüsse verbunden. Sie werden durch Richtung, Struktur (Zusammensetzung), Intensität und Periodizität (Zeitregime) charakterisiert. Bezüglich der Richtung werden horizontale Informationsflüsse, die die Leitungsorgane einer Ebene verbinden, und vertikale (auf- und absteigende) Informationsflüsse unterschieden, die die Leitungsorgane verschiedener Ebenen verbinden.

Bisher durchgeführte Forschungsarbeiten gestatten es, eine allgemeine Vorstellung vom Umfang des Umlaufs der in Dokumenten niedergelegten ökonomischen Daten in einer Reihe wichtiger Volkswirtschaftszweige zu gewinnen.

Nach den Angaben dieser Untersuchungen wird der jährliche Umlauf ökonomischer Daten innerhalb eines Industriebetriebes auf 50000 bis 2000000 Dokumente (Belege) und auf 3,5 bis 100 Millionen Kennziffern geschätzt. Der Umfang der Eingangs- und Ausgangsdaten (der äußere Umlauf) eines mittleren Industriebetriebes beträgt etwa 100000 Dokumente (Belege) und 1000000 Kennziffern. Den Hauptanteil davon machen die Transportdokumente und die Verrechnungs- und Zahlungsbelege aus (80 bis 90% des äußeren Dokumenten- bzw. Belegumlaufes bezogen auf die Anzahl der Dokumente bzw. Belege, aber nur 40 bis 50% bezogen auf die Anzahl der Kennziffern). Ein mittlerer Industriebetrieb fertigt jährlich eine statistische und buchhalterische Berichterstattung im Umfange von 60000 bis 80000 Kennziffern an. Der Gesamtumfang des innerbetrieblichen Umlaufes ökonomischer Daten in der Industrie der UdSSR z. B. wird auf jährlich 120 bis 170 Milliarden Kennziffern geschätzt.

Leitungsebene	Datenumfang in Milliarden Kennziffern je Jahr									
	Insgesamt				darunter die Informationskanäle des Systems der material-technischen Versorgung				Informationskanäle der staatlichen Statistik	
	Rückinformationen		Steuerungsinformationen		Rückinformationen		Steuerungsinformationen		Rückinformationen	
	Eingang	Ausgang	Ausgang	Eingang	Eingang	Ausgang	Ausgang	Eingang	Eingang	Ausgang
Unionsebene	2650 bis 3600	–	950 bis 1200	–	1800 bis 2500	–	800 bis 1000	–	150 bis 200	–
Republiksebene	2350 bis 2600	435 bis 550	270 bis 330	55 bis 70	900 bis 1000	250 bis 300	200 bis 250	50 bis 60	750 bis 800	150 bis 200
Gebietsebene (territoriale Leitungsorgane)	5000 bis 5700	1450 bis 1600	550 bis 650	200	3000 bis 3500	700 bis 800	550 bis 650	200	2000 bis 2200	750 bis 800
Betriebe	–	5400 bis 6200	–	1500 bis 1700	–	3000 bis 3500	–	1000 bis 1200	–	2000 bis 2200

Die vertikalen Informationsflüsse, die die Betriebe mit den Leitungsorganen auf Gebiets-, Republiks- und Unionsebene in der UdSSR verbinden, werden durch die in der Tabelle enthaltenen Angaben charakterisiert.
Die Analyse des Umlaufes der ökonomischen Daten in der Industrie der UdSSR erlaubt folgende Schlußfolgerungen:
1. Der Hauptteil des Umlaufes vollzieht sich innerhalb und zwischen den Betrieben.
2. Das Leitungssystem zeichnet sich durch einen hohen Zentralisierungsgrad aus.
Auf den Zwischenebenen der Leitung wird nur eine 1,8- bis 2fache Aggregation der Datenflüsse erreicht; eine erhebliche Datenmenge gelangt von den Betrieben direkt zu den höheren Leitungsebenen. In den Informationskanälen der staatlichen Statistik, die eine für ein hierarchisches System normale Aggregation der vertikalen Datenflüsse aufweisen, beträgt der Aggregationsfaktor 11 bis 13%, d.h. eine 3fache Aggregation je Ebene.
3. Einen großen prozentualen Anteil an den vertikalen ökonomischen Datenflüssen haben die Daten, die durch die material-technischen Versorgungsorgane fließen. Sie betragen 68 bis 70% der Daten der Rückinformation zur Unionsebene und 60 bis 62% der Daten, die zu den territorialen Leitungsorganen gelangen. Das wird durch die geltende Ordnung der zentralen Verteilung von Materialressourcen bedingt, die den Zentralisierungsgrad des gesamten Leitungssystems wesentlich beeinflußt.
4. Die übertragenen ökonomischen Daten zeichnen sich durch einen relativ niedrigen Informationsgehalt aus. Davon zeugen die Untersuchungsergebnisse bezüglich der Nutzung von Berichtsdaten in einer Reihe von Leitungsorganen, die zeigen, daß nur 10 bis 30% der eingehenden Daten für die Entscheidungsfindung verwendet werden. Die restlichen Daten werden entweder an höhere Organe weitergeleitet oder überhaupt nicht genutzt. Gleichzeitig fehlen aber viele wichtige Angaben, die für die Lösung der Leitungsaufgaben benötigt werden.
Die Aufgaben der Hauptforschungsrichtungen auf dem Gebiet der ökonomischen Informationen bestehen darin, zu gewährleisten
a) die vollständigere und adäquatere Widerspiegelung der Prozesse der gesellschaftlichen Reproduktion;
b) die Vervollkommnung der Sprache der ökonomischen Informationen, die für einen effektiven Einsatz der ökonomisch-

mathematischen Methoden und der Rechentechnik erforderlich ist;
c) die Befriedigung der Bedürfnisse der Leitung der Volkswirtschaft bezüglich Quantität und Qualität der ökonomischen Informationen bei minimalem Aufwand für die Informationserfassung, -verarbeitung, -speicherung und -übertragung.
→ ökonomische Semiotik

ökonomische Kybernetik: wissenschaftliche Disziplin, die sich mit der Erforschung und formalisierten Beschreibung ökonomischer Systeme als ganzheitliche Systeme sowie mit der Aufdeckung und Kennzeichnung der strukturellen und funktionellen Komponenten der Leitung dieser Systeme befaßt, u. a. mit dem Ziel, wissenschaftliche Grundlagen für die Schaffung automatisierter Systeme der Leitung zu erarbeiten.
Ähnlich, wie sich die Kybernetik nur mit einer speziellen Klasse dynamischer Systeme beschäftigt, untersucht die *ökonomische* Kybernetik ausschließlich *kybernetische* Merkmale von Systemen in der *Wirtschaft*, insbesondere die ihrer *Leitung.*
Obgleich die Forschungen auf dem damit charakterisierten Gebiet intensiv betrieben werden – wobei die Sowjetunion eine führende Stellung einnimmt –, gibt es über den Gegenstand der ökonomischen Kybernetik, über ihre hauptsächlichen Fragestellungen und über ihre Abgrenzung zu anderen, insbesondere zu verwandten Disziplinen wie Ökonometrie, Operationsforschung u. ä., noch unterschiedliche Auffassungen. Innerhalb der ökonomischen Kybernetik werden meist drei größere Teilgebiete unterschieden, nämlich eine *Theorie der ökonomischen Systeme und Modelle*, eine *Theorie der ökonomischen Information* und eine *Theorie der Steuerungssysteme* in der Wirtschaft (E. S. Maiminas). Freilich ist es nicht möglich, ohne zusätzliche wirtschaftswissenschaftliche Forschungen und u. U. Erweiterungen der kybernetischen Theorie die Kybernetik auf jene spezifischen Merkmale ökonomischer Systeme und Prozesse anzuwenden, die sich in der sozialistischen Wirtschaft insbesondere daraus ergeben, daß der bewußt handelnde Mensch Hauptträger und Hauptgestalter der ökonomischen Prozesse ist. So ist es beispielsweise nur durch geeignete Modifizierungen (wie Hervorheben der Subjekt-Objekt-Dialektik u. ä.) möglich, das ursprünglich der Regelungstechnik entstammende Regelkreisschema so zu interpretieren, daß es die in einem Kollektiv sozialistischer Werktätiger bestehende Leitungsstruktur adäquat widerspiegelt.

Geschlossene Wirkungswege im Sinne von Regelungsvorgängen treten in der sozialistischen Wirtschaft indessen nicht nur bei Leitungsprozessen auf, sondern spielen auch bei der ökonomischen Stimulierung von Initiativen und Interessen der Werktätigen, z. B. im Zusammenhang mit Planverpflichtungen, eine große Rolle. Hierzu vermag aber die „klassische" Regelungstheorie keine Aussagen zu machen. Ähnliche Schwierigkeiten treten auch bei anderen ökonomischen Fragestellungen und ihrer etwaigen kybernetischen Behandlung auf. Eine aktuelle Aufgabe besteht darin, die kybernetisch wesentlichen Merkmale und Eigenschaften materieller ökonomischer Systeme und Prozesse einschließlich der Gesetzmäßigkeiten ihrer Leitung und Planung sowie die kybernetisch bedeutsamen Fragen des Wirkens ökonomischer Gesetze usw. aufzudecken und zu erforschen. Zu diesem Problemkreis gehört zunächst die Aufdeckung und die Kennzeichnung des *System*charakters der Objekte und Prozesse in der Wirtschaft, die Untersuchung ökonomischer Systeme als *ganzheitliche* Systeme (Funktion, Wechselwirkung zwischen System und Umgebung, Struktur, Bewegung, Entwicklung, Stabilität, Dialektik von Teil und Ganzem u. a.), ferner die Untersuchung des Wesens, der Aufgaben und Ziele der Leitung unter dem Aspekt der Steuerung, die Untersuchung der Einheit von Steuerung und Information in der Leitung der Wirtschaft u. a. Hierbei ist in jedem Falle von der ökonomischen Theorie des Marxismus-Leninismus, von den jeweils aktuellen Aufgaben und Zielen der ökonomischen Forschung sowie von den Erfordernissen und Zielstellungen der Vervollkommnung der Theorie und Praxis der Leitung und Planung in der entwickelten sozialistischen Gesellschaft auszugehen. Die Anwendung der Kybernetik auf ökonomische Prozesse erfordert, stets die Dialektik von kybernetischer und einzelwissenschaftlicher Forschung zu beachten.

Erkenntnisse und Aussagen zu kybernetisch relevanten Merkmalen und Eigenschaften ökonomischer Systeme und Prozesse, zu kybernetisch relevanten Gesetzmäßigkeiten der Leitung dieser Systeme und Prozesse sowie entsprechende Arbeitsmethoden zur Analyse und Modellierung ökonomischer Systeme und Prozesse als Forschungsergebnisse der ökonomischen Kybernetik sind in bezug auf die Lösung von Aufgaben der ökonomischen Forschung wie in bezug auf die Theorie und Praxis der Leitung ökonomischer Systeme und Prozesse im Sozialismus in folgender Hinsicht bedeutungsvoll:

a) Sie dienen als *erkenntnismethodische Grundlagen und Mittel* dem tieferen Eindringen in die Gesetzmäßigkeiten der Struktur und des Funktionierens ökonomischer Systeme als ganzheitliche Systeme sowie ihrer Leitung und Planung mit dem Ziel, gegebene Systeme und Prozesse besser zu beherrschen, ihr Funktionieren effektiver zu gestalten bzw. neuartige Systeme (z. B. automatisierte Systeme für die Leitung) zu projektieren. Von besonderer Bedeutung ist hierbei, daß die kybernetische Formalisierung der Struktur und des Funktionierens ökonomischer Systeme sowie der Prozesse ihrer Leitung und Planung den Zugang für die effektive Nutzung mathematischer Begriffe und Methoden sowie für den Einsatz der automatisierten Informationsverarbeitung ermöglicht.

b) Sie dienen als *instrumentelle Grundlagen und Mittel* der Erhöhung der Effektivität der praktischen Arbeit bei der Analyse, Modellierung, Projektierung und Synthese ökonomischer Systeme und Prozesse, insbesondere wiederum der Prozesse der Leitung und Planung auf der Grundlage der Analyse, Modellierung und Projektierung der entsprechenden Informationsprozesse und -systeme.

c) Sie dienen schließlich der Herausbildung und fortschreitenden Präzisierung einer weitgehend *formalisierten ökonomischen Fachsprache*, insbesondere auf dem Gebiet der Theorie ökonomischer Systeme und ihrer Leitung und Planung.

Bei der Erforschung der strukturellen und funktionellen Eigenschaften ökonomischer Systeme und Prozesse sowie ihrer Leitung und Planung auf der Ebene ökonomisch-kybernetischer Abstraktionen gewinnt die Anwendung der experimentellen Methode große Bedeutung, weil der Durchführung von Experimenten im realen ökonomischen System bzw. Prozeß aus naheliegenden Gründen verhältnismäßig enge Grenzen gesetzt sind. Für die Durchführung von Experimenten zum Zwecke der Überprüfung von Hypothesen, von Projekten der Systemgestaltung u. dgl. müssen deshalb geeignete *Modelle* genutzt werden. In der Ebene ökonomisch-kybernetischer Abstraktionen sind dies z. B. Simulationsmodelle unter Nutzung einer analogen oder digitalen Rechentechnik.

Aus den erkenntnistheoretischen Besonderheiten von Abstraktionsprozessen folgt, daß eine Überprüfung der Richtigkeit sowie der Möglichkeiten der Nutzanwendung erfolgen muß, bevor Erkenntnisse der ökonomischen Kybernetik für die Anwendung in der politischen Ökonomie, in den angewandten Wirtschaftswissenschaften, in der Praxis der Leitung und Planung sowie in der Lehre bereitgestellt werden können.

Geschichte: Der Ausdruck „ökonomische Kybernetik" zur Kennzeichnung einer wissenschaftlichen Arbeitsrichtung oder -disziplin kam in den 60er Jahren unseres Jh. auf. Seine Etablierung und erste Versuche, die Problemstellung des Gebiets zu skizzieren, erfolgte in Arbeiten von W. S. NEMTSCHINOW (Sowjetunion), H. GRENIEWSKI und O. LANGE (VR Polen) sowie ST. BEER (Großbritannien). Heute werden Forschungen unter dieser Bezeichnung in der Sowjetunion, in der Volksrepublik Polen, in der DDR sowie in einigen anderen sozialistischen Ländern betrieben. Dabei wird indessen der Ausdruck manchmal noch als Sammelbegriff betrachtet, der außer der Kybernetik die Ökonometrie, die mathematische Optimierung und die ökonomischen Anwendungen der mathematischen Spieltheorie sowie Methoden der ökonomischen Statistik umfaßt. In der sowjetischen Literatur wird zur Charakterisierung dieses großen Wissenschaftsgebietes, das ökonomische, mathematische und kybernetische Methoden und Theorien einschließt, indessen häufiger der Ausdruck „ökonomisch-mathematische Methoden" benutzt. Diese Bezeichnung wurde im genannten Sinne von W. S. NEMTSCHINOW zu Beginn der 60er Jahre eingeführt. In der gegenwärtigen Literatur der meisten anderen Länder gibt es hingegen keine allgemein anerkannte Bezeichnung für das gesamte Gebiet (in Theorie und ihren Anwendungen), auf dem Mathematik und Kybernetik in der Ökonomie eingesetzt werden. Eine mit der hier gegebenen Charakterisierung der ökonomischen Kybernetik verwandte Problematik wird in den USA, in Großbritannien und in Japan innerhalb des *management science* und im *operations research*, in Frankreich hingegen innerhalb der *informatique* behandelt.

ökonomische Semiotik: Wissenschaft von den Gesetzmäßigkeiten des Aufbaus und des Einsatzes der Formen des Informationsaustausches in ökonomischen Steuerungssystemen.
Das Entstehen der ökonomischen Semiotik steht mit den Versuchen im Zusammenhang, bei der Erforschung ökonomischer Informationen den Komplex von Vorstellungen und Verfahren der allgemeinen Wissenschaft von den Zeichen und Zeichensystemen, der *Semiotik*, anzuwenden. Ähnlich wie die allgemeine Semiotik gewöhnlich als Bestandteil der theoretischen Kybernetik aufgefaßt wird, wurde die ökonomische Semiotik dem Komplex von Disziplinen zugeordnet, die die *ökonomische Kybernetik* bilden. Durch die Untersuchung der Formen des Informationsaustausches in ökonomischen Systemen wird die ökonomische Semiotik zu

einem Forschungsinstrument auf dem Gebiet der Theorie der ökonomischen Informationen und der Informationssysteme der Leitungsorgane von Wirtschaftseinheiten. Zu den *Aufgaben der ökonomischen Semiotik* gehören die Vereinfachung und die Beseitigung der Redundanz der Informationen in der Dokumentation und im Belegwesen, die Entwicklung effektiver Formen des Informationsaustausches zwischen Mensch und Maschine in den Mensch-Maschine-Systemen der Steuerung und die Formalisierung der Sprache der Dokumente und Belege bei der Schaffung von automatisierten Systemen zur Speicherung und Verarbeitung ökonomischer Informationen.

Forschungsgegenstand der ökonomischen Semiotik ist die *Sprache der ökonomischen Steuerung* (Wirtschaftsleitung). Die ökonomische Semiotik untersucht die Sprache der ökonomischen Steuerung als Gesamtheit, die die Funktion des Informationsaustausches realisiert und strukturell aus mehreren wechselseitig verbundenen Ebenen besteht: der Ebene der Buchstaben und Elementarzeichen, der Ebene der Wörter, Zahlen und Klassifikationskodes, der Ebene der Aussagen (der Kennziffern und anderen Einheiten der ökonomischen Sprache, die die Form von Bezeichnungen für gewisse Größen und ihre Werte haben) und der Ebene der Dokumente (Belege). Die ökonomische Semiotik gestattet es, die ökonomische Sprache als einheitlichen Organismus zu untersuchen, in dem die Elemente jeder niederen Stufe zur Bildung von Elementen einer höheren Stufe dienen. Das ist eine notwendige Voraussetzung dafür, daß die Reihenfolge, Exaktheit und Wirtschaftlichkeit bei der Analyse und Projektierung von Systemen der ökonomischen Dokumentation gewahrt werden.

Eine ökonomische Nachricht (Beleg, Kennziffer, Text) kann auf jeder der Ebenen bzw. auf jedem Paar von Ebenen der ökonomischen Sprache unter einem der drei semiotischen Aspekte – dem syntaktischen, semantischen oder pragmatischen – analysiert werden.

Der *syntaktische Aspekt* der Behandlung von ökonomischen Nachrichten beinhaltet ihre Untersuchung unter dem Gesichtspunkt ihrer möglichen Kombination, Kombinationsfähigkeit und Verteilung als Zeichen einer Sprache. Falls sich die Analyse der Bedeutung oder des Nutzens der Nachricht als unmöglich oder zu kompliziert erweist, wird für gewöhnlich nur eine syntaktische Analyse vorgenommen, bei der das statistisch-wahrscheinlichkeitstheoretische Instrumentarium der Informationstheorie in vollem Maße angewendet wird.

Die Behandlung ökonomischer Nachrichten unter *semantischem Aspekt* bedeutet die Untersuchung der ihnen als Zeichen anhaftenden Bedeutungen. Das setzt insbesondere die begriffliche Klassifizierung der vom Informationssystem widergespiegelten Objekte, die Präzisierung der Bedeutungsvarianten jedes Zeichens der Sprache in verschiedenen Kontexten, die Verfolgung des Wandels dieser Bedeutungen bei der Entwicklung des Systems und die Fixierung der Zugehörigkeit der Zeichen zu den verschiedenen funktionalen Teilsystemen des Steuerungssystems voraus. Da die Bedeutung der Mitteilungen häufig nicht von ihrer Signifikanz für das System zu trennen ist, überschneidet sich der semantische Aspekt der Informationsanalyse in erheblichem Maße mit dem pragmatischen Aspekt.

Der *pragmatische Aspekt* der Informationsanalyse macht eine präzise Ausrichtung jeder Nachricht auf ein konkretes System und auf eine bestimmte, in dem System zu lösende Aufgabe erforderlich. Die pragmatische Behandlung setzt die Bewertung der Signifikanz jedes sprachlichen Zeichens bezüglich der im System zu lösenden Aufgaben, die Einschätzung der Kosten für die Informationsgewinnung und den Nachweis von Angaben über den Entstehungs- und Verarbeitungsort, die Schwierigkeiten der Gewinnung und die Durchlaufwege der Nachrichten voraus.

Entsprechend dem Charakter der zu lösenden Aufgaben wird die Semiotik in die *analytische*, *beschreibende und konstruktive* Semiotik unterteilt.

Die *analytische* Richtung umfaßt die Analyse der ökonomischen Informationen, die Suche nach quantitativen Bewertungsmethoden für die Informationseinheiten in konkreten ökonomischen Systemen, insbesondere das Verfahren zur Berechnung der Informationsmenge in ökonomischen Dokumenten und Texten. Das wird es in der Perspektive ermöglichen, Kostenwerte für die Informationseinheiten und -ensembles einzuführen, Prioritätssysteme bei der Informationsübertragung und -verarbeitung zu schaffen sowie ökonomische Informationssysteme nach ökonomischen Kriterien zu rationalisieren.

Die Vertreter der *beschreibenden* Richtung entwickeln Methoden zur formalen Beschreibung von Zeichenuntersystemen der ökonomischen Sprache, d. h. von Klassifikatoren, Kennziffernkomplexen und der Dokumentation, Methoden zur Anwendung des Apparates der Semiotik auf die Unterscheidung, Typisierung und den Vergleich von ökonomischen Objekten, Erscheinungen und

ihren Modellen sowie zur Vereinheitlichung der Methoden und Sprachen, mit denen diese fixiert werden.
Die *konstruktive* Richtung umfaßt die Konstruktion von Informationssprachen für die automatisierten Systeme zur Leitung, die Optimierung der vorhandenen Vordrucke und Formen ökonomischer Dokumente und die Projektierung von Dokumentationssystemen für neu zu schaffende Steuerungssysteme.
Die ökonomisch-semiotischen Forschungsarbeiten bilden eine notwendige Voraussetzung für den Aufbau von Systemen der Planungsrechnungen, die eine präzise Interpretation der Bedeutungen und die Herstellung formaler und inhaltlicher Wechselbeziehungen zwischen den Kennziffern sowie die Synthese der Bezeichnungen der Kennziffern am Ausgang des Systems und die Einführung des Integrationsprinzips bei der Verarbeitung ökonomischer Informationen insgesamt erforderlich machen.

ökonomisches Gleichgewicht: Zustand eines ökonomischen Systems, bei dem keiner der ökonomisch Handelnden daran interessiert ist, den Zustand mit Hilfe von Mitteln, über die er verfügt, zu verändern.
Man kennt heute eine ganze Reihe von mathematischen Modellen des ökonomischen Gleichgewichts. Als Beispiel sei das Gleichgewichtsmodell von ARROW-DEBREU betrachtet. Das Modell umfaßt als ökonomisch Handelnde Verbraucher (oder Gruppen von ihnen) und Produktionseinheiten (Hersteller). Jedem Hersteller entspricht eine bestimmte Menge von technologisch zulässigen Vektoren für den Aufwand und die Produktion der Erzeugnisse. Es wird angenommen, daß der Hersteller bei einem beliebigen, festgesetzten Preisvektor einen zulässigen Vektor für den Aufwand und die Produktion derart wählt, daß der Gewinn maximal wird. Jeder Verbraucher wird durch seine Zielfunktion charakterisiert, durch einen Anfangsvektor von Waren und eine Menge ihm zugänglicher Verbrauchsvektoren. Außerdem kann er Anrecht auf einen bestimmten Anteil am Gewinn des einen oder anderen Herstellers haben. Der Verbraucher ist bestrebt, einen für ihn zugänglichen Verbrauchsvektor so auszuwählen, daß seine Zielfunktion maximiert wird. Dies geschieht im Rahmen einer Budgeteinschränkung, so daß seine Aufwendungen, die in vorgegebenen Preisen berechnet werden, nicht die Einnahmen übersteigen. Die Einnahmen bestehen aus zwei Teilen: aus dem Erlös vom Verkauf des Anfangsvektors von Waren und aus dem Lohn einschließlich des ihm gebührenden

Anteils an Einnahmen der Hersteller. Bei willkürlichen Preisen werden sich die Lösungen der einzelnen Teilnehmer als nicht abgestimmt erweisen: einige Arten von Waren werden im Überfluß erzeugt werden, während die Nachfrage nach anderen das Angebot übersteigen wird. Das geschieht nicht, wenn sich das System im Gleichgewichtszustand befindet. Als Gleichgewicht wird im Modell von ARROW-DEBREU eine Gesamtheit von Preisvektoren bezeichnet sowie von Aufwand-Ausstoß-Vektoren und von Verbrauchsvektoren, die bei diesen Preisen für die entsprechenden Teilnehmer optimal sind derart, daß die Gesamtnachfrage für jede Art von Produkten nicht das Gesamtangebot übersteigt und nur für diejenigen Erzeugnisse kleiner sein kann, deren Preis gleich Null ist. Es läßt sich beweisen, daß im Modell von ARROW-DEBREU unter hinreichend allgemeinen Voraussetzungen ein Gleichgewicht existiert. Die Eindeutigkeit dieses Gleichgewichtszustands ist jedoch nicht garantiert.

Entsprechend dem Modell von ARROW-DEBREU beeinflussen weder einzelne Hersteller noch Verbraucher den Preis der Waren. Deshalb halten die Autoren eine Reihe von solchen Modellen für Modelle der vollkommenen Konkurrenz. Allerdings ist auch eine andere Interpretation möglich, entsprechend der die Preise zentral festgelegt werden. In diesem Falle liegen Modelle mit einer dezentralisierten Leitung der zu planenden Wirtschaft vor. Das Gleichgewicht nach ARROW-DEBREU besitzt viele optimale Eigenschaften, insbesondere ist es unter sehr allgemeinen Voraussetzungen nach PARETO optimal. Das bedeutet, daß jeder Versuch, den Zustand eines beliebigen Verbrauchers im Vergleich zum Gleichgewichtszustand zu verbessern, unvermeidlich zu einer Verschlechterung des Zustandes eines anderen Verbrauchers führt, selbst wenn man dessen Budgetbegrenzungen ignoriert. Im Gleichgewicht befindliche Verbrauchsvektoren und Aufwand-Ausstoß-Vektoren maximieren die gewichtete Summe der Zielfunktionen des Verbrauchers unter den Bedingungen, daß die materielle Bilanz erfüllt wird und die technischen Einschränkungen eingehalten werden. Diese Tatsache unterstreicht die methodologische Bedeutung von Gleichgewichtsbetrachtungen für die Abstimmung gegensätzlicher ökonomischer Interessen. Es ist hervorzuheben, daß die Bestimmung von Wichtungskoeffizienten unmittelbar mit der Aufgabe der Gleichgewichtsberechnung verbunden ist.

Umfaßt das Modell einen einzigen Verbraucher (als solcher kann die Gesellschaft insgesamt auftreten), so fallen die natürlichen Komponenten des Gleichgewichts mit der Lösung der Maxi-

mierungsaufgabe seiner Zielfunktion bei den gesamten technischen Einschränkungen zusammen, und die Gleichgewichtspreise sind optimale Bewertungen der Produkte.
In der Gleichgewichtstheorie werden auch Preisregulierungsprozesse betrachtet, die eine Steigerung oder Senkung der Preise vorsehen. Solche Prozesse modellieren einerseits die Dynamik der Marktpreise und andererseits lassen sie sich als Schemata für die Steuerung der Preise von einem einheitlichen Zentrum aus betrachten. Schließlich werden sie in diskreter Form dargestellt und geben daher Berechnungsalgorithmen zum Aufsuchen von Gleichgewichtszuständen vor. Ein solcher Prozeß heißt *global stabil*, wenn die Preise im Laufe der Zeit Gleichgewichtswerte unter beliebigen Anfangsbedingungen anstreben. Wenn diese Tatsache nur bei geringen Anfangsabweichungen vom Zustand des Gleichgewichts besteht, spricht man von einer *lokalen Stabilität*.
Auch die lokale *Stabilität* von Prozessen der Preisregulierung kann nur unter zusätzlichen Voraussetzungen begründet werden. Insbesondere ist es notwendig, daß bei einem geringen Preisanstieg eines beliebigen Produkts sich die Differenz zwischen Angebot und Nachfrage bei den übrigen Produkten nicht verringert (Gesamtersetzbarkeit). Diese Annahme wird bei weitem nicht immer erfüllt.
Um ein Gleichgewicht zu erreichen, lassen sich im Prinzip neben den Preisen auch andere Parameter als steuernde Parameter verwenden (z. B. Limits für Ressourcen, Planaufgaben u. ä.). Die Untersuchung solcher Prozesse steht erst am Anfang.
In den letzten Jahren ist eine Vielzahl von Modellen des ökonomischen Gleichgewichts entwickelt worden, die sich durch die Verfahren, nach denen das Einkommen der Verbraucher gebildet wird, in der Zusammensetzung der Beteiligten und in den Annahmen hinsichtlich ihres Verhaltens voneinander unterscheiden. Es wurden Modelle ausgearbeitet, die vorsehen, daß einige Produktionseinheiten eine Kontrolle über die Preise der von ihnen hergestellten Produkte ausüben. Auch sind Versuche bekannt, im Modell des Gleichgewichts die Steuerpolitik widerzuspiegeln und das Vorhandensein von kollektivem Besitz zu berücksichtigen.
Obwohl die meisten untersuchten Modelle des Gleichgewichts statisch sind, widerspricht die Gleichgewichtsbetrachtung einer Untersuchung von in der Zeit ablaufenden Prozessen im Prinzip nicht. Die erwähnten Modelle der Preisregulierung sind eine

Illustration dafür, wie im Rahmen einer Theorie des Gleichgewichts auch Nichtgleichgewichtsprozesse untersucht werden können.
Die Modelle des Gleichgewichts erweisen sich als ein nützliches Instrument bei der Lösung einer Reihe von Aufgaben der Leitung und Planung der sozialistischen Wirtschaft.
Geschichte: Ein erstes mathematisches Modell des allgemeinen ökonomischen Gleichgewichts wurde Ende des 19. Jh. vorgeschlagen (L. Walras). Strenge Beweise für die Existenz eines Gleichgewichtszustandes wurden jedoch erst in der Mitte des 20. Jh. geliefert. In den letzten zwanzig Jahren hat sich die Theorie des ökonomischen Gleichgewichts zu einem der umfang- und inhaltsreichsten Gebiete der mathematischen Ökonomie entwickelt.

Operation: materielles bzw. geistiges Gebilde (Prozeß usw.), das durch die Anwendung von *Operatoren* auf *Operanden* materieller oder geistiger Natur erzeugt wird.
Wir sprechen z. B. von den arithmetischen Operationen $+$, $\times$, den Operationen der Differentiation und Integration usw. Speziell wichtig für die Kybernetik sind die aussagenlogischen Operationen und die Operation der Kopplung von Systemelementen bzw. Teilsystemen kybernetischer Systeme. Dabei wird dieser Ausdruck nicht nur zur Bezeichnung des Resultats, sondern auch der Tätigkeit der Anwendung von Operatoren benutzt.
Ein *Operand* ist also ein materielles Gebilde, ein Prozeß, ein Systemzustand, ein geistiges Gebilde (insbesondere mathematisches und logisches), das Objekt der Anwendung eines Operators ist; Operanden sind Gegenstand der Anwendung von Operatoren zum Zwecke der Ausführung einer Operation.
Der *Operator* ist das Mittel, Verfahren usw. zur Durchführung einer Operation. Eine Operation kann jeweils an einem oder an mehreren Operanden vorgenommen werden. Die Operanden können materieller oder geistiger Natur sein. Die Operation der Verwandlung eines Gemisches aus Wasserstoff und Chlorgas in Chlorwasserstoffgas kann beispielsweise durch Licht bestimmter Wellenlänge erzielt werden, das hier den Charakter des Operators hat.
Im engeren mathematischen Sinne versteht man unter einem Operator eine eindeutige Abbildung, die den Objekten ihres Definitionsbereiches wieder Objekte dieses Bereiches zuordnet. Wird z. B.

die Operation der Differentiation, meist nur als Hilfsmittel zur Lösung eines gegebenen Problems benutzt, axiomatisch behandelt, so sprechen wir vom *Differentialoperator*. In letzter Zeit wurden auch verallgemeinerte Funktionen als Operatoren bezeichnet (z. B. der *Operatorenkalkül* von J. M. Mikusinski).

Von besonderem Interesse sind solche Operatoren, die, auf die Elementemenge der Zustände eines kybernetischen Systems angewandt, wieder zu Zuständen dieses Systems führen. Handelt es sich bei diesen Zuständen um die stabilen Zustände des Systems, so spricht man auch davon, daß das System gegenüber den Einwirkungen des betreffenden Operators (z. B. eines Typs von Störungen) stabil ist oder – anders ausgedrückt – daß die betreffende Menge von Operanden gegenüber der Anwendung dieses Operators abgeschlossen ist (d. h., die betreffende Operation führt nicht über die Menge der Operanden hinaus). Jede Operation ist eine spezielle *Relation*.

Mathematisches Beispiel: Die Operanden seien die natürlichen Zahlen, der Operator sei das Verfahren der Multiplikation des betreffenden Operanden mit sich selbst (also das Quadrieren). Das Resultat ist wieder eine natürliche Zahl, d. h. ein Element der Menge der natürlichen Zahlen. Diese Menge ist also gegenüber der Operation des Quadrierens abgeschlossen.

Materielle Operationen werden mit Hilfe materieller Operatoren an materiellen Operanden durchgeführt. *Begriffliche Operationen* werden mit Hilfe begrifflicher Operatoren an begrifflichen Operanden vorgenommen.

Von besonderer Bedeutung sind mathematische Operatoren für Operationen an mathematischen Gebilden. Die Theorie dieser Operatoren ist heute vielschichtig und weit ausgebaut. Man unterscheidet arithmetische Operatoren, Differential- und Integraloperatoren usw. Zur Erläuterung diene ein *Beispiel aus dem Bereich der Differentialoperatoren:* Die Operation des Differenzierens sei durch D gekennzeichnet, und wir wenden D auf die Funktion $y = x^2$ dreimal hintereinander an. Wir erhalten:

$$D(x^2) = 2x; \quad D^2(x^2) = 2; \quad D^3(x^2) = 0.$$

Es wäre wenig gewonnen, wenn die in der Technik, Physik, Mathematik, Kybernetik, Logik usw. mit Hilfe bestimmter Verfahren an bestimmten Gebilden dieser Bereiche durchgeführten Umwandlungen, die schon immer bekannt waren, durch Einführung von Operatoren und durch die Operatorenrechnung lediglich neue Namen bekämen. Die Mathematik ist aber in der Lage, Operatoren und Operationen unter sehr allgemeinen Gesichtspunkten zu betrachten, gemeinsame Gesetzmäßigkeiten herauszuarbeiten und mit Operatoren formale Rechenprozesse durchzuführen, die von der speziellen Bedeutung der Operatoren und ihres Definitionsbereiches unabhängig sind. Das angegebene Beispiel aus dem Bereich der Differentialoperatoren hat dies veranschaulicht. Dort trat die 1., 2. und 3. Potenz eines Differentialoperators auf, und es ließe sich in ähnlicher Weise (wenn man berücksichtigt, daß die Integration die Umkehrung der Differentiation ist) eine Algebra der Differential- und Integraloperatoren aufbauen.

In der Kybernetik interessieren in erster Linie Operationen, die an Systemen bzw. Systemzuständen und solche, die an Informationen vorgenommen werden, und es interessieren die Operatoren, die auf diese Gegebenheiten angewandt werden können: Ein System habe die Zustände S_1, S_2, S_3. Diese Zustände seien stabile Zustände. Das System möge außerdem instabile Zustände S_4, S_5 usw. haben. Es werden zwei Fälle einander gegenübergestellt:

a)	S_1	S_2	S_3	vor der Operation
	S_3	S_1	S_2	nach der Operation
b)	S_1	S_2	S_3	vor der Operation
	S_2	S_3	S_4	nach der Operation

Der im Fall a) angewandte Operator führt offensichtlich stabile Systemzustände wieder in stabile Systemzustände über. Der im Fall b) angewandte Operator kann stabile Systemzustände auch in instabile überführen. Wird er nämlich auf den Zustand S_3 angewandt, so ergibt sich ein Systemzustand S_4, der außerhalb des Stabilitätsbereiches liegt. Stabile kybernetische Systeme müssen also unter den hier genannten Gesichtspunkten so eingerichtet werden, daß keine Operatoren auftreten, die zu Fall b) führen.

Operationsforschung (Unternehmensforschung): wissenschaftliche Methodik, die sich mit der Vorbereitung von Entscheidungen auf ökonomischem, soziologischem oder militärischem Gebiet befaßt. Die Operationsforschung wendet hauptsächlich

mathematische Methoden und Modelle an. Ihr Gegenstand und ihre Methoden stehen in enger Beziehung zu denen der Kybernetik. Die Operationsforschung ist auf die Lösung konkreter Probleme in der gesellschaftlichen Praxis orientiert. Zu ihrem Problemkreis gehören folgende Aufgaben: optimale Verteilung von Investitionen, Prognose des technischen Fortschritts und des ökonomischen Wachstums, operative und langfristige Planung, Lagerhaltungsfragen, Planung des Einsatzes und der Ausbildung von Kadern, Einsatz moderner Rechenanlagen, Planung größerer wissenschaftlicher Experimente. Die Ausnutzung der Ergebnisse der Operationsforschung und die Anwendung ihrer Methoden sind für die fortschreitende Verbesserung der Leitungs- und Planungstätigkeit in den verschiedensten Bereichen der sozialistischen Volkswirtschaft von großer Bedeutung.
Die Operationsforschung beschäftigt sich mit einer bestimmten Art von *Operationen*. Diese Operationen sind Mengen voneinander abhängiger gezielter Handlungen, die für die Erreichung eines bestimmten Zieles erforderlich sind und von oder in komplizierten, aus Menschen oder aus Menschen und Maschinen bestehenden Systemen ausgeführt werden. Für Systeme dieser Art entwickelt die Operationsforschung eine Strategie der Leitung und Steuerung. Dabei spielt die Konstruktion eines mathematischen Modells des Systems in einer gegebenen Situation eine hervorragende Rolle.
Eine wissenschaftliche Untersuchung im Rahmen der Operationsforschung enthält folgende Phasen: 1. Formulierung des Problems, 2. Konstruktion des mathematischen Modells, 3. Ableitung der Lösung des Problems aus dem Modell, 4. Überprüfung des Modells und der abgeleiteten Lösung durch Konfrontation mit dem realen System, 5. Ausarbeitung von Kontrollmöglichkeiten über Veränderungen des Systems, die eine Abänderung der Lösung erforderlich machen, 6. Einführung der Lösung in die Praxis. Diese Phasen verlaufen selten in der angegebenen Reihenfolge, sondern z. T. gleichzeitig in gegenseitiger Abhängigkeit. Oft ist z. B. die Formulierung des Problems erst vollendet, wenn die Einführbarkeit der Lösung in die Praxis nachgewiesen ist.
Die Modelle, die in der Operationsforschung eine Rolle spielen, lassen sich in deterministische, stochastische und strategische Modelle einteilen. Bei den *deterministischen Modellen* führt jede Entscheidung zu eindeutig bestimmten Ergebnissen. *Stochastische Modelle* sind dadurch gekennzeichnet, daß die Werte einiger Para-

meter des Modells nicht bekannt sind, sondern nur ihre Wahrscheinlichkeitsverteilungen oder Schätzwerte aufgrund von statistischen Erhebungen. Deshalb lassen sich die Ergebnisse der Untersuchung auch nicht genau vorhersagen, sondern man kann nur Wahrscheinlichkeitsaussagen über sie machen. Bei den *strategischen Modellen* rechnet man damit, daß gewisse Parameter des Modells von einem intelligenten Gegner ausgewählt werden, oder man nimmt, um sicherzugehen, an, daß sich die Natur wie ein solcher Gegner benimmt. Die mathematische Grundlage für die deterministischen Modelle liefern die Kombinatorik, die mathematische Logik, die Algebra und die Analysis; für die stochastischen Modelle die Wahrscheinlichkeitsrechnung und für die strategischen Modelle die Spieltheorie. Der Prozeß der Modellierung ist schwierig, liefert aber von Anfang an wertvolle Hinweise für die Leitung und Steuerung des betrachteten Systems. Bei komplizierten Modellen erfordert die numerische Bestimmung der Parameter oft eine Umorganisierung der gesamten Datenerfassung. Hierbei spielen die modernen Datenverarbeitungsanlagen eine hervorragende Rolle.

Eine grundlegende Frage ist die Bewertung der Ziele. Gelingt es, diese Frage für ein bestimmtes Problem zu lösen und für die Lösung einen mathematischen Ausdruck anzugeben, so ist es meist möglich, das Problem als Optimalproblem zu formulieren. Hierbei kommt es darauf an, die Variablen einer bestimmten Funktion unter Einhaltung gewisser Bedingungen so zu bestimmen, daß die Funktion einen maximalen oder minimalen Wert annimmt. Die Lösung der meisten Probleme der Operationsforschung erfordert den Einsatz von programmgesteuerten elektronischen Rechenautomaten.

Charakteristisch für die Operationsforschung ist die ganzheitliche und komplexe Betrachtungsweise bei der Lösung der gestellten Probleme. Die Lösung eines Problems für das betrachtete System hat Konsequenzen für das übergeordnete System, die bei der Einführung der Lösung in die Praxis zu beachten sind, damit nicht die Rückwirkung des Gesamtsystems auf das Teilsystem den gewünschten Effekt paralysiert. Im Laufe der Untersuchungen komplizieren sich deshalb oft die Fragestellungen und die Modelle. Eine Folge davon ist, daß die Operationsforschung fast immer in Gemeinschaftsarbeit verschiedener Wissenschaftler und Praktiker – Mathematiker, Ökonomen, Ingenieure, Psychologen und weiterer Spezialisten – betrieben werden muß.

Geschichte: Nach Vorläufern wie F. W. Taylor (der 1885 in seinen

Analysen der Produktion z. B. die Frage untersuchte, mit welcher Menge Schüttgut ein Arbeiter seine Schaufel beladen muß, um eine maximale Tagesleistung zu erzielen) entwickelte sich die Operationsforschung im zweiten Weltkrieg in England und in den USA. Die Arbeitsgruppe von BLACKETT, bestehend aus drei Biologen, zwei Spezialisten der mathematischen Physik, einem Astronomen, einem Physiker, zwei Mathematikern, einem Statistiker und einem Militärspezialisten, erhielt die Aufgabe, das Radarnetz für die englische Luftverteidigung zu organisieren. Die Operationsforschung wird in Amerika als stärkster Beitrag der Wissenschaftler im Kampf gegen das faschistische Deutschland eingeschätzt.

Nach dem Kriege wurden die Methoden der Operationsforschung im Zusammenhang mit der Entwicklung elektronischer Rechenautomaten vor allem in Wirtschaft und Industrie angewandt. Dabei zeigte sich indessen, daß unter kapitalistischen Bedingungen vorwiegend solche Methoden entwickelt werden, die betriebswirtschaftliche Bedeutung haben.

Seit Ende der fünfziger Jahre setzt sich die Operationsforschung als umfassende Disziplin auch in den sozialistischen Ländern durch, nachdem auf Teilgebieten (z. B. auf dem Gebiet der linearen Optimierung) bereits viel früher Erfolge erzielt worden waren. Der umfassende und ganzheitliche Charakter der Operationsforschung prädestiniert diese Methodik von vornherein als Instrument der Lenkung und Leitung der Verwaltung und der Wirtschaft sozialistischer Staaten, während ihrer Anwendung unter monopolkapitalistischen Bedingungen Grenzen gesetzt sind.

Optimalitätskriterium: Kriterium, nach dem beurteilt wird, inwieweit bestimmte Parameter von Systemen, Prozessen oder inwieweit Lösungen von Optimierungsproblemen (-programmen) dem Optimum entsprechen.

Da das Optimum ein relativer Begriff ist, ist es nur definiert, wenn die zum Vergleich stehenden Objekte bewertet sind. Die Bewertung, auch Zielfunktion genannt, bildet zusammen mit der Angabe, ob dem optimalen Objekt (z. B. Systemzustand, Strategie, Verhaltensweise usw.) der maximale oder minimale Wert entspricht, das Optimalitätskriterium.

In der Ökonomie ist die richtige Auswahl des Optimalitätskriteriums ein Problem, das um so schwerer lösbar ist, je komplizierter oder umfassender die betrachteten Systeme und Prozesse sind. In einem Betrieb kommen als Optimalitätskriterium u. a. in Betracht: maximale Kapazitätsauslastung, maximaler Produktionsausstoß, maximaler Gewinn, minimale Selbstkosten. Ein wichtiges Optimalitätskriterium für Volkswirtschaftszweige ist die Maximierung des Devisenerlöses oder die Minimierung des Devisenverbrauchs. Das wichtigste Optimalitätskriterium für die gesamte sozialistische Volkswirtschaft ist die Maximierung des Zuwachses an bedarfsgerechtem Nationaleinkommen.

Im engeren, mathematischen Sinne versteht man unter Optimalitätskriterium notwendige und/oder hinreichende Bedingungen für die Optimalität zulässiger Lösungen eines gegebenen Optimierungsproblems. Ein Optimalitätskriterium für das Transportproblem ist die Existenz von sog. Potentialen.

Große Bedeutung für die lineare Optimierung hat das Optimalitätskriterium von L. W. KANTOROWITSCH: Es sei eine Zielfunktion

$$Z = c_1x_1 + c_2x_2 + \cdots + c_nx_n$$

von n Variablen x_i gegeben, für die die Einschränkungen

$$\sum_{k=1}^{n} a_{ik}x_k \leqq b_i \quad (i = 1, 2, \ldots, m)$$

$$x_k \geqq 0 \quad (k = 1, 2, \ldots, n)$$

gelten sollen. Dann ist $\mathbf{x} = [x_1, \ldots, x_n]$ ein Vektor, der Z zu einem Maximum macht (d. h. eine optimale Lösung) dann und nur dann, wenn sich m nichtnegative Zahlen y_i (*Auflösungsmultiplikatoren*) angeben lassen, so daß gilt:

$$\sum_i a_{ik}y_i \geqq c_k;$$

$$\sum_i a_{ik}y_i = c_k, \text{ wenn } x_k > 0$$

$$y_i = 0, \text{ wenn } \sum_k a_{ik}x_k < b_i.$$

Optimalwertkreis: Regelungssystem, das aufgrund besonderer zusätzlicher Schaltgruppen in der Lage ist, nicht nur *einen* Sollwert gegenüber Störungen in der Regelstrecke aufrechtzuerhalten, sondern das unter den möglichen Sollwerten den (nach einem entsprechenden Optimalitätskriterium) günstigsten ausfindig machen kann.

Dieses Problem tritt z. B. häufig bei automatisch geregelten chemischen Prozessen auf. Das Festhalten an dem zunächst eingestellten Sollwert kann dann nachteilig werden, wenn sich etwa die chemische Zusammensetzung der zugeführten Rohstoffe geringfügig ändert. Ein Optimalwertkreis findet dann automatisch einen neuen, besseren Sollwert, indem ein Testwertgeber *T* eine Folge von Testwerten $x(t_1)$, $x(t_2)$, ..., die zwischen dem Minimum und dem Maximum von *x* liegen und die in einer bestimmten Weise geordnet sind, an einen sog. *Bewertungsschaltblock B* gibt. Diese

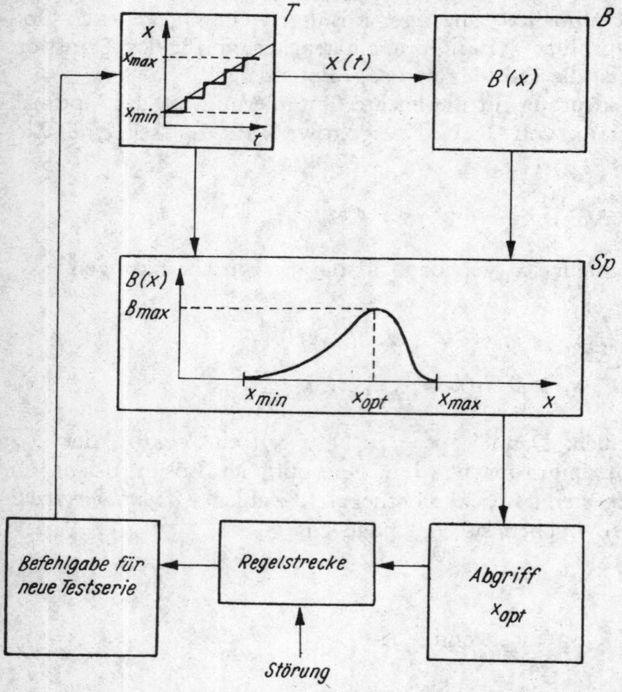

Schema eines Optimalwertkreises (in Anlehnung an K. Steinbuch)

Bewertungsschaltung, die mit einer elektronischen Rechenmaschine gekoppelt ist, ordnet jedem der Werte eine Bewertungsfunktion $B(x)$ zu. Diese Werte werden in einem Bewertungsspeicher *Sp* gespeichert. Ein weiterer Funktionsblock (Abgriff) tastet den Wertevorrat ab und entnimmt den idealen Wert von *x*, der nun der Regelstrecke als Sollwert auferlegt wird.

Der Charakter der Störungen, die auf die Regelstrecke einwirken, kann sich im Laufe der Zeit wesentlich ändern, so daß die ständig wiederholte Testserie zu neuen, anderen optimalen Werten von x führen kann. Wesentlich komplizierter muß der Optimalwertkreis aufgebaut sein, wenn es nicht um die Werte *einer* Variablen, sondern um die mehrerer geht.
Der Optimalwertkreis hat große Bedeutung für die Konstruktion oder Interpretation lernender bzw. selbstoptimierender Systeme. Dies trifft vor allem auf mehrdimensionale Optimalwertkreise zu, die in der Lage sind, bei einer Vielzahl von Parametern in industriellen Fertigungsprozessen bzw. ökonomischen Komplexen das optimale Betriebsregime zu finden. Die lebenden Organismen haben sich offensichtlich im Laufe ihrer Evolution diese Prinzipien erarbeitet, womit sich das Studium der verschiedenen Typen organischer Optimalwertkreise als wichtiger Zugang zum Verständnis von Entwicklungsprozessen und der fortschreitenden Adaptation erweisen dürfte.

optimierendes System (selbstoptimierendes System): kybernetisches System, das in der Lage ist, sein Verhalten durch eigene Maßnahmen zu optimieren.
Die ausgeprägtesten Mechanismen zur Selbstoptimierung im Sinne der Kybernetik finden sich im Bereich der lebenden Organismen. Eine Möglichkeit für die technische Realisierung selbstoptimierender Systeme besteht im Aufbau von *Optimalwertkreisen.*
→ Optimalwertkreis

Optimierung ökonomischer und technischer Prozesse: Teilgebiet der Operationsforschung, das sich mit dem günstigsten Einsatz beschränkter Mittel beschäftigt bzw. mit der Aufgabe, ökonomische oder technische Prozesse so zu organisieren, daß unter gegebenen Bedingungen die beste Wirkung erzielt wird. Unter den oft sehr zahlreichen oder sogar unendlich vielen Realisierungsmöglichkeiten eines Prozesses ist dabei eine solche zu bestimmen, die in bezug auf ein nach ökonomischen Gesichtspunkten ausgewähltes Kriterium (*Optimalitätskriterium*) optimal ist. Zur Lösung der Aufgabe wird ein *mathematisches Optimierungsmodell* aufgestellt. Dieses Modell drückt das ökonomische Ziel des Problems in Form einer *Zielfunktion* und die Prozeßbedingungen, die die Realisierungsmöglichkeiten begrenzen, in Form eines Systems von *Einschränkungen* (Restriktionen) aus, das aus *Neben-*

bedingungen und/oder *Nichtnegativitätsbedingungen* besteht. Die mathematische Aufgabenstellung eines solchen Optimierungsmodells läßt sich allgemein in folgender Form angeben:

$$Z = F(x_1, x_2, \ldots, x_n) \Rightarrow \text{Extremum}$$

(d. h. Maximum oder Minimum) unter den Nebenbedingungen

$$f_i(x_1, x_2, \ldots, x_n) = 0 \quad (i = 1, 2, \ldots, m)$$
$$f_i(x_1, x_2, \ldots, x_n) \geqq 0 \quad (i = m + 1, m + 2, \ldots, m + k)$$

und den Nichtnegativitätsbedingungen

$$x_j \geqq 0 \quad (j = 1, 2, \ldots, \quad \leqq n).$$

Das Prinzip einer Optimierung ökonomischer und technischer Prozesse sei an einem *Beispiel* erläutert: Ein Betrieb soll im Rahmen seiner Möglichkeiten, d. h. mit den ihm im Planungszeitraum zur Verfügung stehenden Ressourcen (Arbeitskräften, Maschinen, Material usw.), einen möglichst großen Gewinn erwirtschaften. Sein Produktionsprogramm umfasse die Produkte $X_1, X_2, \ldots, X_n$. Von den Ausstoßmengen, den sog. *Problemvariablen* x_j ($j = 1,2, \ldots, n$), sind die optimalen Werte zu bestimmen. Deren zulässiger Wertebereich wird jedoch durch Nebenbedingungen (z. B. Aufwandsbeschränkungen, Koppelbeziehungen u. a.) und Nichtnegativitätsbedingungen eingeschränkt. Die Nebenbedingungen können sowohl in Form von Ungleichungen als auch in Form von Gleichungen ausgedrückt sein. Sie legen, zusammen mit den Nichtnegativitätsbedingungen, den *zulässigen Bereich* fest, dem die Problemvariablen x_j ($j = 1, 2, \ldots, n$) angehören müssen. Den Betrieb interessiert im angenommenen Falle diejenige *zulässige Lösung*, die ihm maximalen Gewinn einbringt (dies ist sein Optimalitätskriterium). Mathematisch erfolgt die Bewertung der zulässigen Lösungen und damit die Feststellung seiner optimalen Lösung mittels einer Zielfunktion $Z = F(x_1, x_2, \ldots, x_n)$.
Die zielgerichtete Bestimmung einer zulässigen Lösung, für die Z einen *Extremwert* annimmt (je nach Aufgabenstellung kann es ein *Maximum* oder ein *Minimum* sein), wird als *Optimierung*, der ermittelte Zielfunktionswert als *Optimum* und die zugehörige (zulässige) Lösung als *optimale Lösung* (auch als *optimales Programm*) bezeichnet. Die Zulässigkeit einer Lösung (und damit auch der optimalen) hängt vom Nebenbedingungssystem und

die Optimalität einer solchen zulässigen Lösung vom Optimalitätskriterium ab. Wird die Zielfunktion oder das Nebenbedingungssystem oder beides abgeändert, so hat dies im allgemeinen auch eine Veränderung der optimalen Lösung und des Optimums zur Folge.
Wichtige Probleme der Wirtschaft, die auf Optimierungsaufgaben führen, sind die Bestimmung optimaler Produktionsprogramme innerhalb der mittel- und langfristigen Planung (die *Produktionsplanoptimierung*), die Berechnung optimaler Mischungen in metallurgischer Industrie, Chemie und Landwirtschaft (das *Mischungsproblem*), das *Zuschnittproblem*, das *Reihenfolgeproblem*, das *Transportproblem*, das *Zuordnungsproblem*, das *Rundfahrtproblem*, das mehrstufige Entscheidungsproblem (*dynamische Optimierung*) und das *Lagerhaltungsproblem*.
→ mathematische Optimierung

Optimum: bestes Resultat, das sich unter gegebenen Bedingungen erzielen läßt.
Ein Optimum ist stets nur in bezug auf ein *Optimalitätskriterium* definiert. Ein Optimum in bezug auf *ein* Optimalitätskriterium braucht also in bezug auf ein *anderes* Kriterium durchaus kein Optimum zu sein. Das muß auch beachtet werden, wenn vom optimalen Verhalten kybernetischer Systeme die Rede ist.
Bei der mathematischen Optimierung versteht man unter Optimum sowohl eine zulässige Lösung mit optimalem (maximalem oder minimalem) Wert der Zielfunktion als auch diesen optimalen Wert selbst.

Organisations- und Rechenzentrum (Rechenstation): Struktureinheit, die in den Kombinaten und Betrieben der sozialistischen Industrie, des Bauwesens, der Landwirtschaft, im Finanzwesen, im Handel und in anderen Bereichen der Volkswirtschaft die Aufgaben der Datenverarbeitung löst.
Ein Organisations- und Rechenzentrum (ORZ) trägt im Auftrage des Werkdirektors oder des Generaldirektors die Hauptverantwortung für die Einsatzvorbereitung von Datenverarbeitungsanlagen und von Prozeßrechnern im Rahmen des Informationssystems des Betriebes bzw. Kombinats, insbesondere für die Ausarbeitung einer datenverarbeitungsgerechten Organisation der betrieblichen Prozesse und die Einleitung entsprechender betrieblicher Umstellungen, für die Ausarbeitung und Aufstellung der Programme der Datenverarbeitungsanlagen und

für den rationellen und wirtschaftlichen Einsatz der Anlagen zur exakten und termingerechten Lösung der Aufgaben.
Die Mitarbeiter des ORZ (Organisatoren, Programmierer sowie Bedienungs- und Wartungspersonal) führen in sozialistischer Gemeinschaftsarbeit mit den Fachbereichen die Projektierung des Datenverarbeitungssystems durch und sorgen für seine ständige Ergänzung und Erweiterung.
Für die Durchführung der Datenverarbeitungsaufgaben sind die ORZ mit der notwendigen materiell-technischen Basis ausgestattet. Dazu zählen Geräte für die Datenerfassung, die Eingabe, Speicherung, Verarbeitung und die Ausgabe der Daten; Einrichtungen für die Datenübertragung, für die Archivierung der Datenträger und Ausrüstungen für die Wartung der Anlagen.
Es haben sich folgende *Arten von ORZ bzw. Rechenstationen* herausgebildet:
Rechenstationen in Betrieben, Kombinaten und wissenschaftlichen Einrichtungen;
Rechenstationen in wirtschaftsleitenden und staatlichen Organen; Rechenbetriebe für einzelne Zweige und Bereiche, die nach der wirtschaftlichen Rechnungsführung arbeiten (z. B. Rechenbetrieb Binnenhandel);
VVB Maschinelles Rechnen.
Ein Organisations- und Rechenzentrum hat folgende *Hauptaufgaben* zu erfüllen:

1. Schaffung der Voraussetzungen für die Organisation einer wissenschaftlichen Leitungstätigkeit in den Betrieben und Industriezweigen. Dabei ist von den Möglichkeiten und Erfordernissen automatisierter Systeme für die Leitung und Planung (ASLP) der betrieblichen Prozesse in einem in sich abgestimmten System auszugehen.

2. Analyse der technischen und ökonomischen Prozesse, Modellierung, Auswahl geeigneter mathematischer Methoden, Aufstellen von Lösungsalgorithmen und Erproben der vorgeschlagenen Lösungswege für die Planung, Lenkung, Kontrolle und Analyse der betrieblichen Prozesse und für die Durchführung technisch-wissenschaftlicher Berechnungen.

3. Erarbeitung bzw. Anpassung der Systemunterlagen.

4. Untersuchung und Organisation der Informationsströme für Planung, Lenkung, Kontrolle und Analyse.

5. Einführung geeigneter Organisationsformen und -mittel (insbesondere Ordnungssystematiken, Benummerungssysteme und Vordrucke).
6. Ausarbeiten und Testen der erforderlichen Programme und Nutzung geeigneter Programme aus den Programmbibliotheken.
7. Organisation und Durchführung der Datenerfassung (bei zentraler Herstellung maschinenlesbarer Datenträger) und der Datenübertragung.
8. Organisation und Durchführung der Datenverarbeitung im Rechenzentrum.
9. Beratung der verantwortlichen Leiter zur Auswertung der Ergebnisse der Datenverarbeitung.

In Übereinstimmung mit diesen Hauptaufgaben sind die *Struktureinheiten eines ORZ* aufzubauen. In der Regel wird ein ORZ in die Struktureinheiten *Organisation*, *Programmierung* und *Rechenzentrum* gegliedert. Entsprechend den speziellen Aufgaben sind Modifikationen der Struktur möglich. So kann z. B. im Rahmen der Struktureinheit „Organisation" eine spezielle Gruppe „Operationsforschung" oder eine Gruppe „Projekte für wissenschaftlich-technische Berechnungen" gebildet werden. Es kann auch zweckmäßig sein, die Struktureinheiten „Organisation" und „Programmierung" zusammenzufassen und eine Unterteilung nach Projekten oder Arbeitsgruppen vorzusehen.
In der *Struktureinheit Organisation* sind alle bei der organisatorischen Einsatzvorbereitung bis zum Aufstellen der Datenflußpläne oder Programmablaufpläne beschäftigten Fachkräfte (Organisatoren und Mathematiker) zusammengefaßt. Die *Struktureinheit Programmierung* hat die Aufgabe, die Programme auf der Grundlage der organisatorischen Feinprojekte und anderer Programmierungsunterlagen zu erarbeiten und zu testen. Zur *Struktureinheit Rechenzentrum* gehören alle Arbeitskräfte, die bei der zentralisierten Datenerfassung und -verarbeitung beschäftigt sind, sowie die hierfür erforderlichen Anlagen und Geräte. Die Struktur des Rechenzentrums ist von den Aufgaben und der technischen Ausrüstung abhängig. Sie umfaßt z. B. die Leitung des Rechenzentrums, die Arbeitsvorbereitung und Auftragslenkung, die Auftragsbearbeitung und Kontrolle, die Datenerfassung und Datenübertragung, die Datenverarbeitung und den Wartungsdienst.

Der Aufbau eines Organisations- und Rechenzentrums erfordert umfangreiche *Vorbereitungen und Voraussetzungen* personeller, organisatorischer und technischer Art. Die *personellen Voraussetzungen* umfassen die Einstellung, Qualifizierung und Betreuung der erforderlichen Arbeitskräfte für die Vorbereitung des Einsatzes und den Betrieb der EDVA sowie für alle übrigen Aufgaben der Station. Die *organisatorischen Voraussetzungen* umfassen das Bestimmen der Ziele für die Anwendung der EDVA, das Projektieren und Programmieren der Datenverarbeitungsaufgaben sowie das Umstellen der Organisation des Anwendungsbereiches auf die neuen Bedingungen. Die *technischen Voraussetzungen* umfassen das Beschaffen, Aufstellen und Einfahren, den Dauerbetrieb und die Wartung der Datenverarbeitungstechnik. Hierunter fallen die räumlichen Voraussetzungen des Einsatzes der EDVA (Baumaßnahmen, Installation, Klimatisierung und Ausschaltung von Störeinflüssen).

Die Effektivität der elektronischen Datenverarbeitung für die sozialistische Volkswirtschaft hängt sehr wesentlich von der *Organisation des Arbeitsablaufes im ORZ* ab. Sie umfaßt die Organisation der Projektierung, insbesondere des Einsatzes und der Arbeitsweise der Organisatoren; die Organisation der Programmierung; die Organisation der Datenerfassung und -übermittlung; die Organisation des Produktionsablaufs im Rechenzentrum; die Organisation der Übermittlung der Rechenergebnisse an die Auftraggeber.

Die Rechenzentren eines Volkswirtschaftszweiges oder -bereiches bilden ein *Netz von Rechenstationen.* Es umfaßt alle für das Informationssystem des Zweiges oder Bereiches eingesetzten Organisations- und Rechenzentren, z. B. das ORZ bei der Kombinatsleitung und die ORZ der einzelnen Kombinatsbetriebe.

Zum Netz der Rechenstationen zählen die *Datenerfassungsstellen* (Datenerfassungsstationen), die *Datenendplätze* und die *Datenübertragungseinrichtungen. Datenerfassungsstellen* sind Einrichtungen, deren Aufgabe darin besteht, Daten erstmalig auf maschinell lesbare Datenträger zu übertragen oder unmittelbar in ein maschinelles Datenverarbeitungssystem einzugeben. Maschinen zur Datenerfassung können z. B. Locher, Prüfer, lochende Büromaschinen, Magnetbandbeschrifter, Maschinen zur automatischen Zeichenerkennung oder Bildschirmeingabegeräte sein.

Datenendplätze sind Ein- und Ausgabegeräte, die mit einer EDVA durch Datenübertragungseinrichtungen unmittelbar verbunden sind.

Datenübertragungseinrichtungen werden für den rationellen Datentransport zwischen den Rechenstationen sowie zwischen diesen und den Datenerfassungsstellen eingesetzt. Ein Datenübertragungsnetz ist deshalb untrennbarer Bestandteil des Netzes von Rechenstationen. Ein Organisations- und Rechenzentrum, das für bestimmte Auftraggeberbereiche Datenverarbeitungsleistungen als Dienstleistung erbringt, heißt *spezialisierter Rechenbetrieb* (auch *dienstleistender Rechenbetrieb*). Spezialisierte Rechenbetriebe sind juristisch selbständige Rechenbetriebe, die in der Regel nach der wirtschaftlichen Rechnungsführung auf der Grundlage von Verträgen Datenverarbeitungsleistungen erbringen (z. B. Rechenbetrieb Binnenhandel, Rechenbetrieb Finanzen, VVB Maschinelles Rechnen). Zu den Leistungen spezialisierter Rechenbetriebe gehören wissenschaftlich-technische Leistungen der Einsatzvorbereitung, Programmierung und Testung von Programmen, Datenerfassung und Datenübertragung, Datenspeicherung und Datenverarbeitung (Aufbereitungsleistungen). Für Anwender, für die der Einsatz eigener EDV-Anlagen nicht oder nur in begrenztem Umfang volkswirtschaftlich effektiv ist oder die der Anlaufhilfe für den späteren Einsatz eigener Anlagen bedürfen, bietet die VVB Maschinelles Rechnen wissenschaftlich-technische Leistungen und Rechenkapazität in ihren Bezirksrechenzentren.

Der planmäßige Aufbau von Organisations- und Rechenzentren in allen Zweigen der materiellen Produktion, die Bereitstellung der Rechenkapazitäten der VVB Maschinelles Rechnen und der Aufbau von Rechenstationen außerhalb der materiellen Produktion gewährleisten, daß in zunehmendem Maße jeder Betrieb, jedes Kombinat und jede Einrichtung sowie alle wirtschaftsleitenden und staatlichen Organe die elektronische Datenverarbeitung anwenden können. Damit werden die Voraussetzungen dafür geschaffen, die elektronische Datenverarbeitung im Rahmen der sozialistischen Rationalisierung und Automatisierung der materiellen Prozesse in der Produktion sowie der formalisierbaren geistigen Prozesse sowohl in der Produktion als auch in anderen Bereichen des gesellschaftlichen Lebens einzusetzen.

P

Packen: bei der Speicherung in einer Datenverarbeitungsanlage Art und Weise des Verdichtens von Informationen, durch die die ursprüngliche Form oder Anordnung wiedergewonnen werden kann. So können z. B. aufeinanderfolgende Nullen durch die Angabe ihrer Anzahl (was bei großen Matrizen wichtig ist) oder bei Wortmaschinen mehrere kurze Zahlen in einem Wort gespeichert werden. Das Auflösen der verdichteten Form bezeichnet man als *Entpacken.*
Bei Stellenmaschinen gibt es eine spezielle Form des Packens. Aus der *ungepackten Darstellung* der Ziffern im DKOI-Kode, bei der nur eine Ziffer in einem Byte steht, wird eine *gepackte Darstellung* mit zwei Ziffern in einem Byte hergestellt.
In gepackter Form benötigen die Daten weniger Speicherplatz, können aber meist nur durch spezielle Programme erkannt und verarbeitet werden.
→ Datenverdichtung

Parameter: charakterisierende Größe. Zu den Parametern eines Elektromotors gehören z. B. folgende Größen: Leistungsaufnahme, Anschlußspannung, Stromart (keine Zahl). Gewöhnlich werden den Parametern Maßzahlen (*Parameterwerte*) zugeordnet. Häufig lassen sich unterschiedliche Typen von kybernetischen Systemen durch unterschiedliche Parameterwerte p charakterisieren. Es sei etwa ein diskretes System mit Rückkopplung durch folgende Transformation charakterisiert (($\bar{x}$, $\bar{y}$) ist der auf den Zustand (x, y) in diskretem Zeitabstand folgende Zustand):

$$\left\{\begin{array}{l}\bar{x} = 2x - py \\ \bar{y} = px - y\end{array}\right\} \quad p \in \{0, +1, -1\}.$$

Für $p = 0$ liegt nicht Regelung, sondern Steuerung vor. Die beiden anderen Werte führen zu unterschiedlichem Stabilitätsverhalten. Parameter dieser Art können als Eingangsgröße aufgefaßt werden.

Parameterdrift: in der technischen Zuverlässigkeitstheorie die Änderung der Parameter eines Elements oder Systems unter dem Einfluß der physikalischen Belastungen im Verlaufe der

Zeit (man spricht in diesem Zusammenhang auch vom Altern eines Systems). Eine Folge der Parameterdrift sind *Toleranzausfälle*, d. h. allmähliche Annäherung an und Überschreitung von vorgegebenen Toleranzgrenzen. Auswechseln der driftenden Elemente beim Erreichen einer *Warngrenze* sichert den Nutzer vor Toleranzausfällen.
→ Zuverlässigkeit

parametrische Optimierung: Verfahren zur Untersuchung der Abhängigkeit der Lösung eines Optimierungsproblems von den Ausgangsdaten des Problems.
Brauchbare Verfahren der parametrischen Optimierung gibt es für Probleme der linearen Optimierung, wenn die Koeffizienten der Zielfunktion, die rechten Seiten der Einschränkungen und alle Koeffizienten linear von einem Parameter abhängen. Auch kompliziertere Abhängigkeiten von einem oder mehreren Parametern werden für Spezialfälle sogar bei nichtlinearen Optimierungsproblemen mit Erfolg theoretisch und praktisch behandelt. Die parametrische Optimierung wird bei Empfindlichkeitsuntersuchungen angewandt und dient der Konstruktion ökonomischer und technischer Systeme, wenn verschiedenartige Varianten in Abhängigkeit von bestimmten unterschiedlichen Ausgangssituationen (z. B. Umweltsituationen ökonomischer und technischer Art) zu entwickeln sind.
→ mathematische Optimierung

Partie: konkrete Realisierung (Durchspielen) einer bestimmten Variante eines strategischen Spiels. „Jedes spezielle Beispiel, bei dem ein Spiel auf eine ganz spezielle Art von Anfang bis zu Ende gespielt wird, ist eine Partie“ (J. v. NEUMANN). Der Begriff der Partie ist streng von dem des Spiels zu unterscheiden, das die Abstraktionsklasse aller gemäß dem jeweiligen System von Spielregeln durchführbaren Partien darstellt. Eine Partie kann auch als eine Folge gemäß den Spielregeln ausgeführter Züge definiert werden, während ein Spiel im Sinne der Spieltheorie mit der Gesamtheit seiner Spielregeln identisch ist.
→ strategisches Spiel

Perzeptor (Perceptron): kybernetisches System, das als technisches Modell organischer Nervennetze angesehen werden kann und der Imitation von Teilprozessen der menschlichen Erkenntnis dient. Es besteht im wesentlichen aus einem System von Rezeptoren, die mit einem künstlichen Assoziationszentrum zusammengeschaltet sind. Als lernendes System ist es in der Lage, aus beliebigen Folgen von Signalen, die auf seine Rezeptoren auftreffen, diejenigen Signalkombinationen herauszufinden, die nicht zufälligen Charakter tragen, sondern für das System von Bedeutung sind, also Informationen enthalten.

Der Perzeptor soll nicht nur bestimmte Gestalten wiedererkennen, die im Informationsstrom eingebettet sind, bzw. Bedeutungen, die in ihm enthalten sind (und zwar nach vorgegebenen Kriterien), sondern er soll auch in der Lage sein, auf der Grundlage des Handelns, das durch diesen Erkenntnisakt hervorgerufen wird, seine Bewertungskriterien zu verbessern. Ein Perzeptor muß in der Lage sein, Invarianten zu bilden, etwa in der Vielfalt verschiedener Zeichenkombinationen die gleichen Zeichengestalten wiederzuerkennen; er muß Ähnlichkeitsrelationen, Isomorphien und Homomorphien entdecken und Formkriterien aufstellen können.

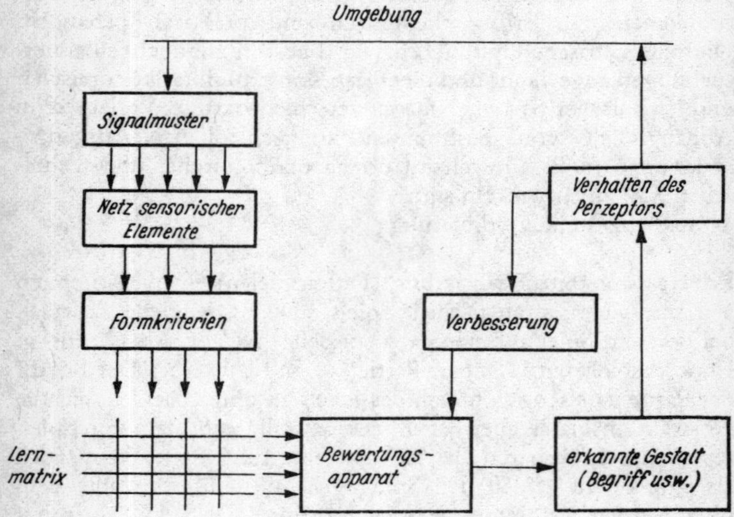

Schema eines Perzeptors

Die Umgebung sendet dem System Signalmuster zu, die in einem Netz sensorischer Elemente analysiert werden und aus denen z. B. bestimmte Formkriterien abgeleitet werden, die dann etwa als Eingang einer Lernmatrix (im Sinne von K. Steinbuch) Verwendung finden. Diese Formkriterien spielen die Rolle eines Kom-

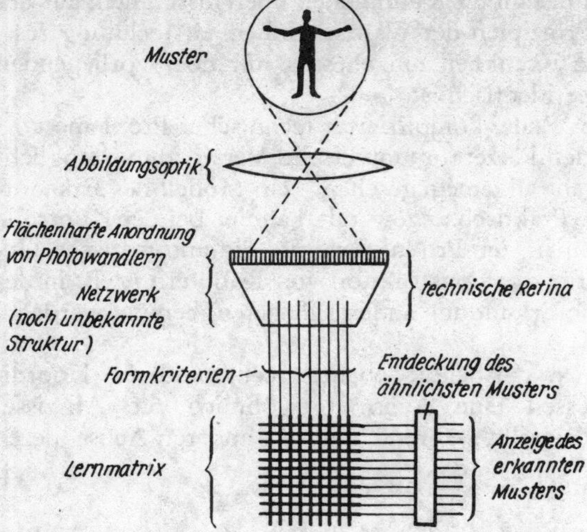

Prinzip der technischen Realisierung eines Perzeptors (nach K. STEINBUCH)

plexes von Eigenschaften, dem in der Lernmatrix eine Bedeutung zugeordnet wird. Selbstverständlich muß diese Matrix vorher eine Lernphase durchlaufen haben, in der die Bedeutungen zusammen mit den Signalmustern gegeben waren, so daß sich im Netzwerk der Matrix bedingte Verknüpfungen bilden konnten. Hat sich die Matrix diese Fähigkeiten angeeignet, ist sie in der Lage, in einem Bewertungsapparat diejenige Gestalt bzw. Bedeutung (den Begriff) ausfindig zu machen, die denjenigen, die im Signalmuster enthalten sind, maximal ähnlich sind. Handelt das System nunmehr auf der Grundlage dieses Erkenntnisaktes, so führt die Analyse dieses Handelns zu einer laufenden Verbesserung der Kriterien, nach denen der Bewertungsapparat arbeitet. Das heißt, die Wahrscheinlichkeitsschwellen, die die einzelnen Gestalten bzw. Begriffe voneinander trennen, werden immer genauer festgelegt. Die Funktionsweise des Perzeptors als lernendes System gründet sich u. a. auf die Theorie der bedingten Wahrscheinlichkeit.

Als eine spezielle Form des Perzeptors kann ein *automatisches Diagnosesystem* angesehen werden. Hier ist in den Symptomkomplexen die Krankheit zu erkennen, und der Bewertungsapparat hat die Aufgabe, bei Symptomkomplexen, die nicht völlig

mit denen schon bekannter Krankheiten übereinstimmen, auf der Grundlage der Prinzipien der Wahrscheinlichkeitsrechnung festzustellen, welche Krankheit am ehesten mit dem vorliegenden Symptomkomplex identisch ist.
Die Lösung einer Reihe komplizierter technischer Probleme vorausgesetzt, hat der Perzeptor universelle Verwendungsmöglichkeiten, da er – ganz allgemein gesehen – ein Modell des Erkenntnisvorganges ist. Praktisch angewandt, kann er bei der Kontrolle von Werkstücken in der Produktion, für die automatische Gestalterkennung, für die Konstruktion von Robotern (z. B. in der Raumfahrt für die Erkundung anderer Planeten) benutzt werden.

Phasenebene (x, x'-Ebene): ebenes rechtwinkliges Koordinatensystem, dessen eine Achse (gewöhnlich die Abszisse) eine Größe x darstellt, während auf der anderen Achse deren zeitliche Ableitung $x' = \frac{dx}{dt}$ aufgetragen ist.
In der Regelungstheorie ist die *Methode der Konstruktion der Phasenebene* ein Verfahren zur Behandlung von nichtlinearen Regelungen. Dabei ist x' die zeitliche Ableitung der Regelgröße x. Trägt man in der Phasenebene die Steigungen $\frac{dx'}{dx}$ ein, so

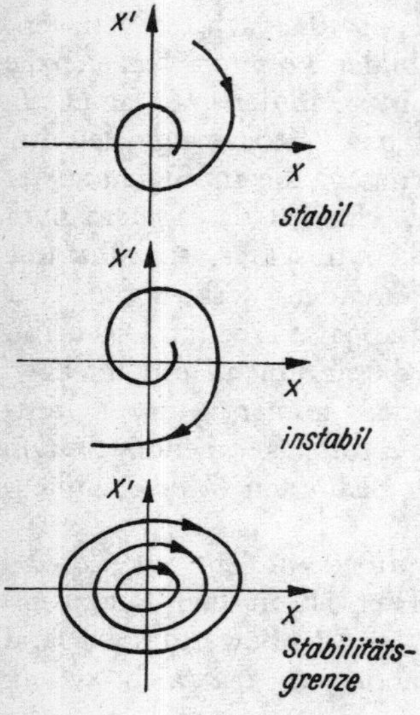

Darstellung des Regelvorganges in der Phasenebene

erhält man nach Verbinden der einzelnen Tangentenrichtungen eine *Zustandskurve des Regelvorganges.*

Die Darstellung von nichtlinearen Regelungen in der Phasenebene liefert für Regelvorgänge, die sich durch Differentialgleichungen 2. Ordnung darstellen lassen, exakte Ergebnisse.

physiologischer Frequenzbereich 1: Die *in organischen Systemen* bzw. deren Teilsystemen auftretenden Frequenzen; sie liegen in bestimmten durch den stofflichen Charakter des organischen Materials bestimmten Grenzen. *Beispiel:* Die Frequenz der Erregung und Entladung eines Neurons hat eine obere Grenze von etwa $10^3\,s^{-1}$ (bedingt durch die Größe der Refraktärzeit). In Grenzen liegen auch die Rhythmen der Gehirnwellen, die durch das Elektroenzephalogramm festgehalten werden können.

physiologischer Frequenzbereich 2: die *in der Umgebung organischer Systeme* auftretenden Frequenzen, soweit sie von dem betreffenden System auf der Grundlage einer gegebenen physiologischen bzw. neurophysiologischen Organisation wahrgenommen werden können. *Beispiel:* Die Rezeptoren der Gesichtswahrnehmung eines Menschen können nur Licht zwischen ungefähr 400 mμ und 800 mμ Wellenlänge aufnehmen. Bei höheren organischen Systemen werden alle von außen kommenden Signale im Nervensystem mit Hilfe von Pulsfrequenzmodulation kodiert. Die Fähigkeit zur Aufnahme beliebiger von außen herangetragener Frequenzen und damit die Möglichkeit der Kodierung ist aber bei organischen Systemen beschränkt, z. B. wegen der Refraktärzeit. In dieser Beziehung ist ein organisches kybernetisches System einem technischen prinzipiell unterlegen. Die starke Einschränkung des physiologischen Frequenzbereichs in diesem Sinne kann aber durch geeignete Mensch-Maschine-Systeme in erheblichem Maße aufgehoben werden. So können heute z. B. durch vielfältige Typen von Meßwertwandlern dem Menschen alle Bereiche des Frequenzspektrums seiner Umwelt (mittelbar) zugänglich gemacht werden.

polnische Notation: in formalen Sprachen und Programmiersprachen eine klammerfreie Schreibweise für Ausdrücke, die von dem polnischen Mathematiker J. Łukasiewicz eingeführt wurde.

Als *Notation* bezeichnet man in Programmiersprachen die Anordnung von Symbolen in bestimmten Sprachelementen, wobei der semantische Gehalt der Symbole von der Anordnung abhängt. Man unterscheidet in Ausdrücken *klammerfreie Notationen* und *nichtklammerfreie Notationen.*

Die *nichtklammerfreie Notation* ist die in der Mathematik übliche Anordnung, bei der ein Operationszeichen stets zwischen den Operanden steht, auf die es anzuwenden ist. *Beispiel:* In $((a + b) * c) + d$ wird zuerst die Addition der Operanden a und b, dann die Multiplikation der entstandenen Summe mit c und die Addition von d und dem Produkt durchgeführt. Um diese Reihenfolge festzulegen, sind unbedingt Klammern erforderlich, da $a + b * c + d$ eine andere Reihenfolge der Operationen ergibt. Diese Notation heißt auch *Infixnotation.*

Klammerfreie Notationen sind die *Präfixnotation* und die *Postfixnotation.* In der *Präfixnotation* steht jedes Operationszeichen vor den beiden Operanden, auf die es anzuwenden ist. Die Reihenfolge der Operationen ist fortlaufend von rechts nach links festgelegt, wobei das Ergebnis einer Operation an die Stelle des abgearbeiteten Operationszeichens tritt. Unsere *Beispiele* sind in dieser Notation zu schreiben als $+ d * c + ab$ bzw. $* + cd + ab$.

Die *Postfixnotation* kehrt diese Anordnung um und heißt daher auch *reverse polnische Notation.* Das Operationszeichen steht hinter den beiden jeweiligen Operanden, und die Reihenfolge der Abarbeitung erfolgt von links nach rechts. Unsere *Beispiele* sind dann $ab + c * d +$ bzw. $ab + cd + *$ zu schreiben. Diese Notation wird in Kompilern verwendet, da sich klammerfreie Notationen leichter in Maschinensprache umsetzen lassen. Zur Herstellung der Postfixnotation für geklammerte Ausdrücke in der Infixnotation einer Programmiersprache bedient sich der Kompiler eines Stapels.

Populationstheorie: Teilgebiet der theoretischen Biophysik, das sich mit der kybernetischen Analyse der Verhaltensweisen theoretischer Populationen beschäftigt.

Eine *theoretische Population* ist eine in allen wesentlichen Parametern definierte Menge von Individuen mit gemeinsamem Lebensraum, wobei zwischen den Individuen untereinander und zwischen den Individuen und ihrem Lebensraum biophysikalisch erfaßbare Wechselwirkungen bestehen. Ist x_i die Gesamtzahl der Individuen der i-ten Art in einem Lebensraum V, so ist $\varrho_i = \frac{x_i}{V}$ die *mittlere Dichte der Population* in bezug auf diese Art, wobei ϱ_i im allgemeinen Fall eine Funktion des Ortes und der Zeit ist. Für die *zeitliche Veränderung einer Populationsdichte* bezüglich der i-ten Art gilt die Beziehung

$$\frac{\partial \varrho_i}{\partial t} = T_i(\varrho_1, \varrho_2, \ldots, \varrho_n, X, Y, Z, t) + P_i(\varrho_1, \varrho_2, \ldots, \varrho_n, X, Y, Z, t).$$

n dieser Gleichungen gestatten die Beschreibung einer Population aus n verschiedenen Arten von Individuen. T_i ist eine Funktion, die die Emigration (Abwanderung) und die Immigration (Zuwanderung) von Individuen der i-ten Art beschreibt. P_i beschreibt das Anwachsen oder Absinken der i-ten Art der Population durch Geburten und Todesfälle. Bei konstantem Lebensraum V tritt zweckmäßigerweise die Individuenzahl x_i an die Stelle von ϱ_i.

Von den allgemeinen Beziehungen gelangt man zu den Gleichungen von VOLTERRA, wenn man bei konstantem Lebensraum und fehlender Emigration und Immigration ($T_i \equiv 0$) annimmt, daß das Wachstum der Population allein von den n verschiedenen Arten von Individuen in der Population bestimmt werde:

$$\frac{dx_i}{dt} = P_i(x_1, x_2, \ldots, x_n) \quad (i = 1, 2, \ldots, n).$$

Die Untersuchung derartiger zeitlicher Veränderungen ortsunabhängiger Populationsdichten (oder Individuenzahlen) fällt in das Gebiet der *Populationskinetik*. Man spricht von *Populationsdynamik*, wenn auch die Ortsabhängigkeit und die Ursachen der Veränderungen Gegenstand der Untersuchung sind.

Existiert in der betreffenden Population nur eine Art von Individuen, so reduzieren sich die VOLTERRA-Gleichungen auf

$$\frac{dx}{dt} = a_1x + a_2x^2 + a_3x^3 + \cdots$$

In erster Näherung ($a_1 \neq 0$; $a_2 = a_3 = \cdots = 0$) erhält man daraus das Gesetz von MALTHUS:

$$x = x_0 e^{a_1 t} \quad (x = x_0 \text{ für } t = 0).$$

a_1 heißt *Wachstumskoeffizient*. Bei Überwiegen der Geburten ist $a_1 > 0$, bei Überwiegen von Todesfällen ist $a_1 < 0$. Für $a_1 > 0$

nimmt die Individuenzahl exponentiell unbegrenzt zu, was freilich einen unbegrenzten Nahrungsvorrat voraussetzt. Das Gesetz von MALTHUS gilt in den Anfangsstadien der Entwicklung einer Bakterienkolonie und nur in Ausnahmefällen auch bei höheren Tieren (wie z. B. bei Feldmäusen), wenn sie in einem bestimmten Lebensraum keine natürlichen Feinde besitzen. Auf die menschliche Gesellschaft ist dieses Gesetz nicht anwendbar, weil zwischen tierischen Populationen und menschlicher Bevölkerung qualitative Unterschiede bestehen. Die marxistisch-leninistischen Gesellschaftswissenschaften haben daher alle Versuche, das Gesetz

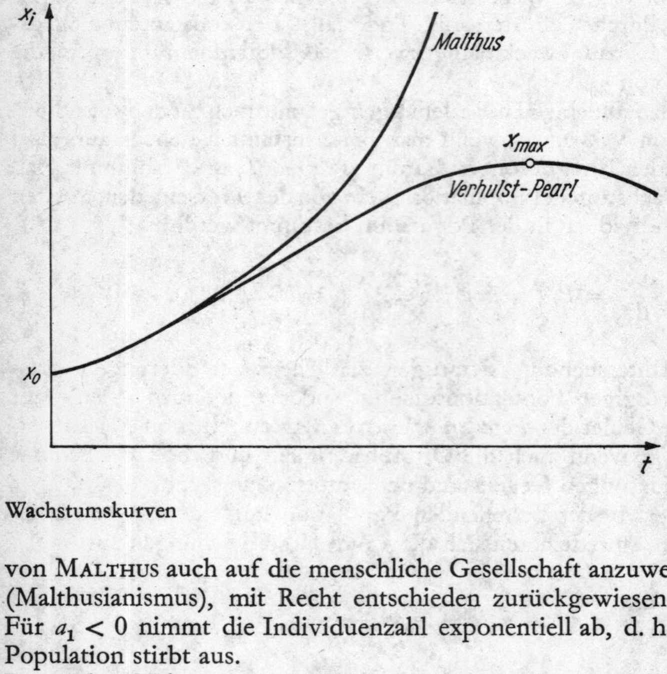

Wachstumskurven

von MALTHUS auch auf die menschliche Gesellschaft anzuwenden (Malthusianismus), mit Recht entschieden zurückgewiesen.
Für $a_1 < 0$ nimmt die Individuenzahl exponentiell ab, d. h., die Population stirbt aus.
In zweiter Näherung $(a_1 \neq 0, a_2 \neq 0, a_3 = a_4 = \cdots = 0)$ erhält man die Gleichung

$$\frac{dx}{dt} = a_1 x + a_2 x^2 = (a_1 + a_2 x)\, x$$

und daraus die Funktion von VERHULST-PEARL:

$$X = \frac{x_0 a_1 e^{a_1 t}}{a_1 - a_2 x_0 (e^{a_1 t} - 1)} \quad (x = x_0 \text{ für } t = 0).$$

Der Koeffizient a_2 ist negativ. Er ist ein Maß für das Abnehmen des Wachstums der Population mit zunehmender Individuenzahl. Der Maximalwert der Individuenzahl beträgt

$$x_{\max} = -\frac{a_1}{a_2}.$$

Das Wachstum einer Population vom VERHULST-PEARL-Typ wurde mit guter Übereinstimmung bei Insekten (z. B. *Drosophila*) beobachtet. Bei Vorhandensein zweier Arten in einem gemeinsamen Lebensraum kommt es zur *Kompetition* (Konkurrenz) um eine gemeinsame Nahrung, falls die beiden Arten sich nicht gegenseitig auch direkt beeinflussen. Sind x_1 und x_2 die Individuenzahlen der Art 1 und der Art 2, k_1, k_2 die zugehörigen Wachstumskoeffizienten und l_1, l_2, m_1, m_2 positive Faktoren, die die gegenseitige Beeinflussung beschreiben, so lauten die VOLTERRA-Gleichungen vom VERHULST-PEARL-Typ:

$$\frac{dx_1}{dt} = [k_1 - m_1(l_1 x_1 + l_2 x_2)]\, x_1;$$

$$\frac{dx_2}{dt} = [k_2 - m_2(l_1 x_1 + l_2 x_2)]\, x_2.$$

Die Wachstumskoeffizienten beider Arten verringern sich proportional zur Individuenzahl beider Arten. Die Lösung der Differentialgleichungen führt auf den Ausdruck

$$\frac{x_1^{m_2}}{x_2^{m_1}} = C e^{(k_1 m_2 - k_2 m_1)t}.$$

Wegen der implizit enthaltenen Annahme, daß der Nahrungsvorrat nicht unbegrenzt sei (Wachstum der Population vom VERHULST-PEARL-Typ), können auch die Individuenzahlen nicht unbegrenzt anwachsen. Da aber

$$\lim_{t \to \infty} \frac{x_1^{m_2}}{x_2^{m_1}} = \infty \text{ ist,}$$

folgt daraus

$$\lim_{t \to \infty} x_2 = 0.$$

Das bedeutet das Aussterben der Art mit der geringeren Wachstumsrate.

Dient im Unterschied zu den Verhältnissen bei der Kompetition eine Art der anderen als Nahrung, so handelt es sich um ein *Räuber-Beute-Verhältnis*. Sind x_1 und x_2 die Individuenzahlen der Art 1 (Räuber) und 2 (Beute), k_1 und k_2 wieder die zugehörigen Wachstumskoeffizienten sowie l_1, l_2 Faktoren, die die gegenseitige Beeinflussung beschreiben, so lauten die VOLTERRA-Gleichungen vom VERHULST-PEARL-Typ in diesem Falle:

$$\frac{dx_1}{dt} = (-k_1 + l_1 x_2)\, x_1;$$

$$\frac{dx_2}{dt} = (+k_2 - l_2 x_1)\, x_2.$$

Die Art 1 müßte ohne Beute aussterben $(-k_1)$; dagegen nimmt der Wachstumskoeffizient um so stärker zu, je mehr Beuteindividuen vorhanden sind $(+l_1 x_2)$. Die Art 2 würde sich ohne Räuber und bei ausreichender Nahrung nach dem Gesetz von MALTHUS ungehemmt vermehren $(+k_2)$; durch den Einfluß der Räuberindividuen verringert sich jedoch ihr Wachstumskoeffizient proportional zur Anzahl der Räuber $(-l_2 x_1)$. Die Lösung der Differentialgleichung führt auf den Ausdruck

$$x_1^{k_2} \cdot x_2^{k_1} = C e^{l_1 x_2 + l_2 x_1},$$

der einen sog. VOLTERRA-*Zyklus* zwischen den Individuenzahlen x_1 und x_2 beschreibt.

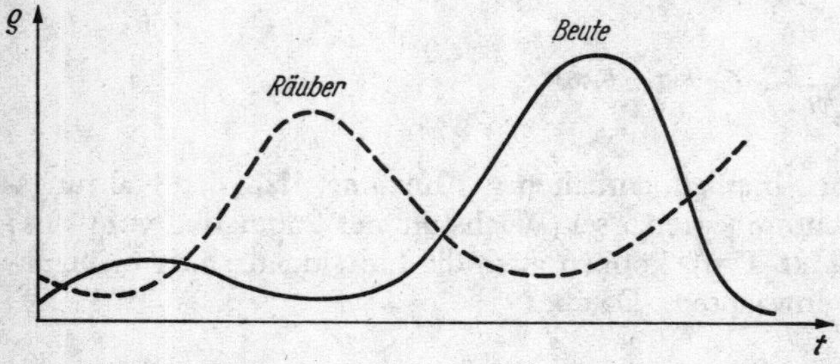

Prinzipieller Kurvenverlauf der Populationsdichte beim Räuber-Beute-Verhältnis

Als *Periodendauer der Fluktuationen* ergibt sich der Wert

$$T = \frac{2\pi}{\sqrt{k_1 \cdot k_2}}.$$

Die Anzahl der Räuberindividuen nimmt ab, wenn nicht mehr genügend Beuteindividuen vorhanden sind. Die Abnahme der Räuber hat durch die nun einsetzende Schonung eine Zunahme der Beute zur Folge. Im Gefolge davon nimmt die Anzahl der Räuber wieder zu, und damit werden die Beuteindividuen stärker dezimiert usw. Philosophisch gesehen wird hier also ein spezifischer dialektischer Prozeß streng mathematisch beschrieben.

Produktionskontrollanlage (PKLA): technische Einrichtung zur permanenten und simultanen Abbildung eines diskontinuierlichen Produktionsprozesses an einer zentralen Stelle zum Zwecke der Beeinflussung des Prozesses.
Produktionskontrollanlagen dienen zur Mechanisierung und Automatisierung des Überwachens und Disponierens von Haupt- und Hilfsprozessen. Zu diesem Zwecke werden automatisch Prozeßdaten (Stückzahlen, Maschinenstillstandszeiten, Kennziffern und kontinuierlich anfallende Werte, wie Druck, Temperatur u. a.) erfaßt und über anzeigende und registrierende Geräte ausgegeben, die eine weitere Verarbeitung mit Hilfe einer Datenverarbeitungsanlage ermöglichen. Die übermittelten Prozeßzustände gestatten eine Beeinflussung des Prozesses. Produktionskontrollanlagen sind im allgemeinen für alle Arten von Stückgutprozessen einsetzbar.

Produktionsplanoptimierung: Problemstellung der mathematischen Optimierung, meist speziell der linearen Optimierung zur Bestimmung eines *Produktionsprogramms*, d. h. eines Programms der von einer Produktionseinheit in einer bestimmten Planperiode herzustellenden Erzeugnisse nach Sortiment und Stückzahl.
Ein Produktionsprogramm ist *optimal*, wenn es innerhalb der für die Produktionseinheit gültigen Beschränkungen des Produktionsprozesses liegt (z. B. innerhalb der im angenommenen Zeitraum nur begrenzt vorliegenden Fonds für Arbeitskräftezeit, Maschinenzeit und Materialien) und zugleich der gestellten Extremalforderung (Optimalitätskriterium oder Zielfunktion) genügt.
Die *Optimalitätskriterien für Produktionsprogramme* sind unter Berücksichtigung der volkswirtschaftlichen und betrieblichen

Erfordernisse festzulegen. Sind bezüglich der Proportionalität und Additivität gewisse Voraussetzungen für das Problem erfüllt, so wird für die Produktionsplanoptimierung ein lineares Optimierungsmodell verwendet. Spezielle Optimalitätskriterien der Produktionsplanoptimierung sind *Gewinnmaximierung*, *maximale Auslastung des Maschinenzeitfonds*, *Maximierung des Devisenerlöses*, *Minimierung von Kosten*, *Maximierung einer Rentabilitätsrate*. Eine Rentabilitätsrate ist der Quotient zweier linearer Funktionen, der zu maximieren ist. Dabei strebt die Zählerfunktion (Gewinnfunktion) einen großen und die Nennerfunktion (Kostenfunktion) einen kleinen Wert für denselben Produktionsplan an. Ein Lösungsverfahren hierfür liefert die *lineare Quotientenoptimierung*.

Programmdokumentation (Programmbeschreibung): Gesamtheit aller Unterlagen, die wichtige Angaben zur Entstehung und Korrektur eines Programms enthalten oder zum Verständnis seiner Funktion sowie seiner richtigen Anwendung bzw. zur Überprüfung seiner Richtigkeit benötigt werden. Dazu zählen im allgemeinen:

1. Die Angabe des programmierten Verfahrens, mathematischen Modells oder Prozesses;

2. die grafische Darstellung des Programmablaufs, die bei großen und sehr komplexen Programmen durch eine verbale Schilderung der Zusammenhänge ergänzt wird;

3. bei ökonomischen Problemen ein Datenflußplan;

4. die Niederschrift des Programms in einer Programmiersprache (bei höheren Programmiersprachen als Quellprogramm);

5. Angaben über die Einsatzmöglichkeiten bzw. über Einschränkungen im Gebrauch des Programms;

6. Angaben zur Abarbeitung des Programms in der Datenverarbeitungsanlage (die *Regieanweisung*) mit Hinweisen an den Bediener über das Verhalten bei Ausnahmesituationen, über Bereitstellung von Datenträgern, vorausgesetzte Anlagenparameter (z. B. benötigte Ein- und Ausgabegeräte sowie benötigtes Betriebssystem);

7. Angaben über Art und Vorbereitung der Eingabedaten;

8. komplettes Testbeispiel mit vollständiger Erläuterung der zu erwartenden Ergebnisse.

Bei Systemprogrammen im Betriebssystem unterscheidet man in der Programmdokumentation zwischen *Entwicklerdokumentation*, die aus 1., 2., 4. und 8. besteht und nur dem Wartungspersonal zugänglich ist, und der *Anwenderdokumentation*, die alle übrigen Angaben umfaßt und jedem Anwender zur Verfügung steht.

Programmerprobung: in der Datenverarbeitung das Aufspüren und Beseitigen von Fehlern in einem neu geschriebenen oder in einem geänderten Programm. Man unterscheidet *Datenfehler* und *Programmfehler*.
Datenfehler entstehen durch Verwendung falscher Daten oder falscher Datenformate. Die Auffindung von Datenfehlern ist nicht Gegenstand der Programmerprobung, ist aber notwendig, wenn sie die Entdeckung der Programmfehler behindern.
Programmfehler gehen auf syntaktische und logische Fehler zurück. *Syntaktische Fehler* treten bei der Programmierung in höheren Programmiersprachen auf und stellen Verstöße gegen die Regeln der Syntax einer Programmiersprache dar, die vom entsprechenden Übersetzungsprogramm (Assembler oder Kompiler) erkannt werden. Erst nach Beseitigung der syntaktischen Fehler kann die Suche nach *logischen Fehlern* beginnen, d. h. nach Fehlern im programmierten Verfahren.
Programmfehler und Datenfehler können auch durch *Lochfehler* (Fehler in der Vorbereitung der Informationsträger für Programme und Daten) oder *Bedienungsfehler* (falsche Eingabe oder falsche Steuerung der Datenverarbeitungsanlage) und in seltenen Fällen auch durch *Maschinenfehler* (z. B. Versagen der Eingabegeräte) hervorgerufen werden.
Ein einzelner Schritt der Programmerprobung wird *Programmtest* (oder *Test*) genannt. Die Durchführung aller Tests bis zum fehlerfrei arbeitenden Programm wird als *Austesten* bezeichnet. Die dafür auf einer Datenverarbeitungsanlage genutzte Zeit heißt *Testzeit*.
Zur Ermittlung der logischen Fehler sind meist mehrere Programmdurchläufe erforderlich, um alle Zweige eines Programms zu erproben. Ein *Programmdurchlauf* umfaßt die Abarbeitung der in einem Programm enthaltenen Befehle, wobei die Abarbeitungsfolge der Befehle und damit der Durchlauf einzelner Programmzweige oder Programmschleifen von den Entscheidungen an den Programmverzweigungen abhängig ist. Dadurch kann das Ergebnis des Programmdurchlaufs und auch das Programmende sowohl von den eingespeicherten Befehlen als auch von

den verwendeten Parametern und den verarbeiteten Daten beeinflußt werden.
Ein *Testbeispiel* ermöglicht den Vergleich zwischen bereits bekannten Resultaten und den durch das Programm ermittelten Werten. Ein *Testprogramm* ist ein speziell zum Austesten eines anderen Programms geschriebenes Hilfsprogramm (z. B. ein Hauptprogramm für das Austesten eines Unterprogramms).
Ein *Trace-Programm* (Fehlersuchprogramm) ist in der Lage, den Programmdurchlauf Befehl für Befehl zu verfolgen und darüber ein Protokoll anzufertigen. Das Protokoll kann das Erreichen markierter Befehle und den Inhalt von Speicherplätzen oder Registern an besonderen Programmstellen oder nach jedem Befehl ausweisen. Außer der Einschränkung der Protokollierung auf besonders markierte Befehle läßt sich die Protokollierung auch auf gewisse Unterprogramme, Programmabschnitte oder auf die Veränderung bestimmter Datengrößen beschränken. Kommt ein Programm nicht zum vorgesehenen Programmende, so wird die Programmerprobung durch die Untersuchung des Inhalts bestimmter Speicherplätze unterstützt. Dazu fertigt man den Ausdruck des Inhalts aller Speicherplätze des Arbeitsspeichers in der Datenverarbeitungsanlage an, was als *Speicherabzug* (bei binärer Darstellung des Inhalts) oder *Speicherausdruck* (bei lesbar aufbereiteter Darstellung des Inhalts) bezeichnet wird. Außer dem Inhalt des Speichers werden meist auch noch die vorhandenen Registerinhalte einschließlich gewisser Angaben über den Zustand des Automaten bei Abbruch der Arbeit (z. B. Division durch Null, Eingabefehler) ausgedruckt. Wird der Speicherabzug nicht durch ein Systemprogramm des Betriebssystems geliefert, so verwendet man dazu ein sog. *post-mortem-Programm*, welches bei seiner Eingabe in den auszudruckenden Arbeitsspeicher keine wichtigen Informationen zerstört.

Programmgenerator: für problembeschreibende Programmiersprachen notwendiges Verarbeitungsprogramm, das ein Programm erzeugt, mit dem das beschriebene Problem auf einer Datenverarbeitungsanlage gelöst werden kann. Der Generator kann dabei unter verschiedenen, bereits programmierten Verfahren wählen, die noch durch Parameterangaben aus der Problembeschreibung modifiziert und entsprechend zusammengefügt werden. Der dadurch bedingte relativ starre Aufbau und die Notwendigkeit, die erforderlichen Verfahren vorrätig zu

haben, beschränkt den Einsatz von Programmgeneratoren auf relativ kleine und einfache Aufgabengebiete.
Ein *Druckprogrammgenerator* erzeugt Programme, die die gewünschte Form des Ausdrucks für die Ergebnisse der Datenverarbeitung bewirken. Die bei Tabelliermaschinen in der konventionellen Lochkartenverarbeitung übliche Bezeichnung *Liste* für die Einzelausgabe von Daten ohne Angabe eines Druckbildes führte bei elektronischen Datenverarbeitungsanlagen zu der Bezeichnung *Listenprogrammgenerator* für solche Generatoren, deren erzeugte Programme die auszugebenden Daten von unterschiedlichen Speichermedien her zusammenstellen und sie auf unterschiedliche Speichermedien oder Drucker wieder ausgeben können.
Report-Programm-Generatoren gehen über die Leistungen von Druckprogramm- und Listenprogrammgeneratoren hinaus und können Programme erzeugen, die einfache arithmetische Operationen bei der Zusammenstellung von Listen vornehmen, Datensätze bei der Ausgabe umsortieren und Unterprogramme aus anderen Programmiersprachen aufrufen können. Einsatzgebiete sind z. B. Abrechnung, Verkaufsstatistik und Kontenauszüge. Da die Form der Problembeschreibung nicht frei wählbar ist, werden die problembeschreibenden Parameter in Formulare, sog. *Bestimmungsblätter*, eingetragen und in dieser Anordnung vom Generator verarbeitet. Weitere Einsatzgebiete für Programmgeneratoren sind die Erzeugung von Sortier- und Mischprogrammen und von Makrobefehlen.
Ein Programm, das die Eigenschaften und die Wirkungsweise eines Programmgenerators hat, wird auch *programmierendes Programm* genannt. Teilweise (meist in älterer Literatur) wird damit aber auch ein Programm bezeichnet, das wie ein Kompiler arbeitet.

programmgesteuerter Rechenautomat: Rechenautomat, bei dem (zum Unterschied von festverdrahteten Rechnern) die Folge der auszuführenden Operationen frei eingestellt (programmiert) werden kann.
Bei *schalttafelprogrammierten Rechenautomaten* wird das zu bearbeitende Programm nach einem bestimmten System z. B. auf Stecktafeln untergebracht. Das Programm kann dadurch vom Rechner nicht verändert werden. Außerdem sind dem Umfang der Programme enge Grenzen gesetzt. Universeller verwendbar sind *speicherprogrammierte Rechenautomaten*, bei denen das zu bearbeitende Programm in einen Speicher eingegeben und von dort abgearbeitet

wird. Ist insbesondere das Programm in einem Operativspeicher untergebracht, so kann der Rechner aufgrund von Resultaten seiner Berechnungen das Programm verändern.

Programmiersprache (Programmsprache): in der maschinellen Rechentechnik (insbesondere Digitalrechentechnik) künstliche Sprache zur Beschreibung (Darstellung, Notierung) eines Programms.
Um eine Kommunikation zwischen Mensch und Rechner zu ermöglichen, muß der Mensch der Maschine seine Problemstellung so mitteilen, daß sie in der Lage ist, diese zu „verstehen". Eine wesentliche Voraussetzung hierfür ist die *Programmierung* mit Hilfe einer Programmiersprache.
Alle Bestimmungsstücke und notwendigen Daten eines Programms müssen dem Digitalrechner eingegeben werden (z. B. durch Ablochung auf Lochstreifen oder Lochkarten). Der Automat kann die eingegebenen Informationen unmittelbar verarbeiten, wenn die Programmbefehle als sog. Maschinenbefehle direkt eingegeben werden, d. h. wenn das Programm mit Hilfe einer entsprechenden *Maschinensprache* (Maschinenkode) niedergeschrieben worden ist. Da Aufbau und Struktur einer Maschinensprache durch den technischen Aufbau bzw. die innere Struktur des jeweiligen Automaten bestimmt werden, ist eine Maschinensprache nur für den betreffenden Maschinentyp verwendbar. Die Niederschrift eines Programms mit Hilfe eines Maschinenkodes hat aber auch erhebliche Nachteile. So muß der Programmierer den technischen Aufbau des Rechners kennen, und die Programme können nur auf Maschinen gleichen Typs abgearbeitet werden, d. h. ein Programmaustausch zwischen Maschinen verschiedenen Typs ist ausgeschlossen. Außerdem geht die logische Struktur des Programms verloren, und die Fehlerquote bei seiner Formulierung ist sehr hoch. Aus dieser Sachlage ergab sich die Notwendigkeit, Programmsprachen zu entwickeln, die diese Nachteile nicht mehr besitzen. Durch die Einführung von mnemotechnischen Zeichen (d. h. Symbole für Operationen wie z. B. + oder AD für die Addition) und die symbolischen Adressen (Namen, Merkmale) erhielt man aus den reinen Maschinensprachen sog. *maschinenorientierte Sprachen* (ein Beispiel dafür ist die *maschinenorientierte Programmsprache*, abgekürzt MOPS, für den Rechner R 300).
Sprachen dieser Art werden auch oft als *Assemblersprachen* bezeichnet. Ein in einer Assemblersprache geschriebenes Programm besteht aus einer Folge von sog. *externen Befehlen* (Definitions-

befehlen, ausführbaren Anweisungen). Dabei ist es notwendig, daß jeder externe Befehl in einen *internen Befehl* (den eigentlichen Maschinenbefehl) überführt wird. Dies wird durch ein sog. *Betriebssystem* (Assemblersystem) organisiert. Das dazu notwendige Übersetzungsprogramm heißt *Assembler*. Als Beispiele aus der Assemblersprache für den Rechner R 21, einem Baustein der ESER-Reihe (des Einheitlichen Systems Elektronischer Rechner der RGW-Staaten), seien die beiden folgenden Typen von Befehlen angegeben:

Wirkung des Befehls	engl. Kurzbezeichnung	mnemotechnische Zeichen	Maschinenkode (2 Bytes)
Speichern eines Zeichens	STORE (CHARACTER)	STC	42
Division von Gleitkommazahlen gleicher Länge	DIVIDE (SHORT)	DER	3D

Die den verschiedenen Rechnertypen zugehörenden unterschiedlichen maschinenorientierten Programmsprachen haben hinsichtlich der Struktur der einzelnen Befehlstypen und hinsichtlich der Arbeitskonzepte viele gemeinsame Eigenschaften. Auf ihrer Grundlage kann man durch einen Abstraktionsprozeß zu einer sog. hypothetischen Maschine gelangen, die in sich alle wesentlichen Merkmale einer großen Klasse von real existierenden Automaten vereinigt. Zugleich erhält man dann eine ihr zugeordnete universelle maschinenorientierte Programmsprache, die von den real existierenden einzelnen Maschinen nicht mehr abhängig ist. Eine solche Sprache bezeichnet man daher als *maschinenunabhängige maschinenorientierte Sprache*. In der Sowjetunion wurde z. B. die Sprache ALMO (Abk. von algorithmisch-maschinenorientiert) entwickelt. Eine maschinenunabhängige maschinenorientierte Sprache eignet sich als Zwischensprache für die Übersetzung von problemorientierten Programmsprachen in mehrere spezielle Maschinensprachen.

Bei einer *Assemblersprache* wird ein gewisser Zeichenvorrat (Basissymbole, Alphabet) vorgegeben, aus dem Zeichenreihen (Wörter) gebildet werden. Eine Assemblersprache hat jedoch keine formalisierten Regeln (keine Syntax), die festlegen, wann eine Zeichenreihe aus Basissymbolen ein externer Befehl (ein

System 360/40

Assembler-Programmschema

Programm LKMB mit zwei E/A - Bereichen		Lochhinweise	Problem (73–75)
kein Arbeitsbereich		Zeichen	
Programmierer N.N.	Datum	Lochung	Seite (76–77) von

Name (1–8)	Operation (10–14)	Operand und Bemerkungen (Anweisung, 16–71)	Karte Nr. (78–80)
LKMB	START		Ø1Ø
	USING	*,6	Ø2Ø
	OPEN	KARTE,BAND	Ø3Ø
	GET	KARTE	Ø4Ø
SP	MVC	LKA,Ø(3)	Ø5Ø
	PUT	BAND	Ø6Ø
	GET	KARTE	Ø7Ø
	CLC	Ø(8,3),LKA	Ø8Ø
	BH	SP	Ø9Ø
	PUT	FEHLER	1ØØ
	CLOSE	KARTE,BAND	11Ø
	CANCEL		12Ø
EOJ	CLOSE	KARTE,BAND	13Ø
	EOJ		14Ø
KARTE	DTFCD	DEVADDR=SYS007,EOFADDR=EOJ,IOAREA1=LK,	15Ø
		IOAREA2LK1,IOREG=(3)	16Ø
	CDMOD	IOAREA2=YES	17Ø
LK1	DS	CL8Ø	18Ø
LK	DS	CL8Ø	19Ø
BAND	DTFMT	DEVADDR=SYS008,BLKSIZE=8Ø,IOAREA1=LKA,	2ØØ
		TYPEFLE=OUTPUT	
FEHLER	DTFCN	DEVADDR=SYSLOG,IOAREA1=FEHL,BLKSIZE=L'FEHL	
	END		

Programmformular des Assembler-Programmiersystems 360/40 (entwickelt für die Rechner der ESER-Serie)

zulässiges Wort der Sprache) ist. Durch Definition wird aber festgelegt, welche Zeichenreihen welche speziellen Befehle charakterisieren sollen. Zur Niederschrift eines Programms in einer Assemblersprache wird in der Regel ein sog. *Programmformular* verwendet.
Auch eine Assemblersprache verlangt vom Programmierer einige Kenntnisse über den Aufbau des jeweiligen Digitalrechners. Dennoch ist die Handhabung einer solchen Sprache einfacher als die einer Maschinensprache. Mit einer Assemblersprache ist es jedoch nicht möglich, mathematische Formeln direkt in das Programm einzufügen. Das konnte erst durch die Entwicklung von *Formelübersetzern* (z. B. der Sprache FORTRAN, Abk. des engl. *Formula Translator*) und *problemorientierten Programmiersprachen* erreicht werden.
Problemorientierte Programmiersprachen haben folgende wesentliche Vorzüge:

- Die Orientierung der Sprachen erfolgt für Probleme eines relativ großen Anwendungsgebietes.
- Die Sprachen enthalten Elemente, die zur Beschreibung und Lösung ausgewählter Klassen von Aufgaben aus dem jeweiligen Gebiet geeignet sind.
- Die Algorithmen für die Problemlösungen können überschaubar dargestellt werden.
- Die logische Struktur des Programms ist erkennbar.
- Die Sprache ist maschinenunabhängig.
- Es besteht die (eingeschränkte) Möglichkeit der automatischen Fehlererkennung.

Bei der Benutzung problemorientierter Programmiersprachen steht im Mittelpunkt der Programmierung nicht mehr die Auflösung von Makrobefehlen, sondern die Formulierung des Lösungsalgorithmus des gestellten Problems.
Wird ein in einer problemorientierten Programmiersprache abgefaßtes Programm über Eingabegeräte dem Automaten zugeführt, so kann er dieses sog. *Quellprogramm* nicht unmittelbar verarbeiten. Auch in diesem Falle müssen die externen Befehlswörter in interne übersetzt werden. Diese Übersetzung (auch als *Kompilation* bezeichnet) erfolgt in der Regel in mehreren Stufen und wird durch einen sog. *Kompiler* gesteuert. Der Kompiler ist ein im jeweiligen Maschinenkode abgefaßtes Programm (Programmsystem), das das Quellprogramm analysiert und die externen Befehle in interne Befehle (bzw. in eine Folge von internen

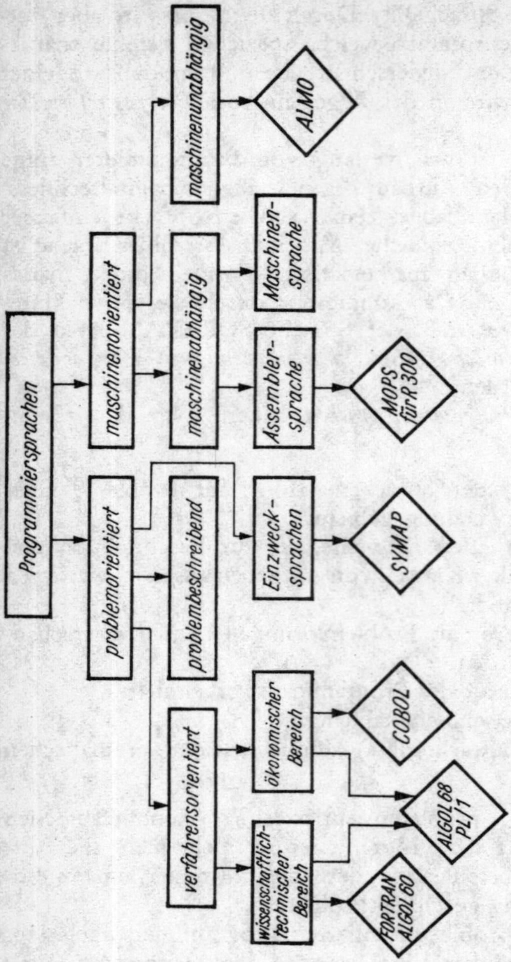

Typen von Programmiersprachen mit Beispielen (in Anlehnung an G. Paulin)

Befehlen) überführt. Als Ergebnis der abgeschlossenen Kompilation erhält man das sog. *Objektprogramm* (ein Maschinenprogramm), das nun unmittelbar von der Maschine verarbeitet werden kann. Eine weitere Möglichkeit für die Überführung eines Quellprogramms in ein Maschinenprogramm besteht in einer sog. *interpretierenden Übersetzung*. Hierbei wird das Quellprogramm nicht als Ganzes, sondern Anweisung für Anweisung übersetzt, von denen jede unmittelbar nach der Übersetzung abgearbeitet wird. Ein eine solche Übersetzung realisierendes Programm wird auch *Interpreter* (interpretierendes Programm) genannt.

Übersetzungsprogramme ordnet man allgemein der Klasse der *Superprogramme* zu; mit Superprogrammen ist es möglich, andere Programme zu verarbeiten.

Man unterscheidet unter den problemorientierten Sprachen *verfahrensorientierte Sprachen* (operative Sprachen) von *problembeschreibenden Sprachen* (deskriptiven Sprachen). Verfahrensorientierte Sprachen sind für die Darstellung des Lösungsweges für ein Problem in einzelnen Verfahrensschritten gedacht, während problembeschreibende Sprachen nur Parameter und charakteristische Angaben zur Beschreibung des Problems enthalten.

Verfahrensorientierte Sprachen sind hauptsächlich für wissenschaftlich-technische und ökonomisch-organisatorische Aufgabenstellungen entwickelt worden. Für mathematische und technische Aufgaben wurden z. B. die Programmiersprachen ALGOL (Abk. von *Algorithmic Language*) und FORTRAN (Abk. von engl. *Formula Translator*) entwickelt. Für ökonomische Aufgaben dient die Programmiersprache COBOL (Abk. von engl. *Common Business Oriented Language*). PL/1 (Abk. von engl. *Processing Language*) ist ein Beispiel für eine Mehrzweckprogrammsprache. Außerdem spielen aber auch Sprachen für die Simulation ökonomischer, gesellschaftlicher oder biologischer Prozesse sowie Sprachen für Symbolverarbeitung oder Verarbeitung allgemeiner alphanumerischer Information (z. B. IPL, Abk. von engl. *Information Programming Language*) eine bedeutende Rolle. Daneben gibt es eine Vielzahl von *Spezialsprachen* (Fachsprachen) für die verschiedensten Anwendungen wie Übersetzung natürlicher Sprachen, Werkzeugmaschinensteuerung (z. B. SYMAP, Abk. von Symbolsprache zur maschinellen Programmierung), Statikaufgaben, technische Konstruktionen u. ä.

Das Gebiet der *problembeschreibenden Sprachen* befindet sich in der Entwicklung. Traditionelle Sprachen aus diesem Gebiet werden mit Programmgeneratoren verarbeitet und enthalten nur Parameter zur Beschreibung des Problems. Es gibt aber einen fließenden Übergang von diesen Programmiersystemen zu Programmsystemen, die eine Steuersprache zur Verbindung und Ablaufsteuerung der einzelnen Programme besitzen, wobei ebenfalls Problemparameter zur Modifizierung der Programme benutzt werden, aber kein neues Programm generiert, sondern ein bestimmter Satz von Programmen interpretiert wird. Solche Sprachen gibt es für viele Aufgaben der Wirtschaftsführung, Verwaltung und Buchführung, für militärische Warn- und Abwehrsysteme, Verkehrs- und Transportprobleme, strategische Spiele, Wetterprognosen usw.

Die *verfahrensorientierten Programmsprachen* besitzen ebenso wie die Assemblersprache eine fest vorgegebene Menge von Grundsymbolen (ein Alphabet). Außerdem sind aber Vorschriften (Regeln) zur Bildung zulässiger Wörter über diesem Alphabet vorgegeben. Die Gesamtheit dieser Regeln bildet die *Syntax* der jeweiligen verfahrensorientierten Programmsprache. Durch spezielle Regeln werden Klassen von Wörtern (auch *syntaktische Kategorien* oder *syntaktische Strukturen* genannt) gebildet, die dann wiederum Ausgangspunkt für die Bildung neuer Strukturen sein können.

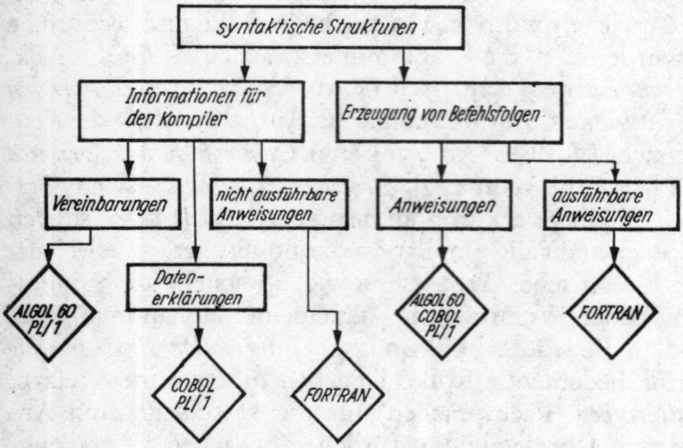

Klassifizierung charakteristischer syntaktischer Strukturen bei den verschiedenen Programmiersprachen

Zur Beschreibung der Syntax wird häufig die CBNF-Notation (Chomsky-Backus-Naur-Form) – z. B. bei ALGOL – bzw. eine modifizierte Form davon – z. B. bei PL/1 – verwendet. Die Beschreibung der Programmiersprache (ihre Definition) muß so beschaffen sein, daß jedes syntaktisch richtig gebildete Programm eine eindeutige Interpretation besitzt. Die Gesamtheit der Regeln bezüglich der Bedeutung der Grundsymbole und Wörter begründet die *Semantik* der betreffenden Programmiersprache. So werden z. B. in den einzelnen Programmiersprachen Schlüsselwörter verwendet, d. h. aus den jeweiligen Basissymbolen gebildete Wörter, die eine fest vorgegebene Bedeutung besitzen (sie werden in ALGOL als Grundsymbole angesehen). Die Tatsache, daß eine bestimmte Folge von Zeichen aus dem Alphabet ein Schlüsselwort darstellt, bringt man entweder durch das Schriftbild zum Ausdruck oder durch eine fest vorgegebene Position in einer Programmzeile, falls (wie z. B. bei FORTRAN) zur Niederschrift des Programms ein Programmformular zu verwenden ist.

begin	begin
end	end
array	array
procedure	procedure
im Druck	*in Schreibschrift*

Kennzeichnung von ALGOL-Grundsymbolen durch das Schriftbild

Im Hinblick auf eine eindeutige Interpretation bzw. Kompilation besteht ein wesentlicher Nachteil der Verfahrenssprachen darin, daß die Semantik der einzelnen Sprachen nur verbal formuliert ist. Besonders bei den älteren Sprachen (z. B. bei ALGOL 60) ließ die Semantik mehrdeutige Interpretationen zu, die z. T. nur dadurch vermieden werden konnten, daß man die Einsatzmöglichkeit der Sprache einschränkte. Die Eindeutigkeit der Interpretation ist eine wesentliche Voraussetzung für die Kompilation. War sie nicht erfüllt, wurde oft eine maschinenabhängige Eindeutigkeit festgelegt.
Im folgenden seien die gegenwärtig wichtigsten und am meisten verwendeten Verfahrenssprachen genannt:
FORTRAN ist eine der ersten verfahrensorientierten Programmiersprachen (1954 entstanden), in der man die mathematische Schreibweise für Formeln verwenden kann. Sie enthält alle Anweisungen für eine einfache Programmierung von traditionellen wissenschaftlich-technischen Aufgaben, hat aber keine leistungsfähigen Sprachelemente für die Ein- und Ausgabe großer Daten-

mengen (z. B. zur Lösung von Aufgaben der mathematischen Statistik, der Matrizenrechnung u. ä.).

ALGOL ist eine der am weitesten verbreiteten Programmiersprachen (entstanden um 1960, daher auch genauer mit ALGOL 60 bezeichnet), die mit ihren zahlreichen Verbesserungen und Ergänzungen dafür geeignet ist, viele Klassen von Aufgaben zu beschreiben. *ALGOL 60* zeichnet sich durch ihre Klarheit und durch die Symmetrie der einzelnen Sprachstrukturen besonders aus. Deshalb war sie auch Ausgangspunkt für den Aufbau und die Untersuchungen formaler Modelle zur Beschreibung der Syntax und Semantik von Programmiersprachen.

ALGOL 68 ist eine verfahrensorientierte Programmiersprache, die für die Anwendung in mehreren Gebieten entwickelt wurde. Vergleichbar mit PL/1 stellt sie einen ersten Versuch dar, eine universelle Programmiersprache zu entwickeln. Im Vergleich zu ALGOL 60 stellt ALGOL 68 also einen neuen Ansatz, nicht eine einfache Weiterentwicklung oder Vervollkommnung dar. Obwohl die erwartete Verbreitung von ALGOL 68 als universeller Programmiersprache bisher ausblieb (entsprechendes gilt für PL/1), ist sie ebenfalls ein wichtiges Sprachmodell für theoretische Untersuchungen auf dem Gebiet der Programmiersprachen.

COBOL ist zur Programmierung kaufmännischer Probleme (wie Bilanzierung, Abrechnung, Bestandskontrolle u. ä.) entwickelt worden (1960). Auch in ihrer überarbeiteten Form (1967) ist sie jedoch den Anforderungen ökonomischer Berechnungen in der sozialistischen Wirtschaft (insbesondere für Planung, Optimierung und integrierende Datenverarbeitung) nicht gewachsen, vor allem weil Elemente für die Programmierung linearer Optimierungsprobleme, Aufgaben der mathematischen Statistik und der Matrizenrechnung fehlen.

PL/1 ist eine verfahrensorientierte Programmiersprache, die sowohl für die Formulierung numerischer als auch nichtnumerischer Probleme geeignet ist. Wie ALGOL 68 ist sie eine universelle Programmiersprache, da sie Sprachelemente enthält, mit denen man sowohl ökonomische, wissenschaftlich-technische als auch allgemeine informationsverarbeitende Aufgaben (z. B. zur Verarbeitung von Texten) problemnah formulieren kann. Die Anwendungsbreite berücksichtigt, daß einerseits wissenschaftlich-technische Aufgaben häufig auch umfangreiches Datenmaterial verarbeiten und die Ergebnisse in variabel gestalteter Form ausgegeben werden müssen, andererseits ökonomische Probleme sich in zunehmendem Maße mathematisch-ökono-

metrischer Verfahren mit z. T. beträchtlichem Rechenaufwand bedienen. PL/1 enthält die bewährtesten und wichtigsten Konzepte und Elemente aus den Sprachen FORTRAN, ALGOL 60 und COBOL sowie zusätzliche Konzepte und Elemente.
IPL eignet sich besonders für die nichtnumerische Verarbeitung von Informationen, für die Programmierung von Simulationsaufgaben und Problemen der „künstlichen Intelligenz“. Die Sprache enthält viele Makrobefehle und wird interpretierend verarbeitet. Programme und Daten sind in Form von verknüpften Listen (Listenstrukturen) gespeichert. In einer *Listenstruktur* wird außer der zu speichernden Information noch eine Angabe über die Adresse des Speicherplatzes der nachfolgenden oder/und der vorhergehenden Information aufbewahrt. Auf diese Weise können leicht komplizierte Verbindungen zwischen mehreren Informationen angegeben werden. Außerdem dienen Listenstrukturen (deren Verarbeitung als *list processing* bezeichnet wird) zur besseren Auslastung des Arbeitsspeichers einer Datenverarbeitungsanlage, da die zu einer Liste gehörenden Informationen auch in kleinere Lücken zwischen bereits gespeicherten Informationen gespeichert werden können. Über die zu einem Listenelement gehörende Adressenangabe für das Folgeelement kann die gesamte Liste leicht aus dem Speicher herausgefunden werden.
SYMAP ist eine in der DDR entwickelte Programmiersprache, die die Beschreibung von geometrischen Figuren ermöglicht und daher für die Programmierung numerisch gesteuerter Werkzeugmaschinen (NC-Maschinen) geeignet ist.
Um die prinzipielle Arbeitsweise für die Aufstellung eines Programms mit den Mitteln einer Programmiersprache zu verdeutlichen, sei am einfachen *Beispiel* gezeigt, wie eine Programmierung in ALGOL erfolgen kann. Es sei die Summe der Folge

$$a + (a + d) + (a + 2d) + \cdots + (a + (n - 1)\, d)$$

nach der Formel

$$s = na + \frac{n(n-1)}{2}\, d$$

zu berechnen. Das ALGOL-Programm könnte dann folgende Gestalt haben:

```
begin integer n;
      real a, d, s;
      lies (d, n, a);
      s: = n * a + n * (n - 1) * d/2
end
```

Die erste und die zweite Programmzeile enthalten die Vereinbarungen: *n sei eine ganze Zahl* (**integer** *n*) und *a*, *d*, *s seien reelle Zahlen* (**real** *a*, *d*, *s*). Die dritte Zeile beinhaltet die Anweisung, die auf einem Außenmedium gespeicherten Zahlen *d*, *n*, *a* in einen internen Speicher (Hauptspeicher, Akkumulator) zu transportieren (**lies** (*d*, *n*, *a*)). Die vierte Zeile enthält die Anweisung, nach der angegebenen Vorschrift mit den konkreten Zahlenwerten *a*, *n*, *d* die Größe *s* zu berechnen; sie zeigt, daß die Form der Programmnotierung fast der angegebenen Formel gleicht, was die Problemorientiertheit von ALGOL in bezug auf mathematische Aufgaben zeigt.
Zur Ausführung der Rechnung wird das Programm auf einen Lochstreifen übertragen; es entsteht der *Programmstreifen*. Die Zahlen *a*, *d*, *n* werden ebenfalls auf einem Lochstreifen, dem *Datenstreifen*, kodiert. Danach können Programmstreifen und Datenstreifen in die Maschine eingelesen werden, und die Abarbeitung des Programms kann beginnen.
Zur effektiven Nutzung von Rechnern und Rechnersystemen sind die verschiedensten Systemunterlagen (insbesondere Programmierungsunterlagen) entwickelt worden. Als *Beispiel* sei eine Übersicht über die entsprechenden Unterlagen für den Rechner R 21, einem Baustein der ESER-Reihe, gegeben:

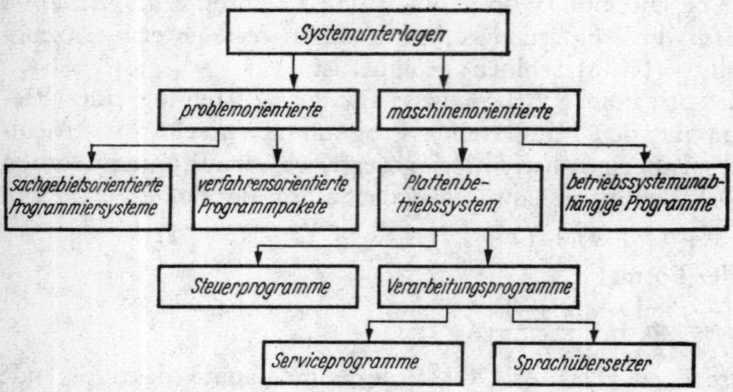

Systemunterlagen des Rechners R 21

Das *Plattenbetriebssystem* ist der Hauptbestandteil der maschinenorientierten Systemunterlagen. Es besteht aus *Steuerprogrammen*, *Serviceprogrammen* und *Sprachübersetzern*. Serviceprogramme und Sprachübersetzer gehören zu den *Verarbeitungsprogrammen*.

Bei einem solchen Betriebssystem braucht der Anwender nicht mehr die Geräteeigenschaften zu kennen; es genügt, die Steueranweisungen des Betriebssystems und eine der vorhandenen Programmiersprachen zu beherrschen. Das Betriebssystem belegt im wesentlichen die Plattenspeicherkapazität; seine Aufgaben sind u. a.:

1. Übernahme der Ein- und Ausgabeoperationen sowie Sicherung der vollen Kanalausnutzung;
2. Durchführung von Fehlerkontrollen und Fehlerbehandlung;
3. Organisation des Dateischutzes;
4. Organisation der Stapelverarbeitung (seriellen Verarbeitung) mit Reduzierung der Wartezeiten;
5. Anpassung an Veränderungen in der Gerätekonfiguration;
6. Organisation des Multiprogrammbetriebs (Abarbeitung mehrerer Programme in Zeitschachtelung);
7. Katalogisierung und Verwaltung der benötigten Programme in Programmbibliotheken;
8. Ausführung wichtiger Routinearbeiten durch Serviceprogramme;
9. Übersetzung von Programmen, die in Assemblersprache geschrieben sind;
10. Protokollierung des Arbeitsablaufes des Rechners mit Datums- und Zeitangaben.

Zur Lösung wichtiger, sich wiederholender Probleme werden *Programmpakete* angeboten. Diese Programmpakete werden problemorientiert gekennzeichnet. Sie können sich auf die Behandlung wichtiger Sachgebiete beziehen (*sachgebietsorientierte Programmiersysteme*) oder verfahrensorientiert sein (*verfahrensorientierte Programmpakete*). *Sachgebietsorientierte Programmiersysteme* werden für Bankspeicherung technischer Informationen, Planung und Steuerung der Produktion, betriebliche Materialwirtschaft, Planung und Abrechnung der Arbeitskräfte, Grundmittelrechnung u. a. angeboten.

Verfahrensorientierte Programmpakete werden für numerische Berechnungen (Matrizenrechnungen, Differentialgleichungen, nichtlineare Gleichungen u. a.), Netzplantechnik nach CPM und PERT, lineare Optimierung, parametrische lineare Optimierung,

0–1-Optimierung, gemischt-ganzzahlige Optimierung, Transportoptimierung, Standortoptimierung, statistische Auswertungen wie Varianzanalyse, Bedienungsprobleme u. a. erarbeitet.
Die problemorientierten Systemunterlagen ermöglichen eine Mehrfachbenutzung systematisch erarbeiteter Unterlagen durch verschiedene Anwender und dienen der rationellen Einsatzvorbereitung des Rechners.

Programmierung: in der maschinellen Rechentechnik Aufstellung eines Programms zur Lösung einer Aufgabe (eines Problems). Dabei läßt sich ein und dasselbe Programm (u. U. ohne oder nur mit geringfügigen Veränderungen) gewöhnlich für die Lösung einer ganzen Klasse gleichartiger Aufgaben verwenden, wobei die Formulierung des Programms in einer sogenannten *Programmiersprache* (Programmsprache) erfolgt.
Voraussetzung für die Aufstellung eines („klassischen") Programms ist die Existenz einer endlichen Folge von genau bestimmbaren Schritten (Programmschritten), deren Ausführung die Lösung der Aufgabe ergibt. Aufbauend auf den Prinzipien der Programmierung in diesem Sinne werden aber in zunehmendem Maße auch Zufallsmechanismen sowie Modellsysteme eingefügt, die auf der Versuch-und-Irrtum-Methode beruhen. Man spricht in diesem Zusammenhang auch von *heuristischer Programmierung.*
Die Programmierung von Digitalrechnern unterscheidet sich wesentlich von der Programmierung der Analogrechner.
Programmierung von Digitalrechnern
Die Aufstellung eines Programms erfolgt gewöhnlich in folgenden Schritten:

1. *Problemstellung* (Formulierung einer Aufgabe).

2. *Mathematische Modellierung* des Problems. Je nach Problemstellung kann die mathematische Beschreibung auf der Grundlage bekannter Lösungsverfahren erfolgen, oder es müssen geeignete neue Methoden gefunden werden. In manchen Fällen ist hierzu aber sogar die Entwicklung einer geeigneten mathematischen Theorie erforderlich.

3. *Algorithmische Formulierung* des Lösungsverfahrens. Hierbei erfolgt die Zerlegung meist umfangreicher Lösungsvorschriften in einzelne Schritte (von Makrobefehlen in Elementarbefehle).

4. *Beschreibung des Lösungsalgorithmus*, d. h. seine Darstellung mit Hilfe einer Programmsprache in einer Form, die der zu benutzende

Digitalrechner unmittelbar oder mittelbar zu verarbeiten vermag. Mit diesem Schritt entsteht das eigentliche Programm.

5. *Testung* des Programms. Das Testen eines Programms erfolgt häufig mit ausgewähltem Datenmaterial (d. h. mit einem Teil des insgesamt zu verarbeitenden) und ist meist unerläßlich, weil bei Programmen selbst kleineren Umfangs die Entstehung von Fehlern gewöhnlich nicht von vornherein ausgeschlossen werden kann.

6. *Überprüfung* des Programms bezüglich der Problemstellung. Sie kann durch eine Interpretation der Ergebnisse von Schritt 5 erfolgen. Erscheinen die erzielten Resultate in irgendeinem Sinne unbefriedigend (z. B. können sie nach allgemeineren Erfahrungen unwahrscheinlich sein, es können sehr große Abweichungen von bekannten Näherungswerten auftreten o. ä.), so ist eine teilweise oder gar vollständige Überarbeitung des Programms notwendig. Die Schritte 1 bis 6 oder auch einige von ihnen können sich also mehrmals wiederholen.

Im folgenden sei anhand eines sehr einfachen Beispiels ein solcher Programmierungsvorgang erläutert:

Zu 1.: Formulierung der Aufgabe. Es sei das Skalarprodukt der Vektoren $\mathbf{a} = [a_1, a_2]$; $\mathbf{b} = [b_1, b_2]$ zu berechnen; a_1, a_2 sind die Komponenten des Vektors $\mathbf{a}$; b_1, b_2 sind die des Vektors $\mathbf{b}$.

Zu 2.: Auffinden eines mathematischen Lösungsverfahrens. Nach seiner Definition in der Vektoralgebra wird das Skalarprodukt $\mathbf{a} \cdot \mathbf{b}$ nach der Formel

$$\mathbf{a} \cdot \mathbf{b} = a_1 b_1 + a_2 b_2$$

berechnet.

Zu 3.: Algorithmische Formulierung des Lösungsverfahrens. Beim heutigen Stand der Programmiertechnik könnte in diesem speziellen Falle dieser Schritt entfallen. Allerdings wären auch folgende Elementarbefehle möglich:

a) Multipliziere die Zahlen a_1 und b_1 miteinander.
b) Multipliziere die Zahlen a_2 und b_2 miteinander.
c) Addiere beide Produkte.

Zu 4.: Beschreibung des Lösungsalgorithmus. Sie erfolgt in der Regel in einer (maschinenorientierten oder problemorientierten) Programmiersprache. Häufig werden sog. Plangleichungen (eingeführt von K. Zuse) benutzt, um die Struktur des Lösungsalgorithmus übersichtlich darstellen zu können.

Solche Plangleichungen enthalten einfache oder mehrere nacheinander auszuführende Rechenoperationen, die, auf vorgegebene Zahlenwerte angewandt, Zwischenwerte ergeben. Das „Sich-Ergeben“ wird in den Plangleichungen durch den Pfeil $\Rightarrow$ angedeutet. Anfang und Beendigung der Rechnung, die später dem Rechner ebenfalls mitgeteilt werden müssen, werden in den Plangleichungen durch die Wörter „Beginn“ und „Ende“ vermerkt. Auf diese Weise lassen sich mit Hilfe von Plangleichungen Abläufe von nacheinander auszuführenden Rechenoperationen darstellen. Im angenommenen Beispiel hat die Plangleichung folgende Gestalt:

Beginn
$$a_1 b_1 \Rightarrow c$$
$$c + a_2 b_2 \Rightarrow \mathbf{a} \cdot \mathbf{b}$$
Ende

Da bei komplizierteren Aufgaben die Plangleichungen wegen der Vielzahl von Rechenoperationen nur schwer überschaubar sind, verwendet man häufig grafische Darstellungen, am meisten das sog. Flußdiagramm für den Befehlsablauf (eingeführt von H. H. Goldstine und J. v. Neumann).

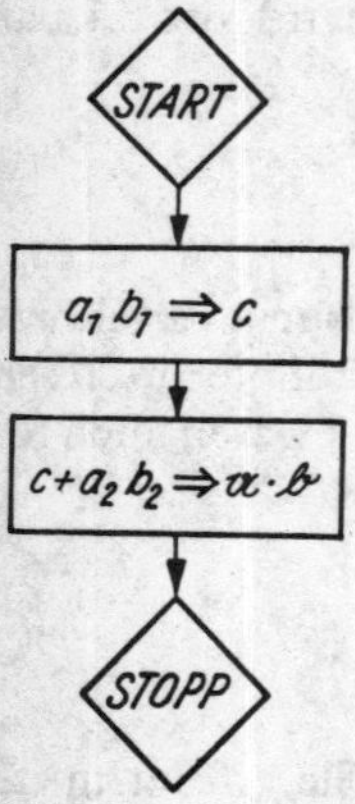

Flußdiagramm
zum angegebenen Programmierungsbeispiel

Zu 5.: Testung des Programms. Wegen des besonders elementaren Charakters unseres Beispiels kann auf diesen Schritt verzichtet werden.

Zu 6.: Überprüfung des Programms. Dazu könnte man z. B. das Skalarprodukt zweier zueinander orthogonaler Vektoren berechnen, das bekanntlich Null sein muß. Ist das Ergebnis von Null verschieden, muß an irgendeiner Stelle ein Fehler vorliegen; im vorliegenden Falle natürlich ein Rechenfehler, weil die Lösungsvorschrift unter 2. richtig ist.

Nach der Struktur von Programmen (der logischen Struktur des Lösungsalgorithmus) unterscheidet man *Geradeausprogramme* (*auch lineare Programme* oder *getrennte Programme* genannt) von *verzweigten Programmen.* Unter den verzweigten Programmen spielen die *zyklischen Programme* eine wichtige Rolle. Das hier angegebene Beispiel stellt ein Geradeausprogramm dar. In einem solchen Programm wird eine Befehlsfolge abgearbeitet, womit die Rechnung beendet ist. In einem *verzweigten Programm* dagegen gibt es in der Befehlsfolge des Programms sog. logische Befehle (Tests, Vergleiche, Entscheidungen), wobei in Abhängigkeit vom Ausgang eines Vergleichs, einer Entscheidung usw. im Programm

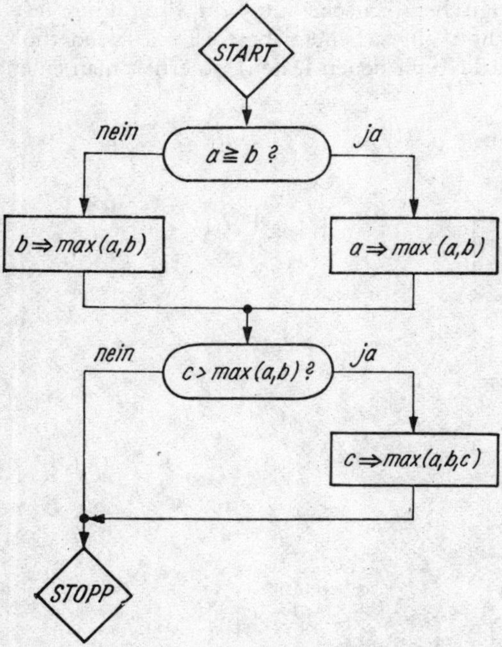

Verzweigtes Programm zur Bestimmung von max (a, b, c)

festgelegt wird, auf welche Weise der weitere Ablauf vor sich geht. Ein *Beispiel* für ein verzweigtes Programm stellt die Bestimmung des Maximums max (a, b, c) dreier Zahlen a, b, c, d. h. die Bestimmung der größten Zahl unter ihnen dar.
Dieses (sehr einfache) Programm erfordert zwei logische Entscheidungen. Zunächst werden die beiden Zahlen a und b miteinander verglichen ($a \geqq b$?), d. h. der (alternativen) Frage unterworfen, ob a größer oder gleich b ist oder nicht. Auf diese Weise wird zunächst nur das Maximum max (a, b) der beiden Zahlen a und b bestimmt (was natürlich nur entweder a oder b ergeben kann; der Fall, daß beide Zahlen gleich sind, ist durch die Art des Vergleichs ebenfalls berücksichtigt). In der darauffolgenden Entscheidung ($c >$ max(a, b)?) wird nun noch das Ergebnis der ersten Entscheidung mit c verglichen. Lautet die Antwort „ja", so ergibt sich c als Maximum aller drei Zahlen; lautet sie „nein", so muß bereits das Ergebnis der ersten Entscheidung (also a oder b als max (a, b)) auch das Maximum aller drei Zahlen sein.
Wird nach einer logischen Entscheidung im Programm festgelegt, daß eine schon abgearbeitete Befehlsfolge wiederholt werden soll (oft natürlich mit neuen Daten), so erhält man einen

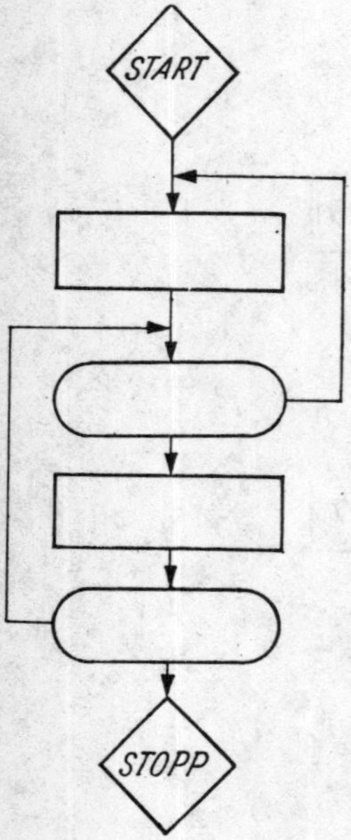

Flußdiagramm
eines zyklischen Programms (Prinzip)

Befehlszyklus; ein solcher Befehlszyklus kann in einem Programm mehrmals durchlaufen werden. Programme mit mindestens einem Befehlszyklus heißen *zyklische Programme*.

Nach der Aufgabenstellung, die dem Programm zugrunde liegt, unterscheidet man eine Reihe von speziellen Programmarten. So versteht man unter einem *Unterprogramm* ein Teilprogramm, in dem alle für einen abgeschlossenen Algorithmus erforderlichen Befehle (oft im Maschinenkode oder in einer maschinenorientierten Sprache formuliert) enthalten sind. Dabei spricht man von einem *abgeschlossenen Unterprogramm* oder einem *offenen Unterprogramm*, je nachdem, ob das Programm unabhängig vom übrigen Programm verwendet und gespeichert werden kann oder nicht. Falls beim abgeschlossenen Unterprogramm von vornherein der Speicherbedarf festliegt, wird es *statisches* Unterprogramm genannt, andernfalls *dynamisches Unterprogramm*. Dagegen ist ein *Oberprogramm* ein Programm, das an Stelle von Einzelbefehlen auch Unterprogramme verwendet.

Ein *Superprogramm* ist ein *Programm*, das andere Programme verarbeitet. Meistens werden Superprogramme zur automatischen Herstellung von Maschinenprogrammen angewandt. Dabei versteht man unter einem *erzeugenden Programm* ein Superprogramm, das aus einem in einer problemorientierten Sprache formulierten Programm (auch *Pseudoprogramm* genannt) ein Maschinenprogramm herstellt. Dieser Prozeß (*combilation*) findet vor der eigentlichen Rechnung statt. Unter einem *interpretierenden Programm* versteht man ein Superprogramm, das die Befehle eines Pseudoprogramms schrittweise in die Maschinensprache übersetzt.

Ein *Bibliotheksprogramm* ist ein Programm, das allgemein oder als Unterprogramm eingesetzt werden kann. Derartige erprobte Programme werden in sog. *Programmbibliotheken* gesammelt.

Leseprogramme sind Programme, die Daten und Befehle in die Maschine einlesen. Umgekehrt heißen Programme für das Ausgeben von Resultaten in geeigneter Form (z. B. als dimensionsgerechte Tabellen) *Ausgabeprogramme*.

Ein *Diagnoseprogramm* ist ein Programm zum Ermitteln von Programmierungsfehlern; ein *Prüfprogramm* dient der Überprüfung des einwandfreien Arbeitens der Rechenanlage. Unter einem *Post-mortem-Programm* versteht man ein Programm, das beim Auftreten einer Störung die vorhandenen Informationen sicherstellt, z. B. durch Ausdrucken von Register- und Speicherinhalten.

Ein *Überwachungsprogramm* ist ein Superprogramm, das ein Rechenprogramm überwacht. Dazu wird vom Überwachungsprogramm die Arbeit eines Steuerwerks nachgebildet und an gewissen Stellen des Programms die Überwachung veranlaßt, z. B. durch Ausdrucken von Zwischenresultaten oder auszuführenden Befehlen.

Programmierung von Analogrechnern
Die Lösung von Aufgaben auf Analogrechnern (insbesondere von gewöhnlichen Differentialgleichungen) erfolgt auf der Grundlage des Studiums von Systemen, die aus den Rechenelementen des Analogrechners aufgebaut werden und deren Gesamtfunktion denselben Gleichungen genügt. Der systematische Aufbau analoger Rechenschaltungen erfolgt nach den folgenden Regeln, von denen nur die ersten drei zur Programmierung zählen:

1. *Normierung der Gleichungen:* Die Normierung wird mit dem Ziel durchgeführt, alle Variablen dimensionslos zu machen und insbesondere die abhängigen Variablen während des Rechenvorganges betragsmäßig kleiner als +1 zu halten. Da beim Analogrechner als unabhängige Variable die Zeit und als abhängige Variable die Spannung auftritt, muß für die praktische Analogrechnung festgelegt werden, welcher Spannung am Rechner die Größe +1 entspricht und welcher Bereich der Maschinenzeit für die unabhängige Variable zur Verfügung steht bzw. genutzt werden soll. Diese Festlegung erfolgt durch die Einführung von Maßstäben.

2. *Entwurf der Schaltungsskizze:* Hierbei wird – ausgehend von der normalen Gleichung – eine aus den Rechenelementen bestehende Schaltung angegeben, deren Funktion durch die normierte Gleichung beschrieben wird.

3. *Realisierung der Schaltung:* Die mit der Schaltungsskizze dargestellte Systemstruktur wird durch Stecken von Verbindungsschnüren zwischen den Rechenelementen auf die Rechenanlage übertragen. Außerdem werden alle Anfangsdaten eingegeben, d. h. konstante Größen (wie Störgröße und Anfangsbedingungen) eingespeist sowie Parameter und Koeffizienten eingestellt. Die so entstandene Schaltung wird als *Rechenschaltung* bezeichnet.

4. *Prüfung*: Vor dem Lösungsprozeß ist die Schaltung noch zu prüfen. Die Prüfung erstreckt sich auf alle Steckverbindungen und Einstellwerte.

5. *Lösungsvorgang:* Der Lösungsvorgang wird im Steuerteil ausgelöst; die Lösung ergibt sich als Funktion der Zeit.

Beispiel:

Die Aufgabenstellung liege in Form einer bereits normierten Differentialgleichung n-ter Ordnung vor. Das Verfahren zum Entwurf einer Rechenschaltung zur Auflösung (Integration) der Gleichung besteht dann in folgenden Teilschritten:

a) Elimination der höchsten in der Gleichung auftretenden Ableitung,

b) n-malige, aufeinanderfolgende Integration der Gleichung, so daß sich alle niederen Ableitungen und die Größe selbst ergeben,

c) Erzeugung der höchsten in der Gleichung auftretenden Ableitung aus den Ableitungen niederer Ordnung und der Größe selbst durch Rückführung auf den ersten Integrator. Diese Rückführung ist das entscheidende Prinzip der Programmierung von Analogrechnern (zuerst von W. THOMSON 1875 angewandt).

Teilschritt a):

$$\frac{dX_a}{dt} = \frac{1}{T}(X_e - X_a)$$

Teilschritt b):

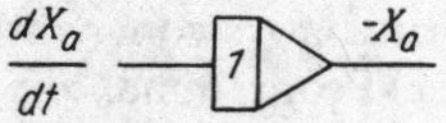

Teilschritt c):

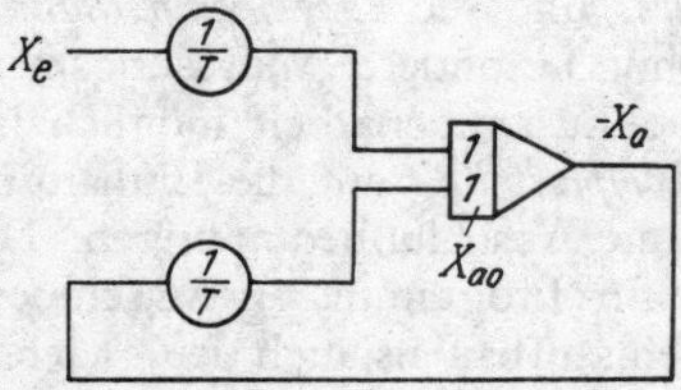

Beispiel für eine Analogprogrammierung

Für den einfachsten Fall, die Lösung einer Differentialgleichung 1. Ordnung, z. B. für die Lösung der Gleichung

$$T\frac{dX_a}{dt} + X_a = X_e, \quad T > 0$$

mit der Anfangsbedingung $X_a(0) = X_{a_0}$, hätten die Teilschritte folgende Gestalt:

Die beiden Eingangsgrößen des Integrators $\frac{1}{T}X_e$ und $-\frac{1}{T}X_a$ bilden gerade die rechte Seite der im Teilschritt a) umgestellten Differentialgleichung. Die Eingangsgrößen des ersten Integrators zusammen bilden die rechte Seite der umgestellten Differentialgleichung und somit $\frac{d^2X_a}{dt^2}$.

Viele physikalisch-technische Vorgänge lassen sich durch Signalflußbilder schematisch darstellen. In allen regelungstechnischen Anwendungsfällen z. B. liegt ein Blockschaltbild mit rückwirkungsfreien Gliedern vor. Dieses Blockschaltbild kann für den Entwurf der zugehörigen Rechenschaltung ausgenutzt werden: Die Funktion eines jeden der Glieder kann durch eine Differentialgleichung beschrieben werden. Die Lösung dieser einzelnen Differentialgleichungen kann dann nach dem angegebenen Verfahren programmiert werden. Durch Verbinden der so entstandenen Teilrechenschaltungen entsprechend dem Blockschaltbild ergibt sich die vollständige Rechenschaltung. Diese Programmierung nach Blockschaltbildern wird auch *direkte Programmierung* genannt; sie kann dem Studium kybernetischer Systeme unterschiedlicher Realisierung dienen.

Programmkompatibilität: Verträglichkeit von zwei Datenverarbeitungsanlagen verschiedenen Typs bzw. von verschiedenen Betriebssystemen hinsichtlich der Programme, die mit ihnen verarbeitet werden können.
Man unterscheidet in der Datenverarbeitung die *Gerätekompatibilität*, die *Programmkompatibilität* und die *Datenkompatibilität*. *Kompatibilität* liegt vor, wenn ohne besondere Anpassungsmaßnahmen ein Austausch oder eine Zusammenarbeit möglich ist. Das bezieht sich bei der *Gerätekompatibilität* auf die Einhaltung bestimmter technischer Werte und Anschlußbedingungen. Die *Programmkompatibilität* erfordert für Programme in Maschinensprache sowohl den gleichen Befehlsaufbau als auch den gleichen

Befehlsvorrat bei beiden Anlagen. Für Programme in höheren Programmiersprachen ist außer der Übereinstimmung der Programmiersprache auch eine Übereinstimmung ihrer Verarbeitung durch einen Kompiler, Assembler oder Programmgenerator erforderlich. Diese Kompatibilität ist jedoch leicht zu sichern, während die Kompatibilität auf dem Niveau der Maschinensprache selten ist und erst bei Anlagenreihen der dritten Generation mit austauschbaren Zentraleinheiten unterschiedlicher Geschwindigkeit für alle Modelle in aufsteigender Richtung (*aufwärtskompatibel*) gegeben ist. *Abwärtskompatibel* sind die Anlagen meist nicht, da die kleineren Modelle einige Befehle der großen Modelle nicht ausführen können.
Datenkompatibilität bezieht sich auf die Verträglichkeit der Daten und Datenträger. Für die Kompatibilität der Daten spielt ihr Aufbau und ihre Anordnung, für die Kompatibilität der Datenträger deren physischer Aufbau eine Rolle.
Die Kompatibilität zweier Anlagen spielt eine große Rolle beim Übergang von einer Anlage zur Nachfolgeanlage und bei der Zusammenarbeit von Anwendern mit unterschiedlichen Anlagen.

Programmschleife: Folge von Befehlen (Befehlsfolge), die mehrmals (unmittelbar) hintereinander zu durchlaufen ist. Das Ende der Befehlsfolge besteht aus einer Programmverzweigung, die zum Anfang der Befehlsfolge zurückführt. Eine *Programmverzweigung* ist eine Stelle im Programm, die, abhängig von der Erfüllung einer Bedingung, die Fortsetzung der Befehlsabarbeitung an einer anderen Stelle des Programms ermöglicht. Die Bedingung zur wiederholten Rückführung an den Anfang der Befehlsfolge kann bei Zählung der Durchläufe im Erreichen einer geforderten Anzahl bestehen (*Induktionsschleife*) oder bei iterativer Verbesserung eines errechneten Wertes im Erreichen einer geforderten Genauigkeit (*Iterationsschleife*).
In der zyklisch zu wiederholenden Programmschleife können sich bei jedem Durchlauf (Zyklus) die zu verarbeitenden Daten (z. B. durch Adressenmodifikation) und auch die Befehle der Programmschleife (durch Befehlssubstitution, d. h. Ersetzen *eines* Befehls als Wirkung der Abarbeitung eines *anderen* Befehls) verändern. Dadurch können Programmschleifen bei der Programmierung sehr vielseitig eingesetzt werden.
Gegenüber der Niederschrift aller unmittelbar hintereinander auszuführenden Befehle in linearer Anordnung (*gestreckte Programmierung*) benötigt die Programmschleife bedeutend weniger

Speicherplatz, erfordert aber wegen der zusätzlichen Abarbeitung der Befehle für die Programmverzweigung etwas mehr Abarbeitungszeit.

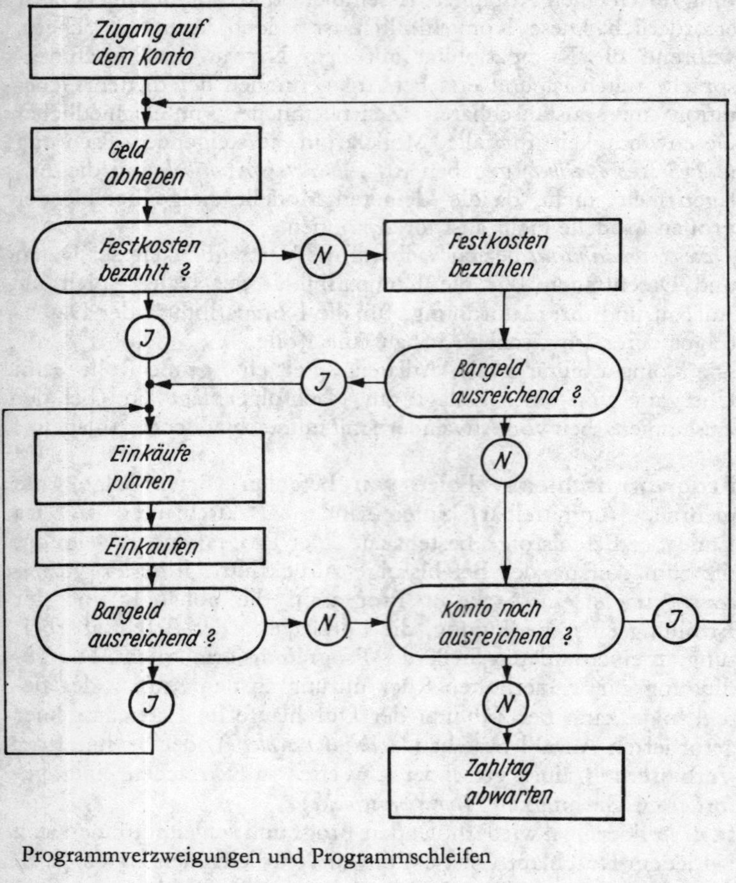

Programmverzweigungen und Programmschleifen

Eine Programmschleife, bei der die Programmverzweigung von einer solchen Bedingung abhängig gemacht wird, die das Eintreten eines bestimmten Ereignisses abwartet, heißt *Warteschleife*. Da die weitere Abarbeitung des Programms ruht, ohne daß die Befehlsabarbeitung aufhört, bezeichnet man das Durchlaufen der Warteschleife auch als *dynamischen Stopp*. Er wird z. B. verwendet, um das Weiterarbeiten eines Programms zu verhindern, wenn

Fehler (z. B. falsche Daten oder Lesefehler eines Eingabegeräts) vorliegen. In der Wartezeit kann dann ein Eingriff durch die Bedienung der Datenverarbeitungsanlage (z. B. Wechseln eines Magnetbandes oder Wechsel des Eingabegeräts) erfolgen. Das Ende des dynamischen Stopps kann durch Betätigen eines Schalters oder einer Taste am Bedienungspult bewirkt werden, wenn in der Warteschleife als Bedingung die Stellung des Schalters abgefragt wurde.
Durch eine Warteschleife kann aber auch das Ende der Arbeit eines peripheren Geräts oder das Ende eines Zeitintervalls abgewartet werden.

Programmsystem (Programmpaket): Satz von zusammengehörenden Programmen, die zur Bearbeitung eines Aufgabenkomplexes auf einer Datenverarbeitungsanlage benötigt werden. Je mehr die Programme ihre Selbständigkeit verlieren und durch ein *Leitprogramm* mit einer für den Aufgabenkomplex spezifischen *Steuersprache* dirigiert werden, desto mehr nähert sich das Programmsystem einem *Programmiersystem* (Betriebssystem). Die Abgrenzung ist unscharf.

Programmunterbrechungssystem (PU-System): bei einem Digitalrechner Gesamtheit der elektronischen Schaltungen zur Durchführung von Programmunterbrechungen (PU) und der Behandlung der dafür notwendigen Programmunterbrechungssignale.
Eingeleitet durch ein Signal von außen, wird bei einer Programmunterbrechung die Abarbeitung der Befehlsfolge im Rechner unterbrochen und ein anderes Programm angesprungen (Neueinstellung des Befehlszählers). Ursachen für Programmunterbrechungen können z. B. Maschinenfehler, Programmfehler, Meldungen von den Peripheriegeräten oder Meldungen aus einem äußeren Prozeß sein. Die Unterbrechungsursachen werden durch *Programmunterbrechungssignale* (PU-Signale) dargestellt. Diese Signale werden auf die Eingänge des PU-Systems geschaltet.
Ein hochentwickeltes PU-System läßt eine gerätetechnische Prioritätsstaffelung zu: Signale der gleichen Prioritätsgruppe sind einer *Programmunterbrechungsebene* (PU-Ebene) zugeordnet. Jeder PU-Ebene (Prioritätsebene, Vorrangebene) ist eine Speicheradresse zugewiesen, auf die beim Erscheinen eines PU-Signals der Befehlszähler eingestellt wird. Liegen gleichzeitig mehrere Signale unterschiedlicher Prioritätsgruppen an, wird das der höch-

sten Priorität (Wichtigkeit, Rangfolge) entsprechende Signal anerkannt und das zugehörige Programm angesprungen. Erst nach Bedienung der höchsten Priorität wird der nächsten Stufe eine Programmunterbrechung erlaubt. Die Rangfolge der Signale der gleichen PU-Ebene wird programmtechnisch festgelegt.
Das ausgeprägteste PU-System besitzen *Prozeßrechner*. Hier ist das PU-System auf die Erfassung einer größeren Zahl von Meldungen des zu steuernden Prozesses ausgerichtet und stellt eine wichtige Grundlage für die Organisation der Vorrangverarbeitung dar.
Bei *Großrechnern* bildet das PU-System die Basis für Multiprogramming.

Prothese: im kybernetischen Sinne jede Vorrichtung, die Effektoren oder Rezeptoren eines organischen Systems, die ausgefallen bzw. beschädigt sind, im Rahmen eines Gesamtsystems derart vertreten kann, daß sie die Funktionen, die entsprechende ausgefallene Teilsysteme früher ausgeführt haben, übernehmen kann. Prothesen beruhen also auf einer Analogie der Funktion, nicht der Struktur.
Beispiel: Ein Blinder könnte gedruckte Schrift unter Verwendung des Hörsinns „lesen". Selbstverständlich müssen hierfür die Geräte zur Gestalterkennung genügend weit entwickelt, die Umkodierung von elektrischen Signalen in akustische in gewissen Grenzen exakt sein usw. Diese Voraussetzungen sind heute z. T. bereits erfüllt. Umgekehrt ist es möglich, mit einer nach einem

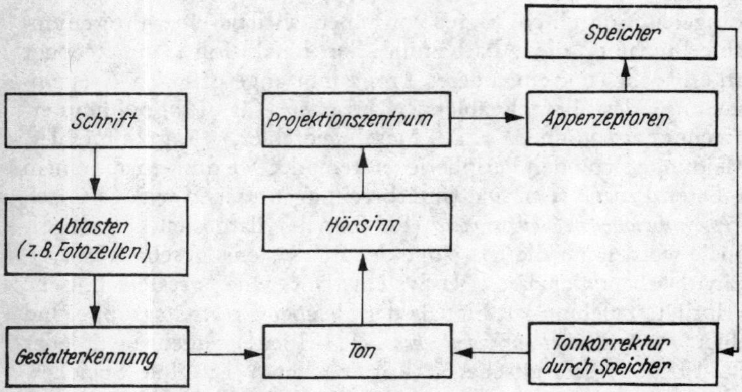

Funktionsschema für das „Lesen" von Schrift unter Verwendung des Hörsinns

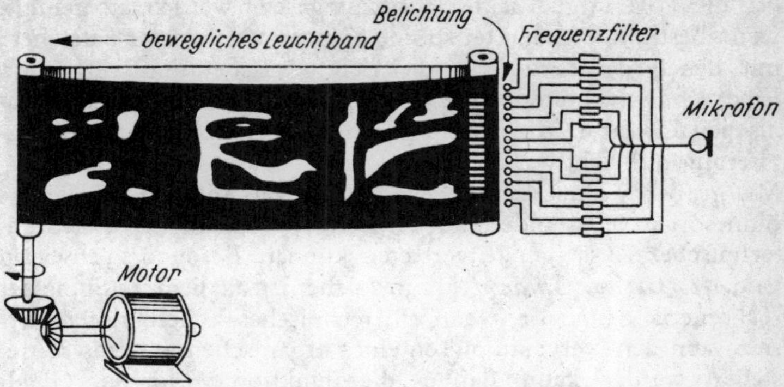

Schema der technischen Realisierung einer Umwandlung von gesprochener Sprache in sichtbare Zeichen durch Frequenzfilterung (nach K. Steinbuch)

ähnlichen Schema aufgebauten Apparatur akustische Signale (z. B. gesprochene Sprache) in optische Signale umzukodieren. Damit kann etwa ein Gehörloser gesprochene Worte in gewissem Sinne sehen (in Gestalt eines sog. *Phonogramms*). Hierfür ist es keinesfalls erforderlich (was heute noch relativ schwierig ist),

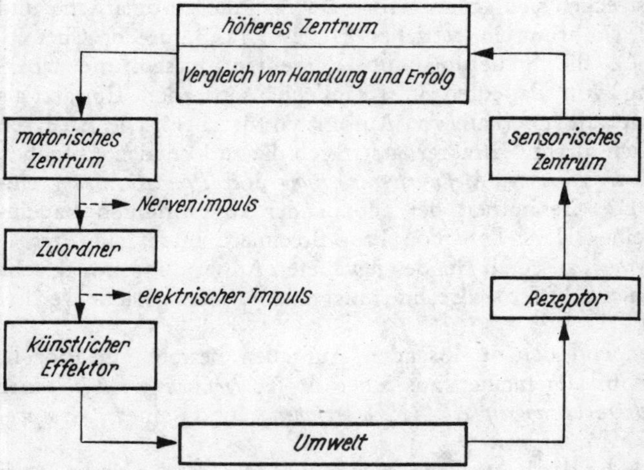

Prinzipielles Schaltbild für den Ersatz von Gliedmaßen

daß die Töne in gedruckte Schrift umgesetzt werden. Es genügt, wenn bestimmte charakteristische Schwarzweißmuster entstehen, mit denen der Gehörlose die richtige Bedeutung verknüpft. Eine technische Imitation dieses Vorganges (in der anglo-amerikanischen Literatur *visible speech* genannt) ist z. B. durch Frequenzfilterung möglich.
Mit großer Wahrscheinlichkeit wird in Zukunft jedes beliebige Sinnesorgan jedes andere mit Hilfe entsprechender kybernetisch-technischer Zusatzgeräte vertreten können. Besonders schwierig ist der *Ersatz von Gliedmaßen*. Ein solcher Ersatz liegt im Sinne der Kybernetik dann vor, wenn ein technisches kybernetisches System von den Nervenimpulsen eines organischen Systems so gesteuert werden kann, daß es die Funktion verlorener Gliedmaßen zu erfüllen vermag. Zu diesem Zweck muß es auch Teil des Reafferenzmechanismus sein können. Prothesen dieser Art befinden sich im Stadium der experimentellen Erprobung. Die bisherigen Resultate geben Anlaß zu großen Hoffnungen für die Zukunft.

Prozeßrechner (Prozeßrechenanlage): Anlage mit (speziellem) Rechner oder Rechnersystem zur (automatischen, optimalen) Führung von industriellen oder anderen Prozessen. Die Führung solcher Prozesse durch Prozeßrechner heißt *Prozeßsteuerung*.
Die Einsatzgebiete von Prozeßrechnern erweitern sich rasch und erstrecken sich gegenwärtig u. a. auf die automatische und optimale Führung industrieller Prozesse (z. B. in der Chemieindustrie), die Steuerung von Verkehrsprozessen, die Überwachung von Patienten in Krankenhäusern, den Einsatz als Steuerzentrale innerhalb von Automaten für chemische Analysen u. ä. Nach ihrem Charakter lassen sich die zu lösenden Aufgaben in *Meßwerterfassung*, *Meßwertverarbeitung* und *Prozeßsteuerung* einteilen. Die Gesamtheit der aufeinander abgestimmten Baueinheiten eines Herstellers von Prozeßrechnern bildet ein *Prozeßrechnersystem*, aus dem für den jeweiligen Anwendungszweck sehr unterschiedliche Prozeßrechneranlagen zusammengestellt werden können.
Entsprechend den zu lösenden Aufgaben besteht ein Prozeßrechner im allgemeinen aus einer *Meßwerterfassungseinheit*, einer *Meßwertverarbeitungseinheit* (*Rechnereinheit*) und einer *Ausgabeeinheit für Steuersignale*.
Aufgabe der *Meßwerterfassungseinheit* sind die automatische Aufnahme von Meßwerten als analoge oder diskrete Signale und die

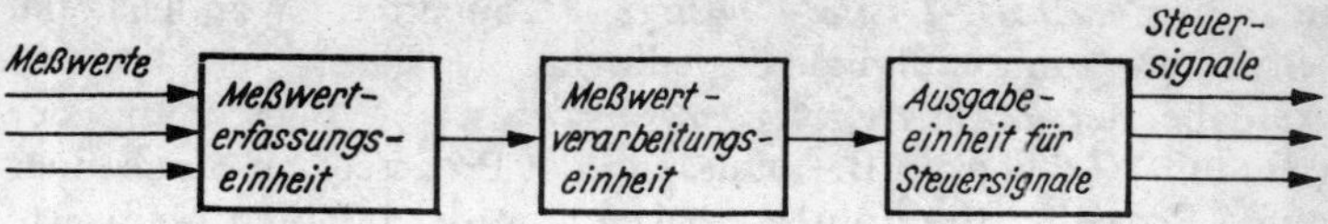

Blockschaltbild eines Prozeßrechners

Umformung der erfaßten Signale in eine Signalform, die die folgende Rechnereinheit verarbeiten kann. Im allgemeinen dient zur Meßwertverarbeitung ein Digitalrechner, so daß in der Meßwerterfassungseinheit eine Umformung der erfaßten Signale in die digitale Signalform erforderlich ist. Da ein industrieller Prozeß häufig erst durch einige hundert Parameter hinreichend gut bestimmbar und eine serielle Verarbeitung üblich ist, werden die zugehörigen Meßstellen nur in kurzen Tastintervallen abgefragt. Die Abfrage der Meßstellen kann zyklisch in einer vorgegebenen Reihenfolge oder durch eine vom Programm der Rechnereinheit

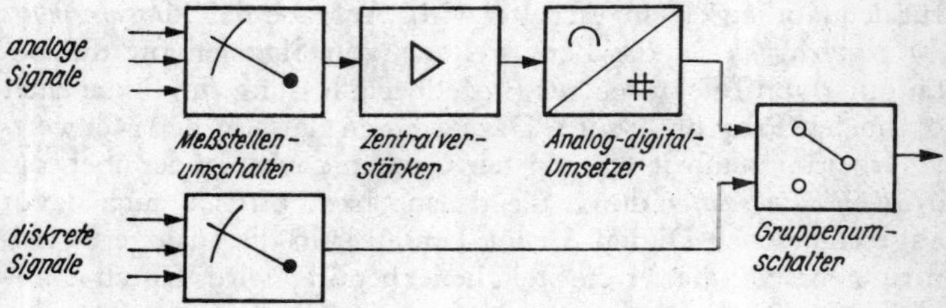

Schema einer Meßwerterfassungseinheit

bestimmten Reihenfolge geschehen. Die zyklische oder vom Programm gesteuerte Umschaltung von einem Meßwert zum anderen erfolgt durch sog. *Meßstellenumschalter* (Multiplexer). Häufig ist eine Verstärkung der aufgenommenen Signale erforderlich. Sie wird durch einen sog. *Zentralverstärker* vorgenommen, der hinter dem Meßstellenumschalter sitzt. Es handelt sich dabei um einen Meßverstärker für extrem niedrige Spannungen mit programmierbarer Verstärkung, kurzer Einschwingzeit und höchster Genauigkeit zur Verstärkung von Spannungen nach einer Meßwertabtastung, um einen für die Weiterverarbeitung geeigneten Signalpegel zu erreichen. Bei einer geringen Anzahl von Meßstellen kann auch jeder einzelnen Meßstelle ein Verstärker zugeordnet werden. Nach dem Zentralverstärker erfolgt

in einem *Analog-Digital-Umsetzer* (Konverter, Wandler) die Umformung in die digitale Signalform.
Aufgabe der *Meßwertverarbeitungseinheit* ist die Berechnung der (Einfluß-) Größen zur Beeinflussung des Prozesses im Sinne einer guten Prozeßführung unter Verwendung der erfaßten Meßwerte und unter Berücksichtigung von vorgegebenen technologischen und ökonomischen Optimierungskriterien. Im allgemeinen wird hierzu ein Digitalrechner (Zentraleinheit des Prozeßrechners) verwendet. Für die Durchführung von Integrationen und mittlere Genauigkeitsforderungen kann ein Analogrechner eingesetzt werden. In einigen Fällen werden Analog- und Digitalrechner kombiniert eingesetzt, um die Vorteile beider Rechnertypen zu verbinden. Eine wichtige Eigenschaft der Meßwertverarbeitungseinheit ist die Möglichkeit der *Vorrangsteuerung*, d. h. die Möglichkeit der Unterbrechung des laufenden Programms und der Abarbeitung eines anderen Programms. Die Vorrangsteuerung wird beispielsweise bei Havarien nötig, bei denen das Ablaufen des Optimierungsprogramms unterbrochen und ein Programm für den Notbetrieb eingeschaltet wird. Aufgabe der *Ausgabeeinheit für Steuersignale* ist die Bereitstellung von Signalen für die Betätigung von Effektoren zur Prozeßbeeinflussung (im Sinne einer optimalen Prozeßführung). Dazu werden die von der Meßwertverarbeitungseinheit errechneten Größen nacheinander über sog. *Stellgrößenumschalter* durch die danach bzw. oftmals auch davor angeschlossenen Digital-Analog-Umsetzer in die analoge Signalform gebracht, die für die Stellglieder benötigt wird. Durch *Halteglieder* werden die durch die Tastung nur impulsförmig anstehenden Signale für einen ganzen Zyklus gehalten.
Die konkrete Ausführung von Prozeßrechnern und deren Aus-

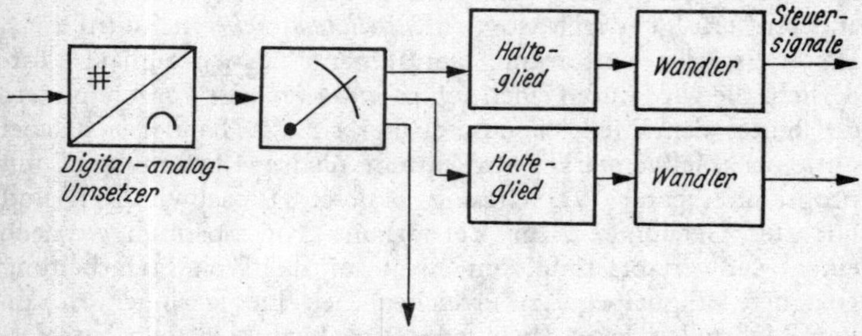

Schema einer Ausgabeeinheit für Steuersignale

stattung mit peripheren Geräten ist vielfältig und hängt vom jeweiligen Prozeß sowie den zu bewältigenden Aufgaben ab.

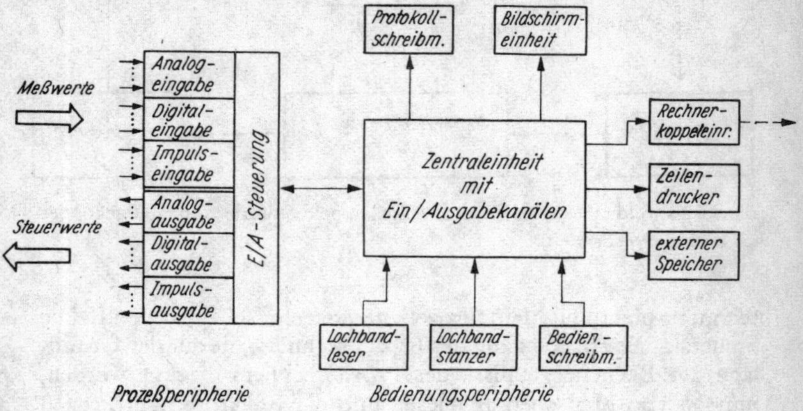

Beispiel für die konkrete Ausführung eines Prozeßrechners

Mit den beschriebenen Einheiten ist eine Kopplung des Prozeßrechners mit dem Prozeß ähnlich wie beim Regler mit der Regelstrecke zum geschlossenen Kreis möglich. Insgesamt gesehen sind folgende Arten von Kopplung möglich: *prozeßgekoppelter Betrieb* (on line), *prozeßparalleler Betrieb* (off line), *prozeßgekoppelter offener Betrieb* (open loop), *prozeßgekoppelter geschlossener Betrieb* (closed loop).

Bei *prozeßgekoppeltem Betrieb* besteht eine gerätetechnische Kopplung zwischen Ausgang des Prozesses und Rechnereingang. Diese Kopplung kann bei Verwendung eines Prozeßrechners durch die Meßwerterfassungseinheit erfolgen. Im dargestellten speziellen Fall des prozeßgekoppelten Betriebes (Abb. S. 620) wirkt der Prozeßrechner durch Effektoren auf den Prozeß ein. Der Prozeßrechner hat in diesem Rückkopplungskreis die Aufgabe, technologische u. a. vorgeschriebene Prozeßbedingungen aufrechtzuerhalten bzw. die jeweils günstigsten Prozeßbedingungen zu ermitteln und den Prozeß entsprechend zu steuern. Beim *prozeßparallelen Betrieb* besteht keine gerätetechnische Kopplung. Die zu verarbeitenden Daten werden auf Zwischenspeichern (Lochstreifen, Lochkarten u. ä.) gespeichert und je nach Bedarf (durch den Menschen) zum Rechner gebracht.

Bei *prozeßgekoppeltem offenem Betrieb* ist der Ausgang des Prozeß-

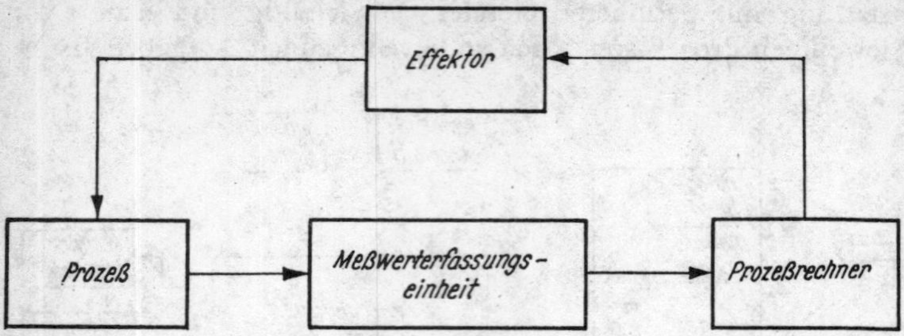

Blockschaltbild eines speziellen prozeßgekoppelten Betriebs (prozeßgekoppelter *geschlossener* Betrieb)

rechners nicht mit dem Prozeß gerätetechnisch gekoppelt. Die Steuersignale am Ausgang des Prozeßrechners, die auf der Grundlage der Rechenergebnisse des Prozeßrechners erzeugt werden, müssen von Menschen abgelesen und die Effektoren am Prozeß von Hand eingestellt werden.

Beim *prozeßgekoppelten geschlossenen Betrieb* ist dagegen der Ausgang des Prozeßrechners gerätetechnisch mit dem Prozeß gekoppelt, so daß die Steuersignale automatisch die Effektoren am Prozeß betätigen.

Beim Einsatz von Prozeßrechnern unterscheidet man je nach Art des Anschlusses an den Prozeß *Meßwertverarbeitungsanlagen* (Logger), *Steuerungsrechner*, *Modellrechner*, *Regelungsrechner* und *Optimierungsrechner*.

Eine *Meßwertverarbeitungsanlage* ist ein Prozeßrechner ohne Ausgabeeinheit für Steuersignale mit der Aufgabe, Ein- und Ausgangsgrößen des Prozesses zu registrieren und zu verarbeiten. Er dient auch verschiedenen Aufgaben der Datenverdichtung. Aufgaben bei der Verarbeitung von Ausgangsgrößen sind:

- turnusmäßiges Ausdrucken von interessierenden Meßwerten des Prozesses mit Angabe der Dimension;
- regelmäßiger Vergleich von Meßwerten mit vorgegebenen Grenzwerten und Alarmgabe bei Überschreitung;
- Meßwertkorrektur in Abhängigkeit von anderen Zustandsgrößen des Prozesses;
- Mittelwertbildung, Integration, Summen- und Differenzbildung u. a. mathematische Operationen.

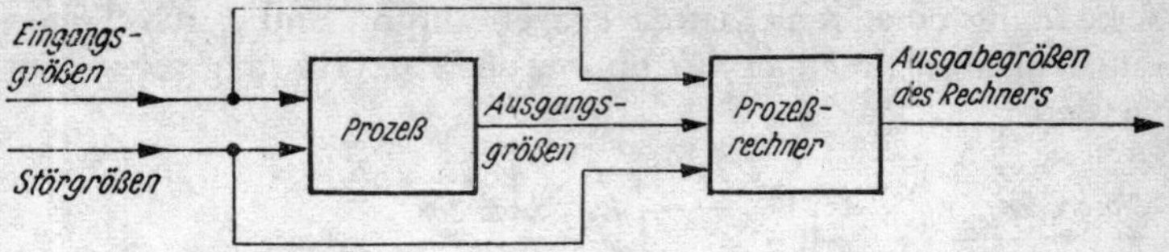

Schema einer Meßwertverarbeitungsanlage

Aufgaben bei der Verarbeitung von Ein- und Ausgangsgrößen sind:

- Errechnung einer Bilanz;
- Errechnung von Ausbeutequotienten;
- Errechnung des Wirkungsgrades;
- Errechnung von Prozeßparametern über Frequenz-, Regressions- oder Korrelationsanalyse.

Entsprechend den Aufgaben ist eine Zusammenschaltung mit dem Prozeß notwendig, wie sie im Blockschaltbild gezeigt wird.
Steuerungsrechner sind Prozeßrechner mit der Aufgabe, gemessene Störgrößen bei der Auswirkung im Prozeß durch geeignete Effektoren zu kompensieren. Voraussetzung für die Anwendung ist die Kenntnis der Auswirkung von Störgrößen im Prozeß, d. h. die Kenntnis des mathematischen Prozeßmodells. Der

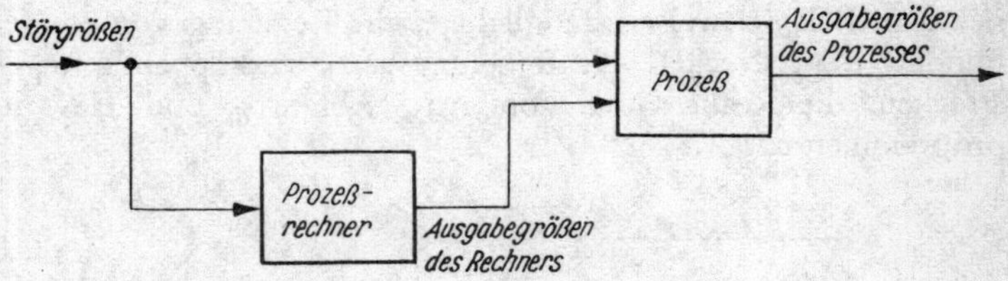

Schema eines Steuerungsrechners

Prozeßrechner berechnet mit einem festen Steuerungsprogramm die Stellgrößen, durch deren Einwirkung die Störgrößen am Ausgang des Prozesses kompensiert werden.

Modellrechner sind Prozeßrechner ohne Ausgabeeinheit für Steuersignale mit der Aufgabe, den Prozeß im gerafften Zeitmaßstab nachzubilden. Der Rechner liefert somit Aussagen über das künftige Verhalten des Prozesses. Diese können zur rechtzeitigen

Erkennung einer fehlerhaften Prozeßführung und durch Testen mit dem Modellrechner zur optimalen Prozeßführung verwendet werden.

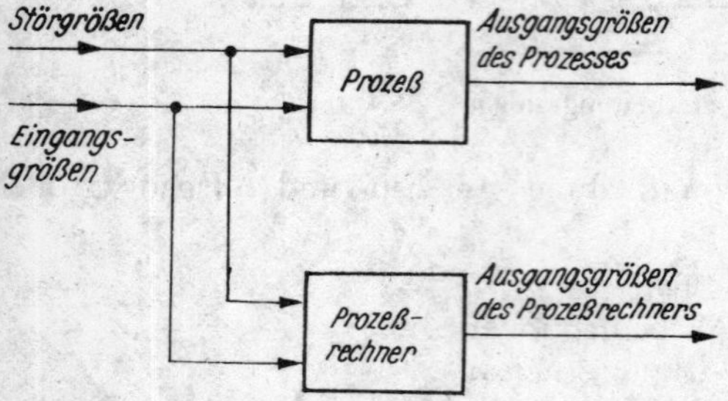

Schema eines Modellrechners (prozeßgekoppelter Betrieb)

Der Modellrechner kann gerätetechnisch mit dem Eingang des Prozesses gekoppelt sein (on line) oder ohne ständige Kopplung mit ihm arbeiten (off line).

Regelungsrechner sind Prozeßrechner mit der Aufgabe, einen oder mehrere gerätetechnisch gekoppelte Prozesse zu regeln. Die unterschiedlichen Aufgaben werden durch das Programm berücksichtigt. Als Regelungsrechner kann der Prozeßrechner kompliziertere Regelungsfunktionen als ein konventioneller Regler wahrnehmen. Beispielsweise ermöglicht er die Regelung von einigen hundert Regelstrecken, die Regelung stark verkoppelter Regelstrecken, die Realisierung von An-, Abfahrts- und Havarieprogrammen u. a.

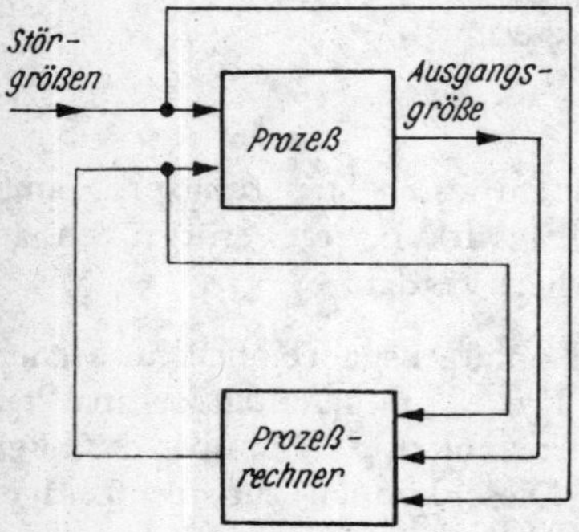

Schema eines Regelungsrechners

Optimierungsrechner sind Prozeßrechner mit der Aufgabe, einen oder mehrere gerätetechnisch gekoppelte Prozesse zu optimieren. Die Schaltungsstruktur des Optimierungsrechners ist die gleiche wie die von Regelungsrechnern; die gegenüber Regelungsrechnern andere Aufgabenstellung wird durch ein entsprechendes Programm berücksichtigt. Als Optimierungsrechner ermöglicht der Prozeßrechner die Maximierung von Gewinn und Wirkungsgrad sowie die Minimierung von Zeit oder die Optimierung der Regelgüte beim Prozeßablauf.

Die vorrangig angewandte *statische Prozeßoptimierung* richtet sich auf den stationären Betrieb. Sie wird in verschiedenen Formen durchgeführt: Bei der *Vorwärtsoptimierung* (engl. *feedfoward optimizing*) werden aus den Meßwerten der Prozeßvariablen unter Benutzung der Verfahren der mathematischen Optimierung die optimalen Steuerwerte errechnet und danach eingestellt.

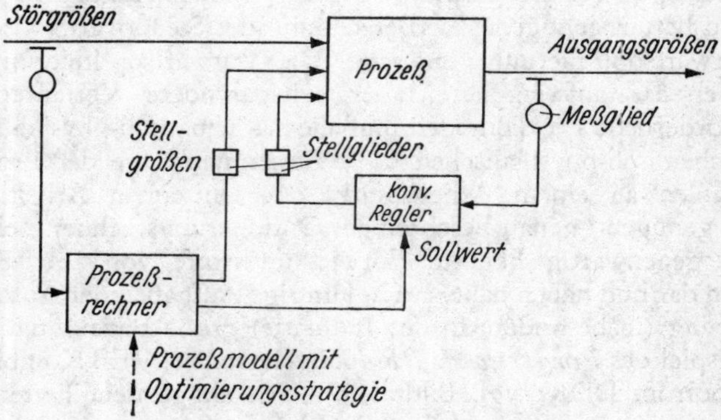

Funktionsschema der Vorwärtsoptimierung

Die rechnerische Ermittlung des Optimums erfolgt auf der Grundlage eines gespeicherten Prozeßmodells mit einer Optimierungsstrategie. Bei der *Rückwärtsoptimierung* (engl. *feedback optimizing*) lassen sich Berechnung und Einstellung nicht trennen.

Die Optimalwerte werden im Wechselspiel zwischen einem gezielten Prozeßeingriff und dem Messen des erreichten Ergebnisses gefunden (*Extremwertregler*). Die Optimalwertsuche erfolgt z. B. nach der Gradientenmethode. Häufig finden Verfahren der *gemischten Optimierung* Verwendung. Hierbei erfolgt mittels Rückwärtsoptimierung eine Modellnachführung, d. h. die Parameter des jeweiligen Prozeßmodells werden verändert, um eingetretene

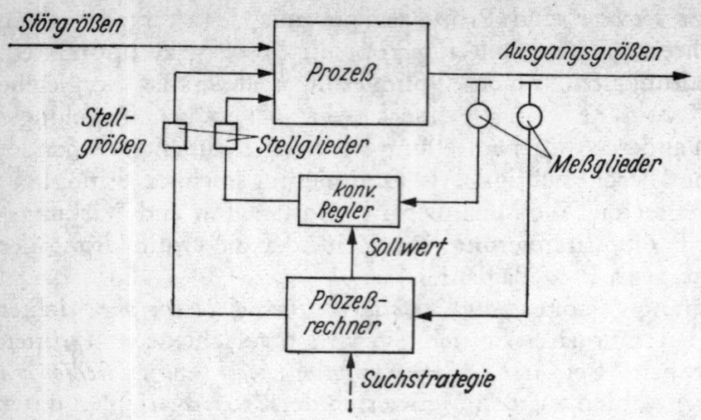

Funktionsschema der Rückwärtsoptimierung

Veränderungen des Arbeitspunktes des zu modellierenden Prozesses zu berücksichtigen. Zur Berechnung der Steuerwerte wird die Vorwärtsoptimierung eingesetzt. Die Vorwärtsoptimierung ist dabei das aufwendigere, aber zeitsparendere Verfahren. Das erforderliche Prozeßmodell muß die mathematisch-physikalischen, chemisch-physikalischen usw. Zusammenhänge der Prozeßvariablen an einem Arbeitspunkt oder in einem Arbeitsbereich genügend genau beschreiben. Optimierungsrechner stellen die gegenwärtig höchste Entwicklungsstufe von Prozeßrechnern dar und haben daher für zukünftige Aufgaben der Automatisierung (insbesondere in der Industrie) große Bedeutung.
Am Beispiel des *Prozeßrechners PR 4000* (Hersteller: VEB Kombinat Robotron, DDR; vgl. Bildtafeln) seien einige detailliertere Angaben zu einem konkreten Prozeßrechnersystem gemacht.
Neben der Gerätetechnik (hardware) gehören zu einem Prozeßrechnersystem Systemunterlagen (software), die maschinen- und problemorientiert aufgebaut sind. Beim PR 4000 sind diese Hauptkomponenten

- Gerätetechnik: der Rechner PR 4000,
  die Prozeßein- und -ausgabe ursadat 4000,
  die Datenverarbeitungsperipherie,
  die Bedieneinheit BEP 4000,
- Systemunterlagen: die (maschinenorientierten) Standard-Systemunterlagen (MOS),
  die problemorientierten Systemunterlagen (POS).

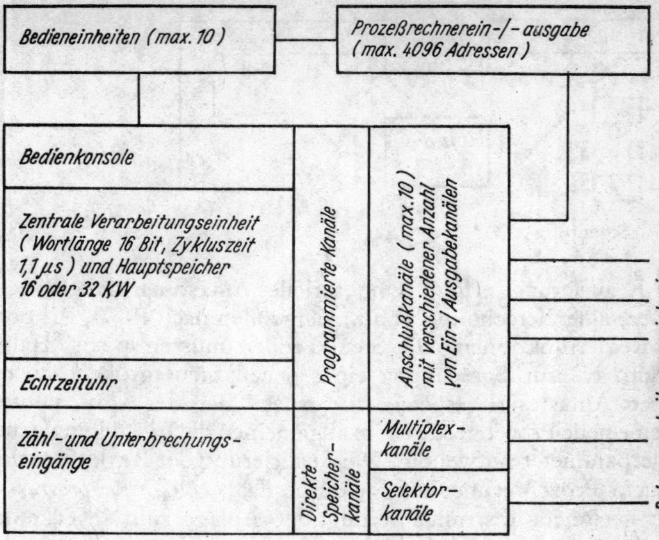

Prozeßrechner PR 4000

Die *maschinenorientierten Systemunterlagen* dienen der Aufrechterhaltung des Betriebes der Anlage und zur Lösung spezieller Einsatzaufgaben. Ihre Programmteile werden zum sog. *Operationssystem* zusammengefaßt. Hierzu gehören insbesondere

- das Steuerprogrammsystem (z. B. bei Aufgaben der Echtzeitsteuerung, Routinen zur Aufgabenplanung und -steuerung, zur Speicher- und Peripheriezuweisung sowie zur Fehlererkennung und -behandlung),
- die Systemprogramme (Übersetzungsprogramme, Dienstprogramme, Standardprogramme),
- die Applikationsprogramme.

Die *problemorientierten Systemunterlagen* dienen der Rationalisierung der Einsatzvorbereitung eines Prozeßrechners. Hierfür werden z.B. Programme für die sog. direkte digitale Regelung, für die statische Optimierung u. a. Steuerungsalgorithmen bereitgestellt.
Als wichtiges Beispiel eines Steuerungsalgorithmus soll die Aufgabe der *direkten digitalen Regelung* (direct digital control, DDC) beschrieben werden. Hierbei übernimmt der Prozeßrechner die Aufgabe der Regelung vieler verschiedener Regelgrößen.

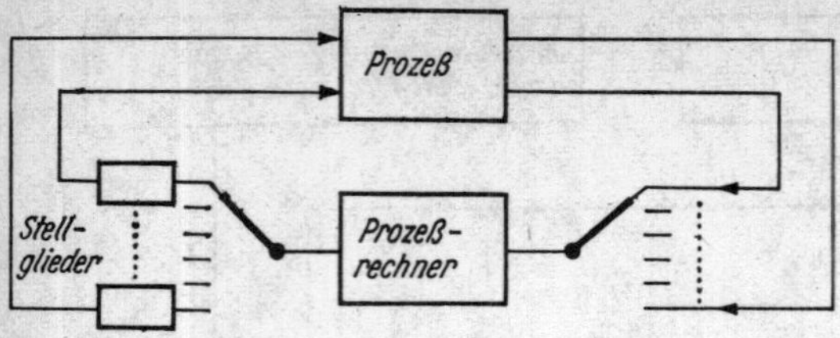

DDC – Steuerung

Zur Realisierung erfolgt eine serielle Abtastung der Prozeßgrößen, eine Berechnung von Steuergrößen nach P-, I-, PI- oder PID-Reglerfunktionen. Die Steuergrößen müssen in sog. Haltegliedern bis zur Berechnung einer neuen Steuergröße nach erfolgter Abtastung gespeichert werden. Bei der Umschaltung auf eine neue Prozeßgröße ist im allgemeinen die Einstellung neuer Reglerparameter notwendig. Die Realisierung der Reglerfunktion auf dem Prozeßrechner erfolgt durch das *DDC-Steuerprogramm*. Eine geeignete Instrumentierung der Anlage zum Zwecke der Signalumformung und -anpassung ist hierfür Voraussetzung.

Puffer: in der maschinellen Rechentechnik Bindeglied zwischen zwei Einheiten von Digitalrechnern unterschiedlicher Arbeitsgeschwindigkeit. Puffer verhindern Wartezeiten bei der Übergabe von Informationen von einer Einheit zur anderen. So kann ein Puffer z. B. eine ganze Zeile eines Paralleldruckers aufnehmen und ausgeben, während der Rechner weiterarbeitet. Als Puffer dienen häufig Register oder andere schnelle Speichereinheiten; oft werden auch Teile des Hauptspeichers als Puffer verwendet.

Reafferenzprinzip: allgemeines, auf einem durch Rückkopplung geschlossenen Reflexbogen beruhendes Funktionsprinzip der Nerventätigkeit.

Die *Reafferenz* wurde als dasjenige Glied im Reflexgeschehen erkannt, das den früher als offen betrachteten Reflexbogen zu einem in sich geschlossenen Funktionskreis macht. Sie besteht darin, daß die effektorischen Leistungen von den jeweiligen Effektoren über entsprechende Rezeptoren zurückgemeldet werden und auf diese Weise eine ständige Kontrolle aller zielstrebigen Reaktionen des Organismus gewährleistet ist. Die Reafferenz kann daher, in Abstraktion von ihren besonderen neurophysiologischen Eigenschaften, im Sinne der Kybernetik allgemein als „Rückkopplung" bezeichnet werden. Sie entspricht einer positiven Rückkopplung, wenn die ursprüngliche Leistung beibehalten oder verstärkt wird, und einer negativen, wenn eine Veränderung der Leistung in der entgegengesetzten Richtung erfolgt. Auf dieser Grundlage trägt die Reafferenz wesentlich dazu bei, die wichtigsten biologischen Regelgrößen entgegen störenden Einwirkungen aus dem äußeren und inneren Milieu aufrechtzuerhalten und eine zufriedenstellende Anpassung des Gesamtorganismus an wechselnde Umweltbedingungen zu erreichen.

In der detaillierten Darstellung unterscheidet sich das von E. v. Holst und H. Mittelstaedt entwickelte Reafferenzschema in mancher Beziehung von dem von P. K. Anochin aufgestellten Prinzip. Gemeinsam ist beiden Schemata die Unterscheidung zweier Arten von afferenten Signalen, die in Gestalt bestimmter Impulsfolgen in das Zentralnervensystem gelangen. Das sind

a) die nicht unmittelbar durch das Verhalten des Organismus bedingten (afferenten) Signale aus der Umwelt und

b) die (reafferenten) Signale von den Effektoren, die zusammen eine differenzierte Regelung ermöglichen.

Bei v. Holst und Mittelstaedt, die sich vorwiegend mit der Analyse der Funktionen niederer Zentren befaßten, ist die sog. *Efferenzkopie*, die vor allem bei der motorischen Gleichgewichtseinstellung des Organismus auf den unteren Ebenen des Zentralnervensystems wirksam wird, von wesentlicher Bedeutung. Der

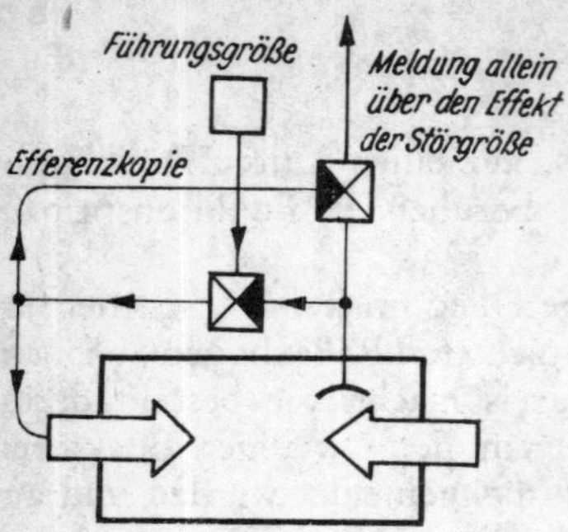

Blockschaltbild
für die Übertragung der Efferenzkopie
(nach B. Hassenstein)

gesamte Vorgang läßt sich schematisch etwa folgendermaßen beschreiben: Wenn ein Ausführungsorgan vom Zentralnervensystem den Befehl zur Ausführung einer entsprechenden motorischen Reaktion erhält, entsteht auf dem Wege der Impulse zur Peripherie in einem niederen Zentrum des Nervensystems eine Kopie der Efferenz. Hat die Reaktion genau den beabsichtigten Erfolg, so wird diese Kopie durch die vom Effektor eintreffende Reafferenz gelöscht. In diesem Fall kommt zum befehlsgebenden Zentrum keine Information zurück. Tritt jedoch eine Differenz zwischen dem beabsichtigten und dem tatsächlich erreichten Effekt auf, so bleibt ein sog. *Restreiz* bestehen, der zu diesem Zentrum weitergeleitet und dort verarbeitet wird.

Anochin dagegen richtete seine Aufmerksamkeit hauptsächlich auf die Untersuchung der Struktur und Dynamik des komplexen bedingt-reflektorischen Verhaltens und der neurophysiologischen Mechanismen des Lernens, also der höheren Verhaltensformen. Sein Reafferenzschema enthält als wesentliche Funktionssysteme einen Apparat zur *Afferenzsynthese*, einen als *Aktionsakzeptor* (*Handlungsakzeptor*) bezeichneten Bewertungsapparat und einen Apparat zur Formierung der reflektorischen Reaktion. Der *Aktionsakzeptor* ist ein in der Großhirnrinde zentralisierter Mechanismus zur Bewertung der gesamten bedingt-reflektorischen Reaktionen des Organismus. Er bewertet diese Reaktionen nach ihrem Nutzeffekt, indem er in Auswertung der durch Rückkopplung von den Ausführungsorganen erhaltenen reafferenten Informationen den beabsichtigten Erfolg mit dem tatsächlich erreichten vergleicht und beim Auftreten einer Differenz Korrekturmaßnahmen veranlaßt. Dieser Mechanismus und seine Funktionstüchtigkeit sind die neurophysiologische Grundlage aller höheren Formen der Anpassung durch Lernen. Er erfüllt innerhalb eines komplexen, lernfähigen (biologischen) Systems die Funktion des zentralen Reglers. Seine Tätigkeit gründet sich vor allem auf das Gesamtsystem der Rückkopplungen zwischen Organismus und Umwelt. Er nimmt die rückgemeldeten Informationen über den Erfolg von Aktionen des Organismus in der Umwelt auf, registriert die in ihr bewirkten Veränderungen, verarbeitet sie und stimmt sie mit dem Vorgang der Afferenzsynthese ab. Durch die Afferenzsynthese werden die ständig von den Rezeptoren eingehenden Informationen über die Außenwelt verarbeitet. Nur ein Teil davon löst als unbedingter Reiz eine situationsangepaßte Reaktion aus. Die Wahrscheinlichkeit, mit der die übrigen Erregungen zu Situations- und bedingten Anlaßreizen für eine Reaktion werden, wächst mit der zunehmenden Fähigkeit des Aktionsakzeptors (durch Rückinformationen über die erfolgten Einwirkungen auf die Umwelt), die Afferenzsynthese an entsprechende Reaktionen zu binden und auf dieser Basis ein Verhaltensziel festzulegen. Deshalb kann bei abgeschlossener Afferenzsynthese eine bestimmte Reaktion auch ohne ihren ursprünglichen (unbedingten) Anlaßreiz zustandekommen, vorausgesetzt, daß eine Mindestzahl von situationsgebundenen Nebenreizen auftritt, die in der Afferenzsynthese vereinigt sind. Es gibt heute bereits technische Imitationen des Aktionsakzeptors in künstlichen kybernetischen Systemen mit internem Modell

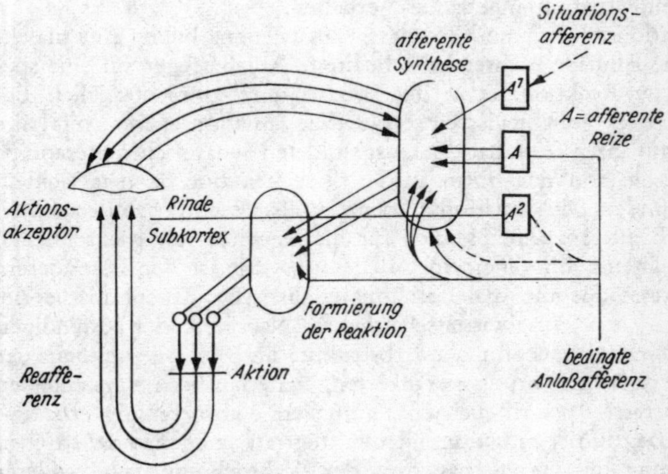

Reafferenzschema (nach P. K. Anochin)

der Außenwelt. Sie besitzen eine Bewertungsschaltung, deren Wirkungsweise der des Aktionsakzeptors analog ist.
Die Afferenzsynthese beinhaltet keine einfache Zusammenfassung der Eingangssignale; sie besteht in der Herstellung der dialektischen Einheit von *Situationsafferenzen* und *bedingten Anlaßafferenzen*, die schon eine auf der Grundlage vorangegangener Erfahrungen vollzogene Auswahl wesentlicher Informationen einschließt.
Unter *Situationsafferenz* ist die Einwirkung einer unter spezifischen Bedingungen relativ beständigen, in bestimmter Weise strukturierten Gesamtheit von Umweltreizen zu verstehen, die im Zentralnervensystem schon vor dem Auftreten der bedingten Anlaßafferenz eine durch Erfahrung gebildete oder in der Erbstruktur angelegte Erregungsstruktur ansprechen und damit eine spezifische, der vorliegenden Situation angepaßte Reaktion vorbereiten.
Die Situationsafferenz ist die Grundlage der von I. P. Pawlow als *dynamischer Stereotyp* bezeichneten neurophysiologischen Erscheinung, die z. T. ererbt und z. T. im individuellen Kontakt mit der Umwelt erworben ist. Dieser auf der Situationsafferenz gegründete dynamische Stereotyp bestimmt als Bestandteil des internen Modells der Außenwelt die konkrete Art und Weise der Verarbeitung einer durch den bedingten Anlaßerreger übermittelten Information und orientiert den Organismus im voraus auf ein situationsangepaßtes Verhalten.
Situationsafferenz und bedingte Anlaßafferenz bilden eine dialektische Einheit. Während der bedingte Anlaßerreger auf eine spezifische Reaktion, etwa die Befriedigung eines speziellen Bedürfnisses, gerichtet ist, entscheidet die Situationsafferenz mit Hilfe des auf ihrer Grundlage herausgebildeten dynamischen Stereotyps über die konkrete Form, in der diese Reaktion dann tatsächlich stattfindet. Die Situationsafferenz ist als wesentlicher Bestandteil des Reafferenzprinzips auch für die Regelung des menschlichen Verhaltens von allgemeiner Bedeutung. Sie ist von besonderem Interesse für die dialektisch-materialistische Erkenntnistheorie, da sie den einzelwissenschaftlichen Nachweis der beständigen Mitwirkung eines in der Erbstruktur und der Gesamtheit der bisherigen Erfahrung verankerten, materialistisch verstandenen „relativen Apriori" bei jeder aktuellen Wahrnehmung erbringt. Der Begriff der Situationsafferenz trägt zu einer materialistischen Klärung des Gestaltcharakters der Wahrnehmung und anderer psychischer Funktionen bei und hilft mit, die rationalen Elemente

der Gestaltpsychologie für die marxistisch-leninistische Erkenntnistheorie fruchtbar zu machen.

Unter *bedingter Anlaßafferenz* versteht man die Einwirkung eines Reizes oder Reizkomplexes, der unter der Voraussetzung, daß eine situationsspezifische Reizkonstellation (Situationsafferenz) gegeben ist, in der Regel zur Auslösung einer der Situation angepaßten Reaktion führt. Die Art und Weise seiner konkreten Wirksamkeit hängt dabei von der Gesamtheit der vorher oder gleichzeitig einwirkenden, den Charakter der Situation signalisierenden Reize aus der Umwelt ab. Der gleiche Reiz kann bei unterschiedlichen Situationsafferenzen bedingte Anlaßafferenz zu verschiedenen Reaktionen sein. In der Regel finden bevorzugt solche Reaktionen statt, die in der Vergangenheit in gleichen oder ähnlichen Situationen den größten Nutzeffekt hatten.

In der Reflextheorie wurde lange Zeit nur die isoliert betrachtete Anlaßafferenz als die das Gesamtverhalten maßgeblich beeinflussende äußere Einwirkung auf den Organismus betrachtet, während die Situationsafferenz und deren verhaltensprägende Rolle noch weitgehend unbekannt war. Die Annahme ausschließlich dieser einen Art der Afferenz, welche stets an die aktuelle Wahrnehmung gebunden ist, bildete gleichzeitig eine der Grundlagen des Empirismus bei der neurophysiologischen Erklärung des Erkenntnisprozesses, die jedes relativ-apriorische Moment der Erkenntnis leugnet. Die bedingte Anlaßafferenz ist ein wichtiges Element des Reafferenzvorganges, ein notwendiger Bestandteil innerhalb des auf einem komplexen Rückkopplungsgeschehen beruhenden Systems der Verarbeitung von Informationen aus der Umwelt.

Die *Afferenzsynthese*, die in Verbindung mit dem Aktionsakzeptor beide Arten afferenter Signale zu einer dialektischen Einheit verbindet, ist das Endprodukt einer stufenweisen Bildung von Invarianten, in deren Verlauf die gesamte unbrauchbare Information immer weiter zugunsten der Nutzinformation vermindert wird. Der Aktionsakzeptor bewertet nach dem Empfang der reafferenten Signale die Resultate der vollzogenen Reaktionen nach ihrem Nutzeffekt und entscheidet in Übereinstimmung mit der afferenten Synthese über die Art der folgenden Reaktion. Der Aktionsakzeptor ist mit dem Apparat der afferenten Synthese durch Rückkopplung verbunden. Diese Verbindung ist die Grundlage dafür, daß die afferente Synthese aufgrund der sich durch Lernen fortlaufend verbessernden Auswahlprinzipien ein immer höheres Niveau erreicht.

Darüber hinaus unterscheidet ANOCHIN zwei Arten von Reafferenz: Die *bewegungsrichtende Reafferenz* besteht nur aus den propriorezeptorischen (aus dem Inneren des Organismus kommenden) Reizen von den Muskeln. Die *resultative Reafferenz* hat komplexen Charakter und erstreckt sich auf alle Reafferenzmerkmale, die den Erfolg einer Reaktion bzw. Handlung betreffen. Sie gliedert sich in die sog. *etappenweise Reafferenz* (sukzessive Information über die Resultate von Zwischenhandlungen) und die *endgültige* oder *sanktionierende Reafferenz*, die anzeigt, daß das Hauptziel einer sich aus mehreren Teilschritten aufbauenden Handlung erreicht ist. Das Reafferenzschema enthält viele dialektische Elemente. Die konkrete Wirksamkeit des Reafferenzprinzips und sein wissenschaftlicher Nachweis ermöglichten auch die Anwendung der Prinzipien der Informationstheorie auf konkrete Probleme der höheren Nerventätigkeit und tragen dazu bei, unser Wissen über die neurophysiologischen Mechanismen und den Charakter des menschlichen Erkenntnisprozesses beträchtlich zu vertiefen.

rechnergestützter Entwurf: Einsatz von Rechenanlagen in verschiedenen Phasen der Entwicklungs- und Konstruktionsarbeit für Schaltungen, Geräte, Maschinen u. a.; im engeren Sinne Analyse und Synthese von elektronischen Schaltungen mittels Rechnerprogrammen (engl. *computer aided design*). Der Begriff des rechnergestützten Entwurfes wird aber auch dem allgemeineren Begriff *Automatisierung der technischen Vorbereitung der Produktion mittels EDV* (*Autevo*) untergeordnet. Bei der Einschätzung der Möglichkeiten rechnergestützter Entwurfsarbeit müssen die derzeitig realisierbaren von den zukünftig zu erwartenden unterschieden werden. Im folgenden sollen beide Gruppen von Möglichkeiten am Beispiel der Entwicklung von elektronischen Baugruppen demonstriert werden.

Eine Analyse der traditionellen Etappen des Entwicklungs- und Konstruktionsprozesses ergibt, daß durch den Einsatz von Rechnern die folgenden Arbeiten rationalisiert werden können: das Literaturstudium durch Dokumentenrecherche, der eigentliche Forschungsprozeß durch Bereitstellung mathematischer Verfahren, die Entwicklung durch Einführung von Analyse-, Simulations- und Syntheseverfahren und die Konstruktion durch Bereitstellung von Fertigungsunterlagen und -hilfen mittels elektronischer Datenverarbeitung, Bearbeitungsplanung u. a.

1. Rationalisierung des Literaturstudiums durch Dokumentenrecherche:

Voraussetzung hierfür ist der Aufbau einer speziellen Datenbank für die Dokumentenrecherche. Da der Datenbestand ständig erneuert werden muß, ist der dazu notwendige Aufwand nur für zentrale Datenbänke von Entwicklungsstellen mit größeren Entwicklungskapazitäten sinnvoll. Eine weitere Voraussetzung ist die Gewährleistung einer kurzen Zugriffszeit durch Realisierung des Dialogverkehrs mit dem Entwickler. Die Dokumentenrecherche auf der Basis einer Datenbank mit Rechercheprogramm wird die Zeit für Literatur- und Patentstudium bei zugleich verbesserter Qualität der Literaturberichte entscheidend verkürzen helfen. Später könnte sich eine Faktenrecherche anschließen.

2. Rationalisierung im Forschungsprozeß durch Bereitstellung mathematischer Verfahren: Der Forschungsprozeß ist nur zum geringen Teil algorithmisierbar. Trotzdem gibt es nicht wenige Möglichkeiten für einen Rechnereinsatz auch im Forschungsprozeß. Er konzentriert sich auf die Bereitstellung von mathematischen Verfahren, von Algorithmenbibliotheken und Programmen. Das wesentliche Merkmal dieser Programme ist ihre Benutzerfreundlichkeit. Durch geeignete Eingabesprachen sind sie jedem Wissenschaftler und Ingenieur ohne umfassende rechentechnische Vorkenntnisse zugänglich. Beispiele hierfür sind Matrizensprachen, die anwendbar sind, wenn im wesentlichen nur mathematische Kenntnisse vorhanden sind. Eine weitere wichtige Möglichkeit besteht in der Rationalisierung der Organisation des Forschungsprozesses.

3. Rationalisierung in der Entwicklung durch Einführung von Analyse-, Simulations- und Syntheseverfahren: Hier werden z. Z. große Anstrengungen unternommen; sie konzentrieren sich auf Entwicklung und Anwendung von *Analyse- und Simulationsverfahren.* Für eine Reihe von elektrischen Schaltungen gibt es bereits Simulationsverfahren für Digitalrechner. Auch sie sind durch anwenderfreundliche Eingabesprachen gekennzeichnet, die es ermöglichen, ausgehend von der Topologie der Schaltung sofort das digitale Programm zu schreiben. Diese Simulationsverfahren gestatten es, die verschiedenen Verhaltensweisen, wie Zeitverhalten, Verhalten im eingeschwungenen Zustand usw. zu ermitteln. Für die allgemeine Anwendung solcher Programme fehlen z. Z. allerdings noch Modellkataloge für Bauelemente. Weitere Analyseprogramme gestatten die Berechnung von Parameterempfindlichkeitsfunktionen, erlauben *worst-case*-Analysen (Analysen für ungünstigste Bedingungen) und statistische Toleranzberechnungen. Die Analyseprogramme berücksichtigen jedoch nur das funktionelle Verhalten von einzelnen Bauelementen, nicht jedoch durch Zusammenschaltung von Elementen auftretende Effekte wie Störinduktivitäten oder -kapazitäten bei Verdrahtungen oder thermischen Belastungen. Die Modelle werden aber in zunehmendem Maße vervollständigt, wobei sich deren Möglichkeiten und gegenwärtige Grenzen sowohl auf analoge als auch auf digitale Schaltungen beziehen.

Für die *Synthese* der praktisch wichtigen Schaltungen gibt es zur Zeit noch keine Algorithmen. Hier liegen wichtige Aufgaben für die Grundlagenforschung. Gelöst sind sie bisher lediglich für einige einfache Klassen von Systemen, wie digitale Schaltungen linearer Realisierung mit NANDs und Eintaktspeichern sowie lineare analoge Systeme. Hierzu gibt es auch Rechnerprogramme.

Eine weitere in den Bereich der Entwicklung fallende Aufgabe befaßt sich mit Parameteroptimierungen bei vorgegebener Schaltungsstruktur. Sie ist bei iterativer Anwendung von Analyseprogrammen mittels Optimierungsalgorithmen auf Digital- oder Analogrechner weitgehend lösbar. Zur Zeit konzentrieren sich die Arbeiten der auf diesem Gebiet tätigen Rechentechniker auf die Schaffung von geeigneten Eingabesprachen zu bekannten Analyse- oder Simulationsalgorithmen.

Als *Beispiel* für die Anwendung eines Entwurfsprogrammes sei das Programm ECAP (*electronic circuit analysis program*) für die Analyse elektronischer Netzwerke erwähnt und anhand einer konkreten Schaltung sein Einsatz gezeigt. Das Programm ist für das System IBM 360 und die IBM 1130 geschrieben worden. Es besteht aus drei Programmteilen für die Gleichstromanalyse, die Wechselstromanalyse und die Analyse des Übergangsverhaltens. Seine Eingabesprache ist anwenderfreundlich. Der formale Sprachteil bereitet die Eingabedaten auf und ruft danach eines der Analyseprogramme auf. Einige wichtige Anweisungen von ECAP und ihre formale Handhabung sollen am Beispiel der Berechnung eines T-Filters beschrieben werden.

In Vorbereitung der Programmierung werden alle Knotenpunkte in willkürlicher Reihenfolge durchnumeriert. Das Nullpotential erhält die Nummer 0. Ebenso werden alle Zweige durchnumeriert. Danach erfolgt die Notierung der Eingabedaten. Sie enthalten einen Kommentarteil, der durch vorangestelltes C gekennzeichnet ist. Durch TRANSIENT ANALYSIS wird das Programm zur Berechnung des Übergangsverhaltens aufgerufen. Die folgenden Anweisungen beschreiben Zeile für Zeile die Zweige (*branches*). Zu Beginn jeder Zeile steht die Zweignummer, z. B. B 1. Zu-

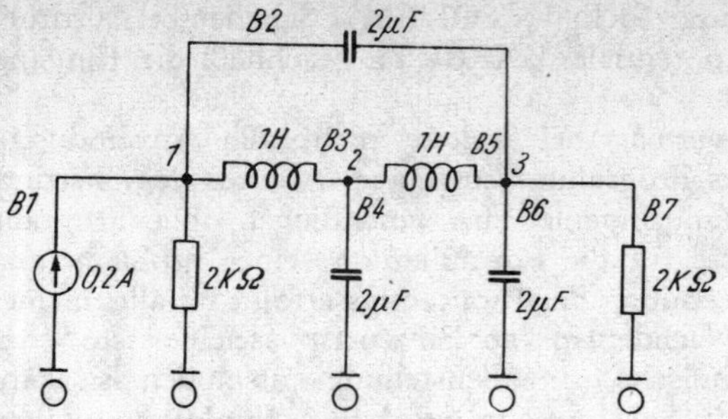


```
C    TRANSIENT ANALYSIS
B1   N(1,0),R=2000,I=.02
B2   N(1,3),C =2E-6
B3   N(1,2),L =1
B4   N(2,0),C =2E-6
B5   N(2,3),L =1
B6   N(3,0),C =2E-6
B7   N(3,0),R =2000
     TIME STEP=.01E-3
     OUTPUT INTERVAL=50
     FINISH TIME=1.5 E-3
     PRINT, VOLTAGES
     EXECUTE
```

Zur Eingabesprache von ECAP, dargestellt am Beispiel der Übergangsanalyse eines überbrückten T-Filters

gelassen sind in jedem Zweig Widerstände (R), Kondensatoren (C) und Induktivitäten (L) sowie Spannungsquellen (E), Stromquellen (I) und gesteuerte Stromquellen (i'). Im Zweig der Nummer 2 befindet sich beispielsweise ein Kondensator mit 1 μF. Deshalb werden in der mit B 2 beginnenden Zeile die kennzeichnenden Knotenpunkte 1 und 3 durch N (1,3) und der Kondensator durch C = 2 E − 6 ($= 2 \cdot 10^{-6}$) beschrieben. Nach der Beschreibung aller Zweige erfolgt die Angabe der Zeitintervalle für die numerische Integration. Für diese Zwischenpunkte kann gleichzeitig der Ausdruck der gewünschten Größen erfolgen. Die folgende Anweisung gibt an, jede wievielte Zwischenstelle auszudrucken ist. Im Beispiel wird durch die Anweisungen TIME STEP = .01 E-3 und OUTPUT INTERVAL = 50 der Zeitschritt mit $t = 0{,}01 \cdot 10^{-3}$ s festgelegt und jede 50. Zwischenstelle ausgedruckt. Die Anweisung FINISH TIME = 1.5 E-3 legt das Ende der Rechnung und des Ausdrucks fest. Die Anweisung PRINT, VOLTAGES bedeutet Ausdruck der Knotenpunktpotentiale. EXECUTE beschließt die Eingabedatenliste.

Dieses Beispiel vermag bei weitem nicht alle Anwendungsmöglichkeiten des Programms zu zeigen. Aber es demonstriert, daß der Entwicklungsingenieur im wesentlichen ohne Programmierungskenntnisse für die Formulierung seines Problems auskommt. Die Anwendung des Programms erfolgt im allgemeinen in der Testphase. Nachdem in einer Entwurfsphase eine erste Schaltung für die technische Aufgabenstellung entstanden ist, kann in der Testphase die Schaltung bezüglich ihrer Funktion und ihrer Zuverlässigkeit durch das Programm analysiert werden. Dabei kann durch Variation der Schaltkreisparameter auch eine bessere Schaltung gefunden werden. Das Programm gestattet ferner automatische Parametervariationen, die Berechnung von Empfindlichkeitsfunktionen und die worst-case-Analyse.

4. *Rationalisierung in der Konstruktion*: Da es in der Konstruktion und Technologie Routinearbeit und leicht formalisierbare Prozesse in größerem Umfang gibt, liegt hier der *Schwerpunkt des Rechnereinsatzes* im Forschungs- und Entwicklungsprozeß. Zur Zeit können folgende Aufgaben rechnergestützt gelöst werden:

Herstellung von Fertigungsunterlagen. Hierzu gehört die Aufgabe des NC-Zeichnens der Druckstöcke von Leiterplatten.

Herstellung von Fertigungshilfen. Es gibt bereits Programme für die Erstellung von Steueranweisungen für NC-Maschinen (Bohrmaschinen, Graviermaschinen). Diese Programme sind mit dem NC-Zeichenprogramm für Druckstöcke eng gekoppelt.

Anwendung des Katalogkonstruierens. Unter der Voraussetzung, daß für das Abspeichern von konstruktiven und funktionellen Parametern bereits vorhandener Baugruppen eine Datenbank vorhanden ist, besteht die Möglichkeit einer rechnergestützten Auswahl bei neuen Entwicklungsaufgaben. Die verfügbaren Rechercheprogramme sind für diese Aufgabe geeignet.

Rechnergestützte Konstruktion. Hierzu zählt der topologische Entwurf von Leiterplatten (Gruppierung, Placierung, Trassierung) mittels Rechnerprogrammen. Dabei werden auf der Leiterplatte zu verschaltende Bauelemente zu Gruppen zusammengefaßt (*Gruppierung*), für die Anordnung der Gruppen bzw. der restlichen diskreten Bauelemente geometrische Orte auf der Leiterplatte festgelegt (*Placierung*) sowie der Verlauf der Leiterzüge, durch die die Bauelemente verbunden werden, vorgesehen (*Trassierung*). Diese Aufgabe wird zur Zeit für rein IC-bestückte Leiterplatten bewältigt. Programme für den Entwurf von Leiterplatten in gemischter Bestückung sind in Bearbeitung. Mit diesen Programmen wird es möglich, etwa 90% der Bauelemente auf der Leiterplatte rechnergestützt zu trassieren.

Rechnergestützte Bearbeitungsplanung und -organisation. Da die Bearbeitungszeiten und -abläufe in der Konstruktion und Technologie festliegen, besteht die Möglichkeit, bei der Baugruppenkonstruktion rechnergestützte Planungsmethoden für die Bearbeitung mehrerer Baugruppen anzuwenden. Hier können ähnliche Methoden wie bei Mehrmaschinenproblemen angewendet werden. Zum Beispiel ist der Durchlauf einer Baugruppenkonstruktion für Konstrukteure so festzulegen, daß keine oder nur minimale Leerlaufzeiten auftreten.

Eine Analyse der Forschungs- und Entwicklungsarbeit für elektronische Geräte und Einrichtungen bezüglich des Anteils an Routinearbeit ergibt, daß der Entwicklungsingenieur zur Zeit etwa 70–80 Prozent seines Zeitbudgets für Routinearbeiten einsetzt. Nur die restlichen 20 bis 30 Prozent verwendet er für die schöpferische Arbeit am Entwurf der Schaltung. (Es versteht sich, daß in speziellen Fällen nach oben und unten wesentliche Abweichungen von diesen Durchschnittswerten auftreten können.) Der Stand der Rechentechnik sowie die Bereitstellung theoretischer Grundlagen und Algorithmen gestatten in Verbindung mit der Möglichkeit des zunehmenden Einsatzes gruppenintegrierter Schaltkreise für digitale und analoge Schaltungen die vorsichtige Prognose, in spätestens zehn Jahren Programme für den strukturellen Entwurf von gruppenintegrierten Schaltkreisen (einschließlich Parameterbestimmung), Programme für die Synthese von Schaltungen aus den Schaltkreisen und von Einrichtungen und Geräten zur Verfügung zu haben. Mit diesem Programmsystem wird ein Teil der schöpferischen Arbeit des Entwicklungsingenieurs rechnergestützt durchgeführt werden können. Besonders wichtig und auch erreichbar erscheint parallel dazu die Entwicklung von Programmen für die Herstellung von Fertigungsunterlagen (Druckstockoriginale, Bohrzeichnungen, Galvanikberechnungen u. a.) sowie die Ausgaben von Zwischeninformationen für die Entwickler, Konstrukteure und Technologen (Unterlagen, Prüfwerte u. a.) . Mit diesem Programmsystem wird es möglich werden, den Anteil der ingenieurmäßigen Routinearbeiten auf ein Minimum zu senken.

Reduktion: logischer Schluß hypothetischen Charakters, bei dem von den Nachsätzen eines Schlußschemas auf den Vordersatz geschlossen wird.
Wenn p und q Aussagen darstellen, dann läßt sich die einfachste Form der Reduktion durch folgende Gegenüberstellung von der Deduktion abheben:

(1) p
$p \to q$ *Schlußschema*
q

(2) p
$p \to q$ *Deduktion*
q

(3) $p \to q$
q *Reduktion*
p

Beispiel: Diagnostische Verfahren (nicht nur in der Medizin) beruhen darauf, daß aufgrund des Erkennens eines Sachverhalts (widergespiegelt durch eine *wahre* Aussage q) und der Kenntnis von möglichen Ursachen, Bedingungen für das Eintreten dieses Sachverhalts (widergespiegelt durch eine *wahre* Implikation $p \to q$) auf eine Erklärung geschlossen wird. Betrachtet sei als q etwa die Aussage „Der Fernsehapparat geht nicht", die *wahr* sein soll. Wird jetzt der Schluß „Die Anodensicherung ist durchgebrannt" gezogen (das sei die Aussage p), so ist die Aussage „$p \to q$" *wahr*. Genauso könnte aber auch der Schluß „Die Netzsicherung ist durchgebrannt" richtig sein. Deshalb nennt man die Aussage p auch *Erklärung* für q (*regressive Reduktion*). Nun kann der Fall eintreten, daß alle bekannten möglichen Ursachen, d. h. alle möglichen *wahren* Aussagen p den eingetretenen Sachverhalt nicht erklären. Dann muß man eine *Hypothese* aufstellen. Ziel der *progressiven Reduktion* ist es nun, den Wahrheitswert dieser Hypothese zu bestimmen. Dazu leitet man aus ihr neue Aussagen ab, deren jeweiliger Wahrheitswert durch Beobachtung, Experiment usw. bestimmt werden kann. (Manchmal entsteht dadurch eine völlig neue Theorie. Zum Beispiel führte der Versuch, die Churchsche Hypothese zu bestätigen bzw. zu widerlegen, zu neuen Algorithmenbegriffen.) Ist auch nur eine einzige abgeleitete Aussage *falsch*, so ist die Hypothese widerlegt (*falsifiziert*), im anderen Fall hat die Hypothese sich bestätigt. Das zuletzt beschriebene Verfahren nennt man deshalb auch *Verifikation*. Wesentlich ist, daß in die Reduktionsschlüsse zwangsläufig die Praxis als Moment mit eingeht. Der Reduktionsschluß ist also logisch nicht völlig zwingend.

Anders liegen die Dinge, wenn die Wahrheit der Implikation $p \rightarrow q$ feststeht und außerdem gewiß ist, daß $\sim q$ wahr ist. Dann folgt daraus zwingend $\sim p$, d. h., die Hypothese p ist widerlegt. Sie muß dann so abgeändert werden, daß die Fälle, in denen sie sich bewährt hat, als Spezialfälle ihre Gültigkeit behalten und außerdem den neuen Fällen, in denen die Hypothese versagt hat, damit Rechnung getragen wird.

Es erhebt sich die Frage, wie man bei gegebenem q ein adäquates p tatsächlich findet. Dies ist nur mittels heuristischer Methoden möglich. Dabei ist stets in irgendeiner Weise die Versuch-und-Irrtum-Methode erforderlich. Zeitweilig war man der Ansicht, daß gerade deswegen die reduktiven Methoden (im Gegensatz zu den deduktiven Methoden) von einer elektronischen Rechenmaschine nicht praktiziert werden könnten. Diese Auffassung muß heute als überholt gelten, da eine maschinelle Simulation der Versuch-und-Irrtum-Methode und verwandter Verfahren bereits durchführbar ist. Die bisher gewonnenen Erfahrungen bei entsprechenden Experimenten lassen erwarten, daß technische Systeme der Zukunft sogar in großem Umfange auch reduktive Methoden simulieren werden können.

→ Deduktion

Redundanz 1 (informationelle Redundanz): Gesamtheit der Bestandteile von Informationen (Nachrichten), die deren Informationsgehalt nicht verändern. Dabei ist Redundanz (Weitschweifigkeit) im Sinne der Informationstheorie und Kybernetik keineswegs als etwas ausschließlich Negatives anzusehen; unter bestimmten Voraussetzungen ist Redundanz vor allem in zweierlei Hinsicht positiv wirksam: als Mittel zum Schutz gegen Störungen bei der Informationsübertragung und als didaktisches Mittel zur Förderung der besseren Informationsaufnahme in Lernprozessen.

Im Hinblick auf die Nützlichkeit redundanter Anteile von Informationen ist u. a. zwischen *fördernder* und *leerer Redundanz* zu unterscheiden. Unter *fördernder Redundanz* versteht man diejenigen Bestandteile einer Information, die zwar weggelassen werden

können, ohne den Informationsgehalt der betreffenden Information zu verkleinern, die aber dazu benutzt werden können, die in einer Information enthaltene Informationsmenge aufrechtzuerhalten bzw. wiederherzustellen, wenn bestimmte andere Bestandteile dieser Information weggelassen werden (bzw. wegen Störungen verstümmelt werden).
Beispiel: Eine Information sei Antwort auf die Frage: „Welcher Tag ist heute?" Die Antwort laute: „Heute ist Donnerstag, der schneereiche 14. April 1966." Das Wort „Donnerstag" ist redundant, da das Datum „14. April 1966" den betreffenden Tag völlig festlegt. Diese Redundanz kann aber eine fördernde sein; denn unter der Voraussetzung, daß es im April nur einen schneereichen Donnerstag gegeben hat, würde selbst die Feststellung „Heute ist der schneereiche Donnerstag im April 1966" diesen Tag eindeutig festlegen.
Zum Unterschied hiervon ist *leere Redundanz* jeder Bestandteil von Information, der weggelassen werden kann, ohne den Informationsgehalt zu ändern, der aber auch nicht geeignet ist, bei Verstümmelung der betreffenden Information den verbleibenden Restbestand so zu ergänzen, daß der ursprüngliche Informationsinhalt wiederhergestellt werden kann. Leere Redundanz ist also kein Mittel, um Störungen zu begegnen. Es ist wichtig, die leere Redundanz von den durch Störungen bzw. Rauschen in einem Übertragungskanal entstehenden Scheininformationen zu unterscheiden. Störungen und Rauschen sind vom Signalstrom, der Träger des Informationsstromes ist, statistisch unabhängig, während dies für die Signalelemente, die Träger der leeren Redundanz sind, nicht zutrifft.
Der Begriff der Redundanz erfährt im Rahmen der Informationstheorie eine Präzisierung, die mit einer Quantifizierung verbunden ist: Es sei Z eine endliche Zeichenfolge vom Umfang $m(Z)$; $H(Z)$ sei der über dieser Folge definierte mittlere Informationsgehalt (zu errechnen nach der Shannonschen Formel) und $H_0(Z) = \text{ld}\, m(Z)$ der Entscheidungsgehalt der Zeichenfolge. Dann ist die (*absolute*) *Redundanz von Z*

$$R = H_0(Z) - H(Z).$$

Das Verhältnis

$$r = \frac{R}{H_0(Z)}$$

heißt die *relative Redundanz* von Z.

In der Nachrichtenübertragungstechnik und in der maschinellen Rechentechnik sind Betrachtungen zur Redundanz von Kodes (*Koderedundanz*) von besonderer Bedeutung.
Ein *redundanzfreier Kode* liegt vor, wenn die Anzahl der durch den Signalvorrat eines digitalen Signals gegebenen möglichen Kodewörter gleich der Anzahl der von diesem Signal zu signalisierenden Informationen ist. Bei einem redundanzfreien Kode enthalten also Signalvorrat und Informationsvorrat gleich viele Elemente. In diesem Fall muß jedem Kodewort des Signalvorrats eine bestimmte Information zugewiesen werden.
Redundante Kodes sind dadurch gekennzeichnet, daß der Signalvorrat umfassender ist als der Informationsvorrat. Da jeder Kode eine eindeutige Zuordnung zwischen den Kodewörtern des Signalvorrats und den zu signalisierenden Informationen des Informationsvorrats vermittelt, sind bei einem redundanten Kode also bestimmte Kodewörter (man nennt sie *Pseudokodewörter*) nicht Träger von Information. Die *Redundanz R eines Kodes* kann durch folgende dimensionslose Größe gemessen werden:

$$R = \frac{\text{Anzahl der Pseudokodewörter}}{\text{Gesamtzahl der Kodewörter}};$$

es gilt $0 \leqq R < 1$.
Durch geschickte Festlegung der Pseudokodewörter ergibt sich die Möglichkeit, Kodes zu entwerfen, die in gewissen Grenzen die automatische Erkennung oder sogar die automatische Korrektur von Fehlern bei der Übertragung dieser Kodewörter gestattet. Grundlegend für Binärkodes zur Fehlererkennung bzw. zur Fehlerkorrektur ist der Begriff des *Kodewortabstandes*. Unter dem Kodewortabstand zweier gleich langer Kodewörter in einem Binärkode versteht man die Anzahl der Bits, in denen sich diese beiden Kodewörter unterscheiden. Offenbar muß der Abstand zweier verschiedener Kodewörter (man spricht auch von der HAMMING-*Distanz*) stets mindestens gleich 1 sein. Kommen unter den mit einer Bedeutung versehenen Kodewörtern (d. h. solchen, die Träger von Informationen sind) solche vor, die voneinander den Abstand 1 haben, so ist offenbar eine systematische Fehlererkennung nicht möglich, da die fehlerhafte Übertragung eines Bits bereits zu einem Kodewort mit anderer Bedeutung führen kann. Ist dagegen gewährleistet, daß je zwei mit verschiedener Bedeutung versehene Kodewörter mindestens den Abstand 2 voneinander haben, so kann die fehlerhafte Übertragung eines einzelnen Bits

automatisch erkannt werden. Die Verstümmelung eines Bits hat nämlich mit Sicherheit das Entstehen eines Pseudokodewortes zur Folge, da das „nächstliegende“ mit einer Bedeutung versehene Kodewort vom ursprünglichen den Abstand 2 hat. Bei einem derartigen Vorgehen sind genauso viele bedeutungstragende Kodewörter wie Pseudokodewörter notwendig. Die Redundanz aller Kodes mit dem Mindestabstand 2 zwischen je zwei bedeutungstragenden Kodewörtern beträgt also unabhängig von der Länge der Kodewörter $R = 0{,}5$.

Das geschilderte Vorgehen wird in Form der *Kodes mit Prüfbit* sehr häufig angewendet, d. h. bei Binärkodes mit Zeichen, die ausschließlich der Fehlererkennung oder -korrektur dienen und die nicht an der Informationsdarstellung beteiligt sind. Tabelle I zeigt die Verschlüsselung der Zahlen 0 bis 15 durch fünfstellige Kodewörter. Die linken vier Bits jedes Kodewortes stellen die zu verschlüsselnde Zahl im Dualkode dar. Das Prüfbit P ist in jedem Kodewort so belegt, daß die Gesamtzahl der mit L belegten Bits jedes Kodewortes ungerade wird. Dadurch ist erreicht, daß je zwei dieser fünfstelligen Kodewörter den Mindestabstand 2 haben. Die Verstümmelung genau eines Bits führt daher zwangsläufig auf ein Pseudokodewort. Jedes Pseudokodewort

Tabelle I

Kodewort					
8	4	2	1	P	Wert
O	O	O	O	L	0
O	O	O	L	O	1
O	O	L	O	O	2
O	O	L	L	L	3
O	L	O	O	O	4
O	L	O	L	L	5
O	L	L	O	L	6
O	L	L	L	O	7
L	O	O	O	O	8
L	O	O	L	L	9
L	O	L	O	L	10
L	O	L	L	O	11
L	L	O	O	L	12
L	L	O	L	O	13
L	L	L	O	O	14
L	L	L	L	L	15

besitzt die technisch leicht prüfbare Eigenschaft, daß die Gesamtzahl der L-Werte in einem Kodewort geradzahlig ist. Selbstverständlich ist das Prüfbit in diese Kontrolle eingeschlossen. Sollen zwei oder noch mehr fehlerhafte Einzelbitübertragungen innerhalb eines Kodewortes mit Sicherheit erkannt werden, so muß der Mindestabstand zwischen je zwei bedeutungstragenden Kodewörtern und damit die Redundanz R weiter vergrößert werden. Beträgt der Mindestabstand zwischen je zwei Kodewörtern mit Bedeutung 3, so können bis zu *zwei* fehlerhafte Bitübertragungen je Kodewort *erkannt* werden. Der Mindestabstand 3 zwischen je zwei bedeutungstragenden Kodewörtern kann jedoch auch dazu ausgenutzt werden, um *eine* fehlerhafte Bitübertragung automatisch zu *korrigieren*. Bedingungen für einen *fehlerkorrigierenden Kode* sind das Erkennen des Fehlers und seine Lokalisierung. Ist eine Einzelbitverstümmelung erkannt und lokalisiert, so kann der Fehler durch Vertauschen von O und L an der gefundenen Kodewortstelle behoben werden.

Tabelle II

P_1	P_2	8	P_3	4	2	1	Wert
O	O	O	O	O	O	O	0
L	L	O	L	O	O	L	1
O	L	O	L	O	L	O	2
L	O	O	O	O	L	L	3
L	O	O	L	L	O	O	4
O	L	O	O	L	O	L	5
L	L	O	O	L	L	O	6
O	O	O	L	L	L	L	7
L	L	L	O	O	O	O	8
O	O	L	L	O	O	L	9
L	O	L	L	O	L	O	10
O	L	L	O	O	L	L	11
O	L	L	L	L	O	O	12
L	O	L	O	L	O	L	13
O	O	L	O	L	L	O	14
L	L	L	L	L	L	L	15

Tabelle II zeigt einen Kode mit drei Prüfbits, der die Erkennung und Lokalisierung eines einzelnen Fehlers je Kodewort gestattet. In den durch die Bewertungszahlen 1, 2, 4 bzw. 8 gekennzeichneten Kodewortstellen werden die Zahlen 0 bis 15 im Dualkode verschlüsselt. Das Prüfbit P_3 ist stets so belegt, daß in den durch 1, 2, 4 und P_3 bezeichneten Bits die Summe der L-Werte geradzahlig ist. In gleicher Weise sorgt P_2 für die Geradzahligkeit der L-Werte in den durch 1, 2, 8 und P_2 gekennzeichneten Bits. P_1 schließlich spielt dieselbe Rolle für die durch 1, 4, 8 und P_1 bezeichneten Bits. Die Überprüfung der Richtigkeit eines Kodewortes kann nun folgendermaßen vorgenommen werden:

1. a) Überprüfung der Tetrade 1–2–4–P_3 auf Geradzahligkeit der L-Werte,
   b) Überprüfung der Tetrade 1–2–8–P_2 auf Geradzahligkeit der L-Werte,
   c) Überprüfung der Tetrade 1–4–8–P_1 auf Geradzahligkeit der L-Werte.
2. Die Ergebnisse der Überprüfungen in Punkt (1) werden mit O bezeichnet, wenn sie die Geradzahligkeit bestätigen. Sie werden mit L bezeichnet, wenn sich Ungeradzahligkeit ergibt.
3. Die drei Ergebnisse werden (ausgedrückt durch L bzw. O) in der Reihenfolge von links nach rechts aufgeschrieben. Das so entstehende dreistellige Binärkodewort wird als Kodewort im Dualkode aufgefaßt.
4. Ist die dargestellte Zahl gleich Null (d. h. sind alle Tests positiv), so liegt kein von dieser Methode erfaßbarer Übertragungsfehler vor (insbesondere keine Einzelbitverstümmelung).
5. Ist die dargestellte Zahl größer als Null, so liegt ein Übertragungsfehler vor. Unter der Voraussetzung, daß dies eine Einzelbitverstümmelung ist, gibt die dargestellte Zahl an, das wievielte Bit (von links gerechnet) fehlerhaft ist.

Beispiel: Die fehlerlose Kodierung der Zahl 7 hat folgendermaßen zu erfolgen:

P_1	P_2	8	P_3	4	2	1
O	O	O	L	L	L	L

Wird bei einer Übertragung das zweite Bit von rechts als einziges verstümmelt, so ergibt sich

O O O L L O L

Die Geradzahligkeitsüberprüfung gemäß (1a) bis (1c) ergibt das Kodewort L L O ≙ 6. Es liegt also ein Fehler vor, und wenn es eine Einzelbitverstümmelung ist, dann betrifft sie das 6. Bit von links, also genau das, was vorher verstümmelt wurde.
Informationen, die von einem (menschlichen, tierischen oder technischen) kybernetischen System mit internem Modell der Außenwelt benutzt werden, enthalten *relevante* und *irrelevante* Anteile. Dementsprechend unterscheidet man zwischen *Relevanz* (relevanten Informationen) und *Irrelevanz* (irrelevanten Informationen). Während Relevanz derjenige Anteil ist, der für den jeweiligen Zweck der Informationsaufnahme und -verarbeitung etwas beizutragen hat, gilt dies für Irrelevanz nicht.
Irrelevanz darf nicht mit Redundanz verwechselt werden. Das Weglassen redundanter Bestandteile einer Information ändert den Informationsgehalt nicht, wohl aber das Weglassen (nichtredundanter) irrelevanter Informationen. Die Beziehung der informationstheoretischen Begriffe von relevant und redundant sowie irrelevant und nichtredundant zu philosophischen Kategorien läßt sich wie folgt darstellen:

	nichtredundant	redundant
relevant	wesentlich	unwesentlich
irrelevant	neutral	belanglos

Beispiel: Es frage wiederum jemand, welcher Tag heute sei, und er erhalte die Antwort: „Heute ist Donnerstag, der schneereiche 14. April 1966." Das Wort „schneereich" ist zwar nicht redundant (wie etwa das Wort „Donnerstag"), denn sein Weglassen vermindert den Informationsgehalt, aber es ist irrelevant, da sich die Frage nur auf das Datum des betreffenden Tages, nicht aber auf meteorologische Situationen bezog.

Redundanz 2 (strukturelle Redundanz): Strukturen dynamischer Systeme, die deren Funktion nicht verändern. In diesem systemtheoretischen Sinne kann Redundanz unter gewissen Voraussetzungen dazu beitragen, dynamische (z. B. organische oder technische) Systeme in einem relativ hohen Maße gegenüber äußeren Störungen funktionsfähig zu erhalten. Die systematische Untersuchung der Gesetzmäßigkeiten, denen in diesem Sinne nützliche strukturelle Redundanz unterworfen ist, erfolgt im Rahmen der *Zuverlässigkeitstheorie*.

Ein Spezialfall struktureller Redundanz ist die für Probleme der Informationsübertragung bedeutsame *Leitungsredundanz*. Man versteht darunter die gleichzeitige Übertragung von ein und derselben Information (bzw. von Teilen davon) über mehrere Kanäle (Leitungen). Auch Leitungsredundanz ist – ebenso wie Koderedundanz – ein Mittel zum Ausgleich von Störungen und damit zur Erhöhung der Zuverlässigkeit von Nachrichtenübertragungssystemen. Welche dieser beiden Arten von Redundanz in einem konkreten Falle (einzeln oder miteinander kombiniert) anzuwenden ist, kann nicht allgemein festgelegt werden, sondern verlangt die Untersuchung der jeweils vorliegenden Bedingungen bezüglich der gegebenen Systeme und Kanäle. Es liegt aber auf der Hand, daß Leitungsredundanz stets mit einem erhöhten materiellen (bei technischen Systemen also auch ökonomischen) Aufwand verbunden ist. Interessant ist in dieser Beziehung ein Vergleich von technischen mit biologischen Systemen der Informationsübertragung: während bei biologischen Systemen die Leitungsredundanz (wie überhaupt strukturelle Redundanz) eine hervorragende Rolle spielt, werden bei der Realisierung technischer Systeme der Nachrichtenübertragung hauptsächlich Fehlersicherungsmethoden angewandt, die auf Koderedundanz beruhen.

→ Zuverlässigkeit

Reflexbogen: Schaltschema, das Verhaltensweisen höher organisierter Lebewesen erklärt, die unmittelbar durch äußere Reize gesteuert werden und auf dem Zusammenwirken von unbedingten und bedingten Reflexen beruhen.

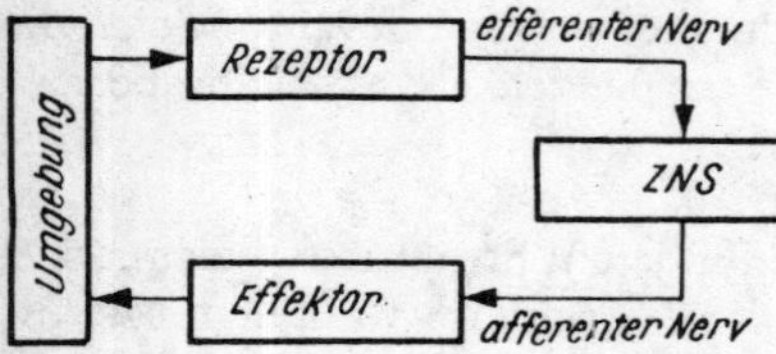

Schema
des klassischen Reflexbogens

Unbedingte Reflexe (angeborene Reflexe) sind z. B. Reflexe der Nahrungsaufnahme, der Pupillarreflex u. ä. Sie haben den Charakter starrer, unveränderlicher Programme und sind durch die in den Genen gespeicherte Erbinformation festgelegt.

Auf der Grundlage der unbedingten Reflexe bilden sich die *bedingten Reflexe*, eine von dem russischen Physiologen I. P. Paw-

LOW entdeckte Nervenschaltung im Zentralnervensystem. Sie entsteht normalerweise in der Großhirnrinde, nach neueren Forschungen unter bestimmten Bedingungen auch subkortikal und ist – informationstheoretisch gesehen – ein Schaltschema für das Auswerten von Informationen über Informationen, nicht aber von Informationen über äußere Sachverhalte.

Der klassische Versuch hierzu ist der *Hundeversuch* PAWLOWS: Wenn ein Hund Fleisch frißt, so wird die Anwesenheit des Fleisches (das als *spezifischer Reiz* wirkt) signalisiert, und die Speicheldrüsen beginnen zu arbeiten (d. h. der Verdauungsvorgang beginnt). Dieser Speichelfluß beruht auf einem unbedingten Reflex. Wird nun, kurz bevor der Hund das Fleisch erhält, ein akustisches Signal — z. B. ein Glockenton — gegeben, das als *unspezifischer Reiz* wirkt, so kommt nach einiger Zeit des „Trainings" der Speichelfluß zustande, wenn nur der Glockenton zu hören ist, aber kein Futter gegeben wird.

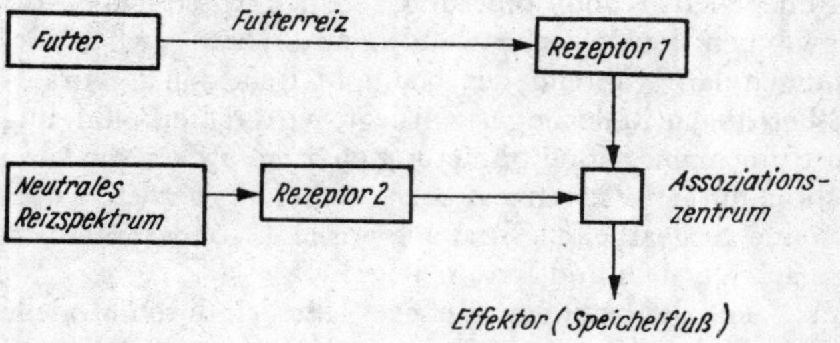

Blockschaltbild des bedingten Reflexes

Jede Wiederholung der gleichzeitigen Reizung durch Futter und akustisches Signal verstärkt den bedingten Reflex, häufiges Ausbleiben des Futters bei gegebenem Glockenton schwächt ihn ab und läßt ihn evtl. erlöschen.

PAWLOWS Lehre von den bedingten Reflexen ist in verschiedenen Richtungen weiterentwickelt worden. Durch J. WATSON (USA) wurde sie eine der Grundlagen des amerikanischen Behaviorismus, eine mechanisch-materialistische, mit subjektiv-idealistischen Elementen durchsetzte Philosophie. Die behavioristisch orientierte Verhaltensforschung bei Tieren hat indessen auch viele nützliche Ergebnisse hervorgebracht. So wurde die Lehre PAWLOWS vor allem durch die Bearbeitung von Problemen des Lernens bereichert. Wenn Tiere mit Hilfe von Versuch und Irrtum nach Reizen suchen, bei denen zugleich der Futterreiz erscheint (die nutzlosen Reize also ausscheiden, die positiven, die den Futterreiz nach sich ziehen, aber speichern), so verhalten sie sich als selbstoptimierende bzw. selbstprogrammierende kybernetische Systeme. Verstärkung und Schwächung des Reizes ist nur die Elementarform dieses „Lernens“. In der behavioristischen Literatur wird diese Art des Verhaltens organischer Systeme als instrumentale Konditionierung (engl. *instrumental conditioning*) bezeichnet. In ähnlicher Weise wurden die Forschungen PAWLOWS unter Einsatz moderner experimenteller und mathematischer Methoden (z. B. der Algorithmentheorie) von S. N. BRAINES und seinen Mitarbeitern weitergeführt. Hierbei wird vom einfachen bedingten Reflex zur Betrachtung von Ketten und Schaltnetzen bedingter Reflexe übergegangen. Diese Untersuchungen sind noch im Fluß und lassen in naher Zukunft bedeutende Resultate erwarten.

Die von der behavioristischen Schule erarbeitete Weiterführung der Pawlowschen Gedanken, ausgedrückt durch den Begriff der instrumentalen Konditionierung, stellt gewissermaßen die Brücke zwischen Pawlowschen und neurokybernetischen Begriffsbildungen dar. Während der bedingte Reflex u. a. voraussetzt, daß bereits ein Reflexbogen vorliegt, wird diese Bedingung bei der instrumentalen Konditionierung nicht gefordert. Sie kann als Operation, um ein Ziel anzustreben, aufgefaßt werden, wobei zunächst keine ausgearbeitete Strategie vorliegt, sondern der Organismus nach Versuch und Irrtum arbeitet.

Das Schaltschema des bedingten Reflexes läßt sich durch Modelle nachbilden (z. B. durch Lernmatrizen nach K. STEINBUCH). Wegen ihrer prinzipiellen Bedeutung sei eine solche Modellierung erläutert.

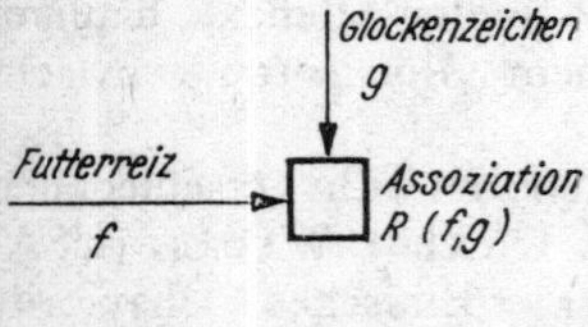

Modellierung des bedingten Reflexes

Futterreiz und Glockenzeichen werden durch zwei elektrische Leitungen f und g signalisiert. In einer Assoziationsschaltung werden diese Leitungen vereinigt. f und g können als aussagenlogische Variable interpretiert werden, ihre Assoziation $R(f, g)$ als aussagenlogische Funktion. Treffen die Signale „Futter“ und „Glockenton“ zusammen, so bedeutet dies Verstärkung der

Assoziation. Ist jedoch stets dann, wenn die Futterreizleitung anspricht, die Glockenzeichenleitung nicht tätig, so bedeutet dies eine Schwächung des bedingten Reflexes usw. Die überhaupt möglichen Fälle lassen sich in nachstehender Tabelle zusammenfassen:

Variable f	1	1	0	0
Variable g	1	0	1	0
Funktion	$f \wedge g$	$f \wedge \sim g$	$\sim f \wedge g$	$\sim f \wedge \sim g$
Bedeutung	Verstärkung	Schwächung	indifferent	indifferent

Bei längeren Versuchen wird sich eine Häufigkeitsverteilung der einzelnen Kombinationen einstellen, die durch eine elektrische Schaltung modelliert werden kann.

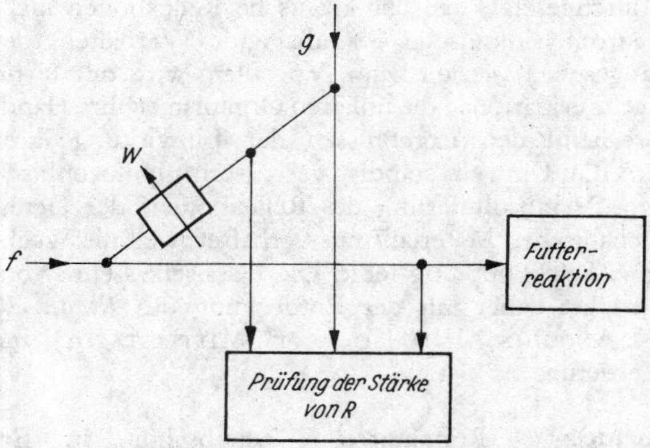

Schema einer Einrichtung zur Prüfung der Assoziationsstärke

Das Kernstück dieser Schaltung ist eine Einrichtung zur Prüfung der Stärke der Assoziation R. Sie möge durch eine elektrische Leitung realisiert werden, die f und g verbindet. Treffen f und g häufig zusammen, soll sich der elektrische Widerstand W der Verbindungsleitung vermindern; es tritt also eine „Bahnung" ein. In den übrigen Fällen soll sich W entsprechend der angegebenen Tabelle entweder vergrößern oder unverändert bleiben. Ist W genügend herabgesetzt, so vermag der über g kommende Strom, der auf die Leitung f übergeht, schließlich eine Reaktion (die Futterreaktion) zu erzeugen (also das Äquivalent zum Speichelfluß), die an sich nur auftreten würde, wenn *f* tätig ist. Mit dieser Schaltung können die Entstehung, Verstärkung, Abschwächung und das Erlöschen des bedingten Reflexes durch ein elektrisches Modell dargestellt werden. Die Veränderung des elektrischen Widerstandes *W* und die Häufigkeitsverteilung, mit der die Kombinationen aus obiger Tabelle in einer zeitlichen Folge auftreten, ist das modellmäßige Äquivalent des Lernens.

Es ist klar, daß damit zunächst nur die elementarsten Lernvorgänge modelliert sind und daß für kompliziertere Fälle wesentlich reichhaltigere Schaltungen benötigt werden. Dem entspricht auch die Tatsache, daß der bedingte Reflex eine der primitivsten Formen des Lernens ist. Aber schon diese elementare Schaltung läßt erkennen, wie lernende Automaten, die sich in einer sehr einfachen Umgebung orientieren sollen, Stufe um Stufe aufgebaut werden können.

Schon lange vor der Herausbildung der Kybernetik hatte sich die Einsicht durchgesetzt, daß der klassische Reflexbogen nicht als alleinige neurophysiologische Grundlage des Verhaltens der Organismen angesehen werden kann. Vor allem wird durch ihn nicht die Tatsache erklärt, daß die höheren Organismen ihre Handlungen entsprechend den Ergebnissen der Einwirkung ihrer Effektoren auf die Umwelt ständig verbessern. Philosophisch gesehen ist eine Verabsolutierung des Reflexbogens der Denkweise des mechanischen Materialismus verhaftet, weil die Wechselwirkung bzw. Rückkopplung fehlt. Die klassische Lehre vom Reflexbogen erfährt daher mit der Entdeckung des *Reafferenzprinzips* (P. K. ANOCHIN, E. v. HOLST, H. MITTELSTAEDT) eine wesentliche Vertiefung.

Refraktärperiode 1 (Refraktärzeit): Zeitabschnitt im Erregungszyklus erregbarer biologischer Systeme bzw. Teilsysteme (z. B. einzelner Neuronen), innerhalb dessen diese nicht (*absolute Refraktärperiode*) oder nur geringfügig (*relative Refraktärperiode*) erregt werden können. Bei Neuronen liegt die absolute Refraktärperiode etwa zwischen 0,5 und 1 ms.

Refraktärperiode 2 (Refraktärzeit): in der Theorie der Nervennetze Idealisierung des biologischen Begriffs der Refraktärperiode, die u. a. eine Quantelung der Zeit und die Konstanz der Refraktärperiode voraussetzt: Ein abstraktes Neuron mit einer Refraktärperiode von n Takten ($n \geqq 0$) kann nur in Abständen von mindestens n Takten aktiv sein. Wenn also ein solches Neuron im

Takt t aktiv ist, so kann es frühestens im Takt $t + n + 1$ wieder aktiv sein, unabhängig von den Eingabesignalen in den Takten $t, t + 1, \ldots, t + n - 1$. In der Theorie der Nervennetze betrachtet man insbesondere Neuronen mit einer Refraktärperiode von 0 Takten bzw. 1 Takt.

Regelung: Aufrechterhaltung der Stabilität eines dynamischen Systems durch *Regelkreisstrukturen.*
Die Regelkreisstruktur liegt wesentlichen Funktionen kybernetischer Systeme zugrunde und realisiert in Gestalt der *Rückkopplung* eine besondere Form von *Wechselwirkung.*

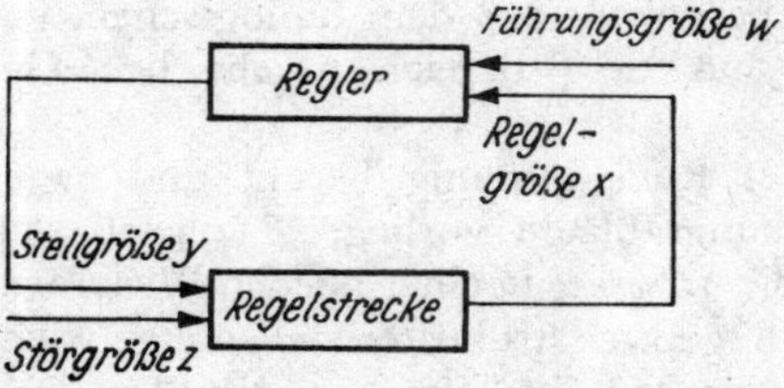

Struktur- und Funktionsschema des Regelkreises

Der Regelkreis stellt eine geschlossene Kausalkette dar, die gegenüber äußeren oder inneren Wirkungen (Störungen) relativ stabil bleibt. Er besteht aus zwei – für sich genommen rückwirkungsfreien – Hauptteilen (*Gliedern*): dem zu regelnden Objekt, der *Regelstrecke*, und der Regeleinrichtung. Aufgabe der Regeleinrichtung (des Reglers) ist hierbei, eine bestimmte veränderliche Größe, die *Regelgröße* x, entgegen störenden Einwirkungen gemäß einer vorgegebenen Funktion, der *Führungsgröße* w, zu variieren. Das wird dadurch erreicht, daß der Regler die Ergebnisse seiner regulierenden Maßnahmen, die über die *Stellgröße* y erfolgen, ständig kontrolliert und dementsprechend seine weiteren Maßnahmen gestaltet. Ist z. B. die vorgegebene Funktion eine Konstante, so stellt der Regler ständig fest, ob die Regelgröße dieser Konstanten, dem sog. *Sollwert*, entspricht oder nicht. Wenn dies nicht der Fall ist, wird eine entsprechende Maßnahme eingeleitet, die die Regelgröße so lange beeinflußt, bis sie den vorgeschriebenen Wert erreicht. Ein konkretes Beispiel für die Funktionsweise eines solchen einfachen Regelkreises stellt der Thermostat dar, die technische Realisierung einer Regelung zur Einhaltung konstanter Temperatur.
Im allgemeinen besteht ein Regelsystem nicht nur aus einem einzigen Regelkreis, sondern aus mehreren, mannigfach miteinander in Wechselwirkung stehenden *vermaschten Regelkreisen.*

Die zur Charakterisierung der einzelnen Glieder und Größen einer Regelkreisstruktur benutzte Terminologie entstammt einer Spezialdisziplin der technischen Wissenschaften, der *Regelungstechnik*. Unter dem Einfluß der Kybernetik, der Untersuchungen von Regelungsvorgängen in biologischen Systemen und generell durch die Aufdeckung zahlreicher verwandter Vorgänge in qualitativ verschiedenen Bereichen der objektiven Realität wurde das Regelkreisschema so verallgemeinert, daß es als Struktur- und Funktionsschema von Regelungsprozessen in allen Bereichen der Wirklichkeit aufgefaßt werden kann. So kennt man heute Regelungsprozesse, die durch eine Struktur dieser Art realisiert werden, aus dem technischen Bereich ebenso wie aus dem biologischen, gesellschaftlichen und auch aus dem Bereich psychischen Geschehens.
Während die Regelung auf Rückkopplung beruht und daher bei ihr geschlossene Wirkungsabläufe vorliegen, vollzieht sich zum Unterschied hiervon die *Steuerung* in einer offenen Wirkungskette ohne Rückkopplung. Regelkreisstrukturen stellen eine wichtige, jedoch nicht die einzige Möglichkeit dar, Stabilität, Zielstrebigkeit, Entwicklung usw. eines dynamischen Systems zu sichern. So geht z. B. dann, wenn im Regelkreis die Rückkopplung gleich Null bzw. vernachlässigbar klein ist, die Regelung in Steuerung über. In vielen Fällen arbeiten Steuerungssysteme wirtschaftlicher als (immer auch mögliche) Regelungssysteme. Das gilt keineswegs nur für den technischen Bereich.
Die systematische Behandlung von Regelkreisstrukturen und der auf ihrer Grundlage realisierten Prozesse dynamischer Systeme erfolgt in der *Regelungstheorie*, die sich als Verallgemeinerung der Regelungstechnik konstituiert hat und gewöhnlich als Teildisziplin der Kybernetik angesehen wird. Dabei verstärken sich die Tendenzen, die Regelungstheorie in dem weiteren Rahmen der kybernetischen Systemtheorie zu entwickeln. Man spricht in diesem Zusammenhang auch von der *Theorie kontinuierlicher Systeme*. Die klassische Regelungstheorie bedient sich vor allem der Theorie der Differentialgleichungen und abstrahiert vom speziellen stofflichen, energetischen und informationellen Charakter der Wechselwirkungen in entsprechenden dynamischen Systemen. Die Vorgänge in Regelkreisen können jedoch auch als Prozesse der Signal- bzw. Informationsübertragung und -verarbeitung betrachtet und beschrieben werden. Welche dieser und weiterer anderer möglicher Betrachtungsweisen gewählt werden, hängt von der jeweiligen konkreten Aufgabenstellung ab.

Eine wichtige Aufgabe der Regelungstheorie besteht darin, *Kriterien* für die Stabilität von Regelungen auszuarbeiten und Prinzipien für die Bewertung verschiedener Regelungssysteme zu entwickeln. Dabei geht es z. B. um folgende Probleme: Unter welchen Bedingungen ist es vorteilhafter, Regelungen zu benutzen, die Störungen um den Preis kurzer, aber heftiger Schwingungen bewältigen, und unter welchen Bedingungen empfiehlt es sich, Regler zu verwenden, bei denen keine großen Schwingungsamplituden auftreten, das System jedoch erst nach längerer Zeit wieder in den Normalzustand zurückkehrt. Zur Optimierung von Regelvorgängen hat die Regelungstheorie eine große Anzahl von Reglertypen entwickelt. An den Organismen, die diese Aufgabe im Prozeß der Auseinandersetzung mit der Umwelt mehr oder weniger erfolgreich gelöst haben, können die verschiedenen Regelvorgänge studiert werden. Die Evolution der Lebewesen ist unter dem Gesichtspunkt der Regelungstheorie die Evolution der Formen der Regelung, wobei gilt, daß mit einer höheren Stufe der Regelung immer auch größere Unabhängigkeit von der Umgebung bzw. größere Adaptationsfähigkeit verbunden ist.

Die moderne Regelungstheorie untersucht auch Regelungsvorgänge, die geeignet sind, eine höhere Stufe von Anpassungsfähigkeit zu garantieren. Eine der Quellen für tiefere Einsichten stellt dabei das Studium adaptiver Prozesse in lebenden Systemen dar. Solche Einsichten sind besonders notwendig, weil an die Adaptationsfähigkeit komplexer technischer oder auch technisch-menschlicher Systeme (darunter an Merkmale wie Austauschbarkeit der Funktionen, Zuverlässigkeit der Elemente und Systeme) zunehmend höhere Anforderungen gestellt werden. Merkmale hochorganisierter dynamischer Systeme, die in diesem Zusammenhang Bedeutung haben, sind z. B. *Ultrastabilität*, *Multistabilität* und *Dispersionsverhalten* sowie unterschiedliche Typen von *Lernfähigkeit*. Höhere Formen der Regelung haben auch für die Automatisierung und überhaupt für die umfassende sozialistische Rationalisierung Bedeutung.

Den technischen Regelkreisstrukturen übergeordnet sind entsprechende Strukturen der Gesellschaft. Dabei sind gewisse Besonderheiten gesellschaftlicher Regelkreise zu beachten. Während sich z. B. die in der Natur auftretenden Regelkreise ohne Mitwirkung des Menschen herausgebildet und höher entwickelt haben, sind an den gesellschaftlichen Regelkreisen stets Menschen beteiligt. Dies gilt nicht nur insofern, als sie gesellschaftliche

Regelkreise bestimmter Art mehr oder weniger bewußt organisieren, sondern auch insofern, als sie Bestandteile dieser Regelkreise sind. In seinen ökonomischen Werken hat MARX ökonomische Regelkreise der verschiedensten Art beschrieben und ihre Funktionsweise untersucht, wenn auch freilich nicht in der Terminologie der Regelungstheorie bzw. Kybernetik. Im biologischen und ebenso im gesellschaftlichen Bereich treten sehr komplexe kybernetische Systeme auf. Daher wirken hier im allgemeinen viele Regelkreise zusammen, die sich gegenseitig in komplizierter Weise beeinflussen und voneinander abhängig sind. In der Technik spricht man in diesem Zusammenhang von „vermaschten Regelkreisen". Im gesellschaftlichen Bereich nimmt jedoch, zum Unterschied von den Verhältnissen bei den meisten der heute gebräuchlichen technischen Systeme, diese Vermaschung von Regelkreisen eine charakteristische Form an: sie weisen eine *hierarchische Ordnung* auf. Das bedeutet, daß hier im allgemeinen eine ganze Reihe verschiedener Führungsgrößen zu Regelgrößen einer „übergeordneten" Regelkreisstruktur wird. Auch aus dieser regelungstheoretischen Sicht wird damit verständlich, weshalb für die Untersuchung gesellschaftlicher komplexer Regelungssysteme die klassische Regelungstheorie nicht ausreichend ist. Solche Untersuchungen erfolgen daher heute auch mehr und mehr im Rahmen einer sog. Theorie *großer* oder *komplizierter Systeme*, die sich u. a. darum bemüht, den Besonderheiten gesellschaftlicher Systeme gerecht zu werden.

Das Prinzip des Regelkreises findet vielfältige Anwendung in den verschiedenen Bereichen der modernen Technik. Diese Anwendung führt dazu, daß die Funktionen des „Reglers", die in der Vergangenheit fast ausschließlich vom Menschen ausgeübt wurden, mehr und mehr technischen Aggregaten übertragen werden.

Das Regelkreisprinzip besitzt auch große methodologische Bedeutung. Aus objektiv bestehenden Analogien in künstlichen (technischen) und anderen (organischen, ökonomischen u. a.) Regelkreisen ergibt sich die Möglichkeit, kompliziertere Prozesse in einem einfacheren technischen Modell der jeweils wirkenden Regelsysteme darzustellen und zu studieren.

In der internationalen kybernetischen Fachliteratur, so z. B. in der sowjetischen und der angloamerikanischen Literatur, wird neben dem Ausdruck „Regelung" im gleichen oder ähnlichen Sinne auch der Terminus „Selbstregulation" benutzt. Der damit bezeichnete kybernetische Begriff der Selbstregulation darf auf keinen Fall mit den gesellschaftlichen Begriffen des Selbstlaufes oder der Spontaneität gesellschaftlicher Prozesse verwechselt werden. Während diese gesellschaftswissenschaftlichen Begriffe eine gewisse Unabhängigkeit gesellschaftlicher Prozesse vom Menschen bzw. seinem Bewußtsein zum Ausdruck bringen – ein Mangel, den wir mit der fortschreitenden gesellschaftlichen Entwicklung im Sozialismus mehr und mehr überwinden –, enthält der kybernetische Begriff der Selbstregulation entsprechend dem von der Kybernetik vollzogenen Abstraktionsprozeß überhaupt keinen Bezug auf den Menschen. Er bezieht sich vielmehr auf die relative Unabhängigkeit der Funktion eines dynamischen Systems von seiner Umgebung: die Regelung ist also dem Wesen der Sache nach kein natürlicher (oder gar übernatürlicher) Eingriff von außen, von der Umwelt, sondern ein Prozeß, der sich innerhalb des betreffenden Systems selbst abspielt. Im deutschen Sprachbereich werden freilich auch noch andere Begriffsinhalte mit ganz ähnlichen Termini verbunden. So spricht man z. B. in der Automatisierungstechnik von „selbsttätiger Regelung" und meint damit ein automatisches System, das ohne unmittelbaren Eingriff des Menschen funktioniert. In wieder anderer Bedeutung kommt „Selbstregelung" in der Physiologie vor. Leider ist auch bezüglich der Gegenübersetzung von Regelung und Steuerung die Terminologie nicht einheitlich.

Wesentliche regelungstechnische Begriffe

Die Glieder und Größen des Regelkreises sowie seine funktionellen Besonderheiten werden im Rahmen der Regelungstechnik auf die folgende Weise charakterisiert.

Die *Regelstrecke* ist innerhalb der Gesamtheit der Glieder einer Steuerung oder Regelung die zusammenfassende Benennung für denjenigen Teil des *Wirkungsweges in Steuerungen oder Regelungen*, dem die aufgabengemäß zu beeinflussenden Glieder oder der aufgabengemäß zu beeinflussende Teil einer Anlage angehören. Dabei ist das *Stellglied* derjenige Teil einer Regelstrecke, mit dessen Hilfe (zum Zweck der aufgabengemäßen Beeinflussung einer Größe) unmittelbar in einen Massenfluß oder Energiestrom eingegriffen wird. Dieser Vorgang wird als *Stellen* bezeichnet. Zu den Stellgliedern gehören Stellventile, Drosselklappen u. ä. Man unterscheidet das Stellglied streng vom sog. *Stellantrieb*, der nur der motorische Antrieb für das Stellglied ist, sofern das Stellglied mechanisch betätigt wird.

Die gleiche Anlage oder ein und derselbe Teil der Anlage kann verschiedene Steuer- oder Regelstrecken enthalten, wenn verschiedene Größen in dieser Anlage oder in diesem Anlagenteil gesteuert oder geregelt werden.

Der *Regler* ist der Bestandteil eines Regelkreises, der durch die Regelgröße mitgeteilte Informationen zu Befehlen verarbeitet, die als Stellgröße auf die Regelstrecke zurückwirken.

Die *Regelgröße* ist die zu regelnde physikalische, physiologische (allgemein: materielle) Größe in einem Regelkreis, ihr jeweiliger Augenblickswert heißt *Istwert*.

Die *Führungsgröße* ist diejenige Größe, der die durch Regelung (oder Steuerung) beeinflußten Größen ständig folgen oder angeglichen werden sollen. Die Führungsgröße einer Steuerung oder Regelung wird durch diese Steuerung oder Regelung nicht beeinflußt. Ist die Führungsgröße eine Konstante, heißt sie *Sollwert*. Führungsgrößen können vom Menschen willkürlich eingestellt, durch ein übergeordnetes Gerät oder aber auch durch einen übergeordneten Regelkreis (dessen Regelgröße sie dann darstellen) vorgegeben werden.

Die *Stellgröße* ist die Größe, die in einem Regelkreis zur Beeinflussung des Prozesses enthalten ist. Die Stellgröße wird von der Regeleinrichtung nach einem an die Strecke angepaßten Zeitverhalten in Abhängigkeit von der Regelgröße ausgegeben.

Regelungen können nach unterschiedlichen Gesichtspunkten klassifiziert werden, z. B. nach dem Grad des Eingriffs des Menschen in den Regelkreis. Danach unterscheidet man die *Handregelung* von der *selbsttätigen Regelung*. Bei der *Handregelung* (nichtselbsttätigen Regelung) tritt ein Mensch als Regler und als Mitwirkender des Effektors auf. Bei der *selbsttätigen Regelung* (automatischen Regelung, Selbstregulation) dagegen werden alle Vorgänge im Regelkreis nur durch Systeme ausgeführt, die ohne bzw. ohne unmittelbaren Eingriff des Menschen arbeiten, d. h., es handelt sich um eine Regelung, bei der der Mensch nicht als Effektor, Rezeptor oder Regler mitwirkt. Eine selbsttätige Regelung wird vielfach kurz „Regelung" genannt.

Nach der Art der Führungsgröße w unterscheidet man die folgenden Typen von Regelung:

Festwertregelung. w ist eine Konstante. Der Betrag dieser Konstanten heißt auch der *Sollwert*.

Folgeregelung (Selbststeuerung). w folgt einer anderen Größe, z. B. einem Zeitplan oder einem Programm. Im ersten Falle spricht man von einer *Zeitplanregelung.* w ist eine Funktion der Zeit: $w = w(t)$. Sie folgt einem *Zeitplan*, der von dem zu regelnden

technologischen Prozeß abhängig ist. Eine *Nachlaufregelung* ist dagegen eine Folgeregelung, bei der die Regelgröße als Weg von Hebeln oder als Winkel auftritt.
Verhältnisregelung. Regelung, bei der die Regelgröße das Verhältnis zweier anderer Größen ist, z. B. zweier Durchflüsse.
Nach anderen Gesichtspunkten unterscheidet man u. a. nichtlineare von linearen, digitale von analogen Regelungen. Eine *nichtlineare Regelung* liegt z. B. vor, wenn der Regelkreis mindestens ein nichtlineares Übertragungsglied enthält. Für die rechnerische Behandlung von nichtlinearen Regelungen stehen u. a. die Methoden der Beschreibungsfunktion oder der Phasenebene zur Verfügung. In der Praxis versucht man meist, nichtlineare Regelungen durch lineare Regelungen anzunähern, da nichtlineare Regelungen im allgemeinen sehr schwer zu behandeln sind. In letzter Instanz sind jedoch alle wirklich existierenden Regelungen nichtlinear. Zum wesentlichen Kennzeichen wird die Nichtlinearität bei den meisten Regelungssystemen in Organismen. Ein bedeutsamer Spezialfall der nichtlinearen Regelung ist eine *Extremwertregelung*. Hierbei strebt die Regelgröße keinem (festen oder veränderlichen) Sollwert, sondern einem Extremwert (Minimum oder Maximum) zu, dessen Lage und Höhe zufälligen Störungen unterworfen ist. Die Extremwertregelstrecken enthalten daher stets ein Übertragungsglied mit nichtlinearer Kennlinie (mit Extremum). Der Extremwertregler wird auch als *Optimisator* bezeichnet.
Von einer *digitalen Regelung* spricht man, wenn die Darstellung der Signale der Regelgröße, der Führungsgröße und der Bildung der Regelabweichung digital erfolgt. Die Stellgröße wird immer dann eine analoge Größe sein, wenn größere Leistungen aufzubringen sind. Durchgesetzt haben sich Regelungen, deren dynamisches Verhalten durch einen Regelkreis mit analogen Signalen bestimmt wird. Zur Erreichung einer hohen Langzeitkonstanz wird diesem Regelkreis ein *digitaler Korrekturwert* aufgeschaltet. Solche Regelungen werden *gemischte Regelungen* oder *Analog-Digital-Regelungen* genannt.
Das fundamentale Funktionsprinzip aller auf Regelkreisstrukturen beruhenden Regelungen ist die *Rückkopplung*. Ein dynamisches System bzw. Teilsystem hat eine Rückkopplung, wenn die Änderungen einer seiner Ausgangsgrößen auf Eingangsgrößen zurückwirken. Man unterscheidet zwei Hauptformen der Rückkopplung: Tragen die Rückwirkungen dazu bei, die Stabilität des Systems aufrechtzuerhalten, liegt *kompensierende Rückkopplung* vor. In

diesem Falle werden z B. auf das System einwirkende schädliche Störungen paralysiert. *Kumulative Rückkopplung* dagegen besteht dann, wenn die Rückwirkungen dazu führen, die Stabilität des Systems aufzuheben. Diese Art der Rückkopplung kann zur qualitativen Veränderung oder zur Zerstörung des Systems führen. Die hier – im Anschluß an O. LANGE – vorgenommene Unterscheidung von kompensierender und kumulativer Rückkopplung gründet sich auf eine Verallgemeinerung der klassischen Stabilitätsbetrachtungen, wie sie in der Regelungstechnik vorgenommen werden. Bei den dort gewöhnlich untersuchten Regelprozessen entsprechen der Gegenüberstellung von stabilitätserhaltender und stabilitätsaufhebender Form der Rückkopplung die durch die Termini *negative* (*Gegenkopplung*) und *positive Rückkopplung* (*Mitkopplung*) wiedergegebenen Sachverhalte.

Aufgrund des Rückkopplungsprinzips treten im Regelkreis *Einschwingzustände* gewisser Zeitdauer auf. In dieser Zeit tritt eine *Regelabweichung* x_w auf; sie ist die Differenz zwischen Sollwert und Istwert der Regelgröße. Der größte Wert der Regelabweichung, der während eines Regelvorganges auftritt, heißt *maximale Regelabweichung*; sie ist von der Art und der Größe der Stö-

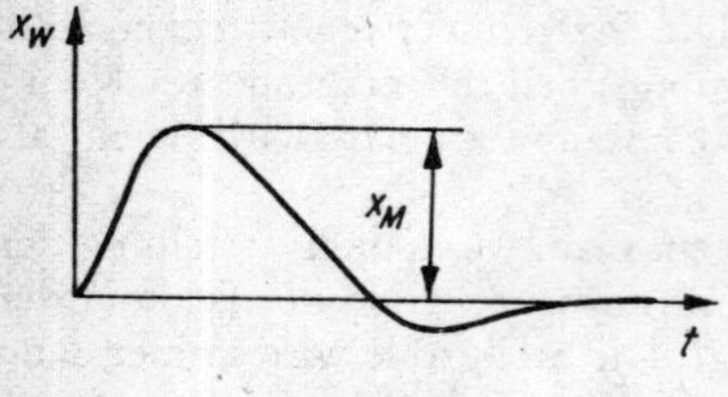

Maximale Regelabweichung x_M bei einem Störgrößensprung

rungs- oder Führungsgrößenänderung abhängig. Bei Gewährleistungen in Projekten sollten deshalb die Größe, der zeitliche Verlauf und die Angriffsstelle der Stör- und Führungsgrößen im Regelkreis vereinbart werden.

Sind in einem Regelkreis alle Einschwingvorgänge abgeklungen und befindet sich der Kreis in Ruhe, so hat er den *Beharrungs-*

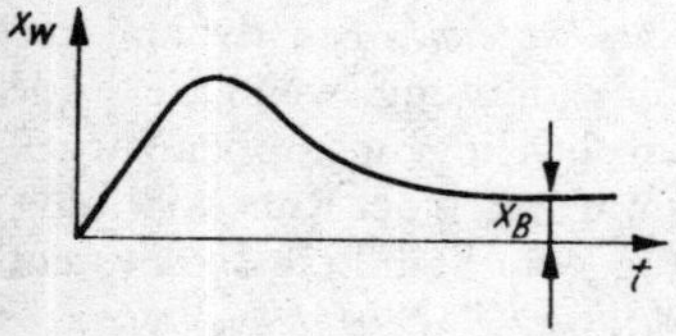

Bleibende Regelabweichung x_B bei einem Störgrößensprung

zustand erreicht. Bei der Verwendung von proportional übertragenden Reglern bleibt im Beharrungszustand eine Regelabweichung übrig; sie wird *bleibende Regelabweichung* x_B genannt. Das Auftreten von bleibender Regelabweichung ist eines der Kennzeichen eines alternden (z. B. biologischen) Systems, dessen Ergodizitätsbereich im Schrumpfen begriffen ist.
Die maximale Differenz zwischen der Regelabweichung und der bleibenden Regelabweichung ist die *Überschwingweite* $x_ü$. Bei sprungförmiger Änderung der Führungsgröße ist die Überschwingweite die Differenz zwischen Maximalwert und Beharrungswert der Regelgröße.

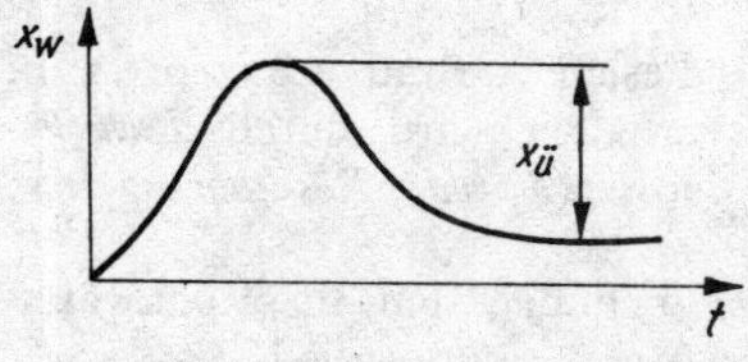

Überschwingweite $x_ü$ bei einem Störgrößensprung

Die Überschwingweite wird auf die Differenz zwischen Anfangs- und Beharrungswert der Regelgröße bezogen und ist in Prozent angegeben.
Wird bei einer Regelaufgabe die maximal zulässige Überschwingweite vorgegeben, so lassen sich danach die Einstellwerte der Regeleinrichtung berechnen. Die Überschwingweite ist von Art und Betrag der Stör- und Führungsgrößenänderung abhängig. Bei Gewährleistungen sind die Stör- und Führungsgrößenänderung nach Art, Zeitverlauf, Betrag und Angriffsstelle im Regelkreis zu vereinbaren.
Eine weitere Kennzeichnung des Regelungsverhaltens, insbesondere für die Beurteilung der Stabilität, ist durch die *Kreisverstärkung* gegeben. Bei einem linearen Regelkreis, bestehend aus einer Regelstrecke mit Ausgleich (Übertragungsfaktor K_S) und einer Regeleinrichtung mit Ausgleich (Übertragungsfaktor K_R), ist dies der Übertragungsfaktor V_0 des aufgeschnittenen Regelkreises (Hintereinanderschaltung von Regeleinrichtung und Regelstrecke); er beträgt

$$V_0 = K_R K_S \quad \text{(dimensionslos)}.$$

Die Kreisverstärkung hat besonders bei Stabilitätsuntersuchungen von Regelkreisen Bedeutung. Der Wert

$$R = \frac{1}{1 + V_0} = \frac{x_B \text{ mit Regler}}{x_B \text{ ohne Regler}}$$

wird *Regelfaktor* genannt. Mit Hilfe des Regelfaktors lassen sich bestimmte Abschätzungen über die statische Güte von Regelkreisen angeben. Kleine Regelfaktoren bedeuten wesentliche Verbesserung des Verhaltens gegenüber der Situation ohne Regler.
Zur Stabilisierung des Regelungsverhaltens des Regelkreises dient der *Regler*. Nach ihrem *Übertragungsverhalten* werden sie entsprechend der Kennzeichnung von Übertragungsgliedern eingeteilt in:

P-Regler (proportional übertragend),
I-Regler (integral übertragend),
D-Regler (differential übertragend)

und die Kombinationen aus diesem Grundverhalten, z. B. *PID-Regler*. Das Übertragungsverhalten wird durch *Rückführungen* erreicht. Man unterscheidet *verzögernde Rückführung* von *nachgebender Rückführung*.
Bei der *verzögernden Rückführung* befindet sich im Rückwärtszweig der Rückführschaltung ein Verzögerungsglied.

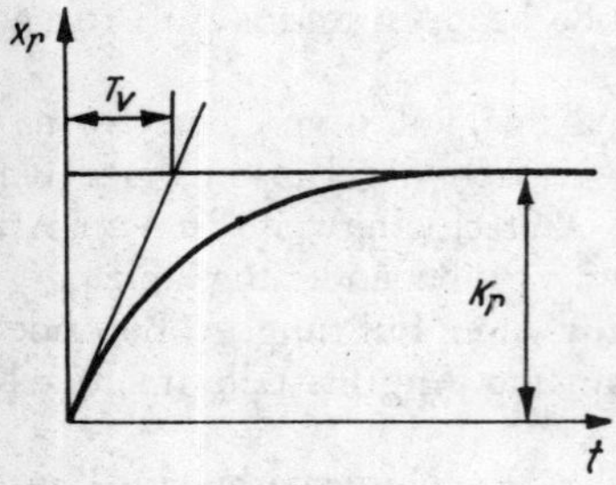

Übergangsfunktion eines Verzögerungsgliedes

Die Kennzeichen der verzögernden Rückführung sind der Übertragungsfaktor K_r und die Verzögerungszeit T_v. Wird ein P-Regler mit einer verzögernden Rückführung (als negative Rückführung) zusammengeschaltet, so entsteht ein PD-Regler.

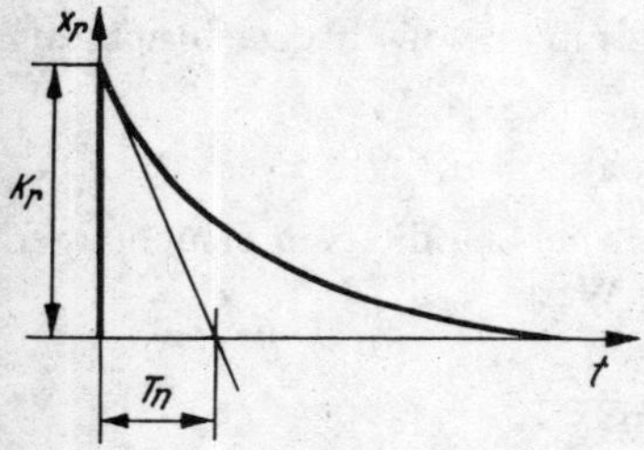

Übergangsfunktion einer nachgebenden Rückführung

Die *nachgebende Rückführung* enthält ein Übertragungsglied mit einer Übergangsfunktion, wie sie in der grafischen Darstellung gezeigt ist.
Die Kennzeichnung geschieht durch den Übertragungsfaktor K_r und die Nachstellzeit T_n. Die Zusammenschaltung eines P-Reglers mit einer nachgebenden Rückführung (als negative Rückführung) ergibt einen PI-Regler.
Die Kennzeichnung des Übertragungsverhaltens von Reglern soll am Beispiel eines *P-Reglers* (einer Proportional-Regeleinrichtung) gezeigt werden, d. h. bei einer Regeleinrichtung, die im stationären Zustand ein Ausgangssignal abgibt, das dem Eingangssignal proportional ist. Die Gleichung der Kennlinie einer solchen Regeleinrichtung lautet:

$$y = K(x - w),$$

wo y die Stellgröße, x die Regelgröße, w die Führungsgröße und K der Übertragungsfaktor ist.

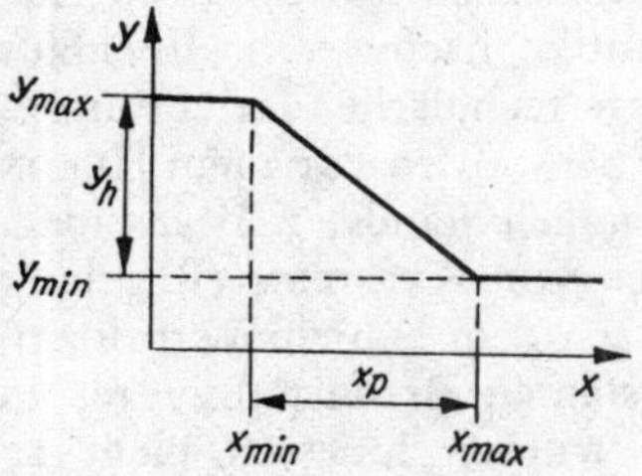

Idealisierte Kennlinie einer Proportional-Regeleinrichtung

Das Arbeitsverhalten einer Proportional-Regeleinrichtung ist aus ihrer *idealisierten Kennlinie* erkennbar. Typische Kenngrößen sind dabei der *Proportionalbereich* x_p (P-Bereich) und der *Stellbereich* y_h. Der *Proportionalbereich* ist der Bereich, um den sich die Regelgröße oder ihr Signal ändern muß, um die Stellgröße über den Stellbereich y_h zu ändern. Der Stellbereich y_h ist derjenige Bereich, in dem sich die Stellgröße im jeweiligen Fall ändern kann. Die prinzipiellen Grenzen des Stellbereichs sind durch die Anschläge des Stellgliedes gegeben.
Geschichte: Die Erkenntnis des Prinzips der Regelung und erst recht die seiner allgemeinen Bedeutung für alle Bewegungsformen der Materie vollzog sich in einem lange währenden und komplizierten historischen Prozeß. Dabei verliefen die Erkenntnis des Regelungsvorganges, des Wesens von Regelungen und Regel-

kreisstrukturen einerseits und die praktisch-technische Realisierung von mehr oder weniger einfachen Regelungsprozessen andererseits bis zum Beginn der Herausbildung der Regelungstechnik und der Regelungstheorie in der zweiten Hälfte des 19. Jahrhunderts weitgehend getrennt voneinander: Obwohl elementare Vorstellungen über die Existenz von Regelkreisstrukturen sehr weit zurückverfolgt werden können, beruhte der Bau von Regeleinrichtungen keineswegs auf abstrakter Erkenntnis des Regelungsprinzips oder gar auf tiefergehenden theoretischen Einsichten, sondern auf handwerklich-intuitiver Erfahrung. Eine weitere historische Besonderheit besteht darin, daß der allgemeine Charakter des Regelungsprinzips wohl bis zur ersten Hälfte des 20. Jahrhunderts verborgen blieb, obwohl auch die Existenz von Regelungsprozessen und Regelkreisstrukturen in qualitativ verschiedenen Bewegungsformen der Materie (insbesondere in Organismen und in der Gesellschaft) viel länger bekannt ist.
Erste elementare Vorstellungen davon, daß im menschlichen Organismus Regelkreisstrukturen existieren (deren Funktionsmechanismus freilich noch nicht durchschaut wird) lassen sich z. B. bereits in der griechischen Antike nachweisen. Ebenfalls in der Antike finden sich bereits einfache technische Einrichtungen, in denen Regelungen realisiert sind. Sie werden vor allem Heron (verschiedene Regelungen für Flüssigkeitsstände, z. B. in einem Krug) zugeschrieben oder stammen von Ktesibios (Regelung des Wasserstandes in Wasseruhren nach dem Schwimmerprinzip) und Philon (Regelung eines konstanten Brennstoffniveaus in Öllampen). Solche Einrichtungen wurden indessen nicht zu Elementen der zeitgenössischen Produktivkräfte. Weder die Sklavenhaltergesellschaft noch die Feudalzeit bedurfte ihrer als notwendige technische Mittel. In dieser langen Periode waren derartige technische Errungenschaften daher mehr eine Spielerei und bezüglich der Entwicklung der Produktivkräfte eine zufällige Erscheinung. Sie gerieten deshalb z. T. auch später wieder in Vergessenheit, um mit dem beginnenden Kapitalismus neu entdeckt zu werden. Die mit diesem verbundene industrielle Revolution ließ erst das gesellschaftliche Bedürfnis nach selbsttätiger technischer Regelung entstehen; in der modernen Industrie mit ihren komplexen technischen Systemen sind selbsttätige Regelungen unumgänglich notwendig geworden. Daher setzte eine gewisse Blütezeit für regelungstechnische Erfindungen erst im 17. Jahrhundert ein und erreichte im 18. Jahrhundert einen Höhepunkt. Ein elementares Beispiel für die industrielle

Ausnutzung des Rückkopplungsprinzips in dieser Zeit stellt der Schwimmerregler von I. I. Polsunow dar (1765); eine gewisse inspirierende Rolle für die Entwicklung technischer Regelungssysteme spielte der meist J. Watt zugeschriebene Fliehkraftregler (um 1785).

Parallel dazu vollzog sich die Einsicht in physiologische Regelungsvorgänge. Ohne erkennbaren Zusammenhang zu antiken Antizipationen und zunächst auch isoliert von den technischen Entwicklungen hatte W. Harvey bereits 1615 das System der Blutzirkulation entdeckt. Modern ausgedrückt zeigte er, daß der Blutkreislauf ein selbstregulierendes System darstellt, dessen Zentrum das Herz ist. Im 19. Jahrhundert brachten wichtige Entdeckungen in der Physiologie wesentliche Aufschlüsse über die Funktionsmechanismen des menschlichen Organismus und trugen dazu bei, die Vorstellung vom biologischen System als einem im ganzen selbstregulierenden System zu entwickeln. So stellte z. B. der französische Physiologe F. Magendie, aufbauend auf den Arbeiten des Schotten Ch. Bell, den Reflex als Rückkopplungssystem dar (um 1850). I. M. Setschenow veröffentlichte ebenfalls in dieser Zeit seine Untersuchungen über jene Zentren im Froschhirn, die die Reflexvorgänge hemmen (1863). Hering und Breier entdeckten die Selbstregulierung der Atemreflexe (1868).

Die Analogiebetrachtungen zwischen Organismus und technischem System führten auch dazu, daß für die Untersuchung biologischer Systeme mehr und mehr physikalische Gerätschaften entwickelt wurden (T. Jung, H. Helmholtz u. a.). Am klarsten brachte zu dieser Zeit wohl der russische Physiologe I. P. Pawlow die Auffassung vom lebenden Organismus und insbesondere vom Menschen als selbstregulierendes System zum Ausdruck: „Der Mensch ist natürlich ein System (gröber ausgedrückt, eine Maschine), die wie jedes andere in der Natur auch den unumgänglichen und für die ganze Natur einheitlichen Gesetzen unterworfen ist. Aber er ist ein System, das innerhalb des Horizonts unserer gegenwärtigen wissenschaftlichen Sicht auf Grund seiner Fähigkeit zur höchsten Selbstregulation einzigartig ist. Verschiedenartige, sich selbst regulierende Maschinen kennen wir schon genügend als Erzeugnisse der menschlichen Hände. Von diesem Gesichtspunkt aus ist die Methode des Studiums des Systems ‚Mensch' wie auch jedes anderen Systems dieselbe: Die Zerlegung in Teile, das Studium der Bedeutung jedes Teiles, das Studium der Verbindung der Teile, das Studium der Wechselbeziehungen mit dem umgebenden Milieu und schließlich auf Grund all dessen das Verständnis seiner gesamten Arbeit und ihrer Leitung, soweit es in den Kräften des Menschen liegt. Unser System aber ist ein im höchsten Grade sich selbst regulierendes System, das sich selbst erhält, wiederherstellt, korrigiert und sogar vervollkommnet."

Freilich hat erst der Physiologe R. WAGNER (1925) in voller Einsicht in die regelungs*theoretischen* Zusammenhänge darauf hingewiesen, daß das Leben aller höheren Organismen und ihre Zielstrebigkeit in hohem Maße auf Regelungsvorgängen beruhen. Er entdeckte, daß die Anpassung der Skelettmuskelkraft an die Kräfte der Umwelt nicht nur qualitativ, sondern auch quantitativ als ein Regelungsprozeß beschrieben werden kann. Auf diese Weise vermochte er auch erstmalig zu zeigen, daß ein Regelvorgang außerhalb des technischen Bereichs mathematisch erfaßt werden kann. Deutlicher Ausdruck für die Entstehung der Vorstellung vom komplexen Charakter biologischen Regelungsgeschehens ist der von W. B. CANNON geprägte Begriff der *Homöostase* (1932). W. R. ASHBY hat später für eine der Formen von Homöostase im Sinne von CANNON ein technisches Modell entworfen (*Homöostat* von ASHBY, 1952). Für die Erkenntnis der allgemeinen Bedeutung von Regelungsprozessen spielte auch die Entdeckung des *Reafferenzprinzips* (P. K. ANOCHIN, 1935) eine große Rolle.

Ebenso wie mit der Entstehung der kapitalistischen Produktionsweise der Regelungsgedanke in der Technik Fuß zu fassen begann, tauchte er im 18. Jahrhundert auch im Zusammenhang mit Überlegungen zur Wirtschaftstheorie auf. So vertrat D. HUME die Ansicht, daß die Zahlungsbilanz eines Landes selbsttätig in ein Gleichgewicht komme (*Nivellierungstheorie von Handelsbilanz und Geldmenge*, 1752). Das Wirtschaftssystem von A. SMITH beruht wesentlich auf der Vorstellung, daß die Volkswirtschaft sich von selbst in einen optimalen Gleichgewichtszustand einregele, wenn sich nur der Staat aller Eingriffe enthalte. Abweichungen vom optimalen Gleichgewichtszustand würden aber im System der freien Konkurrenz durch das Wechselspiel von Angebot und Nachfrage automatisch ausgeglichen (*Wealth of Nations*, 1776). Obgleich sich die Vorstellung von SMITH durch den realen Geschichtsprozeß als illusionär erwiesen hat und seit der Kritik der kapitalistischen Produktionsweise durch K. MARX ihre Begrenztheit vollständig geklärt ist, behält sie ihre wissenschaftshistorische Bedeutung als eine frühe Einsicht in Regelungsvorgänge des gesellschaftlichen Bereiches.

Bis zum Beginn des 19. Jahrhunderts gab es weder einen allgemeinen Regelungsbegriff noch Ansätze zur Regelungstheorie. Eine entsprechende Entwicklung setzte erst mit CH. BERNOULLI und J. PONCELET ein (mathematische Analysen des statischen Verhaltens von Fliehkraftreglern, 1824 und 1826). Die eigentliche Regelungstheorie, die auf das dynamische Verhalten von Regelungssystemen gerichtet ist, wurde jedoch erst von J. C. MAXWELL begründet (1868). Von ihm stammt die noch heute übliche Behandlung des Regelungsvorganges mit Hilfe der Theorie der Differentialgleichungen. Seitdem entwickelte sich das Gebiet stürmisch, und es entstanden die „klassischen" Grundlagenarbeiten zur Regelungstheorie von J. A. WISCHNEGRADSKY (1876), A. W. LJAPUNOW (1892), A. HURWITZ (1895) u. a. Später wurde die Handhabung von Differentialgleichungen durch die Anwendung der Laplace-Transformation und durch die Operatorenrechnung wesentlich vereinfacht, wodurch die Regelungstheorie allmählich ihre moderne Gestalt annahm (Arbeiten u. a. von KÜPFMÜLLER, 1928; NYQUIST, 1932; R. C. OLDENBOURG und H. SARTORIUS, 1944). In dieser Gestalt spielte die Regelungstheorie auch eine bedeutende Rolle bei der Herausbildung der Kybernetik, die ihrerseits erst eigentlich das Regelungsprinzip in seiner ganzen Allgemeinheit etablierte. Die Erkenntnis des allgemeinen Charakters des Regelungsprinzips war indessen in mehreren Arbeiten der 40er Jahre unseres Jahrhunderts bereits mehr oder weniger deutlich formuliert worden (z. B. von H. SCHMIDT, 1940), weil sie sich aus dem Erkenntnisstand verschiedener Spezialdisziplinen (insbesondere der Regelungstechnik, Regelungstheorie und der Physiologie) zwangsläufig ergab.

Regression 1: in der Wahrscheinlichkeitsrechnung Übergang von einer zweidimensionalen Zufallsvariablen (X, Y) mit der Dichtefunktion $f(x,y)$ und den Randdichtefunktionen $f_1(x)$ und $f_2(y)$ zu den Punktmengen der (x,y)-Ebene mit den Koordinaten

(1) $x = m_1(y)$;
(2) $y = m_2(x)$.

Die Punktmengen (1) und (2) stellen sog. *Regressionskurven* dar, und zwar heißt (1) die Regressionskurve der Variablen X in bezug auf Y, (2) die Regressionskurve von Y in bezug auf X.

$m_1(y)$ und $m_2(x)$ heißen *bedingte Mittelwerte* und errechnen sich wie folgt:

$$m_1(y) = \int_{-\infty}^{+\infty} x \cdot \frac{f(x,y)}{f_2(y)} \, dx$$

$$m_2(x) = \int_{-\infty}^{+\infty} y \cdot \frac{f(x,y)}{f_1(x)} \, dy$$

Ist die Regressionskurve eine Gerade (Regressionsgerade), so spricht man von einer *geradlinigen Regression.*
Die Regressionskurve von X in bezug auf Y ergibt die bedingten Mittelwerte von x, wenn y innerhalb seines Definitionsbereiches variiert (entsprechendes gilt für die Regressionskurve von Y in bezug auf X).
Diese Form der Regression nennt man auch *Regression erster Art* im Gegensatz zur *Regression zweiter Art*, bei der eine Gerade zu bestimmen ist, die von den mittleren quadratischen Abweichungen der zufälligen Variablen y am wenigsten unterschieden ist. Eine solche Gerade nennt man *Regressionsgerade zweiter Art* der Variablen y in bezug auf x (Definitionen nach M. Fisz).

Regression 2: in der Logik eine besondere Form der Reduktion. Ist eine Aussage q als *wahr* bekannt und wird eine Aussage p gesucht, so gilt folgendes Schema:

$$\begin{array}{c} q \\ p \rightarrow q \\ p \end{array}$$

Man sagt, p sei durch *regressive Reduktion* (Reduktion) gewonnen worden (man nennt p auch eine „Erklärung" von q). *Beispiel:* q sei der Satz „Das Pflaster ist naß". Wir suchen nun eine *wahre* Implikation, die q als Nachsatz enthält. Es bietet sich an: „Wenn es geregnet hat, so ist das Pflaster naß". Wir stellen fest, daß diese Implikation *wahr* ist (durch viele Beobachtungen erwiesen). Daraus folgern wir, daß in allen Fällen, in denen q gilt, auch p gilt. Diese Folgerung ist nicht zwangsläufig; sie ist nur eine *Hypothese*. Bei unserem Beispiel ist dies leicht einzusehen, denn das

Pflaster kann auch naß sein, wenn der Sprengwagen der Stadtreinigung vorübergefahren ist. In weniger elementaren Fällen kann es natürlich weitaus schwieriger sein, den hypothetischen Charakter einer Folgerung dieser Art zu erkennen.

Reihenparallelschaltung: Kopplung von mindestens drei Schaltelementen, bei der Reihenschaltung *und* Parallelschaltung auftritt.

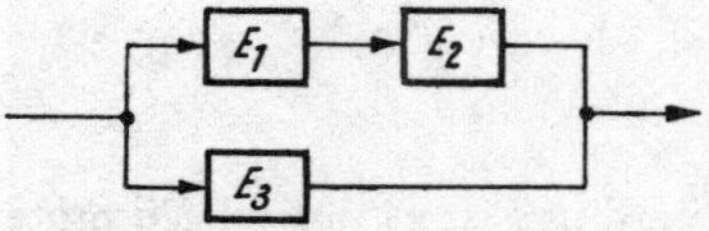

Reihenparallelschaltung mit drei Schaltelementen

In der Schaltalgebra z. B. versteht man unter Reihenparallelschaltung eine Schaltung, in der Reihen- und Parallelschaltungen von Kontakten auftreten.

Reiz: spezifisches Signal bzw. spezifische Signalgruppe aus der Umgebung eines Organismus, die von seinen Rezeptoren aufgenommen, kodiert und zwecks Verarbeitung, Speicherung, Entzifferung usw. dem Zentralnervensystem zugeleitet wird. In den höheren Nervenzentren wird insbesondere festgestellt, ob die Signale Träger einer Information sind.

In der Sinnesphysiologie und in der Psychologie wird zwischen *adäquaten* und *nichtadäquaten* (inadäquaten) *Reizen* unterschieden. Ein *adäquater Reiz* liegt vor, wenn er innerhalb jener Klasse von Reizen liegt, auf die ein bestimmtes Sinnesorgan anzusprechen vermag. Ist dies nicht der Fall, liegt ein *inadäquater Reiz* vor. *Beispiel:* Der normale Gehörsinn eines Menschen im jugendlichen Alter kann Frequenzen zwischen 16 und 20000 Hz aufnehmen, wenn die Schwingungen eine genügend große Intensität haben. Neben diesen adäquaten akustischen Reizen gibt es auch nichtadäquate akustische Reize: Durch mechanische Einwirkungen auf die Gehörnerven z. B. können höhere Frequenzen entstehen.

Die Sinnesorgane nehmen nicht nur Reize aus der Umwelt auf, sondern auch solche, die aus dem Innern des Organismus kommen. So unterschiedlich die auf die Sinnesorgane einwirkenden Reize auch sein mögen, das Nervensystem kodiert sie alle durch *Impulsfrequenzmodulation.* Sofern ein Reiz überhaupt für den Organismus, auf den er einwirkt, einen Informationsgehalt besitzt, wird dieser durch die Frequenz der Impulsfolge dargestellt.

Nur Reize einer bestimmten Mindeststärke (sie muß wenigstens der sog. *Neuronen-Schwelle* entsprechen) führen zu einer Erregung der Rezeptoren, die die Aussendung eines Impulses zur Folge hat. Löst ein Reiz eine Empfindung aus, so gilt für nicht zu schwache und nicht zu starke Reize das *Weber-Fechnersche Gesetz*; es besagt, daß zwischen dem Reiz R und der Empfindung E die Beziehung

$$E = c \cdot \ln R$$

gilt, wo c eine Konstante ist. Neuerdings ist es unter bestimmten Bedingungen möglich, Beziehungen zwischen Reiz und Änderungen im Elektroenzephalogramm, die durch die Einwirkung des Reizes hervorgerufen werden, aufzustellen und damit das Weber-Fechnersche Gesetz zu objektivieren. So ist experimentell festgestellt worden, daß die Impulsfrequenz dem Logarithmus der Reizstärke proportional ist, was ebenfalls als Objektivierung des genannten Gesetzes betrachtet werden muß. Das Weber-Fechnersche Gesetz enthält die u. a. erkenntnistheoretisch wichtige Feststellung, daß zwei Reize unterschiedlicher Stärke in einem Verhältnis zueinander stehen müssen, das einen bestimmten Mindestbetrag übersteigen muß, damit die beiden Reize vom wahrnehmenden Subjekt als verschieden empfunden werden.

Rekursion (Rekursionsverfahren, rekursive Berechnung, induktive Berechnung): Verfahren zur algorithmischen Berechnung unbekannter Größen sowie ein häufig angewandtes Verfahren zur Definition von Funktionen.

Bei der algorithmischen Berechnung einer Größe kommt es häufig vor, daß bei der Abarbeitung eines Algorithmus dieser selbst zur Ermittlung von notwendigen Zwischenresultaten schon benutzt werden muß. Als einfaches *Beispiel* sei das innere Produkt zweier Vektoren $\mathbf{a} = [a_1, \ldots, a_n]$ und $\mathbf{b} = [b_1, \ldots, b_n]$ betrachtet, das definiert ist durch

$$\mathbf{a} \cdot \mathbf{b} = a_1 b_1 + a_2 b_2 + \cdots + a_n b_n = \sum_{j=1}^{n} a_j b_j .$$

Betrachtet man die Partialsummen (die sog. Zwischenresultate) $s_i = \sum_{j=1}^{i} a_j b_j$ und führt den Anfangswert $s_0 = 0$ ein, so erhält man $s_i = a_i b_i + s_{i-1}$ für $i = 1, \ldots, n$ und $s_n = \mathbf{a} \cdot \mathbf{b}$, d. h. man hat jetzt das innere Produkt zweier Vektoren rekursiv (über den Index i) dargestellt.

Da Rekursionen über eine oder mehrere Variable (dann *mehrfache Rekursion* oder *verschachtelte Rekursion* genannt) eine große Bedeutung für die Programmierungspraxis haben, wurden bei der Konstruktion von Programmiersprachen spezielle Anweisungstypen (z. B. die sog. *Laufanweisungen*) entwickelt. In der Programmiersprache ALGOL 60 kann z. B. das Produkt der beiden Matrizen $\mathbf{A} = [a_{ij}]$ und $\mathbf{B} = [b_{jk}]$ durch die folgenden verschachtelten Laufanweisungen berechnet werden:

```
for i: = 1 step 1 until n do
for k: = 1 step 1 until n do c [i, k] : = a [i, 1] * b [1, k];
for j: = 2 step 1 until n do
for i: = 1 step 1 until n do
for k: = 1 step 1 until n do c [i, k] : = a [i,j] * b [j, k] + c[i, k]
```

Bei der zweiten Laufanweisung (nach dem; beginnend) liegen drei ineinander verschachtelte Rekursionsschleifen vor.

Die bei der Programmierung verwendete Technik der sog. *rekursiven Prozeduren* (ein spezieller Anweisungstyp in einer problemorientierten Programmiersprache) bzw. der rekursive Aufruf von Unterprogrammen spiegelt den zweiten Aspekt des Begriffs Rekursion wider, nämlich die induktive Definition von Funktionen. Wenn die beiden Funktionen $\varphi(x_1, \ldots, x_n)$ und $\psi(x_1, \ldots, x_n, x_{n+1}, x_{n+2})$ gegeben sind, so wird durch die beiden Gleichungen

$$\begin{aligned} \chi(x_1, \ldots, x_n, 0) &= \varphi(x_1, \ldots, x_n) \\ \chi(x_1, \ldots, x_n, y+1) &= \psi(x_1, \ldots, x_n, y, \chi(x_1, \ldots, x_n, y)) \end{aligned}$$

eine neue Funktion χ (abhängig von $n + 1$ Argumenten) eindeutig definiert. In dem durch die beiden Gleichungen gebildeten *Induktionsschema* (Reduktionsschema) erfolgt die Rekursion über die neu definierte Funktion χ selbst. *Beispiel:* Es sei $\varphi(x) \equiv 0$ und $\psi(x, y, z) = x + z$. Dann beschreibt die Funktion χ, die durch das Schema

$$\begin{aligned} \chi(x, 0) &= \varphi(x) \\ \chi(x, y+1) &= \psi(x, y, \chi(x, y)) \end{aligned}$$

definiert wird, die Multiplikation natürlicher Zahlen, falls x und y natürliche Zahlen sind. Für die Berechnung von $\chi(5,3)$ ergibt sich folgender rekursiver Prozeß:

$$\begin{aligned}\chi(5,3) &= \psi(5,2,\chi(5,2)) = 5 + \chi(5,2)\\ &= 5 + \psi(5,1,\chi(5,1)) = 5 + 5 + \chi(5,1)\\ &= 5 + 5 + \psi(5,0,\chi(5,0)) = 5 + 5 + 5 + \chi(5,0)\\ &= 15 + \varphi(5) = 15 + 0 = 15\end{aligned}$$

In der Algorithmentheorie spielen solche Funktionen, die mit Hilfe eines Induktionsschemas definiert werden, eine große Rolle. Die Klasse der primitiv-rekursiven Funktionen wird z. B. durch Einsetzung und Induktion aus speziellen Anfangsfunktionen gewonnen. Bei Iterationsverfahren in der Mathematik handelt es sich um spezielle Rekursionsverfahren.
→ Algorithmus → berechenbare Funktion

Relais: elektromagnetisch betätigter Schalter (*Kontakt*). Im einfachsten Fall besteht ein Relais aus einem Stromkreis I, der eine Spule R mit Weicheisenkern enthält, und einem Stromkreis II mit einem Kontakt r, der mit Hilfe von R geöffnet oder geschlossen werden kann.

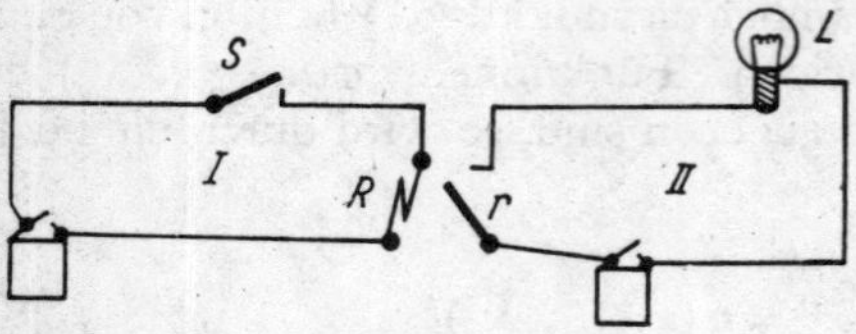

a) *Anschauliche Darstellung*

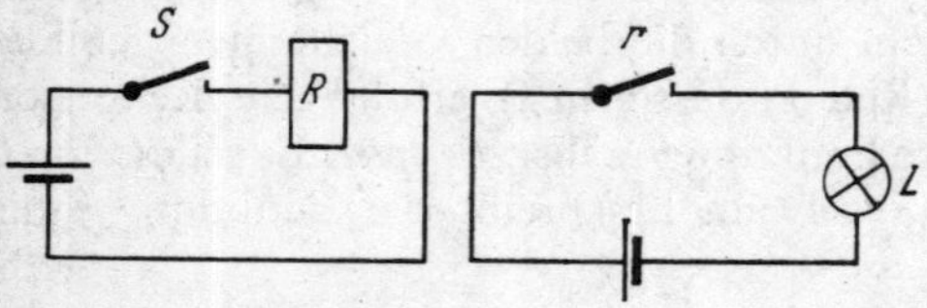

b) *Übliche symbolische Darstellung*

Funktionsprinzip eines Relais mit Arbeitskontakt

R wird dann, wenn der Schalter *S* geschlossen ist, von Strom durchflossen; der Weicheisenkern wird magnetisch und zieht einen als *Kontaktfeder* gestalteten Anker des Magneten an. Damit wird *r* entweder geschlossen (*Arbeitskontakt*, *Schließer*) oder geöffnet (*Ruhekontakt*, *Öffner*).

Ein und derselbe Stromkreis I kann mehrere Kontakte zugleich bedienen. Man spricht dann von einem Relais mit einem *Kontaktsatz*. Das System I kann aber auch aus unabhängigen Teilsystemen bestehen, von denen jedes einen Schalter und eine Spule mit Anker enthält. Dadurch wird es möglich, *r* von jedem Schalter aus unabhängig von allen anderen Schaltern zu bedienen.

Die Systeme I und II können als Teilsysteme eines Gesamtsystems aufgefaßt werden. I steuert dann II, wenn die durch die Betätigung von *S* erfolgte Bedienung von *r* keine Rückwirkung auf *S* mit sich bringt. I und II sind Bestandteile eines Regelsystems, wenn die durch das Schließen bzw. Öffnen von *r* hervorgerufenen Vorgänge in II zu Veränderungen der Stellung des Schalters *S* führen.

Die Tatsache, daß *S*, *R* und *r* nur zweier verschiedener Zustände fähig sind, ermöglicht eine aussagenlogische Interpretation, die für die kybernetische Systemtheorie im allgemeinen und den Aufbau von elektronischen Rechenmaschinen im besonderen von Bedeutung ist. Interpretiert man etwa die Arbeitskontakte als Aussagenvariable p, so entsprechen den Ruhekontakten die logischen Negationen $\sim p$ solcher Variablen. Es ergeben sich folgende Zuordnungen:

Zustand von Schalter *S*	Zustand von Spule *R*	Wahrheitswert	Kontakt *r*	
			Arbeitskontakt (p)	Ruhekontakt ($\sim p$)
geöffnet	stromlos	falsch	geöffnet	geschlossen
geschlossen	erregt	wahr	geschlossen	geöffnet

Die Kontakte eines Relais bestehen im einfachsten Fall aus zwei Stromleitern, den sog. *Kontaktfedern*, die – um eine zuverlässige Funktion des Relais zu sichern – häufig je zwei *Kontaktnieten* (aus Silber, Platin oder anderen Edelmetallen) haben. Ein solcher (*zweifedriger*) Kontakt heißt *Schließer* oder *Arbeitskontakt*, wenn er in Arbeitslage einen Stromkreis schließt; er heißt *Öffner* oder *Ruhekontakt*, wenn er in Arbeitslage einen Stromkreis öffnet.

Ein *dreifedriger* Kontakt, der aus einem Schließer und einem Öffner mit gemeinsamer Mittelfeder besteht, heißt *Wechsler* oder *Umschaltkontakt*. Er schließt in seiner Ruhelage einen ersten Stromkreis und unterbricht einen zweiten; in seiner Arbeitslage unterbricht er umgekehrt den ersten und schließt den zweiten. Der sog. *Folgewechsler* unterscheidet sich vom gewöhnlichen Wechsler

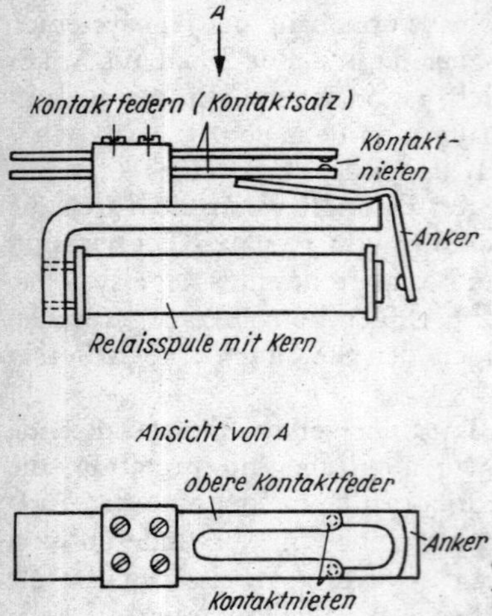

Schematische Darstellung des zweifedrigen Kontaktes bei einem Fernsprechrelais

dadurch, daß bei ihm während des Umschaltens beide Stromkreise geschlossen sind. Beim gewöhnlichen Wechsler sind während des Umschaltens beide geöffnet. Die folgende Tabelle gibt eine Übersicht über den Zustand der Kontakte in den verschiedenen möglichen Situationen:

Kontaktart		Ruhelage	Übergang	Arbeitslage
Arbeitskontakt		offen	offen	geschlossen
Ruhekontakt		geschlossen	offen	offen
Wechsler	1. Kreis	offen	offen	geschlossen
	2. Kreis	geschlossen	offen	offen
Folge-	1. Kreis	offen	geschlossen	geschlossen
wechsler	2. Kreis	geschlossen	geschlossen	offen

Da drei Situationen möglich sind, lassen sich die bestehenden Zusammenhänge in einer dreiwertigen Logik interpretieren.

Bei einem Relais mit mehreren Kontakten (mit einem Kontaktsatz) sind diese meist derart mechanisch miteinander verbunden, daß alle Arbeitskontakte und Ruhekontakte eines Satzes praktisch gleichzeitig arbeiten.

Bezeichnung	Zahl der Kontaktfedern	Anordnung der Kontaktfedern in Ruhelage (schematisch) *)
Arbeitskontakt	2	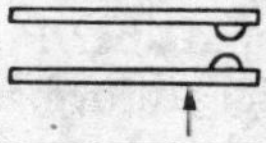
Ruhekontakt	2	
Wechsler	3	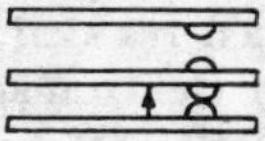
Folgewechsler	3	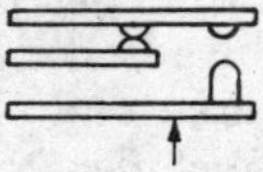

*) Der Pfeil zeigt die Bewegungsrichtung der Feder an, die vom Anker des Relais beim Übergang in die Arbeitslage bewegt wird

Einige übliche Typen von Kontaktsätzen

Dies gilt nicht – wie sich aus der Konstruktion ergibt – für die Kontakte von Folgewechslern.
Die obere Grenze der heute erreichbaren Lebensdauer von Relaiskontakten (bei sog. REED-Kontakten, die unbelastet schalten) liegt in der Größenordnung von 10^9 Betätigungen. Werden Kontakte unter Spannung geöffnet, sind ab etwa 20 Watt Schaltleistung Funkenlöscheinrichtungen notwendig.
Relais sind nicht nur Grundlage für bestimmte Formen der Kopplung elektromagnetischer kybernetischer Systeme, sondern sie haben neben dem erwähnten Steuerungs- bzw. Regelungsaspekt auch einen informationstheoretischen Aspekt. In dieser Sicht können sie als Mittel der Übertragung und Verknüpfung binärer Informationen aufgefaßt werden. Eine Information kann etwa mit Hilfe des Öffnens bzw. Schließens von S kodiert werden. Da S nur zweier Zustände fähig ist, entspricht dies einer Binärkodierung. In II erfolgt eine Umkodierung, bei der zwar der binäre Charakter des Kodes erhalten bleibt, aber der Charakter der Signale

sich ändert; z. B. bedeutet das Aufleuchten bzw. Erlöschen einer Lampe *L* den Übergang zu optischen Signalen. Das auf diese Weise interpretierte System I/II ist jedoch nicht nur Mittel der Informationsübertragung (wobei I als Sender, II als Empfänger fungiert), sondern auch der Informationsverknüpfung. Durch Reihenschaltung und Parallelschaltung von Arbeits- und Ruhekontakten lassen sich – wie in der Schaltalgebra gezeigt wird – beliebige Aussagenfunktionen technisch simulieren; logische Funktionen sind aber Formen der Informationsverknüpfung.
Als Mittel der Informationsübertragung und Informationsverknüpfung ist das elektromagnetische Relais eines der am längsten bekannten Schaltelemente und findet bereits in den ersten zu Beginn dieses Jahrhunderts konstruierten automatischen Telefonzentralen Anwendung. In den Anfängen der maschinellen Rechentechnik wurden für den Aufbau mancher Rechenautomaten fast ausschließlich elektromagnetische Relais benutzt. Der mechanische Teil der Relais setzt der Rechengeschwindigkeit solcher Automaten jedoch sehr enge Grenzen. Deshalb ging man bei der Konstruktion automatischer Rechenanlagen bald zur Benutzung von Elektronenröhren und Transistoren über. Elektromagnetische Relais haben auch den Nachteil, daß die Packungsdichte (d. h. die Anzahl der Schaltelemente pro cm^3) relativ klein bleiben muß, währenddem sie bei der Anwendung der modernen Methoden der Miniaturisierung bereits Tausende von Schaltelementen pro cm^3 betragen kann.

Relation: im allgemeinen Sinne irgendwie beschaffene Beziehungen zwischen Objekten irgendwelcher Art. Elementare *Beispiele:* „*A* ist Ursache von *B*", „*C* ist kleiner als *D*", „*E* liegt zwischen *F* und *G*". Die in der objektiven Realität auftretenden Relationen sind außerordentlich mannigfaltig; so werden Kausalrelationen, Wechselwirkungsbeziehungen, Beziehungen des Zusammenhanges von Erscheinungen, Prozessen usw., widersprüchliche Beziehungen u. ä. unterschieden. In den verschiedenen Einzelwissenschaften werden unterschiedliche Typen von Relationen untersucht, deren Erforschung für Erkenntnis und Praxis grundlegende Bedeutung hat.
Die Untersuchung von Relationen der objektiven Realität steht in enger Beziehung zur Anwendung der materialistisch-dialektischen Methode. Unter den von ihm formulierten sechzehn Elementen der Dialektik nennt Lenin drei, in denen er auf Relationen und die Notwendigkeit ihrer Erforschung eingeht: „2) die ganze

Totalität der mannigfaltigen *Beziehungen* dieses Dinges zu den anderen ... 8) die Beziehungen jedes Dinges (jeder Erscheinung usw.) sind nicht nur mannigfaltig, sondern allgemein, universell ... 10) unendlicher Prozeß der Erschließung *neuer* Seiten, Beziehungen usw."

Für die Kybernetik ist besonders bedeutungsvoll, daß der Begriff der Relation in engem Zusammenhang mit dem der Struktur und damit auch mit dem des Systems steht: Die Struktur eines Systems ist die Gesamtheit der Relationen, die zwischen den einzelnen Elementen des Systems bestehen, wobei für die Kybernetik sehr wesentlich ist, daß dieser Zusammenhang streng mathematisch gefaßt werden kann.

Die *mathematische Behandlung von Relationen* ist vielgestaltig und erfolgt in verschiedenen Disziplinen, insbesondere im Rahmen der mathematischen Logik und in der Mengenlehre. Entsprechend dem mathematischen Abstraktionsverfahren ist allen diesen Betrachtungen die *extensionale* Auffassung des Relationsbegriffes gemeinsam.

In der mathematischen Logik werden Relationen als zwei- oder mehrstellige Attribute (Prädikate) behandelt. Man spricht dementsprechend auch von *zweistelligen* und von *mehrstelligen Relationen.* Symbolische Darstellung: xRy oder $R(x, y)$ (sprich: „R von x, y") bezeichnet eine *zweistellige Relation* zwischen x und y. Sinnentsprechend kann allgemein eine *n-stellige Relation* durch $R(x_1, x_2, \ldots, x_n)$ ausgedrückt werden. Einstellige Attribute nennt man auch *Eigenschaften*, die zwei- bzw. dreistelligen Attribute heißen dann *binäre* bzw. *ternäre Relationen.* Ebenso wie die Attribute haben alle Relationen die Gestalt von Aussage*funktionen.* Dementsprechend können auch aus Relationen Aussagen gewonnen werden, indem alle freien Variablen gebunden werden (durch Quantifikation, durch Einsetzung von Individuennamen oder durch eine kombinierte Anwendung von beidem).

Die in der objektiven Realität auftretenden Beziehungen sind auch in dem Sinne vielgestaltig, als sie bei getreuer Widerspiegelung meist auf vielstellige Relationen abgebildet werden müßten. Hier ist oft eine Vereinfachung unerläßlich, um die entstehenden Relationszusammenhänge überhaupt handhabbar zu machen, insbesondere um auf der Ebene einer Theorie praktisch anwendbare Resultate zu erzielen. Allerdings sind mit solchen Vereinfachungen (wie mit jeder Vereinfachung und Abstraktion in der Wissenschaft) gewisse Gefahren verbunden; die Widerspiegelung der Realität kann dadurch verzerrt werden. Elementares *Beispiel*

hierfür: Es ist sinnvoll, die dreistellige Relation „Der Staat *A* ist unabhängig von *B* hinsichtlich *C*“ zu formulieren; dagegen stellen die Formulierungen „*A* ist unabhängig von *B*“ oder gar „*A* ist unabhängig“ strenggenommen keine sinnvollen Formulierungen dar, weil sie beide unvollständig sind.
Die Theorie der Relationen ist ein weit ausgebautes Gebiet der modernen mathematischen Logik. Hier können nur einige auch für die Kybernetik wichtige Begriffsbildungen mitgeteilt werden.
Ausgehend von der zweistelligen Relation *R*, kann die *Negation* von xRy definiert werden, d. h. eine Beziehung, die gilt, wenn x nicht in der Relation *R* zu y steht. Diese Relation wird auch als *Komplement* R' zur Relation *R* bezeichnet; symbolisch: $\sim (xRy)$ oder $\sim R(x,y)$; $xR'y =_{\mathrm{Def}} \sim (xRy)$.
Die Klasse aller Objekte x, die in der Relation *R* zu y stehen, nennt man den *Vorbereich* der Relation *R*; die Klasse aller Objekte y, zu denen es ein x gibt, so daß die Relation *R* zwischen x und y besteht, nennt man ihren *Nachbereich*.
Eine für die Kybernetik grundlegende Relation ist die *Eingang-Ausgang-Relation* (Input-Output-Relation) eines aktiven Elements. In diesem Falle ist die Menge der Eingangsgrößen der Vorbereich, die Menge der Ausgangsgrößen der Nachbereich.
Eine Relation *R* ist in einer Relation *S* *enthalten*, wenn gilt:

$$R \subset S =_{\mathrm{Def}} \forall x \forall y\, [(x\, R\, y) \rightarrow (x\, S\, y)].$$

Neben der Operation der Negation einer Relation sind die Operationen der *Vereinigung* und der *Produktbildung* von Relationen grundlegend:

$$x\, (R \cap S)\, y =_{\mathrm{Def}} (x\, R\, y) \wedge (x\, S\, y) \quad (\textit{Produkt})$$
$$x\, (R \cup S)\, y =_{\mathrm{Def}} (x\, R\, y) \vee (x\, S\, y) \quad (\textit{Vereinigung})$$

Das zuletzt definierte Produkt zweier Relationen nennt man im Unterschied zum sog. relativen Produkt auch das *absolute Produkt*. Das *relative Produkt* zweier Relationen *R* und *S* nennt man auch *Verkettung* von Relationen. Schließlich kann man, ausgehend von einer Relation *R*, ihre *inverse Relation* (*Inversion*) R^{-1} bilden:

$$R^{-1}(x,y) =_{\mathrm{Def}} R(y,x).$$

Im Sinne der Mengenlehre versteht man unter einer *zweistelligen Relation R* in einer gegebenen Menge *M* eine Abbildung aus *M* in sich. Somit ist R eine Menge von geordneten Paaren $[x, y]$ mit $x, y \in M$, d. h. $R \subseteq M \times M$. Beispiele für zweistellige Relationen sind die Relation $\leqq$ (in irgendeinem Zahlenbereich) und die Relation $\subseteq$ (für Mengen). Zum Unterschied davon ist die Beziehung „gerade Zahl“ eine einstellige Relation (eine Eigenschaft) im Bereich der natürlichen Zahlen.

Allgemein versteht man unter einer *n-stelligen Relation* R in einer Menge M eine Menge von n-Tupeln $[x_1, x_2, \ldots, x_n]$ mit $x_1, x_2, \ldots, x_n \in M$, d. h. $R \subseteq M \times M \times \cdots \times M$ (n-mal).

Zweistellige Relationen können durch *Graphen* veranschaulicht werden. Die Elemente, zwischen denen die betreffende Relation besteht, werden dabei durch Punkte der Ebene dargestellt und die Relation durch die Gesamtheit von Pfeilen, die diese Punkte miteinander verbinden.

Beispiele:

a) Ein (dynamisches) System bestehe aus der Menge $\{e_1, e_2, e_3\}$ von aktiven Elementen. Die (materiellen) Kopplungen zwischen den Elementen mögen sich durch die Relation $\{[e_1, e_2]; [e_2, e_3]\}$ beschreiben lassen. Dann läßt sich die Systemstruktur durch den angegebenen Graphen veranschaulichen (man bemerkt sofort, daß es sich hierbei um ein rückkopplungsfreies System handelt).

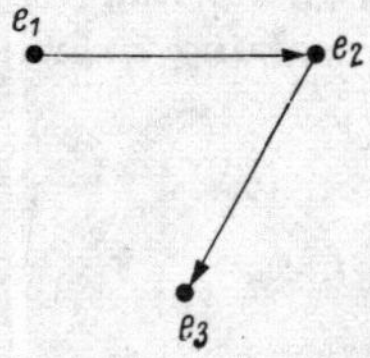

Veranschaulichung einer Kopplungsrelation durch einen Graph

b) Entsprechende Veranschaulichungen sind auch bei abstrakten mathematischen Beziehungen möglich. Wenn etwa die Menge $M = \{1, 2, 3, 4, 5\}$ gegeben ist, über der die Relation $R(a, b) =_{\mathrm{Df}} a < b$ besteht, so veranschaulicht der umseitig angegebene Graph diese über der gegebenen Menge bestehende Relation „kleiner als“.

Von grundlegender Bedeutung für die mathematische Behandlung von Relationen ist die Untersuchung ihrer (mathematischen) Eigenschaften. Im folgenden seien *einige wichtige Eigenschaften* einer über einer Menge M definierten zweistelligen Relation R, wo also $R \subseteq M \times M$, angegeben.

Reflexivität

$$\forall x \, [x \in M \rightarrow R(x, x)]$$

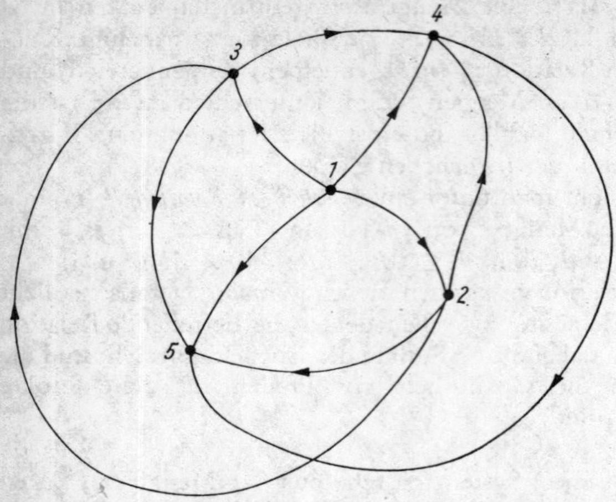

Graph zur Veranschaulichung der Relation < über der Menge {1, 2, 3, 4, 5}

Beispiel: $R =_{\mathbf{Def}}$ Identität.
Soll eine reflexive Relation durch einen Graph dargestellt werden, so hat jeder Punkt eine *Schleife* (auf deren Veranschaulichung zur besseren Übersichtlichkeit der graphischen Darstellung manchmal verzichtet wird).

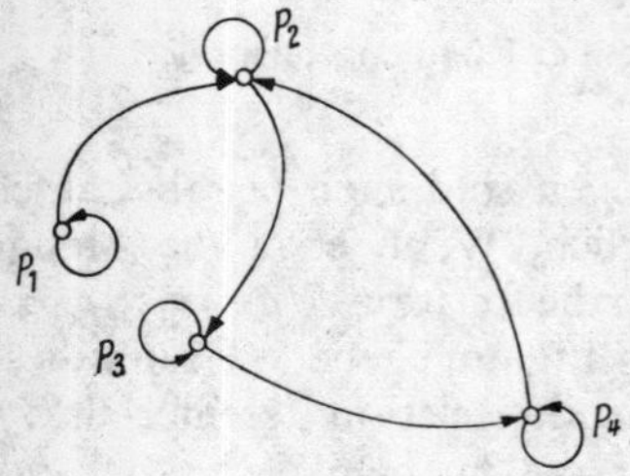

Beispiel für einen Graph mit Schleifen

Irreflexivität

$$\sim \exists\, x\, [x \in M \rightarrow R(x, x)]$$

Beispiel: $R =_{\mathbf{Def}} <$ (echt kleiner).
Aus den angegebenen Definitionen ergibt sich, daß ein und dieselbe Relation *nicht zugleich* reflexiv und irreflexiv sein kann.

Nicht daraus ergibt sich jedoch, daß eine Relation, die nicht reflexiv ist, irreflexiv sein müsse, sie kann es aber sein. Es gibt aber auch Relationen, die weder reflexiv noch irreflexiv sind.

Symmetrie

$$\forall x \forall y\, [x, y \in M \wedge R(x, y) \rightarrow R(y, x)]$$

Beispiel: $R =_{\text{Def}}$ „gleich" (z. B. Gleichheit zweier natürlicher Zahlen x, y).

Asymmetrie

$$\forall x \forall y\, [x, y \in M \wedge R(x, y) \rightarrow \sim R(y, x)]$$

Beispiele: $R =_{\text{Def}}$ „gekoppelt mit" (in bezug auf Systemelemente z. B.), $R =_{\text{Def}} <$, $R =_{\text{Def}} \subset$.

Antisymmetrie

$$\forall x \forall y\, [x, y \in M \wedge R(x, y) \wedge R(y, x) \rightarrow x = y]$$

Beispiele: $R =_{\text{Def}} \leqq$, $R =_{\text{Def}} \subseteq$.

Bereits aus der Tatsache, daß es zwei besondere Typen nichtsymmetrischer Relationen gibt, folgt, daß man aus der Nichtexistenz einer dieser drei Eigenschaften (Symmetrie, Asymmetrie und Antisymmetrie) nicht ohne weiteres auf die Existenz einer der beiden anderen Eigenschaften schließen darf. Im übrigen gibt es Relationen, die keine dieser Eigenschaften aufweisen.

Transitivität

$$\forall x \forall y \forall z\, [x, y, z \in M \wedge R(x, y) \wedge R(y, z) \rightarrow R(x, z)]$$

Beispiel: $R =_{\text{Def}} <$

Intransitivität

$$\forall x \forall y \forall z\, [x, y, z \in M \wedge R(x, y) \wedge R(y, z) \rightarrow \sim R(x, z)]$$

Beispiel: $R(x,y) =_{\text{Def}} x = y^2$ (in bezug auf die Menge der natürlichen Zahlen > 1); so gilt etwa $R(16,4)$ und $R(4,2)$, nicht aber $R(16,2)$.
Es gibt Relationen, die weder transitiv noch intransitiv sind. Zwischen diesen und überhaupt zwischen den Eigenschaften von Relationen gibt es wiederum Beziehungen (Relationen); darauf soll hier aber nicht eingegangen werden.
Es ist naheliegend, die Eigenschaften von Relationen zur Grundlage ihrer Klassifizierung zu machen. Allein die genannten Typen von Eigenschaften lassen deutlich werden, daß es eine außerordentlich große Zahl möglicher Typen von Relationen gibt. Von besonderer Bedeutung in den verschiedenen Wissenschaften sind Relationen, die zugleich die Eigenschaft der Reflexivität, der Symmetrie und der Transitivität besitzen. Man nennt sie Äquivalenzrelationen.
Der Begriff der Relation steht auch in enger Beziehung zu dem der *Operation* (Verknüpfung): Jede n-stellige Operation ist eine spezielle $(n + 1)$-stellige Relation, die eindeutig ist in der letzten Stelle.
Beispiel: Die Addition von natürlichen Zahlen ist eine zweistellige Operation. Für $a + b = c$ kann man auch $+ (a, b, c)$ schreiben, und es gilt: Wenn $+ (a, b, c_1)$ und $+ (a, b, c_2)$, so $c_1 = c_2$.

Repräsentantenproblem: in der mathematischen Logik Frage der Darstellung (Repräsentation) von Wahrheitswerteverteilungen durch logische Ausdrücke und der Darstellung (bzw. Umformung) von logischen Verknüpfungen durch andere logische Verknüpfungen.
Es läßt sich zeigen, daß jede n-stellige Wahrheitsfunktion durch einen logischen Ausdruck repräsentierbar ist und daß es sogar möglich ist, sie durch eine *kanonisch-konjunktive* oder eine *kanonisch-alternative Normalform* darzustellen.
Beispiel: Für zwei Aussagen p und q sowie für eine (zunächst noch hypothetische) Aussagenverknüpfung h sei die folgende Wahrheitswerteverteilung gegeben:

p	q	phq
W	W	W
W	F	W
F	W	F
F	F	W

Wie sich zeigen läßt, gilt dann:

$$phq \equiv q \rightarrow p \equiv \sim q \vee p$$

Die angegebene Wahrheitswerteverteilung läßt sich also bereits durch eine einfache Elementaralternative darstellen.
Die praktische Bedeutung des Repräsentantenproblems für die Kybernetik zeigt sich z. B. bei einer Form der Black-box-Methode: Ein Black-box habe z. B. die beiden Eingänge p und q. Diese Eingänge mögen ebenso wie die Ausgänge in „Impuls" bzw. „Nichtimpuls" bestehen. Die Beziehung zwischen Eingang und Ausgang möge gerade der angegebenen Wahrheitswertetafel entsprechen, wobei dem Wahrheitswert W „Impuls", dem Wahrheitswert F „Nichtimpuls" entspricht. Unter dieser Voraussetzung gibt uns die Lösung des Repräsentantenproblems ein Hilfsmittel in die Hand, um Hypothesen über die innere Struktur des Black-box aufzustellen. Die einfachste Hypothese wäre die oben angegebene, nämlich die aus p und $\sim q$ aufgebaute Elementaralternative. Sie entspräche der Parallelschaltung zweier Schaltelemente, von denen das eine p, das andere $\sim q$ realisiert. Freilich erfüllt auch jede beliebige Aussagenverbindung, die den gleichen Wahrheitswerteverlauf wie die angegebene hat, den gleichen Zweck.
Es ist möglich, alle elementaren logischen Verknüpfungen durch Relaisschaltschemata, durch Transistoren- bzw. Elektronenröhrenschaltungen, durch Neuronenschaltungen usw. technisch zu realisieren. Die Tatsache, daß es möglich ist, alle (zweistelligen) Wahrheitsfunktionen durch einige, im Prinzip sogar durch eine einzige (nämlich entweder durch die *Sheffer-Funktion* oder durch die *Peircesche Funktion*) zu ersetzen, bedeutet, daß man alle logischen Schaltungen aus einigen wenigen Bauelementen aufbauen kann.

Rezeptor: Teilsystem biologischer Systeme, das bei höheren Organismen für die Aufnahme bestimmter Klassen von Reizen (*adäquaten Reizen*) spezialisiert ist.
Bei höheren Organismen bestehen die Rezeptoren aus Eingangsneuronen, die ja nach Art der adäquaten Reize, die sie aufnehmen und weiterleiten können, ein spezielles *Sinnesorgan* bilden. Man kann die Sinnesorgane zur Aufnahme von Reizen aus der Umwelt (*Gesichtssinn*, *Gehörsinn*, *Druck-* und *Berührungssinn*, *Wärme-* und *Kältesinn*, *Geruchssinn* und *Geschmackssinn*) von den Sinnesorganen

zur Aufnahme von Reizen aus dem Inneren des Organismus (*Druckfühler* im Blutkreislauf, *Dehnungsfühler* in den Muskeln, *Schmerzsinn* usw.) unterscheiden. Es muß angenommen werden, daß bestimmte Bereiche der Hirnrinde (Projektionsfelder oder Projektionszentren) auf die Aufnahme und Verarbeitung von Informationen spezialisiert sind, die spezifische Sinnesorgane dem Gehirn übermitteln (Nachweis durch Beobachtungen bei Verletzungen des Gehirns und durch Tierversuche nach operativer Entfernung bestimmter Gehirnpartien). Der Informationsstrom erleidet auf dem Weg von den Rezeptoren bzw. vom Sinnesorgan zu den höchsten Gehirnzentren, in denen der Organismus die Information verarbeitet, eine wesentliche Einengung. Die Informationsmenge, die vom Sinnesorgan zu den Projektionszentren geleitet werden kann und die von der Kanalkapazität der Leitungen abhängig ist, beträgt beim Gesichtssinn etwa 10^7 bit/s. Davon werden beim Menschen nur etwa 10 bit/s bewußt verarbeitet. Wesentlich bedeutsamer als die Informations*aufnahmeleistung* ist also die Informations*auswahlleistung* des Zentralnervensystems.

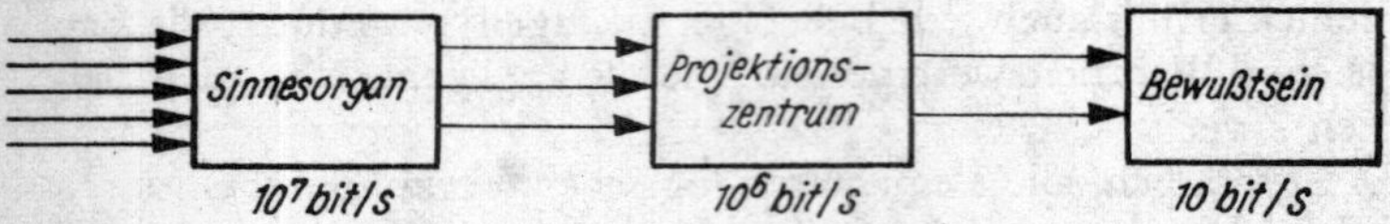

Informationsreduktion im Nervensystem (schematisch)

Diese starke *Informationsreduktion* auf dem Wege zu den höchsten Informationszentren kann vorgenommen werden, weil durch Lernvorgänge, d. h. durch ständig sich verbessernde Kenntnis der Häufigkeitsverteilung ständig wiederkehrender Einzelereignisse der Außenwelt und durch Auffindung von Korrelationen zwischen den Signalmengen der Außenwelt die Redundanz der verschiedenen Nachrichtenquellen aufgedeckt wird.

Die *Kanalkapazität aller Sinnesorgane* beträgt nach W. McCulloch etwa 10^{11} bit/s. Dabei hat unter den Sinnesorganen der Gesichtssinn mit 10^7 bit/s die höchste Kanalkapazität.

Der Begriff „Kanalkapazität eines Sinnesorgans“ ist nicht eindeutig; man kann darunter einerseits die Informationsmenge verstehen, die die Rezeptoren eines solchen Organs je Zeiteinheit höchstens aufnehmen können, andererseits aber auch die Informationsmenge, die von diesem Sinnesorgan je Zeiteinheit höchstens an die Projektionszentren weitergeleitet werden kann. Da nicht für jedes einzelne Eingangsneuron eines Sinnesorgans eine Nervenleitung zum Projektionszentrum zur Verfügung steht, sondern für bestimmte Gruppen von Rezeptorneuronen ein Integrationsvorgang vor sich geht, ist der Informationsbetrag, der der zweiten Bedeutung des Terminus „Kanalkapazität“ eines Sinnesorgans zugeordnet ist, wesentlich kleiner als derjenige, der der ersten Bedeutung entspricht.

Der Weg der Information von den Rezeptorneuronen zum Bewußtsein ist das, was in der klassischen materialistischen Erkenntnistheorie als „Übergang von der sinnlichen zur rationalen Stufe“ bezeichnet wurde.

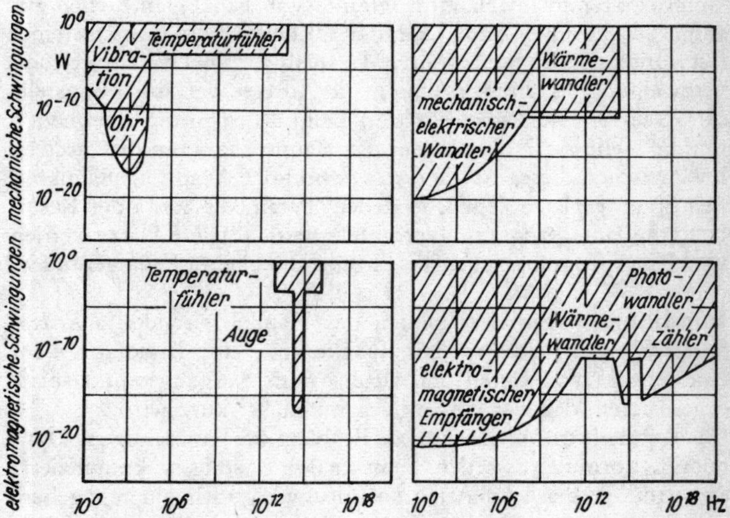

Wahrnehmung von Schwingungen durch Mensch und Automat (nach K. Steinbuch)

Die Informationstheorie gestattet es, einen exakten Vergleich der Leistung der Sinnesorgane organischer Systeme, insbesondere der des Menschen, mit den Leistungen technischer Meßwertwandler anzustellen. Die Vorteile des kybernetischen Systems „Mensch“ bestehen dabei nicht in der Größe der Informationsaufnahme durch die Sinnesorgane, sondern in der Miniaturisierung der Leitungs- und Verarbeitungselemente, in der Bil-

dung von Invarianten aus dem zur Verfügung stehenden Informationsmaterial, in der Gestalterkennung, der Auffindung von Redundanzen, Korrelationen usw.
In der kybernetischen Literatur hat es sich z. T. eingebürgert, den Begriff des Rezeptors zu verallgemeinern und auf Eingangsteilsysteme nichtbiologischer Systeme auszudehnen. Dementsprechend unterscheidet man dann z. B. *biologische Rezeptoren* von *technischen Rezeptoren*, zu denen Meßwertwandler der verschiedensten Art gehören.

Rücksprung: bei der Programmierung von Datenverarbeitungsanlagen in Maschinensprache die Rückkehr ins Hauptprogramm nach Beendigung der Arbeit in einem Unterprogramm. Da das Unterprogramm im Hauptprogramm von beliebigen Stellen aus aufgerufen werden kann, kann der Rücksprung nicht zu einer fest vorgegebenen Stelle führen. Deshalb wird bei der Programmverzweigung ins Unterprogramm die Adresse der Absprungstelle als *Rückkehradresse* gemerkt und beim Rücksprung verwendet, um die Stelle zu finden, an der das Hauptprogramm fortzusetzen ist. Zwischen dieser *Rücksprungstelle* und der Absprungstelle können Speicherplätze liegen, in denen Parameter zum oder Resultate vom Unterprogramm vermittelt werden. Diese Plätze werden vom Unterprogramm ebenfalls über die Rückkehradresse gefunden.

Rundfahrtproblem (Problem des Handelsreisenden): *Reihenfolgeproblem*, bei dem es darauf ankommt, eine Rundfahrt über eine Anzahl von Orten und zurück zum Ausgangspunkt so zu organisieren, daß der Gesamtweg möglichst kurz wird.
Das Rundfahrtproblem kann als Problem der ganzzahligen Optimierung formuliert werden. Seine exakte Lösung ist kompliziert; es wurden in den letzten Jahren Lösungsalgorithmen angegeben, die sich bei den meisten nicht zu großen Problemen als effektiv erwiesen haben. Es gibt auch brauchbare Näherungsmethoden. Mögliche Anwendungsbereiche sind z. B. die Verteilung von Gütern (etwa zur Warenversorgung von Verkaufsstellen, Materialversorgung von Betrieben usw.), die Durchführung von Inspektionsfahrten usw. Auch das Problem der Bearbeitungsreihenfolge von *m* Werkstücken auf einer Maschine mit kürzester Gesamtrüstzeit läßt sich als Rundfahrtproblem behandeln.
→ Ablaufplanung

Schaltalgebra (Algebra der Schaltnetzwerke): Behandlung von Problemen der meist elektrischen bzw. elektronischen Schaltnetze mit Hilfe der Booleschen Algebra. Die Schaltalgebra ist eine der möglichen Interpretationen der Booleschen Algebra. Die moderne Schaltalgebra abstrahiert also von der jeweiligen (elektrischen, neurologischen oder auch anderen) konkreten Realisierung der Bauelemente, aus denen die betreffenden Schaltungen aufgebaut sind. Sie unterscheidet sich insofern von ihrer ursprünglichen Form als *Kontaktalgebra*, bei deren Betrachtungen auch spezifisch physikalische Parameter wie Widerstandswerte, Spannungen u. ä. eine Rolle spielen. Dennoch werden zur Erhöhung der Anschaulichkeit bei der Darstellung der Schaltalgebra schaltalgebraische Zusammenhänge noch oft am Beispiel von Relaiskontaktschemata erläutert. Der schaltalgebraische Formalismus gilt aber für beliebige bistabile Schaltelemente. Im Rahmen der maschinellen Rechentechnik, einem der Hauptanwendungsgebiete der Schaltalgebra, sind an die Stelle der Relaiskontaktschaltungen längst vollkommenere Elemente in Gestalt unterschiedlicher Typen elektronischer Schaltelemente getreten (z. B. Dioden, Transistoren, miniaturisierte Bausteine usw., die bei entsprechender Schaltung unterschiedliche logische Funktionen realisieren können). Der schaltalgebraische Formalismus ist auch anwendbar, wenn es sich nicht um elektrische bzw. elektronische Bauelemente handelt; für die Lösung vieler praktischer Aufgaben der Automatisierungstechnik ist z. B. der Einsatz pneumatischer Elemente bedeutungsvoll. Schaltalgebraische Methoden können auch bei der Lösung zahlreicher Aufgaben der irgendwie gearteten Durchlässigkeit komplexer Systeme eingesetzt werden (z. B. von Gleisnetzen auf größeren Rangierbahnhöfen). Da reale Neuronen in erster Näherung ebenfalls als bistabile „Schaltelemente" angesehen werden können, lassen sich auch Neuronennetze und erst recht Netze von abstrakten Neuronen schaltalgebraisch beschreiben.
Es läßt sich zeigen, daß jeder aussagenlogische Ausdruck eine Entsprechung in der Theorie der Schaltnetzwerke hat, und umgekehrt läßt sich zu jedem in der Theorie der Schaltnetzwerke aufgebauten Schaltnetz ein aussagenlogischer Ausdruck angeben. Die nachstehende Übersicht zeigt einige der möglichen technischen Realisierungen der logischen Funktionen zweier Variabler an.

y	x_2: 0 0 L L / x_1: 0 L 0 L	Bezeichnung der logischen Funktion	Logische Gleichung	Bezeichnung des logischen Elements	Symbol	Realisierung der Funktion durch Shefferelemente	Realisierung der Funktion durch Nor-Elemente	Realisierung d. Funktion durch Und-, Oder- und Nichtelemente	Realisierung der Funktion durch Kontakte	Realisierung durch pneumatische Negatoren	Realisierung d. pneum. Negatoren u. Dioden	Gerätetechnische Realisierung der Funktionen durch Doppelmembranrelais und Oder-Glieder
y_0	0000	Kontradiktion	$y_0 = 0$	—	—	—	—	—		—	—	—
y_1	000L	Konjunktion	$y_1 = x_2 \wedge x_1$	Und-Glied (Konjunktor)								
y_2	00L0	Inhibition	$y_2 = x_2 \wedge \bar{x}_1$	Inhibitor	—					nicht rückwirkungsfrei		
y_3	00LL	Identitätsfunktion	$y_3 = x_2$	—								
y_4	0L00	Inhibition	$y_4 = \bar{x}_2 \wedge x_1$	Inhibitor	—					nicht rückwirkungsfrei		
y_5	0L0L	Identitätsfunktion	$y_5 = x_1$	—								
y_6	0LL0	Antivalenz (Disjunktion)	$y_6 = x_2 \nleftrightarrow x_1$; $y_6 = \bar{x}_2 x_1 \vee x_2 \bar{x}_1$; $y_6 = (x_2 \vee x_1)\overline{x_2 x_1}$	Antivalenzglied						nicht rückwirkungsfrei		rückwirkungsfrei; nicht rückwirkungsfrei
y_7	0LLL	Alternative	$y_7 = x_2 \vee x_1$	Oder-Glied (Alternator)								
y_8	L000	Nor-Funktion (Peirce-funktion)	$y_8 = \overline{x_2 \vee x_1}$; $y_8 = \bar{x}_2 \bar{x}_1$	Nor-Glied								

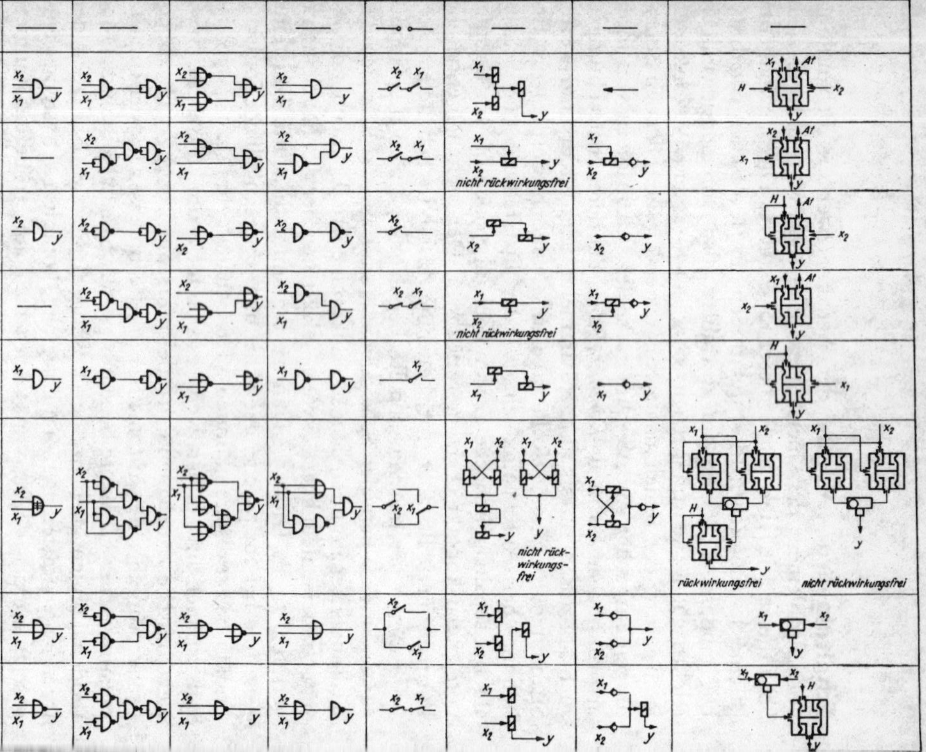

y_9	L	0	0	L	Äquivalenz	$y_9 = x_2 \leftrightarrow x_1$ $y_9 = \bar{x}_2 \bar{x}_1 \vee x_2x_1$ $y_9 = \overline{x_2 \vee x_1} \vee x_2x_1$	Äquivalenz-glied									
y_{10}	L	0	L	0	Negation	$y_{10} = \bar{x}_1$	Nicht-Glied (Negator)									
y_{11}	L	0	L	L	Jmplikation	$y_{11} = x_1 \rightarrow x_2$ $y_{11} = \overline{\bar{x}_2 x_1}$ $y_{11} = x_2 \vee \bar{x}_1$	—	—								
y_{12}	L	L	0	0	Negation	$y_{12} = \bar{x}_2$	Nicht-Glied (Negator)									
y_{13}	L	L	0	L	Replikation	$y_{13} = x_2 \rightarrow x_2$ $y_{13} = \overline{x_2 \bar{x}_1}$ $y_{13} = \bar{x}_2 \vee x_1$	—	—								
y_{14}	L	L	L	0	Nand-Funktion (Sheffer-funktion)	$y_{14} = \overline{x_2 \wedge x_1}$ $y_{14} = \bar{x}_2 \vee x_1$	Nand-Glied (Sheffer-element)									
y_{15}	L	L	L	L	Tautologie	$y_{15} = L$	—	—	—	—	—		—	—	—	

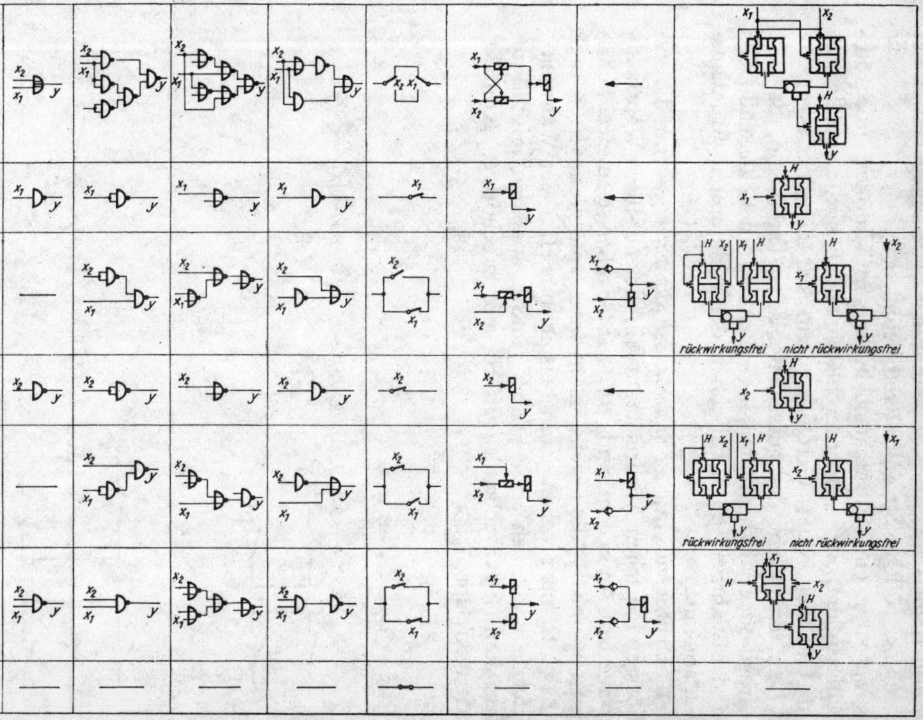

Übersicht über die logischen Grundfunktionen zweier Variabler und deren technische Realisierung (in Anlehnung an ZANDER)

Wie üblich sind dabei die Kontakte in der Lage angegeben, in der sie sich bei völliger Stromlosigkeit befinden.
Das Verhalten eines Kontaktschaltnetzes im Hinblick auf Stromdurchlässigkeit oder -nichtdurchlässigkeit hängt ausschließlich vom Geöffnet- oder Geschlossensein der einzelnen Kontakte ab. Dem entspricht der aussagenlogische Tatbestand, daß die Wahrheit oder Falschheit eines logischen Ausdrucks ausschließlich von der Wahrheit oder Falschheit der verknüpften Grundaussagen abhängt.
Zwei Schaltnetze sind *schaltalgebraisch äquivalent*, wenn die zugehörigen logischen Ausdrücke im Hinblick auf ihren Wahrheitswerteverlauf äquivalent sind. *Beispiel:* Gegeben seien zwei Schaltungen S_1 und S_2, die jeweils einem aussagenlogischen Ausdruck L_1 bzw. L_2 entsprechen. Zum Beispiel mit Hilfe der Wahrheitswertetafeln läßt sich zeigen, daß L_1 und L_2 aussagenlogisch äquivalent sind. Entsprechendes gilt für die zugehörigen Kontaktschemata S_1 und S_2.

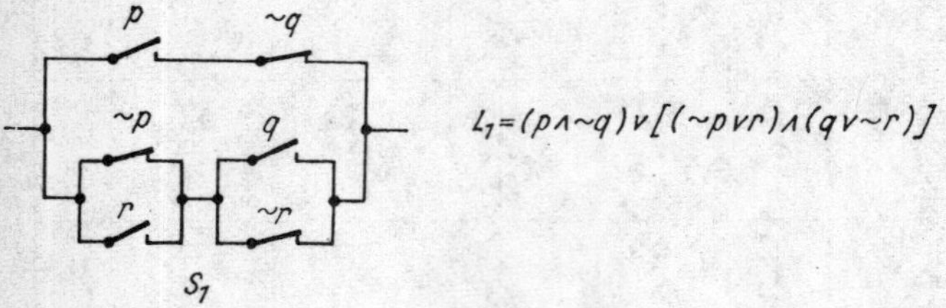

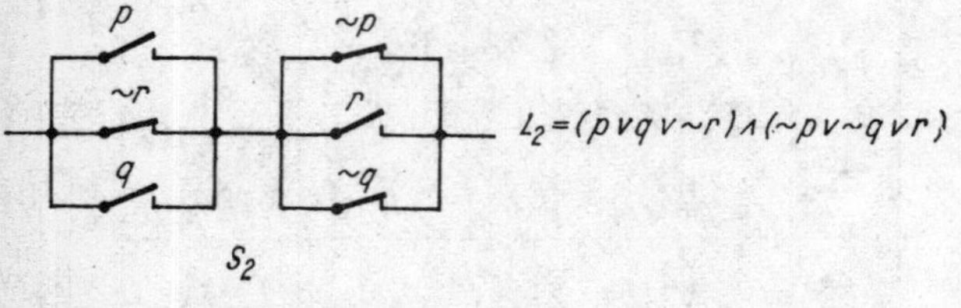

Logisch äquivalente Schaltungen

Bestehen die Schaltelemente aus Relais, handelt es sich also bei dem Netzwerk um ein Relaiskontaktschema, so kann sich für die Auswahl unter den im Prinzip möglichen unendlich vielen Schaltungen, die zu einem logischen Ausdruck gehören, beispielsweise dadurch eine Nebenbedingung ergeben, daß ein und dasselbe Relais nicht beliebig viele Kontakte haben kann. Im allgemeinen

gibt es indessen mehrere verschiedene, teils technische, teils ökonomische Nebenbedingungen, die zu berücksichtigen sind.
Die Untersuchung der Stromdurchgängigkeit oder -nichtdurchgängigkeit einer vorgelegten Schaltung nennt man auch *Analyse* der Schaltung. Soll insbesondere festgestellt werden, ob eine Schaltung bei beliebiger Stellung der Kontakte stromdurchgängig ist oder nicht, so läuft das auf eine Lösung des Entscheidungsproblems der Aussagenlogik hinaus.
Komplizierter als das Problem der Analyse von Schaltnetzen ist deren *Synthese*. Dabei geht es nicht nur darum, ein Netzwerk zu konstruieren, das für bestimmte Zustände der Schaltelemente durchlässig und für andere nicht durchlässig sein soll; vielmehr werden bestimmte Bedingungen bezüglich des *Schaltungsaufwandes* (nach der Zahl der verwendeten Elemente, der Verbindungen zwischen ihnen oder auch nach den mit dem Aufbau der gesamten Schaltung verbundenen Kosten) zusätzlich gestellt. In der Regel geht es dabei in praktischen Fällen darum, eine Minimierung des Aufwandes durchzuführen. Ein allgemein anwendbares Verfahren gibt es dafür bisher nicht. Auf jeden Fall ist das Problem der Synthese von Schaltungen im allgemeinen nur lösbar, wenn man Methoden heranzieht, die über den Bereich der Schaltalgebra bzw. der Aussagenlogik hinausgehen.
Die Aussagenlogik bzw. die Algebra der Logik reicht auch dann nicht mehr aus, wenn die Zeit in der Veränderung eines Schaltnetzes eine Rolle spielt. Alle Arten von logischen Verknüpfungsprozessen (etwa in Organismen, in Automaten, im menschlichen Gehirn) laufen in der Zeit ab. Oft ist es aber nicht zulässig, bei ihrer theoretischen Durchdringung bzw. deren Simulierung hiervon zu abstrahieren, wie dies in den elementareren Bereichen der Schaltalgebra geschieht. Daher spielen im Rahmen der Schaltalgebra in einem weiteren Sinne neben Untersuchungen auf der Grundlage der kombinatorischen (zeitunabhängigen) Logik auch Betrachtungen auf der Basis einer sequentiellen Logik eine zunehmend bedeutsamere Rolle. Außerdem laufen tatsächliche logische Schaltprozesse nicht mit der in der Aussagenlogik stillschweigend vorausgesetzten absoluten Verläßlichkeit ab; in der Regel werden die Wahrheitswerte bzw. die ihnen entsprechenden Schaltungszustände, Verknüpfungen usw. nur mit einer gewissen Wahrscheinlichkeit erreicht. Daher sind *schaltalgebraische Zuverlässigkeitsuntersuchungen* von großer praktischer Bedeutung, z. B. für die Konstruktion mittlerer und vor allem großer Digitalrechner. Allerdings hat dieser Bereich der Schaltalgebra noch

keine abgeschlossene Gestalt. Gewisse Ansatzpunkte zur Lösung der hierbei auftretenden Probleme liefern u. a. Arbeiten zur Wahrscheinlichkeitslogik.
Geschichte: Die Analogie zwischen logischen Formalismen und elektrischen Schaltkreisen wurde erstmalig von P. ERENFEST in Rußland erwähnt (1910). In der Sowjetunion wurden Ansätze für eine Schaltalgebra zuerst von W. I. SCHESTAKOW entwickelt (um 1935), Veröffentlichungen gibt es aber erst seit 1941. Die ersten zu dem Themenkreis zu rechnenden veröffentlichten Arbeiten stammen von den Japanern A. NAKASIMA und M. HANZAWA (zwischen 1935 und 1938). Die erste Veröffentlichung in den USA erfolgte erst 1938 durch C. E. SHANNON. Eine verhältnismäßig ausgereifte Arbeit über die Synthese und Analyse von Relaiskontaktschaltungen veröffentlichte in der Sowjetunion M. A. GAWRILOW im Jahre 1943. Nach dem zweiten Weltkrieg, insbesondere seit etwa 1950, erfährt das Gebiet eine intensive Ausweitung, die inzwischen zu einer umfangreichen schaltalgebraischen Literatur geführt hat.

Schaltermaschine: in Kundenbedienungssystemen eingesetztes Datenendgerät, das durch entsprechende Baugruppenkonfiguration zu einer Steuereinheit unterschiedliche Aufgaben der Datenein- und -ausgabe erfüllt. Schaltermaschinen verfügen neben Einrichtungen zur Aufzeichnung von Daten auf Datenträgern über Möglichkeiten zur Datenübertragung von und zu digitalen Rechenanlagen. Sie erlauben dadurch die sofortige Verarbeitung der von den Kunden anfallenden Daten sowie die Ausgabe von Ergebnissen und Antworten an den erforderlichen dezentralen Stellen. Schaltermaschinen sind Datenendeinrichtungen in Systemen zur Echtzeitverarbeitung bzw. zur Datenfernverarbeitung.
Spezielle Beispiele für Schaltermaschinen sind *Bankschaltermaschinen* und *Sparbuchmaschinen*. *Bankschaltermaschinen* dienen in öffentlichen Einrichtungen des Bankwesens zur Datenerfassung, zur sofortigen Verarbeitung von Geldbewegungen, zur Abfrage des Kontenstandes und zur Ausgabe der für den Kunden benötigten Belege. Sie verfügen über numerische Eingabe-Volltastatur oder Zehnertastatur, Symboltastatur (mit Abkürzungen der wichtigsten banktechnischen Begriffe), Druckwerk, Zahlenprüfeinheit, Datenträgeraufzeichnungsgerät und (bei selbständigem Einsatz, d. h. unabhängig von einer Rechenanlage) über saldierende Zählwerke. *Sparbuchmaschinen* dienen im Bankwesen speziell zur Ein-

und Ausgabe von Geld- und Kontenbewegungen und zur gleichzeitigen Beschriftung von Sparbüchern. Sie verfügen zum Unterschied von Bankschaltermaschinen über eine zusätzliche Druckeinrichtung zum Bedrucken von Sparbüchern oder Sparkarten.

Schaltung (Schaltsystem): Kopplung (Verknüpfung) von *Schaltelementen.*

Schaltelemente sind aktive Elemente eines Systems, die den Fluß der Wirkungen bzw. Informationen in dem betreffenden System freigeben, sperren oder ändern können. Die in der modernen elektronischen Technik verwendeten Schaltelemente sind Elektronenröhren, Transistoren, Ferritkerne, Widerstände, Kondensatoren usw. In den Neuronennetzen der höher entwickelten Tiere spielen Synapsen und Neuronen die Rolle von Schaltelementen.

Von besonderer Bedeutung für die maschinelle Rechentechnik sind die logischen Schaltelemente. Mit Hilfe sog. binärer Elementarglieder lassen sich alle aussagenlogischen Verknüpfungen technisch realisieren.

Jeder Schaltung liegt ein *Schaltschema* (eine Struktur) zugrunde. Es kann in Blockschaltbildern (Schaltplänen) übersichtlich dargestellt werden. Ein *Schaltplan* ist ein abstraktes Schema, das nur Symbole für Schaltelemente und für die Kopplung solcher Elemente enthält. Häufig läßt sich ein Schaltplan als Graph darstellen.

Schattenpreis (objektiv bedingte Bewertung): bei der linearen Optimierung benutzter Verrechnungspreis innerhalb eines geschlossenen Wirtschaftsbereiches (z. B. innerhalb eines Betriebes, wobei der betreffende Verrechnungspreis die Knappheit einer eingesetzten Ressource widerspiegeln kann). Die Schattenpreise stimmen mit den *Auflösungsmultiplikatoren* der durch die Begrenztheit der Ressourcen gegebenen Einschränkungen des zugehörigen linearen Optimierungsproblems für den Fall der optimalen Lösung überein. Sie sind also die Komponenten der optimalen Lösung des dualen Problems. Ist die Zielfunktion des primalen Problems der Gewinn, so gibt der Schattenpreis an, um wieviel Geldeinheiten sich der Gewinn vergrößern läßt, wenn eine Einheit der entsprechenden Ressource mehr zur Verfügung gestellt wird. Wenn eine Ressource bei der optimalen Lösung nicht voll eingesetzt wird, so ist ihr Schattenpreis gleich Null. Der Schattenpreis weicht im allgemeinen vom Planpreis und auch von dem sich herausbildenden Marktpreis ab. Er ist eine objektive Bewertung der

Ressource, die sich nur auf das gegebene lineare Optimierungsproblem bezieht.

Schlupfvariable (Bilanzierungsvariable): Komponente des sog. *Schlupfvektors* (Bilanzierungsvektors), der als mathematische Hilfsgröße eingeführt wird, um die Einschränkungen, die im Falle eines Problems der linearen Optimierung den Charakter von Ungleichungen haben, so umzuformulieren, daß an die Stelle der Ungleichung

$$\sum_{k=1}^{n} a_{ik} x_k \leqq b_i \quad (i = 1, 2, \ldots, m)$$

bzw. $\mathbf{Ax} \leqq \mathbf{b}$ (Vektorschreibweise)
die Gleichung

$$\mathbf{Ax} + \mathbf{u} = \mathbf{b}$$

tritt.
Die übrigen Nebenbedingungen (Einschränkungen) und die Zielfunktion müssen dann ebenfalls neu formuliert werden.
Beispielsweise mögen in die Zielfunktion die Variablen x_1 und x_2 eingehen, und es möge die Einschränkung

$$x_1 + 2x_2 \leqq 10$$

gelten. Diese Einschränkung läßt sich durch Einführung der Schlupfvariablen u_1 in die Gleichung

$$x_1 + 2x_2 + u_1 = 10$$

überführen. Die Schlupfvariable gibt also an, um wieviel sich die linke Seite der Ungleichung von der rechten unterscheidet.
Für die Schlupfvariable u_1 ist jetzt zu fordern:

$$u_1 \geqq 0;$$

in die Zielfunktion geht die Schlupfvariable mit dem Koeffizienten 0 ein.

Schluß (logischer Schluß, Ableitung, Beweis): Ableitung von Aussagen aus anderen Aussagen, insbesondere aus Axiomen. Sind die Aussagen, von denen ausgegangen wird (auch *Prämissen*

genannt), *wahre* Aussagen , so nennt man einen solchen Schluß auch *Beweis*. Zur Durchführung von Schlüssen bedarf es einer oder mehrerer sog. *Schlußregeln*. Die Schlußregeln sind meistens die der zweiwertigen Logik. Als Beispiel führen wir die Abtrennungsregel (*Modus ponens*) an: Aus den Aussagen p und $p \to q$ kann man die Aussage q herleiten. In diesem Falle heißen p und $p \to q$ die Prämissen der Schlußregel. Wenn es sich nicht um gesonderte Untersuchungen handelt, sind Schlußregeln von folgender Art: Sind die Prämissen der Schlußregel *wahr*, so gilt das auch für die Konklusion, d. h. die abgeleitete Aussage.
Um zu prüfen, ob eine Aussage q aus den Prämissen $p_1, p_2, \ldots, p_n$ folgt, benutzt man die Beziehung $(p_1 \wedge p_2 \wedge \cdots \wedge p_n) \to q$. Ist dieser Ausdruck im Sinne der Aussagenlogik *allgemeingültig*, so ist erwiesen, daß die Aussage q aus diesen Prämissen folgt.
Gebiete der Logik, die über die Aussagenlogik hinausgehen, benötigen kompliziertere Schlußregeln. Die einfachsten Schlüsse der Prädikatenlogik sind die *klassischen aristotelischen Schlüsse*. Wir geben ein einfaches Beispiel eines aristotelischen Schlusses in formaler Schreibweise an:

Aus $\forall x\, [S(x) \to M(x)]$ und $\forall x\, [M(x) \to P(x)]$
folgt $\forall x\, [S(x) \to P(x)]$.

In traditioneller Schreibweise:

$$\begin{array}{ll} S \text{ a } M & \text{(1. Prämisse)} \\ \underline{M \text{ a } P} & \text{(2. Prämisse)} \\ S \text{ a } P & \text{(Schlußsatz)} \end{array}$$

Neben den hier charakterisierten *deduktiven Schlüssen* spielen vor allem in den empirischen Wissenschaften die *reduktiven Schlüsse* eine wesentliche Rolle.
Nach dem Gesagten könnte es so scheinen, als sei das Problem der Ableitbarkeit einer Aussage aus vorgegebenen Prämissen immer im positiven oder negativen Sinne lösbar: Man bildet die oben angeführte Konjunktion von Prämissen und sieht zu, ob sie mit dem zu beweisenden Schlußsatz impliziert oder nicht. Im ersten Fall ist das Problem im positiven Sinne gelöst und der Beweis geführt, im anderen Fall ist nachgewiesen, daß sich der Schlußsatz aus diesen Prämissen nicht ableiten läßt. Diese Überlegung trifft aber leider nur auf die elementarsten Gebiete der Logik zu. So ist das Problem in der Aussagenlogik stets (mit Hilfe von Normal-

formen oder Wahrheitswertetafeln) lösbar. In reichhaltigeren Gebieten der Logik dagegen gibt es kein allgemeines Entscheidungsverfahren (nach den Sätzen von K. GÖDEL und A. CHURCH). Dort können solche Beweise bzw. Ableitungen nur unter Zuhilfenahme heuristischer Verfahren gefunden werden, wobei entsprechende Bemühungen keine Gewähr für einen Erfolg geben. In kybernetischer Sicht ist es besonders bemerkenswert, daß es gelungen ist, elektronische Rechenautomaten zu entwickeln, die in der Lage sind, logische Beweise nachzuprüfen. Neuerdings wurden sogar Maschinen konstruiert, die durch den Einbau heuristischer Prinzipien und die Anwendung der Versuch-und-Irrtum-Methode logische Beweise aufzufinden vermögen. Zwar handelt es sich dabei vorerst noch lediglich um den Beweis von Sätzen, deren Beweisgang bekannt ist und insofern um Experimente; es kann aber nicht ausgeschlossen werden, daß mit den Fortschritten in der maschinellen Rechentechnik schließlich auch neue, automatische Beweisführungen gelingen können.

schreibschrittabhängige Programmierung (wagenschrittabhängige, druckbewegungsabhängige Programmierung): Form der Programmierung für schreibende (druckende) Büromaschinen oder periphere Geräte von Datenverarbeitungsanlagen. Die programmierten Funktionen werden dabei automatisch in Abhängigkeit vom Erreichen definierter Schrittstellen des Schreibwagens bzw. des Schreibwerks ausgelöst. Als Programmträger finden Steuerschienen, Programmtafeln, Trommeln oder ähnliche Elemente Verwendung.
Im Gegensatz dazu werden bei einer *schreibschrittunabhängigen Programmierung* (wagenschrittunabhängigen, druckbewegungsunabhängigen Programmierung) die programmierten Funktionen unabhängig von der augenblicklichen Schreibstellung des Geräts durch die Bedienung ausgelöst. Das wird z. B. für die Eingabe konstanter Daten oder Befehlsfolgen durch manuell gestartetes Einlesen von Datenträgern realisiert.

Segmentierung: Gliederung eines Programms in Teile (*Segmente*), die möglichst wenig Verbindungen miteinander haben. Das ermöglicht es, mit relativ kleinem Arbeitsspeicher Programme zu verarbeiten, die als Ganzes in ihm keinen Platz finden. Die Segmente werden entweder durch ein ständig im Speicher befindliches *Rumpfsegment* oder über das Betriebssystem in den Arbeitsspeicher geholt. Dabei befinden sich immer nur die zur Arbeit

gerade benötigten Segmente im Arbeitsspeicher, während die restlichen auf einem äußeren Speicher mit Direktzugriff stehen. Von dort können sie entweder in fest geplanter Reihenfolge oder nach Bedarf in den Arbeitsspeicher geholt werden, wobei sie dort andere, vorher verarbeitete Segmente überlagern. Daher wird verschiedentlich die Segmentierung als *Überlagerungstechnik* bezeichnet.
Schwierig ist die Gestaltung der Querbeziehungen zwischen den einzelnen Segmenten bezüglich Programmverzweigung und Datenvermittlung. Ungünstige Unterteilungen und schlechte Auswahl zwischen solchen Segmenten, die längere Zeit im Speicher stehen sollen, und solchen, die sofort nach Verarbeitung wieder überlagert werden, führt zu einem höheren Anteil an Umspeicherungszeiten während des Programmablaufs. Solche Effekte treten bei *automatischer Segmentierung* eines Programms durch das Betriebssystem im Zusammenhang mit Multiprogramming und Time-sharing auf. Dort wird der Arbeitsspeicher in vorgegebene Abschnitte (*pages*, *partitions*) zerlegt, die den gleichzeitig laufenden Programmen zur Verfügung stehen und eine willkürliche Unterteilung der Programme erfordern.

Arbeitsspeicher

Betriebssystem	
Segment 1	Segment 2
Segment 5	Segment 8
Daten	

Programm

Segment 1	Segment 2
Segment 3	Segment 4
Segment 5	Segment 6
Segment 7	Segment 8
Segment 9	Segment 10

Abarbeitung eines segmentierten Programms mit einem in Seiten (pages) geteilten Speicher

selbstorganisierendes System: kybernetisches System, das fähig ist, sich in seiner jeweiligen Umwelt erforderlichenfalls auch durch Änderungen seiner Struktur (seiner inneren Organisation) zu behaupten. So können selbstorganisierende Systeme in der Lage sein, ihre Struktur zu verbessern, um größere Stabilität zu erreichen, ihr inneres Milieu besser und zweckmäßiger gegen Störungen aus der Umwelt zu verteidigen oder gegen Ab-

nutzungserscheinungen im Innern zu schützen. Der Begriff des selbstorganisierenden Systems wird oft als Oberbegriff zu Begriffen wie selbstreparierendes System, lernendes System, selbstreproduzierendes System u. ä. gebraucht.
Ein einfaches Modell eines selbstorganisierenden Systems ist der Homöostat, der sogar in der Lage ist, bestimmte zufällige Änderungen seiner inneren Struktur, die durch Eingriff von außen vorgenommen wurden, zu überwinden und sich unter Anwendung von Versuch und Irrtum eine neue Struktur aufzubauen, die geforderte Funktionen wieder erfüllt.
Typische Vertreter selbstorganisierender kybernetischer Systeme sind die lebenden Organismen, die die Fähigkeiten selbstreparierender, selbstreproduzierender, lernender und sich höher entwickelnder Systeme in sich vereinigen.
Die höheren Formen selbstorganisierender Systeme sind sämtlich zugleich hochkomplexe Systeme, wobei diese beiden Begriffe – kybernetisch gesehen – nur zwei Seiten ein und derselben Sache erfassen; nämlich die Art der inneren Organisation der betreffenden Systeme einerseits und die zugehörige Zusammengesetztheit aus Teilsystemen bzw. Elementen andererseits: hochkomplexe Systeme im Sinne der Kybernetik sind nie bloße Anhäufungen (sozusagen zufällige Konglomerate) von Teilsystemen, zwischen denen zufällige Wechselwirkungen bestehen, sondern dynamische Systeme mit gesetzmäßig gebildeter innerer Organisation. Selbstorganisierende Systeme repräsentieren eine spezifische dialektische Einheit von quantitativen und qualitativen objektiven Gegebenheiten. Daher haben auch die im Rahmen der Kybernetik erfolgenden Untersuchungen selbstorganisierender Systeme dialektisch-materialistischen Charakter und sind mit jeder Form des Mechanizismus unvereinbar.

selbstreparierendes System: technisches kybernetisches System mit der Fähigkeit, durch Einwirkung von Störungen oder durch Abnutzung ausgefallene Teilsysteme (bzw. Bauelemente) durch Einschaltung von Reservesystemen selbständig zu ersetzen. Selbstreparierende Systeme können als spezielle selbstorganisierende Systeme angesehen werden.
Systeme, die fähig sind, sich selbst zu reparieren, müssen über Kontrollmechanismen verfügen, durch die der Ausfall der Teilsysteme angezeigt wird. Nach der Anzeige wird ein gespeichertes Programm für die Umschaltung auf Reservesysteme abgearbeitet, das diesen Prozeß lenkt.

Die theoretischen Probleme selbstreparierender Systeme werden zum größten Teil im Rahmen der Zuverlässigkeitstheorie untersucht. Dabei steht im Vordergrund der Betrachtungen heute noch die Frage, wie durch strukturelle Redundanz und geeignete Mechanismen die rechtzeitige Einschaltung von Reservesystemen (Ersatzsystemen) gesichert werden kann. Eine Selbstreparatur in dem Sinne, daß ausgefallene Teilsysteme teilweise oder gar vollständig aus Materialien in der Umgebung des Systems wieder aufgebaut oder selbsttätig ausgetauscht werden, gibt es bisher noch nicht bzw. ist Gegenstand rein theoretischer Betrachtungen. Analoge Prozesse der letzten Art sind dagegen in vielfältigen Formen als *Selbstregeneration* (Regeneration) von manchen Teilsystemen lebender Organismen bekannt (z. B. bei der Wundheilung).
→ Zuverlässigkeit

selbstreproduzierendes System: kybernetisches System, das fähig ist, aus Bauelementen (Stoff, Energie, Organisation), die in der Umgebung bzw. in Teilsystemen zur Verfügung stehen, ein Duplikat seiner selbst aufzubauen.
Alle lebenden Systeme sind selbstreproduzierende Systeme in diesem Sinne. Diese Einsicht gehört zu den frühesten Erkenntnissen der biologischen Wissenschaft. Die Untersuchung der biologischen Besonderheiten solcher selbstreproduzierender Systeme ist heute Gegenstand der Genetik, Molekularbiologie, Embryologie und anderer Disziplinen der Biologie. Spezifisch kybernetische Aspekte ergeben sich dabei vor allem in bezug auf die informationellen Gegebenheiten biologischer Selbstreproduktion und auf deren allgemeine systemtheoretische Voraussetzungen.
Jede Selbstreproduktion eines Systems ist daran gebunden, daß die gesamte für den Aufbau eines Duplikats erforderliche Information, die den Charakter eines Programms für die Herstellung des Duplikats hat, in geeigneter Form gespeichert werden kann. Bei der biologischen Selbstreproduktion hat sich die Desoxyribonukleinsäure (DNS) als Träger dieser Information nachweisen lassen, und die Genetik konnte bereits viele Besonderheiten des genetischen Kodes aufdecken, der der Verschlüsselung der Erbinformation zugrunde liegt. Die Zuordnung von Merkmalen des entwickelten Organismus zu Strukturen der DNS ist aber noch längst nicht in allen Einzelheiten bekannt. Noch schwerer sind die komplizierten, sich in den jeweiligen lebenden Systemen vollziehenden biochemischen Prozesse zu durchschauen, die den gesamten Vorgang der Duplikation beherrschen. Diese Gegeben-

heiten sind aber Gegenstand intensiver biologischer Forschung, deren Ergebnisse auch auf die diesbezüglichen Untersuchungen im Rahmen der Kybernetik Einfluß nehmen werden.
Kybernetisch interessant ist auch die außerordentlich hohe Speicherdichte des genetischen Materials. Während die heutige Magnetbandtechnik auch bei der Anwendung fortgeschrittenster Verfahren kaum mehr als 150 bit/mm zu erreichen vermag, beträgt die lineare Speicherdichte in den Genen $3 \cdot 10^6$ bit/mm.
Ein anderer wichtiger kybernetischer Aspekt der Selbstreproduktion betrifft deren allgemeine systemtheoretische Voraussetzungen. Während die biologischen Wissenschaften danach trachten, die spezifischen Eigenheiten der biologischen Selbstreproduktion aufzudecken, stellt die Kybernetik die allgemeine Frage, unter welchen Bedingungen *überhaupt* die Selbstreproduktion (und evtl. auch die Höherentwicklung) von dynamischen Systemen möglich wird, die aus wohldefinierten, abstrakten Elementen bestehen.
Bisherige Untersuchungen zur Beantwortung dieser Frage bedienen sich der Methoden und der Sprache der kybernetischen Theorie der Automaten, weshalb die Frage gewöhnlich so formuliert wird: Ist ein Automat denkbar oder gar technisch realisierbar, der seinesgleichen produziert? Noch bis zur Mitte unseres Jahrhunderts war die Überzeugung verbreitet, daß es einen solchen Automaten nicht geben könne, da der Automat, der einen anderen Automaten produziert, stets einen größeren Informationsgehalt haben müsse als der erzeugte Automat. Der Informationsgehalt des erzeugenden Automaten einschließlich des Informationsgehalts des Erzeugungsprogramms ist nach dieser Überlegung stets größer als der Informationsgehalt des Erzeugnisses; ein Automat könnte, so gesehen, stets nur primitivere Automaten bauen. J. v. NEUMANN hat jedoch gezeigt (1950), daß dies nur für Automaten gilt, die unterhalb einer gewissen Stufe der Komplexität liegen.
Überlegungen ähnlicher Art wurden schon vorher im Zusammenhang mit der sog. Turingmaschine angestellt. Das Wesen einer Turingmaschine ist durch den Inhalt ihres Speichers bestimmt. Wird dieser Speicherinhalt auf das Band einer zweiten Turingmaschine übertragen, so nimmt diese den Charakter einer Reproduktion der ersten an. Ausgehend von Gedankengängen dieser Art, wie sie von A. M. TURING entwickelt wurden, hat J. v. NEUMANN einen abstrakten Automaten entworfen, der die Fähigkeit der Selbstreproduktion besitzt. Dieser „Automat“ ist eine

komplexe Anordnung von Quadraten, die die Elemente (v. NEUMANN nennt sie „Zellen") dieses Systems darstellen und deren Zahl die Komplexität des Automaten festlegt. Es gibt drei Arten von Elementen in diesem System: Elemente der logischen Steuerung bzw. der Informationsspeicherung, Elemente, die Impulse übertragen, und Elemente, die die Rolle von Effektoren spielen und in der Lage sind, aus dem Reservevorrat an noch nicht eingesetzten Elementen aus der Umgebung der Maschine zusätzliche Elemente heranzuholen, ihnen eine bestimmte Aufgabe zu übertragen und sie in das logische Gesamtsystem der Maschine einzufügen. Die Elemente der logischen Steuerung sind auch imstande, nicht mehr benötigte Teile des Automaten wieder abzubauen. v. NEUMANN hat den Grad der Komplexität, der notwendig ist, um diese Aufgaben zu erfüllen, errechnet. Der kritische Wert liegt bei etwa 10^5 Elementen.
Es ist klar, daß diese abstrakten Überlegungen nicht dazu angetan sind, etwa Produktionsautomaten zu entwerfen und zu bauen. Darin lag aber auch gar nicht ihr Sinn. Die Diskussion der Ergebnisse solcher Überlegungen trägt aber zur Entwicklung der Grundlagenforschung im Bereich der Automatentheorie bei und kann in gewissem Umfange dazu dienen, mathematisch-logische Modelle für biologische Vererbungs- und Evolutionsprozesse zu entwickeln. Auch philosophisch gesehen sind die von v. NEUMANN gewonnenen Resultate bedeutungsvoll, liefern sie doch einen überzeugenden mathematischen Beweis dafür, daß Selbstreproduktion sogar mit vergleichsweise einfachen Mitteln möglich ist; für irgendwelche übernatürlichen Vorgänge im Sinne idealistischer Anschauungen ist hier kein Platz.
→ selbstorganisierendes System → Vererbung

Selektion (Auslese): Vorgang, der nach CH. DARWIN den Entwicklungsstand der Organismen in letzter Instanz bestimmt.
Im Prozeß der Vererbung werden durch Mutation ständig Veränderungen in den Desoxyribonukleinsäuren (DNS) erzeugt, die zur Ausbildung unterschiedlicher Individuen mit unterschiedlichen Merkmalen führen. Manche dieser zufällig erzeugten Veränderungen sind für den Organismus vorteilhaft, andere schädlich. Die Chancen für das Überleben bei der Auseinandersetzung mit der Umwelt sind also verschieden. Spieltheoretisch ausgedrückt ist die in den DNS gespeicherte Erbinformation eine programmierte Strategie. Im Prozeß der Selektion setzen sich die besten Strategien gegenüber den schlechteren durch. So entstehen

Organismen, die für die Auseinandersetzung mit der Umwelt zunehmend besser geeignet sind.
Die Änderungen der Struktur, die mit diesen Vorgängen verbunden sind, machen das Wesen der Höherentwicklung aus. Die Anwendung der kybernetischen Informationstheorie und Systemtheorie eröffnet die Möglichkeit, einige der Lücken der ursprünglichen Darwinschen Selektionstheorie bei der Erklärung des Vorgangs der organischen Höherentwicklung zu schließen. Sie kann damit auch zu dem Beweis beitragen, daß sich die Stammesgeschichte der Organismen ausschließlich durch materielle Vorgänge erklären läßt, also keiner zusätzlichen Hypothesen im Sinne der Teleologie, irgendwelcher idealistischer Theorien der Ganzheit o. ä. bedarf.

Semiotik: allgemeine Lehre von den sprachlichen Zeichen und Zeichenreihen. Sie hat vier Aspekte: Der *syntaktische Aspekt* bezieht sich auf die Beziehungen zwischen Zeichen und anderen Zeichen bzw. zwischen Zeichenreihen und anderen Zeichenreihen. Der *semantische Aspekt* behandelt die Beziehungen zwischen den Zeichen und ihren Bedeutungen. Der *pragmatische Aspekt* untersucht die Beziehungen zwischen den Zeichen und den Schöpfern, Sendern und Empfängern von Zeichen. Der *sigmatische Aspekt* behandelt die Beziehungen zwischen den Zeichen und dem, was sie bezeichnen.

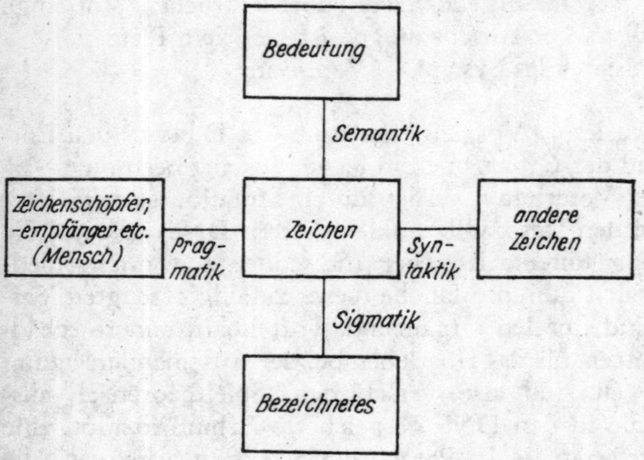

Die vier Aspekte der Semiotik

Die drei hauptsächlichen Aspekte der Semiotik haben zur Herausbildung dreier entsprechender Teildisziplinen geführt: der *Syntaktik*, *Semantik* und *Pragmatik*.

Die Semiotik untersucht nicht konkrete Sprachen, sondern sie beschäftigt sich mit Sprachen schlechthin, insbesondere mit formalisierten Sprachen. Im Sinne der Semiotik ist eine Sprache aus zwei Bestandteilen aufgebaut: aus einer Menge von Zeichen und aus Regeln, die angeben, wie aus Zeichen Wörter konstruiert werden können. Der Begriff des Wortes ist in diesem Zusammenhang selbst ein abstrakter Begriff, der den Wortbegriff der natürlichen Sprache nur als Spezialfall enthält. Zum Beispiel ist ein logischer Ausdruck – etwa $(p \vee q) \rightarrow r$ – in diesem Sinne ein „Wort". Eine abstrakte *mathematische Semiotik* wurde auf der Basis der Theorie der Halbgruppen aufgebaut.

Die *Syntaktik* untersucht die Syntax von Sprachen. Dabei ist eine *Syntax* im Sinne der Semiotik jedes System von Regeln einer Sprache, das festlegt, wie aus einem gegebenen Ensemble von Grundelementen (sprachlichen Zeichen) die zulässigen bzw. gültigen Ausdrücke oder Sätze der Sprache zu bilden oder umzuformen sind. Häufig unterscheidet man dabei nicht zwischen gültigen bzw. zulässigen Ausdrücken und solchen, die dies nicht sind, sondern zwischen beliebigen Zeichenreihen und einer ausgezeichneten Teilmenge aus dieser Menge, den sog. *Ausdrücken*.

Nach einer weitverbreiteten Auffassung der modernen Wissenschaftstheorie kann jede Syntax einer Sprache als formales System aufgebaut werden und umgekehrt jedes formale System als Syntax einer Sprache betrachtet werden. Eine so aufgefaßte *logische Syntax* muß vor allem zwei Teilmengen von Regeln enthalten: *Formations-* oder *Bildungsregeln* und *Transformations-* oder *Schlußregeln*. Die *Formationsregeln* geben an, wie man Zeichenreihen erzeugen kann, die gültige Ausdrücke sind, bzw. wie man bei vorgegebenen Zeichenreihen entscheiden kann, ob ein gültiger Ausdruck vorliegt oder nicht. Die *Transformationsregeln* legen fest, wie man von gültigen Zeichenreihen zu anderen gültigen Ausdrücken gelangen kann.

Wird die Menge der Ausdrücke axiomatisiert, so legen die Transformationsregeln die Menge aller aus den Axiomen ableitbaren Ausdrücke fest. Im Fall einer axiomatisierten wissenschaftlichen Theorie ist das dann die Menge aller aus den Axiomen ableitbaren Theoreme. Die Syntax bestimmt demnach alle rein formalen Operationen, die mit den Ausdrücken einer Sprache vorgenommen werden können. Sie spielt besonders in der mathematischen Logik eine zentrale Rolle, weil dort die Bedeutung durch präzise semantische Interpretationsregeln für die Elementarzeichen festgelegt wird und damit die Bedeutung von komplizierten Ausdrücken durch rein syntaktische Operationen entschieden werden kann.

Bei *natürlichen Sprachen* versteht man unter der Syntax das System von Regeln, das die Bildung von Strukturen sog. *wohlgeformter Sätze* (oder *Ausdrücke*) festlegt. Allerdings ist dort die Beziehung der syntaktischen Struktur sowohl zur aktuellen Zeichenreihe (z. B. Lautfolge) wie zur Bedeutung des Satzes komplizierter als in künstlichen Sprachen, so daß die Syntax natürlicher Sprachen wesentlich komplizierter aufgebaut ist. In *formalisierten bzw. künstlichen Sprachen* müssen die syntaktischen Regeln vollständig sein, da hier – zum Unterschied von den Verhältnissen bei natürlichen Sprachen – der Rückgriff auf semantische bzw. pragmatische Überlegungen nicht möglich ist. In der formalisierten Aussagenlogik beispielsweise wird durch eine rekursive Definition festgelegt, wie die sinnvollen logischen Ausdrücke aus den Grundzeichen aufgebaut werden können und wie man entscheiden kann, ob eine beliebige Zusammenstellung aus logischen Grundzeichen (Aussagenvariablen, aussagenlogischen Konstanten usw.) ein sinnvoller logischer Ausdruck ist oder nicht. Die Schlußregel und die Einsetzungsregel der Aussagenlogik stellen in diesem speziellen Fall die Transformationsregeln dar.

Syntaktische Untersuchungen sind besonders wichtig bei der Konstruktion von Programmiersprachen für Digitalrechner.

Die klassische Informationstheorie muß unter den Gesichtspunkten der allgemeinen Semiotik zum Bereich der syntaktischen Untersuchungen gerechnet werden. Wenn z. B. vom Informationsgehalt eines Zeichens gesprochen und diese Redeweise nicht weiter spezifiziert wird, so ist damit der *syntaktische* Informationsgehalt gemeint. Auf die syntaktische Struktur eines Ensembles von Zeichen bezieht sich auch die Shannonsche Formel für den mittleren Informationsgehalt eines Zeichens innerhalb eines Zeichenensembles.

Belegen wir die Zeichen, Relationen usw. eines formalen Systems, einer Syntax, mit konkreten Bedeutungen, so erhalten wir eine sog. *Interpretation* oder ein *Modell* der syntaktischen Struktur. Ein und dieselbe syntaktische Struktur kann die verschiedenartigsten Modelle in diesem Sinne haben. Darauf beruht letztlich die Tatsache, daß man Zusammenhänge, Beziehungen, Prozesse usw. aus den verschiedenartigsten Bereichen auf elektronischen Rechenmaschinen simulieren kann.

Die *Semantik* als Teilgebiet der allgemeinen Semiotik hat es mit den möglichen inhaltlichen Deutungen abstrakter Systeme von Zeichen zu tun.

Die Beziehung zwischen sprachlichen Zeichen und den Dingen, die sie bezeichnen, nennt man auch die sigmatische Beziehung, und das Teilgebiet der Semiotik, das sich damit beschäftigt, *Sigmatik*. Meist wird aber die Sigmatik zur Semantik gezählt. Die philosophische Bedeutung der Sigmatik besteht darin, daß die Semiotik erst durch sie eine unmittelbare materialistische Begründung erfährt.

Nach der materialistischen Abbildtheorie ist die Bedeutung eines Wortes durch den Begriff gegeben, den dieses Wort ausdrückt; ebenso wie die Bedeutung eines Aussagesatzes durch die Aussage gegeben ist, die er beinhaltet.

Eine wichtige Aufgabe der Semantik besteht in der Präzisierung der Forderungen, die an die Konstruktion künstlicher Sprachen gestellt werden müssen. Dies ist von Bedeutung, wenn im Rahmen der technischen Anwendung der Kybernetik Programmiersprachen aufgestellt werden müssen – eine Aufgabe, die sich nicht nur auf den syntaktischen Aspekt der betreffenden Sprachen bezieht. Die Beziehung zwischen den benutzten Symbolen und den bezeichneten Objekten muß vielmehr so gestaltet sein, daß die Symbole selbst schon eine gewisse Suggestivwirkung ausüben und es dem Programmierer unter informationspsychologischen und informationspädagogischen Aspekten erleichtern, entsprechende Programme aufzustellen bzw. aufgestellte Programme zu verstehen. Beispiele hierfür sind etwa die Programmiersprachen ALGOL, FORTRAN, COBOL und andere.

Semantische Beziehungen lassen sich heute auch maschinell imitieren. Nach dem allgemeinen methodischen Postulat der Kybernetik sind sie also mit Hilfe kybernetischer Begriffe darstellbar. Es kann dies etwa mit Hilfe der Lernmatrizen nach K. STEINBUCH geschehen, und zwar unter der Voraussetzung, daß bereits ein Lernprozeß stattgefunden hat. Die Beziehung zur Semantik wird unmittelbar einsichtig, wenn man zu sog. geschichteten Lernmatrizen im Sinne STEINBUCHS übergeht. Einer ersten Matrix kann dabei ein Satz von Eigenschaften angeboten werden, der bestimmte Schriftzeichen charakterisiert (mit Hilfe geometrischer Gestalten, bestimmter Schwarzweißverteilungen usw.). Durch eine Extremwertschaltung werden die Zeichengestalten (dies im allgemeinen Sinne der Semiotik aufgefaßt) bestimmt. Aus den Zeichengestalten wird die Bedeutung der Schriftzeichen gewonnen. Eine weitere Matrixschaltung ermittelt schließlich die Bedeutung der Wörter. Damit ist im Prinzip eine maschinelle Darstellung der Beziehung zwischen Zeichen und ihren Bedeutungen erreicht. Allerdings stehen entsprechende konkrete technische Realisierungen noch in den Anfängen.

Die Semantik als allgemeine Disziplin der Wissenschaftsmethodologie kann auf große Erfolge hinweisen. Mit ihrer Hilfe war es möglich, die semantischen Antinomien aufzulösen. Viele grundsätzliche Probleme der Philosophie und der Einzelwissenschaften haben sich als semantische Probleme erwiesen (z. B. der Begriff der Gleichzeitigkeit in der speziellen Relativitätstheorie). Die Semantik konnte eine Reihe philosophischer und einzelwissenschaftlicher Probleme dadurch auflösen, daß sie diese Probleme als Scheinfragen erkannte. Der positivistische Mißbrauch der Semantik, der u. a. in der Erklärung bestand, daß der größte Teil des klassischen Problembestandes der Philosophie Scheinfragen seien (z. B. auch die Grundfrage der Philosophie), muß allerdings zurückgewiesen werden.

Der Terminus „Semantik“ wird in der Literatur mit verschiedenen, zwar inhaltlich zusammenhängenden, aber nicht völlig identischen Bedeutungen benutzt. *In der allgemeinen Sprachwissenschaft* dient er zur Kennzeichnung der Lehre von den Wortbedeutungen. In der *mathematischen Grundlagenforschung* bezeichnet er einen Teilbereich, der es mit Problemen der Wahrheit, der Allgemeingültigkeit von Ausdrücken, der Beweisbarkeit usw. zu tun hat. *In der philosophischen Semantik* geht es um die philosophisch-erkenntnistheoretische Problematik der Beziehung zwischen den Wörtern und den Begriffen, die ihre Bedeutung ausmachen sowie zwischen Wörtern und dem, was sie bezeichnen. *In der mathematischen Grundlagenforschung* heißt das, sinngemäß angewandt, Darstellung des Inhalts eines abstrakten Kalküls in einer Metasprache.

Die *Pragmatik* untersucht die unterschiedlichen, innerlich zusammenhängenden Funktionen von Sprachen, insbesondere ihre *Symbolfunktion*, *Symptomfunktion*, *Signalfunktion* und *Bewertungsfunktion*. Wenn zum Zwecke der Analyse die einzelnen Funktionen auch oft voneinander getrennt behandelt werden, so darf ihr Zusammenhang nie völlig außer acht gelassen werden.

Die Sprache hat eine *Symbolfunktion*, d. h., sie ist Mittel, um Sachverhalte und Ereignisse usw. zu beschreiben; sie hat eine *Symptomfunktion*, d. h., sie drückt Gefühle, Empfindungen (Haß, Liebe,

Zustimmung, Ablehnung) aus; sie hat eine *Signalfunktion*, d. h., sie soll beim Empfänger der Zeichen ein bestimmtes Verhalten erzeugen, wobei dieses Verhalten zunächst durch die Einwirkung der Zeichen zu einer Änderung der Denkweise, der Gefühle, der Stimmungen usw. führen kann, was dann seinerseits zu einer Änderung der Verhaltensweise führt. Endlich hat die Sprache eine *Bewertungsfunktion*, d. h., es ist möglich, mit ihrer Hilfe Zustände, Verhaltensweisen, Denkweisen usw. mit solchen Prädikaten wie „gut", „schlecht", „nützlich", „schädlich" usw. zu charakterisieren.
Aus dem Gesagten folgt, daß eine wissenschaftlich betriebene Pragmatik soziologische, sprachpsychologische, verhaltenspsychologische u. a., vor allem aber historisch-materialistische Analysen voraussetzt bzw. ständig verwenden muß. Da es die Kybernetik mit Verhaltensweisen von Systemen zu tun hat (u. a. auch von biologischen und gesellschaftlichen Systemen), spielt die Pragmatik als Hilfsdisziplin kybernetischer und informationstheoretischer Untersuchungen eine gewisse Rolle.
Zwischen den hauptsächlichen Aspekten von sprachlichen Zeichen, dem syntaktischen, dem semantischen (unter Einschluß des sigmatischen) und dem pragmatischen Aspekt, bestehen neben den Besonderheiten, die eine Konstituierung der genannten drei Teilgebiete der Semiotik begründen, auch wesentliche Zusammenhänge und dialektische Beziehungen.

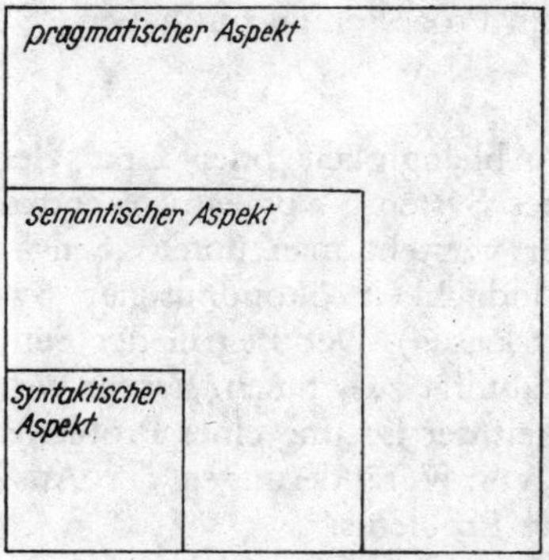

Beziehungen zwischen den wesentlichen Zeichenaspekten (schematisch)

Dabei ist der pragmatische Aspekt der umfassende, der den semantischen und den syntaktischen Aspekt einschließt. Das bedeutet, daß pragmatische Probleme mindestens auf drei wesentlichen Ebenen auftreten: auf der Ebene der Syntaktik, der Ebene der Seman-

tik und auf der Ebene der Systeme, zwischen denen die Zeichenbeziehungen bestehen. Dementsprechend kann man z. B. zwischen dem *pragmatischen Aspekt der syntaktischen Zeichenfunktion*, dem *pragmatischen Aspekt der semantischen Zeichenfunktion* und dem *pragmatischen Aspekt der pragmatischen Zeichenfunktion* unterscheiden. Ähnliche Beziehungen bestehen auch zwischen dem semantischen und dem syntaktischen Aspekt der Zeichen. So kann man z. B. auch vom *semantischen Aspekt der syntaktischen Zeichenfunktion* sprechen; denn die Semantik eines Satzes ergibt sich z. B. nicht allein aus der Summe der Bedeutungen der einzelnen Wörter, aus denen sich der Satz bildet, sondern hängt auch mit der Struktur des Satzes zusammen. Es ist wichtig, diese Dialektik in den Beziehungen zwischen den Zeichen und ihren Aspekten zu kennen, um das Wesen von Informationen und von informationellen Prozessen, besonders bei gesellschaftlichen Kommunikationsprozessen, richtig verstehen zu können.
Die Semiotik mit ihren Teildisziplinen nimmt heute im Rahmen der marxistisch-leninistischen Gesellschaftswissenschaften einen festen Platz ein. Das erreichte sie, indem sie sich von dem bürgerlichen philosophischen Beiwerk (behavioristischer, subjektiv-idealistischer und anderer metaphysischer und idealistischer Prägung) befreite und sich mit der dialektisch-materialistischen Weltanschauung verband. Auf ihrer Grundlage entwickelt sich die Semiotik, auch in z. T. neuen Spezialdisziplinen (wie z. B. der *ökonomischen Semiotik*), zu einem Instrument der Praxis in allen Bereichen, die es mit kommunikativen Prozessen zu tun haben.
→ ökonomische Semiotik

Sensibilität (Empfindlichkeit): Abhängigkeit oder Grad der Abhängigkeit der Reaktionen eines Systems von einwirkenden Reizen oder Störungen. Spezieller versteht man unter „Sensibilität" z. B. die Reaktionsempfindlichkeit ökonomischer Systeme (z. B. gegenüber Wirtschaftskrisen). Der Begriff der Sensibilität hängt eng mit dem der Stabilität zusammen. Ferner versteht man darunter die Abhängigkeit der Lösung eines Problems (z. B. der linearen Optimierung) von Veränderungen der Ausgangsdaten oder der Parameter des Problems.

Servosystem: unter Benutzung eines Motors gebildete Folgeregelung, die eine Eingangsspannung in eine proportionale Winkel- oder Translationsstellung umsetzt.
Bei dem angegebenen Schaltungsbeispiel liegt die Eingangs-

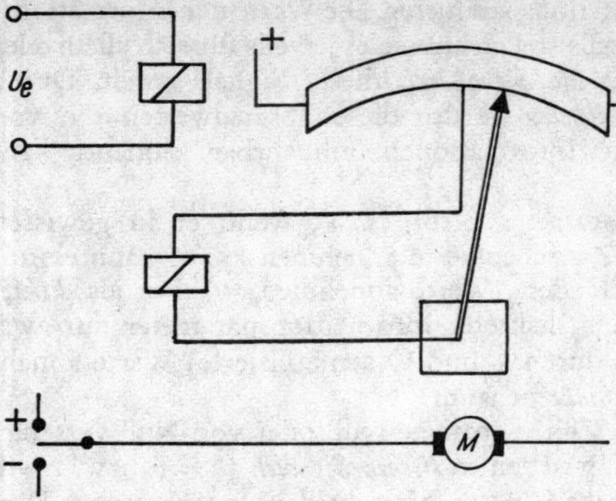

Schema eines Servomotors

spannung an einer Wicklung eines sog. Dreipunktrelais, das einen Motor steuert. Der Motor verstellt über ein Getriebe ein Potentiometer. Die vom Potentiometer abgegriffene Spannung wird auf eine zweite Relaiswicklung zurückgeführt. Falls die Eingangsspannung der zurückgeführten Spannung gleich ist, unterbricht das Relais den Steuerkontakt. Die Stellung des Potentiometerschleifers ist ein Maß für die Eingangsspannung.

Signal (Informationsträger, Zeichenträger): Zustand eines materiellen Systems oder materieller Prozeß, der von kybernetischen Systemen dazu benutzt wird, informationelle Kopplungen zu realisieren.
Informationstheoretisch gesehen, stellt das materielle System, dessen Zustände oder Veränderungen Signale sind, in der Regel einen *Kanal* dar. Je nachdem, welcher Bewegungsform der Materie das System angehört, kann man z. B. physikalische Signale, biochemische Signale, bioelektrische Signale usw. unterscheiden.
Die *mathematische Darstellung von Signalen* kann durch Funktionen der Form $f(x, y, z, t)$ von höchstens drei unabhängigen Ortskoordinaten x, y und z sowie einer Zeitkoordinate t erfolgen. Alle in der objektiven Realität vorkommenden Signale sind raumzeitliche Objekte. Bei den verschiedenartigen informationellen Kopplungen sind aber in der Regel nicht alle vier möglichen Variablen *Informationsparameter*, d. h. Parameter, deren Werte zu einem bestimmten Signal gehören. Jedes Signal besitzt min-

destens *einen* Informationsparameter. Die Werte der Informationsparameter eines Signals stellen entweder jeweils für sich allein oder in ihrer Gesamtheit die *Signalwerte* dieses Signals bereit. Durch *Modulation* oder *Kodierung* werden diesen Signalwerten die von ihnen abgebildeten Informationen umkehrbar eindeutig zugeordnet.

Ein Informationsparameter heißt *analog*, wenn er in gewissen Grenzen beliebige Zwischenwerte annehmen kann; kann er nur endlich viele verschiedene Werte annehmen, wird er als *diskret* bezeichnet. Wenn ein diskreter Informationsparameter nur zwei verschiedene (etwa durch L und O symbolisierte) Werte annehmen kann, wird er *binär* genannt.

Je nachdem, ob die Zeitkoordinate Null oder von Null verschieden ist, kann man zwischen *statischen Signalen* ($t = 0$ bzw. $t \approx 0$) und *dynamischen Signalen* ($t \neq 0$) unterscheiden; in technischen Darstellungen werden manchmal nur dynamische Signale als „Signale" bezeichnet. Dieser Sprachgebrauch ist jedoch irreführend, weil auch von der Zeit unabhängige Zeichenkonfigurationen (z. B. Schriftzeichen, Strichzeichnungen u. ä.) die wesentlichen Merkmale von Informationsträgern aufweisen.

Man unterscheidet ferner zwischen *ein- und mehrdimensionalen Signalen* (*ein- und mehrstelligen Signalfunktionen*), wobei sich insgesamt sieben verschiedene Fälle auseinanderhalten lassen; sie sind in der Tabelle aufgeführt und jeweils durch einige konkrete Beispiele belegt (s. Tabelle S. 709).

Für die weltanschauliche Fundierung der Signal- wie der Informationstheorie ist es u. a. notwendig, die Beziehung zwischen Signal und Information richtig aufzufassen: Es gibt keine Informationen, die nicht durch Signale realisiert sind. Eine Trennung von Signal und Information ist nur in der Abstraktion möglich. Informationen sind Klassen äquivalenter Signale. Redeweisen wie etwa: „Die Information *I* wird zum Zwecke der Übertragung in Signale *S verwandelt*" sind falsch und irreführend. Gemeint ist dabei: „Die Information *I* wird aus der (statischen) Signalform S_{stat} in die (dynamische) Signalform S_{dyn} übergeführt." (*Beispiel:* Umwandlung von Signalen, die in einen Lochstreifen eingestanzt sind, in elektrische Impulse.)

Um einen systematischen Überblick über die wichtigsten Grundformen der Signalisierung zu erhalten, ist eine möglichst exakte *Klassifikation des allgemeinen Signalbegriffs* notwendig. Eine derartige Klassifikation kann nach unterschiedlichen Gesichtspunkten erfolgen. Von besonderer Bedeutung sind die Klassi-

Zahl der Informationsparameter (Signaldimensionen)	Ortskoordinaten $x\ y\ z$	Zeitkoordinate t	Beispiele (in Anlehnung an eine von W. MEYER-EPPLER gegebene Übersicht)
1	*		Kerbstock, Knotenschrift (Nachrichtenmittel von Naturvölkern), einspurige Schallplatten-, Lichtton- oder Magnetbandaufzeichnung: *linear gespeicherte Signale*
2	**		Schriftzeichen, Bilder, Verkehrszeichen auf Schildern, mehrspurige Schallplatten-, Lichtton- oder Magnetbandaufzeichnungen, Lochstreifen, Magnettrommelspeicher: *flächenhaft gespeicherte Signale*
3	***		Plastiken, echte Raumbilder: *räumlich gespeicherte Signale*
1		*	Trommelsignale, von *einem* System erzeugte Schall-, Blink- und Lichtsignale, Telegrafie-, Funk- und Fernsprechsignale: *akustische, elektrische und elektromagnetische Signale, ausgesandt von einer praktisch punktförmigen Quelle, deren Standort bekannt oder für die übermittelte Information unerheblich ist*
2	*	*	Rauch- und Feuersignale, Leuchtfeuer, Funkfeuer: *akustische, elektrische und elektromagnetische Signale, deren im wesentlichen (räumlich) eindimensionale Quelle Träger zeitlich verteilter Information ist*
3	**	*	Schreibvorgang, Laufschrift, optischer Telegraf, Flaggensignale, Verkehrszeichengebung durch Ampeln, Film- oder Fernsehbild, Radarschirmbild von bewegten Zielen
4	***	*	Handalphabet (wie es etwa der Verständigung von Gehörlosen dient), Gestik, Gebärdensprache, Pantomime

fikationen nach dem Wertevorrat der Informationsparameter und nach der zeitlichen Erhältlichkeit der Information. Die Einteilung der Signale nach dem Wertevorrat der Informationsparameter führt zur Unterscheidung von *analogen* und *diskreten Signalen*. *Analoge Signale* sind solche, deren Informationsparameter in gewissen (meist bedingten) Grenzen beliebige Zwischenwerte annehmen können. *Diskrete Signale* dagegen sind solche, deren Informationsparameter nur endlich viele (diskrete) Werte annehmen können. Diskrete Signale können aus analogen Signalen durch Quantisierung oder durch Kodierung gewonnen werden.
Die Einteilung der Signale nach der zeitlichen Erhältlichkeit der Information liefert die Unterscheidung von *kontinuierlichen* und *diskontinuierlichen Signalen*. *Kontinuierliche Signale* sind Signale, deren Informationsparameter in jedem Zeitpunkt eindeutige Rückschlüsse auf die übermittelten Informationen (z. B. signalisierte Zahlwerte oder Befehle) zulassen. Ein kontinuierliches Signal bildet also mit seinen Signalwerten die ihnen zugeordneten Informationen in jedem beliebigen Zeitpunkt ab. *Diskontinuierliche Signale* dagegen sind Signale, deren Informationsparameter nur in ganz bestimmten Zeitpunkten eindeutige Rückschlüsse auf die übermittelten Informationen zulassen. Bei diskontinuierlichen Signalen liegt also eine *Zeitquantisierung* vor. Die Gewinnung der Information aus einem diskontinuierlichen Signal ist

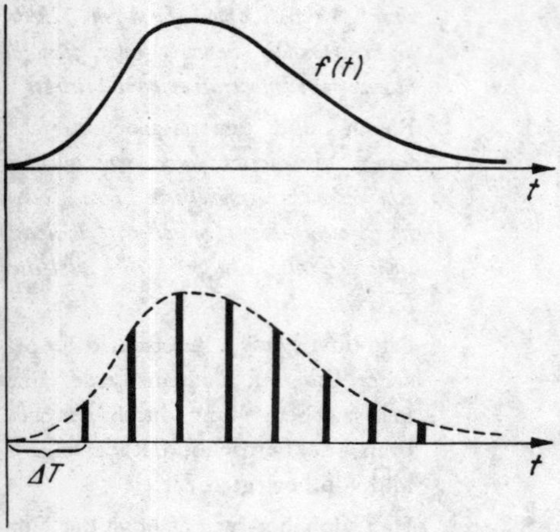

Übergang von einer kontinuierlichen Signalfunktion zu einer diskreten Impulsfolge auf bestimmte (meist periodisch wiederkehrende) Zeitpunkte oder Zeitintervalle beschränkt. Unter welchen Bedingungen ein kontinuierliches Signal durch ein diskontinuierliches ersetzt werden darf, ohne daß Informationsverlust eintritt, wird u. a. durch das *Abtasttheorem* der Informationstheorie ausgesagt. Ist eine kontinuierliche Signalfunktion $f(t)$ gegeben, so läßt sich die jeweilige Amplitude in Zeitintervallen ΔT messen. Einen solchen Vorgang nennt man *Abtasten*; er gestattet die Darstellung der gegebenen kontinuierlichen Signalfunktion durch eine diskrete Impulsfolge.

Es ergibt sich die Frage, welcher Fehler durch den Übergang von der kontinuierlichen Funktion zur diskreten Impulsfolge begangen wird. Von der Beantwortung dieser Frage hängt es auch ab, ob aus der diskreten Funktion die kontinuierliche wiedergewonnen werden kann. Das Abtasttheorem sagt nun aus, daß bei gegebener Bandbreite B die Funktion $f(t)$ aus der diskreten Funktion dann wiedergewonnen werden kann, wenn die Beziehung

$$\Delta T < \frac{1}{2B}$$

besteht.

Die Beschränkung des Abtastens auf diskrete Punkte der kontinuierlichen Signalfunktion $f(t)$ führt unter dieser Bedingung zu keinem Informationsverlust. Diese Einsicht ist für die Informationstechnik (Fernsehen, Rundfunk, Fernsprechsysteme usw.) von grundlegender Bedeutung. Das gilt auch für das Verständnis der Wirkungsweise der Informationsübertragung im tierischen und menschlichen Organismus, soweit es sich (zum Unterschied von den humoralen Vorgängen) um Informationsprozesse auf der Basis des Neuronennetzes handelt. Das Abtasttheorem hat auch für die Theorie kybernetischer Regelsysteme Bedeutung.

Die Einteilungsprinzipien nach dem Wertevorrat der Informationsparameter und nach der zeitlichen Erhältlichkeit der Information lassen sich auch miteinander verbinden. Man spricht dann von *kontinuierlichen bzw. diskontinuierlichen analogen Signalen* sowie von *kontinuierlichen bzw. diskontinuierlichen diskreten Signalen.*

Signale können außerdem nach dem zeitlichen Verlauf des ihnen zugrunde liegenden (materiellen) Prozesses eingeteilt werden. Man spricht dann bei stetigem Zeitverlauf des Prozesses von *stetigen Signalen*, andernfalls von *unstetigen Signalen.* Sowohl analoge

wie auch diskrete Signale können stetig oder auch unstetig sein. Das gleiche trifft auch auf kontinuierliche bzw. diskontinuierliche Signale zu.
Schließlich können Signale auch nach der physikalischen Dimension des betreffenden Signalprozesses klassifiziert werden. Man unterscheidet dann z. B. elektrische Spannungssignale, elektrische Stromstärkesignale, Drucksignale, Wegsignale usw.
Im folgenden soll die fundamentale Unterscheidung zwischen *analogen* und *diskreten Signalen* etwas genauer dargestellt werden.
Ein *analoges Signal* ist also ein Signal, dessen Informationsparameter in gewissen Grenzen beliebige Zwischenwerte annehmen können (man spricht daher auch von *analoger Modulation*). Als Informationsparameter kommen dabei die Amplitude des Signals oder eine andere durch den zeitlichen Verlauf der Signalfunktion mitbestimmte Hilfsgröße in Frage (z. B. Frequenz oder Phasenlage einer Sinusschwingung; Höhe, Breite, Phasenlage oder Frequenz von Impulsfolgen).
Einen tieferen Einblick in die Besonderheiten, Vor- und Nachteile der Informationsübertragung und -verarbeitung mit Hilfe analoger Signale erhält man, wenn man den Zusammenhang zwischen dem analogen Signal und der ihm aufgeprägten Information (insbesondere im Fall der Zahlwertinformation) betrachtet. Es sei eine Größe gegeben, die in einem zu signalisierenden Bereich jeden beliebigen Wert annehmen kann. Die Aufgabe soll darin bestehen, den zeitlichen Verlauf dieser Größe mit möglichst hoher Genauigkeit zu signalisieren. Auf den ersten Blick scheint hier ein analoges Signal besonders gut geeignet, da sein Informationsparameter über einen Wertevorrat verfügt, der bezüglich seiner Mächtigkeit dem der signalisierten Größe entspricht. Die Signalisierung kann dann so vollzogen werden, daß vermittels einer Meßeinrichtung eine umkehrbar-eindeutige Zu-

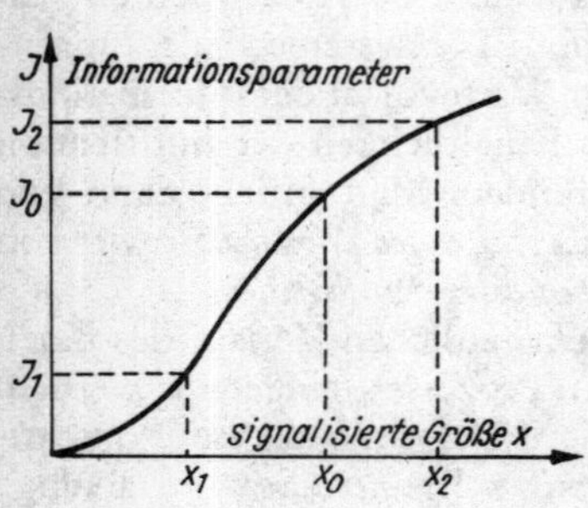

Zuordnung von signalisierter Größe und Informationsparameter durch die statische Kennlinie einer Meßeinrichtung ordnung zwischen den Punkten des Werteintervalls der signalisierten Größe und den Punkten des Werteintervalls des Informationsparameters hergestellt wird. Diese Zuordnung wird durch die statische Kennlinie der Meßeinrichtung bewirkt. Dadurch wäre theoretisch eine unbegrenzte Genauigkeit der Signalisierung denkbar. In der Praxis läßt sich auf diese Weise jedoch nur eine sehr beschränkte Genauigkeit erreichen. Diese Genauigkeitsbeschränkungen haben Ursachen, die mit dem Prinzip der analogen Signalisierung untrennbar verbunden sind. Sie lassen sich nur begrenzt graduell, nicht aber prinzipiell vermeiden. Die Ursachen bestehen darin, daß die in der grafischen Darstellung gezeichnete Kennlinie bei technisch realisierten Meßeinrichtungen und anderen Übertragungsgliedern in dieser idealen Form nicht existiert. Es ergeben sich hauptsächlich folgende Abweichungen:

- Jede praktisch realisierbare statische Kennlinie besitzt eine mehr oder weniger starke, im allgemeinen auch noch arbeitspunktabhängige Hysterese.
- Die Gestalt der Kennlinie sowie ihrer Hysterese ist eine im allgemeinen sehr komplizierte Funktion der Parameter der in der Meßeinrichtung bzw. in den anderen Übergangsgliedern enthaltenen Bauelemente sowie äußerer Störungen (Temperatur, Luftfeuchtigkeit usw.).

Diese Einflüsse, insbesondere die durch Alterung oder äußere Störungen hervorgerufenen Schwankungen der Bauelementeparameter, haben zur Folge, daß die Kennlinien im Laufe der Zeit Veränderungen unterworfen sind. Typisch für das Vorgehen in der Analogtechnik ist es nun, daß man versucht, für die geschilderten *Kennlinienwanderungen* Grenzen anzugeben. Man hat dann statt mit einer genau definierten Kennlinie mit einem „Kennlinienschlauch" zu rechnen, der durch bestimmte Genauigkeits-

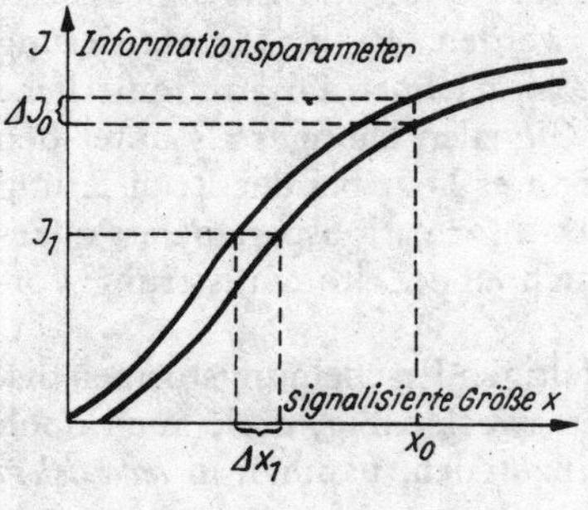

„Kennlinienschlauch"

forderungen so festgelegt wird, daß er alle in Frage kommenden Kennlinien mit Sicherheit enthält. Die punktweise Zuordnung zwischen dem Werteintervall der signalisierten Größe und dem Werteintervall des Informationsparameters geht dabei natürlich verloren. Nach Vorgabe des Kennlinienschlauches ist es nur noch möglich, einem Wert x_0 der signalisierten Größe einen Bereich ΔJ_0 des Informationsparameters zuzuordnen; umgekehrt kann man von einem Wert J_1 des Informationsparameters nur auf einen Bereich Δx_1 der signalisierten Größe zurückschließen. Die Breite des Bereichs Δx_1 (gemessen in der Maßeinheit der signalisierten Größe) kann als (*absoluter*) *Fehler* bei der Signalisierung angesehen werden. Um eine allgemeine (absolute) Fehlerangabe für den gesamten Signalisierungsbereich zu erhalten, muß vom Maximum aller derartigen Bereichslängen Δx ausgegangen werden. Durch Bezugnahme auf die Länge des gesamten Änderungsbereichs der signalisierten Größe kann daraus eine *relative* (evtl. prozentuale) *Fehlerangabe* gewonnen werden.

Zu den hier beschriebenen Fehlern der analogen Signalisierung kommen noch diejenigen hinzu, die sich durch Störüberlagerung bei der Signalübertragung ergeben. Durch umfangreiche Signalverarbeitungen können sich schließlich die bereits vorhandenen Fehler in weitgehend unkontrollierbarer Weise überlagern.

Ein *diskretes Signal* ist ein Signal, dessen Informationsparameter nur endlich viele (diskrete) Werte annehmen können.

Die diskreten Signale lassen sich je nach der zeitlichen Erhältlichkeit der ihnen aufgeprägten Information in *kontinuierliche* und *diskontinuierliche diskrete Signale* einteilen. *Kontinuierlich* sind solche diskreten Signale, bei denen sich die erhaltene Information zu jedem Zeitpunkt aus dem jeweiligen Wert des Informationsparameters gewinnen läßt (keine Quantisierung der Zeit). Solche diskreten Signale, bei denen nur in gewissen Zeitpunkten aus den Werten des Informationsparameters auf die signalisierte Information zurückgeschlossen werden kann (Quantisierung der Zeit), werden als *diskontinuierlich* bezeichnet. Diskontinuierliche Signale sind unter den diskreten Signalen häufiger als unter den analogen Signalen anzutreffen, denn es liegt bei der Realisierung diskreter (d. h. im Wertevorrat des Informationsparameters quantisierter) Signale sehr oft nahe, auch eine Zeitquantisierung vorzunehmen.

Um einen Überblick über die vielfältigen Erscheinungsformen diskreter Signale zu gewinnen, ist es zweckmäßig, diese auch noch nach anderen Gesichtspunkten einzuteilen, nämlich in *quantisiert modulierte diskrete Signale* (*Mehrpunktsignale*) und in *kodierte diskrete Signale* (*digitale Signale*).

Quantisiert modulierte diskrete Signale (*Mehrpunktsignale*). Alle analogen Signale werden durch *analoge Modulation* eines geeigneten Informationsparameters gewonnen (Amplitudenmodulation, Frequenzmodulation, Pulsamplitudenmodulation, Pulslängenmodulation, Pulsphasenmodulation usw.). Wird nun dafür gesorgt, daß der Informationsparameter nur endlich viele diskrete Werte annehmen kann (*diskrete Modulation*), so ist das entstehende Signal diskret. Auf diese Weise können alle genannten Modulationsarten auch zu diskreten Signalen führen. Derartige diskrete Signale sollen als (*quantisiert*) *modulierte diskrete Signale* bezeichnet werden.

Die grafische Darstellung a) zeigt ein kontinuierlich moduliertes diskretes Signal, bei dem die Signalamplitude als Informationsparameter sechs verschiedene Werte annehmen kann. b) zeigt ein quantisiertes amplitudenmoduliertes Impulssignal. Bei dem in c) gezeigten diskreten Signal kann der Informationsparameter

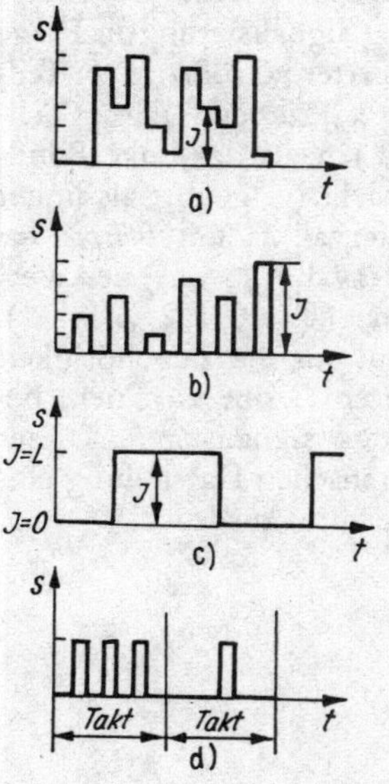

Beispiele für modulierte diskrete Signale

(Amplitude des Signalträgers) prinzipiell nur die beiden durch O und L gekennzeichneten Werte annehmen. Diskrete Signale, deren Informationsparameter grundsätzlich nur zweier verschiedener Werte fähig sind, heißen *binäre Signale*. d) schließlich zeigt, wie man durch die spezielle Weiterverarbeitung eines Signals einen quantisiert modulierten Informationsparameter erhalten kann. Man kann das hier gezeigte Signal zunächst als ein (analoges) frequenzmoduliertes Impulssignal (PFM-Signal) auffassen. Geht man nun dazu über, statt der Impulsfrequenz (d. h. z. B. des reziproken Impulsabstandes) die Anzahl der Impulse je Taktintervall auszuwerten, so erhält man ein diskretes Signal, dessen Informationsparameter (Anzahl der Impulse je Taktintervall) nur noch endlich viele ganzzahlige Werte annehmen kann. Sind f_1 bzw. f_2 die kleinste bzw. größte auftretende Impulsfolgefrequenz und T die Länge der Taktintervalle, so kann die Anzahl der Impulse je Taktintervall alle ganzzahligen Werte v mit

$$f_1 T \leqq v \leqq f_2 T$$

annehmen.

Für die diskrete Signalisierung ist folgendes Vorgehen typisch: Ist n die Anzahl der möglichen verschiedenen Werte des Informationsparameters, so wird das für die Signalisierung in Frage kommende Werteintervall der signalisierten Größe in n Teilintervalle $[x_0, x_1)$, $[x_1, x_2)$, ..., $[x_{n-1}, x_n)$ zerlegt. Diese Teilintervalle sollen so beschaffen sein, daß jeweils der linke Randpunkt dazugehört, der rechte dagegen nicht (er gehört als linker Randpunkt zum anschließenden Teilintervall). Zum *Beispiel* sei $n = 10$ gewählt. Nun wird jedem Teilintervall $[x_k, x_{k+1})$ der Wert J_k des Informationsparameters zugeordnet ($k = 0, 1, 2, ..., n-1$). Ein diskretes Signal kann also prinzipiell nur die Zugehörigkeit des momentanen Wertes der signalisierten Größe zu einem bestimmten Teilintervall ihres Wertevorrats signalisieren. Dieser Tatbestand kommt auch in der in der grafischen Darstellung eingezeichneten treppenförmigen Kennlinie zum Ausdruck.

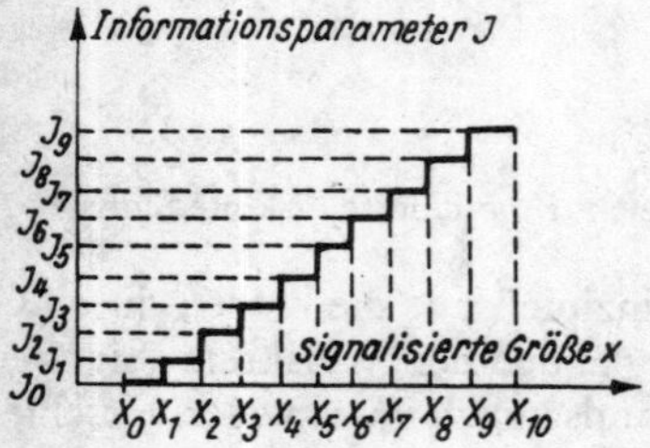

Vorgehen bei der diskreten Signalisierung

Ein typisches *Beispiel* soll dieses allgemeine Prinzip der diskreten Signalisierung veranschaulichen. Der einfachste Fall besteht darin, daß das diskrete Signal binär ist, d. h., daß sein Informationsparameter nur zwei verschiedene (durch O und L gekennzeichnete) Werte annehmen kann ($n = 2$). Das Werteintervall der signalisierten Größe ist dann in zwei Teilintervalle $[x_0, x_1)$ und $[x_1, x_2)$ zu zerlegen, denen die Werte O bzw. L des Informationsparameters

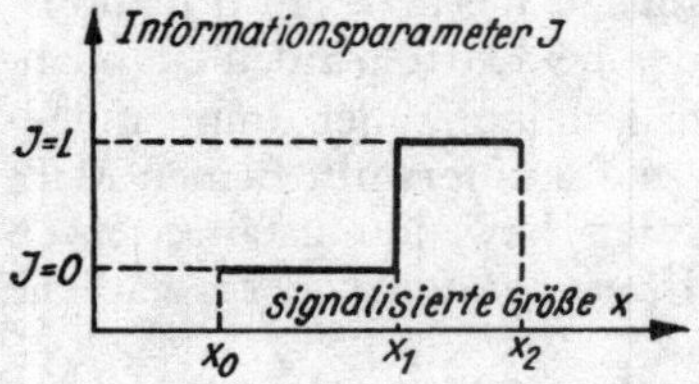

Diskrete Signalisierung bei binärem Signal

zugeordnet werden. Ein binäres Signal kann also prinzipiell nur folgende Zahlwertinformation übertragen:

Signalwert O: $x_0 \leqq x < x_1$,
Signalwert L: $x_1 \leqq x < x_2$.

Häufig spielen hierbei die Grenzen x_0 und x_2 des Werteintervalls der signalisierten Größe eine untergeordnete Rolle, so daß als Information nur ausgewertet wird:

Signalwert O: $x < x_1$,
Signalwert L: $x \geqq x_1$.

Diese Informationsübertragung liegt z. B. jeder Zweipunktregelung zugrunde.

Der Informationsgehalt eines diskreten Signals hängt von der Anzahl der möglichen Signalwerte ab. Bei den bisher betrachteten (quantisiert) modulierten diskreten Signalen müssen alle möglichen Signalwerte durch die Werte *eines* Informationsparameters aufgebracht werden. Der Informationsgehalt (im Falle der Zahlwertsignalisierung also die Genauigkeit der Signalisierung) bei modulierten diskreten Signalen läßt sich mithin nur durch entsprechende Vergrößerung der Anzahl der möglichen Werte dieses einen Informationsparameters erreichen, denn dadurch kann der Wertebereich der signalisierten Größe in eine größere Anzahl entsprechend kleinerer Teilintervalle zerlegt werden.

Da technischer Aufwand und technische Schwierigkeiten bei der Übertragung und Verarbeitung modulierter diskreter Signale mit der Anzahl der möglichen Werte des Informationsparameters sehr stark ansteigen, sind dem geschilderten Vorgehen relativ enge Grenzen gesetzt. Dies erkennt man am deutlichsten an dem weiter oben beschriebenen diskreten Impulsfolgesignal (siehe grafische Darstellung d), dessen Informationsparameter durch die Anzahl der Impulse je Taktintervall gegeben ist. Hier ist eine Vergrößerung der Anzahl der möglichen Werte des Informationsparameters mit mindestens einer der beiden folgenden Maßnahmen verbunden, nämlich mit der Erhöhung der Impulsfolgefrequenz oder der Verlängerung des Taktintervalls. Beiden Maßnahmen sind aber bei jedem konkreten Anwendungsfall Grenzen gesetzt (Grenzfrequenzen der Übertragungsglieder, zeitliche Häufigkeit der Signalisierung).

Kodierte diskrete Signale (*digitale Signale*). Bei den kodierten diskreten Signalen handelt es sich um Signale mit *mehreren* Informationsparametern, von denen jeder unabhängig von allen anderen jeweils endlich viele Werte annehmen kann.

Im Hinblick auf die Einfachheit und Sicherheit der Übertragung und Verarbeitung digitaler Signale ist es am zweckmäßigsten, wenn jeder einzelne Informationsparameter binär ist, d. h. nur zwei verschiedene (im allgemeinen durch O und L symbolisierte) Werte annehmen kann. In diesem Fall ist die Kodebasis $k = 2$. Auch ist es oft zweckmäßig, bei der Analyse und Synthese von Einrichtungen zur Übertragung und Verarbeitung digitaler Signale die einzelnen Informationsparameter als Informationsparameter einzelner binärer Signale aufzufassen. Auf diese Weise ist es möglich, die Schaltalgebra als theoretisches Hilfsmittel für Entwurf und Berechnung der Übertragungs- und Verarbeitungseinrichtungen heranzuziehen.

Digitale Signale können technisch als *Parallelsignale* oder als *Seriensignale* in Erscheinung treten. *Parallelsignale* sind dadurch gekennzeichnet, daß alle beteiligten *n* Informationsparameter

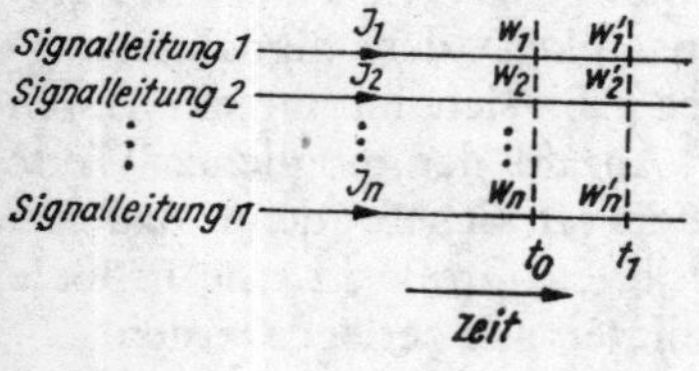

Parallelsignal

auf n verschiedenen Signalleitungen gleichzeitig zur Verfügung stehen. Der im jeweiligen Zeitpunkt anliegende Signalwert, d. h. die momentane Wertekombination (w_1, w_2, ..., w_n) aller beteiligten Informationsparameter, die man auch als *momentanes Kodewort* bezeichnet, steht beim Parallelsignal also auf der Gesamtheit der Signalleitungen vollständig zur technischen Weiterverarbeitung zur Verfügung. Beim *Seriensignal* werden alle beteiligten n Informationsparameter in periodischem Wechsel nach-

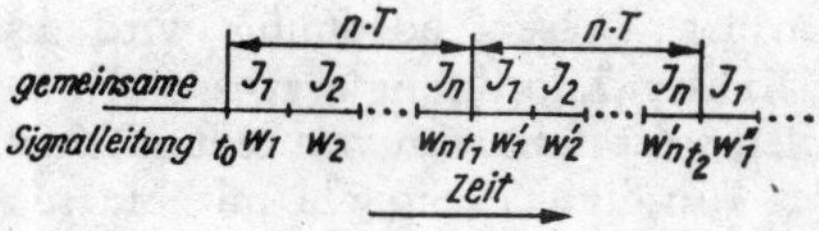

Seriensignal

einander über eine einzige Signalleitung übertragen. Dies geschieht so, daß (beginnend etwa im Zeitpunkt t_0) jeder Informationsparameter für einen bestimmten Zeitraum T in einer vereinbarten Reihenfolge über die gemeinsame Signalleitung übertragen wird. Dabei wird dafür gesorgt, daß innerhalb eines solchen Zyklus von der Länge nT von jedem einzelnen Informationsparameter $J\nu$ jeweils nur ein bestimmter Wert w_ν ($\nu = 1, 2, ..., n$) wirksam wird und daß das in einem Zyklus dargestellte Kodewort mit demjenigen Kodewort identisch ist, das im Zeitpunkt t_0 (Beginn des Zyklus) zu signalisieren ist.

Seriensignale sind stets *diskontinuierlich.* Um ein vollständiges Kodewort zu erhalten, ist der Zeitraum nT (n Länge des Kodewortes, T Übertragungsdauer eines Informationsparameters) abzuwarten. Der Nachteil des Seriensignals im Vergleich zum Parallelsignal besteht also in dem wesentlich größeren Zeitbedarf bei seiner Übertragung und Verarbeitung. Dagegen liegt der technische Aufwand bei der Übertragung und Verarbeitung von Seriensignalen etwa um den Faktor n günstiger als beim Parallelsignal. Häufig wird zwischen den Vor- und Nachteilen des Parallel- und des Seriensignals durch Kombination beider Prinzipien ein geeigneter Kompromiß erreicht.

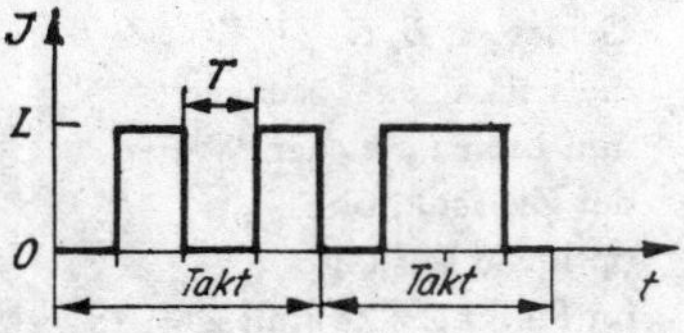

Zeitlicher Verlauf eines digitalen Signals, dessen vier Informationsparameter sämtlich binär sind

Zur Betrachtung des *Zusammenhangs zwischen Signal und signalisierter Information beim digitalen Signal* soll angenommen werden, daß wie beim Mehrpunktsignal der zeitliche Werteverlauf einer Größe zu signalisieren sei, die im Signalisierungsbereich beliebige Werte annehmen kann. Entsprechend dem allgemeinen Prinzip ist der Signalisierungsbereich in eine Anzahl von Teilintervallen zu zerlegen, die der Anzahl der möglichen verschiedenen Signalwerte entspricht oder kleiner ist als diese. Nun wird jedem Teilintervall des Signalisierungsbereichs ein Signalwert (Kodewort) umkehrbar eindeutig zugeordnet. Diese Zuordnung wird als *Kode* bezeichnet. Werden bei dieser Zuordnung gewisse Kodewörter bewußt nicht verwendet, so spricht man von redundanten Kodes bzw. Signalen. Kodes für digitale Signale mit binären Informationsparametern werden als *Binärkodes* bezeichnet.

Simplexmethode: Verfahren zur Lösung von linearen Optimierungsproblemen.
Die Simplexmethode ist ein zur Programmierung auf elektronischen Rechenautomaten gut geeigneter Iterationsalgorithmus, der aus einer endlichen Folge einfacher Umformungen von in einer Tabelle zusammengefaßten Ausgangsdaten des Problems besteht. Die Ausgangstabelle und die aus ihr entstehenden weiteren Tabellen heißen *Simplextabellen*. Zu jeder Simplextabelle gehört eine *Basislösung*, die man mitsamt dem zugehörigen Wert der Zielfunktion aus der Simplextabelle ablesen kann. Außerdem kann man aus der Tabelle erkennen, ob die zugehörige Lösung optimal ist. Der Übergang von einer Simplextabelle zur nächsten heißt *Simplextransformation*. Bei jeder Simplextransformation verbessert sich der Wert der Zielfunktion. Da es nur endlich viele Basislösungen gibt, kommt man nach endlich vielen Schritten zu einer optimalen Basislösung und damit zum Ziel.

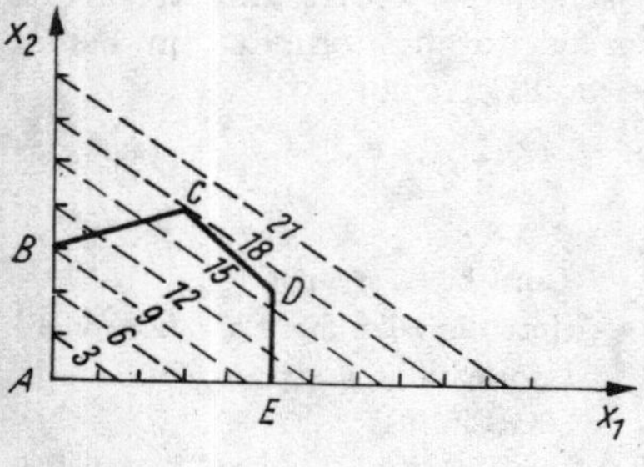

Gebiet A, B, C, D, E der zulässigen Lösungen und Linien gleichen Wertes der Zielfunktion; optimale Lösung im Punkt C (3,4) mit $Z = 18$

Das Wesen der Simplexmethode soll an einem einfachen Beispiel erläutert werden. Gegeben sei das Problem

(1) $x_1, x_2 \geqq 0,\ 4x_1 + 4x_2 \leqq 28,\ 2x_1 \leqq 10,\ -x_1 + 3x_2 \leqq 9,$
$2x_1 + 3x_2 \Rightarrow \max,$

dessen grafische Lösung aus der Abbildung ersichtlich ist. Nach Einführung von Schlupfvariablen u_1, u_2, u_3 nimmt das Problem folgende Form an:

(2)
$$\begin{aligned} &u_1, u_2, u_3, x_1, x_2 \geqq 0 \\ &u_1 + 4x_1 + 4x_2 = 28 \\ &u_2 + 2x_1 = 10 \\ &u_3 - x_1 + 3x_2 = 9 \\ &Z = 2x_1 + 3x_2 \Rightarrow \max \end{aligned}$$

Man erkennt ohne weiteres die zulässige Lösung $x_1 = 0$, $x_2 = 0$, $u_1 = 28$, $u_2 = 10$, $u_3 = 9$ mit $Z = 0$. Sie entspricht dem Punkt A der Abbildung. Die zugehörige Simplextabelle

	x_1	x_2	
u_1	4	4	28
u_2	2	0	10
u_3	−1	3	9
	2	3	−0

ist nichts anderes als eine übersichtliche Zusammenfassung von (2). Im rechten unteren Feld steht der negative Wert der Zielfunktion (hier $2 \cdot 0 + 3 \cdot 0 = 0$). Die Variablen, deren Symbole in der ersten Spalte und deren Werte in der letzten Spalte der Tabelle stehen, heißen *Basisvariablen*; die Variablen, die in der Kopfzeile vermerkt sind und deren Wert 0 ist, heißen *Nichtbasisvariablen*. An den Koeffizienten von x_1 und x_2 in der Zielfunktion erkennt man, um wieviel Z zunimmt, wenn man x_1 oder x_2 um eine Einheit vergrößert. Da der Koeffizient von x_2 der größte ist, vergrößert man x_2 so weit, wie es geht, ohne daß dadurch u_1, u_2 oder u_3 negativ werden. u_1 wird negativ für $x_2 > \frac{28}{4} = 7$, u_2 bleibt positiv für beliebig große x_2, da es von x_2 nicht abhängt; u_2 wird bereits für $x_2 > \frac{9}{3} = 3$ negativ.

Wir können also in (2) maximal $x_2 = 3$ setzen und erhalten als zweite zulässige Lösung $x_1 = 0, x_2 = 3, u_1 = 16, u_2 = 10, u_3 = 0$ mit $Z = 9$ (Punkt B der Abbildung). Um zu prüfen, ob diese Lösung optimal ist oder ob sie sich noch weiter verbessern läßt, drücken wir mit Hilfe von (2) die neuen Basisvariablen x_2, u_1 und u_2 sowie Z als Funktionen der neuen Nichtbasisvariablen x_1 und u_3 aus, indem wir den aus der dritten Gleichung von (2) berechneten Ausdruck für

$$x_2 = 3 + \frac{1}{3}x_1 - \frac{1}{3}u_3$$

in die anderen Gleichungen einsetzen. Das ergibt

$$\text{(3)} \qquad \begin{aligned} u_1 + \frac{16}{3}x_1 - \frac{4}{3}u_3 &= 16 \\ u_2 + 2x_1 \qquad\qquad &= 10 \\ x_2 - \frac{1}{3}x_1 + \frac{1}{3}u_3 &= 3 \\ Z = 3x_1 - u_3 + 9. & \end{aligned}$$

Da die Zielfunktion noch ein Glied mit positivem Koeffizienten hat ($3x_1$), läßt sich die Lösung noch weiter verbessern. Das erhaltene Gleichungssystem (3) hat die gleiche Form wie das Gleichungssystem von (2). Es kann deshalb nach der gleichen Methode weiterbehandelt werden. Es ist aber zweckmäßiger, die numerische Rechnung mit Hilfe der zugehörigen Simplextabelle fortzusetzen.

	x_1	u_3	
u_1	$\frac{16^*}{3}$	$-\frac{4}{3}$	16
u_2	2	0	10
x_2	$-\frac{1}{3}$	$\frac{1}{3}$	3
	3	− 1	− 9

Wie beim ersten Schritt muß eine Nichtbasisvariable gegen eine Basisvariable ausgetauscht werden. Es handelt sich um die Nichtbasisvariable x_1 mit dem größten positiven Element in der Schlußzeile und um die Basisvariable u_1, da sie zum kleinsten Quotienten von nebeneinanderstehenden Elementen der letzten Spalte und der positiven Elemente der Spalte von x_1 gehört (unter den Quotienten $16 : \frac{16}{3}$ und $10 : 2$ ist der erste der kleinste).

Das Element, das in der Spalte von x_1 und in der Zeile von u_1 steht, heißt *Hauptelement* und ist in der zweiten Simplextabelle (S. 722) mit einem Stern bezeichnet.

Die *Regeln der Simplextransformation* sind folgende:

1. Die Tabellenränder werden in die neue Simplextabelle übernommen, wobei Basis- und Nichtbasisvariable des Hauptelements ausgetauscht werden. Die Spalte des Hauptelements in der alten Tabelle, kurz alte Spalte genannt, und die Zeile des Hauptelements in der neuen Tabelle, die neue Zeile, werden durch Umrahmen gekennzeichnet.

2. In die neue Zeile werden der reziproke Wert des Hauptelements sowie die mit diesem reziproken Wert multiplizierten anderen Elemente der entsprechenden Zeile der alten Tabelle eingetragen.

3. Alle Elemente der alten Spalte (bis auf das Hauptelement) werden mit dem negativen reziproken Wert des Hauptelements multipliziert und in die entsprechende Spalte der neuen Tabelle eingetragen.

4. Alle übrigen Elemente der neuen Tabelle entstehen, indem man von den entsprechenden Elementen der alten Tabelle das Produkt aus den nebenstehenden Elementen in der alten Spalte mit dem darüber- oder darunterstehenden Element in der neuen Zeile subtrahiert. Nach diesen Regeln ergibt sich folgende neue Simplextabelle:

	u_1	u_3	
x_1	$\frac{3}{16}$	$-\frac{1}{4}$	3
u_2	$-\frac{3}{8}$	$\frac{1}{2}$	4
x_2	$\frac{1}{16}$	$\frac{1}{4}$	4
	$-\frac{9}{16}$	$-\frac{1}{4}$	-18

Da in der letzten Zeile keine positiven Elemente mehr stehen, ist mit $x_1 = 3$, $x_2 = 4$, $u_1 = 0$, $u_2 = 4$, $u_3 = 0$ und $Z = 18$ die optimale Lösung erreicht (Punkt C der Abbildung).
Mit der Simplexmethode lassen sich alle linearen Optimierungsprobleme der Form

$$x_k \geqq 0 \quad (k = 1, 2, \ldots, n),$$

$$\sum_{k=1}^{n} a_{ik} x_k \leqq b_i \quad (i = 1, 2, \ldots, m),$$

$$\sum_{k=1}^{n} c_k x_k \Rightarrow \max \quad \text{mit} \quad b_i \geqq 0$$

behandeln. Auf diese Form lassen sich alle lösbaren linearen Optimierungsprobleme bringen, wobei zur Umformung gegebenenfalls auch die Simplexmethode angewandt werden muß.
Geometrisch kann die Simplexmethode folgendermaßen veranschaulicht werden. Die zulässigen Lösungen eines linearen Optimierungsproblems bilden ein konvexes Polyeder (im obigen Beispiel das konvexe Fünfeck $ABCDE$), wobei die in der Simplexmethode verwendeten Basislösungen die Eckpunkte dieses Polyeders sind. Man geht von einem bestimmten Eckpunkt aus und bewegt sich mittels einer Simplextransformation zu einem Nachbarpunkt mit höherem Wert der Zielfunktion. Das wird so oft wiederholt, bis der optimale Punkt erreicht ist. Die Zahl der Iterationsschritte entspricht etwa dem Ein- bis Eineinhalbfachen der Zahl der Einschränkungen.
Die Simplexmethode wurde 1947 von G. B. DANTZIG angegeben, der ihr den Namen aufgrund einer geometrischen Veranschaulichung gab, in der sog. Simplexe eine Rolle spielen („Simplex" ist der Name für das einfachste n-dimensionale Polyeder; für $n = 1$ ist das die Strecke, für $n = 2$ das Dreieck, für $n = 3$ das Tetraeder). Die Simplexmethode ist mit einigen ihrer Modifikationen die wirkungsvollste Methode zur Lösung allgemeiner Probleme der linearen Optimierung. Sie ist auch für gewisse Spezialfälle der nichtlinearen Optimierung anwendbar.

Speicher: im Sinne der maschinellen Rechentechnik jede Einrichtung zum Aufbewahren von Informationen. Diese können in den für eine Berechnung benötigten Zahlenwerten bestehen, in den erzielten Zwischenresultaten und in Programmen. Moderne

Rechenanlagen vermögen durch geeignete Kodierungsverfahren beliebige alphanumerische Information zu speichern. Insofern haben die Speichereinrichtungen von elektronischen Datenverarbeitungsanlagen eine gewisse Ähnlichkeit mit den Gedächtnismechanismen, die bei allen höher organisierten Lebewesen auftreten.
Die Speicher für Digitalrechner sind *Binärziffernspeicher* und wesentlich verschieden von *Analogwertspeichern*, wie sie vor allem in Analogrechnern benutzt werden.

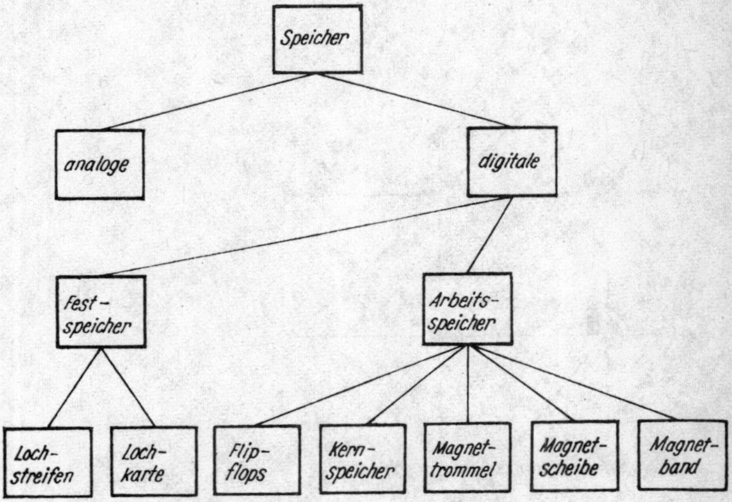

Übersicht über Klassifikation und technische Realisierung der wichtigsten Speichertypen in der maschinellen Rechentechnik

Binärziffernspeicher:
Speicher für Digitalrechner bewahren Informationen als Ziffernfolgen auf, im allgemeinen in der dualen Darstellung. Entsprechend ihrer Verwendung unterscheidet man *Festspeicher* und *Arbeitsspeicher*. *Festspeicher* sind Einrichtungen, deren Informationsträger nur eine einmalige Informationsspeicherung zulassen (z. B. Lochkarten und Lochstreifen). *Arbeitsspeicher* können ständig mit neuen Informationen gefüllt werden. Informationsträger sind hier je nach Speichertyp z. B. Ferritkerne, Elemente magnetomotorischer Systeme (Magnettrommeln, Magnetscheiben, Magnetbänder) oder Flip-flops.

Ferritkernspeicher (Ferritringkernspeicher): Sie bestehen aus matrizenförmig angeordneten ferromagnetischen Ringkernen.

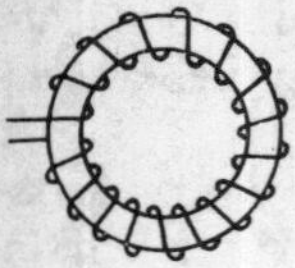

Ferromagnetischer Ringkern

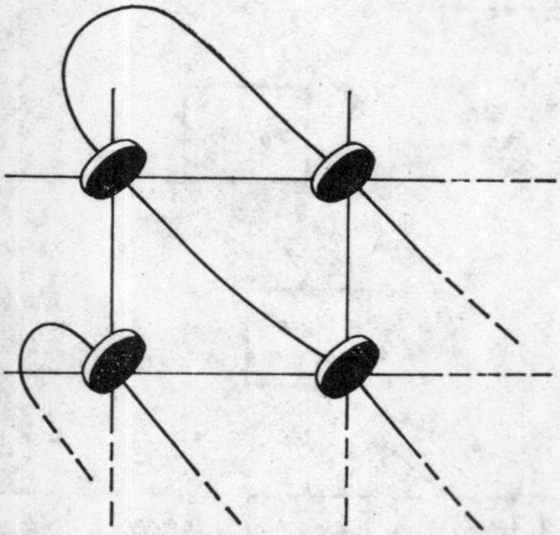

Ausschnitt aus einem Ringkernspeicher

Ferritkernspeicher

Verwendung finden besonders Ferrite mit möglichst rechteckförmiger Hysteresis. Diese Charakteristik zeigt zwei unterscheidbare Funktionswerte in Abhängigkeit von der Magnetisierung und somit vom Stromdurchfluß der Spule. Daher sind Ferritkerne als Speicherelemente für je eine Binärziffer geeignet. Im allgemeinen werden die Ferritkerne matrizenförmig und in mehreren parallelen Ebenen angeordnet. Es gibt sowohl Leseverfahren, bei denen der Speicherinhalt beim Lesen gelöscht wird, als auch solche, bei denen dies nicht der Fall ist (letzteres kann z. B. durch den Aufbau von Matrixspeichern aus sog. Transfluxoren erreicht werden).

Magnetomotorische Speicher: Die hierzu zählenden Magnettrommel-, Magnetscheiben- und Magnetbandspeicher unterschiedlicher Konstruktion nutzen denselben physikalischen Effekt aus. Sog. Kopfeinheiten erzeugen in eisenoxidhaltigen Speicherschichten (evtl. als spezielle Schreibköpfe) Magnetfelder, die die eigentlichen Speichermedien darstellen. Während des Lesevorganges werden diese Felder (evtl. durch spezielle Leseköpfe) registriert, wodurch die gespeicherte Information wieder entnommen wird. Oft sind Schreib- und Leseköpfe in einer einzigen Kopfeinheit mit beiden Funktionsmöglichkeiten vereinigt. Die Speicherschichten können auf Zylinder (Trommeln), Scheiben (Platten) oder Bänder aufgetragen werden. Je nach dem Träger der Speicherschicht werden unterschiedliche Leseverfahren angewandt.

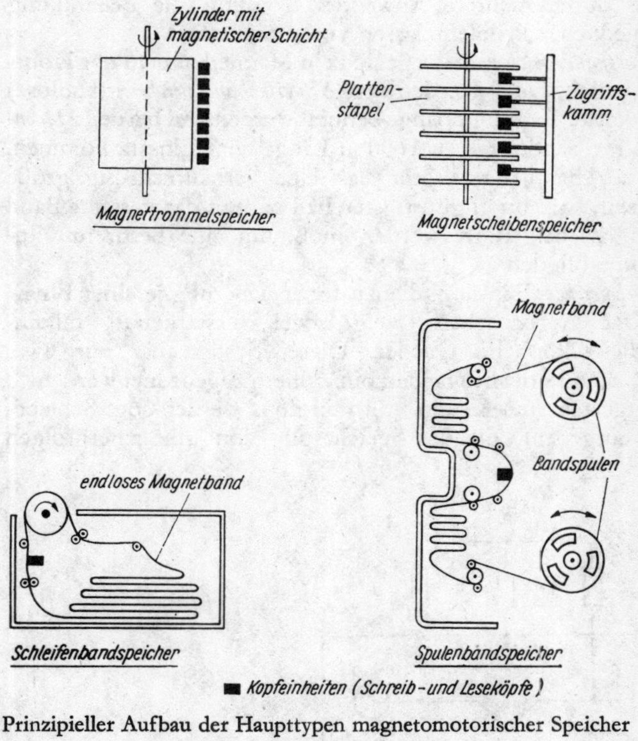

Prinzipieller Aufbau der Haupttypen magnetomotorischer Speicher

Magnettrommelspeicher besitzen mehrere hundert Köpfe, die jeweils über einer Spur der Magnettrommel angeordnet sind. In jede Spur werden etwa 1 000 Einzelimpulse geschrieben. Eine Spur am Ende der Trommel wird als sog. Taktspur verwendet. Die

auf dieser Spur eingeschriebenen Takte dienen beim Wiederaufsuchen der Informationen als Adresse. Die Trommelspur wird durch den Kopf ausgewählt. Somit ist jeder Speicherplatz eindeutig bestimmt. Mit diesem Prinzip erreicht man eine Speicherdichte von etwa 10 Bit/mm.
Magnetscheibenspeicher (Magnetplattenspeicher) arbeiten ähnlich. Die Speicherschicht befindet sich auf der Oberfläche von Scheiben. Wegen der *beweglichen* Köpfe auf dem sog. Zugriffskamm sind bei Scheibenspeichern aber die Zugriffszeiten gegenüber denen bei Trommelspeichern kürzer. In der Regel sind die Scheiben auswechselbar (Wechselplattenspeicher), was für die Benutzung des Rechners durch mehrere Anwender bzw. für die Behandlung unterschiedlicher Problemklassen vorteilhaft ist.
Bei *Magnetbandspeichern* bewegt sich ein Magnetband an der Kopfeinheit vorbei, wobei bei den sog. *Schleifenbandspeichern* (endlose) Bänder von 10 ··· 100 m Länge benutzt werden und bei den *Spulenbandspeichern* Bänder bis zu 1600 m Länge zum Einsatz kommen. Wegen der Bandlänge ergibt sich eine verhältnismäßig große Zugriffszeit, weil im ungünstigsten Fall nahezu das gesamte Band am Kopf vorbeigeführt werden muß, um eine bestimmte Information zu finden.
Flip-flop-Speicher: Flip-flops dienen der Speicherung je einer Binärziffer. Das Aufbauschema zeigt zwei verstärkende, miteinander rückgekoppelte Glieder. Dieses System hat nur zwei stabile Zustände, die den beiden Binärziffern zugeordnet werden.
Aus taktgesteuerten Ketten von Flip-flops werden sog. Schieberegister aufgebaut, die der Speicherung von Binärziffernfolgen

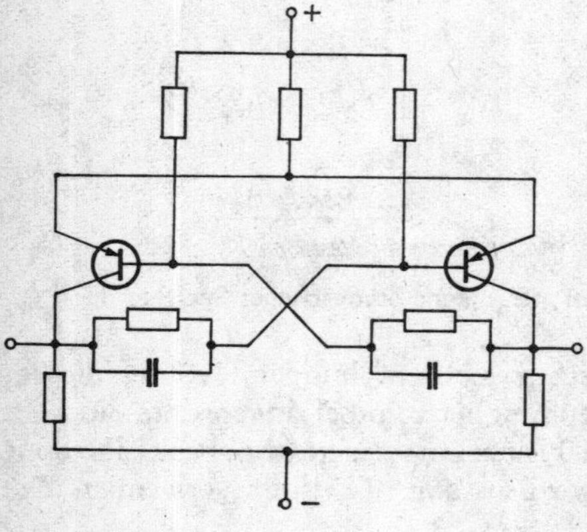

Aufbauschema
einer Flip-flop-Schaltung
(Transistor-Flip-flop)

dienen. In einer *n*-stufigen Kette gelangt eine am Eingang anliegende Binärziffer nach einem Steuerimpuls in das erste Flipflop; nach dem zweiten Steuerimpuls gelangt jeweils der Speicherinhalt eines Flip-flop um eine Stufe weiter. Dadurch wird in die erste Stufe eine neue Binärziffer übernommen, und aus der letzten Stufe geht eine Binärziffer verloren. Es werden *n* Steuertakte benötigt, um eine Folge aus *n* Binärziffern einzuspeichern. Flipflop-Speicher werden für den Aufbau kleiner Arbeitsspeicher (Register) häufig benutzt.

Neben den genannten gibt es noch mehrere andere Speichertypen, die z. T. nur noch geringere Bedeutung haben, z. T. nur für Spezialzwecke eingesetzt werden oder sich erst im Stadium der experimentellen Erprobung befinden. Nicht erwähnt und beschrieben wurden daher Speicher, die mit Röhren-Flip-flops, Ferritplatten, akustischen Verzögerungsleitungen oder mit Mikrofilmen arbeiten. Als besonders aussichtsreich für die weitere Zukunft der Speichertechnik, namentlich für den Einsatz in der hypothetischen fünften Rechnergeneration wird von vielen Fachleuten die Ausnutzung von kohärenten Strahlungsquellen (Lasertechnik) in Verbindung mit geeigneten fotografischen Schichten betrachtet. So würde mit der Entwicklung holographischer Speichersysteme z. B. eine Speicherdichte von $10^8 \cdots 10^9$ bit/cm² möglich werden.

Größere Speicher werden in *Speicherzellen* untergliedert, von denen jede mit einer sog. Adresse versehen ist. Jede Speicherzelle kann durch ihre Adresse und eine Längenfestlegung eindeutig angegeben werden. In einem Arbeitsspeicher ist die kleinste Speicherungseinheit die *Speicherstelle* (bei Datenverarbeitungsanlagen auf der Grundlage des Dualsystems dient sie zur Aufnahme von einem Bit und heißt *Binärstelle*). In modernen Datenverarbeitungsanlagen werden acht Binärstellen zu einem *Byte* zusammengefaßt. Vermittels der Adresse wird je nach Anlagentyp und Befehlsart zu einer unterschiedlichen Anzahl von Binärstellen oder Bytes mit einemmal zugegriffen, wobei diese Anzahl als *Wort*, *Halbwort* oder *Doppelwort* bezeichnet wird. Bei *Wortmaschinen* ist der Arbeitsspeicher in Speicherplätze für je ein Wort (von etwa 30 bis 50 Binärstellen) fest unterteilt. Die in einem Wort enthaltene Information wird oft auch als *Speicherplatzinhalt* bezeichnet. Bei *Stellenmaschinen* läßt sich die Längenangabe für Daten und Befehle entweder im Befehl oder durch Marken auf dem Speicher angeben (*variable Wortlänge*) oder ist (teilweise nur für Befehle) einheitlich festlegbar (*feste Wortlänge*).

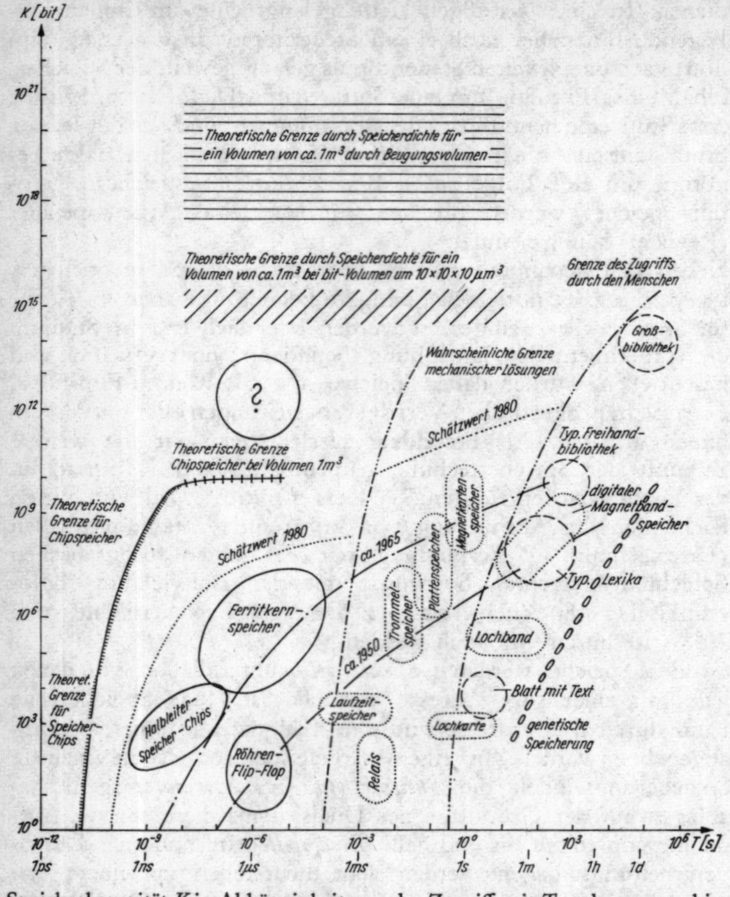

Speicherkapazität *K* in Abhängigkeit von der Zugriffszeit *T* und von verschiedenen Speicherprinzipien (nach H. Völz)

Das Speichern bzw. das Lesen einer Information in einer gewünschten Speicherzelle wird durch einen Aufrufbefehl des Rechners veranlaßt. Die Zeit zwischen dem Aufrufbefehl und dem Speichern bzw. dem Lesen wird *Zugriffszeit* zum Speicher genannt. Wortmaschinen erlauben einen schnelleren Zugriff zu den Speicherplätzen, nutzen diese aber durch die unterschiedlich notwendigen Längen der zu speichernden Informationen schlechter aus als Stellenmaschinen. Bei einigen Speichern mit Ferritkernen wird beim Lesen einer gespeicherten Information der Speicherinhalt gelöscht. Daher muß zur Erhaltung der Information die gelesene Information in einem weiteren Schritt wieder eingelesen werden. Die Zeit, die zum Ablauf dieses gesamten Vorgangs benötigt wird, bezeichnet man als *Zykluszeit*. Sie ist wie die Zugriffszeit eine Gütezahl für die Schnelligkeit der Speicherung.

Die für einen Speichertyp maximal mögliche Quantität gespeicherter Informationen wird durch seine *Speicherkapazität* (seinen Speicherplatz, Speicherraum) charakterisiert. Sie kann durch die Anzahl speicherbarer Wörter, Bytes oder Bits angegeben werden. Für den Einsatz sind neben den technischen Gütezahlen noch die Speicherkosten (pro Wort oder Bit) wichtig.

Vergleich verschiedener Arten von Speichern (größenordnungsmäßig)

Typ	Zugriffszeit bzw. Zykluszeit (µs)	Kapazität in Bit
Flip-flop-Speicher	0,5	10^2
Ferritkernspeicher	1	10^4
Magnettrommelspeicher	10^3	10^6
Magnetscheibenspeicher	10^5	10^7
Magnetbandspeicher	10^8	10^7

Eine bilanzierende Übersicht über den im Arbeitsspeicher eines Rechenautomaten zur Verfügung stehenden Speicherraum bezüglich der Anforderungen, die sich aus der geplanten Speicherung von Arbeitsprogrammen und deren Daten sowie der zusätzlich benötigten Organisationsprogramme (Betriebssystem) oder Hilfsprogramme (z. B. Ein-/Ausgabeprogramme) ergeben, gewährt der *Speicherverteilungsplan*. Während bei Programmierung in Maschinensprache der Speicherverteilungsplan vom Programmierer aufzustellen ist, wird diese Arbeit bei der Verwendung höher organisierter Programmiersprachen von den Kompilern oder vom Betriebssystem durchgeführt.

Nach der Art der Stellung in der Gesamtanlage unterscheidet man *externe Speicher* und *interne Speicher*. Ein- und Ausgabespeicher werden als externe Speicher im Hinblick auf die Informationsverarbeitungsanlage bezeichnet und dienen der Speicherung von Informationen in Eingabe-Ausgabe-Gliedern. Interne Speicher dienen der Speicherung von Informationen, soweit diese für die Informationsverarbeitung erforderlich sind. Speicher werden in den verschiedenen Arbeitsphasen eines Digitalrechners gebraucht. Gewisse spezielle Speicher heißen *Register*. So unterscheidet man *Befehlsregister* für die Speicherung von Befehlen, *Operationsregister* für die Speicherung des Operationsteils, *Indexregister* für die Speicherung eines Inhaltes, der zur Interpretation von Befehlsadressen benötigt wird. *Akkumulatoren* sind Register am Ausgang des Rechenwerkes für die Zwischenspeicherung von Resultaten arithmetischer Operationen. Periphere Speicher mit sehr großen Speicherkapazitäten (mit 107 Bytes Kapazität und mehr) werden auch als *Großraumspeicher* bezeichnet.

Analogwertspeicher:

In Analog- und Hybridrechnern werden neben Binärziffernspeichern auch Analogwertspeicher eingesetzt. Sie speichern Informationen als analoge Größen (z. B. proportionale Spannungen) und beruhen im wesentlichen auf der Speicherwirkung von Integratoren (mit Rückführung). Sie arbeiten während der Speicherwertaufnahme als Verzögerungsglieder mit möglichst kurzen Zeitkonstanten, d. h. am Eingang anliegende Analogwerte werden mit Verzögerungszeit zum Ausgang übertragen und gespeichert. Hierbei integriert der Integrator die Konstante u_e so lange, bis durch die negative Rückführung des Ausgangs u_a am Eingang eine Kompensation erfolgt (*Speicherwertaufnahmephase*). Danach bleibt der Integratorausgang konstant, weil am Eingang effektiv die Größe Null anliegt (*Speicherphase*).

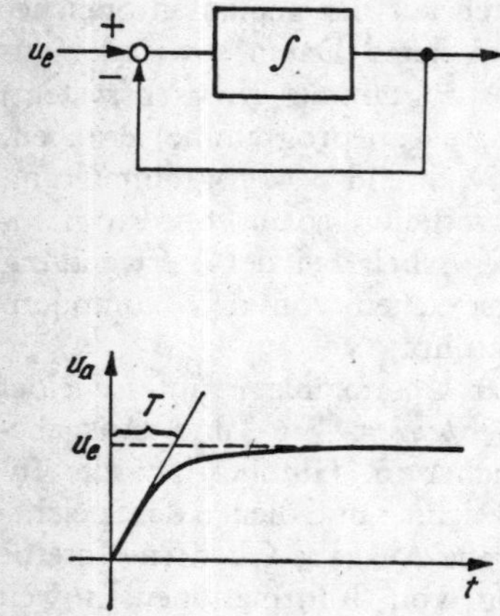

Elektronischer Analogwertspeicher

In der Analogrechentechnik werden elektronische Integratoren angewandt.
Bekannte Speicher dieser Art finden sich z. B. als Zähler für elektrische Energie im Haushalt, die mit elektromechanischen Integratoren (Motoren) arbeiten.

Spielbaum: topologisches Modell eines strategischen Spiels, bei dem, von einer Ausgangssituation ausgehend, der in den einzelnen Entscheidungsmöglichkeiten der Spieler sich ausdrückende Ablauf eines Spiels durch Punkte und Strecken dargestellt wird.
Den einzelnen Punkten eines Spielbaums werden Nummern i ($i = 1, 2, \ldots, n$) zugeordnet, die jeweils denjenigen Spieler i bezeichnen, der in der betreffenden Situation eine Entscheidung zu fällen hat. Vereinbarungsgemäß werden mit 0 diejenigen Punkte, d. h. Spielsituationen, gekennzeichnet, in denen keine persönlichen Züge durch die Spieler selbst, sondern die Festlegung einer von mehreren möglichen Alternativen durch den Zufall erfolgt (z. B. ist das Verteilen der Karten bei einem Kartenspiel ein solcher Zufallszug). Die Anzahl der von einem Punkt ausgehenden Strecken drückt die Vielzahl der möglichen Alternativen aus, die einem Spieler in diesem Punkt zur Verfügung stehen.
Ordnet man dem Ausgangspunkt das niedrigste Niveau zu, so ist jeder beliebige Verzweigungspunkt eines Spielbaums eindeutig mit einem Verzweigungspunkt des nächstniedrigen Niveaus verbunden. Auf diese Weise ergibt sich für jeden Verzweigungspunkt ein eindeutiger Streckenzug, der diesen Verzweigungspunkt mit dem Anfangspunkt verbindet. Dies gilt auch für die Endpunkte aller Streckenzüge. Die Gesamtheit aller eindeutigen Streckenzüge stellt die Gesamtheit aller in einem Spiel mit endlichem Baum möglichen Partien dar. Auf diesen Endpunkten sind die Auszahlungswerte für die einzelnen am Spiel beteiligten Spieler definiert.
Bei dem angegebenen Spielbaum für ein Spiel zwischen zwei Spielern mit endlichem Baum gibt es 14 mögliche Partien π_k ($k = 1, 2, \ldots, 14$); auf π_k sind die Auszahlungswerte $A_1(\pi_k)$ für Spieler 1 und $A_2(\pi_k)$ für Spieler 2 definiert (s. S. 734).
Diese Darstellungsweise von *Spielen in extensiver Form* gestattet es, verschiedene Begriffe der Spieltheorie anschaulich zu interpretieren. So läßt sich etwa an ihr der Unterschied zwischen *Spielen mit vollständiger* und *Spielen mit unvollständiger Information* darstellen. Im ersten Fall weiß jeder einzelne Spieler, der eine

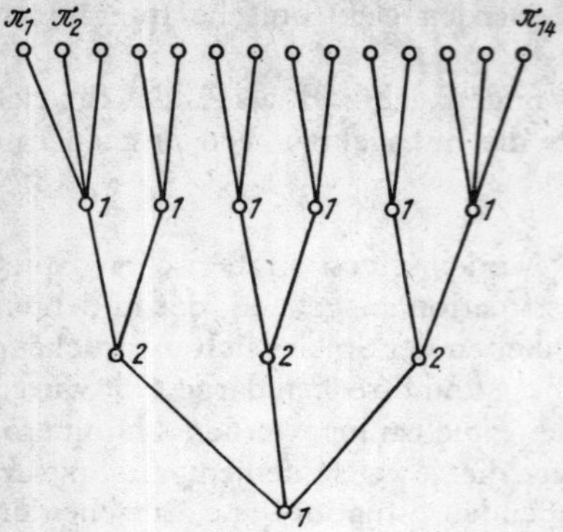

Spielbaum für ein Spiel zwischen zwei Spielern mit endlichem Baum

Entscheidung über seinen nächsten Zug zu treffen hat, an welcher Verzweigungsstelle des Spielbaums er sich gerade befindet. Bei Spielen mit unvollständiger Information ist das nicht mehr der Fall. Von einem Spieler dabei nicht unterscheidbare Verzweigungspunkte werden durch (gestrichelte oder geschlossene) Linienzüge zusammengefaßt und bilden die sog. *Informationsmengen.*

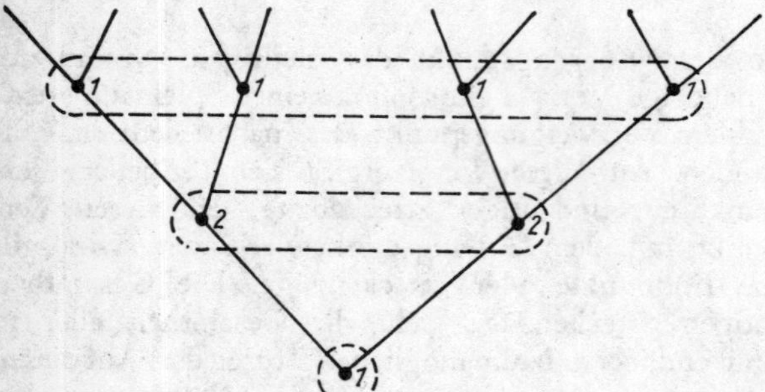

Teil eines Spielbaums für ein Spiel mit unvollständiger Information

Aus der Angabe der Informationsmengen ist in dem abgebildeten Beispiel ablesbar, daß Spieler 2 bei seiner Entscheidung im ersten Zug nicht die Wahl von Spieler 1 bei dessen ersten Zug kennt. Es ist ihm nicht bekannt, in welchem der beiden Verzweigungspunkte er sich befindet.
Bestehen *sämtliche* Informationsmengen für alle Spieler nur aus je einem Element, so liegt ein Spiel mit vollständiger Information vor.

Auch der Begriff der *Strategie* läßt sich anhand eines Spielbaums deuten. Jedem Spieler steht eine Menge von Verzweigungspunkten – verteilt über die verschiedenen Niveauhöhen des Baumes – zur Verfügung. Eine Strategie stellt in dieser Sicht einen Plan dar, der für jede in dieser Strategie enthaltene Verzweigungsstelle die Auswahl einer genau bestimmten Strecke durch den Spieler vorschreibt.

Treten in einem Spiel Zufallszüge auf, existieren also Verzweigungspunkte, die dem Spieler 0 (dem Zufall) zugeordnet sind, hängt es nicht mehr ausschließlich von den Spielern ab, welches Ergebnis sich schließlich bei der Auswahl bestimmter Strategien ergibt. Für das Zustandekommen einer bestimmten Partie und für das Erreichen bestimmter Auszahlungswerte für die einzelnen Spieler können dann nur gewisse Wahrscheinlichkeiten ermittelt werden.

Schließlich werden bei weitergehenden Untersuchungen auch Spiele mit *unendlichen Bäumen* betrachtet, deren Analyse tiefergehende Kenntnisse aus der Mengenlehre bzw. Topologie erfordert.

Spiel gegen die Natur: Entscheidungssituation unter Unsicherheit, bei der das Ergebnis für den Entscheidungsfällenden nicht nur von der Auswahl der eigenen Verhaltensweise (der eigenen Strategie), sondern auch von nicht beeinflußbaren Umweltfaktoren abhängt.

Erstmaligkeit bzw. Einmaligkeit der Entscheidungssituation lassen keinerlei Annahmen über Häufigkeiten bzw. Wahrscheinlichkeiten des Eintretens irgendeines der Umweltfaktoren zu, so daß die Entscheidungssituation den Charakter eines strategischen Spieles (mit gewissen Besonderheiten) annimmt und sich als Zweipersonenspiel auffassen läßt, in dem die Umwelt, die „Natur“, als Gegenspieler angesehen wird. Im Sinne einer theoretischen Konzeption wird dabei die Umwelt personifiziert, um bestimmte, der Spieltheorie entnommene Überlegungen und Ergebnisse auf diese Art von Entscheidungssituationen anwenden zu können. Viele Entscheidungsprobleme, wie sie bei der Auseinandersetzung des Menschen mit seiner Umwelt auftreten, können als Spiele gegen die Natur in diesem Sinne interpretiert werden.

Die Interpretation derartiger Entscheidungssituationen unter Unsicherheit als strategische Spiele und deren theoretische Analyse erfordert jedoch, Besonderheiten zu beachten, die ein Spiel gegen

die Natur von anderen Klassen strategischer Spiele unterscheidet: Der Gegenspieler „Natur" wählt seine „Strategien" nicht *bewußt* aus. Im Gegensatz zu den Voraussetzungen bei anderen Klassen von Spielen kann hier nur bei *einem* der beiden Spieler ein rationales, zielbewußtes Verhalten vorausgesetzt werden. Daher braucht z. B. nicht damit gerechnet zu werden, daß die „Natur" unter ihren verschiedenen Verhaltensweisen mit dem Ziel auswählt, dem Spieler „Mensch" einen maximalen Schaden zuzufügen. Die Möglichkeit einer besonders ungünstigen „Strategie der Natur", das Auftreten eines besonders ungünstigen Umweltfaktors, muß jedoch von dem bewußt handelnden Spieler 1 (dem Menschen bzw. der menschlichen Gesellschaft) als *mögliche* Variante berücksichtigt werden.
Die optimale Verhaltensweise des Spielers 1 ist davon abhängig, in welchem Maße in einer konkreten Entscheidungssituation im Sinne eines Spiels gegen die Natur ein bestimmtes *Risiko* eingegangen werden kann. Dieses Risiko ergibt sich daraus, daß die Entscheidung *vor* dem Bekanntwerden des tatsächlich wirkenden Umweltfaktors zu fällen ist. Die Ermittlung einer optimalen Strategie geschieht in diesem Falle im allgemeinen in zwei Schritten:

(1) Auswahl eines bestimmten Optimalitätskriteriums (unter mehreren möglichen), das den Grad des Risikos zum Ausdruck bringt, den man in der vorliegenden Entscheidungssituation zu tragen bereit ist (Vorentscheidungsproblem);

(2) Anwendung des ausgewählten Optimalitätskriteriums für die Ermittlung der anzuwendenden Strategie.

Aus der Literatur sind vor allem vier Optimalitätskriterien bekannt geworden, die an dem folgenden Zahlenbeispiel für eine Auszahlungsmatrix demonstriert werden sollen:

	U_1	U_2	U_3	U_4
s_{11}	10	13	15	16
s_{12}	11	12	14	14
s_{13}	9	11	14	17
s_{14}	6	9	13	19

Die Strategiemenge des entscheidungsfällenden Spielers 1 sei mit $S_1 = \{s_{1i}\}$, $(i = 1, 2, 3, 4)$, die Umweltfaktoren (die „Strategien" der Natur) mit U_j, $(j = 1, 2, 3, 4)$, bezeichnet. Die Elemente a_{ij} der Matrix stellen die Bewertungen für den Nutzen dar, den der Spieler 1 den einzelnen möglichen Kombinationen von Strategien und Umweltfaktoren zuordnet. (Selbstverständlich treten bei derartigen Entscheidungssituationen ebenfalls beträchtliche Modellierungsprobleme auf. Die Angabe der eigenen Strategien, insbesondere jedoch die Berücksichtigung möglichst aller Umweltfaktoren, sowie die Angabe der Nutzenbewertungen haben sehr sorgfältig zu erfolgen, da sie die Güte der Entscheidungsvorbereitung und -fällung wesentlich beeinflussen.)

1. Anwendung des Maximin-Prinzips nach v. NEUMANN (von A. WALD vorgeschlagen)

Nach diesem Optimalitätskriterium ist diejenige Strategie s_{1i_0} optimal, in deren Bewertungszeile der Wert

$$a_{i_0 j_0} = \max_i \min_j a_{ij}$$

auftritt. (Das Ergebnis braucht nicht eindeutig zu sein.) Im Falle eines echten Zweipersonen-Nullsummenspiels ist es dasjenige Prinzip, das als Basis für die Ermittlung der optimalen Verhaltensweisen dient. Seinem Charakter nach ist es vollständig risikolos; daher ist seine Anwendung in der Regel nur dann angebracht, wenn sich zwei bewußt handelnde Gegenspieler mit diametral entgegengesetzten Interessen gegenüberstehen. Angewandt auf Spiele gegen die Natur ist diese einseitige Orientierung auf die minimalen Ergebniswerte im allgemeinen als zu pessimistisch einzuschätzen. Da es jedoch spezielle Entscheidungssituationen im Sinne von Spielen gegen die Natur gibt (beispielsweise die Erprobung neuer Arzneimittel), in denen eine absolute Risikoscheu berechtigt ist, kommt seiner Anwendung in diesen Fällen Bedeutung zu.

Angewandt auf unser Zahlenbeispiel, ergibt sich

$$a_{i_0 j_0} = \max_i \min_j a_{ij} = a_{21} = 11,$$

d. h. unter Anwendung des v. Neumannschen Optimalitätsprinzips für Zweipersonen-Nullsummenspiele erweist sich hier die Strategie s_{12} als optimale Strategie des Spielers 1.

2. Anwendung des Optimalitätskriteriums von SAVAGE

Ein weiteres Prinzip hat L. J. SAVAGE vorgeschlagen, das in der Literatur auch als „Prinzip des kleinsten Bedauerns“ bzw. als „Analyse der entgangenen Gewinne“ bezeichnet wird. Der Grundgedanke, auf dem dieses Prinzip beruht, besteht darin, diejenige Strategie zur Auswahl vorzuschlagen, bei der hinterher der geringste Grund besteht, die getroffene Entscheidung zu bedauern. Zu diesem Zweck wird die vorliegende Bewertungsmatrix $[a_{ij}]$ in eine „Matrix der entgangenen Gewinne" umgeformt, deren Elemente b_{ij} spaltenweise aus den ursprünglichen Elementen a_{ij} mit Hilfe der Beziehung

$$b_{ij} = \max_i a_{ij} - a_{ij} \quad \text{(für alle } j\text{)}$$

gebildet werden.

Die Elemente b_{ij} stellen dann jeweils die Differenz zu dem beim Eintreten eines bestimmten Umweltfaktors günstigsten Ergebnis dar. Auf die neue Matrix $[b_{ij}]$ wendet man nun das Maximin-Prinzip an, wobei jedoch zu berücksichtigen ist, daß jetzt in der Matrix nicht mehr die Gewinne, sondern die „entgangenen Gewinne" stehen. Daher ist diejenige Strategie optimal, in deren Bewertungszeile der Wert

$$b_{i_0 j_0} = \min_i \max_j b_{ij}$$

auftritt. (Das Ergebnis braucht natürlich auch hier nicht eindeutig zu sein.)

In unserem Zahlenbeispiel ergibt sich folgende umgeformte Matrix $[b_{ij}]$:

	U_1	U_2	U_3	U_4
s_{11}	1	0	0	3
s_{12}	0	1	1	5
s_{13}	2	2	1	2
s_{14}	5	4	2	0

Daraus folgt, daß

$$b_{i_0 j_0} = \min_i \max_j b_{ij} = b_{31} = b_{32} = b_{34} = 2.$$

Bei Anwendung des Kriteriums von SAVAGE erweist sich s_{13} als optimale Strategie.

Während sich das v. Neumannsche Maximin-Kriterium ausschließlich auf die schlechtesten Bewertungsziffern bezieht, berücksichtigt das Kriterium von SAVAGE auch die größten Ergebniswerte. Es ist also wesentlich risikofreudiger. Einer der Haupteinwände gegen dieses Prinzip besteht darin, daß bei diesem Kriterium eine *nichtoptimale* Strategie des Spielers 1 durch ihre reine Existenz einen Einfluß auf die Auswahl der *optimalen* Strategie ausüben kann. Diese vom logischen Gesichtspunkt nicht befriedigende Tatsache läßt sich auch in unserem Zahlenbeispiel demonstrieren. Offenbar ist hier die Strategie s_{14} nicht optimal. Läßt man sie von vornherein außer Betracht, erhält man bei der Umformung in die Matrix der entgangenen Gewinne folgende Werte b'_{ij}:

	U_1	U_2	U_3	U_4
s_{11}	1	0	0	1
s_{12}	0	1	1	3
s_{13}	2	2	1	0

Hieraus ergibt sich

$$b'_{i_0 j_0} = \min_i \max_j b'_{ij} = b'_{11} = b'_{14} = 1\,.$$

Das Streichen der nichtoptimalen Strategie s_{14} hat zur Folge, daß anstelle von s_{13} die Strategie s_{11} optimal ist.

3. Anwendung des Prinzips von BERNOULLI-LAPLACE

Dieses Optimalitätskriterium besteht in der Ermittlung der *Erwartungswerte* für die den Strategien zugeordneten Bewertungsziffern und legt diejenige Strategie als optimal fest, bei der dieser Erwartungswert maximal ist. Träte ein und dasselbe Spiel gegen die Natur wiederholt auf (unter Beibehaltung aller Strategien, Umweltfaktoren und Bewertungsziffern), so wäre die Anwendung dieses Prinzips sicherlich die am besten fundierte Verhaltensweise. Bei der vorausgesetzten Einmaligkeit der vorliegenden Entscheidungssituation unter Unsicherheit besteht die Problematik seiner Verwendung darin, daß man hier implizit voraussetzt, daß die Umweltfaktoren alle „gleichwahrscheinlich" sind und man unter dieser Annahme theoretische Erwartungswerte für die Bewertungsziffern je Strategie ermitteln kann. Man berechnet für alle Strategien s_{1i} und unter Berücksichtigung der n Umweltfaktoren die Größen

$$E_i = \sum_{j=1}^{n} a_{ij} p_j \text{ mit } p_j = 1/n \text{ (für alle } j\text{)}.$$

Es ist dann diejenige Strategie s_{1i_0} optimal, für die

$$\sum_{j=1}^{n} a_{i_0j}p_j = \max_i E_i = E_{i_0}$$

zutrifft.

Ein Nachteil dieses Kriteriums besteht darin, daß es risikoindifferent ist, da das Risiko, das mit einer bestimmten Strategie verbunden sein kann und das durch die Spannweite der zugehörigen Bewertungsziffern zum Ausdruck kommt, durch die Bildung der Erwartungswerte und der damit verbundenen Nivellierung nicht mehr berücksichtigt wird. In unserem Zahlenbeispiel erweist sich jetzt s_{11} als optimale Strategie.

4. Bildung des Risikofaktors nach HURWICZ

In gewissem Sinne eine Verallgemeinerung der bisher betrachteten Optimalitätskriterien stellt ein von L. HURWICZ vorgeschlagenes Prinzip dar, das auf die Verknüpfung der je Strategie vorhandenen kleinsten und größten Bewertungsziffer aufbaut. Je Strategie s_{1i} wird eine Größe h_i nach der Vorschrift

$$h_i = \alpha m_i + (1-\alpha) M_i \text{ mit } 0 \leqq \alpha \leqq 1 \text{ und}$$
$$m_i = \min_j a_{ij},$$
$$M_i = \max_j a_{ij}$$

gebildet. α ist der sog. *Risikofaktor von* HURWICZ. Nach Vorgabe eines konkreten Wertes für α wird diejenige Strategie s_{1i} als optimal ausgewählt, die mit einem maximalen h_i verknüpft ist. $\alpha = 0$ entspricht dabei einer außerordentlichen Risikofreudigkeit („Maximax" – nur die besten Ergebniswerte werden berücksichtigt) und stellt faktisch das Gegenstück zum Maximin-Prinzip dar; $\alpha = 1$ berücksichtigt nur die minimalen Bewertungsziffern und entspricht somit genau dem Maximin-Prinzip.

Auf unser Zahlenbeispiel angewandt, ergeben sich folgende α-Bereiche und zugehörige optimale Strategien:

Bereich von α	optimale Strategie
$0 \leqq \alpha \leqq 2/5$	s_{14} („Maximax")
$2/5 \leqq \alpha \leqq 1/2$	s_{13} (Savage)
$1/2 \leqq \alpha \leqq 2/3$	s_{11} (Bernoulli-Laplace)
$2/3 \leqq \alpha \leqq 1$	s_{12} (Maximin)

Spieltheorie (Theorie der strategischen Spiele, mathematische Spieltheorie): mathematische Theorie zur Untersuchung von Konfliktsituationen.

Je nach der Art des spieltheoretischen Ansatzes werden dabei unterschiedliche theoretische und methodische Mittel eingesetzt und bilden auch unterschiedliche Bereiche den alleinigen oder den hauptsächlichen Gegenstand der Untersuchung (Analyse von Situationen des Widerstreits in einem allgemeinen Sinne, wie sie zwischen gewissen kybernetischen Systemen auftreten; Analyse von Konfliktsituationen im ökonomischen, im militärischen oder in anderen sozialen Bereichen). Hauptsächlich wegen dieser Vielfalt der Ansätze, die bisher noch nicht in einer befriedigenden Synthese zusammengeführt werden konnten, gibt es über die Einordnung der Spieltheorie in das System der Wissenschaften unterschiedliche Auffassungen. So wird die Spieltheorie als Teilgebiet der modernen Mathematik, der Operationsforschung (und hier insbesondere als Bestandteil der Entscheidungstheorie), der Kybernetik oder auch als relativ selbständige Disziplin betrachtet.

Die in der Literatur zu findende Charakterisierung der Spieltheorie als Theorie der Konkurrenzsituationen, die besonders von bürgerlichen Autoren vorgenommen wird, weist zwar auf die Möglichkeiten zur Anwendung der Spieltheorie auf die Analyse des wirtschaftlichen Konkurrenzkampfes im Kapitalismus hin, ist jedoch insofern zu eng, als „Konkurrenz" im ökonomischen Sinne nicht den ganzen Untersuchungsgegenstand der Spieltheorie zu erfassen vermag. Entsprechendes gilt für die Bestimmung der Spieltheorie als Theorie der Wettbewerbssituationen.

Die Spieltheorie kann auch als Teilgebiet der Kybernetik aufgefaßt werden, insofern sie Situationen des Widerstreits zwischen bestimmten Typen kybernetischer Systeme und deren strategisches Verhalten analysiert. Dabei ist die Möglichkeit der Untersuchung keineswegs auf den sozialen Bereich beschränkt. So ist es z. B. möglich, den Evolutionsprozeß der lebenden Organismen vom Standpunkt der Spieltheorie aus zu untersuchen.

Spieltheoretische Forschungen streben hauptsächlich danach, unterschiedliche soziale Konfliktsituationen zu analysieren und mathematisch zu beschreiben, d. h. ein entsprechendes *mathematisches Modell* zu bilden. Die spieltheoretischen Modellbildungen gründen sich auf Prinzipien des rationalen Verhaltens der Spieler bzw. der menschlichen Individuen, sozialen Gruppen usw., die sie personifizieren. Dabei sind jedoch (mit Ausnahme einiger experimentell arbeitender Ansätze) diese Prinzipien des rationalen Verhaltens nicht selbst Gegenstand der spieltheoretischen Untersuchung, sondern werden – ähnlich wie die Axiome in den vielfältigen axiomatisierten mathematischen Theorien – als gültig vorausgesetzt. Die Spieltheorie bedarf daher einer gesellschaftswissenschaftlichen und philosophischen Fundierung, die sowohl ihre Voraussetzungen als auch ihre Anwendung in der Gesellschaft begründet.

Die spieltheoretische Analyse führt zu einer vielfältigen Klassifizierung von Spielen und zielt darauf ab, auf rechnerischem Wege Empfehlungen für optimales Spielverhalten zu bestimmen. Hierzu werden für die verschiedenen Klassen von Spielmodellen unterschiedliche Typen von Lösungen eines Spiels definiert, die den jeweils vorausgesetzten Prinzipien des rationalen Verhaltens entsprechen müssen. Der Stand der spieltheoretischen Untersuchungen ist dabei sehr unterschiedlich. Neben befriedigenden Ergebnissen (wie z. B. für die Klasse der endlichen Zweipersonen-Nullsummenspiele) gibt es Bereiche, in denen die Forschungen bisher noch zu keiner abgeschlossenen Theorie geführt haben. In einzelnen Untersuchungsgebieten für bestimmte Spielklassen existieren sogar unterschiedliche Interpretationen und Weisen des Herangehens für die Entwicklung der Theorie.

Obgleich die Spieltheorie in unmittelbarem Zusammenhang mit ökonomischen Problemstellungen entstanden ist, hat sich daraus allein noch keine unmittelbare Anwendung ihrer theoretischen Ergebnisse auf praktische Problemstellungen ergeben. Das Studium von Entscheidungssituationen, die sich vielfach durch einen Wettbewerbs- bzw. Konfliktcharakter auszeichnen, und der Versuch, rationale Verhaltensweisen in solchen Situationen zu ermitteln, zeigten, daß es unmöglich ist, diese Fragestellungen mit Hilfe traditioneller mathematischer Disziplinen in Angriff zu nehmen. Viele dieser Problemstellungen im ökonomischen Bereich haben den Charakter von einander widerstrebenden bzw. widersprechenden Maximumproblemen, die nicht mehr als einfache Maximumprobleme im Sinne bekannter Extremwertaufgaben gelöst werden können. Während nämlich bei solchen Aufgaben vorausgesetzt werden kann, daß alle Variablen, von denen ein gewisses Resultat abhängt, zu einem im Prinzip bekannten System von Variablen gehören, gibt es bei spieltheoretischen Optimierungsproblemen stets mindestens eine Variable, die zu einem vom betrachteten verschiedenen System von Variablen gehört und die daher vom betrachteten System nicht direkt beeinflußt werden kann. Auf dieser Situation beruht ja gerade der Konflikt zweier oder mehrerer Partner.

Spieltheoretische Resultate können nur dann nutzbringend angewendet werden, wenn das jeweilige spieltheoretische Modell einer gegebenen Konfliktsituation hinreichend adäquat ist und insbesondere die gegebene Situation in angebbaren Grenzen getreu abbildet. Wegen der hiermit verbundenen Schwierigkeiten steht trotz des relativ hohen Entwicklungsstandes der mathematischen Theorie die Anwendung der Spieltheorie für praktische Aufgaben noch am Anfang. Zwar gibt es mehr oder weniger bekannte Beispiele für erfolgreiche Anwendungen, u. a. auch bei der Analyse militärstrategischer Situationen; im ganzen gesehen verläuft die Entwicklung gegenwärtig jedoch dahin, den mathematischen Apparat der Spieltheorie weiter auszuarbeiten und ihre praktischen Anwendungsmöglichkeiten theoretisch-methodologisch zu analysieren: „Angesichts der außerordentlichen Kompliziertheit derartiger Erscheinungen (gemeint sind die der menschlichen Gesellschaft) und angesichts der Tatsache, daß die Mathematik nur über relativ schwache Mittel zu ihrer Analyse verfügt, ist es augenscheinlich, daß die methodologischen Probleme der Spieltheorie gründlich untersucht werden müssen" (N. N. Worobjow). Dabei hat der historische Materialismus hier u. a. die Aufgabe, das von der mathematischen Theorie der Spiele entwickelte Gedankengut kritisch zu analysieren. Die Theorie der Spiele kann nur dann mit Erfolg auf gesellschaftliche Konfliktsituationen angewandt werden, wenn einer solchen Anwendung die Lehre des Marxismus-Leninismus, seine Gesellschaftstheorie, seine ökonomische Lehre und der historische und dialektische Materialismus zugrunde gelegt werden.

Der Wert spieltheoretischer Betrachtungen läßt sich indessen nicht allein aus ihren gegenwärtigen Anwendungen ableiten und ergibt sich auch nicht ausschließlich aus dem mathematischen Apparat, der für bestimmte Klassen von Spielen optimale Strategien zu bestimmen gestattet. „Während es einerseits heute bestimmte Anwendungsmöglichkeiten gibt – trotz der gegenwärtigen Beschränkung der Theorie –, ist andererseits ihre Hauptleistung nicht direkt faßbar: nämlich eine allgemeine Orientierung für Personen, welche sehr komplexen Problemen gegenüberstehen. Obwohl diese Probleme nicht streng lösbar sind – weder jetzt noch in absehbarer Zeit –, verhilft die Theorie zu einem allgemeinen Rahmen, innerhalb dessen diese Probleme behandelt werden können. Der Begriff der Strategie, die Einführung verschiedener

‚Spieler', die Rolle von Zufallsereignissen, die Matrizendarstellung der Zahlungen, der Begriff der reinen und der gemischten Strategie und so fort, geben wertvolle Anhaltspunkte für diejenigen, die sich mit komplizierten Konfliktsituationen befassen müssen" (J. D. Williams). Die Begründung einer neuen Denkhaltung in der wissenschaftlichen Arbeit, eines neuen methodischen Herangehens an Probleme – darin besteht die größte Leistung und Bedeutung der Spieltheorie wie der Kybernetik überhaupt.

Die Entwicklung der Spieltheorie verlief parallel mit theoretischen und praktischen Arbeiten, die in engem Zusammenhang mit mathematischen Untersuchungen zur Entscheidungsfindung (vor allem im wirtschaftlichen Bereich) stehen. Überhaupt ergaben sich für die Operationsforschung Anregungen aus spieltheoretischen Betrachtungen. So stehen die Theorie der Matrixspiele und die Methode der linearen Optimierung in enger Beziehung zueinander (die Aufgabe der Lösung eines endlichen Zweipersonen-Nullsummenspiels erweist sich als Spezialfall der allgemeinen Aufgabenstellung der Linearoptimierung).

Geschichte. Untersuchungen des spielerischen und strategischen Verhaltens von Tier und Mensch reichen sehr weit in die Geschichte des menschlichen Denkens zurück und führten schon früh zu Reflexionen über diesen Gegenstand. In engerem Zusammenhang zur Herausbildung der modernen Spieltheorie stehen freilich nur diejenigen Betrachtungen, die auf strategische Situationen (im heutigen Sinne des Wortes) gerichtet sind. Das gilt vor allem für strategische Betrachtungen zu Problemen des Krieges, wie sie in den verschiedenen Epochen angestellt worden sind. Sie enthalten viele Ideen, die später zu Grundgedanken moderner spieltheoretischer Untersuchungen wurden. Aus dem Altertum können Sun tzu (*Kriegskunst*, 500 v. u. Z.), Thukydides (*Peloponnesischer Krieg*, 5. Jh. v. u. Z.) und Cäsar (*Gallischer Krieg*, 1. Jh. v. u. Z.) erwähnt werden. Im 15. Jh. entstanden die Schriften des Machiavelli, und aus dem 18. und 19. Jh. sind die militärstrategischen Arbeiten von Friedrich ii., Jomini und Clausewitz bekannt. Eine unerschöpfliche Quelle strategischer Überlegungen stellt die marxistisch-leninistische Theorie von der Strategie und Taktik des proletarischen Klassenkampfes dar. Insbesondere gilt dies für eine Reihe von Schriften über Fragen des Klassenkampfes von Marx und Engels, von Engels' militärtheoretischen Schriften und ebenso von zahlreichen Arbeiten Lenins.

Alle diese und eine Vielzahl weiterer hier nicht genannter Schriften enthalten zwar Denkansätze der modernen spieltheoretischen Konzeptionen, indessen enthalten sie sie nicht in einem mathematischen und in einem quantifizierenden Gewande, wie dies für die modernen spieltheoretischen Überlegungen charakteristisch ist. Die Entwicklung in dieser Richtung setzte einen bereits hohen Entwicklungsstand der Mathematik voraus, der wiederum untrennbar mit der stürmischen Entwicklung der Produktivkräfte bei der Herausbildung der kapitalistischen Produktionsweise verbunden war. Die eigentliche Vorgeschichte der Spieltheorie beginnt daher erst im 16. Jahrhundert. Da der moderne Begriff des strategischen Spiels sich erst auf der in unserem Jahrhundert sich herausbildenden höheren Entwicklungsstufe des spieltheoretischen Denkens entwickelt hat, erfolgt bei der Herausbildung der Spieltheorie – besonders im 17. und 18. Jahrhundert – auch noch keine strenge Unterscheidung zwischen Glücksspielen und strategischen Spielen im modernen Sinne. Daher finden sich z. B. zahlreiche Elemente modernen spieltheoretischen Denkens auch bei den frühen Untersuchungen von reinen Glücksspielen. Ein anderer charakteristischer Zug bei der Herausbildung der Spieltheorie besteht darin, daß einzelne Resultate später wieder in Vergessenheit gerieten und dann von anderen Forschern neu entdeckt wurden bzw. erst im Rahmen einer allgemeinen Theorie die heutige Gestalt annahmen.
Die Herausbildung einer Theorie strategischer Spiele (im modernen Sinne) läßt verschiedene Entwicklungslinien erkennen, unter denen zwei herausragen: einerseits die rein kombinatorischen Untersuchungen und andererseits die Untersuchungen, die auch zufällige Faktoren mit berücksichtigen. Ein kombinatorisches Spiel wird erstmalig zu Beginn des 17. Jahrhunderts beschrieben (BACHET de MÉZIRIAC). Die zweite Entwicklungslinie nimmt ihren Anfang zu Beginn des 18. Jahrhunderts: WALDEGRAVE gibt 1712 erstmalig die Lösung eines speziellen Zweipersonenspieles als Auswahl von Strategien mit gewissen vorgeschriebenen Wahrscheinlichkeiten an und nimmt damit die Lösung eines Spezialfalles des sog. Hauptsatzes der Matrixspiele aus der modernen Gestalt der Theorie für diesen Spieltyp vorweg. Indessen war auch dieses Resultat später wieder vollständig in Vergessenheit geraten und gehörte keineswegs zu den Erkenntnissen, von denen J. v. NEUMANN ausgegangen war. Das wird um so verständlicher, als mit der Betrachtungsweise strategischer Spiele von WALDEGRAVE vergleichbare Untersuchungen wahrscheinlich erst Ende der 80er

Jahre des vorigen Jahrhunderts wieder aufgenommen wurden (J. Bertrand).

Unmittelbare Vorläufer der modernen Spieltheorie sind E. Zermelo (*Über eine Anwendung der Mengenlehre auf die Theorie des Schachspiels*, 1912) und E. Borel (*Die Spieltheorie und Integralgleichungen mit schiefsymmetrischem Kern*, 1921). Bereits in dieser Arbeit von Borel wurde eine Strategie als das System der Regeln definiert, die die Handlungen des Spielers unter allen möglichen Umständen genau festlegen. Allerdings sah Borel das Spiel dabei als Glücksspiel an, und die Wahl verschiedener Strategien durch die beiden Partner führte mit einer gewissen, angebbaren Wahrscheinlichkeit zum Sieg des einen oder des anderen Spielers. Ebenfalls bereits von Borel stammt die Idee der Dominanz einer Strategie über eine andere, und er bewies auch (in der heute üblichen Terminologie ausgedrückt) den Satz von der Existenz optimaler Strategien für symmetrische 3 × 3-Spiele. Philosophische Probleme der Spieltheorie wurden vom langjährigen Schachweltmeister E. Lasker bearbeitet.

Als eigentlicher Begründer der modernen mathematischen Spieltheorie gilt indessen J. v. Neumann, dessen erste Arbeit (*Zur Theorie der Gesellschaftsspiele*, 1928) zu diesem Thema bereits die fundamentalen Ideen und einige entscheidende Resultate der Spieltheorie enthielt. So untersuchte er in dieser Arbeit alle grundsätzlichen Probleme, die das Verhalten der Teilnehmer an einem antagonistischen Spiel (d. h. an einem Zweipersonen-Nullsummenspiel) betreffen, und versuchte auch bereits zur Analyse von Spielen mit mehr als zwei Teilnehmern überzugehen. Er erkannte sowohl die zusätzlichen Schwierigkeiten, die schon beim Übergang zu Dreipersonenspielen auftreten, als auch die bei Aufgabe der Nullsummenbedingung entstehenden Probleme. Dennoch fand diese erste spieltheoretische Arbeit von v. Neumann kaum einen Widerhall. Wissenschaftsgeschichtlich bedeutsame Wirkungen gingen erst von seinem gemeinsam mit O. Morgenstern verfaßten spieltheoretischen Hauptwerk aus (*Theory of Games and Economic Behavior*, 1943). Die Wirkung dieses Buches zeigte sich vor allem darin, daß das neue Gebiet seither eine rasche Entwicklung genommen hat und in der Vielzahl der Arbeiten und der unterschiedlichen Denkansätze heute nur noch schwer zu überblicken ist. Der Grund für die große Ausstrahlungskraft dieses Buches dürfte in zwei sich gegenseitig ergänzenden Momenten bestehen: Einmal hatte die Entwicklung des Monopolkapitalismus und die damit einhergehende komplexere Verflechtung in den Entscheidungsprozessen der Wirtschaft das objektive Bedürfnis nach einer möglichst vollkommenen Theorie für optimale Entscheidungen erzeugt. Das zweite Moment besteht in der Art und Weise, in der die Problematik in diesem Buch behandelt wurde. Einer Theorie der Spiele wird eine exakte mathematische Fassung gegeben, wobei ihr Aufbau auf streng axiomatischer Grundlage erfolgt. Der im ganzen neue mathematische Apparat wird mit einem Reichtum an neuen Ideen (teils mathematischer, teils anderer Art) entwickelt, die geeignet sind, bei vielen anderen Autoren zu entsprechenden Denkanstößen zu führen. Hieran ändert auch die Tatsache nichts, daß viele ökonomische Ansichten, die das Buch vertritt, den Denkhaltungen der bürgerlichen Grenznutzenschulen nahestehen, denn der mathematische Inhalt der Theorie wird hiervon nicht berührt.

Die Fortführung des klassischen Ansatzes zur Spieltheorie von J. v. Neumann erfolgte in verschiedenen Richtungen. Dabei knüpften die einzelnen Vertreter der Spieltheorie mehr oder weniger unmittelbar an die Konzeption von J. v. Neumann und O. Morgenstern an oder entfernten sich von ihr. In gewisser Weise diametrale Richtungen versuchen dabei, entweder die Spieltheorie in Weiterentwicklung des klassischen Ansatzes immer mehr in eine rein mathematische Theorie (etwa im Sinne der modernen Algebra und in Richtung auf eine Art von „Spielrechnung") zu verwandeln (z. B. N. N. Worobjow), oder der klassische Ansatz wird de facto als verfehlt angesehen und die Aufgabe darin erblickt, einzelne reale Konfliktsituationen in all ihrer Konkretheit zu untersuchen (z. B. T. C. Schelling). Zwischen diesen extremen Richtungen gibt es eine nahezu unübersehbare Fülle unterschiedlicher Varianten: „Für die moderne Spieltheorie ist die Vielfalt einzelner Richtungen charakteristisch. Das ist auch ganz natürlich, da sowohl die Entscheidungsfindung unter Bedingungen von Konflikten als auch unter Bedingungen der Ungewißheit ein äußerst kompliziertes Problem ist, an dessen Untersuchung man von verschiedenen Seiten herangehen kann. Daher ist auch eine Beschreibung oder auch nur eine Systematisierung aller auf dem Gebiet der Spieltheorie erhaltenen Resultate praktisch unmöglich" (N. N. Worobjow). Die meisten der heutigen Richtungen in der Spieltheorie schließen sich freilich der Sache nach gar nicht gegenseitig aus. Das gilt z. B. auch für Konfliktforschung im Sinne von Schelling einerseits und im Sinne der mathematischen Theorie der Spiele andererseits. Indessen fehlt es gegenwärtig noch an einer genügend tragfähigen allgemeinen theoretischen Grundlage, die es erlaubt, die verschiedenen Richtungen zu integrieren, so daß sie sich gegenseitig nutzbringend zu ergänzen vermögen. Der marxistisch-leninistischen Philosophie fällt in diesem Zusammenhang eine wichtige Aufgabe zu. Den meisten spieltheoretischen Ansätzen ist gemeinsam, daß sie auf diese oder jene Weise danach streben, die gegenwärtig noch stark begrenzten praktischen Anwendungsmöglichkeiten der Spieltheorie zu erweitern. Hierzu werden neue mathematische Modelle entworfen und zusätzliche Grundannahmen gemacht. Währenddem die klassische Theorie im wesentlichen statisch ist, zielen neuere Ansätze auf die Entwicklung einer dynamischen Theorie der Spiele ab. Dementsprechend ist eine stürmische Entwicklung der Theorie der sog. Positionsspiele zu erkennen (z. B. durch H. W. KUHN und N. N. WOROBJOW). Bei einigen neueren Ansätzen wird sogar angenommen, daß die Spieler nicht über alle strategischen Möglichkeiten (d. h. über die Spielregeln) vollständig informiert sind. Auch damit kann eine adäquatere Modellierung bestimmter realer Konfliktsituationen erreicht werden (WOROBJOW, J. C. HARSANYI). Für die künftige Entwicklung der Spieltheorie bedeutungsvoll können auch gewisse psychologische Experimente werden, die darauf gerichtet sind, das tatsächliche Verhalten von Spielpartnern in bestimmten Spielen (herkömmlichen Gesellschaftsspielen oder auch in für die Experimente eigens konstruierten Spielen) zu testen (A. RAPOPORT u. a.). Verschiedene Typen der Simulierung durch Planspiele (z. B. L. S. SHAPLEY, M. SHUBIK, O. J. BARTOS, H. GUETZKOW u. a.) können zu den modernen Fortentwicklungen des spieltheoretischen Konzepts gezählt werden.

Sprachanalyse 1: Analyse einer natürlichen Sprache mit dem Ziel der Gewinnung von Erkenntnissen *über diese Sprache*. Sie erfolgt meist durch Untersuchung vorliegender geschriebener oder gesprochener Texte, seltener durch Befragung von Sprechern (z. B. bei Sprachen ohne Schriftsystem, in der Dialektforschung und bei besonderen Erscheinungen, die durch Textanalyse nur schwer zugänglich sind). So können Aussagen über das (grammatische) System der Sprache, ihre Entwicklung oder typologische Einordnung gewonnen werden.

Sprachanalyse 2 (Textanalyse): Analyse eines geschriebenen Textes in einer natürlichen Sprache mit dem Ziel, bestimmte Eigenschaften *dieses Textes* zu ermitteln. Dabei handelt es sich vor allem um lexikalische, strukturelle und statistische Charakteristika, die z. B. bei Erfülltsein gewisser Signifikanzbedingungen eine Einordnung des Textes nach Verfasserschaft (bei Vorliegen anderer Texte dieses Autors), Entstehungszeit oder regionaler Herkunft erlauben. Zur Sprachanalyse in diesem Sinne gehören auch die Untersuchung des Sprachgebrauchs einzelner Autoren oder Gruppen von Autoren sowie die Erschließung der Bedeutung von Wendungen und Wörtern in Texten aus früheren Epochen.

Sprachanalyse 3: Analyse gesprochener Texte oder Laute mit Hilfe besonderer technischer Anlagen zur Feststellung akustischer Eigenschaften von Lauten und Lautverbindungen, insbesondere der invarianten Eigenschaften von Sprachlauten (*Phonemen*) oder ihren Varianten (*Allophonen*). Diese Forschungen dienen sowohl dem vorerst noch in der Ferne liegenden Ziel einer Umsetzung gesprochener Sprache auf andere Informationsträger (z. B. in geschriebene Sprache) als auch zur bereits in bescheidenem Umfange gelungenen künstlichen Erzeugung von gesprochener Sprache (Sprachsynthese).

Sprachanalyse 4: automatische Analyse von Texten einer natürlichen Sprache. Nach dem Resultat des Analysevorgangs kann man *morphologische*, *syntaktische*, *semantische* und (im engeren Sinne) *automatische Textanalysen* unterscheiden. In jedem Falle sind vorher linguistische Repräsentationsebenen und formale Darstellungen (oder Modelle) festzulegen, innerhalb derer das Analyseergebnis ausgedrückt wird. Der Analysevorgang wird durch Algorithmen (oder daraus entstandene Programme für Datenverarbeitungsanlagen) vollzogen.
Die *morphologische Analyse* ermittelt die flexivischen Eigenschaften sowie die Wortklassenzugehörigkeit und (innerhalb gewisser Grenzen) den Wortbildungsaufbau von isolierten Wortformen. Ein Teil dieser Informationen bildet den Ausgangspunkt der *syntaktischen Analyse*, die die grammatisch-syntaktische Struktur von Sätzen ermittelt. Die *semantische Analyse* (ein Fernziel der automatischen Analyse von Texten) baut auf syntaktischen Satzstrukturen auf und führt zu einer verfeinerten Darstellung der Satzstruktur, durch die eine Darstellung der Satzbedeutung ermöglicht werden soll. Die *automatische Textanalyse* (im engeren Sinne) hat das Ziel, die in sinnvollen Texten über die Satzgrenzen hinausgehenden sprachlichen Beziehungen zu ermitteln.

Ein schwer zu bewältigendes Problem der automatischen Analyse sind die Mehrdeutigkeiten auf den verschiedenen linguistischen Ebenen. Da zum Unterschied von der Analyse durch den Menschen die verschiedenen Ebenen aufgrund des gegenwärtigen Entwicklungsstandes zeitlich nacheinander durchlaufen werden müssen, befinden sich unter den Analyseergebnissen oft auch viele nichtaktualisierte Varianten. Ein Teil davon kann auf der nächsthöheren Ebene eliminiert werden, gleichzeitig entstehen dort aber wieder neue Mehrdeutigkeiten, die ihre Ursache nicht in Mehrdeutigkeiten auf tieferen Ebenen haben. *Beispiele:* Die Wortform „reichen" kann bei der morphologischen Analyse nur als Verb- oder Adjektivform klassifiziert werden, im syntaktischen Kontext verschwindet diese Mehrdeutigkeit jedoch fast immer. Der Satz „Er kam mit dem Zug aus Berlin" ist syntaktisch mehrdeutig, ohne daß Wortformmehrdeutigkeiten dafür die Ursache wären.

Sprachanalyse 5: Prozeß des Verstehens einer sprachlichen Äußerung beim Hören oder Lesen.

Sprache: im Sinne der Semiotik und der Informationstheorie jedes durch natürliche Entwicklung oder durch ausdrückliche Festlegung gegebene System von Zeichen – einschließlich der explizite oder auf irgendeine Weise implizite gegebenen Regeln für die Bildung sinnvoller Zeichenzusammenstellungen (Zeichenreihen) –, durch das Informationen von einem (organischen, psychischen, gesellschaftlichen oder technischen) informationsverarbeitenden kybernetischen System zu einem anderen übertragen werden können.
Sprachen im engeren Sinne der Linguistik sind die von Menschen benutzten Zeichensysteme, die mit Hilfe einer nicht begrenzten Anzahl komplexer Ausdrücke eine unendliche Zahl verschiedener Sachverhalte auszudrücken gestatten und sich durch diese Reichhaltigkeit von elementaren, auf die Übermittlung einer jeweils engbegrenzten Klasse von Informationen beschränkten Zeichensystemen (wie etwa von solchen der Tierkommunikation) qualitativ unterscheiden.
Auf die Frage, inwieweit neben den qualitativen Unterschieden zwischen Sprachen im linguistischen und im semiotisch-informationstheoretischen Sinn auch Gemeinsamkeiten bestehen, die zu den Konstituenten einer umfassenden Sprachtheorie gehören können, läßt sich gegenwärtig noch keine befriedigende Antwort geben. Sie wird erst möglich werden, wenn weitere Forschungen

zu einer vertieften theoretischen Durchdringung der außerordentlich komplizierten sprachlichen Phänomene geführt haben.
Grundlage aller vom Menschen benutzten Sprachen sind die *natürlichen Sprachen*, die sich im Zusammenhang mit der gesellschaftlichen Entwicklung in spezifischen Sprachgemeinschaften entwickeln. Sie dienen in lautlicher oder (davon abgeleiteter) schriftlicher Form zur Kommunikation in allen Bereichen des individuellen und gesellschaftlichen Lebens und bilden die Basis für alle höheren kognitiven Leistungen des Menschen. Innerhalb der natürlichen Sprachen können sich besondere *Fachsprachen* und *Wissenschaftssprachen* herausbilden, in denen für spezielle Zwecke getroffene explizite Normierungen von Bedeutung und Gebrauch festgelegter einfacher und komplexer Zeichen gelten. Diese Entwicklung führt auch zur Schaffung selbständiger *künstlicher Sprachen* durch exakt formulierte Festlegungen, die mittels eigener, von der natürlichen Sprache verschiedener grafischer Symbole oder auch unter Benutzung speziell interpretierter Symbole und Ausdrücke der natürlichen Sprache dargestellt werden und den jeweiligen Spezialzwecken möglichst genau angepaßt sind. Zu Sprachen dieser Art gehört z. B. die Sprache der mathematischen Logik sowie die der Mathematik überhaupt. Für die Kybernetik besonders bedeutsam ist die Vielfalt der ebenfalls hierher gehörenden Programmiersprachen.
Natürliche Sprachen mit ihren vielfältigen Aspekten sind Gegenstand unterschiedlicher wissenschaftlicher Disziplinen. Zu ihnen gehören vor allem die Sprachwissenschaft und deren Teildisziplinen, aber z. B. auch die Psychologie und die Philosophie (insbesondere die Erkenntnistheorie). In mancher Beziehung auch für die Kybernetik von Interesse sind Untersuchungen natürlicher Sprachen im Rahmen der sog. *algebraischen Linguistik*. Betrachtungen dieser Art gehen davon aus, daß eine natürliche Sprache aus einer potentiell unendlichen Menge von Sätzen besteht. Jeder (bezüglich der jeweiligen Sprache sinnvolle) Satz ordnet einer Zeichengestalt (Zeichenreihengestalt) eine Bedeutung zu. Diese Zuordnung ist in natürlichen Sprachen in beiden Richtungen mehrdeutig. So kann eine Zeichengestalt zwei oder mehr Bedeutungen haben. Man spricht in diesem Zusammenhang von *Homonymie* (*Beispiel:* „Er hat das Blatt neben der Bank aufgehoben"). Es können aber auch zwei oder mehr Zeichengestalten die gleiche Bedeutung haben. In diesem Falle spricht man von *Synonymie* (*Beispiel:* „Er ist schwer zu überzeugen", „Es ist schwer, ihn zu überzeugen", „Ihn zu überzeugen ist schwer").

Jeder Satz besteht aus einer endlichen Folge von Wörtern, die durch bestimmte (syntaktische) Beziehungen miteinander verbunden sind. Die Gesamtheit der syntaktischen Beziehungen bildet die *syntaktische Struktur* eines Satzes. Diese weist in der natürlichen Sprache (mindestens) zwei Ebenen auf, eine *syntaktische Oberflächenstruktur O* und eine *syntaktische Tiefenstruktur T*. Die erste ist eine hierarchische Gliederung der Wortfolge in Konstituenten, die letztere besteht aus abstrakteren, für die Bedeutung des Satzes wesentlichen Beziehungen. In dem Satz „Ich habe den Roman gelesen, den du mir geliehen hast" bilden z. B. die Teilfolgen „den Roman" und „den du mir geliehen hast" in *O* zwei getrennte Konstituenten, in *T* dagegen eine zusammenhängende Konstituente. Die Bedeutung oder *semantische Struktur S* eines Satzes legt die logischen Beziehungen fest, die mit einem Satz verbunden sind sowie die Objekte und Sachverhalte, auf die er sich bezieht. Ihre theoretische Darstellung ist nur mit Hilfe einer *intensionalen* Logik möglich. Bezeichnet man schließlich mit *P* die Lautfolge, die die Zeichengestalt eines Satzes ausmacht, dann läßt sich die gesamte Struktur eines Satzes durch ein Quadrupel [*S*, *T*, *O*, *P*] ausdrücken, wobei die beiden syntaktischen Strukturebenen *T* und *O* die Zuordnung zwischen *S* und *P* vermitteln.

Da eine Sprache aus einer (potentiell) unendlichen Menge von Sätzen besteht, kann sie nicht (wie etwa ein endlicher Kode) durch eine Liste (eine einfache Zuordnungsvorschrift) beschrieben werden, sondern durch die Angabe eines *Regelsystems*, das die Menge aller Sätze mit ihren Strukturkennzeichnungen zu erzeugen (zu generieren) vermag. Ein solches Regelsystem heißt eine *generative Grammatik*. Der Ausdruck „generative Grammatik" wurde von N. Chomsky eingeführt, dessen linguistische Betrachtungsweise wesentliche Aspekte der natürlichen Sprache zu erfassen erlaubt, wenn sie von ihren idealistischen Elementen befreit ist.

Die *Grammatik einer natürlichen Sprache* legt fest, wie deren Grundelemente (die Wörter) zu grammatikalisch wohlgeformten Sätzen kombiniert werden können und welche Bedeutung diese Sätze haben; sie erzeugt also die Menge aller Quadrupel [*S*, *T*, *O*, *P*]. Die Grammatik besteht aus drei Komponenten: aus der *Syntax*, der *Semantik* und der *Phonologie*, die untereinander durch die *Lexik* (den Wortbestand einer Sprache) verbunden sind.

Die *Syntax* besteht wiederum aus zwei Teilkomponenten, einer *Basis* und einem System von *Transformationsregeln*, wobei die Basis eine unendliche Menge von Tiefenstrukturen (abstrakte, hierarchisch verknüpfte Kombinationen lexikalischer Einheiten) erzeugt, die durch Transformationsregeln in die verschiedenen möglichen Oberflächenstrukturen abgebildet werden. Die Regeln der Semantik (*semantische Regeln*) ordnen den syntaktisch strukturierten Wortfolgen aufgrund der Wortbedeutungen und der syntaktischen Beziehungen zwischen den Wörtern die semantische Struktur des Gesamtsatzes zu. Die Regeln der Phonologie (*phonologische Regeln*) bestimmen die konkrete Lautform, die die Wortformen und Wortverbindungen im Satzzusammenhang annehmen. Die *Lexik* (das Lexikon), auf die die übrigen Komponenten der Grammatik in verschiedener Form Bezug nehmen, besteht aus einer Charakterisierung der Grundelemente nach ihren *syntaktischen Eigenschaften* (durch syntaktische Merkmale), ihren *distinktiven Lauteigenschaften* (durch phonetische Merkmale) sowie ihren *Bedeutungsmöglichkeiten* (durch semantische Merkmale). Dabei bilden die Lexikoneinheiten keine amorphe Liste von Merkmalskomplexen, sondern sind aufgrund der Beziehungen untereinander, die durch diese Merkmale bestimmt werden, in komplizierten semantischen Netzen organisiert. Das Studium dieser Netze steht allerdings erst am Anfang.

Die Form der Regeln, die in den einzelnen Komponenten auftreten, sowie der Aufbau des Gesamtsystems können im Rahmen der mathematischen Linguistik streng formuliert werden. Die Grammatik nimmt dann die Form eines (sehr komplizierten) algebraischen Systems an, dessen allgemeine Eigenschaften wesentliche Züge aller überhaupt möglichen natürlichen Sprachen ausdrücken.

Eine Grammatik als System von Regeln, das die Sätze einer Sprache mit ihren Strukturen erzeugt, ist ein Modell für die Fähigkeit, eine Sprache sprechen und verstehen zu können (ein *Modell der Sprachkompetenz*). Dieses Modell spielt eine wichtige Rolle bei der Entwicklung kybernetischer Modelle für die komplizierten Prozesse der *Sprachperzeption*, der *Sprachproduktion* und des *Spracherwerbs*.

Die *Sprachperzeption* kann durch einen Mechanismus M modelliert werden, der ein akustisches Signal A als Eingabe hat, dieses Signal als Realisierung der phonetischen Struktur P identifiziert und das durch die Grammatik spezifizierte Quadrupel $[S, T, O, P]$, also die gesamte Strukturcharakteristik des perzipierten Satzes, als Ausgabe hat.

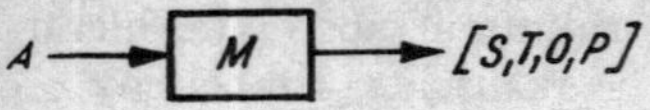

Modell der Sprachperzeption (einstufig)

Nur unter sehr einschränkenden Bedingungen ergibt sich *M* als eine direkte, algorithmische Realisierung der Grammatik. Für den natürlichen Prozeß des Sprachverstehens muß *M* einen komplizierten internen Aufbau haben. Ein Schritt in dieser Richtung ist eine zweistufige Realisierung, in der ein Voranalysator aufgrund des Eingabesignals *A* eine hypothetische syntaktische Oberflächenstruktur *O'* und eine phonetische Struktur *P'* ermittelt. Aufgrund dieser Voranalyse wird in einem zweiten Teilsystem *E*, das Zugang zum Langzeitgedächtnis und damit zur gesamten Grammatik hat, eine hypothetische Struktur [*S*, *T*, *O*, *P*] erzeugt und mit dem Ergebnis der Voranalyse verglichen. Ist [*O'*, *P'*] = [*O*, *P*], dann ist der Satz verstanden; *S* ist die ermittelte Bedeutung. Andernfalls wird, gesteuert durch die Differenzen zwischen [*O'*, *P'*] und [*O*, *P*], in *E* eine neue Struktur erzeugt und erneut mit [*O'*, *P'*] verglichen, bis hinreichende Übereinstimmung erreicht ist.

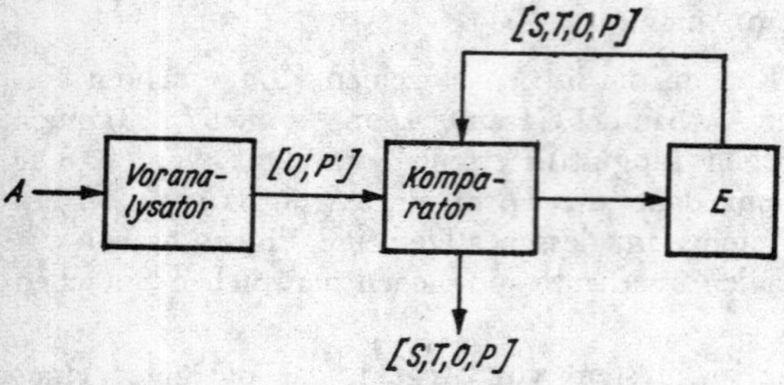

Modell der Sprachperzeption (zweistufig)

Die *Sprachproduktion* beruht auf einem Mechanismus, der aufgrund einer Mitteilungsabsicht, die zunächst sehr allgemein als interne, kognitive „Struktur *I*" bezeichnet werden soll, ein akustisches Signal *A* produziert. Diese Produktion von *A* aufgrund von *I* wird durch eine Struktur [*S*, *T*, *O*, *P*] vermittelt, wobei *A* die akustische Realisierung der Lautstruktur *P* ist und *S* eine mit der Struktur der gegebenen Sprache verträgliche Realisierung von *I*. Dabei ist das Verhältnis von *I* und *S* eine weitgehend noch ungeklärte Frage. Ob und in welchem Maße *I* eine von *S* verschiedene oder unabhängige interne Struktur ist, hängt von der

Frage ab, in welchem Maße kognitive Prozesse unabhängig von der natürlichen Sprache verlaufen. Als sicher kann angenommen werden, daß in vielen Fällen *I* und *S* jedenfalls weitgehend isomorph sind. Die einzelnen Schritte, die den Aufbau der in diesem Sinn mit *I* verträglichen Struktur [*S*, *T*, *O*, *P*] und die motorische Realisierung von *P* durch *A* ausmachen, sind noch nicht so weit aufgeklärt, daß zusammenhängende Modellvorstellungen für den Sprachproduktionsmechanismus angegeben werden können.

Als plausibel kann die Annahme gelten, daß der für die Sprachperzeption postulierte Teilmechanismus *E* auch für die Sprachproduktion eine entscheidende Rolle spielt, daß also Sprachproduktion und Sprachperzeption partiell auf den gleichen Mechanismen beruhen.

Der *Spracherwerb* besteht in der Konstruktion einer Grammatik *G* auf der Grundlage einer Menge von Eingabedaten *D*, d. h. Sätzen in geeigneten Situationen sowie Bestätigungen oder Korrekturen an Sätzen, die das lernende System selbst bildet.

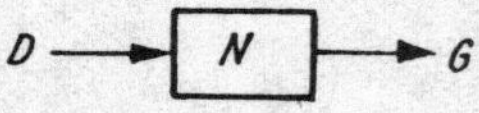

Modell des Spracherwerbs

Die genauere Spezifizierung eines geeigneten Mechanismus *N* muß in Rechnung stellen, daß die Konstruktion von *G* über eine Reihe von Zwischenstufen erfolgt, in denen eine bereits konstruierte Grammatik *G'* aufgrund neuer Eingabedaten modifiziert wird. Ferner müssen allgemeine Strategien spezifiziert werden, nach denen Regeln durch das lernende System aufgebaut und modifiziert werden. Ergebnisse zu diesem sehr komplexen Prozeß sind vorerst noch sehr fragmentarisch. Strenger formal zu fassen sind bisher nur Lernprozesse für die Syntax sehr einfacher künstlicher Sprachen, die noch keinen Rückschluß auf den natürlichen Spracherwerb zulassen. Die schrittweise Präzisierung des Modells *N* führt zu einer Charakterisierung der phylogenetisch erworbenen, nur dem Menschen eigenen Fähigkeit zu Spracherwerb und Sprachbeherrschung und ist damit für das Verständnis der Leistungen des menschlichen Gehirns von großer Bedeutung.

Modelle der hier diskutierten Art könnten im Prinzip auf Automaten realisiert werden und dann verschiedene Aspekte im Sprachverhalten simulieren. *M* wäre dann ein Automat, der Laut- (oder Buchstaben-)folgen als Eingabe und ihre Analyse als

Ausgabe hat; er bildet also auch einen Teil des Programms der automatischen Sprachdatenverarbeitung. *N* wäre ein Automat, der aus gegebenen Texten die zugrunde liegende Grammatik rekonstruiert, also eine Mechanisierung bestimmter Teile der sprachwissenschaftlichen Forschung. An eine tatsächliche Realisierung solcher Automaten ist jedoch zur Zeit noch nicht zu denken.
→ automatische Übersetzung → mathematische Linguistik → Programmiersprache → Semiotik

Sprachsynthese 1: künstliche Erzeugung von Lauten oder Lautfolgen als Imitation der gesprochenen Sprache. Voraussetzung dafür ist die Feststellung invarianter akustischer Eigenschaften durch Sprachanalyse und ihre technische Realisierung durch geeignete Vocoder in Gestalt bestimmter Schwingungen oder Schwingungsveränderungen. Besondere Schwierigkeiten bei der Erzeugung von Lautfolgen (z. B. Silben oder Wörtern) bereitet die *Koartikulation* (das zeitliche Ineinandergreifen der einzelnen Lautbildungsphasen).

Sprachsynthese 2 (Textsynthese): automatische Synthese von Texten einer natürlichen Sprache. Nach dem Ausgangspunkt des Prozesses unterscheidet man ähnlich wie bei der automatischen Sprachanalyse u. a. *morphologische* und *syntaktische Synthese*. Eine *morphologische Synthese* ist ein Algorithmus, der für alle einbezogenen Basisformen (Stämme usw.), die mit Informationen über ihr morphologisches Verhalten (z. B. Flexionstyp) versehen sind, die zugehörigen Wortformen in Abhängigkeit von den Werten bestimmter grammatischer Kategorien (Kasus, Numerus usw.) erzeugt. Unter *syntaktischer Synthese* versteht man die Umwandlung einer innerhalb eines bestimmten Modells dargestellten Satzstruktur in ein den Regeln der betrachteten natürlichen Sprache genügendes lineares Satzschema. Sie unterscheidet sich daher prinzipiell von der Generierung von Strukturen oder Sätzen. Ist die Struktur auf diese natürliche Sprache bezogen, d. h. handelt es sich um eine abhängige Synthese, so reduziert sich das Verfahren im wesentlichen auf die Herstellung einer korrekten Reihenfolge. Bei einer unabhängigen syntaktischen Synthese ist das Verfahren ungleich komplizierter.
Morphologische und syntaktische Synthese zusammen führen also eine Satzstruktur, deren Stellen mit Basisformen belegt sind,

in einen korrekten Satz über. Die Basisformen ergeben sich z. B. bei der automatischen Übersetzung aus der lexikalischen Übersetzung.

Sprachsynthese 3: Prozeß der Erzeugung einer sprachlichen Äußerung (inverser Prozeß zum Verstehen sprachlicher Äußerungen).

Stabilität: Eigenschaft des Verhaltens eines dynamischen Systems gegenüber Störungen; sie liegt dann vor, wenn das durch eine Störung aus einem Zustand des *Gleichgewichts* gebrachte System wieder dorthin zurückkehrt.
Gleichgewicht eines dynamischen Systems in einem Zustand A liegt in bezug auf eine bestimmte Transformation dann vor, wenn $T(A) \equiv A$.

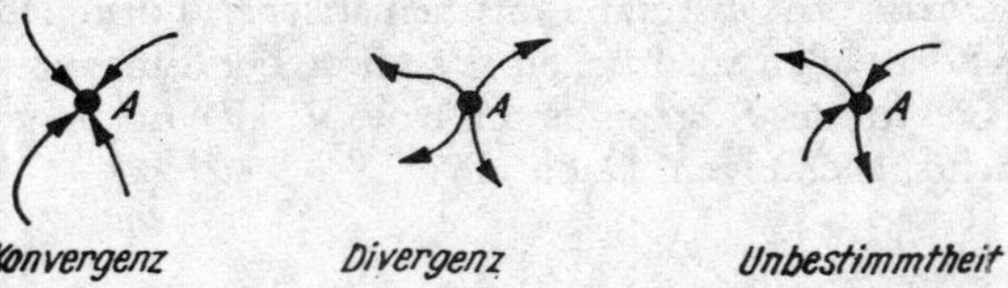

Mögliche Typen des Verhaltens eines Systems in der Nähe eines Gleichgewichtszustandes

Wenn bekannt ist, daß sich ein System in einem Zustand A im Gleichgewicht befindet, ist damit noch nichts über das Verhalten des Systems in der Umgebung von A ausgesagt. Im Prinzip sind drei Möglichkeiten für das Verdrängen des Systems aus dem Zustand A denkbar: *Konvergenz*, *Divergenz* und *Unbestimmtheit*. Bei stabilen dynamischen Systemen wird das System dann, wenn es durch eine Störung aus dem Zustand A gebracht wurde, im Laufe der Zeit wieder dorthin zurückkehren. Die Gleichgewichtszustände eines solchen Systems lassen sich in vielen Fällen aus dessen Bewegungsgleichungen ermitteln. Elementares *Beispiel:* Ein System sei in seinem Verhalten durch zwei Variable x, y beschreibbar. $\bar{x}$ sei der auf x folgende, $\bar{y}$ der auf y folgende Zustand. Zwischen x und y möge Rückkopplung bestehen, die durch folgende lineare Gleichungen ausgedrückt sei:

$$\bar{x} = ax + by,$$
$$\bar{y} = cx + dy,$$

wo a, b, c, d konstante Größen sind. Bei Verwendung der Vektorschreibweise gehen diese Beziehungen in die Vektorgleichung $\bar{\mathbf{a}} = \mathbf{M} \cdot \mathbf{a}$ mit

$$\mathbf{a} = \begin{bmatrix} x \\ y \end{bmatrix}, \quad \mathbf{M} = \begin{bmatrix} a & b \\ c & d \end{bmatrix}$$

über. Ein Gleichgewichtszustand ergibt sich dann als Lösung dieser Gleichung.

In kybernetischen Systemen wird die Rückkehr zu einem Gleichgewichtszustand durch Rückkopplungen bewirkt, die die Störungen kompensieren. Allerdings gibt es keine Stabilität eines Systems schlechthin, sondern nur Stabilität in bezug auf bestimmte Typen und Intensitäten von Störungen.

Der Bereich, in dem ein aus dem Gleichgewicht (aus einem *Gleichgewichtszustand*) gebrachtes System wieder dorthin zurückkehrt, heißt *Stabilitätsbereich*. In abstrakter mathematischer Form läßt sich dies folgendermaßen ausdrücken: Es sei $\mathbf{x}$ der Eingangs-, $\mathbf{y}$ der Ausgangsvektor des Systems und $\hat{\mathbf{x}}$ bzw. $\hat{\mathbf{y}}$ seien Lösungen der Gleichgewichtsgleichungen. Dann gilt:

$$\hat{\mathbf{x}} = \lim_{t \to \infty} \mathbf{x}(t)$$
$$\hat{\mathbf{y}} = \lim_{t \to \infty} \mathbf{y}(t)$$

Derjenige Bereich von $\mathbf{x}(t)$ bzw. $\mathbf{y}(t)$, für den diese Beziehungen gelten, ist der Stabilitätsbereich des Systems.

Das Prinzip der Beziehungen zwischen Störung und Stabilität soll an einem einfachen mathematischen Modell erläutert werden: Ein System befinde sich im Zustand A im Gleichgewicht. Die Wirkung einer Störung auf die Zustände A, B, C, D, E, F lasse sich durch folgende Transformation beschreiben:

$$T = \begin{pmatrix} A & B & C & D & E & F \\ C & C & A & E & F & E \end{pmatrix}$$

$\{A, B, C\}$ ist ein Stabilitätsbereich, da das System aus jedem der Zustände des Bereiches nach A gelangt. $\{D, E, F\}$ ist ein Bereich der Instabilität, da das System, in einen dieser Zustände gebracht, nicht nach A zurückkehrt.

Wird z. B. ein Regelungssystem durch eine äußere Störung aus dem Gleichgewicht gebracht, so ist das System dann stabil, wenn nach einer endlichen Zeit ein neuer Beharrungszustand erreicht wird. Die Forderung nach Stabilität ist insbesondere auch eine notwendige Forderung an jeden technisch realisierten Regelkreis. Um die Stabilität eines Regelkreises zu bestimmen, sind mehrere Kriterien anwendbar. Dabei sind *Stabilitätskriterien* von Vorteil, die von experimentell ermittelten Frequenzgängen des aufgeschnittenen Regelkreises ausgehen. Dazu wird der Regelkreis an einer Stelle aufgetrennt. An der Schnittstelle entsteht dann ein Eingang E und ein Ausgang A, so daß der aufgeschnittene Regelkreis wie ein Übertragungsglied behandelt werden kann.

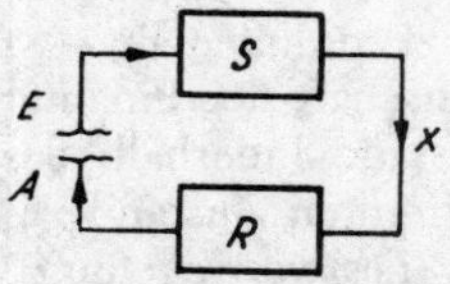

Aufgeschnittener Regelkreis

Nach dem NYQUIST-*Kriterium* kann aus dem Verlauf des Frequenzganges des aufgeschnittenen Kreises auf Stabilität des geschlossenen Kreises geschlossen werden. Es lassen sich drei Fälle unterscheiden, die in der grafischen Veranschaulichung als Frequenzgang und als Darstellung des Einschwingverhaltens angegeben sind:

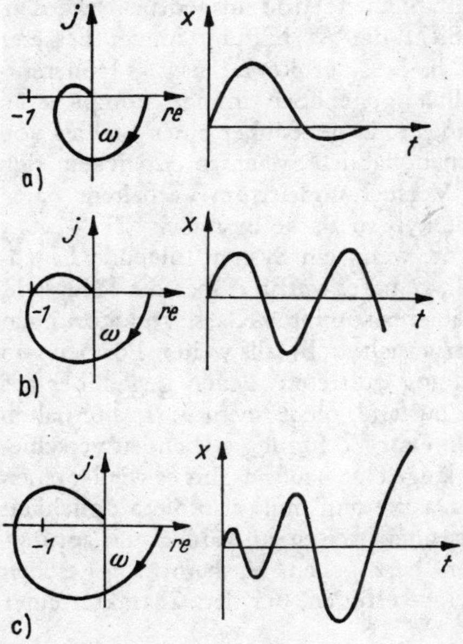

Stabilitätsprüfung mittels Ortskurven des Frequenzganges (NYQUIST-Kriterium)

a) *Stabilität.* Hat die Kurve einen solchen Verlauf, daß der Punkt (−1; 0) von ihr nicht umschlossen wird, so ist das System nach Schließung stabil.

b) *Quasistabilität* (Labilität). Die Kurve geht durch den Punkt (−1; 0), er wird *kritischer Punkt* genannt (es erfolgen Dauerschwingungen gleicher Amplitude).

c) *Instabilität.* Der Punkt (−1; 0) wird von der Kurve umschlossen.

Andere Stabilitätskriterien gehen z. B. von der Differentialgleichung des Systems oder von den Frequenzkennlinien aus.
Stabile dynamische Systeme zeigen die Eigenschaft der Finalität (Zielstrebigkeit). Von jedem beliebigen Zustand innerhalb des Stabilitätsbereiches „streben" sie einem bestimmten Zustand zu, z. B. dem Sollwert (bei einem System mit Festwertregelung). Im Bereich der Organismen wurde diese Eigenschaft schon seit den ältesten Zeiten beobachtet und häufig übernatürlichen Kräften (z. B. bei ARISTOTELES der „Entelechie") zugeschrieben. Die kybernetische Systemtheorie dagegen belegt die Richtigkeit der materialistischen Thesen. Auch wesentliche Aspekte von Entwicklung und Adaptation der Organismen können mit den Begriffen und Gesetzen der Stabilitätstheorie ausgedrückt werden. Adaptation ist in ihrer Sicht die Ausbildung immer besserer Stabilitätsmechanismen (d. h. besserer Regler usw.), Höherentwicklung bedeutet Stabilität gegenüber immer komplexeren Bedingungen der Umgebung, d. h. gegenüber einer Vielfalt von Störungstypen. Aus einfachen stabilen Systemen entwickeln sich unter Ausnutzung des Versuch-und-Irrtum-Verhaltens u. a. ultrastabile und multistabile kybernetische Systeme.
Ultrastabilität liegt dann vor, wenn ein System folgende Eigenschaften hat: a) Es ist stabil, d. h., es verfügt über die Fähigkeit, seinen Zustand gegenüber einer bestimmten Klasse von Störungen aus der Umgebung aufrechtzuerhalten; b) falls weitere Formen von Störungen aus der Umgebung auftreten, denen gegenüber das System den bestehenden Zustand nicht mehr aufrechterhalten kann, wählt es unter den ihm zur Verfügung stehenden verschiedenen Verhaltensweisen so lange eine neue aus, bis es wieder einen stabilen Zustand erreicht. Das System muß also die Möglichkeit haben, unter mehreren Verhaltensweisen zu wählen und sprunghaft von einer zur anderen überzugehen. Mathematisch gesehen muß es über einen Parameter verfügen, der den Charakter einer *Stufenfunktion* hat.

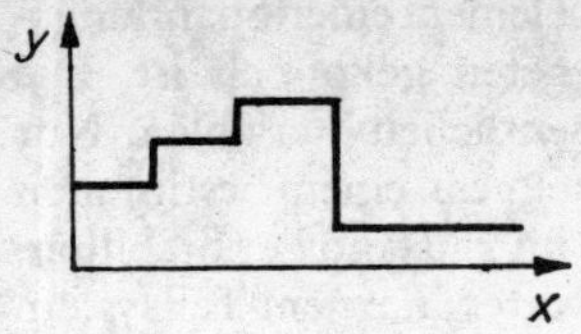

Grafische Darstellung einer Stufenfunktion

Ein einfaches Beispiel für die technische Realisierung einer Stufenfunktion ist die Gangschaltung eines Kraftwagens. Die Auswahl der Parameterwerte der Stufenfunktion kann, dem Zufallscharakter neu auftretender Störungstypen entsprechend, nach einem Versuch-und-Irrtum-Verfahren erfolgen.

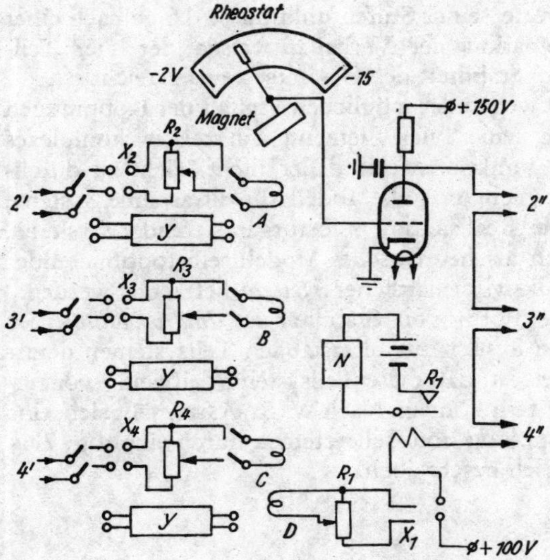

Schema eines Blocks des Homöostaten

Ein bekanntes technisches Modell eines ultrastabilen Systems ist der zuerst von W. R. Ashby konstruierte *Homöostat*. Dieser Homöostat ist ein aus vier Teilsystemen bestehendes Gesamtsystem, das sich dann in einem stabilen Zustand befindet, wenn sich vier um je eine Achse bewegliche Magneten, die das Kernstück jedes Teilsystems ausmachen und deren Position an einer Meßskala abgelesen werden kann, in einem bestimmten Bereich der möglichen Ausschlagsweite ihrer Drehung befinden. Jedes Teil-

system enthält ferner als wesentliches Bauelement einen Spannungsmesser, dessen Schieber mit dem Magneten gekoppelt ist. Die Positionen dieser Schieber sind die wesentlichen Variablen. Nur wenn sich diese Parameter der vier Teilsysteme in einem bestimmten Intervall befinden, ist das Gesamtsystem im Zustand der Stabilität. Geringfügige Änderung des Parameterwertes in einem Teilsystem ändern noch nicht den Stabilitätszustand des Gesamtsystems. Da jedes Teilsystem ein stabiles Rückkopplungssystem bildet, ist es in der Lage, solche geringfügigen Störungen zu kompensieren. Bei größeren äußeren Störungen (z. B. durch ein willkürliches, von außen vorgenommenes Umstöpseln von Verbindungsdrähten) überträgt sich die Störung des Teilsystems auf das Gesamtsystem. Dieses sucht nun durch Ausnutzen der verschiedenen Parameterwerte seiner Stufenfunktion so lange nach einer geeigneten Kombination der Verhaltensweisen der vier Teilsysteme, bis wieder Stabilität des Gesamtsystems erreicht ist.
Der Homöostat ist wegen der möglichen Vielfalt der Kopplungen und der Zustände seiner vier Elemente ein relativ komplexes System und seine Funktionsweise daher nicht leicht zu durchschauen. Er dient nicht nur als Modell für ultrastabile Systeme oder als technische Realisierung selbstorganisierender Systeme, sondern kann auch als heuristisches Modell selbstoptimierender technischer und volkswirtschaftlicher Systeme betrachtet werden.
Eine noch höhere Form von Stabilität ist *Multistabilität.* Sie liegt vor, wenn ein System aus ultrastabilen Teilsystemen derart zusammengekoppelt ist, daß diese Teilsysteme zeitweilig voneinander unabhängig sein können. Nach W. R. ASHBY läßt sich eine solche Art der Kopplung von Teilsystemen durch eine sog. *Teilfunktion* mathematisch beschreiben.

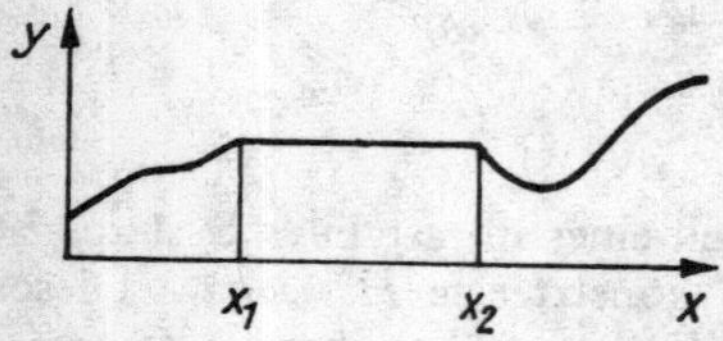

Grafische Darstellung einer Teilfunktion

Gegenüber ultrastabilen Systemen haben multistabile Systeme den Vorzug, Stabilität einer wesentlich größeren Zahl von Störungstypen gegenüber aufrechterhalten zu können. Das Stabilitätsverhalten ultrastabiler Systeme kann z. B. dadurch wesentlich

begrenzt werden, daß die Suche nach einer Verhaltensweise, die gegenüber einer auftretenden Störung einen stabilen Zustand enthält, unzulässig lange dauert und eine solche Suche daher (z. B. für ein hochorganisiertes lebendes System) praktisch keinen Wert hat: Stabilität wäre (theoretisch) erst „erreicht", wenn die betreffende Störung das System bereits zerstört hätte.
Die Ashbysche Vorstellung von der Eigenschaft der Multistabilität hochorganisierter kybernetischer Systeme geht u. a. von der Tatsache aus, daß bei hochkomplexen Systemen, deren Verhalten von einer großen Anzahl von Variablen abhängt, eine einzige Störung nur verhältnismäßig wenige Variable *direkt* beeinflußt. Gelingt es uns, durch einen geeigneten Mechanismus diese direkt beeinflußten Variablen von den übrigen, nichtbeeinflußten Variablen zu isolieren, so können diese für sich allein ein spezielles ultrastabiles System aufbauen, wodurch die Zeit für die Suche nach einem stabilen Zustand stark herabgesetzt werden kann. *Beispiel:* Ein multistabiles dynamisches System möge durch 100 voneinander abhängige Variablen in seinem Verhalten charakterisiert werden können. Nimmt man an, daß die Suche nach einer stabilen Verhaltensweise mit einer Schaltfrequenz von $10\ s^{-1}$ erfolgt, d. h. in jeder Sekunde 10 mögliche Verhaltensweisen nach einem stabilen Zustand hin durchgemustert werden können, so betrüge die mittlere Zeit bis zum sicheren Erreichen eines stabilen Zustands $3 \cdot 10^{19}$ Jahrhunderte. Das bedeutet, daß ein solches „ultrastabiles" System tatsächlich *niemals* einen stabilen Zustand erreicht und nur theoretisch ultrastabil ist. Setzt man nun aber im Sinne des bereits erwähnten Gedankens voraus, daß durch eine bestimmte Störung nur 5 der 100 Variablen direkt beeinflußt werden, so läßt sich zeigen, daß bei gleicher Schaltfrequenz die mittlere Zeit bis zum Erreichen eines stabilen Zustands auf 3,2 s herabgesetzt werden kann. Wäre es nun möglich, die 100 Variablen in 20 Gruppen zu je 5 Variablen aufzuteilen und in der angegebenen Art und Weise 20 ultrastabile Teilsysteme zu bilden, so betrüge die mittlere Zeit zum Erreichen eines neuen Arbeitsbereiches des gesamten Systems $20 \cdot 3{,}2 = 64$ s. Freilich wäre damit zunächst nicht die gleiche Adaptationsfähigkeit wie bei einem System aus 100 miteinander gekoppelten Variablen erreicht. Durch einen Kunstgriff wird es jedoch möglich, das aus 20 Teilsystemen bestehende System dennoch einem System mit 100 Variablen, die sämtlich miteinander gekoppelt sind, in seinem Verhalten äquivalent zu machen. Das kann nämlich dadurch geschehen, daß ein übergeordnetes System gebildet wird, das

in der Lage ist, entsprechend der jeweiligen Störung die „richtigen" Variablen zu verbinden. Nötigenfalls muß bei verschiedenartigen aufeinanderfolgenden Typen von Störungen in den Untersystemen ein Austausch von Variablen erfolgen. Sind z. B. bei einer ersten Störung von den 100 Systemvariablen $x_1, x_2, x_3, \ldots, x_{100}$ etwa die Variablen $x_2, x_3, x_7, x_{18}, x_{72}$ beeinflußt, so müssen diese zu einem ultrastabilen System verbunden werden. Beeinflußt eine zweite Störung die Variablen $x_7, x_{73}, x_{84}, x_{92}, x_{93}$, so müssen diese Variablen von dem übergeordneten System zu einem ultrastabilen System zusammengeschaltet werden. Ashby nennt eine solche fortwährende Neuordnung der Variablen in den Untersystemen je nach den Störeinwirkungen *Dispersionsverhalten*. Ein System, das aus ultrastabilen Teilsystemen besteht und zu Dispersionsverhalten fähig ist, nennt er ein *multistabiles System*. Wie sich zeigt, hat ein multistabiles System das gleiche erstaunlich anpassungsfähige Verhalten wie ein ultrastabiles System. Es unterscheidet sich jedoch von einem einfachen ultrastabilen System der früher beschriebenen Art und von der gleichen Anzahl Variablen dadurch, daß es wesentlich weniger Zeit benötigt, um einen stabilen Zustand zu erreichen. Für die hochkomplexen Systeme, wie sie z. B. im Bereich der lebenden Organismen auftreten, wird das Prinzip der Ultrastabilität dadurch überhaupt erst realisierbar.

Wenn man dem multistabilen System, über die bereits beschriebenen Mechanismen hinausgehend, noch die Fähigkeit verleiht, Störungen, die aufeinander folgen, auch durch nacheinander erfolgende Anpassung zu beantworten, so zeigt das System schrittweise eine Art von *Lernverhalten*. Überhaupt lassen sich auf der Basis multistabiler Systeme durch zusätzliche Annahmen bzw. Mechanismen noch weitere Merkmale hochentwickelten Systemverhaltens erklären oder simulieren.

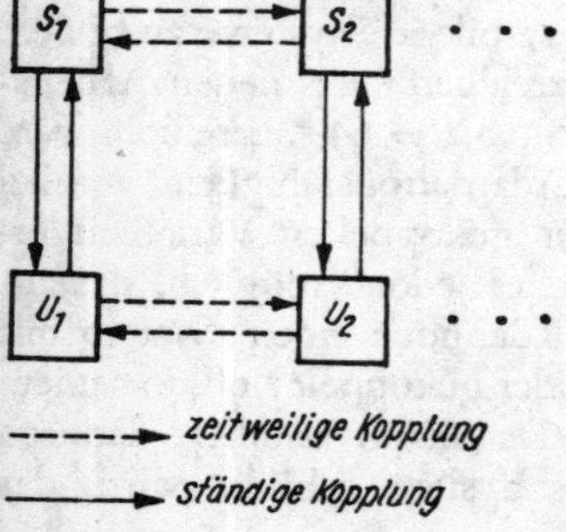

System und Umgebung als multistabile Systeme

Multistabile Systeme sind also in der Lage, sich einer ganzen Reihe von Aspekten der Umgebung anzupassen. Sie vollziehen die Anpassung an Umgebungsbereiche $U_1, U_2, \ldots$ mit Hilfe einzelner ultrastabiler Teilsysteme $S_1, S_2, \ldots$. Dies setzt auch voraus, daß die Umgebung selbst den Charakter eines multistabilen Systems hat. Dieser Tatbestand ist in der objektiven Realität in der Regel gegeben. In einer beliebig komplexen Umgebung, in der jedes Teilsystem bzw. Element mit jedem beliebigen anderen Teilsystem in wirksamer Weise gekoppelt wäre, gäbe es keine Anpassung von kybernetischen Systemen, Höherentwicklung wäre unmöglich. Im Gegensatz zum elementarsten kybernetischen System, dem einfachen Regelkreis, ist das multistabile System auch in der Lage, sich durch ständige Verbesserung der Abstimmung seiner Teilsysteme untereinander im Hinblick auf sein Verhalten zu optimieren.

Die große Vielfalt stabiler Systeme im Bereich der Organismen, die mit Hilfe der kybernetischen Analyse entdeckt wurde, gewährt tiefe Einblicke in das Wesen des Lebens. Der zwei Milliarden Jahre währende Prozeß der Entwicklung, Auslese und Optimierung solcher Systeme hat Formen zustande gebracht, die von der modernen Technik z. T. übernommen werden können. Die Errungenschaften der kybernetischen Stabilitätstheorie sind eine der Grundlagen der Automatisierung und gewinnen allmählich auch an Bedeutung für gesellschaftliche, insbesondere ökonomische Systeme.

Ashby hat seine Betrachtungen in erster Linie im Anschluß an das Studium biologischer Systeme angestellt. Zweifellos ist das Prinzip der Ultra- und der Multistabilität aber ebenso für das Studium der komplexen gesellschaftlichen Systeme bedeutungsvoll. Freilich besteht in dieser Beziehung noch eine große Aufgabe für die Zukunft: Die selbstregulierenden und selbstorganisierenden Mechanismen der Gesellschaft sind bisher noch nicht zum Gegenstand einer umfassenden Analyse gemacht worden. Es gibt daher gegenwärtig noch keine allgemeine Theorie ultra- oder multistabiler gesellschaftlicher Systeme. Dennoch weisen aber manche Verhaltensweisen gesellschaftlicher Systeme, die mit gewissen Verhaltensweisen biologischer Systeme vergleichbar sind, darauf hin, daß auch in diesem Bereich Mechanismen vorhanden sind, die Ultrastabilität und Multistabilität sichern.

→ Regelung

Standard-Interface (Standard-Anschlußbild): in der maschinellen Datenverarbeitung vereinheitlichtes Anschlußbild zum Austausch von Daten und Steuerinformationen zwischen zwei Geräteeinheiten, insbesondere zwischen den Kanälen und der ersten Peripherie.
Durch die Schaffung standardisierter Anschlußbilder wird der Austausch unterschiedlicher Geräte vereinfacht bzw. erst möglich. Die Daten eines Standard-Interfaces umfassen sowohl die Struktur als auch alle funktionellen Bedingungen (technischen Bedingungen), die für den Anschluß erforderlich sind.

Stapel 1 (Stapelspeicher): Speicherung von Programmen und Daten in starrer Folge (z. B. auf Magnetband), um sie in dieser Reihenfolge nacheinander abzuarbeiten. Man spricht in diesem Zusammenhang von *Stapelverarbeitung*.

Stapel 2 (Keller, Push-down-Speicher): Speicherung von Daten in der Reihenfolge ihres Eintreffens, um sie entweder in der gleichen Reihenfolge (das zuerst eingestapelte Element kommt zuerst wieder heraus) oder in umgekehrter Folge (das zuletzt eingekellerte Element kommt zuerst heraus) später zu verarbeiten.
Das jeweils neu eintreffende Element besetzt den obersten Speicherplatz (die *Spitze des Stapels*), während alle vorher gespeicherten Elemente um einen Speicherplatz nach unten rücken (Push-down-Speicher, engl. *pushdown* – hinunterdrücken). Ein Keller kann *maschinentechnisch realisiert* sein in Form von miteinander verbundenen Registern, die beim Einlaufen eines neuen Elements ins oberste Register die bereits gespeicherten Registerinhalte weiterschieben, oder er kann im Arbeitsspeicher *programmtechnisch realisiert* werden, indem eine Adressenangabe stets zum obersten besetzten Platz zeigt und kein Umspeichern erfolgt.
Kellerung wird vor allem in Übersetzungsprogrammen verwendet, um Elemente einer Programmiersprache umzuordnen oder vorübergehend aufzuhebende Werte unbekannter Anzahl in der richtigen Reihenfolge zu speichern.

Stapelverarbeitung (engl. *batch processing*): Betriebsart einer Datenverarbeitungsanlage, bei der die Programme nicht zum Zeitpunkt ihres Eintreffens an der Anlage (wie bei Teilnehmerbetrieb) und nicht zum Zeitpunkt der Anforderung von Programmresultaten (wie bei Echtzeitbetrieb), sondern zu beliebiger

Zeit in der Reihenfolge, in der sie gestapelt sind, verarbeitet werden. Dabei werden die Programme so geordnet, daß jeweils die aufeinander folgen, die z. B. den gleichen Kompiler oder Assembler oder die gleichen externen Datenträger (Magnetband oder Magnetplatte) benötigen. Dadurch wird durch das Betriebssystem weniger Organisationszeit benötigt, bzw. es kann Umrüstzeit (beim Wechsel von Magnetband oder Magnetplatten) eingespart werden. Zeitverluste durch die Bedienung vermeidet man, wenn alle Programme und Daten vorher auf Magnetband (als Stapel) gebracht wurden und das Betriebssystem die Übertragung eines Programms und seiner Daten aus dem Stapel in den Arbeitsspeicher übernimmt, die Arbeit des Programms startet und bei Programmende oder Programmfehler zum nächsten Programm im Stapel übergeht.

stationärer Prozeß: in der Wahrscheinlichkeitsrechnung spezieller stochastischer Prozeß $X(t, w)$, bei dem t alle reellen Zahlen durchläuft und als Zeit verstanden wird; für jeden Zeitpunkt t_i sollen *Mittelwert* und *Streuung* existieren. Ein *stationärer Prozeß im engeren Sinne* liegt vor, wenn bei beliebigen Zeitpunkten $t_1, t_2, \ldots, t_n$ die Verteilungsfunktionen der beiden endlichen Gruppen von Zufallsgrößen $x(t_1, w)$, $x(t_2, w)$, ..., $x(t_n, w)$ und $x(t_1 + \tau, w)$, $x(t_2 + \tau, w)$, ..., $x(t_n + \tau, w)$ identisch sind, d. h. nicht von τ abhängen. Das bedeutet also, daß eine gemeinsame Verschiebung aller Zeitpunkte um die Größe τ keinen Einfluß auf die Verteilungsfunktion, den Mittelwert und die Varianz haben soll. Die Verteilungsfunktion von $X(t, w)$, der Mittelwert $m = E[X(t, w)]$ und die Varianz $D^2X(t, w) = E[X(t, w) - m]^2$ sind dann von der Zeit unabhängig. Die Funktion $R(t - s) = E[(X(t, w) - m)(X(s, w) - m)]$ hängt dabei nur von der Differenz $(t - s)$ ab, wobei t und s zwei beliebige Zeitpunkte sind. Sie ist bis auf den Faktor $1/D^2X(t, w)$ gleich dem Korrelationskoeffizienten und wird *Korrelationsfunktion* genannt. Ein *stationärer Prozeß im weiteren Sinne* liegt vor, wenn Mittelwert und Varianz endlich und von der Zeit unabhängig sind und die Korrelationsfunktion nur von der Differenz $(t - s)$ abhängt.

statistische Modellierung (Monte-Carlo-Methode): numerische Methode der mathematischen Modellierung, die die Simulation von technologischen und ökonomischen Prozessen auf elektronischen Universalrechnern durch die Nachbildung elementarer Erscheinungen und Tätigkeiten des Prozesses in der Reihenfolge beinhaltet, die die realen wechselseitigen Verbindungen und Abhängigkeiten widerspiegelt. Das *statistische Modell* (das Simulationsmodell, das Monte-Carlo-Modell unter dem Simulationsaspekt) erlaubt es, ein kompliziertes System beliebigen Typs zu untersuchen. Die Möglichkeit der Berücksichtigung der Nichtlinearität, der Dynamik, der Wahrscheinlichkeiten, die dem Wesen gewisser Erscheinungen anhaften, gestattet es, im statistischen Modell die Wirklichkeit adäquat abzubilden und bei seiner Untersuchung ein sog. nichtnatürliches Experiment in beschleunigtem Zeitmaßstab durchzuführen.

Die statistische Modellierung kann z. B. bei der Untersuchung komplizierter ökonomischer Systeme (einzelner diskreter und stetiger technologischer Prozesse, Betriebe, Wirtschaftskomplexe, Zweige und der gesamten Volkswirtschaft) zur Lösung von perspektivischen Fragen (Festlegung der Systemstruktur) sowie zur operativen Steuerung des Systems angewendet werden. Die statistische Modellierung umfaßt sowohl Systeme, die in Form von Bedienungsschemata formalisiert werden können, als auch Systeme, die in Form von Schemata der automatischen Steuerung mit Rückkopplung formalisiert werden können. Die statistische Modellierung von Funktionsprozessen komplizierter Systeme setzt die Berücksichtigung zufälliger Störungen voraus, die mit den verschiedensten Verteilungsgesetzen beschrieben werden (daher kommt der Terminus „statistisch"). Die Notwendigkeit der Berücksichtigung zufälliger Störungen durch eine mehrmalige Nachbildung des Funktionsprozesses des Systems wird dadurch erzeugt, daß im allgemeinen (bei Vorliegen verschiedenartiger nichtlinearer Beziehungen) die Ergebnisse einer solchen Nachbildung nicht mit den Rechnungen übereinstimmen, die anhand der Mittelwerte durchgeführt wurden. Nachteile der statistischen Modellierung sind:

- die Unmöglichkeit, die erzielten Ergebnisse im Sinne der Konstruktion analytischer Abhängigkeiten zu verallgemeinern (ein allgemeiner Nachteil der numerischen Methoden),
- die Kompliziertheit und der große Arbeitsumfang bei der Konstruktion modellierender Algorithmen,
- die Kompliziertheit bezüglich der Erzielung optimaler Lösungen aufgrund der großen Rechnerzeiten für die elektronischen Datenverarbeitungsanlagen.

Gegenwärtig wird die statistische Modellierung im wesentlichen bei der Untersuchung diskreter und stetiger Produktionsprozesse angewandt. Die wichtigsten mathematischen Schemata, die bei der

Formalisierung von Produktionsprozessen verwendet werden, sind Schemata der Bedienungstheorie und der Theorie der automatischen Steuerung.

Stellungsregler (Stellungsmacher, Positioner): in der Regelungstechnik Einrichtung, die zusammen mit dem Stellantrieb gewährleistet, daß eine bestimmte Stellung des Stellantriebes erreicht und gehalten wird, die der Stellgröße proportional ist. Damit werden gleichzeitig Schwankungen der Stellhilfsenergie und der Stellgliedbelastung ausgeglichen.

Steuerung: Vorgang in einem dynamischen System, bei dem eine oder mehrere Größen als Eingangsgrößen andere Größen als Ausgangsgrößen aufgrund der dem abgegrenzten System eigenen Gesetzmäßigkeit beeinflussen.

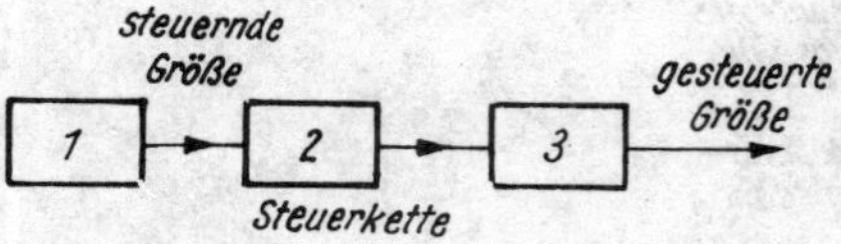

Allgemeines Schema einer Steuerung

Charakteristisch für das Steuern ist, daß der *Wirkungsweg der Steuerung* nicht im Sinne einer Regelung fortlaufend geschlossen ist. Der Wirkungsweg einer Steuerung wird *Steuerkette* genannt. Das Ausgangssignal heißt *gesteuerte Größe.*
Ein Beispiel ist die Steuerung der künstlichen Straßenbeleuchtung in Abhängigkeit von der natürlichen Tageshelligkeit.
Jede Steuerkette enthält für jede gesteuerte Größe eine *Steuerstrecke* und eine *Steuereinrichtung.* Eingangssignale der Steuerkette sind die *Stellgrößen* und solche *Störgrößen*, die auf der Strecke angreifen. Steuerketten müssen so aufgebaut sein, daß von der Steuerung selbst nicht erfaßte Störgrößen die gesteuerte Größe nur vernachlässigbar gering beeinflussen. Dies bedeutet, daß Steuerung ein Spezialfall von Regelung ist, nämlich der Fall mit der Rückkopplung Null.
Steuerungen können nach unterschiedlichen Gesichtspunkten klassifiziert werden. So unterscheidet man *nichtselbsttätige Steuerung* von *selbsttätiger Steuerung*, verschiedene Typen von *Programmsteuerung* u. ä.
Bei der *nichtselbsttätigen Steuerung* (*Handsteuerung*) tritt der Mensch als Teilsystem eines aus ihm und einer Maschine bestehenden Gesamtsystems auf und setzt die Effektoren, mit denen er als

Teilsystem dieses Mensch-Maschine-Systems auf das andere Teilsystem (Maschine) einwirkt, durch körperliche Betätigung (z. B. Betätigung seiner Hand) in Gang.
Die Handsteuerung ist typisch für die Mechanisierung.
Bei der *selbsttätigen Steuerung* (*automatische Steuerung*, *Selbststeuerung*) werden alle Steuerungsvorgänge durch Systeme ausgeführt, die ohne bzw. ohne unmittelbaren Eingriff des Menschen arbeiten, d. h., der Mensch wirkt nicht als Effektor, Rezeptor oder Regler mit.

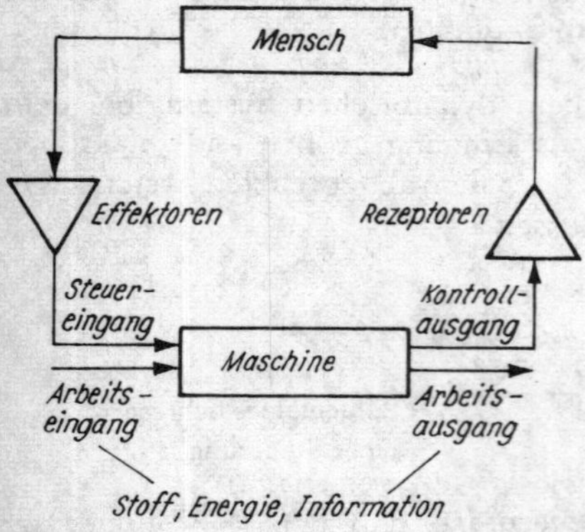

Schema der Handsteuerung

Eine Steuerung heißt auch dann selbsttätig, wenn sie durch ein von Hand gegebenes Signal *ausgelöst* wird und danach automatisch arbeitet. Eine selbsttätige Steuerung wird vielfach kurz „Steuerung" genannt.
Eine für die Automatisierung besonders wichtige Form der selbsttätigen Steuerung ist die *Programmsteuerung*. Darunter versteht man die Steuerung eines material-, energie- bzw. informationsverarbeitenden Systems nach einem *Programm*. Das Programm kann in das System eingebaut sein (z. B. als *festverdrahtetes Programm*) oder auf einem Speichermedium (variabel) intern oder extern zum System fixiert werden.

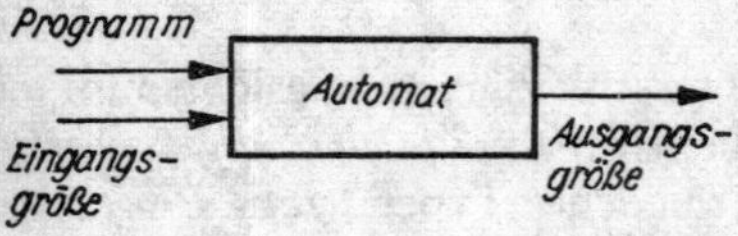

Schema einer Programmsteuerung

Programmsteuerung wird besonders bei elektronischen Rechenautomaten (Digitalrechner) und modernen Werkzeugmaschinen angewandt.

Eingang eines Werkzeugautomaten können bestimmte Rohmaterialien, Halbfabrikate usw. sein. Das Programm bestimmt die Art und Weise, wie dieser Automat den Eingang zum gewünschten Ausgang verarbeitet. Besteht Rückkopplung vom Ausgang zum Programm, so handelt es sich bei der Gesamtschaltung nicht mehr um ein gesteuertes System, sondern um ein geregeltes (u. U. sogar um ein lernendes System) bzw. ein selbstoptimierendes System, d. h. um ein System, das sich selbst das günstigste Programm zur Erledigung bestimmter Aufgaben sucht.
Die Probleme der Gestaltung von Programmen und Programmsprachen spielen eine entscheidende Rolle in der maschinellen Rechentechnik. Sie haben aber heute auch Bedeutung für diejenigen technischen kybernetischen Systeme, die die herkömmlichen Metallbearbeitungsmaschinen abzulösen begonnen haben. Dies gilt auch für eine ganze Reihe Maschinen anderer Industriezweige. Das Programm ist im allgemeinen auf Lochbandstreifen oder Magnetband in Form von Dualzahlen kodiert. Meist ist es in kleinste Arbeitsschritte (elementarste Rechenschritte bei Rechenautomaten, elementarste Bearbeitungsschritte bei Werkzeugmaschinen usw.) zerlegt, so daß seine logische Struktur völlig aufgedeckt ist. Man kann deshalb die Bearbeitung einer Produktionsaufgabe oder eines Rechenproblems auch als Abarbeitung eines Algorithmus durch den betreffenden Automaten ansehen. Programmgesteuerte Werkzeugmaschinen, die auf diese Weise gesteuert werden, können so exakt geführt werden, daß Bearbeitungsfehler in der Größenordnung von 0,001 mm liegen.
Eine Erweiterung der starren Programmsteuerung (d. h. der Steuerung nach einem einmal vorgegebenen, unveränderlichen Programm) liegt dann vor, wenn nur wenige Eckpunkte eines Programms vorgegeben sind und der Weg zwischen diesen Punkten durch eine geeignete Interpolation (z. B. linear oder parabolisch) von der Steuerung selbst gefunden wird. Die Festlegung der Zwischenpunkte erfolgt in Übereinstimmung mit den vorgeschriebenen Toleranzgrenzen der zu bearbeitenden Werkstücke. Programme und Unterprogramme können gespeichert werden, so daß bei Wiederauftreten einer gleichen oder ähnlichen Produktionsaufgabe nur das betreffende Programm bzw. Unterprogramm aufzurufen ist. Das hat den Vorteil, daß die Aufgabe der Programmierung für ein und dieselbe Klasse von Produktionsaufgaben nur einmal geleistet werden muß.
Bei der *Ablaufsteuerung*, einem Spezialfall der Programmsteuerung, hängt die gesteuerte Größe nicht nur von einem Programm ab,

sondern auch von den Werten bestimmter Größen der Steuerung selbst, die zu entsprechenden Zuständen von Prozessen gehören. Das Programm gibt dabei an, wie die Ausgangsgrößen des Programmgebers von den erfaßten Größen der Steuerung abhängen. In vielen Fällen sind Ablaufsteuerungen spezielle Schaltsysteme, und die Programme werden über Lochkarten, Lochstreifen oder als Magnetband in den Programmgeber eingegeben. Eine Motorpumpe z. B. pumpt aufgrund eines Auslösesignals in einen Behälter Flüssigkeit. Der Motor wird automatisch abgeschaltet, wenn ein bestimmter Behälterstand erreicht ist, und bleibt abgeschaltet, bis ein neues Auslösesignal gegeben wird.
Ein anderer spezieller Typ von Programmsteuerung ist die *Zeitplansteuerung*. Bei ihr wird das Programm von einem Zeitplan (Zeitdiagramm) bestimmt.
Eine andere Klassifikation von Steuerungen kann nach Besonderheiten der benutzten Signale oder deren Verarbeitung erfolgen. So werden z. B. bei der *digitalen Steuerung* (numerische Steuerung) im Wirkungsweg der Steuerung digitale Signale gebildet und verarbeitet.
Ebenfalls zu dieser Klassifikation von Steuerungen gehört die *Fernsteuerung*, eine Steuerung, in deren Wirkungsweg Signale über größere Entfernungen übertragen werden müssen. Dennoch läßt sich der Begriff der Fernsteuerung nicht etwa durch die Größe der Übertragungsentfernung definieren. Typisch ist vielmehr, daß für eine hinreichend gesicherte Signalübertragung zusätzliche technische Maßnahmen zur Verstärkung, Wiederherstellung deformierter Signale usw. getroffen werden müssen. Die Fernsteuerung ist ein Spezialgebiet der *Fernwirktechnik*.

Steuerungs- und Regelungstechnik: Technik der Realisierung von Prinzipien der technischen Kybernetik.
Je nachdem, ob bei den Behandlungsmethoden von Systemen der Automatisierungstechnik die funktionellen Gesichtspunkte des Signalflusses oder die gerätetechnische Ausführung im Vordergrund stehen, unterscheidet man die funktionelle von der gerätetechnischen Betrachtung von Steuerungen und Regelungen.
1. Funktionelle Betrachtung von Steuerungen oder Regelungen. Bei dieser Betrachtungsweise erfolgt die Analyse von Regelungs- oder Steuerungssystemen unter dem Gesichtspunkt des Typs der Übergangsfunktionen der einzelnen Glieder dieser Systeme.
Im angegebenen Schaltbeispiel ist unter a) der *Signalflußplan eines Regelkreises* dargestellt, der in die *Übertragungsglieder* (Regel-

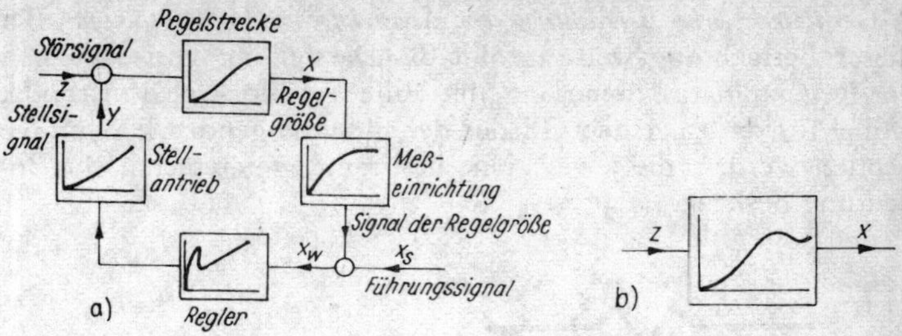

Beispiel der funktionellen Betrachtung eines Regelungssystems

strecke, Meßeinrichtung, Regler und Stellantrieb) zerlegt ist. Zur Kennzeichnung des Signalübertragungsverhaltens der einzelnen Übertragungsglieder sind die jeweiligen Übergangsfunktionen ihrem Typ nach eingetragen. Unter b) ist der in a) dargestellte Regelkreis durch die Übergangsfunktion nach einem sprungförmigen Störsignal gekennzeichnet.

Bei der Anwendung dieser Methode wird der gesamte *Wirkungsweg in Steuerungen oder Regelungen* in Übertragungsglieder zerlegt, deren Signal- und Informationsverarbeitung sich (häufig näherungsweise) hinreichend genau mathematisch erfassen läßt. Um Übertragungsglieder zu veranschaulichen, bedient man sich bei der funktionellen Betrachtung der Signalflußpläne (Blockschaltpläne).

Die beiden wichtigsten Zielstellungen der funktionellen Betrachtung sind Analyse und Synthese des statischen und dynamischen Gesamtverhaltens von Steuerungen und Regelungen. Bei der *Analyse von Steuerungen oder Regelungen* wird die Kenntnis des statischen und dynamischen Signalübertragungsverhaltens der einzelnen Übertragungsglieder (z. B. in Form von statischen Kennlinien, Übertragungsfunktionen, Ortskurven des Frequenzganges, Differentialgleichungen) als bekannt angesehen. Mit Hilfe entsprechender mathematischer Verfahren gilt es dann, aus dieser Kenntnis heraus das statische und dynamische Gesamtverhalten (Stabilität, Einschwingverhalten usw.) der Steuerung oder Regelung zu beschreiben bzw. exakt oder näherungsweise zu berechnen. Bei der *Synthese von Steuerungen oder Regelungen* ist dagegen das gewünschte statische und dynamische Gesamtverhalten vorgegeben. Die Signalübertragungseigenschaften der einzelnen Übertragungsglieder sind dann unter Beachtung aller technischen Nebenbedingungen so zu bestimmen, daß das gewünschte Gesamtverhalten erreicht wird.

2. *Gerätetechnische Betrachtung von Steuerungen oder Regelungen.* Bei dieser Betrachtungsweise erfolgt die Darstellung von Systemen der Regelung und Steuerung mit Hilfe der Blockschaltmethode, wobei für die einzelnen Glieder der Systeme genormte Symbole benutzt werden, die jeweils eine bestimmte gerätetechnische Bedeutung besitzen.

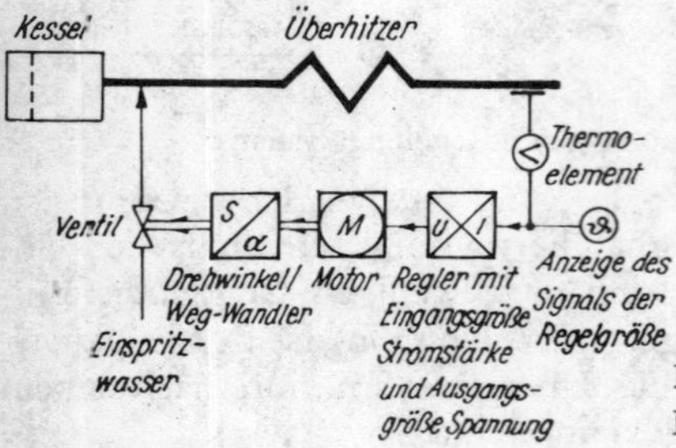

Blockschaltbild einer Heißdampftemperaturregelung

In dem als Beispiel hierzu dargestellten Blockschaltbild einer Heißdampftemperaturregelung ist die gerätetechnische Bedeutung der verwendeten Symbole jeweils mit angegeben (siehe TGL 14091 Steuerungs- und Regelungstechnik – Kennzeichen und Symbole). Bei der gerätetechnischen Betrachtung werden die verwendeten Geräte, Bauglieder und sonstigen Einrichtungen sowie Anlagen und Anlagenteile unter besonderer Berücksichtigung der in ihnen wirkenden physikalischen und technischen Gesetzmäßigkeiten und Größen sowie ihrer Aufgabenstellung innerhalb des Steuerungs- und Regelungsprozesses beschrieben; der Aufbau der Steuer- oder Regelanlage aus einzelnen Baugliedern, d. h. aus geräte- bzw. anlagetechnischen Realisierungen der Übertragungsglieder, steht im Vordergrund.
Bei beiden Arten der Betrachtung ist der *Wirkungsweg* und die *Wirkungsrichtung* von besonderer Bedeutung.
Der *Wirkungsweg in Steuerungen oder Regelungen* ist der Weg, längs dessen die den Steuerungs- bzw. Regelungsprozeß bestimmenden Wirkungen übertragen werden. Alle höheren Formen der Steuerung und Regelung sind dadurch gekennzeichnet, daß in den zu steuernden bzw. zu regelnden Prozeß so eingegriffen wird, daß die Werte bestimmter Zielgrößen dieses Prozesses einen vorgegebenen optimalen zeitlichen Verlauf nehmen. Dies wird dadurch erreicht, daß die genannten Eingriffe von geeigneten Informationen abhängig gemacht werden, die dem Prozeß selbst oder der techno-

logischen bzw. ökonomischen Umwelt des Prozesses entstammen können. Der Wirkungsweg einer Steuerung oder Regelung ist also dadurch gekennzeichnet, daß Informationen gewonnen, übertragen und so verarbeitet werden, daß daraus Eingriffe in den zu steuernden bzw. zu regelnden Prozeß im Sinne der oben genannten Zielstellung abgeleitet werden können. Durch die Richtung dieses Informationsflusses ist zugleich die *Wirkungsrichtung* in Steuerungen oder Regelungen längs des Wirkungsweges festgelegt. Da Informationen der Übertragung und Verarbeitung in technischen Systemen nur in Verbindung mit Signalen als Informationsträger zugänglich sind, werden längs des Wirkungsweges jeder Steuerung und Regelung Signale gewonnen, übertragen und verarbeitet.

Zur anschaulichen Darstellung der Übertragung und Verarbeitung von Signalen und Informationen zerlegt man den Wirkungsweg einer Steuerung oder Regelung in einzelne *Glieder*. Analyse und Synthese des Zusammenwirkens der einzelnen Übertragungsglieder des Wirkungsweges (der in diesem Zusammenhang auch als Signalflußweg bezeichnet wird) sind Gegenstand der *funktionellen Betrachtung von Steuerungen oder Regelungen*. Der bildlichen Darstellung des Aufbaus des Wirkungsweges aus Übertragungsgliedern dient der *Signalflußplan*. Die Realisierung des Wirkungsweges einer Steuerung oder Regelung aus *Bauelementen* steht im Mittelpunkt der *gerätetechnischen Betrachtung von Steuerungen oder Regelungen* und wird im *Baugliedplan* bildlich dargestellt. Der Wirkungsweg einer Steuerung oder Regelung ist vollständig durch den Charakter der wirksamen Signale, die Übertragungseigenschaften der Glieder und durch seinen strukturellen Aufbau (d. h. durch die Art der Zusammenschaltung der einzelnen Glieder) bestimmt.

Die *Wirkungsrichtung in Steuerungen oder Regelungen* ist die Richtung des Signal- bzw. Informationsflusses im *Wirkungsweg* in Steuerungen oder Regelungen. Ist bei einem Bauelement einer Steuerung oder Regelung eine Rückwirkung von einem Ausgangssignal auf ein Eingangssignal nicht auszuschließen, so ist als Wirkungsrichtung die Richtung der *beabsichtigten* Wirkung anzunehmen.

Unter den Steuerungs- und Regelungseinrichtungen versteht man die Gesamtheit der Bauglieder im Wirkungsweg in Steuerungen oder Regelungen, die zur aufgabengemäßen Beeinflussung der Steuerstrecke bzw. Regelstrecke über das Stellglied dienen. Dabei werden nur die unmittelbar am Steuer- oder Regelvorgang

beteiligten Bauglieder, wie Meßeinrichtungen, Wandler, Vergleicher, Stellantriebe, Regler, Programmgeber usw., als zur Steuer- oder Regeleinrichtung gehörig betrachtet. Nicht zur Einrichtung gehören mittelbar mit der Einrichtung zusammenwirkende Bauglieder und Anlageteile, wie Anzeige- und Registriergeräte für die regelungs- und steuerungstechnischen Größen; die Bedienungselemente, wie Bedienungsschalter (z. B. Steuerquittungsschalter) usw.; die Aufbauelemente, wie Pulte, Schränke, Gestelle; Hilfsaggregate, wie Hilfsenergieversorgung, Spannungskonstanthalter usw.
Besonders wichtige Elemente der Steuer- oder Regeleinrichtung sind der Stellantrieb und der Regler. Der *Stellantrieb* betätigt das Stellglied, sofern es mechanisch betätigt wird. Ein Gerät, das der Regeleinrichtung angehört, kann als *Regler* bezeichnet werden, wenn es die wesentliche Verarbeitung des Signals der Regelabweichung durchführt.
Bei der Ausführung der Steuerungs- und Regelungseinrichtungen ist die *Analogtechnik* von der *Digitaltechnik* zu unterscheiden. Während bei der *Analogtechnik* Entwurf und Aufbau aus Gliedern erfolgt, in denen die Informationsübertragung und -verarbeitung mit Hilfe analoger Signale geschieht, werden bei der *Digitaltechnik* Glieder verwendet, in denen hierzu digitale Signale benutzt werden.

stochastische Optimierung: Teilgebiet der mathematischen Optimierung, das die Theorie und die Lösungsmethoden von bedingten Extremwertaufgaben bei unvollständigen Informationen bezüglich der Parameter in den Aufgabenbedingungen untersucht.
Die Ausgangsinformationen für die Planung, Projektierung und Leitung sind in der Ökonomie unzureichend zuverlässig.
Die Produktion wird für gewöhnlich bei unvollständigen Informationen so geplant, daß der Plan erfüllt und die hergestellten Erzeugnisse realisiert werden. Die Funktion automatischer Einrichtungen hängt aber auch von unvorhersehbaren zufälligen Störungen ab, deren statistische Kennwerte bei der Berechnung der Steuergrößen nicht immer bestimmt und berücksichtigt werden können. Noch komplizierter sind die Verhältnisse in Konfliktsituationen, in denen neben dem natürlichen Informationsmangel noch die Möglichkeit der Desinformation auftreten kann.
Somit können in mathematischen Optimierungsmodellen, mit denen Aufgaben der Leitung, Planung und Projektierung unter-

sucht werden, einzelne oder alle Parameter des Optimalitätskriteriums und/oder der Einschränkungen (Restriktionen) unbestimmt oder zufällig sein. In einzelnen Fällen ermöglichen es die Erfahrungen, die Statistik und die Untersuchung der Prozesse, von denen die Veränderung der Ausgangsdaten und die Realisierungsbedingungen des Planes, des Projektes oder des Steuerungssystems abhängen, bestimmte stochastische Kennwerte für die Parameter in den Bedingungen der Aufgabe festzulegen. In anderen Fällen fehlen jegliche Grundlagen für eine wie auch immer geartete Beurteilung der statistischen Besonderheiten derjenigen Erscheinungen, die zu einer Veränderung der angenommenen Parameterwerte in den Aufgabenbedingungen führen können. Situationen des ersten Typs werden als *Risiko-Situationen* und Situationen des zweiten Typs als *unbestimmte* oder *strategische Situationen* bezeichnet. Beide Klassen von Situationen sind Forschungsgegenstand der stochastischen Optimierung. Bei der stochastischen Optimierung stößt man nicht nur bei der Entwicklung von Lösungsmethoden für die Aufgaben auf erhebliche Schwierigkeiten, sondern auch bei der Aufgabenstellung, in der die ziemlich subtilen Aspekte von Planungssituationen unter Risiko bzw. Unbestimmtheit widerzuspiegeln sind.

Bei einer großen Anzahl angewandter Aufgaben, deren Lösungsschemata auf mathematische Optimierungsmodelle führen, sind die Parameter der Zielfunktionen bzw. der Restriktionen zufällige Größen. Der auf den ersten Blick selbstverständlich erscheinende Weg zur Analyse stochastischer Aufgaben – nämlich die Ersetzung der zufälligen Parameter durch deren Mittelwerte und die Berechnung der optimalen Lösungen der auf diese Weise gewonnenen deterministischen Aufgaben – ist nicht immer gerechtfertigt. Bei der Mittelung der Parameter der Aufgabenbedingungen kann die Adäquatheit der Abbildung der zu untersuchenden Erscheinung im Modell verletzt werden. Die Lösung der deterministischen Aufgabe mit gemittelten Parametern braucht bei unterschiedlichen Realisierungen der Restriktionsparameter die Aufgabenbedingungen nicht zu erfüllen.

Es können Entscheidungsmodelle mit unvollständigen Informationen angegeben werden, bei denen die Restriktionen der Aufgabe bei allen Realisierungen der zufälligen Parameter erfüllt sein müssen. Die entsprechenden Aufgabenstellungen der stochastischen Optimierung werden als *starre Aufgabenstellungen* bezeichnet. Diese Problemstellungen haben nicht immer einen Sinn, denn die Punktmenge, die die Restriktionen der Aufgabe

bei allen Realisierungen des zufälligen Ereignisses erfüllt, kann leer sein.
Bei vielen Aufgaben der Steuerung unter unvollständiger Information mit wiederholbaren Situationen besteht keine Notwendigkeit, daß die Restriktionen bei jeder Realisierung des zufälligen Ereignisses erfüllt werden. Der Aufwand für die Informationsspeicherung bzw. für die Beseitigung der Abweichungen in den Aufgabenbedingungen kann größer als der erreichbare Nutzen sein. Häufig macht es der konkrete Inhalt der Aufgabe nur erforderlich, daß die Wahrscheinlichkeit dafür, daß die Lösung im zulässigen Bereich liegt, größer als eine bestimmte vorher festgelegte Zahl $\alpha > 0$ ist. Wenn die möglichen Abweichungen in einzelnen Restriktionen einen unterschiedlich starken Verstoß gegen die Bedingungen bedeuten, so ist es zweckmäßig, die verschiedenen Restriktionen differenziert zu behandeln. Um den durch die Abweichungen von den verschiedenen Bedingungen verursachten Verstoß auszugleichen, ist es natürlich, die Wahrscheinlichkeit der Erfüllung jeder einzelnen Bedingung von unten durch verschiedene Zahlenwerte $\alpha_i > 0$ einzuschränken. Gewöhnlich wird $\alpha_i > \frac{1}{2}$ gewählt. Solche Problemstellungen der stochastischen Optimierung bezeichnet man als *Modelle mit Wahrscheinlichkeitseinschränkungen*. Als Zielfunktion wählt man bei solchen Modellen gewöhnlich den Erwartungswert der Realisationen des Wertes des Optimalitätskriteriums der Lösung bzw. die Wahrscheinlichkeit dafür, daß der zufällige Wert des Optimalitätskriteriums der Lösung einen bestimmten festgelegten Schwellenwert übersteigt.
Je nach dem konkreten Inhalt der Aufgabe können die Koeffizienten und die Lösung der stochastischen Optimierungsaufgabe als deterministische oder stochastische Vektoren bzw. als aus deterministischen und stochastischen Vektoren zusammengesetzte Vektoren betrachtet werden. Im letzteren Fall ergibt sich aus den deterministischen Vektoren eine vorläufige Lösung, mit der bis zur Realisierung der Bedingungen der Aufgabe gearbeitet wird; der stochastische Anteil der Lösung bildet die Korrektur der Lösung nach der Realisierung der Parameter der Aufgabenbedingungen. Solche Problemstellungen der stochastischen Optimierung werden als *zweistufige Modelle* bezeichnet.
Das Problem der Produktionsplanung bei unbestimmtem Bedarf an den hergestellten Erzeugnissen ist eine charakteristische zweistufige Aufgabe der stochastischen Optimierung. Der optimale

Produktionsplan muß zumindest die Werte für zwei Gruppen von Parametern enthalten. Die erste Gruppe der Parameter stellt die vorläufige Lösung für den Umfang der nach einem bestimmten technologischen Verfahren herzustellenden Erzeugnisse dar. Die Informationen zu diesen Parametern ermöglichen es der Betriebsleitung, die Produktionsausrüstung vorzubereiten, Verträge mit den Zulieferern abzuschließen, die gesamte notwendige organisatorische und technologische Vorbereitung durchzuführen und mit der Produktion zu beginnen. Nach der Feststellung des Bedarfs (d. h. nach der Realisierung der stochastischen Parameter der Aufgabenbedingungen) wird die zweite Gruppe der Lösungsparameter zur Korrektur des Planes berechnet. Die Korrektur wird durch die notwendige Kompensation erforderlich, die sich aus der Beseitigung der Diskrepanz zwischen Bedarf und dem durch den vorläufigen Plan festgelegten Produktionsumfang ergibt. Die Kompensation der Abweichungen erfolgt durch einen vorher festgelegten Komplex technologischer Verfahren.
Jeder Realisation der Nachfrage entspricht ein eigener Plan zur Kompensation der Abweichungen. Selbstverständlich ist anzunehmen, daß die Kompensation der Abweichungen einen größeren Aufwand verursacht als bei der Produktion desselben Erzeugnisumfanges nach dem vorläufigen Plan. Deshalb müssen bei der Ausarbeitung des vorläufigen Planes alle Apriori-Informationen über die statistischen Kenngrößen des Bedarfs berücksichtigt werden, damit der Gesamtaufwand für die Produktion der erforderlichen Erzeugnisse minimal wird. Die Verallgemeinerung der zweistufigen Aufgabe führt auf mehrstufige Probleme der stochastischen Optimierung und steuerbare stochastische Prozesse.
Mehrstufige Aufgaben der stochastischen Optimierung unterscheiden sich nach der Art der Zielfunktion, dem Charakter der Einschränkungen und nach ihrer Informationsstruktur. Die Informationsstruktur bestimmt insbesondere eine Gesamtheit von Realisierungen für die zufälligen Parameter der Bedingungen, von denen der optimale Plan abhängt, nämlich die *Entscheidungsregel* oder *Entscheidungsverteilung* für jede Stufe.
Bei jeder einzelnen Steuerungsaufgabe unter unvollständiger Information ist das der Aufgabe entsprechende stochastische Optimierungsmodell durch eine nichtformale Analyse entsprechend dem konkreten Inhalt der Aufgabe auszuwählen.
Die Entwicklung der Lösungsmethoden für stochastische Optimierungsaufgaben verläuft in drei Richtungen. Für eine Klasse

von stochastischen Aufgaben werden äquivalente deterministische Aufgaben der mathematischen Optimierung konstruiert und die für diese Aufgaben entwickelten Rechentechniken angewendet. Für eine andere Klasse von stochastischen Aufgaben werden spezielle Lösungsmethoden entwickelt. Diese Methoden beruhen gewöhnlich auf einer mengentheoretischen Interpretation der wahrscheinlichkeitstheoretischen Aufgaben. Die theoretische Grundlage dieser Methoden bildet die Theorie der dualen konvexen Optimierung in Funktionalräumen. Schließlich werden für die Lösung einer umfangreichen Klasse von Aufgaben der stochastischen Optimierung Adaptationsmethoden ausgearbeitet, die es erlauben, auf dem Wege der Iteration aufeinanderfolgender Realisierungen von Gesamtheiten zufälliger Merkmale Entscheidungsregeln zu entwickeln und zu vervollkommnen. Diese Methoden sind auf den Prinzipien der stochastischen Approximation und ihrer Verallgemeinerungen aufgebaut.

stochastisches System (indeterministisches System): dynamisches System, bei dem wesentliche Parameter den Charakter von Zufallsgrößen haben, bzw. dessen Verhalten im ganzen oder zum Teil von Zufallsprozessen abhängig ist. Dabei kann sich der Zufallscharakter des Systems z. B. auf die Beziehungen zwischen Eingangsgröße, innerem Zustand und Ausgangsgröße beschränken; es kann aber auch sein, daß außerdem auch die Systemkopplungen (die Struktur des Systems und deren Veränderungen) zufälligen Einflüssen unterliegen.
Jedes wirkliche System ist letztlich stochastisch; in vielen Fällen ist es aber möglich, z. B. das Verhalten eines Systems durch eine nichtstochastische (deterministische) Theorie hinlänglich genau zu beschreiben. Erst wenn dies nicht mehr möglich ist (z. B., weil die Genauigkeit der Beschreibung für einen bestimmten praktischen Zweck nicht mehr ausreicht), muß zu einer Theorie übergegangen werden, die den stochastischen Charakter explizite berücksichtigt. In den Fällen, da eine direkte mathematische Beschreibung des stochastischen Verhaltens sehr schwierig oder unmöglich wird, lassen sich hinreichend genaue Lösungen oft durch die sog. *stochastische Modellierung* (Monte-Carlo-Methode) erzielen. Ein Ansatz zu einer Theorie für einen speziellen Typ stochastischer Systeme findet sich in der Theorie *stochastischer Automaten*, einem sich rasch entwickelnden Zweig der mathematischen Automatentheorie.
Die Terminologie bezüglich dynamischer Systeme, die zufälligen

Veränderungen ausgesetzt sind, ist nicht ganz einheitlich. Manchmal wird der Systemtyp, der hier mit „stochastisch“ bezeichnet ist, auch „probabilistisch“ genannt, wobei einige Autoren aber zwischen stochastischen und probabilistischen Systemen auch Unterschiede sehen.

Hauptsächlich in naturwissenschaftlichen Bereichen (vor allem in der Physik) wird statt von „stochastischen“ und „nichtstochastischen“ Systemen oft von „indeterminierten“ und „determinierten“ (auch von „streng determinierten“) Systemen gesprochen. Dieser Sprachgebrauch ist philosophisch gesehen nur zulässig, wenn keine Vermengung der naturwissenschaftlich-systemtheoretischen mit der hierher gehörenden philosophischen Problematik erfolgt: sowohl deterministische als auch indeterministische Systeme unterliegen kausalen Gesetzmäßigkeiten und entsprechen daher beide dem dialektisch-materialistischen Determinismus.

→ Automat → nichtstochastisches System → statistische Modellierung

Störspannung: unerwünschte elektrische Spannung, die einer Signalspannung überlagert ist; sie muß besonders bei Übertragung von kleinen Signalspannungen, die abgetastet werden sollen, durch Abschirmmaßnahmen und durch Filterglieder unterdrückt werden. In einem Zweileitersystem tritt sie als kapazitiv eingestreute *Gleichtakt-Störspannung* zwischen jedem einzelnen der beiden Leiter und der Erde sowie als induktiv eingekoppelte *Gegentakt-Störspannung* zwischen den beiden Leitern auf.

Störung: im Sinne der Kybernetik jede Art von (äußerer oder innerer) Wirkung auf ein dynamisches System bzw. dessen Elemente oder Teilsysteme. Eine Größe (ein Parameter), die einen bestimmten Typ von Störungen erfaßt, heißt *Störgröße*. Störgrößen haben häufig den Charakter von Zufallsvariablen und unterliegen damit den Gesetzen der Wahrscheinlichkeitsrechnung und Statistik.

Man unterscheidet *informationelle Störungen* von *nichtinformationellen Störungen*, je nachdem, ob es sich bei den gestörten Prozessen um wesentlich informationelle oder wesentlich stofflich-energetische handelt.

Eine wichtige Klasse informationeller Störungen ist das *Rauschen*, das bei der Übertragung von Informationen durch physikalische (insbesondere elektromagnetische) Signale auftritt. Es rührt von

der Quantennatur der elektrischen Ladungsträger her, die statistische Wärmebewegungen ausführen, und äußert sich im Auftreten von in der Regel unerwünschten *Rauschsignalen* (Störspannungen oder Störströmen). Man unterscheidet *weißes Rauschen* und *farbiges Rauschen*. Beim *weißen Rauschen* hat das Amplitudenspektrum des Rauschsignals in allen Frequenzbereichen gleiche Intensität. Ist hingegen das Frequenzband des Rauschsignals begrenzt, liegt *farbiges Rauschen* vor.
Eine in diesem Zusammenhang wichtige Kenngröße ist das sog. *Signal-Rausch-Verhältnis*, das ausdrückt, wie stark eine bestimmte Information bzw. ein Nutzsignal *verrauscht* (gestört) ist; es entspricht dem Verhältnis von Nutz- und Störleistung bzw. von Nutz- und Störspannung. Ein wichtiges Hilfsmittel zur Verringerung des Signal-Rausch-Verhältnisses (Verbesserung des *Rauschabstandes*) stellen sog. Korrelationsdetektoren dar, mit deren Hilfe es heute bereits gelingt, verrauschte Sinusschwingungen auch dann noch zu erkennen, wenn der Effektivwert des Rauschens bis zu 1000mal größer als der der Sinusschwingung ist.
Kybernetische Systeme haben u. a. die Eigenschaft, auf sie einwirkende Störungen zu paralysieren, d. h. die für ihre Existenz wesentlichen Systemparameter in bestimmten Grenzen zu halten. Selbstorganisierende kybernetische Systeme sind darüber hinaus in der Lage, auf sie einwirkende Störungen zum Zwecke der Entwicklung und Selbstreproduktion für Veränderungen ihrer Struktur auszunutzen. Man spricht in diesem Zusammenhang gewöhnlich von einer „Organisation des Zufalls“, dessen solche Systeme fähig sind.
Der kybernetische Terminus „Störung“ ist gegenüber dem umgangssprachlichen verallgemeinert und schließt keine negative Bedeutung der jeweiligen Störung für einen Informationsfluß, die Stabilität eines Systems usw. ein. Zum Beispiel ist eine Planuntererfüllung von Systemen in der Wirtschaft im Sinne der Kybernetik ebenso eine Störung wie eine Planübererfüllung, denn in beiden Fällen muß das ökonomische System, das davon betroffen ist, Maßnahmen ergreifen, um die Störung abzufangen.
→ Stabilität

Strategie: in der Spieltheorie ein unter Beachtung der Spielregeln konstruierter Verhaltensplan, nach dem der jeweilige Spieler bei jedem persönlichen Zug entsprechend der jeweiligen Spielsituation eine eindeutige (strategische) Entscheidung über die zu wählende Variante treffen kann.

Dieser spieltheoretische Strategiebegriff stellt eine Idealisierung der in anderen Bereichen, wie z. B. in Militärwissenschaft, Politik usw., benutzten Strategiebegriffe dar: „Wir wollen uns jetzt vorstellen, daß jeder Spieler $k = 1, \ldots, n$ die Entscheidung über jeden Zug nicht erst dann trifft, wenn die Notwendigkeit dafür vorliegt, sondern daß er sich über sein Vorgehen bei allen möglichen Situationen vorher schlüssig wird, d. h., daß der Spieler k mit einem vollständigen Plan zu spielen beginnt: einem Plan, der angibt, welche Wahl er zu treffen hat in allen nur möglichen Situationen, für jede nur mögliche wirkliche Information, die er in diesem Augenblick im Einklang mit dem Informationsschema, das die Spielregeln für diesen Fall vorsehen, besitzen kann. Einen derartigen Plan nennen wir eine *Strategie*" (J. v. NEUMANN/O. MORGENSTERN).
Durch Festlegung einer Strategie in diesem spieltheoretischen abstrakten Sinne tritt also an die Stelle *zahlreicher* Einzelentscheidungen *während* einer Partie eines Spiels (was dem meist üblichen Verhalten eines Spielers entspricht) *eine* Entscheidung *vor* der Partie, die in der Auswahl einer Strategie aus der Menge aller möglichen Strategien des betreffenden Spielers besteht. Dies schränkt die Allgemeinheit der Betrachtungen keineswegs ein, sondern ermöglicht überhaupt erst manche spieltheoretischen Analysen. Das zeigt sich besonders bei der Darstellung von Spielen in Normalform. Enthält ein Spiel *nur* persönliche Züge, d. h. Züge, über die die einzelnen beteiligten Spieler selbst entscheiden, so ist mit der Wahl einer Strategie durch jeden der Spieler der Verlauf der betreffenden Partie völlig festgelegt.
Im Prinzip ist dieser Strategiebegriff für die Analyse jedes strategischen Spiels geeignet. Das heißt indessen nicht, daß in jedem Falle eine vorhandene Strategie tatsächlich auch angegeben werden kann. Beispielsweise ist dieser spieltheoretische Begriff der Strategie bei der Analyse und Beschreibung des Schachspiels anwendbar. Wegen der überaus zahlreichen kombinatorischen Möglichkeiten für den Verlauf einer Partie ist es jedoch praktisch ausgeschlossen, auch nur eine Strategie anzugeben.
Der Strategiebegriff verliert seine Bedeutung nicht, wenn neben den persönlichen Zügen der Spieler gemäß den Spielregeln auch Zufallszüge vorgesehen sind (z. B. das Verteilen der Karten bei Kartenspielen). In diesem Fall ist der Ablauf einer Partie zwar nicht eindeutig festgelegt, jedoch lassen sich Wahrscheinlichkeiten für die möglichen Resultate angeben. Erst wenn ein Spiel ausschließlich aus Zufallszügen besteht (Glücksspiel),

wird es sinnlos, von Strategien zu sprechen. Derartige Spiele gehören deshalb nicht zum Gegenstand der Theorie strategischer Spiele.

Mit der Auswahl je einer Strategie durch die einzelnen Spieler ist nicht nur der Ablauf einer bestimmten Partie (eventuell mit Hilfe bestimmter Wahrscheinlichkeitsverteilungen) festgelegt; zugleich sind außerdem die Resultate für alle beteiligten Spieler bestimmt. Die Gewinne bzw. Verluste, die die Spieler hierbei erzielen, werden durch gewisse reellwertige Funktionen beschrieben, die im allgemeinen Falle eines n-Personenspiels auf der Menge aller Strategie-n-Tupel definiert sind; sie heißen *Auszahlungsfunktionen*. Eine Aufgabe der spieltheoretischen Untersuchungen besteht nun darin, für alle Spieler diejenige Strategie bzw. diejenigen Strategien zu ermitteln, die – unabhängig von der Strategieauswahl aller anderen Spieler – mit einem möglichst günstigen Wert der Auszahlungsfunktion verbunden sind.

Die Auszahlungsfunktionen können als zahlenmäßige Bewertungen für den Nutzen, den die Spieler den einzelnen Spielausgängen beimessen, interpretiert werden. In vielen spieltheoretischen Untersuchungen werden die hierbei auftretenden Probleme des Nutzens, der Nutzenbewertung und -messung dadurch umgangen, daß der Gewinn bzw. Verlust in Geldeinheiten angegeben wird. Ein monetärer Nutzen entspricht den prinzipiellen Forderungen an eine Bewertungsgröße, beliebig teilbar, uneingeschränkt übertragbar und für alle Beteiligten von gleichem Wert zu sein, noch relativ am besten. In realen Konfliktsituationen lassen sich die Spielausgänge freilich nicht immer in Geldeinheiten ausdrücken. Das Aufstellen der Auszahlungsfunktionen im Sinne reiner Bewertungsfunktionen ist daher meist sehr problematisch, wenn ein spieltheoretisches Modell einen realen Konflikt erfassen soll. Die Spieltheorie realer Konfliktsituationen hat sich jedoch bisher weniger mit der Modellierung und Lösung beschäftigt (obgleich sie letztlich darauf abzielt), sondern untersucht Entscheidungsprobleme unter Bedingungen des Konflikts verhältnismäßig allgemein, wobei die Existenz von Strategiemengen und Auszahlungsfunktionen für alle Spieler sowie bestimmte Bedingungen für diese Größen (die von Spielklasse zu Spielklasse variieren können) *vorausgesetzt* werden.

Eines der fundamentalen Anliegen der Spieltheorie besteht darin, für einzelne Spiele bzw. Klassen von Spielen *optimale Strategien* für die Spieler zu ermitteln, d. h. diejenigen Verhaltensweisen anzugeben, die unter den jeweils vorliegenden strategischen

Bedingungen die günstigsten Ergebnisse sichern. Hierbei ist bemerkenswert, daß sich der Charakter der Optimalität mit dem Charakter der Konfliktsituation ändert. Unter den Bedingungen des diametralen Interessengegensatzes beispielsweise führt ein Verhaltensprinzip, das sog. Minimax-Prinzip, zu optimalen Strategien, dessen Anwendung unter anderen Bedingungen nicht mehr gerechtfertigt ist.

Die Elemente der Strategiemengen, unter denen die Spieler bei einer Partie des Spiels ihre Auswahl treffen können, werden als *reine Strategien* bezeichnet. Es lassen sich nun Spielsituationen angeben, in denen es unvorteilhaft ist, wenn der Spieler bewußt eine seiner reinen Strategien auswählt, sondern es günstiger ist, die Auswahl der konkreten reinen Strategie mit Hilfe eines Zufallsmechanismus vorzunehmen, der eine bestimmte Wahrscheinlichkeitsverteilung realisiert. Diese Wahrscheinlichkeitsverteilung über der Menge der reinen Strategien stellt eine *gemischte Strategie* dar (dieser Begriff wurde von v. NEUMANN eingeführt). Auch bei Anwendung einer gemischten Strategie erfolgt natürlich eine bewußte Auswahl durch den Spieler. Diese Auswahl bezieht sich jedoch jetzt auf die Auswahl einer gemischten Strategie, insbesondere einer *optimalen gemischten Strategie*. In Abhängigkeit davon, ob die Menge der reinen Strategien endlich oder unendlich ist, entsprechen den gemischten Strategien diskrete oder stetige Wahrscheinlichkeitsverteilungen. Die Auszahlungsfunktionen sind in diesem Falle durch entsprechende Erwartungswerte zu ersetzen.

Erweitert man in einem Spiel die (endlichen) Strategiemengen um die Menge aller gemischten Strategien und die Auszahlungsfunktionen um die entsprechenden Erwartungswerte, so spricht man von der *gemischten Erweiterung des Spiels*. Analoge Begriffe lassen sich auch für kontinuierliche Spiele, d. h. für Spiele mit unendlichen Strategiemengen, einführen.

Für die numerische Behandlung einzelner Spiele ist der Begriff der *dominierten (reinen) Strategie* von Bedeutung: Gegeben sei ein (endliches) n-Personenspiel mit den Strategiemengen $S_1, S_2, \ldots, S_n$. Falls zwischen zwei Strategien $s_1 \in S_1$ und $\check{s}_1 \in S_1$ des Spielers 1 beispielsweise immer die Relation

$$A_1(s_1, s_2, \ldots, s_n) \leqq A_1(\check{s}_1, s_2, \ldots, s_n)$$

für alle $s_2 \in S_2, \ldots, s_n \in S_n$ gilt, so bedeutet dies, daß der Spieler 1 bei Anwendung der Strategie $\check{s}_1$ zumindest die gleichen, wenn nicht

generell bessere Resultate erzielt als durch Anwendung der Strategie $\bar{s}_1$, unabhängig von den Entscheidungen aller anderen Spieler. Man sagt, die Strategie $\bar{s}_1$ wird von der Strategie $\check{s}_1$ *dominiert*; sie kann als überflüssig aus der Strategiemenge S_1 entfernt werden. Analoge Überlegungen können auch für die übrigen Spieler und ihre Strategiemengen angestellt werden.
Beispiel: Es sei das folgende Zweipersonen-Nullsummenspiel gegeben:

$$S_1 = \{s_{11}, s_{12}, s_{13}, s_{14}\}; \; S_2 = \{s_{21}, s_{22}, s_{23}, s_{24}\}.$$

In Matrixschreibweise:

	s_{21}	s_{22}	s_{23}	s_{24}
s_{11}	−2	−1	2	4
s_{12}	0	−2	3	2
s_{13}	1	−1	3	3
s_{14}	−2	3	0	−1

Hier gilt offenbar

$$A_1(s_{12}, s_2) \leqq A_1(s_{13}, s_2) \text{ für alle } s_2 \in S_2.$$

Daraus folgt, daß s_{12} von s_{13} dominiert wird und weggelassen werden kann. Umgekehrt gilt für die Strategien des Spielers 2 wegen $A_1 = -A_2$:

$$A_2(s_1, s_{23}) < A_2(s_1, s_{21}) \text{ für alle Strategien } s_1 \in S_1,$$

d. h., die Strategie s_{23} wird von der Strategie s_{21} dominiert. Danach kann das ursprüngliche Zweipersonen-Nullsummenspiel auf die folgende reduzierte Form gebracht werden:

	s_{21}	s_{22}	s_{24}
s_{11}	−2	−1	4
s_{13}	1	−1	3
s_{14}	−2	3	−1

In spieltheoretischen Untersuchungen spielen die Begriffe des Gleichgewichts und der Stabilität, die in enger Beziehung zum Strategiebegriff stehen, eine große Rolle. Gegeben sei ein *n*-Personenspiel, das durch die n Strategiemengen $S_1, S_2, \ldots, S_n$ sowie die n Auszahlungsfunktionen $A_1 = A_1(\sigma)$, $A_2 = A_2(\sigma)$, ..., $A_n = A_n(\sigma)$ mit $\sigma \in S_1 \times S_2 \times \cdots \times S_n$ definiert sei. Ein Strategie-n-Tupel $\sigma^* = [s_1^*, s_2^*, \ldots, s_n^*]$ mit $s_1^* \in S_1$, $s_2^* \in S_2$, ..., $s_n^* \in S_n$ heißt *Gleichgewichtspunkt* des Spiels, wenn für alle $i = 1, 2, \ldots, n$ und $s_1 \in S_1$, $s_2 \in S_2$, ..., $s_n \in S_n$ gilt:

$$A_1 (s^*_1, s^*_2, \ldots, s^*_{i-1}, s_i, s^*_{i+1}, \ldots, s^*_n) \leqq A_i(\sigma^*).$$

Die Strategie s^*_i des Spielers i, die mit gewissen Strategien der anderen Spieler einen Gleichgewichtspunkt bildet, heißt *Gleichgewichtsstrategie* des Spielers i.
Da in einem solchen Spiel Absprachen, Vereinbarungen usw. zwischen den Teilnehmern an einem Konflikt vollständig ausgeschlossen sind, bleibt einem Spieler i, falls alle übrigen Spieler Gleichgewichtsstrategien anwenden (ein Gleichgewichtspunkt also existiert), nichts anderes übrig, als ebenfalls eine Gleichgewichtsstrategie zu benutzen. Anderenfalls hätte er einen geringeren Auszahlungswert zu erwarten.
Nun gibt es Spiele, die keinen Gleichgewichtspunkt besitzen. Als *Beispiel* kann das Zweipersonen-Nullsummenspiel betrachtet werden, dessen Auszahlungsmatrix folgende Gestalt hat:

	s_{21}	s_{22}	s_{23}
s_{11}	0	−1	1
s_{12}	1	0	−1
s_{13}	−1	1	0

Werden hier nur die reinen Strategien beider Spieler betrachtet, so existiert tatsächlich kein Gleichgewichtspunkt. Ein Gleichgewichtspunkt ergibt sich erst dann, wenn gemischte Strategien zugelassen werden, d. h., die gemischte Erweiterung des Spiels weist einen Gleichgewichtspunkt auf, wie dies bei allen endlichen Zweipersonen-Nullsummenspielen der Fall ist.
Gleichgewichtspunkte brauchen nicht eindeutig zu sein, d. h., in einem Spiel können mehrere Gleichgewichtspunkte vorhanden sein. In Nicht-Nullsummenspielen können darüber hinaus mehrere Gleichgewichtspunkte auftreten, die unterschiedliche Auszahlungswerte aufweisen. Als Beispiel sei die Auszahlungsmatrix des folgenden Zweipersonen-Nicht-Nullsummenspiels in Bimatrixdarstellung angegeben:

	s_{21}	s_{22}
s_{11}	(5, −30)	(−4, −40)
s_{12}	(2, 20)	(−3, 40)

Offenbar sind hier sowohl (s_{11}, s_{21}) als auch (s_{12}, s_{22}) Gleichgewichtspunkte im Sinne der obigen Definition. Sie sind jedoch für beide Spieler mit jeweils unterschiedlichen Auszahlungswerten verbunden. Derartige Gleichgewichtspunkte heißen *nichtäquivalente Gleichgewichtspunkte*. In unserem Beispiel wäre von Spieler 1 der Gleichgewichtspunkt (s_{11}, s_{21}), von Spieler 2 der Gleichgewichtspunkt (s_{12}, s_{22}) vorzuziehen. Schließt man in derartigen Spielen Verhandlungen, die Möglichkeit eventueller Kompensationszahlungen usw. zwischen den Spielern grundsätzlich aus, ist es außerordentlich schwierig, eine rationale Verhaltensweise zu begründen.

strategisches Spiel: Spiel, dessen Ausgang nicht allein vom Zufall abhängt. Als strategische Spiele in diesem Sinne können Gesellschaftsspiele wie Schach, Skat u. ä. angesehen werden. Ebenso weisen reale Konfliktsituationen in der Gesellschaft Merkmale strategischer Spiele auf, die in einem entsprechenden (spieltheoretischen) Modell erfaßt werden können.

Strategische Spiele werden in der *mathematischen Spieltheorie* systematisch untersucht. (Spiele, deren Ausgang ausschließlich zufallsabhängig ist, heißen „Glücksspiele“; sie sind nicht Gegenstand der Spieltheorie.)

An einem strategischen Spiel sind im allgemeinen mehrere Teilnehmer (Spieler) beteiligt, deren Interessen (Absichten, Ziele) unterschiedlich sind und deren Spielergebnisse in einem entscheidenden Maße durch das eigene Verhalten (d. h. durch die angewandten Strategien) beeinflußt werden. Ein weiteres, bedeutsames Kennzeichen strategischer Spiele besteht darin, daß das Ergebnis jedes einzelnen Spielers zwar von seinen eigenen Entscheidungen abhängt, jedoch nicht von diesen allein. Vielmehr wird es von den Entscheidungen (Maßnahmen, Verhaltensweisen, Strategien) der anderen am Spiel beteiligten Spieler wesentlich mitbestimmt.

Für den Aufbau eines *allgemeinen* Spielmodells werden dabei die Verhaltensweisen der anderen Teilnehmer zunächst als nicht beeinflußbar angesehen. Derartige Möglichkeiten werden erst bei der Behandlung von Koalitions- und Kooperationsproblemen durch zusätzliche Annahmen in die Betrachtung einbezogen. Dementsprechend unterscheidet man die nichtkooperative von

der kooperativen Theorie. Jeder Spieler als Teilnehmer an einem Interessenkonflikt befindet sich in einer Entscheidungssituation unter Unsicherheit, da er seine Strategien mit dem Ziel eines möglichst günstigen Ergebnisses auswählen möchte, über die Absichten und Handlungsweisen der übrigen Teilnehmer jedoch nicht oder nur unzureichend informiert ist.
Die genannten allgemeinen Kennzeichen und Analogien zwischen realen Konflikten und Spielsituationen dienen als Grundlage einer strengen mathematischen Definition von (unterschiedlichen) Spielbegriffen. In dem Bestreben, möglichst alle zu untersuchenden Klassen von Spielen auf eine einheitliche Definition zurückführen zu können, lassen sich in Anlehnung an N. N. Worobjow folgende Überlegungen anstellen: Für einen beliebigen Konflikt, der durch ein entsprechendes spieltheoretisches Modell beschrieben werden soll, ergeben sich vor allem folgende Fragen:

a) Wer ist am Konflikt beteiligt und in welcher Weise?
b) Wer ist an der Lösung des Konflikts interessiert und auf welche Weise?

Daher müssen in einem Spielmodell folgende Faktoren auftreten:

1. Die Teilnehmer am Konflikt, die die entscheidungsfällenden Subjekte verkörpern und als sog. *Handlungskoalitionen* bezeichnet werden. Ein solches Subjekt kann ein ganzes Kollektiv sein. Die Kollektive, die verschiedene Handlungskoalitionen verkörpern, können sich überschneiden, woraus die mögliche Komplexität und die Strukturiertheit von Handlungskoalitionen folgt. Die Menge aller Handlungskoalitionen werde mit $\mathfrak{K}_H$ bezeichnet.

2. Es muß weiterhin angegeben werden, welche Entscheidungen jede der Handlungskoalitionen $K \in \mathfrak{K}_H$ treffen kann. Diese Entscheidungen heißen (Koalitions-)Strategien der Koalition K. Die Menge aller Strategien der Handlungskoalition K wird mit S_K bezeichnet. Zwischen den Strategien der Handlungskoalitionen bestehen gewisse Beziehungen. Das Ergebnis der durch die Handlungskoalitionen unter Berücksichtigung dieser Beziehungen und Beschränkungen getroffenen Strategieauswahl heißt *Situation*. Die Menge S aller Situationen ist dann eine Untermenge des kartesischen Produkts $\prod_{K \in \mathfrak{K}_H} S_K$.

3. Als *Interessenkoalitionen* werden diejenigen Seiten bezeichnet, die bestimmte Interessen verteidigen. Ebenso wie die Hand-

lungskoalitionen sind auch die Interessenkoalitionen im allgemeinen Falle Kollektive. Auch die einzelnen Interessenkollektive können sich überschneiden. Eine Interessenkoalition kann sogar Untermenge einer anderen Interessenkoalition sein. Die Menge aller Interessenkoalitionen wird mit $\mathfrak{K}_I$ bezeichnet.

4. Schließlich müssen die Interessen (Ziele) der einzelnen Teilnehmer beschrieben werden. Hierfür ist erforderlich, daß für jede Interessenkoalition $K \in \mathfrak{K}_I$ auf der Menge S aller Situationen eine binäre Relation $\underset{K}{>}$ (*Vorzugsrelation*) angegeben werden muß. Das Ziel einer Interessenkoalition bei ihrer Beteiligung an einem Konflikt besteht im Erreichen einer solchen Situation S, die unter Beachtung dieser Vorzugsrelation und unter Verwendung bestimmter Optimalitätsprinzipien die günstigste ist.

Damit läßt sich nun folgende abstrakte Definition des Spiels als mathematisches Modell eines Konflikts angeben:
Als Spiel wird das folgende (mathematische) System betrachtet:

$$\Gamma = [\mathfrak{K}_H, \{S_K\}_{(K \in \mathfrak{K}_H)}, S, \mathfrak{K}_I, \{\underset{K}{>}\}_{(K \in \mathfrak{K}_I)}], \quad (*)$$

wobei $\mathfrak{K}_H$, $\{S_K\}_{(K \in \mathfrak{K}_H)}$ und $\mathfrak{K}_I$ beliebige Mengen sind, $S \subseteq \prod_{K \in \mathfrak{K}_H} S_K$ ist und $\{\underset{K}{>}\}_{(K \in \mathfrak{K}_I)}$ beliebige binäre Relationen auf S sind.

Das System (*), durch welches das allgemeine Spielmodell definiert ist, stellt gleichzeitig eine formale Beschreibung der Spielregeln für das Spiel dar.
Diese formale Definition eines Spiels kann nun zur Grundlage für die Untersuchung beliebiger Konfliktsituationen bzw. bestimmter Entscheidungssituationen unter Unsicherheit gemacht werden. Dieser Begriff eines Spiels ist zwar sehr umfassend, für die Analyse einzelner Klassen von Spielen (Matrixspiele, Mehrpersonenspiele, Nicht-Nullsummenspiele) ist es jedoch vorteilhafter, einfachere und übersichtlichere Darstellungen zu verwenden.
In der formalen Darstellung von Spielen unterscheidet man in erster Linie zwischen *Spielen in Normalform* und *Spielen in extensiver Form* (*extensive Spiele*, *Positionsspiele*).

Die Darstellungen von Spielen in Normalform bzw. in extensiver Form sind mathematisch gesehen einander äquivalent. In Abhängigkeit davon, welche konkreten Fragen im Mittelpunkt der spieltheoretischen Untersuchungen stehen, bietet sich die eine oder andere Darstellungsform an. Prinzipiell lassen sich jedoch alle spieltheoretischen Fragen über beide Darstellungsweisen in Angriff nehmen.
Spiele in extensiver Form werden dem dynamischen, d. h. in der Zeit erfolgenden Ablauf der meisten Spiele gerecht und gestatten insbesondere eine anschauliche Behandlung der informationellen Bedingungen, die für die Spieler bestehen. Ihre Darstellung beruht auf den sog. Spielbäumen. Nach dem Umfang der den Spielern zugänglichen bzw. zur Verfügung stehenden Informationen unterscheidet man zwischen *Spielen mit vollständiger Information* und *Spielen mit unvollständiger Information*. In *Spielen mit vollständiger Information* kennt jeder Spieler zu jedem Zeitpunkt einer Partie den gesamten bisherigen Ablauf dieser Partie, sämtliche eigenen und gegnerischen Entscheidungen, alle persönlichen und zufälligen Züge, d. h., er ist insbesondere darüber informiert, in welcher Partiesituation er sich zum Zeitpunkt einer Entscheidung gerade befindet. Ein Beispiel für ein solches Spiel ist das Schachspiel. In diesem Spiel erfolgen alle Züge offen, beide Spieler kennen den gesamten Verlauf der Partie, und eine zu einem beliebigen Zeitpunkt entstandene Spielsituation ist für beide Spieler stets eindeutig erkennbar.
Im Gegensatz hierzu lassen sich *Spiele mit unvollständiger Information* angeben, in denen die Spieler zu einem beliebigen Zeitpunkt einer Partie nicht vollständig über den bisherigen Ablauf einer Partie informiert sind und ihre Entscheidungen angesichts unvollständiger Information zu treffen haben. Beispiele hierfür sind Kartenspiele, bei denen durch das verdeckte Ausgeben der Karten (Skat, Bridge usw.) eine Lage entsteht, in der die Spieler nicht vollständig über die jeweiligen Situationen Bescheid wissen, in denen sie sich befinden. Bridge ist darüber hinaus auch ein Beispiel für ein Zweipersonenspiel, in dem die beiden Spieler aus Mannschaften bestehen, die sich untereinander nicht vollständig über die entstandenen Situationen und die daraus abgeleiteten Entscheidungen gegenseitig informieren können.
Für die spieltheoretischen Untersuchungen, für die sich daraus ergebenden Lösungen usw. sind diese unterschiedlichen informationellen Bedingungen von großer Bedeutung. Ein wichtiges theoretisches Ergebnis besteht z. B. darin, daß jedes endliche

Zweipersonen-Nullsummenspiel mit vollständiger Information einen Gleichgewichtspunkt in reinen Strategien besitzt.
In jüngster Zeit wurden außerdem Spiele untersucht (N. N. Worobjow, J. C. Harsanyi), in denen sogar vorausgesetzt wird, daß die Spieler nicht genau über die Regeln, d. h. über sämtliche strategische Möglichkeiten (Strategiemengen, Auszahlungsfunktionen) der Spiele unterrichtet sind. Derartige Spiele bilden viele reale Konfliktsituationen nach, die in erster Linie Entscheidungssituationen unter Unsicherheit sind. Dieser Zweig der Spieltheorie ist jedoch noch sehr jung und steht erst am Anfang seiner Entwicklung.
Spiele in Normalform beruhen auf einem abstrakten (spieltheoretischen) Begriff der Strategie. Unter Zugrundelegung des Strategiebegriffs läßt sich ein Spiel im Sinne von v. Neumann wie folgt definieren:
Ein n-Personen-Spiel (in Normalform) ist gegeben durch n nichtleere Mengen S_i ($i = 1, 2, \ldots, n$), die Strategiemengen der Spieler 1, 2, ..., n und n reellwertige, auf der Produktmenge $S_1 \times S_2 \times \cdots \times S_n$ definierte Funktionen A_i, die Auszahlungsfunktionen der Spieler 1, 2, ..., n. Damit ist ein Spiel Γ in Normalform definiert durch die Menge der Spieler $N = \{1, 2, \ldots, n\}$, durch die Strategiemengen S_i und durch die Auszahlungsfunktionen A_i:

$$\Gamma = [N; S_1, S_2, \ldots, S_n; A_1, A_2, \ldots, A_n]$$

Gegenüber den Spielen in extensiver Form gestattet die Definition eines Spiels in Normalform im allgemeinen eine einfachere formale Beschreibung und Untersuchung ganzer Klassen von Spielen. Ausgehend von der vorstehenden Definition lassen sich durch Spezifizierung der einzelnen Elemente bestimmte Teilklassen von Spielen angeben: Im Falle von $n = 2$ liegen Zweipersonenspiele vor. Gilt für die Anzahl der Spieler dagegen die Bedingung $n \geqq 3$, so spricht man von Mehrpersonenspielen. Diese unterscheiden sich prinzipiell von den Zweipersonenspielen durch die Möglichkeit, daß sich jeweils mehrere Spieler verbünden, ihre Verhaltensweisen (die auszuwählenden Strategien) miteinander abstimmen und Koalitionen gegenüber einigen oder allen anderen Gegenspielern eingehen können. Es gibt auch Spiele, bei denen trotz des Vorhandenseins von mehr als zwei Spielern keine Koalitionsbildungen möglich sind, da sie durch die Spielregeln ausgeschlossen werden.

Für Mehrpersonenspiele gibt es zwei Teiltheorien der Spieltheorie: die *kooperative Theorie* (in der alle Möglichkeiten der Koalitionsbildung, der gegenseitigen Absprachen, Kompensationszahlungen usw. zugelassen werden und die theoretische Analyse alle diese Gegebenheiten berücksichtigen muß) und die *nichtkooperative Theorie* (die von der Voraussetzung ausgeht, daß zwischen den Spielern keine Kommunikation und damit auch keinerlei Kooperation möglich ist).

Eine weitere wichtige Unterteilung der Spiele (in Normalform) ergibt sich unter Beachtung der folgenden Bedingung: Falls für jede beliebige Strategieauswahl der einzelnen Spieler stets

$$A_1(s_1, s_2, \ldots, s_n) + A_2(s_1, s_2, \ldots, s_n) + \cdots + A_n(s_1, s_2, \ldots, s_n) = c, \quad c = \text{konstant}$$

für alle $s_1 \in S_1, s_2 \in S_2, \ldots, s_n \in S_n$ gilt, liegen sog. *Konstantsummenspiele* vor. Für $c = 0$ ergibt sich hieraus die Nullsummenbedingung. Spiele, für die dies gilt, heißen *Nullsummenspiele.* Im spieltheoretischen Ansatz von J. v. Neumann existiert für diese Klasse von Spielen eine weitverzweigte, ausgearbeitete Theorie, die auch von grundlegender Bedeutung für andere Teilbereiche dieses Ansatzes ist.

Ist die Konstantsummen- bzw. Nullsummenbedingung nicht erfüllt, spricht man von *Spielen mit variabler Summe* bzw. von *allgemeinen Spielen.* Reale Konfliktsituationen im gesellschaftlichen Bereich lassen sich im allgemeinen nur als Spiele mit variabler Summe auffassen. Der unmittelbaren Anwendbarkeit der bisherigen Ergebnisse der Spieltheorie sind nicht zuletzt deshalb enge Grenzen gesetzt, weil es bisher noch nicht gelungen ist, eine abgeschlossene und befriedigende Theorie für diese allgemeinen Spiele aufzustellen.

Ist die Nullsummenbedingung erfüllt und sind nur zwei Spieler am Konflikt beteiligt, dann liegt das „klassische" Zweipersonen-Nullsummenspiel vor, das einen diametralen Interessengegensatz beschreibt. Die Nullsummenbedingung hat in diesem Falle die Gestalt $A_1 + A_2 = 0$. Demnach ist $A_2 = -A_1$, d. h., das Spiel ist bereits durch Angabe der Strategiemengen S_1 und S_2 für die Spieler 1 und 2 sowie durch die Auszahlungsfunktion eindeutig beschrieben. Bei diesen Spielen sind die Gewinne des einen betragsmäßig gleich den Verlusten des anderen; spieltheoretisch gesehen handelt es sich um die stärkste Form eines Konflikts. Daher ist für diese Klasse von Spielen auch der Ausdruck „antagonistische Spiele“ gebräuchlich. Der Begriff des Antagonismus bringt hier nur die Tatsache zum Ausdruck, daß jeder Spieler sich am besten nützt, wenn er dem anderen einen maximalen Schaden zufügt (was der Nullsummenbedingung entspricht). Insofern besteht in diesem Falle keine Basis für eine Zusammenarbeit bzw. für irgendeine Form der Kommunikation zwischen den beiden Spielern.

Ein weiteres Klassifikationsmerkmal ergibt sich durch eine Aussage über die Strategiemengen. Sind alle Strategiemengen $S_1, S_2, \ldots, S_n$ endlich, so liegt ein *endliches Spiel* vor; sind alle Mengen $S_1, S_2, \ldots, S_n$ beschränkte, abgeschlossene Intervalle der Zahlengeraden, so handelt es sich um ein *kontinuierliches Spiel.*

Zweipersonen-Nullsummenspiele, bei denen beide Spieler nur über endliche Strategiemengen S_1 und S_2 verfügen, heißen *Matrixspiele*, da die die Gewinnverhältnisse eindeutig definierende einzige Auszahlungsfunktion sich in Form einer Matrix, der *Auszahlungsmatrix*, darstellen läßt.

Unter den kontinuierlichen Spielen kommt den sog. *Zeitspielen* besondere Bedeutung zu. In diesen Spielen hängen die Ergebnisse für die Spieler von der Auswahl bestimmter Zeitpunkte ab. Die am meisten untersuchten Spiele dieser Art sind die kontinuierlichen Zweipersonen-Nullsummenspiele, bei denen beide Spieler je einen Zeitpunkt t im Intervall $0 \leqq t \leqq 1$ auswählen müssen: die sog. *Spiele über dem Einheitsquadrat.* Zur Illustration dieser Art von Spielen wird vielfach eine Duellsituation herangezogen. Der gesamte Vorgang erstrecke sich über ein Zeitintervall, das der Einfachheit halber als $0 \leqq t \leqq 1$ angenommen werden kann. Innerhalb dieses Zeitraumes haben beide Gegner die Möglichkeit, genau einen Schuß abzugeben. Die Gewinnfunktionen, in diesem Fall die Trefferwahrscheinlichkeit, kann als eine auf $0 \leqq t \leqq 1$ monoton wachsende, stetige Funktion definiert sein. Je später der Schuß abgegeben wird, um so höher ist die Trefferwahrscheinlichkeit. Dies läßt sich damit erklären, daß während des zeitlichen Ablaufs eine Annäherung an den Gegner erfolgt. Für jeden Spieler ist es demnach vorteilhaft, so spät wie möglich zu handeln, vorausgesetzt nur, daß es ihm gelingt, seinem Gegner zuvorzukommen.

Entsprechend der allgemeinen Fassung des Spielbegriffs ist es möglich, eine Vielzahl wirklicher Situationen, die ihrem Wesen nach gar nichts mehr mit einem Gesellschaftsspiel zu tun haben, als Spiele aufzufassen und mit spieltheoretischen Mitteln zu analysieren. So können insbesondere Wechselwirkungen zwischen wirtschaftlichen Einheiten als Spiele betrachtet werden, wobei allerdings zwischen Beziehungen des kapitalistischen Konkurrenzkampfes und ökonomischen Beziehungen von sozialistischen Wirtschaftseinheiten ein grundsätzlicher qualitativer Unterschied besteht. Beide Arten von Beziehungen müssen daher unterschiedlichen Klassen von Spielen zugeordnet werden. Eine umfassende marxistisch-leninistische Analyse mit dem Ziel, die ökonomischen Beziehungen im Sozialismus und insbesondere die verschiedenen Formen des sozialistischen Wettbewerbs unterschiedlichen Spielmodellen zuzuordnen, steht noch aus.

Die produktive Auseinandersetzung zwischen der menschlichen Gesellschaft und der Natur, ein für die gesamte Entwicklung der menschlichen Gesellschaft charakteristischer Widerspruch, kann ebenfalls als spezifischer Typ eines Spiels angesehen werden. Auch militärische Konfliktsituationen sind bereits mit spieltheoretischen Mitteln untersucht worden. In diesem Fall ist man sogar zumeist berechtigt, Modelle von der Form der Zweipersonen-Nullsummenspiele zu benutzen. In gewisser Hinsicht läßt sich auch der Kampf sozialer Klassen als strategisches Spiel interpretieren und theoretisch behandeln.

In kybernetischer, insbesondere lerntheoretischer Sicht erscheint das strategische Spiel wie Spielverhalten überhaupt als Form der Anpassung einer Gattung höherer Organismen an die Umgebung sowie als besondere Art des Lernens. Spiel am und mit dem materiellen und geistigen Modell der Realität dient beim Menschen der Erlangung und Übung bestimmter Fähigkeiten bzw. der Vorwegnahme künftiger Umweltsituationen, der Voraussicht oder Vorausberechnung als Operation am internen Modell der Außenwelt.

Struktur: im Sinne der kybernetischen Systemtheorie Gesamtheit der zwischen den aktiven Elementen eines dynamischen Systems bestehenden materiellen *Kopplungen*. Allgemein heißen zwei Elemente miteinander gekoppelt, wenn der Ausgang eines der Elemente zugleich Eingang des anderen Elements ist. Entsprechend der Vielfalt möglicher Kopplungen gibt es eine Vielzahl von Strukturtypen. Dabei kann sich eine bestimmte Struktur aus verschiedenen Typen von Kopplungen zusammensetzen.

Systemstrukturen sind von Kopplungsnetzen zu unterscheiden. Während Kopplungsnetze (im Sinne der z. B. in der Mathematik üblichen verallgemeinernden Betrachtungsweise) auch Elemente enthalten können, die mit keinem anderen Element des Netzes ver-

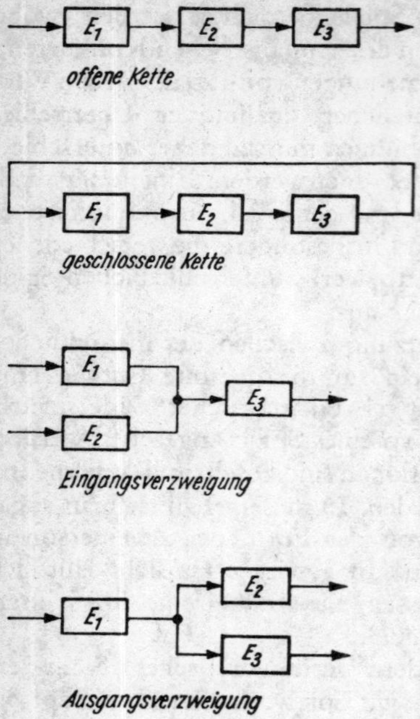

Grundtypen von Kopplungen

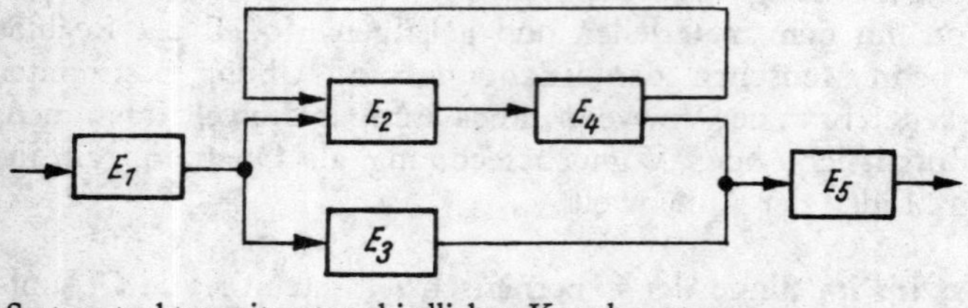

Systemstruktur mit unterschiedlichen Kopplungstypen

knüpft sind, muß jedes zu einer Struktur gehörende Element mit mindestens einem anderen Element dieser Struktur gekoppelt sein. Daraus ergibt sich, daß ein System aus n Elementen mindestens $K_{\min} = n - 1$ Kopplungen aufweisen muß; $K_{\min}$ heißt das *Minimum der Kopplungskapazität*. Allgemein versteht man unter der *Kopplungskapazität* (Verknüpfungskapazität) die Zahl der möglichen Kopplungen zwischen den Elementen eines Systems, die jeweils zwischen einer mindestens erforderlichen Zahl von Kopplungen liegt ($K_{\min}$) und einer höchstens möglichen Zahl von Kopplungen (K_{max}). $K_{max} = n(n - 1)$ heißt das *Maximum der Kopplungskapazität. Beispiel:* Für ein System aus $n = 6$ Elementen ist $K_{min} = 5$, $K_{max} = 30$.

Die Frage nach der Kopplungskapazität muß von der Frage nach der Zahl der möglichen verschiedenen Arten der Kopplung zwischen den betreffenden Elementen, d. h. nach der *Zahl der möglichen Strukturen*, unterschieden werden. Wie sich zeigen läßt, wächst die Zahl der möglichen Strukturen in Abhängigkeit von der Zahl der Elemente außerordentlich stark an, so daß schon bei relativ wenigen Elementen die Verhältnisse unübersichtlich werden. Zur Charakterisierung kybernetischer Systeme wird daher oft der Begriff der *Komplexität* benutzt, eine Größe, die mit der Zahl der Elemente, der Zahl der Zustände dieser Elemente und der Zahl der Kopplungen zwischen den Elementen des Systems wächst.

Die kybernetische Systemtheorie hat eine Reihe gesetzmäßiger Zusammenhänge bezüglich Systemstrukturen aufgedeckt oder präzisiert. So wurde mathematisch exakt gezeigt, daß das Verhalten eines Systems vom Verhalten seiner Elemente *und* von seiner Struktur abhängig ist. Diese Aussage bestätigt das dialektische Prinzip, nach dem das Ganze mehr ist als die Summe der Teile.

Ein wichtiges, aber noch nicht befriedigend gelöstes Problem der Systemtheorie betrifft die Optimierung von Strukturen (*Strukturoptimierung*). Man versteht darunter die Bestimmung der für einen bestimmten Zweck (etwa für die Realisierung einer bestimmten Verhaltensweise) günstigsten Systemstruktur. Wie bei jeder Optimierung muß dabei ein Bewertungskriterium (Optimalitätskriterium) vorhanden sein bzw. vorausgesetzt oder angenommen werden. Eine der hauptsächlichen Schwierigkeiten, die der theoretischen Lösung dieses Optimierungsproblems entgegenstehen, liegt darin, daß die Zahl der möglichen Strukturen selbst bei relativ wenigen Elementen bereits sehr groß ist; ein Vergleich aller Strukturen bzw. deren Konfrontation mit dem Optimalitätskriterium wird dadurch außerordentlich erschwert und bei praktisch bedeutungsvollen Problemen (z. B. bei der Optimierung von Leitungsstrukturen in ökonomischen Systemen) unmöglich gemacht. Sofern aber bei einem Optimierungsproblem dieser Art vorausgesetzt werden kann, daß gar nicht alle Strukturvarianten berücksichtigt werden müssen, kann sich das Problem manchmal stark vereinfachen und dadurch leichter bzw. überhaupt erst lösbar werden. So genügt es für viele praktisch bedeutungsvolle

Strukturoptimierungen, allein die sog. *hierarchischen Strukturen* in Rechnung zu stellen (das gilt z. B. meist bei der Optimierung ökonomischer Leitungsstrukturen), bei denen Teilmengen der Gesamtmenge der Elemente des Systems existieren, die sich in *einer* Hierarchieebene befinden.

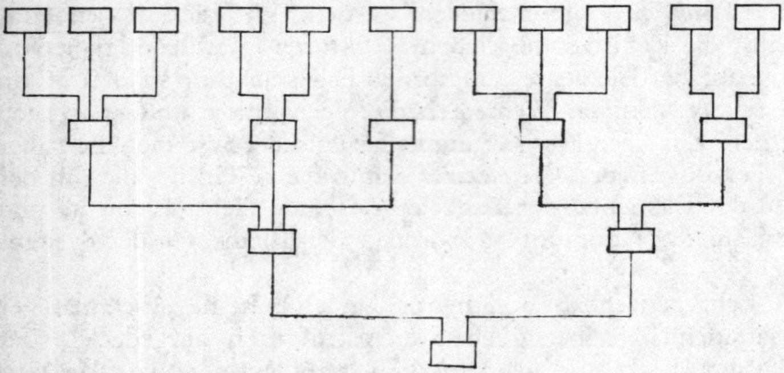

Prinzip der hierarchischen Struktur

Wegen der großen praktischen Bedeutung, die solche Strukturen haben, sind hinsichtlich der theoretischen Durchdringung hierarchischer Systeme und insbesondere bei der Optimierung hierarchischer Strukturen künftig weitere Fortschritte zu erwarten. Einer der Zweige der modernen Systemtheorie, zu deren Problemkreis auch die Optimierung hierarchischer Strukturen gehört, ist die Theorie sog. *großer Systeme.*

Eine wichtige Teildisziplin der kybernetischen Systemtheorie befaßt sich mit Systemen, die ihre Verhaltensweise und auch ihre Struktur (die eine bestimmte Verhaltensweise realisieren kann) durch systemeigene Mechanismen zu optimieren vermögen. Man spricht in diesem Zusammenhang von *selbstoptimierenden Systemen*, einem speziellen Typ von *selbstorganisierenden* (*selbststrukturierenden*) *Systemen.* Die Herausbildung der Theorie selbstoptimierender und selbstorganisierender Systeme zeigt auch, daß der kybernetische Strukturbegriff reicher als der vieler anderer Disziplinen ist. Verbindet sich mit diesem Begriff dort meist die Vorstellung der Unveränderlichkeit und Starrheit einer gegebenen Struktur, auf deren Basis gleichsam Veränderungen vor sich gehen, so setzt die Theorie der selbstorganisierenden Systeme die Möglichkeit von Veränderungen der Systemstruktur selbst voraus. Hierin drückt sich eine Seite des dialektischen Charakters des kybernetischen Strukturbegriffs aus. Der Strukturbegriff der Kybernetik ist daher auch geeignet, Systemprozesse zu erklären und verstehen zu lernen, die untrennbar an Strukturveränderungen gebunden sind, wie einige Typen selbststabilisierenden und selbstoptimierenden Verhaltens, gewisse Besonderheiten von Entwicklungsprozessen usw.

Die *Beschreibung von Systemstrukturen* erfolgt in den verschiedenen systemtheoretischen Ansätzen (z. B. in der Automatentheorie, der Regelungstheorie usw.) z. T. mit unterschiedlichen Mitteln. Besonders anschaulich, aber für sehr komplexe Strukturen ungeeignet, ist die Beschreibung durch *Blockschaltbilder*. Eine andere bekannte Beschreibungsart ist die durch sog. *Kopplungs-* und *Strukturmatrizen*; das sind 0–1-Matrizen, in denen eine 1 vorhandene, eine 0 dagegen nicht vorhandene Kopplung ausdrückt. Die Strukturmatrix eines Systems stellt die Gesamtheit der Kopplungen dieses Systems dar.

Der Ausdruck „Struktur" hat für die Kybernetik auch noch in einem allgemeineren (mengentheoretischen) Sinne Bedeutung, nämlich im Sinne einer *Struktur als Menge* (*bzw. Folge*) *von Relationen.* Ein Strukturbegriff dieser Art liegt z. B. vor, wenn von der „Struktur einer Information", einer „Signalstruktur" o. ä. die Rede ist.

Für die richtige weltanschauliche Einschätzung der Betrachtung von Strukturen im Rahmen der Kybernetik ist es wichtig hervorzuheben, daß die hier erwähnten methodischen und theoretischen Mittel der Kybernetik überhaupt nichts mit der bürgerlichen philosophischen Konzeption des Strukturalismus zu tun haben.

→ Blockschaltmethode → Komplexität → Relation → System → Verhalten

Suboptimierung: Optimierung eines Teilsystems oder Teilprozesses. Die Suboptimierung aller Teilsysteme ist im allgemeinen nicht identisch mit der Optimierung des Gesamtsystems. Die Optimierung des Gesamtsystems kann für das einzelne Teilsystem mit einer Abweichung von dessen Optimum, dem Suboptimum, verbunden sein.

„Suboptimierung" bezeichnet auch eine Optimierung unter einem einseitigen Gesichtspunkt. Das durch Suboptimierung erzielte Resultat stellt dann eine Näherungslösung für das unter dem allgemeineren Gesichtspunkt aufgestellte Problem dar.

Synchromatic-Technik: in der Datenerfassung eine Gruppe von Verfahren zur synchronen Erzeugung von Klarschriftbeleg und maschinell lesbarem Datenträger zur Eingabe in elektronische Datenverarbeitungsanlagen. Der Einsatz erfolgt vor allem auf dem Gebiet der mittleren Datentechnik. Zweckmäßige Gerätekopplungen stellen z. B. elektromechanische Schreibmaschinen mit Loch- oder Magnetband-Ausgabe, Buchungs- bzw. Abrechnungsautomaten mit angeschlossenen Kartenlochern, Magnetband- oder Kleinplattenspeichern u. ä. dar.

System: geordnete Gesamtheit von materiellen oder geistigen Objekten.
Dieser sehr allgemeine Systembegriff erfährt in der heutigen Wissenschaft eine Vielzahl von Interpretationen, mit denen namentlich in der Kybernetik und in anderen mathematisierten Disziplinen meist eine Präzisierung für spezielle Zwecke verbunden ist. Daher existiert gegenwärtig eine ganze Reihe verschiedener Systembegriffe. Ein allgemeines Verfahren zu ihrer Konstituierung besteht darin, die Objekte als Elemente oder Teilsysteme mit genau definierten Eigenschaften aufzufassen; die unter der jeweiligen Gesamtheit von Objekten bestehende Ordnung bildet eine ebenfalls genau definierte *Struktur* des betreffenden Systemtyps. Im Rahmen der Kybernetik gibt es Systembegriffe dieser Art vor allem in der Automatentheorie (verschiedene Begriffe des *Automaten* bzw. *abstrakten Automaten*, des *Nervennetzes* u.ä.), der Regelungstheorie (der Begriff des *Regelungssystems*) und der Informationstheorie (insbesondere Begriffe des *Nachrichtenübertragungs-* bzw. *Kommunikationssystems*). Darüber hinaus gibt es verschiedene Ansätze für eine allgemeine kybernetische Systemtheorie, in deren Rahmen u. a. auch verschiedene Begriffe (kybernetischer) selbstorganisierender, insbesondere selbstoptimierender, lernender und selbstreproduzierender Systeme entwickelt wurden.
Entsprechend den verschiedenen Möglichkeiten, Systembegriffe zu konstruieren, gibt es auch unterschiedliche Möglichkeiten für die *Klassifikation von Systemen*. Eine naheliegende und oft angewandte Methode der Klassifikation besteht darin, von den m Merkmalen auszugehen, die unter einen Systembegriff fallen, der verschiedene Klassen von speziellen Systemen zusammenfaßt. Die Variationen der einzelnen Merkmale *können* dabei sämtlich eine Klasse bilden, so daß es bei m Merkmalen M_1, M_2, …, M_m mit v_1 Variationsmöglichkeiten für M_1, v_2 Variationsmöglichkeiten für M_2, …, v_m Variationsmöglichkeiten für M_m insgesamt

$v_1 \cdot v_2 \cdot \cdots \cdot v_m$ mögliche Klassen gibt. Wird dieses Verfahren angewandt, so muß beachtet werden, daß die von *verschiedenen* Systembegriffen ausgehenden Klassifizierungen nicht ohne weiteres miteinander verglichen werden können, weil verschiedene Systembegriffe im allgemeinen unterschiedliche Merkmale besitzen; ein Vergleich kann schon dann erschwert werden, wenn sie sich nur in einem einzigen Merkmal unterscheiden.

Die wichtigste Unterscheidung für eine materialistische Begründung der Kybernetik (und aller auf einem Systembegriff beruhenden Theorien überhaupt) ist die zwischen Systemen der objektiven Realität und solchen der Bewußtseinssphäre, d. h. zwischen *materiellen Systemen* und *ideellen Systemen*. Zu den materiellen Systemen gehört die unendliche Mannigfaltigkeit der in den verschiedensten Bewegungsformen existierenden dynamischen Systeme, von den Atomen bis zu den lebenden Organismen und dem Menschen sowie der menschlichen Gesellschaft. Außer den natürlichen Systemen fallen in diesen Bereich auch die technischen (künstlichen) Systeme, also die von Menschen unmittelbar oder mittelbar verfertigten Maschinen, Mechanismen und Automaten. Zu den *ideellen* Systemen gehört ebenfalls eine Vielzahl verschiedener Typen. Zunächst begegnen wir hier allen Systemen der objektiven Realität in gleichsam verwandelter Gestalt. So sind z. B. Systeme von Massenpunkten u. ä. Gebilde Modelle gewisser realer Systeme. Daneben bilden aber in diesem Bereich auch die Begriffe, Aussagen und Aufforderungen (z. B. Befehle) ideelle Systeme. Man spricht demgemäß von *Begriffssystemen*, *Aussagensystemen*, *Befehlssystemen* usw. So kann z. B. die Mechanik des Massenpunktes (ein spezielles theoretisches Gebilde bzw. eine Theorie) als ein System betrachtet werden, das aus spezifischen Begriffen und Aussagen besteht.

Ein anderer Typ ideeller Systeme unterscheidet sich sowohl von den Systemen, die als Modell realer Systeme aufgefaßt werden können, als auch von jenen, die im gekennzeichneten Sinne ein System von Begriffen, Aussagen usw. bilden. Die wesentliche Besonderheit dieser Systembegriffe besteht darin, daß sie mehr als *eine* Interpretation besitzen, wobei die Interpretationen sowohl in Entsprechungen zu realen als auch zu ideellen Systemen bestehen können. Ein *Beispiel* für ein solches System ist die Boolesche Algebra; sie hat z. B. Interpretationen in Gestalt der Aussagenlogik, der Schaltalgebra, der Mengenlehre, der Wahrscheinlichkeitsrechnung und in der Theorie der Nervennetze.

Von besonderer Bedeutung für die exakte mathematische Begründung einer Theorie sind eine weitere Form ideeller Systeme, die sog. *deduktiven Systeme*, und die *Axiomensysteme*, auf denen jene beruhen. Axiomensysteme können die Systematisierung eines vorliegenden Sachgebietes darstellen, sie können aber auch ein Ergebnis der freien Konstruktion des menschlichen Denkens sein (z. B. in Gestalt abstrakter Zeichensysteme). Jede Wissenschaft strebt danach, sobald sie einen gewissen Reifegrad erlangt hat, ein *geschlossenes* (nicht abgeschlossenes) und im vollendetsten Falle auf ein Axiomensystem gegründetes *System von Begriffen und Aussagen* zu bilden. Insofern haben Theorien ideeller Systeme als Theorien von Zeichensystemen (von semiotischen Systemen), axiomatisch-deduktiven Systemen usw. für die moderne wissenschaftliche Theorienbildung große Bedeutung. Die vollkommensten Systeme sind in der Mathematik und in der mathematischen Logik anzutreffen. An sie können Forderungen gestellt werden, die in anderen wissenschaftlichen Bereichen nicht voll erfüllt werden können. Dies mindert jedoch den Wert systemtheoretischer Betrachtungen für solche wissenschaftliche Bereiche nicht, da die abstrakten Systeme der Mathematik und Logik als Paradigma für Systemkonstruktionen dienen können, die aus empirischen Wissenschaften durch Abstraktionsprozesse hervorgehen.

Die Gesamtheit der im Rahmen der Kybernetik entstandenen Systembegriffe kann man einem allgemeinen Begriff des *kybernetischen Systems* zuordnen, mit dessen Hilfe auch der Gegenstand der Kybernetik als selbständiger wissenschaftlicher Disziplin bestimmt werden kann. Allgemein formuliert hat es die Kybernetik mit einer speziellen Klasse materieller dynamischer Systeme zu tun, deren wichtigstes Merkmal in ihrer relativen Beständigkeit gegenüber Einwirkungen aus der Umgebung besteht. Die in diesem Sinne am vollkommensten beschaffenen kybernetischen Systeme kennen wir bisher aus der Welt der lebenden Organismen. Hier kann auch studiert werden, wie sich die Unabhängigkeit von der Umgebung in einem lange währenden Prozeß stufenweise entwickelt hat. Auf den höchsten der uns bekannten Entwicklungsstufen des Lebens (auf der Entwicklungsstufe der Säugetiere und des Menschen) wird z. B. eine Vielzahl von Parametern unabhängig von entsprechenden Veränderungen der Umgebung in gewissen Grenzen verhältnismäßig konstant gehalten. Auf diese Weise entsteht ein relativ beständiges inneres Milieu, wobei sich spezifische homöostatische Prozesse vollziehen. Das in diesem Sinne einfachste kybernetische System ist der (einfache) Regelkreis; der homöostatische Prozeß wird hier durch eine kompensierende Rückkopplung in Gang gehalten. Es läßt sich zeigen, daß jedes derartige Regelungssystem von einem (inneren) dialektischen Widerspruch beherrscht wird, der das Wesen des betreffenden homöostatischen Prozesses ausmacht. Hieraus resultiert, daß neben der relativen Beständigkeit gegenüber äußeren Einwirkungen die relativ selbständige Aktivität ein wesentliches Merkmal kybernetischer Systeme ist. Insofern besitzt der Begriff des kybernetischen Systems eine verhältnismäßig umfassende Bedeutung; der von der Kybernetik untersuchte Typ von Systemen ist offenbar ein in allen Bereichen der Wirklichkeit wesentlicher Typ. Die wirkliche Welt ist nicht schlechthin ein System von Systemen, sondern ein System von relativ voneinander unabhängigen, sich selbst regulierenden und aufgrund der inneren Widersprüche „sich selbst bewegenden" (im Sinne der These des dialektischen Materialismus von der Selbstbewegung der Materie) materiellen Systemen.

Beim Aufbau *kybernetischer Systemtheorien* wird in der Regel ein allgemeinerer Begriff des dynamischen Systems zum Ausgangspunkt der Betrachtung gewählt, als nachher eigentlich behandelt werden soll. Dies dürfte methodisch unerläßlich sein, da die von der Kybernetik untersuchten Systemcharakteristika (z. B.Selbstregulation, Homöostasie, Selbstorganisation, Selbstreproduktion u. ä.) nur als Merkmale dynamischer Systeme erfaßt werden können und daher irgendein allgemeiner Begriff des dynamischen Systems notwendiger Ausgangspunkt der Betrachtungen sein muß.

Die Art und Weise, in der Systemtheorien moderner Prägung entwickelt werden, unterscheidet sich nicht nur nach dem Gebiet (Technik, Biologie, Soziologie usw.), sondern auch nach den speziellen Problemen, die gelöst werden sollen. Die einsetzbaren theoretischen (insbesondere mathematischen) Mittel sind z. B. verschieden, je nachdem, ob es sich um eine einfache Beschreibung oder Klassifizierung von Systemen handelt oder ob Systeme identifiziert werden sollen, d. h. ein reales System in seinem Verhalten oder in seiner Struktur oder in beidem erkannt werden soll.

Entsprechend den speziellen Aufgabenstellungen hat sich in den *technischen Systemtheorien* (namentlich in der Theorie der Nachrichtentechnik) die Analyse von Signalen sowie die Analyse und Synthese signalverarbeitender Systeme sehr weit entwickelt. Sofern die Struktur der Systeme bekannt ist, herrscht hier die *Beschreibung durch Differentialgleichungen* vor. Ist die Struktur nicht bekannt oder verhindert die zu große Komplexität eine Beschreibung der Struktur und damit auch eine Beschreibung des Verhaltens durch Differentialgleichungen, so werden Methoden angewandt, um Beziehungen zwischen Eingang und Ausgang für eine Beschreibung des Systems und seines Verhaltens auszunutzen. Im Sinne der Kybernetik handelt es sich dabei also um spezielle Black-box-Methoden. Besonders erwähnt seien die *Beschreibung durch Übertragungsfunktionen*, die *Phasenraumbeschreibung* und die *Zustandsraumbeschreibung*. Die Beschreibung durch Übertragungsfunktionen ist im wesentlichen auf lineare und zeitinvariante Systeme beschränkt. Die Phasenraumbeschreibung und die Zustandsraumbeschreibung wurden besonders für nichtlineare Systeme entwickelt.

Charakteristisch für die Herausbildung der meisten systemtheoretischen Konzeptionen der Kybernetik ist, daß sie von Methoden ausgehen, die sich in einem bestimmten Bereich bereits bestens bewährt haben. Bei diesem Bereich handelt es sich zumeist um den der Technik, und insofern haben die in diesem Umkreis zu nennenden technischen wissenschaftlichen Disziplinen eine große Bedeutung für die Entwicklung der sehr verschiedenartigen kybernetischen Systemtheorien. In erster Linie ist dabei die klassische Regelungstechnik zu nennen, die dem Wesen der Sache nach eine spezielle Systemtheorie darstellt. Allerdings sind die von der Regelungstechnik aufgedeckten Gesetzmäßigkeiten nicht auf technische Systeme beschränkt. Es hat sich in umfassender Weise zeigen lassen, daß entsprechende Gesetzmäßigkeiten auch im biologischen und ebenso im gesellschaftlichen Bereich auftreten. Dies war auch einer der wesentlichen Beweggründe zur Konstituierung der neuen wissenschaftlichen Disziplin der Kybernetik durch N. Wiener und die mit ihm zusammenarbeitenden Wissenschaftler. Trotzdem stellte es sich bald heraus, daß es in nichttechnischen Bereichen auch Zusammenhänge gibt, die mit den Mitteln der klassischen technischen Disziplinen nicht zu bewältigen sind. Das gilt für biologische Systeme ebenso wie für gesellschaftliche Systeme und hängt mit der qualitativen Verschiedenheit technischer Systeme einerseits und biologischer oder gesellschaftlicher Systeme andererseits zusammen. Kybernetisch gesehen drückt sich dies u. a. in der übergroßen Komplexität und Kompliziertheit biologischer wie gesellschaftlicher Systeme aus, im wesentlich nichtlinearen Verhalten solcher hochkomplexer Systeme und anderen Besonderheiten, durch die eine mathematische Beschreibung im klassischen Sinne erschwert oder unmöglich gemacht

wird. Daher haben sich für spezielle Zwecke auch systemtheoretische Gebilde mit entsprechenden Systembegriffen herausgebildet, die den jeweiligen Zwecken besser angepaßt sind. Das gilt sowohl für den biologischen Bereich als auch für den Bereich der Gesellschaft. Mit dem Ziel der tieferen theoretischen Durchdringung gesellschaftlicher Systeme im Hinblick auf deren vollkommenere praktische Beherrschung wurde z. B. der Begriff des *großen Systems* geprägt und in Verbindung mit gegenüber der Kybernetik relativ eigenständigen theoretischen Untersuchungen entwickelt. Insbesondere muß man die sozialistische Wirtschaft eines Landes in ihrer Gesamtheit und in ihren Teilen zur Klasse der *bewußt gesteuerten kybernetischen Systeme* (N. P. FEDORENKO) zählen. Es versteht sich, daß derartige Systeme z. B. mit den Mitteln der (klassischen technischen) Regelungstheorie nicht ohne weiteres theoretisch bewältigt werden können.
Die erwähnten Einschränkungen vorausgesetzt, haben die allgemeineren Ergebnisse der systemtheoretischen Betrachtungen, die im Rahmen der Kybernetik angestellt worden sind, auch eine erhebliche weltanschauliche Bedeutung. Ein *Beispiel* hierfür ist die dialektische Auffassung des Verhältnisses von Teil und Ganzem, die durch die Kybernetik wesentlich bereichert wurde. Aus kybernetischer Sicht besteht der Zusammenhang von Teil und Ganzem darin, daß sich die Funktion eines Systems aus der Funktion seiner Elemente *und* aus der Struktur des Systems ergibt. Durch diese Erkenntnis hat sowohl die Auffassung des Finalismus als auch die des Mechanizismus eine vernichtende Kritik erfahren.
Der Finalismus schreibt der Ganzheit einen geheimnisvollen, selbständigen Faktor zu, der die besonderen Eigenschaften dieser Ganzheit hervorbringt. Je nach der besonderen Erscheinungsform dieser Lehre wird er z. B. „Lebenskraft", „Geist der Epoche" oder „Entelechie" genannt. Auf diese Weise wird die Funktion des Gesamtsystems bzw. jener Teil dieser Funktion, der zur Funktion der Elemente auf (scheinbar) unerklärliche Weise hinzukommt, phantastisch erfaßt. Zum Unterschied davon behauptet der Mechanizismus, daß die Eigenschaft einer Ganzheit allein und vollständig aus den Eigenschaften der Elemente abgeleitet werden könne. Soweit dies noch nicht tatsächlich zu zeigen möglich sei, läge es allein an Schranken unserer Erkenntnis. Es muß heute als erwiesen angesehen werden, daß weder der (idealistische) Finalismus noch der (metaphysische, antidialektische) Mechanizismus die Wirklichkeit richtig beschreibt, sondern die dialek-

tisch-materialistische Auffassung zum Problem der Ganzheit bestätigt wurde. Die Ergebnisse der Kybernetik haben zu dieser Bestätigung nicht unwesentlich beigetragen.

Zu den Besonderheiten moderner systemtheoretischer Konzeptionen gehört ihr verhältnismäßig abstrakter Charakter. Viele Präzisierungen von Systembegriffen, die heute vorgenommen werden, lassen sich auf einen Systembegriff von der Art zurückführen, wie er z. B. von S. C. KLEENE entwickelt worden ist. Danach ist unter einem System von Objekten eine nichtleere Menge, eine Klasse oder ein Bereich (oder möglicherweise auch mehrere solcher Mengen) von Objekten zu verstehen, zwischen denen gewisse Relationen bestehen. Dieser Systembegriff erlaubt eine präzise mathematische (mengentheoretische) Formulierung und ist zugleich von größter Allgemeinheit, denn über die Objekte und über die Relationen werden (im Sinne der Mengenlehre) keinerlei spezielle Voraussetzungen gemacht. Es ist auch möglich, dabei Relationen beliebiger Stellenzahl und Stufe anzunehmen. Die verschiedenen speziellen Typen von Systemtheorien der Kybernetik (wie z. B. die systemtheoretische Konzeption der Regelungstheorie, der Nachrichtentheorie und der Automatentheorie) können als Interpretationen einer derartigen allgemeinen Systemtheorie angesehen werden. Ein solcher abstrakter Standpunkt bringt es freilich mit sich, daß alle Ganzheiten dieser Art, die einander *isomorph* sind, als ein und dasselbe System betrachtet werden. Die Gesamtheit der Relationen eines solchen Systems bezeichnet man gewöhnlich als dessen *Struktur*.

Bei der Anwendung derartiger systemtheoretischer Gebilde bzw. bei deren Gebrauch zur Modellierung realer Prozesse (in technischen, biologischen oder gesellschaftlichen Systemen) hängt der Erkenntniswert vor allem davon ab, inwieweit die systemtheoretischen Begriffsbildungen und Aussagen den realen Eigenschaften, Beziehungen und Sachverhalten entsprechen. Der Bestand an systemtheoretischen Mitteln ist heute bereits so weit entwickelt, daß es mit ihrer Hilfe gelingt, die verschiedenartigsten statischen, dynamischen, kausalen sowie Wechselwirkungszusammenhänge zu erfassen. Insbesondere gestatten es die Theorien über dynamische Systeme, auch grundlegende dialektische Systemzusammenhänge und -prozesse in den verschiedenen Bereichen der Realität zu beschreiben.

Die Gesamtheit der systemtheoretischen Ansätze der Kybernetik hat heute noch keine vollständige Synthese zu einer einheitlichen Theorie gefunden. Ihnen allen gemeinsam ist jedoch eine mathematisch exakte Begriffsbildung und ein damit verbundener theoretischer Ansatz. Dies gilt bereits für die klassische Regelungstheorie, in noch höherem Maße aber für die Theorie der Automaten. Nur in relativ loser Verbindung stehen die im Rahmen der Kybernetik erfolgenden Entwicklungen zu Konzeptionen „allgemeiner Systemtheorien" z. B. von L. v. BERTALANFFY oder M. D. MESAROVIC; kein Zusammenhang besteht mit den strukturalistischen Konzeptionen in der modernen bürgerlichen Philosophie (z. B. im Sinne von H. ROMBACH).

Im Hinblick auf die Konstituierung eines etwaigen umfassenden kybernetischen Systembegriffes erweist es sich für weitere Fortschritte als zunehmend unerläßlich, die zugehörige Begriffs- und Theorienbildung sowohl philosophisch-weltanschaulich als auch wissenschaftstheoretisch- methodologisch tiefer zu durchdringen. Dabei spielen alle wesentlichen Besonderheiten wissenschaftlicher Begriffs- und Theorienbildung – wie etwa der Modellcharakter dieser gedanklichen Gebilde, die benutzte sprachliche Formulierung und das angestrebte Forschungsziel – eine Rolle.

Der Nutzen der verschiedenen Systembegriffe besteht vor allem darin, daß diese Begriffe gewisse wirkliche oder gedankliche Systeme auf die eine oder andere Weise abbilden, daß sie im Sinne der Erkenntnistheorie Widerspiegelungen von Systemen sind, die in der objektiven Realität oder im Denken existieren. Dabei weisen alle nützlichen Systembegriffe eine bemerkenswerte Besonderheit auf: Sie bilden die jeweiligen realen Systeme nicht nur in der einen oder anderen Hinsicht und mehr oder weniger adäquat ab, sondern nachdem die betreffenden Systembegriffe formuliert sind, vertreten sie gleichsam die wirklichen Systeme, so daß die weiteren Denkoperationen auf die konstituierten Systembegriffe mit ihren Merkmalen gerichtet sind. Bei der vorliegenden speziellen Art von Abbildungen handelt es sich also um *Modellabbildungen.* Hierbei versteht es sich, daß die Begriffe des Systems, des Teilsystems und des Elements eines Systems relativ sind. Was z. B. innerhalb *eines* Systems als Element auftritt, d. h. als letzte nicht weiter aufteilbare Einheit, kann innerhalb eines *anderen* Systems den Charakter eines komplexen Teilsystems haben. So sind etwa in der Chemie die Atome Elemente im Sinne des Systembegriffs; in der Atomphysik hingegen sind sie selbst wieder komplizierte Systeme. Es liegt hier ein spezieller Fall der Dialektik von Teil und Ganzem vor. Systembegriffe sind auch insofern relativ, als nur bestimmte Aspekte der realen Systemelemente und der Relationen, die diese Elemente miteinander verbinden, in

Betracht gezogen werden. So kann beispielsweise unser Sonnensystem als ein mechanisches Gravitationssystem aufgefaßt werden. In diesem Falle wird von allen übrigen Aspekten (z. B. den elektromagnetischen) abstrahiert. Jeder Systembegriff ist auch relativ in bezug auf die benutzten Beschreibungsmittel, in bezug auf die Sprache, in deren Rahmen er formuliert ist. Keine dieser Relativitäten bedeutet jedoch, daß Systembegriffe deshalb überhaupt subjektiv sind, also Begriffe sind, denen keine objektive Grundlage eigen ist. Die Elemente und Relationen, um die es jeweils geht, existieren objektiv und real. In Abhängigkeit von den jeweiligen Zielen einer Untersuchung können aber die einen oder die anderen Besonderheiten aus der unendlichen Mannigfaltigkeit von Gegebenheiten objektiv realer Systeme im Abstraktionsprozeß herausgehoben werden.

Wissenschaftstheoretisch gesehen sind im Prinzip zwei Wege möglich, um zu einem kybernetischen Systembegriff zu gelangen. Der eine führt von niederer zu höherer, der andere von höherer zu niederer Stufe der Allgemeinheit. Beim ersten Weg steigt die Allgemeinheit von einer Stufe aufwärts, auf der sich etwa die einzelnen wissenschaftlichen Disziplinen befinden, die sich mit materiellen Systemen beschäftigen. Der Ausgangspunkt besteht hier also z. B. in Systembegriffen der Biologie, der Physik oder verschiedener Gesellschaftswissenschaften. Beim zweiten Weg erfolgt umgekehrt ein Abstieg von der Ebene der Verallgemeinerung der Mathematik. Besteht der erste Weg darin, von allen stofflichen, energetischen usw. Besonderheiten der materiellen Systeme, die den Ausgangspunkt darstellen, abzusehen, so wird umgekehrt beim zweiten Weg ein allgemeiner mathematischer Systembegriff konkretisiert. Als Ausgangspunkt hierfür kann dabei z. B. der Systembegriff nach S. C. Kleene dienen, der bereits erwähnt wurde.

Bei der Konstituierung verschiedener kybernetischer Systembegriffe und der Konstruktion entsprechender kybernetischer Systemtheorien wird allerdings häufig auch von klassischen Systemauffassungen, wie sie in der Physik entwickelt worden sind, ausgegangen. Danach erst werden Besonderheiten angegeben, die aus der Klasse der dynamischen Systeme diejenigen dynamischen Systeme aussondern, mit denen sich die jeweilige kybernetische Theorie beschäftigt. So gehen z. B. die sowjetischen Autoren M. A. Aiserman, L. A. Gussew, L. I. Rosonoer u. a. vor. Bei ihnen wird im erläuterten Sinne von der klassischen physikalischen Betrachtungsweise dynamischer Systeme ausgegangen, und es werden technische Systeme, unbelebte Systeme generell oder auch biologische Systeme als dynamische Systeme dieser Art betrachtet. Den Zustand eines solchen dynamischen Systems zu jedem Zeitpunkt kann man (wie dies in der Physik gezeigt wird) durch sog. verallgemeinerte Koordinaten charakterisieren. Im konkreten Falle kann es sich dabei um endlich viele oder auch um unendlich viele solcher Koordinaten handeln. Die zeitlichen Vorgänge in dynamischen Systemen werden auf die zeitlichen Änderungen der Größen abgebildet, die für die verallgemeinerten Koordinaten stehen, und die bestehenden Zusammenhänge werden durch Differentialgleichungen oder durch Gleichungen anderer Art beschrieben. Möglichkeiten für den Aufbau einer Systemtheorie ergeben sich hierbei nach folgenden Gesichtspunkten. Die Zeit kann stetig oder diskret verlaufen; es kann endlich viele oder unendlich viele verallgemeinerte Koordinaten geben; bei den Mengen, denen die Werte der verallgemeinerten Koordinaten entnommen werden, kann es sich um endliche, abzählbare oder um nichtabzählbare Mengen handeln.

Ist die Zahl der verallgemeinerten Koordinaten endlich, werden die Systeme durch gewöhnliche Differentialgleichungen beschrieben; ist sie dagegen unendlich, erfolgt die Beschreibung durch partielle Differentialgleichungen. Hierbei wird zunächst vorausgesetzt, daß sich sowohl die Koordinaten als auch die Zeit kontinuierlich verändern. Wird dagegen eine diskrete Änderung der Zeit (eine diskrete Zeit) vorausgesetzt und können die (endlich oder unendlich vielen) verallgemeinerten Koordinaten aber Werte aus einer überabzählbaren Menge annehmen, so wird das Verhalten solcher dynamischer Systeme durch Differenzengleichungen beschrieben.

Für die Kybernetik ist nun gerade jene Klasse von dynamischen Systemen von besonderem Interesse, die eine diskrete Zeit voraussetzen, bei denen die Zahl der verallgemeinerten Koordinaten endlich ist und außerdem auch äußere Einwirkungen (die bei allen dynamischen Systemen auftreten können) über endlichen Mengen definierbar sind. Systeme dieser Art können *endliche dynamische Systeme* genannt werden; zu ihnen gehören z. B. die endlichen Automaten und die sequentiellen Maschinen. Leider ist die Terminologie dieses Gebietes weder im deutschen, russischen noch im anglo-amerikanischen Sprachbereich einheitlich. So werden z. B. im Deutschen die endlichen Automaten und die sequentiellen Maschinen häufig zusammen als „Schaltwerke“ bezeichnet und den Schaltkreisen (auch „Zuordner“ genannt) gegenübergestellt. Dagegen sind im Englischen die Bezeichnungen *combinational circuit* für Schaltkreis und *sequential circuit* für Schaltwerk üblich.

Die bisher erwähnten systemtheoretischen Konzeptionen abstrahieren bei ihren Modellbildungen von einer wesentlichen Besonderheit wirklicher dynamischer Systeme. Reale Systeme zeigen in letzter Instanz stets stochastisches Verhalten, d. h. ein Verhalten, das von Zufallsprozessen beeinflußt wird. Dennoch zeigt sich, daß mit Systemtheorien, die den Zufall ausschließen (*deterministischen Systemtheorien*), eine große Klasse von Prozessen in realen dynamischen Systemen adäquat erfaßt werden kann. Die fachwissenschaftliche Terminologie ist hier wieder uneinheitlich. So werden Systemtheorien, die in der einen oder anderen Weise den Zufall berücksichtigen und sich daher auch statistischer Methoden und solcher der Wahrscheinlichkeitsrechnung bedienen, *indeterministische Systemtheorien*, *stochastische Systemtheorien* oder auch *probabilistische Systemtheorien* genannt. Dabei werden manchmal noch diffizilere Unterscheidungen getroffen, z. B. zwischen stochastischen und probabilistischen Systemen. Von grundsätzlicher weltanschaulicher Bedeutung ist in diesem Zusammenhang, daß die Begriffe „Indeterminiertheit" und „Indeterminismus" nicht miteinander verwechselt werden dürfen. Eine indeterministische Systemtheorie ist eine Theorie, die zufällige Ereignisse oder Prozesse berücksichtigt; sie stellt die Indeterminiertheit von Zusammenhängen oder Vorgängen in diesem Sinne in Rechnung. Unter Indeterminismus hingegen versteht man jene philosophische Lehre, die behauptet, daß die Welt in dem Sinne nicht durchgängig determiniert sei, als nicht alle Ereignisse und Vorgänge der objektiven Realität eine Ursache hätten. Diese Idee des Indeterminismus ist Bestandteil vieler idealistischer philosophischer Systeme und religiöser Weltanschauungen. Im Gegensatz dazu steht der dialektische Materialismus auf dem Boden des Determinismus. Für diese allein wissenschaftliche Auffassung haben *alle* Ereignisse und Vorgänge in der Welt, also auch die zufallsabhängigen, ihre (natürliche) Ursache. Im Unterschied zu vormarxistischen materialistischen Auffassungen begreift der dialektische Materialismus den (dialektischen) Determinismus als eine Einheit von Notwendigkeit und Zufall. Im Sinne der marxistisch-leninistischen Philosophie sind daher sowohl die in systemtheoretischer Fachliteratur „deterministisch" als auch die „indeterministisch" genannten Systemtheorien ihrer weltanschaulichen Grundlage nach deterministisch.

Mit der Modellkonstruktion und Theorienbildung ist die Benutzung eines bestimmten Beschreibungsmittels, einer spezifischen Sprache (Fachsprache) untrennbar verbunden. Bei solchen Sprachen (man kann sie „Systemsprachen" nennen), wie bei Wissenschaftssprachen überhaupt, kommt es primär nicht auf deren kommunikative Funktion an, sondern darauf, die untersuchten Objekte, Sachverhalte und Prozesse adäquat zu erfassen. Erst auf dieser Grundlage baut sich die kommunikative Funktion derartiger Sprachen auf. Die Forderungen, die an Systemsprachen im gekennzeichneten Sinne zu stellen sind, leiten sich weniger aus den Bedingungen kommunikativer Verbindungen ab als vielmehr daraus, eine möglichst „angemessene Beschreibung" der jeweiligen Objekte, Zusammenhänge und Prozesse zu gewährleisten. Was hierbei im einzelnen Falle „angemessen" ist, läßt sich schwer allgemein festlegen. Die Praxis zeigt jedoch, daß ein und dieselben Objekte, Sachverhalte, Prozesse usw. durch verschiedene Systemsprachen und innerhalb einer Sprache auf recht verschiedene Art und Weise beschrieben werden können und ferner, daß diese Beschreibungsweisen nicht sämtlich in jeder Beziehung gleichwertig sind. Ihr Wert hängt vielmehr entscheidend von den Zwecken, den Zielen der Forschung ab, die mit bestimmten Beschreibungen angestrebt werden. Es versteht sich, daß im Rahmen kybernetischer Betrachtungen die mathematischen Sprachen von besonderer Bedeutung sind.

Ein Vergleich der Möglichkeiten für die Auswahl und zweckmäßige Konstruktion geeigneter Fachsprachen mit den für die Darstellung von Systemen in verschiedenen Bereichen der Wissenschaft und insbesondere in den unterschiedlichen Teilgebieten der Kybernetik heute tatsächlich benutzten sprachlichen Mitteln zeigt, daß die von der modernen Wissenschaftstheorie und namentlich der Semiotik gebotenen Möglichkeiten bisher nicht systematisch genutzt werden. Zwar finden sich eine Vielzahl Typen von Darstellungsmitteln, aber es fehlen Untersuchungen über den Zusammenhang dieser verschiedenen Mittel, über die Eignung der einen oder anderen Beschreibung für bestimmte Zwecke, deren etwaige Grenzen, Effektivität usw. Systematische Untersuchungen über Sprachen, die Objekte von Systemcharakter effektiv zu beschreiben vermögen, werden daher künftig zunehmend an Bedeutung gewinnen.

Moderne Systembegriffe werden in zunehmendem Maße in Verbindung mit (mathematisierten) Systemtheorien entwickelt. Das bedeutet u. a., daß solche Systembegriffe im Rahmen von Sprachen bestimmt werden, in denen genaue syntaktische und semantische Regeln bestehen. Hieraus erklärt sich, weshalb Systembegriffe, die mit umgangssprachlichen Mitteln definiert werden, weniger präzisiert werden können als Systembegriffe, die in der Sprache der einen oder anderen mathematischen Theorie formuliert werden.

Aus dem engen Zusammenhang von Begriffsbildung, Theorienkonstruktion und benutzter Sprache (benutzten Beschreibungsmitteln) ergibt sich in bezug auf den jeweiligen Systembegriff, daß dessen Definition ihren Sinn nicht nur durch das Objekt bzw. den Gegenstandsbereich erhält, auf den sie sich bezieht, sondern ebenso durch die benutzten sprachlichen Mittel. Die zu ein und demselben Objekt mit Systemcharakter gehörende Definition wird daher bei der Benutzung unterschiedlicher Beschreibungsmittel im allgemeinen unterschiedlich beschaffen sein. Die Begriffsbestimmungen und damit die gesamte Terminologie sind also auch relativ in bezug auf die benutzten sprachlichen Mittel. Wie sich zeigt, unterscheiden sich die in verschiedenen Teilbereichen der Kybernetik gebildeten Systembegriffe z. T. wesentlich voneinander, wenngleich es möglich ist, die Äquivalenz einiger von ihnen zu zeigen. Die beiden wichtigsten Unterscheidungsmerkmale bestehen gewöhnlich in den für den jeweiligen Zweck der Untersuchung durchgeführten Abstraktionsverfahren und in den dafür benutzten Beschreibungsmitteln. Ein Mangel der derzeitigen systemtheoretischen Konstruktionen besteht darin, daß die Zweckmäßigkeit der Wahl des einen oder anderen Abstraktionsverfahrens sowie des einen oder des anderen Beschreibungsmittels meist nicht explizit untersucht und gerechtfertigt wird. Dies wäre daher eine wichtige Aufgabenstellung für wissenschaftstheoretische und methodologische Untersuchungen.

Geschichte: Die Geschichte des kybernetischen Systembegriffs steht in enger Beziehung zur Geschichte des Begriffs des Automaten, des Begriffs der Regelung (des Regelungssystems) und der Information (insbesondere des Informationsübertragungssystems). Der Ausdruck „System“ wird nicht nur in unterschiedlichen Zusammenhängen, sondern auch in Abhängigkeit von der historischen Entwicklung mit verschiedenen Bedeutungsnuancen benutzt. Daher gibt es in den Wissenschaften eine Vielzahl von Systembegriffen, die dem jeweiligen Entwicklungsstand der Wissenschaft und dem jeweiligen Sachzusammenhang entsprechen. Zum Teil werden für dieselben oder ähnliche Gegebenheiten auch andere Ausdrücke gebraucht, wie z. B. „Ganzheit“, „Organismus“,

„Struktur" u. ä. Mit den jeweiligen Systembegriffen ist stets eine bestimmte einzelwissenschaftliche und/oder philosophische Denkungsart verbunden, von der der Erkenntniswert der betreffenden Systembegriffe wesentlich abhängt.

Das griechische Wort *sýstema* bedeutete ursprünglich nur etwas (zu einem Ganzen) Zusammengesetztes. Die Vorstellung von einer Ordnung in einem solchen Zusammengesetzten kam erst später hinzu. Allerdings bestanden bereits in der antiken griechischen Philosophie erstaunlich differenzierte Vorstellungen über den Organismus als System. In dieser Zeit war bereits auch die Unterscheidung von Ganzem und Teil (bzw. Gesamtsystem und Teilsystem), die Strukturiertheit und die hierarchische Geordnetheit von Systemen in den damaligen Grenzen des Wissens vom Aufbau der Organismen bekannt.

Charakteristisch sind Systembegriffe und ist eine Art von Systemdenken für das klassische Zeitalter des Klassifizierens in den Wissenschaften. Klassifizieren heißt Einordnen von Tatsachenmaterial in ein bestimmtes *System der Ordnung.* Wissenschaftsgeschichtlich bedeutsame Ordnungssysteme dieser Zeit sind das Linnésche System der Pflanzen und Tiere (1735) und das Mendelejewsche Periodensystem der Elemente (1871).

Systembegriffe und Systembetrachtungen haben aber nicht nur in den naturwissenschaftlichen, sondern auch in den gesellschaftswissenschaftlichen Disziplinen seit langem eine Rolle gespielt. Die wohl umfassendste Systemanalyse der Gesellschaft, die wir bis heute kennen, liegt in Gestalt der Werke der Klassiker des Marxismus-Leninismus vor. Wenn K. MARX im Vorwort der 1. Auflage des *Kapitals* bemerkt, es sei der letzte Endzweck dieses Werkes, „das ökonomische Bewegungsgesetz der modernen Gesellschaft zu enthüllen", so handelt es sich dabei um ein Gesetz, das die Bewegung eines hochkomplexen dynamischen Systems beherrscht. Und in der Tat benutzte MARX bei seiner Analyse der kapitalistischen Gesellschaft die Ausdrücke „System", „Organismus" und verschiedene Merkmale eines Systembegriffs in wesentlichen Zusammenhängen.

Die in der Geschichte der Philosophie benutzten Systembegriffe spiegeln die wissenschaftliche Gesamtentwicklung mehr oder weniger direkt und auch mehr oder weniger richtig wider. Alle bedeutenden Philosophen der Vergangenheit haben versucht, ihre philosophischen Ideen in ein „System" zu bringen: Die Geschichte der Philosophie ist *auch* eine Geschichte des *philosophischen* Systembegriffs.

Da die objektive Realität ein System von Systemen darstellt, hat es im Grunde genommen jede Wissenschaft mit der einen oder anderen Art von Systemen zu tun. System*theoretische* Konstruktionen entstehen allerdings erst auf einer bestimmten Entwicklungsstufe der jeweiligen Disziplin. Sie beginnen gewöhnlich mit einer präzisen Fassung des jeweils benutzten Systembegriffs und einer fortschreitenden Formalisierung bzw. Mathematisierung des betreffenden Gebiets. Auf diese Weise werden auf der Basis einer begrenzten Zahl von Grundbegriffen und Grundaussagen eine wachsende Zahl abgeleiteter Begriffe und abgeleiteter Aussagen entwickelt. Eine auf diese Weise entstehende Reichhaltigkeit von Begriffsbildungen und Aussagen macht den Erkenntniswert einer entwickelten Theorie aus.

Im 20. Jahrhundert hat die Formulierung von Systembegriffen und die Entwicklung von Systemtheorien einen bis dahin nicht gekannten Aufschwung genommen. Dies bringt die mit der gewaltigen Entwicklung der Produktivkräfte in unserem Jahrhundert zusammenhängende Tendenz der modernen Wissenschaft zur Integration auf spezifische Weise zum Ausdruck. Dabei werden nicht nur in verschiedenen Bereichen verhältnismäßig allgemeine Systembegriffe gebildet, die auch für andere Bereiche Bedeutung haben, sondern die modernen Wissenschaften wachsen selbst zu einem zusammenhängenden System unserer Kenntnisse von der Realität zusammen und weisen damit zugleich die materielle Einheit der Welt in einer bisher nicht dagewesenen Deutlichkeit nach. Heute entwickelte Systembegriffe weisen vor allem die Besonderheit auf, daß sie – im Unterschied zu den meisten früheren Systembegriffen – durch mathematisch präzise Definitionen eingeführt und mehr und mehr im Rahmen mathematisierter Theorien gebildet werden. Dabei bedienen sich die modernen Systemtheorien einer großen Zahl verschiedener mathematischer Methoden wie der der Algebra, der Topologie, der Theorie der Differentialgleichungen, der Funktionentheorie, der Matrizenrechnung, der Theorie der Graphen sowie der Wahrscheinlichkeitsrechnung und Statistik. Die mathematische Präzisierung systemtheoretischer Begriffe und Aussagen hat es gestattet, mehr oder weniger entwickelte Teilbereiche einer allgemeinen Systemtheorie herauszubilden. Dabei ist die wissenschaftliche Bedeutung einiger Entwicklungsrichtungen (die z. T. mit anspruchsvollen Namen hervortreten) noch umstritten. Das gilt insbesondere für die sog. General Systems Theory (L. v. Bertalanffy, A. D. Hall, R. E. Fagen, M. D. Mesarović u. a.).

Einen großen theoretischen und praktischen Nutzen haben die im Zusammenhang mit der Kybernetik und deren Teildisziplinen entstandenen systemtheoretischen Konzeptionen erwiesen. Das gilt z. B. in bezug auf die Regelungstheorie, die Systemtheorien der Nachrichtentechnik, der Operationsforschung und in bezug auf die Automatentheorie. Ihre bisher erfolgreichste Anwendung haben die verschiedenartigen systemtheoretischen Gebilde im Bereich der Technik erfahren. Darüber hinaus gibt es eine Vielzahl guter praktischer Erfahrungen mit systemtheoretischen Methoden bei der Untersuchung gesellschaftlicher, insbesondere ökonomischer Systeme im Sozialismus. Zugleich hat sich jedoch bei dem Versuch, z. B. in der Technik bestens bewährte systemtheoretische Methoden auch hier anzuwenden, gezeigt, daß mit wachsender Komplexität und Kompliziertheit der zu untersuchenden Systeme die bisherigen Mittel sich als wenig brauchbar erweisen. Die mit den erwähnten systemtheoretischen Konstruktionen verbundenen Abstraktionsprozesse und Vereinfachungen erlauben es beispielsweise oft nur, eng begrenzte Teilprozesse oder gewisse Aspekte ökonomischer Prozesse theoretisch zu erfassen. Hier wirkt sich eine Begrenzung aus, auf die W. I. Lenin bereits in anderem Zusammenhang aufmerksam gemacht hatte: „Auf dem Gebiet der gesellschaftlichen Erscheinungen gibt es ein außerordentlich verbreitetes und ebenso fehlerhaftes Verfahren, nämlich das Herausgreifen *einzelner* Tatsachen ... Tatsachen sind, nimmt man sie in ihrer *Gesamtheit*, in ihrem *Zusammenhang*, nicht nur ‚hartnäckige', sondern auch unbedingt beweiskräftige Dinge ... es kommt darauf an, nicht einzelne Tatsachen herauszugreifen, sondern den *Gesamtkomplex* der auf die betreffende Frage bezüglichen Tatsachen zu betrachten, *ohne eine einzige* Ausnahme ..." Eine systemtheoretische Konzeption, die versucht, mit diesen Schwierigkeiten fertig zu werden, gruppiert sich um den Begriff des sog. *großen Systems*. Die mathematische Modellierung derartiger großer Systeme zielt darauf ab, sie durch einen Komplex inhomogener, jedoch untereinander verbundener und voneinander abhängiger mathematischer Modelle darzustellen. Die Simulation auf Digitalrechnern (insbesondere durch statistische Modellierung) erweist sich dann oft als die einzig praktikable Methode für die Untersuchung solcher Systeme. Vor allem in der Sowjetunion werden große Anstrengungen unternommen, um eine Systemtheorie dieser Art zu entwickeln (N. P. Buslenko, W. W. Kalaschnikow, I. N. Kowalenko u. a.).

→ adaptives System → Automat → binäres Schaltsystem → großes

System → lernender Automat → Nervennetz → Regelung → Schaltung → Stabilität → System der optimalen Funktion der Wirtschaft → Systemuntersuchung ökonomischer Erscheinungen → Übertragungsglied → Zuverlässigkeit

System der optimalen Funktion der Wirtschaft: Gegenstand der Theorie der optimalen Funktion der Wirtschaft ist die sozialistische geplante Volkswirtschaft, die als kompliziertes dynamisches, nach dem Hierarchieprinzip aufgebautes System betrachtet wird.
Das ökonomische System kann nur als Teil eines Systems höherer Ordnung, des *sozialökonomischen Systems*, definiert werden. Im weiteren Sinne des Wortes wird das ökonomische System als System der gesellschaftlichen Produktion, d. h. als Gesamtheit der Produktivkräfte und Produktionsverhältnisse, aufgefaßt. Der Charakter der Kopplungen zwischen den einzelnen Elementen des Systems hängt von den Prozessen der Produktion, der Zirkulation, der Distribution und der Konsumtion ab, die ihrerseits von der Organisationsweise der gesellschaftlichen Produktion abhängen. Deshalb wird im engeren Sinne des Wortes unter dem ökonomischen System das System der Produktionsverhältnisse verstanden, das der gegebenen konkreten Produktionsweise entspricht.
Zur Charakterisierung eines ökonomischen Systems sind seine wichtigsten Komponenten und die Kopplungen zwischen ihnen sowie der Umwelt zu beschreiben. Ein ökonomisches System kann als Gesamtheit von zumindest vier Hauptgruppen seiner Komponenten dargestellt werden:

a) Arbeitskräfteressourcen,

b) natürliche Ressourcen,

c) materiell-stoffliche Ressourcen,

d) ökonomisch-steuernde Wandler.

Das sozialökonomische System wirkt auf das ökonomische System über die Informationsströme ein, die die Struktur und die Volumen der Bedürfnisse der Gesellschaft hinsichtlich des gesellschaftlichen Endproduktes und die Wege zu ihrer Befriedigung im Rahmen der gegebenen gesellschaftlich-sozialen Struktur charakterisieren. Der *Eingang* des ökonomischen Systems sind die materiell-stofflichen Ströme der natürlichen Ressourcen, der Produktions- und Arbeitskräfteressourcen, der *Ausgang* sind die materiell-stofflichen Ströme der Konsumtionsmittel, der Mittel für die Verteidigung, der für die Akkumulation und den Ersatz bestimmten Erzeugnisse (der Mittel für die erweiterte Reproduktion) sowie der Exportwaren.

Haupteigenschaften des ökonomischen Systems: Die Kompliziertheit der Ökonomie hängt nicht nur von der gewaltigen Zahl der Komponenten des ökonomischen Systems und der Kopplungen zwischen ihnen, sondern auch von den qualitativen Besonderheiten der ökonomischen Erscheinungen und Prozesse ab. So sind z. B. alle ökonomischen Prozesse in der Dynamik, d. h. als in der Zeit veränderlich, zu betrachten. Andererseits hängt der Ablauf dieser Prozesse zu jedem Zeitpunkt wesentlich von deren vorherigem Zustand ab. Sowohl die Dynamik als auch die Stabilität der ökonomischen Prozesse und Erscheinungen haben nicht nur einen gewaltigen Einfluß auf die qualitative Struktur der volkswirtschaftlichen Verbindungen, sondern verändern auch wesentlich deren quantitative Charakteristiken und erhöhen die Anzahl der zu untersuchenden und zu bestimmenden Elemente des Systems (der Wert jeder variablen Größe muß für jeden Zeitpunkt der Zukunft bestimmt werden, dabei muß dieser Wert der beste aller möglichen sein und wird für gewöhnlich unter Berücksichtigung seiner vorherigen Entwicklungsdynamik ermittelt).

Das ökonomische System zeichnet sich durch eine große Intensität und gleichzeitig durch einen unterschiedlichen Grad der Dauerhaftigkeit der informationellen und materiellen Kopplungen zwischen den einzelnen Elementen aus. Wesentlich ist die Feststellung, daß kein Element des ökonomischen Systems unmittelbar mit der gesamten Menge der anderen Elemente, sondern jedes Element nur mit diesem oder jenem Teil des ökonomischen Systems zusammenwirken kann. Hinsichtlich der Intensität sind die Kopplungen der einzelnen Elemente untereinander äußerst unterschiedlich.

Die Intensität und die Dauerhaftigkeit der Kopplungen zwischen den Elementen der Wirtschaft sind das bestimmende Kriterium für die Unterscheidung von Teilsystemen, die als relativ selbständige lokale Systeme innerhalb von Systemen höherer Ordnung betrachtet werden können, die über diese oder jene zusätzlichen Freiheitsgrade verfügen (Hierarchieprinzip des Aufbaus).

Von diesem Aspekt aus betrachtet, versteht man unter einem *ökonomischen Teilsystem* eine solche Gesamtheit von Elementen, zwischen denen die Enge der Kopplung wesentlich größer als die Enge der Kopplung zwischen der betrachteten Gesamtheit und

ihrer Umwelt ist. Somit kann der einzelne Betrieb oder eine Gruppe von Betrieben, der einzelne Zweig oder eine Gruppe von Zweigen als ein entsprechendes Teilsystem betrachtet werden.
Die informationellen und materiellen Flüsse können die einzelnen Elemente des ökonomischen Systems (oder Teilsystems) direkt oder über gewisse Zwischenglieder untereinander verbinden. Die ökonomischen Kopplungen zwischen den Elementen des Systems können „horizontal" und auch „vertikal" realisiert sein. Das gesamte System kann in Form einer geordneten Folge von Elementen dargestellt werden, von denen jedes ein selbständiges Teilsystem bezüglich der Elemente ist, die in einer Horizontalen mit dem entsprechenden Element liegen; die Elemente ein und derselben Horizontalen sind Komponenten bezüglich eines Teilsystems höherer Ordnung, das in der Vertikalen höher liegt. Es sei hervorgehoben, daß im heutigen Entwicklungsstadium der sozialistischen Gesellschaft die rein ökonomischen Kopplungen zwischen Gliedern, die sowohl auf verschiedenen als auch auf ein und denselben Ebenen der Volkswirtschaft liegen, eine wichtige Besonderheit der Produktionsverhältnisse (vertikaler und horizontaler Art) darstellen.
Die Steuerung der Entwicklung der sozialistischen Wirtschaft und die Funktion des Systems vollziehen sich auf der Grundlage eines zielgerichteten zentralisierten Planes (der Direktivcharakter hat) und mit Hilfe eines komplexen ökonomischen Mechanismus bzw. Systems ökonomischer Stimuli (Preise, Normen, Fondsabgaben, Rentenzahlungen für natürliche und Arbeitskräfteressourcen, Kreditzins usw.). Die qualitativen Eigenschaften und die quantitative Bewertung der ökonomischen Stimuli ergeben sich aus dem zentralisierten Plan, der auf die Erreichung eines festgelegten Zieles gerichtet ist.
Eine spezifische Besonderheit des ökonomischen Systems des Sozialismus und seiner Teilsysteme ist die Tatsache, daß sie zu den steuerbaren Systemen gehören: andererseits können in ihnen selbst Prozesse ablaufen, die sich nach dem Prinzip der Selbstregulierung entwickeln. Allein wenn die ökonomischen Stimuli, ihr quantitativer Ausdruck (z. B. die Rentenzahlungen), der gesellschaftliche Nutzen (eine der Grundlagen der Preisbildung und der Proportionen der materiellen Produktion) von dem globalen Optimalitätskriterium des zentralisierten Planes (der unter Berücksichtigung der maximalen Befriedigung der Bedürfnisse der Mitglieder der sozialistischen Gesellschaft aufgestellt wurde) abgeleitet sind, kann die volle Harmonie der allgemeinen Entwicklungsziele der Wirtschaft

und der einzelnen Produktionseinheiten, d. h. die optimale Funktionsweise der Wirtschaft, erreicht werden.
Diese Eigenschaften des ökonomischen Systems und seiner Komponenten hängen eng mit deren Dynamik und Stabilität zusammen. Die Möglichkeit einer planmäßigen ökonomischen Regulierung ergibt sich aus ihrer Veränderlichkeit in der Zeit. Jedoch kann man nicht alle in der ökonomischen Wirklichkeit ablaufenden Prozesse nach jedem unserer Wünsche in beliebiger Richtung und in hinreichend kurzer Zeit verändern; einzelne Elemente des Systems werden unter dem Einfluß innerer Veränderungen und wechselseitiger Bedingtheiten abgestimmt, die sich in der Wirtschaft ergeben (z. B. kann der Wachstumsprozeß der Fondsintensität des gesellschaftlichen Produktes zu einer Kompensation des Wachstums der Akkumulationsrate in der Produktionssphäre führen).
Diese Veränderungen beeinflussen die „benachbarten“ Elemente des Systems, jedoch ist die Reaktionsintensität der letzteren auf externe und interne „Störungen“ äußerst variabel. Deshalb erweist sich die Voraussicht aller möglichen Folgen dieser oder jener ökonomischen Entscheidung als sehr schwierig, um so mehr, als diese Folgen in einem ziemlich großen Zeitabstand zu der Entscheidung eintreten können.
Das ökonomische System zeichnet sich auch durch den stochastischen Charakter der Wechselwirkung zwischen seinen Elementen aus, was die Gewinnung quantitativer Bestimmungen für die ökonomischen Prozesse und Erscheinungen noch mehr erschwert. Jede Veränderung einer quantitativen Bestimmung führt zu Veränderungen einer ganzen Reihe der mit ihr verbundenen Elemente, die ihrerseits eine Kettenreaktion hervorrufen, die letzten Endes auch die vom Anfangsglied am weitesten entfernten Abschnitte des Systems, wenn auch mit unterschiedlicher Intensität, berührt. Für jeden Teil des ökonomischen Systems kann eine Reihe von Elementen bestimmt werden, die einen direkten Einfluß auf das System haben; diesen Einfluß kann man bedingt als deterministisch betrachten, seine quantitative Bestimmtheit aufdecken und den Einfluß jedes der „benachbarten“ Glieder aufeinander messen. Gleichzeitig hat die *Funktion großer ökonomischer Systeme* stochastischen Charakter, der von dem Gesamteinfluß einer großen Menge von Faktoren bedingt wird, die zeitweilig das Gesamtbild der ökonomischen Prozesse sehr empfindlich verzerren. Diese Faktoren wirken mit unterschiedlicher Stärke und in verschiedenen Richtungen, weshalb ihr

summarischer (integraler) Einfluß auf das untersuchte Objekt als resultierende Größe betrachtet werden kann. Die Abweichungen der tatsächlichen Entwicklung ökonomischer Systeme von den herrschenden Gesetzmäßigkeiten bedingen, daß die Untersuchung ökonomischer Prozesse unter Berücksichtigung ihres stochastischen Charakters effektiv sein kann.

Das systemtheoretische Herangehen gestattet es, jene grundlegenden Prinzipien herauszuarbeiten, auf deren Grundlage es möglich wird, nicht nur die optimale Trajektorie der ökonomischen Entwicklung zu bestimmen, sondern auch die wichtigsten Ergebnisse der Theorie der optimalen Planung in die Wirtschaftspraxis zu überführen. Eines der wichtigsten Teilgebiete der Theorie der optimalen Funktion der Wirtschaft ist die *Analyse der Steuerungsprozesse* des ökonomischen Systems.

Die Schaffung einer Theorie der optimalen Funktion der Wirtschaft schafft die Möglichkeit, die Parameter der ökonomischen Entwicklung auf jeder Ebene der Wirtschaftshierarchie aufzudecken, die auf die steuernde Einwirkung unmittelbar reagieren, das Verfahren zu ihrer Veränderung zu bestimmen, das den gesellschaftlich-wirtschaftlichen Zielen im höchsten Grade entspricht, und die Folgen des Treffens dieser oder jener Planentscheidung vorauszusehen.

Wichtig ist die Feststellung, daß die *gesamte Wirtschaftsentwicklung nur in dem Fall optimal sein kann, wenn die Ziele der volkswirtschaftlichen Entwicklung ausgehend von den gesellschaftlichen Globalzielen bestimmt werden.* Dabei brauchen die Entwicklungsziele einzelner Produktions- und Verbrauchereinheiten der Volkswirtschaft manchmal nicht mit den globalen Entwicklungszielen übereinzustimmen, die nicht nur von den laufenden, sondern auch von den perspektivischen Aufgaben abhängen, die vor der gesamten Gesellschaft stehen.

Obwohl eine solche Nichtübereinstimmung der Ziele unter unseren Bedingungen keinen antagonistischen Charakter trägt, ergibt sich doch die Aufgabe, einen Steuerungs- (Regelungs-)Mechanismus zu entwickeln, der diese nichtantagonistischen Widersprüche ausschaltet bzw. auf ein Minimum reduziert, denn diese Widersprüche verringern die Effektivität der zu treffenden Entscheidungen.

Die Untersuchung der grundlegenden Eigenschaften des ökonomischen Systems zeigt, daß die Erweiterung der gesellschaftlichen Produktion auf viele Arten realisiert wird. Sie unterscheiden sich voneinander sowohl durch den Aufwand an Arbeitskräften, an natürlichen, Produktions- und anderen Ressourcen als auch hinsichtlich der im Produktionsprozeß erzeugten Mengen an materiellen und anderen Gütern, einschließlich der Freizeit. Um folglich allein schon zwei beliebige Arten (Wege) der ökonomischen Entwicklung miteinander vergleichen zu können, wird eine Kennziffer benötigt, die den Grad der Übereinstimmung jeder Planvariante mit den festgelegten Zielen der ökonomischen Entwicklung für den allgemeinen Fall charakterisiert.

Die objektive Existenz einer solchen Kennziffer (eines *Gütekriteriums des Planes*) ergibt sich aus dem Wesen des Planungsprozesses selbst; denn dieser Prozeß setzt den eindeutigen Vergleich verschiedener Planvarianten voraus. Die stufenweise Entwicklung und Einführung des Systems der optimalen Leitung und Planung der Produktion setzt die Formalisierung des Optimalitätskriteriums sowohl als globales als auch als lokales Kriterium für die einzelnen ökonomischen Teilsysteme sowie eine Präzisierung im Zuge der Vertiefung unserer Kenntnisse in jeder Entwicklungsetappe der sozialistischen Wirtschaft voraus, wobei von den allgemeinen Entwicklungsaufgaben des ökonomischen Systems, der Analyse und Prognose der individuellen und gesellschaftlichen Konsumtion auszugehen ist.

Eine wichtige Etappe bei der praktischen Realisierung der Prinzipien des Systems der optimalen Funktion der Wirtschaft besteht darin, ein *Herangehen von Plan und Ziel* aus einzuführen. Der Aufbau eines Zielbaumes für die Entwicklung eines Landes, insbesondere die Einordnung der Ziele, gestattet eine vollständigere Zielorientierung des gesamten Prozesses, nach der die Ausarbeitung des Volkswirtschaftsplanes erfolgt. Das gilt insbesondere für seine strukturbestimmenden Glieder, die durch komplexe Zielprogramme dargestellt werden. In den folgenden Schritten werden die Vektoroptimierung, anschließend die skalare Optimierung für immer größere Blöcke von Planentscheidungen angewandt. In diesen Fällen kann ein Teil derjenigen Ziele, die keiner Behandlung in Form einer Extremwertaufgabe und keiner direkten Bewertung zugänglich sind, in Form von entsprechenden Zieleinschränkungen ausgedrückt werden, durch welche die Einschränkungen in den Ressourcen bei einer Optimierungsaufgabe ergänzt werden.

Es ist völlig klar, daß die Gütekennziffer des Planes keinen beliebig großen Wert annehmen kann. *Das Wachstum dieser Kennziffer wird zu jedem Zeitpunkt von den Volumen der Ressourcen der Volkswirtschaftsentwicklung begrenzt* (d. h., die Theorie der optimalen

Funktion der Wirtschaft geht von der Begrenztheit der natürlichen und Arbeitskräfteressourcen, der Produktionsmittel und des Produktionsapparates, der wissenschaftlich-technischen Kenntnisse in jedem gegebenen Planzeitraum aus).
Eine gewisse Sonderstellung nimmt im Produktionsprozeß die lebendige Arbeit ein. Einerseits begrenzt der Umfang der vorhandenen menschlichen Arbeit die Produktion und tritt als limitierte Ressource in Erscheinung, andererseits ist die menschliche Arbeit eng mit den Bedürfnissen der Gesellschaft verbunden. Somit muß das Gütekriterium des Planes in einem bestimmten Maße die Forderung nach Maximierung (offensichtlich bis zu einem bestimmten Niveau) der Freizeit der Werktätigen und folglich nach Minimierung des Aufwandes an lebendiger Arbeit berücksichtigen.
Das System der optimalen Funktion der Wirtschaft kann allein auf der Grundlage des gesellschaftlichen Eigentums an den Produktionsmitteln realisiert werden. Über eine Reihe von vermittelnden Stufen führt dieses primäre und grundlegende Produktionsverhältnis des Sozialismus dazu, daß das ganze System der gesellschaftlichen Verhältnisse insgesamt im Sozialismus so aufgebaut ist, daß die optimale Entwicklung der Volkswirtschaft, insbesondere günstigste Bedingungen für die Einführung rationeller Methoden der Leitung und Planung der Produktion zur Erreichung des Extremwertes des Optimalitätskriteriums, gewährleistet wird.
Zu den wichtigsten objektiven Bedingungen für die Einführung des Systems der optimalen Leitung und Planung in die Wirtschaftspraxis gehören das allgemeine Entwicklungsniveau der Produktivkräfte des Landes sowie ein hohes Wachstumstempo der Produktion und des wissenschaftlich-technischen Fortschrittes. Zur Entwicklung und Einführung des Systems der optimalen Funktion der sozialistischen Wirtschaft sind eine breite Ausnutzung der Prinzipien der wirtschaftlichen Rechnungsführung und die Schaffung materieller und moralischer Stimuli für die Werktätigen in der Produktion erforderlich. In der Wirtschaft ist es notwendig, ständig das mögliche Verhalten des Menschen vorherzusehen, dessen im Produktionsprozeß aufgewandte Arbeit stets eine obligatorische Bedingung für die Schaffung der materiellen Güter ist, die für die Gesellschaft insgesamt notwendig sind. Gerade deshalb bildet die Anwendung des Prinzips der wirtschaftlichen Rechnungsführung in der Planung, die es jedem Betrieb erlaubt, am vollständigsten seine Produktionsmöglichkeiten aufzudecken, neben dem Prinzip der materiellen und mora-

lischen Stimulierung der Mitarbeiter ein wichtiges Ausgangsglied im System der optimalen Funktion der Wirtschaft.
Auf der gegenwärtigen Entwicklungsstufe der materiellen Produktion mit ihren gewaltigen Maßstäben und ihrer Kompliziertheit sind die Entwicklung und die Einführung des Systems der optimalen Funktion der Wirtschaft nur möglich, wenn eine Reihe von Bedingungen erfüllt ist. Unter diesen Bedingungen stehen an erster Stelle die Entwicklung und der Einsatz von ökonomisch-mathematischen Methoden und Modellen, das Vorhandensein einer entsprechenden technischen Basis (in Gestalt der elektronischen Rechentechnik mit der erforderlichen Programmausrüstung) und von Informationsströmen, die der Wirtschaftsstruktur entsprechen. Jedem materiellen Fluß, der die Blöcke des ökonomischen Systems (Teilsystems) verbindet, kann ein bestimmter informationeller Fluß zugeordnet werden. Die Übertragung der Informationen über die Produktionstätigkeit aller Wirtschaftsglieder muß entsprechend der hierarchischen Wirtschaftsstruktur geordnet sein. Die Produktionseinheiten auf der untersten Ebene der Wirtschaftshierarchie bzw. auf der untersten Leitungs- und Planungsebene übertragen die Informationen über ihre Produktionsmöglichkeiten und deren Ausnutzung zu einem Planungsorgan höherer Ordnung (Vereinigung, Zweig). Die Zweigorgane des Leitungs- und Planungssystems übertragen die Informationen nach ihrer Verarbeitung und Aggregation zu den volkswirtschaftlichen Planungsorganen, die mit den tiefer liegenden Gliedern auf entsprechende Weise rückgekoppelt sind (Planaufgaben mit Direktivcharakter und Parameter des ökonomischen Verhaltens). An diesem Prozeß der Informationssammlung, -verarbeitung und -analyse sowie der Entscheidungsfindung bei der Aufstellung des optimalen Planes und der Ausarbeitung der optimalen Funktion der Wirtschaft unter verschiedenen Bedingungen nehmen die Gebiete teil.
Somit versteht man unter dem System der optimalen Funktion der Wirtschaft eine Organisationsweise der Wirtschaftstätigkeit der gesamten Volkswirtschaft und aller ihrer produzierenden Glieder, die gekennzeichnet ist durch die konsequente Verwirklichung des Leninschen Prinzips des demokratischen Zentralismus in der Wirtschaftspraxis, das die organische Verbindung der zentralen staatlichen Planung und der ökonomischen Eigenverantwortlichkeit der einzelnen produzierenden Glieder gewährleistet; die Entwicklung und Vervollkommnung des Prinzips der wirtschaftlichen Rechnungsführung in der Leitung, das die Abstimmung der

unmittelbaren Ziele der einzelnen Wirtschaftsglieder sichert, der moralischen und materiellen Interessen der Werktätigen mit den Entwicklungszielen der ganzen Wirtschaft insgesamt; die allseitige Ausnutzung der ökonomischen Instrumente wie Preise, Kredit, Gewinn u. a. bei der Ausarbeitung und Realisierung der Volkswirtschaftspläne.

Die Theorie der optimalen Funktion ist das Fundament, das dem Prozeß der schrittweisen und komplexen Einführung des Systems der optimalen Leitung und Planung der Produktion in die Wirtschaftspraxis zugrunde liegen muß.

Die Volkswirtschaftsplanung kann nur dann dem Optimum angenähert werden, wenn sie auf einem Komplex von Kenntnissen über den besten (optimalen) Zustand der Wirtschaft bei dem erreichten Niveau des technischen Fortschrittes aufbaut, über den ermittelten Grad der Versorgung der Volkswirtschaft mit natürlichen, Produktions- und anderen Ressourcen und die Bedingungen für die Aufrechterhaltung eines optimalen Zustandes der ökonomischen Prozesse (bei möglichen Veränderungen sowohl der technischen Produktionsbedingungen als auch bei Modifizierung der Ziele auf einzelnen Entwicklungsetappen der Gesellschaft).

Der *Aufbau des Systems der optimalen Funktion der Wirtschaft* erfolgt stufenweise:

– Die erste Stufe seiner Einführung umfaßt die breite Anwendung von ökonomisch-mathematischen Bilanzmodellen, die es ermöglichen, einen bilanzierten Plan der Produktions- und Finanztätigkeit des Systems und seiner einzelnen Blöcke aufzustellen.

– Die zweite Stufe umfaßt die Einführung lokaler Modelle der optimalen Planung der Entwicklung und Leitung der Produktion (der Zweige, Teilzweige, Betriebe produktiven und unproduktiven Charakters) in die Wirtschaftspraxis.

– Gegenwärtig hat eine dritte Stufe begonnen, die durch die Entwicklung und stufenweise Einführung des Komplexsystems der optimalen Leitung und Planung der gesamten Volkswirtschaft und ihrer Bestandteile gekennzeichnet ist.

Systemuntersuchung ökonomischer Erscheinungen: komplexes Studium der Volkswirtschaft oder eines ihrer Teile unter den Gesichtspunkten der Systemanalyse.

Als Begründer der Systemauffassung von ökonomischen Erscheinungen kann man mit vollem Recht K. MARX und F. ENGELS betrachten. Sie haben die These von der dialektischen Einheit der materiellen Welt, der Wechselwirkung und wechselseitigen Bedingtheit aller Prozesse des gesellschaftlichen Lebens allseitig begründet. Ihre dialektische Methode haben die Klassiker des Marxismus auf die Analyse der kapitalistischen Wirtschaft angewandt, die Theorie ihres Funktionierens geschaffen und die Hauptwidersprüche dieses Systems aufgedeckt.

Das ökonomische System ist ein offenes System und tritt einerseits als Bestandteil eines allgemeineren gesellschaftlichen Systems, das alle Elemente, die eine gegebene sozialökonomische Formation charakterisieren, umfaßt, und andererseits als Teil des Systems der Ressourcen für die Konsumtion der Gesellschaft in Erscheinung. Das ökonomische System des Sozialismus ist stets zielstrebig und wird von der Vorgabe der Systemobjekte, ihren Eigenschaften und den Kopplungen zwischen ihnen bestimmt. Die *Systemobjekte* sind der *Eingang*, der *Prozeß*, der *Ausgang*, das *Ziel*, die *Rückkopplung* und die *Beschränkungen* (Bedingungen).

Der *Eingang* des ökonomischen Systems wird durch die Gesamtheit der natürlichen und Arbeitskräfteressourcen, der anderen materiellen Ressourcen, vor allem des technologischen Apparats, der technologischen Verfahren und wissenschaftlichen Kenntnisse charakterisiert. Der *Ausgang* des ökonomischen Systems ist die Gesamtheit der materiellen Güter und Leistungen, die der Bedürfnisbefriedigung der Mitglieder der Gesellschaft dienen. Strukturbildende Grundlage des ökonomischen Systems, die die Kopplungen und den gesellschaftlichen Charakter des Zusammenwirkens ihrer Elemente bestimmt, sind die Produktionsverhältnisse. Sie treten auch als Basis des gesamten Systems der gesellschaftlichen Beziehungen in Erscheinung. Die Wirtschaft stellt bestimmte Forderungen an die Produzenten (an ihre Qualifizierung, ihre beruflichen Fertigkeiten, ihre Verteilung über das Territorium des Landes), verändert das Niveau der Bedürfnisbefriedigung der verschiedenen Gruppen der Werktätigen, bildet diese Bedürfnisse selbst aktiv heraus und wirkt dadurch auf alle Seiten des gesellschaftlichen Lebens ein. Die Einwirkungen der Umwelt (des natürlichen und gesellschaftlichen Systems) auf die Ökonomie sind außerordentlich mannigfaltig. Die natürliche Umwelt wirkt auf die Ökonomie durch den Anteil an Naturreichtümern und durch die natürlichen Lebensbedingungen der Menschen ein, die gesellschaftliche Umwelt wirkt über die Verhaltensmotive der Produzenten, die ihrerseits von der Form des

Eigentums an den Produktionsmitteln und von der sozialen Klassenstruktur der Gesellschaft abhängen. Diese Einwirkung tritt auch in Gestalt der in der Gesellschaft herrschenden moralisch-ethischen und ideologischen Bedingungen, der nationalen und Lebensbesonderheiten der verschiedenen Bevölkerungsgruppen usw. in Erscheinung.

Die verschiedenen Aspekte der Wechselwirkung der Gesellschaft und des ökonomischen Systems werden von der marxistisch-leninistischen Wissenschaft in der Lehre von Basis und Überbau, vom Wechselverhältnis der Produktivkräfte und der Produktionsverhältnisse, der Ökonomie und der Politik untersucht.

Der *Funktionsprozeß des ökonomischen Systems* ist außerordentlich kompliziert. Die Kompliziertheit des ökonomischen Systems hängt ab von der Vielfalt der Bedürfnisse der Gesellschaft und der Varianten ihrer möglichen Befriedigung sowie von der außerordentlich hohen Dynamik sowohl der Bedürfnisse als auch der technischen Lösungen, die sich in dem Maße, wie sich die wissenschaftlich-technische Revolution vertieft, weiterentwickeln.

Die Wirtschaft ist in eine Reihe von Untersystemen gegliedert, die untereinander sowohl durch horizontale als auch durch vertikale Wechselwirkungen verbunden sind. Jeder Eingang (Ausgang) eines Untersystems ist der Ausgang (Eingang) eines anderen Untersystems. Im Funktionsprozeß der Wirtschaft bildet sich eine bestimmte Hierarchie der Untersysteme heraus (z. B.: Betrieb – Zweig – Volkswirtschaft). Entsprechend der *hierarchischen Struktur der Wirtschaft* trägt das Leitungssystem der Volkswirtschaft ebenfalls hierarchischen Charakter. Jede Steuerung (Lenkung), darunter auch die Steuerung der sozialistischen Produktion, setzt das Vorhandensein eines *Zieles*, eines gewünschten Ergebnisses voraus, zu dessen Erreichung der Steuerungsprozeß realisiert wird. Das Ziel der sozialistischen Wirtschaft kommt im ökonomischen Grundgesetz des Sozialismus zum Ausdruck. Im Mittelpunkt der Systemanalyse steht bekanntlich der quantitative Vergleich von Alternativen, der zur Aufdeckung der zu realisierenden Alternative durchgeführt wird. Daraus folgt, daß die Systemuntersuchung der Wirtschaft eine Vergleichbarkeit der unterschiedlichen Güter und Ressourcen bezüglich ihrer Fähigkeit voraussetzt, gesellschaftliche Bedürfnisse zu befriedigen (die Erreichung des Zieles zu fördern). Eine zunehmend größere Rolle spielen bei diesen Bedürfnissen die sozialen Faktoren. Eine wichtige Etappe bei der praktischen Verwirklichung der Systemuntersuchung ist das *System der komplexen Planung*, das die Vorgabe der Entwicklungsziele eines Landes, ihre Gegenüberstellung, Einordnung und Abstimmung sowie die Realisierung der wichtigsten Ziele mit Hilfe von komplexen Programmen vorsieht. Die Entwicklung der komplexen Planung ist mit theoretischen und angewandten Forschungsarbeiten zur Schaffung eines *Systems der optimalen Funktion der sozialistischen Wirtschaft* verbunden.

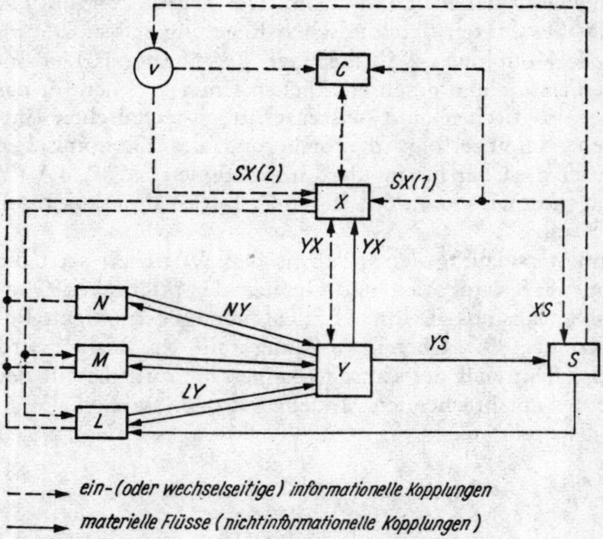

Allgemeines Schema der sozialistischen Wirtschaft als gesteuertes (gelenktes) System

L: Arbeitskräfteressourcen
N: natürliche Ressourcen
M: sonstige materielle Ressourcen
Y: Produktion
S: individuelle Konsumtion
X, *C*: Regler und Leitungsblock, die zusammen die Steuerung bilden
∨: logisches Symbol für die Alternative

An den Eingang des ökonomischen Systems gelangen alle Arten von Ressourcen, wobei die Kopplungen *NY* und *LY* (d. h. das Aufkommen an natürlichen und Arbeitskräfteressourcen) nur teilweise regelbar sind; sie bilden das eine offene Ende des Systems. Das andere offene Ende ist die individuelle Konsumtion *S*,

die das ökonomische System mit den anderen Elementen der Gesellschaft verbindet und das Entwicklungsziel des ökonomischen Systems aufstellt. Die Kopplung *SX* (1) ist die Rückkopplung vom materiellen Fluß *YS*, über die die Informationen darüber laufen, inwieweit die Wirtschaft die vorgegebene Bedarfsgröße befriedigt. Über den Kanal *SX*(2) werden die Parameter des materiellen Ausgangs *YS* übertragen und kommen andere Informationen. Die informationelle Kopplung *YX* weist auf die Mehrstufigkeit der Regelung der Produktion hin. Der materielle Fluß *YX* versorgt das System der ökonomischen Regelung selbst. Die informationelle Kopplung *XS* überträgt die ökonomischen Informationen zu anderen gesellschaftlichen Untersystemen für das Treffen der politischen und wissenschaftlich-technischen Entscheidungen. Somit erfolgt die Steuerung des ökonomischen Systems durch die Übertragung der Informationen *SX* (1), *SX* (2) nach *C* und *X* sowie durch den direkten Informationsaustausch zwischen *Y* und *X*.
Die Systemuntersuchung der sozialistischen Wirtschaft setzt die Behandlung aller Kategorien und Gesetze der politischen Ökonomie des Sozialismus in ihrer Einheit und gegenseitigen Bedingtheit voraus. Die Übereinstimmung mit der Realität wird anhand der Effektivität der Entscheidungen geprüft, die auf der Grundlage des entsprechenden Modells getroffen werden.

T

Tabulation (Tabulieren): Festlegung einer bestimmten Spalteneinteilung beim Beschriften von Formularen, Drucklisten u. a. mit Tabellen, Zahlenreihen usw. Die Tabulation kann durch einen *Tabulator*, d. h. eine Einrichtung an Büromaschinen (wie Schreibmaschinen, Abrechnungs- und Buchungsautomaten) zur beschleunigten Verschiebung des Schreibwagens bzw. des Universaltypenträgers in eine festgelegte Position erleichtert werden. Bei programmierbaren Geräten, wie Buchungsautomaten, Tabelliermaschinen, Schnelldruckern u. a., ist die Tabulation Bestandteil des Programms, das mechanisch (z. B. mittels Steuerbrücke, Programmtafel oder Programmlochkarte) oder elektromagnetisch (z. B. mit Hilfe von Ferritkern- oder Plattenspeichern) gespeichert wird.

Taktgeber: Vorrichtung zur Erzeugung von Taktimpulsen, die Grundlage für alle zeitabhängigen Vorgänge in Regel- und Steuersystemen sind und deren Erzeugung, Übertragung und Verknüpfung die Elementarvorgänge dieser Systeme sind.

Taktspur: Spur auf Magnettrommelspeichern, die Taktimpulse speichert und bei Speicherung oder Entnahme von Informationen die Funktion eines Taktgebers ausübt.

Taktzeit (Takt): Zeit, in der ein Taktimpuls einen Teil des Rechenwerks eines Digitalrechners (z. B. das Addierwerk oder ein Register) durchläuft.
Die Anzahl der Takte pro Sekunde wird als *Taktfrequenz* bezeichnet; sie wird in MHz (Megahertz) oder kHz (Kilohertz) angegeben und bestimmt die Rechengeschwindigkeit.

Tastatur: Einrichtung zur manuellen Dateneingabe und Funktionsauslösung durch die Betätigung von Tasten. Tastaturen sind Bestandteil des Bedienungsfeldes von elektronischen Datenverarbeitungsanlagen, peripheren Geräten und Büromaschinen.
Man unterscheidet *alphanumerische Tastaturen* zur Eingabe von Buchstaben, Ziffern, Satz- und Sonderzeichen sowie Steuerbefehlen von *numerischen Tastaturen* (wie *Zehnertastaturen* zur Eingabe von Ziffern und Rechenzeichen und *Volltastaturen*). Eine *Zehnertastatur* besitzt je eine Taste für die Ziffern 0 bis 9.

Zur vereinfachten Bedienung werden Zehnertastaturen mit Zwei- oder Dreinullen-Tasten (00 bzw. 000) ausgestattet. Wegen des kleinflächigen Tastenfeldes ist Blindbedienung möglich, wodurch die Eingabegeschwindigkeit erhöht wird. Die *Volltastatur* enthält eine der Stellenkapazität für die Zifferneingabe entsprechende Anzahl von Tastenbänken mit Tasten für die Ziffern 1 bis 9. Volltastaturen werden vor allem bei elektromechanischen Rechen- und Buchungsautomaten sowie bei Registrierkassen verwendet. Zum Unterschied von der Zehnertastatur ist sie wegen der größeren Bedienungsfläche für Blindbedienung ungeeignet. Vorteile einer Volltastatur bestehen aber darin, daß Nullen nicht eingetastet werden müssen, eine stellenweise Korrektur von Fehleingaben möglich ist und das Tastenfeld bei Bedarf in mehrere Bereiche unterteilt (gesplittet) werden kann.
Die Anordnung der Tasten innerhalb einer Tastatur ist meist standardisiert. Als unmittelbares Verbindungsglied zwischen Bedienungsperson und Maschine haben Tastaturen verschiedene physiologische und psychologische Anforderungen hinsichtlich Anordnung, Form, Farbe, Kraftaufwand usw. zu erfüllen, damit zur Maschinenbedienung nur ein Minimum an gedanklicher Arbeit und physischer Kraft bei größter Sicherheit und schnellstmöglicher Arbeitsweise erforderlich ist.

Teilsystem: Bestandteil eines Gesamtsystems, der Elemente dieses Systems enthält, die nicht nur untereinander, sondern auch mit Elementen anderer Teilsysteme dieses Systems gekoppelt sind.
Die elementarsten Teilsysteme eines Gesamtsystems sind die *Elemente* des Systems. Sind alle Teilsysteme eines Gesamtsystems voneinander unabhängig, so spricht man auch von einem *entarteten System.*
Von besonderer Bedeutung ist der Fall der zeitweilig voneinander unabhängigen Teilsysteme; unter bestimmten Voraussetzungen haben Systeme, die auf diese Weise aus Teilsystemen aufgebaut sind, die Eigenschaft der Multistabilität.
→ Gesamtsystem

Time-sharing (Zeitaufteilung): gleichzeitige Nutzung eines sehr schnellen informationsverarbeitenden Geräts durch viele Nutzer (oder Geräte) nach einem speziellen Prinzip. Es besteht darin, daß jeder einzelne Nutzer das schnelle Gerät nur sehr kurzzeitig in Anspruch nimmt und dieses so der Reihe nach allen

scheinbar gleichzeitig zur Verfügung steht. Voraussetzung dafür ist allerdings, daß zwischen je zwei Inanspruchnahmen des Geräts durch jeden der Nutzer ein hinreichend großes Zeitintervall besteht. Bei Datenverarbeitungsanlagen kann es sich dabei z. B. um die Nutzung des Arbeitsspeichers durch die Zentraleinheit und die gerade arbeitenden peripheren Geräte oder die Nutzung der Zentraleinheit durch mehrere gleichzeitig ablaufende Programme (bei *Multiprogramming*) handeln.
Die Zuteilung eines kurzen Zeitabschnitts (einer *Zeitscheibe*) für einen Nutzer wird bei verschiedenen Time-sharing-Systemen unterschiedlich vorgenommen, z. B. zyklisch oder nach Priorität. Die Zuteilung erfolgt über ein spezielles Organisationsprogramm im Betriebssystem einer Datenverarbeitungsanlage und ist insofern auch veränderbar.
Die Konzeption des Time-sharing führt über die bessere Auslastung von Teilen der Datenverarbeitungsanlage, die Schlüsselpositionen haben, zur Erhöhung der Anzahl der insgesamt verarbeiteten Programme. Neben der gleichzeitigen Verarbeitung von Programmen im Stapelbetrieb, bei dem man eingabe- und ausgabeintensive Programme einerseits und rechenintensive Programme andererseits für die gleichzeitige Verarbeitung durch Multiprogramming geeignet zusammenstellen kann, gibt es eine kompliziertere Form des Time-sharing, die auch als *Teilnehmerbetrieb* (in einem *Teilnehmerrechensystem*) bezeichnet wird. Dabei nutzen die Teilnehmer die Datenverarbeitungsanlage gleichzeitig von mehreren *Datenendstellen* her, deren *Datenendstationen* (Ein- und Ausgabegeräte wie Schreibmaschine, Bildschirmanzeige mit Tastatur oder Lichtstift) mittels Telefonie, Telegrafie oder anderer Datenfernübertragungsmöglichkeiten mit dem Time-sharing-System der Datenverarbeitungsanlage verbunden sind. Die Teilnehmer haben jederzeit unabhängig voneinander Zugriff zur Anlage, wobei für jedes Teilnehmerprogramm gesichert wird, daß ihm Speicherplatz im Arbeitsspeicher zur Verfügung steht, Bibliotheksprogramme genutzt werden können und die Programme sich nicht gegenseitig stören oder überspeichern.

Totzeit: Zeit, die zwischen der Änderung der Eingangsgröße eines dynamischen Systems und der dadurch hervorgerufenen Änderung des Zustands des Systems verstreicht. Bei einem Automaten ist die Totzeit insbesondere jene Zeit, die zwischen der Eingabe eines Signals und der Ausgabe des entsprechenden Ausgabesignals verrinnt.

Die Totzeit eines dynamischen Systems ist im allgemeinen nicht konstant, sondern ändert sich im Laufe der Zeit. Beispielsweise geschieht dies bei organischen Systemen durch Lernen, bei technischen Systemen durch „Einspielen" bzw. „Altern". Um die Totzeit unter vergleichbaren Bedingungen messen zu können, legt man am Eingang des Systems eine genormte Sprungfunktion an.

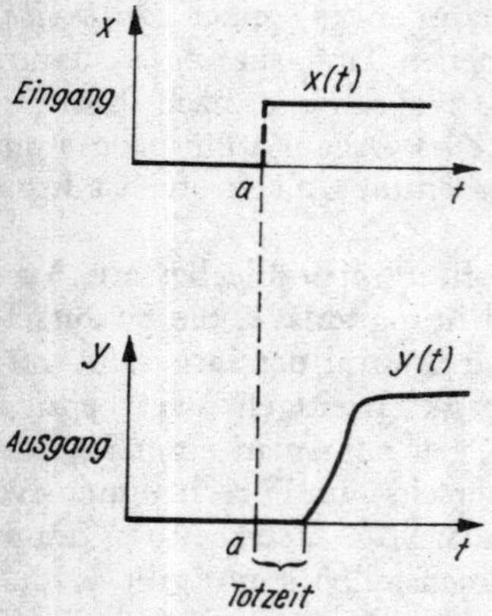

Normierung der Totzeit durch eine Sprungfunktion

Trägerfrequenzleitung (Trägerfrequenzkanal): Leitung, die als Übertragungsweg zur Mehrfachausnutzung auf der Basis eines *Trägerfrequenzsystems* dient. Hierzu werden die Nachrichten mit Hilfe spezieller Sender (die *Trägerschwingungen* erzeugen) in einen anderen Frequenzbereich umgesetzt und im Empfänger aus dem trägerfrequenten Bereich zurückverlagert. Die Reichweite von Trägerfrequenzverbindungen wird im wesentlichen durch die Störspannungen begrenzt, die sich längs der Übertragungswege addieren.

Transformation: umkehrbar eindeutige (eineindeutige) Abbildung T einer Menge M auf sich, d. h. $T = M \times M$.
Bei einer eineindeutigen Abbildung einer Menge $M = \{x_1, x_2, \ldots, x_n\}$ von n Elementen auf sich selbst spricht man auch von einer *Permutation* (vom Grade n). Elementares *Beispiel:* Es sei $M = \{a, b, c\}$. Dann wäre

$$T = \{[a, c], [b, a], [c, b]\}$$

eine spezielle Transformation (bzw. Permutation). Oft gibt man eine solche Transformation auch in Matrixdarstellung (als Permutationsmatrix) an:

$$T = \begin{pmatrix} a & b & c \\ c & a & b \end{pmatrix}.$$

Diese Darstellungsweise wird z. B. für die anschauliche Beschreibung der Transformation von Systemzuständen (hier a, b, c) benutzt.

Der Begriff der Transformation hängt eng mit dem des *Operators* zusammen. Man kann davon sprechen, daß auf die Elemente, die in der ersten Zeile des angegebenen Schemas stehen, ein Operator angewandt wird, der sie in die Elemente verwandelt, die in der zweiten Zeile stehen. Nimmt man z. B. an, daß die Menge $\{a, b, c\}$ die Menge der stabilen Zustände eines Systems ist, dann kann davon gesprochen werden, daß der betreffende Operator die Stabilität des Systems nicht gefährdet, denn von *jedem* Zustand des Systems im Stabilitätsbereich wird wieder zu einem solchen Zustand übergegangen. Ein kybernetisches System ist stabil gegenüber allen Transformationen (bzw. Operatoren), die die Menge der stabilen Zustände abgeschlossen lassen.

Operationen mit Transformationen. Wird auf eine Menge hintereinander erst die Transformation T_1, dann auf das Resultat die Transformation T_2 angewandt, so spricht man vom *Produkt* T_3 der Transformationen, das als

$$T_1 \circ T_2 = T_3$$

geschrieben werden kann; $\circ$ symbolisiert eine Operation, die *Verkettung* (Verkettungsoperation) genannt wird.

Beispiel:

$$\underset{T_1}{\begin{pmatrix} a & b & c \\ c & a & b \end{pmatrix}} \circ \underset{T_2}{\begin{pmatrix} a & b & c \\ a & c & b \end{pmatrix}} = \underset{T_3}{\begin{pmatrix} a & b & c \\ b & a & c \end{pmatrix}}$$

Ein solches Produkt braucht keinesfalls kommutativ zu sein. Im angegebenen Beispiel gilt:

$$T_2 \circ T_1 = \begin{pmatrix} a & b & c \\ c & b & a \end{pmatrix} \neq T_3 .$$

Für Transformationen gilt aber das assoziative Gesetz:

$$(T_1 \circ T_2) \circ T_3 = T_1 \circ (T_2 \circ T_3).$$

Erzeugt eine Transformation T aus dem Element a von M das Bild a', so nennt man diejenige Transformation T^{-1}, die aus diesem Bild wieder das Element a herstellt, die zur ersten *inverse Transformation.* Das Produkt I einer Transformation T mit ihrer inversen Transformation T^{-1} nennt man *identische Transformation:*

$$T \circ T^{-1} = I.$$

Über einer Menge M sei $\mathfrak{T}_M$ die Menge aller Transformationen von M.
Dann ist selbstverständlich $I \in \mathfrak{T}_M$. Nun gilt für jedes T_1, T_2, $T_3 \in \mathfrak{T}_M$:

(1) $T_1 \circ I = I \circ T_1 = T_1$
(2) $T_1 \circ T_1^{-1} = T_1^{-1} \circ T_1 = I$
(3) $T_1 \circ (T_2 \circ T_3) = (T_1 \circ T_2) \circ T_3$

Somit bildet $\mathfrak{T}_M$ bezüglich der Verkettungsoperation $\circ$ eine *Gruppe*; man nennt sie auch die *Transformationsgruppe* $[\mathfrak{T}_M, \circ]$ der Menge M.
Transformationen und Transformationsgruppen haben große Bedeutung für die kybernetische Systemtheorie. Viele kybernetische Begriffe und Beziehungen aus diesem Gebiet können durch Transformationen mathematisch beschrieben werden. So können z. B. die Werte der Ausgangsgröße eines aktiven Elements als Resultat einer Transformation aufgefaßt werden, die auf die Werte der Eingangsgröße dieses Elements angewandt wird. Entsprechendes gilt für ganze aus aktiven Elementen aufgebaute dynamische Systeme. Die von der Umgebung kommenden Einwirkungen (z. B. Informationen) werden durch die Gesamtheit des Systems mit seinen Informationsverarbeitungseinrichtungen, seinen Speichern usw. in eine bestimmte Menge von Werten der Ausgangsgrößen transformiert. Im elementarsten Fall hat diese Transformation linearen Charakter; die *lineare Transformation* ist die einfachste und zugleich die bisher für praktische Fälle wichtigste:

$$\begin{aligned}
y_1 &= a_{11}x_1 + a_{12}x_2 + \cdots + a_{1m}x_m \\
y_2 &= a_{21}x_1 + a_{22}x_2 + \cdots + a_{2m}x_m \\
&\cdots\cdots\cdots\cdots\cdots\cdots\cdots\cdots \\
y_n &= a_{n1}x_1 + a_{n2}x_2 + \cdots + a_{nm}x_m
\end{aligned}$$

Der Eingang wird hier durch die Variablen $x_1 \cdots x_m$, der Ausgang durch $y_1 \cdots y_n$ beschrieben. Faßt man die x_i und die y_k zu je einem Vektor $\mathbf{x}$ und $\mathbf{y}$ zusammen, die Koeffizienten a_{ik} zu einer Matrix $\mathbf{A}$, so gestattet dies die Darstellung in Form einer Matrizengleichung:

$$\mathbf{y} = \mathbf{A} \cdot \mathbf{x}.$$

Nicht immer lassen sich Gleichungen dieser Form angeben. Die lineare Transformation wird jedoch nicht allein deswegen bevorzugt, weil sie mathematisch am einfachsten zu handhaben ist; vielmehr sind in der Umgebung eines Gleichgewichtszustandes bzw. Stabilitätszustandes alle Transformationen zumindest quasilinear.

Allerdings ist der Fall, bei dem ein bestimmter Eingang (etwa durch einen Vektor repräsentiert) durch das System bzw. aktive Element, auf das er einwirkt, in einen genau *bestimmten* Ausgang transformiert wird, ein Grenzfall, weil die Beziehungen zwischen Eingang und Ausgang letztlich statistischer Natur sind. Mathematisch betrachtet bedeutet das, daß ein Element x nur mit einer gewissen Wahrscheinlichkeit auf ein anderes Element y abgebildet wird. Bezeichnet $\varphi(x, y)$ die Wahrscheinlichkeit, mit der das Element x in das Element y übergeht, so kann die Transformation durch eine Matrix beschrieben werden. Als *Beispiel* sei ein System mit den möglichen Gleichgewichtszuständen a, b, c betrachtet, dessen *Transformationsmatrix* im eben gekennzeichneten Sinne folgende Gestalt haben könnte:

	a	*b*	*c*
a	0,1	0,2	0,5
b	0,9	0,0	0,2
c	0,0	0,8	0,3

In der obersten Zeile stehen die Zustände, auf die die Transformation angewandt wird, in der ersten Spalte die Zustände, die sich durch Anwendung der Transformation ergeben. Die Zahlen geben an, mit welcher Wahrscheinlichkeit der Übergang von einem jeden der Zustände in sich selbst oder in einen anderen der möglichen Zustände erfolgt.

Für viele Zwecke der mathematischen Beschreibung kybernetischer Systeme ist es vorteilhaft, *Funktionaltransformationen* wie z. B.

die Fourier-Transformation und die Laplace-Transformation anzuwenden. Die Auflösung von Differentialgleichungssystemen, die das Verhalten eines dynamischen Systems beschreiben, kann dadurch wesentlich erleichtert werden.
Für die kybernetische Systemtheorie ist auch wichtig, daß der Begriff der Transformation mit dem des *Graphen* eng zusammenhängt. Die Gegenüberstellung einer Transformation und die Darstellung derselben Transformation durch einen Graphen kann dies veranschaulichen:

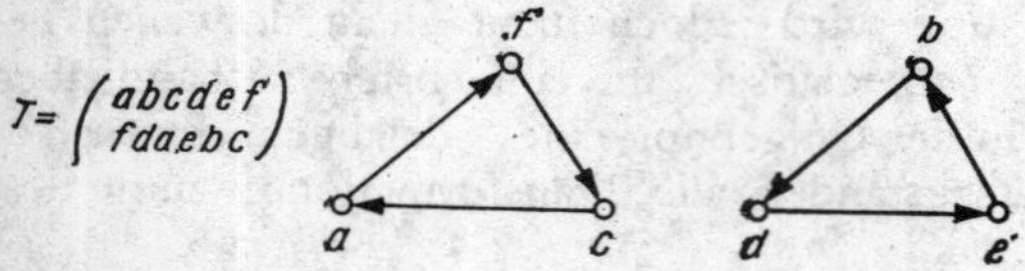

Darstellung einer Transformation durch einen Graph

Der Graph macht u. a. anschaulich, daß in diesem Falle das System in zwei unabhängige Teilsysteme zerfällt.

Transinformation (Wechselinformation): Information, die man über Elemente eines Wahrscheinlichkeitsfeldes A erhält, wenn in einem mit diesem verbundenen Wahrscheinlichkeitsfeld B ein Ereignis eintritt (bzw. umgekehrt).
Es seien A_x bzw. B_y Wahrscheinlichkeitsfelder, die Sender bzw. Empfänger einer Kommunikationskette im Hinblick auf mögliche Aussendung von Information bzw. Empfang von Information charakterisieren. Um die Transinformation quantitativ festzulegen, wird zunächst von folgenden Zusammenhängen zwischen Sender und Empfänger der Kommunikationskette ausgegangen:

$$\text{Sender} \qquad\qquad\qquad\qquad \text{Empfänger}$$

$$A_x \begin{cases} A_1 \\ . \\ . \\ . \\ A_n \end{cases} \qquad \{\text{Kanal}\} \qquad B_y \begin{cases} B_1 \\ . \\ . \\ . \\ B_m \end{cases}$$

(1) $p(A_x) = p(x) \qquad\qquad p(B_y) = p(y)$

(2) $A_x \quad \overrightarrow{p(B_y|A_x) = p_x(y)} \quad B_y$

(3) $A_x \quad \overleftarrow{p(A_x|B_y) = p_y(x)} \quad B_y$

(1) gibt die Wahrscheinlichkeit dafür an, daß A_x gesendet bzw. B_y empfangen wurde; (2) beschreibt die sog. Übergangswahrscheinlichkeit, d. h. die Wahrscheinlichkeit dafür, daß ein vom Sender gesendetes A_x vom Empfänger als B_y empfangen wird; (3) ist die Umkehrung von (2) und wird häufig als Rückschlußwahrscheinlichkeit bezeichnet, da hier von einem empfangenden B_y auf ein A_x im Wahrscheinlichkeitsfeld des Senders rückgeschlossen werden soll.
Führt man noch die Shannonsche Beziehung für die mittlere Information

$$H(x) = -\sum_{i=1}^{n} p_i \operatorname{ld} p_i$$

ein, die auf das Element eines Wahrscheinlichkeitsfeldes zutrifft und die Verbundwahrscheinlichkeit

$$H(x,y) = -\sum_{i=1}^{n} \sum_{j=1}^{m} p_{ij} \operatorname{ld} p_{ij}$$

für das gemeinsame Auftreten eines Elements A_x im Wahrscheinlichkeitsfeld A und eines Elements B_y im Wahrscheinlichkeitsfeld B, so ergeben sich folgende Beziehungen für die Transinformation:

(a) $\overrightarrow{TI} = H(x) - H_y(x)$

(b) $\overleftarrow{TI} = H(y) - H_x(y)$

(c) $\overleftrightarrow{TI} = H(x) + H(y) - H(x,y)$

(a) ist die auf den Sender, (b) die auf den Empfänger bezogene Transinformation; (c) bringt den symmetrischen Charakter der Transinformation zum Ausdruck. Die Transinformation ist also letztlich nichts anderes als der gemeinsame Informationsgehalt der gesendeten und empfangenen Information, d. h. derjenige Teil der gesendeten Entropie, der korrekt übertragen wurde.
Geht man von einer Kommunikationskette aus und setzt die Eingangs- bzw. Ausgangsinformation zur Transinformation in Beziehung, so erweist sich die Transinformation als ein Maß der erreichten bzw. erreichbaren Faktenkenntnis über die Informationsquelle. Die absolute Faktenkenntnis wäre dann gegeben, wenn

Transinformation, Eingangsinformation und Ausgangsinformation identisch sind. Eine nur relative Wahrheitserkenntnis liegt vor, wenn etwa die Transinformation kleiner als die Eingangsinformation ist usw. Selbstverständlich wird damit nur ein Moment der Erkenntnis erfaßt, da die Transinformation im hier beschriebenen Sinne noch keinen Aufschluß über Abstraktionsprozesse, theoretische Verallgemeinerungen usw. gibt.
Die Betrachtungen zur Transinformation können wesentlich vertieft werden, wenn zur Untersuchung von bidirektionaler Kommunikation sowie allgemeiner zur Untersuchung von kommunikativen Verbindungen zwischen beliebig vielen informationellen Systemen übergegangen wird.
→ Kommunikation

Transportproblem (Distributionsproblem, Verteilungsproblem): Spezialproblem der linearen Optimierung, für das ein besonders einfacher Lösungsalgorithmus existiert und das folgendermaßen formuliert werden kann: An m Versandorten V_i $(i = 1, 2, \ldots, m)$ lagern die Mengen a_i eines einheitlichen Produkts (z. B. Kohle, Zement, Kartoffeln), die zu n Empfangsorten E_k $(k = 1, 2, \ldots, n)$ transportiert werden sollen, so daß der Empfangsort E_k die Menge b_k erhält. Meistens wird die Gleichgewichtsbedingung

$$\sum_{i=1}^{m} a_i = \sum_{k=1}^{n} b_k$$

angenommen, die besagt, daß der Bedarf der Empfangsorte dem Gesamtaufkommen der Versandorte entspricht. Die Kosten für den Transport einer Einheit des betreffenden Produkts von V_i nach E_k seien c_{ik}. Wie ist der Transport zu organisieren, wenn die Gesamttransportkosten K möglichst gering sein sollen?
Bezeichnet man die von V_i nach E_k transportierte Menge mit x_{ik}, so erhält man unter der in der Praxis meist zutreffenden Voraussetzung, daß die Transportkosten den beförderten Mengen proportional sind, das folgende lineare Optimierungsproblem:

$$\sum_{k=1}^{n} x_{ik} = a_i \quad (i = 1, 2, \ldots, m);$$

$$\sum_{i=1}^{m} x_{ik} = b_k \quad (k = 1, \ldots, n),\; x_{ik} \geqq 0;$$

$$K = \sum_{i=1}^{m} \sum_{k=1}^{n} c_{ik} x_{ik} \Rightarrow \min.$$

Dies sei an einem *Beispiel* erläutert: Einsatzbereite Güterwagen sollen von 3 Bahnhöfen V_1, V_2, V_3 zu 5 anderen Stellen E_1, E_2, E_3, E_4, E_5 befördert werden.
Die Gesamtbeförderungskosten sollen dabei so gering wie möglich sein. Zur Verfügung stehen

am Bahnhof $V_1 : a_1 = 9$ Waggons
am Bahnhof $V_2 : a_2 = 4$ Waggons
am Bahnhof $V_3 : a_3 = 8$ Waggons.

Benötigt werden

am Bahnhof $E_1 : b_1 = 3$ Waggons
am Bahnhof $E_2 : b_2 = 5$ Waggons
am Bahnhof $E_3 : b_3 = 4$ Waggons
am Bahnhof $E_4 : b_4 = 6$ Waggons
am Bahnhof $E_5 : b_5 = 3$ Waggons.

Der Bedarf ist also gleich dem Vorrat an Waggons. Die Beförderungskosten je Güterwagen mögen durch folgendes Schema bestimmt sein:

	E_1	E_2	E_3	E_4	E_5
V_1	10	20	5	9	10
V_2	2	10	8	30	6
V_3	1	20	7	10	4

Unter allen diesen Umständen ergibt sich folgende Aufgabe (wenn x_{ik} die Anzahl der von V_i nach E_k zu befördernden Waggons ist):

$$x_{ik} \geqq 0 \quad (i = 1, 2, 3;\ k = 1, 2, 3, 4, 5)$$

$$x_{11} + x_{12} + x_{13} + x_{14} + x_{15} = 9$$
$$x_{21} + x_{22} + x_{23} + x_{24} + x_{25} = 4$$
$$x_{31} + x_{32} + x_{33} + x_{34} + x_{35} = 8$$
$$x_{11} + x_{21} + x_{31} = 3$$
$$x_{12} + x_{22} + x_{32} = 5$$
$$x_{13} + x_{23} + x_{33} = 4$$
$$x_{14} + x_{24} + x_{34} = 6$$
$$x_{15} + x_{25} + x_{35} = 3$$

$$K = 10x_{11} + 20x_{12} + 5x_{13} + 9x_{14} + 10x_{15} + $$
$$+ 2x_{21} + 10x_{22} + 8x_{23} + 30x_{24} + 6x_{25} +$$
$$+ x_{31} + 20x_{32} + 7x_{33} + 10x_{34} + 4x_{35} \Rightarrow \min.$$

Wie bei der Simplexmethode geht man auch bei der Lösung des Transportproblems von einer Basislösung aus. Eine Basislösung des Transportproblems enthält $m + n - 1$ nichtnegative Basisvariable (von den $m + n$ Einschränkungen sind wegen der Gleichgewichtsbedingung nur $m + n - 1$ linear unabhängig). Im Normalfall sind diese Basisvariablen alle positiv. Sind einige von ihnen gleich Null, so liegt der mathematisch mit einigen Komplikationen verbundene Fall der Entartung (oder Degeneration) vor.
Zur Lösung von Transportproblemen sind in der Regel elektronische Datenverarbeitungsanlagen erforderlich, die die Datenaufbereitung und -nachbereitung und die komplizierten Optimierungsvorschriften (Optimierungsalgorithmen) auszuführen haben. Programmpakete der Transportoptimierung, die hohe Anpassungsfähigkeit an die verschiedensten auftretenden Fälle besitzen, werden von den Herstellern elektronischer Datenverarbeitungsanlagen angeboten.
Der am weitesten verbreitete Lösungsalgorithmus für das Modell der Transportoptimierung sind der *Primal-Dual-Algorithmus* von DANTZIG (*Stepping-Stone-Methode*) und die sog. *ungarische Methode*. Für verschiedene Fälle reichen Näherungslösungen aus, die nach Vorgabe eines Gütekriteriums besonders gut aus dem Primal-Dual-Algorithmus gewonnen werden können.
Wesentlichen Einfluß auf den Berechnungsaufwand hat die Güte der Ausgangslösung. Zur Bestimmung einer Ausgangslösung wurden verschiedene Regeln ausgearbeitet (Nordwesteckenregel, Zeilenregel, Spaltenregel, Indexregel, Regel von VOGEL-KORDA, Habrsche Regel u. a.).
Verschiedene Verallgemeinerungen des Transportproblems lassen sich mit Hilfe von Kunstgriffen oder speziellen, die aufwendigere Simplexmethode vermeidenden Algorithmen lösen. Bei Nichtbestehen der Gleichgewichtsbedingungen führt man einen fiktiven Versand- oder Empfangsort ein. Es besteht die Möglichkeit, Beschränkungen der Durchlaßfähigkeit der Transportstrecken zu berücksichtigen (*Transportproblem mit Kapazitätsbeschränkungen*). Ferner gibt es Möglichkeiten zur Behandlung von Transportproblemen mit mehreren Produkten (*mehrdimensionale Transportprobleme* bzw. *Mehrsortentransportprobleme*); sie behandeln den günstigsten Transport von den Versand- zu den Empfangsorten über Zwischenlager. Schließlich können Probleme der Standortplanung als verallgemeinerte Transportprobleme behandelt werden. Das Transportproblem kommt mit dem Rundfahrtproblem im sog. *Tourenproblem* vor, das

insbesondere auf den Güterkraftverkehr, die Spedition und auf Versorgungsfahrten (z. B. Versorgung von Einzelhandelsgeschäften) angewendet werden kann.

Turingmaschine: nach A. M. Turing benannte idealisierte Rechenmaschine, die den Begriff des mechanischen oder algorithmischen Rechenverfahrens präzisiert.

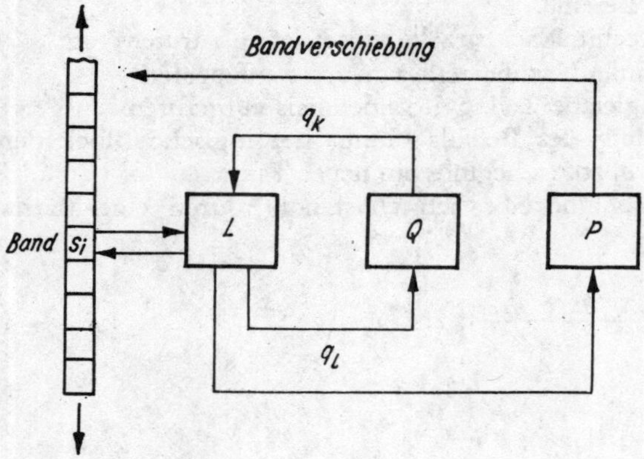

Funktionsweise der Turingmaschine

Die Turingrechenmaschine hat einen äußeren Speicher in Gestalt eines unendlich langen Lochbandes, der in einzelne Zellen unterteilt ist, in denen sich jeweils nur ein Zeichen eines endlichen Alphabets (s_0, s_1, …, s_n) befindet. Dabei wird s_0 das Leerzeichen genannt. Von einer leeren Zelle des Bandes sagen wir, in ihr befinde sich das Leerzeichen; wird das Leerzeichen in eine besetzte Zelle gegeben, so wird das dort befindliche Zeichen gelöscht.

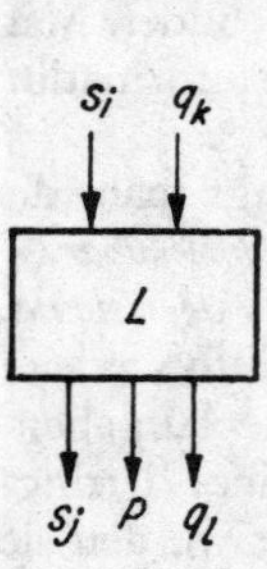

Funktionsschema des logischen Blocks

Die Maschine arbeitet in diskreten, aufeinanderfolgenden Arbeitstakten. Während eines Arbeitstaktes wird die auf dem Band befindliche Information (ein Zeichen s_i unseres Alphabets) abgelesen und im sog. *logischen Block* der Turingmaschine verarbeitet, der nur endlich viele Zustände $q_1, q_2, \ldots, q_m$ annehmen kann. Die Eingangsinformationen s_i und der jeweilige Zustand q_k des logischen Blocks bestimmen die Ausgangsinformation s_j des logischen Blocks, die anstelle des Zeichens s_i eingesetzt wird, und einen der folgenden drei Befehle.
Befehl R: die rechte Nachbarzelle von s_i ist aufzurufen;
Befehl L: die linke Nachbarzelle von s_i ist aufzurufen;
Befehl M: die gleiche Zelle wird nochmals aufgerufen.
Nach Ausführung des Befehls nimmt der logische Block den neuen Zustand q_l an, es beginnt ein neuer Takt.
Eine Turingmaschine läßt sich vollständig durch eine Matrix beschreiben:

	$q_1\ q_2 \cdots q_k \cdots q_m$
s_1	
s_2	
.	....
s_i	$[s_j, P, q_l]$
.	....
s_n	

Im Schnittpunkt von Eingangsinformation und gerade vorhandenem Zustand des logischen Blocks steht die Ausgangsinformation s_j, der auszuführende Befehl P und der nach Abarbeiten des Taktes neu erreichte Zustand q_l. Bei der Arbeit der Turingmaschine sind zwei Möglichkeiten gegeben:
(1) Bei vorgegebener Anfangsinformation I_a, d. h. bei „vorgedrucktem" Band, hält die Maschine nach endlich vielen Arbeitstakten an, und es hat sich die Information I_b herausgebildet. Man sagt dann, die Turingmaschine sei auf die Anfangsinformation *anwendbar*.
(2) Die Maschine hält niemals an. In diesem Falle sagt man, die Turingmaschine sei auf die Anfangsinformation *nicht anwendbar*.
Jede Turingmaschine realisiert einen bestimmten *Algorithmus*. So kann man z. B. eine Turingmaschine für die Addition zweier natürlicher Zahlen konstruieren. Je umfangreicher die Aufgabenstellung, desto komplizierter die betreffende Maschine. Turingmaschinen werden nicht technisch realisiert, vielmehr werden sie

zur exakten Definition des Algorithmus benutzt. Auch der Begriff der rekursiven Funktion läßt sich u. a. mit Hilfe des Begriffs der Turingmaschine präzisieren.
Die Turingmaschine ist eine reine Gedankenkonstruktion, da es eine Rechenmaschine mit unendlich großem Speicher niemals geben kann. Als praktische Rechenmaschine würde sie auch wegen ihrer außerordentlich umständlichen Arbeitsweise nicht zu gebrauchen sein. Sie hat jedoch großen theoretischen und methodologischen Wert für die praktische Konstruktion von Rechenautomaten, für die begriffliche Aufhellung grundlegender Probleme der Mathematik und Logik, vor allem der Algorithmentheorie.

U

Überlauf: in Datenverarbeitungsanlagen das Überschreiten der Stellenzahl, die für die Speicherung des Ergebnisses eines arithmetischen oder logischen Befehls in einem Register vorgesehen ist. Die nicht mehr unterzubringenden Stellen verursachen den Überlauf, der entweder von der Anlage automatisch durch *Überlaufanzeige* äußerlich sichtbar gemacht wird oder der eine interne Markierung des Maschinenzustandes bewirkt. Eine solche Markierung kann über das Betriebssystem erfaßt werden und eine Unterbrechung des den Fehler verursachenden Programms sowie den Ablauf eines Fehlermaßnahmeprogramms auslösen.

Übertragungsglied (Glied): Teilsystem im Wirkungsweg von Steuerungen oder Regelungen. In systemtheoretischer Darstellung werden Übertragungsglieder als aktive Elemente betrachtet.
Als Abschnitte des Wirkungsweges dienen die Glieder der Übertragung und Verarbeitung von Signalen sowie der in diesen enthaltenen Informationen. Jedes Glied besitzt einen *Eingang* und einen *Ausgang*. Am Eingang jedes Gliedes ist mindestens *ein* Eingangssignal wirksam. Ausgangsseitig gibt jedes Glied mindestens *ein* Ausgabesignal ab.
Als Beispiel der symbolischen Darstellung von Gliedern ist ein Glied mit *n* Eingangssignalen und *m* Ausgangssignalen gezeigt.

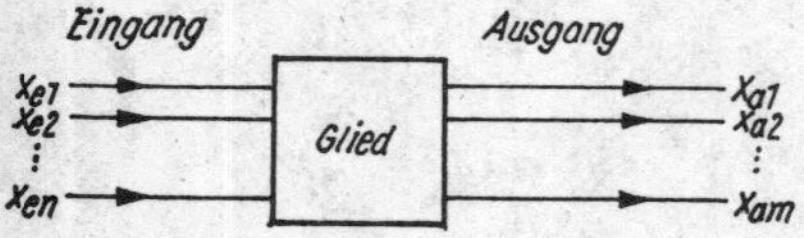

Glied mit *n* Eingangssignalen und *m* Ausgangssignalen

Häufig ist es – insbesondere für die Darstellung in Signalflußplänen – zweckmäßig, den Wirkungsweg so in Übertragungsglieder zu zerlegen, daß jedes Glied genau ein Ausgangssignal hat, gegebenenfalls jedoch mehrere Eingangssignale.
Die Abhängigkeiten zwischen den einzelnen Eingangssignalen und den Ausgangssignalen eines Gliedes werden durch das *Übertragungsverhalten des Gliedes* beschrieben. Schließt das Übertragungsverhalten eines Gliedes Rückwirkungen von den Ausgangssignalen auf die Eingangssignale aus, so heißt das Glied

Bezeichnung	Kennlinie	Frequenzgang	Übergangsfunktion	Frequenzkennlinie	Symbol
P_0-Glied	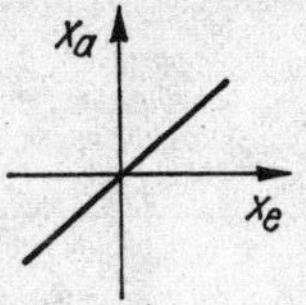	$F(j\omega) = K$	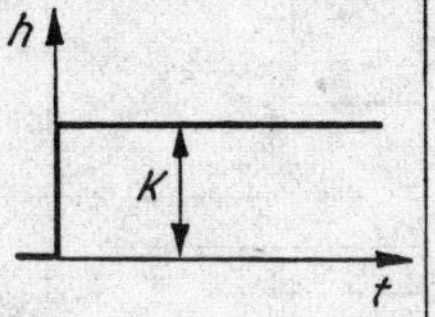	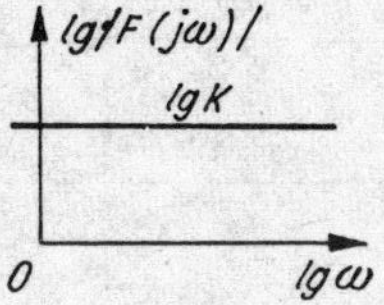	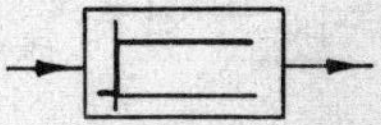
I_0-Glied	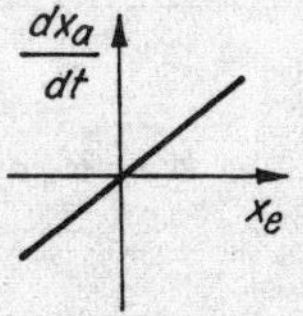	$F(j\omega) = \frac{K_I}{j\omega}$	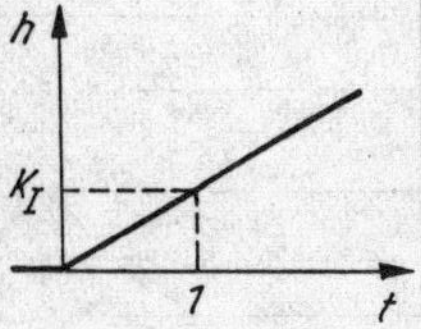	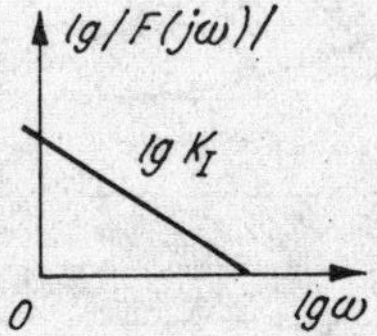	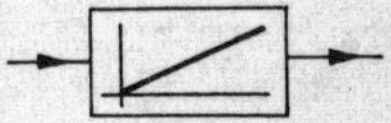
D_0-Glied	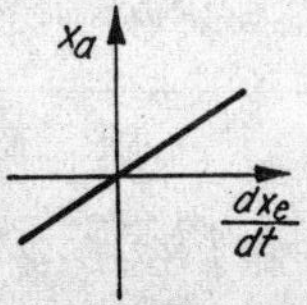	$F(j\omega) = K_D \cdot j\omega$	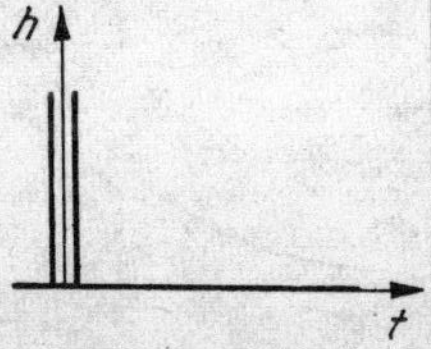	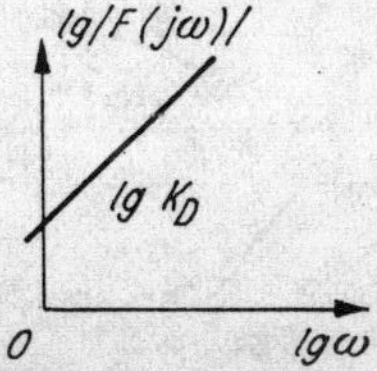	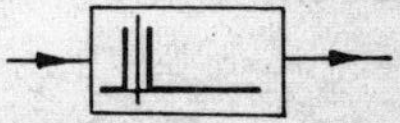

Übersicht über einige Übertragungsglieder (Tabelle I)

Bezeichnung	Frequenzgang	Übergangsfunktion / Frequenzkennlinie / Symbol
Verzögerungsglied 1. Ordnung (T_1-Glied)	$F(j\omega) = \frac{1}{1 + Tj\omega}$	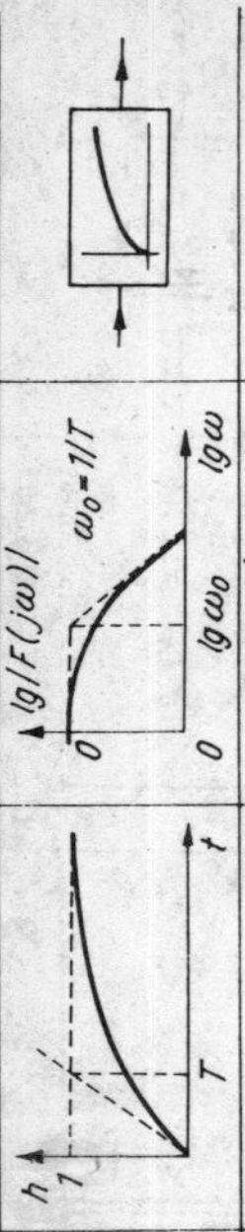
Schwingendes Verzögerungsglied (T_2^*-Glied) 1)	$F(j\omega) = \frac{1}{1 + 2Dj\omega + T^2(j\omega)^2}$ $0 < D < 1$	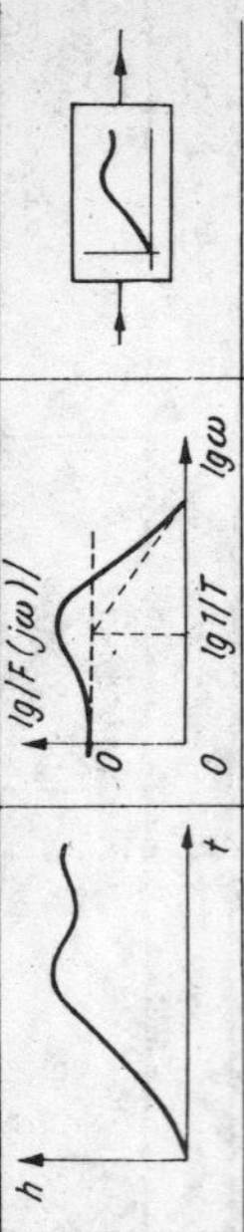
Totzeitglied (T_t-Glied)	$F(j\omega) = e^{-T_t j\omega}$	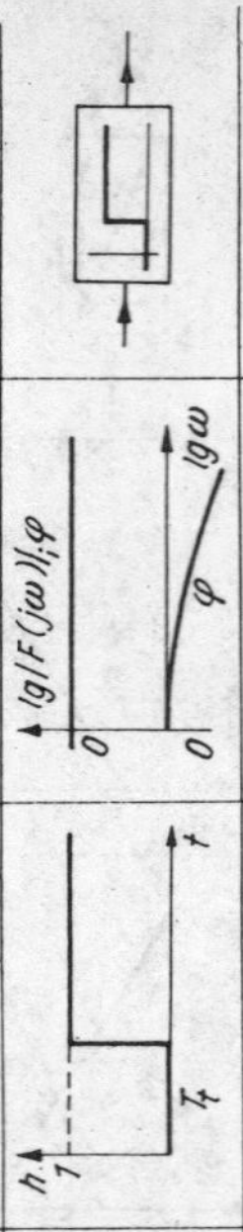
Vorhaltglied 1. Ordnung (T_{D1}-Glied)	$F(j\omega) = 1 + T_{D1} j\omega$	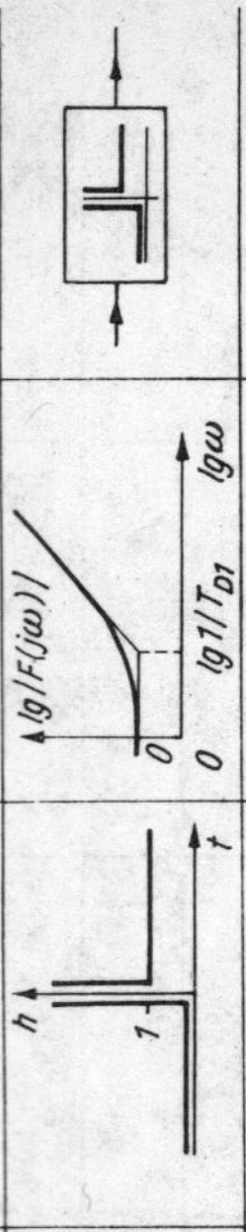
Vorhaltglied 2. Ordnung (T_{D2}-Glied)	$F(j\omega) = 1 + T_{D1} j\omega + T_{D2}^2 (j\omega)^2$	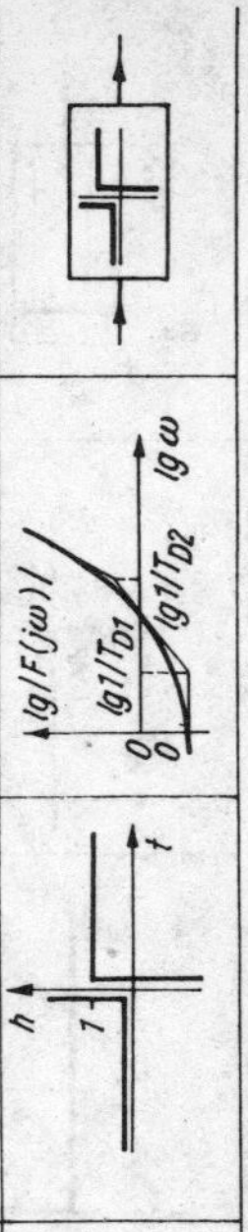

1) Konjugiert komplexe Nullstellen können durch einen Stern am T angedeutet werden

Übersicht über einige Übertragungsglieder (Tabelle II)

rückwirkungsfrei. Die Zerlegung von Signalflußwegen in Übertragungsglieder ist stets so vorzunehmen, daß für alle Übertragungsglieder Rückwirkungsfreiheit vorausgesetzt werden kann. Übertragungsglieder sind durch ihr Übertragungsverhalten vollständig charakterisiert.

Kennzeichnung von Übertragungsgliedern. Übertragungsglieder können durch ihr statisches oder dynamisches Signalübertragungsverhalten gekennzeichnet werden. Die verschiedenen Möglichkeiten der statischen und dynamischen Kennzeichnung *linearer Übertragungsglieder* sind in den Tabellen I und II zusammengestellt.

Zur Kennzeichnung des statischen Verhaltens dient die *statische Kennlinie*; zur Kennzeichnung des dynamischen Verhaltens Methoden im Zeitbereich (*Übergangsfunktion*) oder im Frequenzbereich (*Frequenzgang, Frequenzkennlinien*). Größen, die das statische oder dynamische Verhalten eindeutig beschreiben, werden *Kennwerte* eines Übertragungsgliedes genannt. Kennwerte sind z. B. die *Zeitkonstante* (Kennwert mit der Dimension Zeit) und der *Übertragungsfaktor*.

Die für ein bestimmtes Übertragungsverhalten typischen Kennwerte können aus experimentell aufgenommenen Kurven ermittelt werden. Zu diesem Zweck werden bestimmte Testsignale an den Eingang des zu untersuchenden Übertragungsgliedes gelegt. Verwendet man als Eingangssignal Sinusschwingungen verschiedener Frequenzen, so erhält man als empirische Kurve die *Ortskurve des Frequenzganges*. Dieses Verfahren zur Kennwertermittlung wird als *Methode im Frequenzbereich* bezeichnet.

Verwendet man als Eingangstestsignale aperiodische Zeitfunktionen, erhält man ebenfalls auswertbare Kurven. Solche Verfahren, die es gestatten, aus experimentell aufgenommenen Antwortfunktionen auf aperiodische Eingangssignale die regelungstechnischen Kennwerte zu entnehmen, werden *Methoden der Kennwertermittlung im Zeitbereich* genannt. Hierunter fallen u. a. die Methoden der Analyse von Gewichtsfunktionen und Übergangsfunktionen. Die bekanntesten Verfahren zur Auswertung von Übergangsfunktionen sind das *Wendetangentenverfahren*, das *Zeitprozentkennwertverfahren* und das *Verfahren unter Vorgabe der Überschwingweite*.

Läßt sich die Übergangsfunktion eines stetigen linearen Gliedes durch eine der in den Beispielen angegebenen Kurventypen darstellen, so können daraus zahlreiche für das betreffende Übertragungsglied charakteristische Kennwerte entnommen werden. Die Kennwerte in den Beispielen b) bis d) wurden nach dem *Wendetangentenverfahren* ermittelt, d) zeigt ein Übertragungsglied mit Totzeit; im Beispiel e) ist das *Zeitprozentkennwertverfahren* für ein Schwingungsglied gezeigt; f) ist ein Beispiel für ein Übertragungsglied mit integralem Verhalten. Die einzelnen Verfahren zur Kennzeichnung von Übertragungsgliedern werden im folgenden beschrieben.

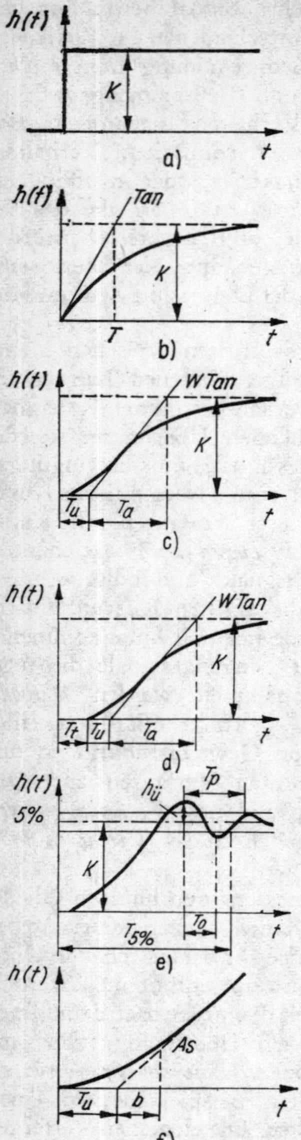

Kennwertermittlung

K	Übertragungsfaktor
T	Zeitkonstante
T_a	Ausgleichszeit
T_u	Verzugszeit
T_t	Totzeit
T_o	zeitlicher Abstand der ersten beiden Extreme
$T_{5\%}$	Einschwingzeit bis 5% des Übertragungsfaktors
T_p	Periodendauer
$h_ü$	bezogene Überschwingweite
Tan	Tangente im Nullpunkt
W Tan	Wendepunkttangente
$a/b = K_I$	integraler Übertragungsfaktor
A_s	Asymptote

1. *Statische Kennzeichnung von Übertragungsgliedern:* Die *statische Kennlinie* bei einem Übertragungsglied mit einem Eingangssignal und einem Ausgangssignal ist die Darstellung des Informationsparameters des Ausgangssignals in Abhängigkeit

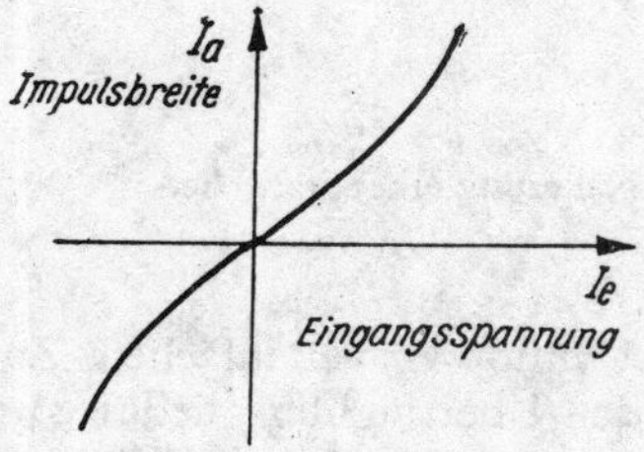

Statische Kennlinie eines Impulsbreitenmodulators

vom Informationsparameter des Eingangssignals im eingeschwungenen Zustand.

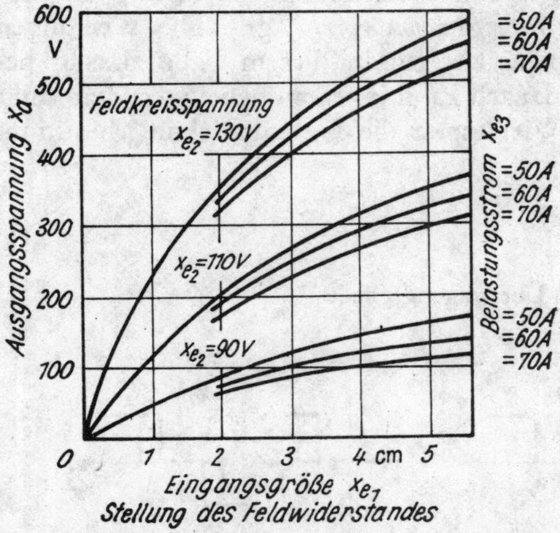

Statisches Kennlinienfeld eines Stromerzeugers

Für Glieder mit mehreren Eingangs-Ausgangs-Signalen werden *statische Kennlinienfelder* angegeben. Die dabei jeweils konstant gehaltenen Informationsparameter sind als Kurvenparameter mit Angabe der jeweiligen Werte einzutragen.

Als *lineare Näherung der statischen Kennlinie eines Übertragungsgliedes* wird die Annäherung gewisser Bereiche der gekrümmten statischen

Kennlinie eines Übertragungsgliedes durch eine *lineare Ersatzkennlinie* verstanden.

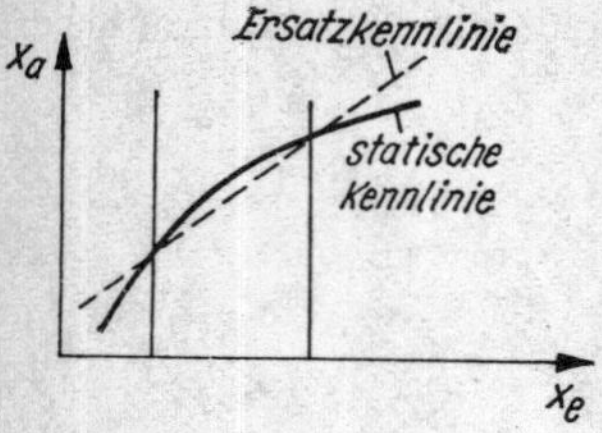

Lineare Näherung einer statischen Kennlinie

Dies geschieht häufig, um die Betrachtung zu vereinfachen. Zur weiteren Behandlung des betreffenden Übertragungsgliedes wird dann die linearisierte Kennlinie herangezogen und die Methode der linearen Regelungstheorie benutzt.
Anhand der statischen Kennlinie werden lineare und nichtlineare Übertragungsglieder unterschieden. Ein *lineares Übertragungsglied* ist ein Übertragungsglied, für dessen Signalübertragung das sog. Überlagerungsgesetz (*Superpositionsprinzip*) gilt. Die Wirkungen mehrerer Eingangssignale können in diesem Falle einzeln betrachtet werden, und danach kann in jedem beliebigen Zeitpunkt aus der Summe der Wirkungen die Gesamtwirkung bestimmt

Symbol eines nichtlinearen Übertragungsgliedes

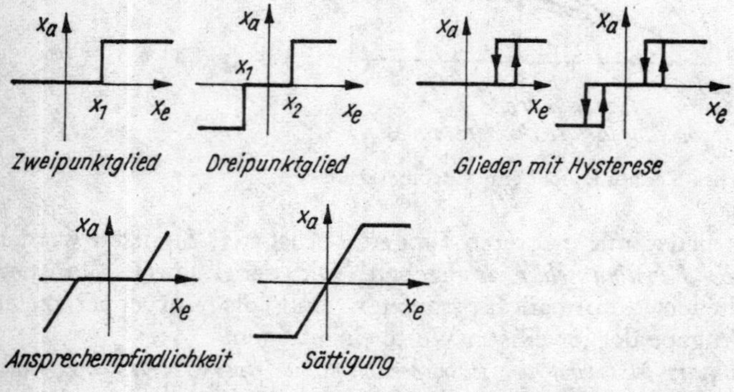

Statische Kennlinien verschiedener nichtlinearer Übertragungsglieder

werden. Die statische Kennlinie eines linearen Übertragungsgliedes ist eine lineare Funktion $x_a = f(x_e)$. Ein *nichtlineares Übertragungsglied* ist dagegen ein Übertragungsglied, für das das Überlagerungsgesetz nicht gilt.
Das bedeutet, daß man die Wirkungen mehrerer Eingangssignale nicht summieren kann, um die Gesamtwirkung zu erhalten. Einige nichtlineare Glieder lassen sich allein durch ihre statische Kennlinie charakterisieren, z. B. Mehrpunktglieder mit und ohne Hysterese, Begrenzung und Ansprechempfindlichkeit. Die mathematische Methode zur Behandlung solcher spezieller nichtlinearer Glieder ist die *Beschreibungsfunktion.*
Ein *Mehrpunktglied* ist ein Übertragungsglied, bei dem die Ausgangsgröße x_a für wachsende Werte der Eingangsgröße x_e mehrere diskrete Werte annimmt.

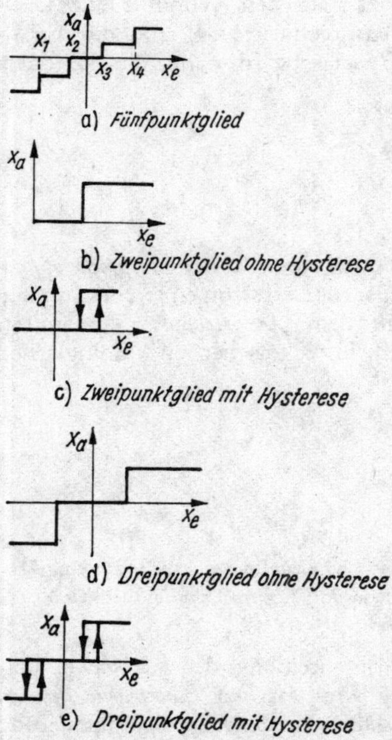

Statische Kennlinien einiger typischer Mehrpunktglieder

Zwei-, Drei- bzw. Mehrpunktglieder, die analoge Eingangssignale zulassen, werden durch die Kennlinien statisch charakterisiert und durch ihre Schaltpunkte x_i beschrieben. Ein Mehrpunktglied heißt *Mehrpunktglied mit Hysterese*, wenn seine statische Kennlinie für wachsende Eingangssignale anders verläuft als für fallende Eingangssignale.

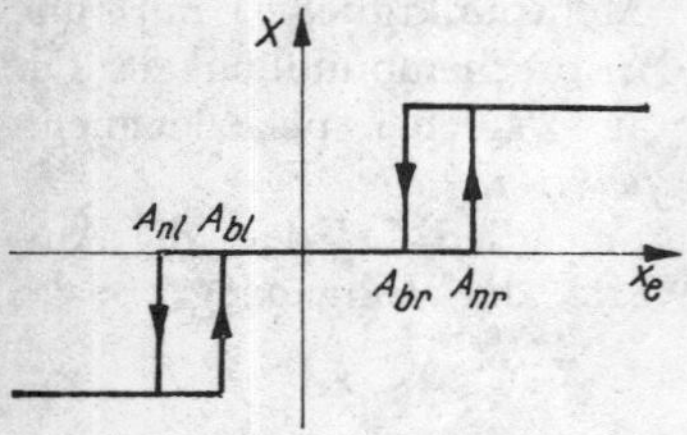

Hysterese

A_{nl} linker Ansprechwert
A_{bl} linker Abfallwert
A_{br} rechter Abfallwert
A_{nr} rechter Ansprechwert

Dabei werden z. B. anhand der statischen Kennlinie eines Dreipunktgliedes zunächst die Ansprechwerte A_n und die Abfallwerte A_b festgelegt. Als *Hysterese* wird dann die Differenz (rechts und links)

$$H_r = (A_n - A_b)_r \quad \text{bzw.}$$
$$H_e = (A_n - A_b)_l$$

bezeichnet.

Ein Übertragungsglied hat die Eigenschaft der *Ansprechempfindlichkeit*, wenn sich die Ausgangsgröße erst von einem bestimmten Wert der Eingangsgrößen an, dem *Ansprechwert* A_n, ändert. Realisierungen finden sich z. B. in technischen und biologischen Systemen.

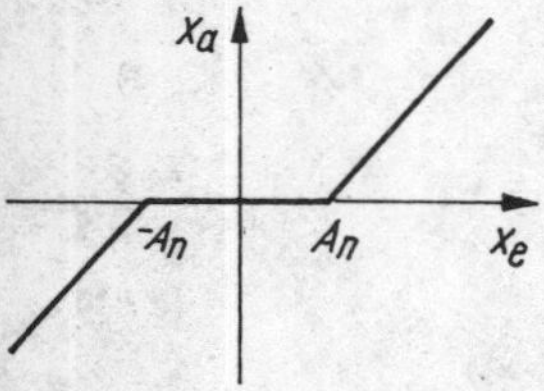

Statische Kennlinie eines Übertragungsgliedes mit Ansprechempfindlichkeit

Ein weiterer Kennwert zur Beschreibung des statischen Verhaltens eines Übertragungsgliedes ist der *Übertragungsfaktor*. Er wird als Quotient aus der Differenz der Ausgangssignale und

der Differenz der Eingangssignale an der statischen Kennlinie definiert. Der Übertragungsfaktor dient zur statischen Charakterisierung *analoger* Übertragungsglieder.
Man unterscheidet z. B. bei analogen Gliedern die speziellen Übertragungsfaktoren K_p (*proportionaler Übertragungsfaktor*), K_I (*integraler Übertragungsfaktor*) und K_D (*differentieller Übertragungsfaktor*).

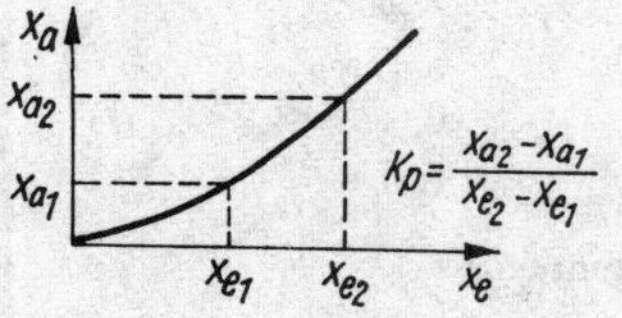

Proportionaler Übertragungsfaktor

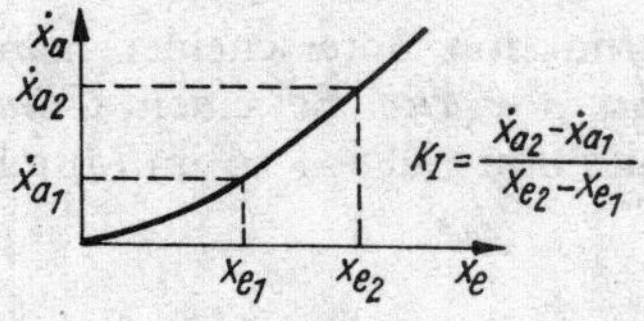

Integraler Übertragungsfaktor

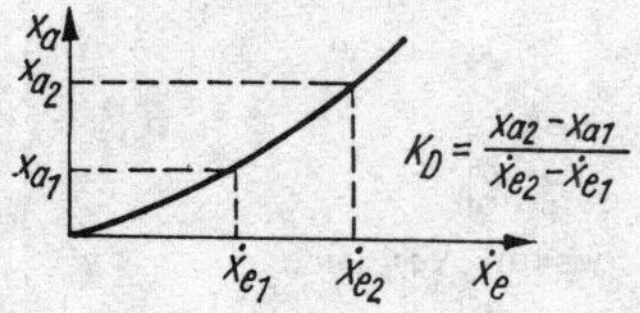

Differentieller Übertragungsfaktor

2. *Dynamische Kennzeichnung von Übertragungsgliedern:* Zur dynamischen Kennzeichnung dienen *Verfahren im Zeitbereich* oder *Verfahren im Frequenzbereich.* Dabei wird das Übertragungsverhalten des Ausgangssignals x_a in Abhängigkeit von der Änderung eines *Einheitssignals* x_e angegeben.
2.1. *Verfahren im Zeitbereich.* Die *Sprungantwort* ist das Ausgangssignal $x_a(t)$ eines linearen Gliedes, mit dem ein *Sprungsignal* $x_e(t) = E \cdot 1(t)$ am Eingang bzw. der *Einheitssprung* $E = 1$ beantwortet wird. Die Sprungantwort besitzt die Dimension des Ausgangssignals.
Als *Übergangsfunktion* wird dann

$$\frac{x_a}{E} = h(t)$$

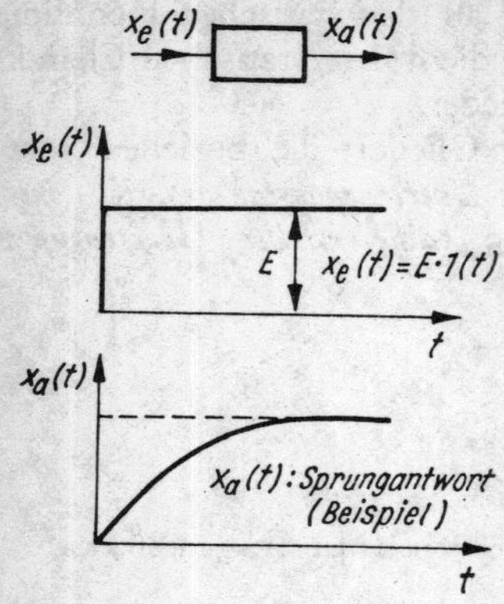

Sprungantwort

bezeichnet. Nach ihrer Übergangsfunktion unterscheidet man *Glieder mit Ausgleich* von *Gliedern ohne Ausgleich*. Bei einem *Glied mit Ausgleich* strebt die Übergangsfunktion mit $t \to \infty$ im Mittel einem stationären Endwert zu.

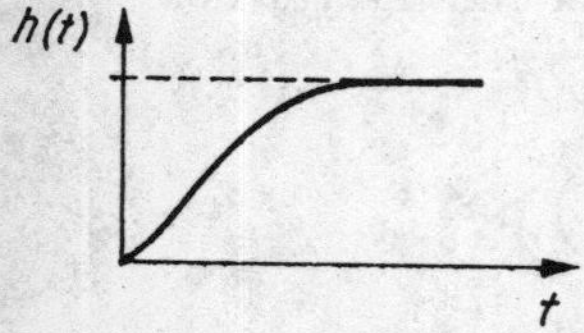

Übergangsfunktion eines Gliedes mit Ausgleich

Hierzu gehören auch Glieder, die eine Arbeitsbewegung im stationären Zustand ausführen, z. B. bei der Zweipunktregelung. Glieder mit Ausgleich werden anhand ihrer Übergangsfunktion beurteilt. Bei einem *Glied ohne Ausgleich* wächst die Übergangsfunktion mit $t \to \infty$ über alle Grenzen. Ein Beispiel ist das Anwachsen eines Behälterstandes bei anhaltendem Zufluß als Eingangsgröße.

Im Zeitbereich wird das *Einschwingverhalten* von Übertragungs-

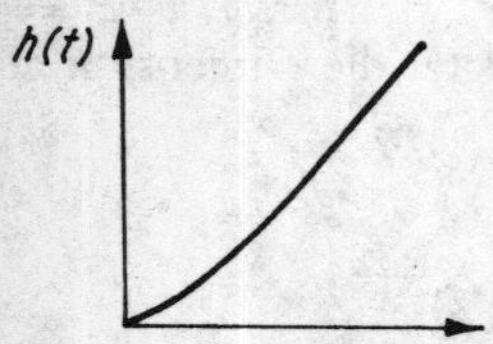

Übergangsfunktion eines Gliedes ohne Ausgleich

gliedern in zeitlicher Darstellung angegeben. Man versteht darunter den zeitlichen Übergang von einem Beharrungszustand zu einem neuen.

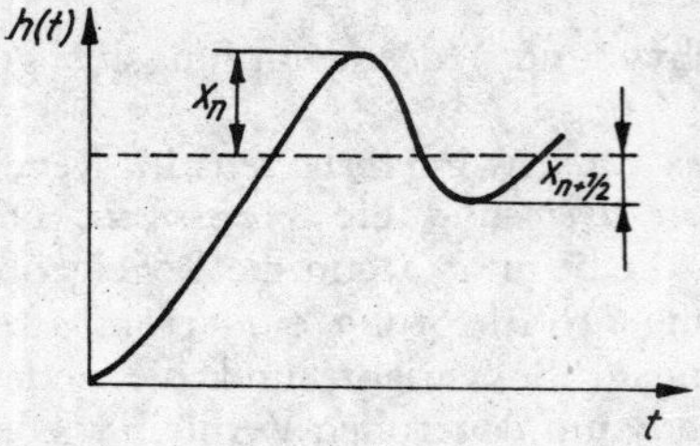

Zur Definition der Dämpfung

Die Darstellung des Einschwingverhaltens ist mit der Übergangsfunktion gegeben. Bei einem System 2. Ordnung z. B. hängt die *Dämpfung D* mit dem Amplitudenverhältnis zweier aufeinanderfolgender Halbschwingungen zusammen:

$$D = \frac{\ln \dfrac{x_n}{x_n + \frac{1}{2}}}{\sqrt{\pi^2 + \left(\ln \dfrac{x_n}{x_n + \frac{1}{2}}\right)^2}}$$

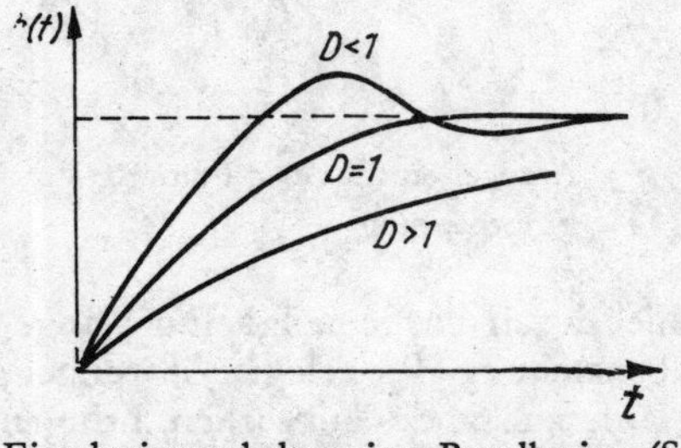

Einschwingverhalten eines Regelkreises (System 2. Ordnung) in Abhängigkeit von der Dämpfung

Übergangsfunktionen für verschiedene Dämpfungen D:

$D = 0$ Dauerschwingungen
$D < 1$ Überschwingung
$D = 1$ aperiodischer Grenzfall
$D > 1$ Kriechfall

Daraus ergibt sich die *Eigenfrequenz* ω_e des gedämpften Systems:

$$\omega_e = \omega_0 \sqrt{1 - D^2};$$

ω_0 = Eigenfrequenz (Eigenschwingung) des dämpfungslos gedachten Systems.

Spezielle Kennzeichnungen des Einschwingverhaltens im Regelkreis erfolgen durch die *Ausregelzeit* und die *Anregelzeit*. Die *Ausregelzeit* ist die Zeitspanne, die beginnt, wenn die Regelgröße nach einem Stör- oder Führungsgrößensprung ein vereinbartes Toleranzband um die Führungsgröße verläßt, und die endet, wenn sie in dieses Toleranzband zum dauernden Verbleib wieder eintritt. Die Größe des Toleranzbandes richtet sich nach der Aufgabenstellung der Regelung, nach Genauigkeit und Ansprechwert der Regeleinrichtung (sie kann z. B. ± 1 Prozent betragen).

Die *Anregelzeit* ist die Zeitspanne T_{an}, die beginnt, wenn die Regelgröße nach einem Führungs- oder Störgrößensprung ein vereinbartes Toleranzband und die Führungsgröße verläßt, und die endet, wenn sie in dieses Toleranzband erstmalig wieder eintritt.

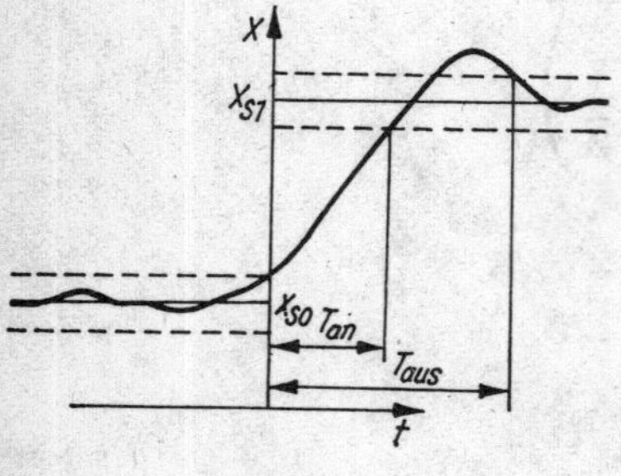

Anregelzeit für einen Führungsgrößensprung

Das Toleranzband wird auch hier durch die Genauigkeit der Regelung und durch die Aufgabenstellung festgelegt. Störungen, die sich nur innerhalb dieses Toleranzbandes auswirken, bringen die Regeleinrichtung nicht zum Ansprechen.

Neben dem Einheitssprung als Testsignal für die dynamische Kennzeichnung von Übertragungsgliedern im Zeitbereich gibt es noch einige weitere Testsignale. So führt der Test mit einem *Nadelimpuls* zur Gewichtsfunktion und der Test mit der *Anstiegsfunktion* (*Rampenfunktion*) zur Anstiegsantwort.

Die *Gewichtsfunktion* ist eine Charakteristik von linearen Übertragungsgliedern, die wie folgt definiert wird: Ist das Eingangssignal $x_e(t)$ eines linearen Übertragungsgliedes eine Stoßfunktion (ein Nadelimpuls), so ergibt sich die Gewichtsfunktion $g(t)$ durch Division der Stoßantwort durch das Zeitintegral (die Fläche) des Eingangssignals. Die Dimension der Gewichtsfunktion $g(t)$ ist gleich der Dimension des Ausgangssignals, dividiert durch die mit der Zeit multiplizierte Dimension des Eingangssignals.

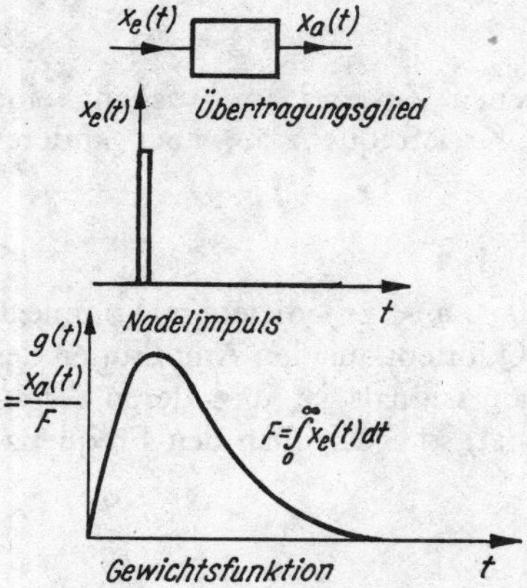

Zur Definition der Gewichtsfunktion

Die Gewichtsfunktion ist ein wichtiges Hilfsmittel zur Charakterisierung von Übertragungsgliedern, insbesondere zum Vergleich verschiedenartiger Übertragungsglieder.
Die *Anstiegsantwort* ist die Reaktion eines Übertragungsgliedes auf eine Anstiegsfunktion $x = a \cdot t$. Liegt eine Begrenzung der Anstiegsfunktion vor, so wird sie auch oft als *Rampenfunktion* bezeichnet.

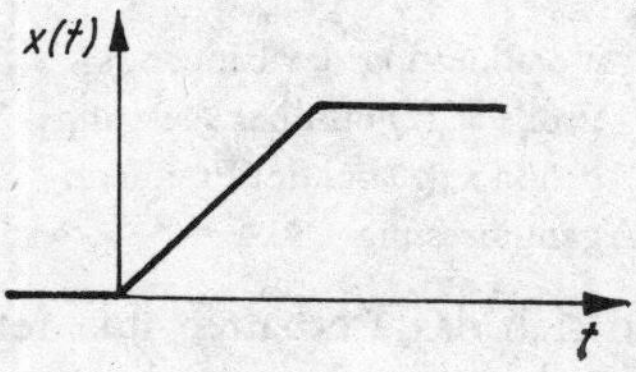

Rampenfunktion

2.2. *Verfahren im Frequenzbereich.* Bei den Verfahren der dynamischen Kennzeichnung von Übertragungsgliedern dient hier eine sinusförmige Eingangsgröße x_e als Testsignal. Man gelangt damit zum *Frequenzgang*, für den es zwei Darstellungsmöglichkeiten gibt: die *Ortskurven des Frequenzganges* und die *Frequenzkennlinie*.

Der *Frequenzgang* ist eine Charakteristik für das Verhalten linearer Übertragungsglieder, zu der man wie folgt gelangt: Erregt man ein lineares Übertragungsglied mit einem sinusförmigen Eingangssignal konstanter Amplitude und von der Kreisfrequenz ω

$$x_e(t) = E \cdot \sin \omega t,$$

so stellt sich im eingeschwungenen Zustand am Ausgang eine Sinusschwingung mit gleicher Kreisfrequenz ω, aber anderer Amplitude und Phasenlage ein:

$$x_a(t) = A \cdot \sin (\omega t + \varphi).$$

Bildet man für alle ω-Werte ($0 \leqq \omega < \infty$) diejenige komplexe Zahl, deren absoluter Betrag der Quotient aus den Amplituden des Ausgangssignals und des Eingangssignals ist und deren Argument die Phasenverschiebung φ ist, so erhält man den Frequenzgang

$$F(j\omega) = \frac{A}{E} \cdot e^{j\omega}.$$

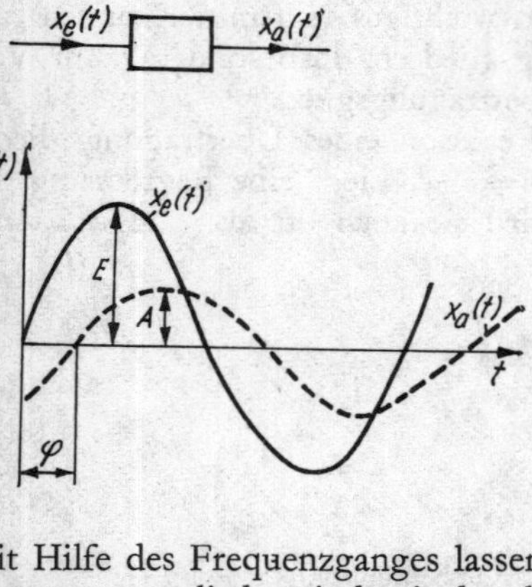

Veränderung der Eingangsgröße $x_e(t)$ und der Ausgangsgröße $x_a(t)$ bei der Frequenzgangmessung

Mit Hilfe des Frequenzganges lassen sich das Verhalten linearer Übertragungsglieder eindeutig beschreiben und Vergleiche zwischen verschiedenen Typen solcher Übertragungsglieder durchführen. Es gilt die Beziehung:

$$F(j\omega) = |F(j\omega)| \cdot e^{j\omega}.$$

Der Betrag $|F(j\omega)|$ wird *Amplitudengang* und das Argument $\arg F(j\omega) = \varphi(\omega)$ *Phasengang* genannt.
Frequenzgänge, die ein spezielles Übertragungsverhalten angeben, sind z. B. der *Führungsfrequenzgang* und der *Störfrequenzgang*. Der *Führungsfrequenzgang* ist die Charakteristik eines Regelkreises, die Aufschluß über sein Führungsverhalten gibt; sie folgt aus der Beziehung

$$F_w = \frac{X(j\omega)}{W(j\omega)} = \frac{F_0(j\omega)}{F_0(j\omega) + 1},$$

wo F_w den Führungsfrequenzgang und F_0 den Frequenzgang des aufgeschnittenen Regelkreises bezeichnet. Der *Störfrequenzgang* ist der Frequenzgang

$$F_z = \frac{X(j\omega)}{Z(j\omega)} = \frac{1}{\dfrac{1}{F_s(j\omega)} + F_R(j\omega)},$$

der Aufschluß über das Störverhalten des Regelkreises gibt (wo F_s der Frequenzgang der Regelstrecke und F_R der Frequenzgang der Regeleinrichtung ist).
Der Frequenzgang läßt sich grafisch als *Ortskurve des Frequenzganges* oder als *Frequenzkennlinie* darstellen.
Die grafische Darstellung des Frequenzganges $F(j\omega)$ in der komplexen Ebene für alle Werte von ω $(0 \leqq \omega < \infty)$ als Parameter für lineare Übertragungsglieder wird *Ortskurve des Frequenzganges* genannt. Bei ihrer Darstellung geht man davon aus, daß man die Sinusschwingungen am Eingang und Ausgang eines Übertragungsgliedes durch rotierend gedachte Zeiger veranschaulichen kann.

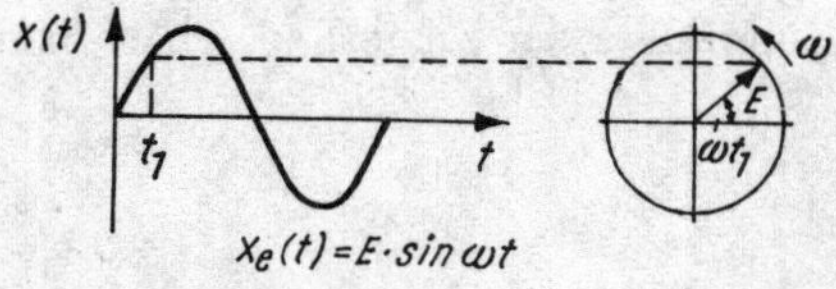

Zeitfunktion und Zeigerdarstellung

Der zu der Zeitfunktion $x_e(t) = E \sin \omega t$ gehörige Zeiger hat die Länge E und rotiert mit der Winkelgeschwindigkeit ω. In der Zeit t_1 legt der Zeiger den Winkel $\omega_1 t_1$ zurück. Die Zeitfunktion

kann man sich durch Projektion des Endpunktes des Zeigers auf die senkrechte Achse entstanden denken. Zum Zeitpunkt $t = 0$ soll sich der Zeiger in der reellen Achse befinden.
In analoger Weise kann man auch zwei Sinusschwingungen $x_e(t)$ und $x_a(t)$ als Zeitfunktionen und in Zeigerdarstellung angeben.

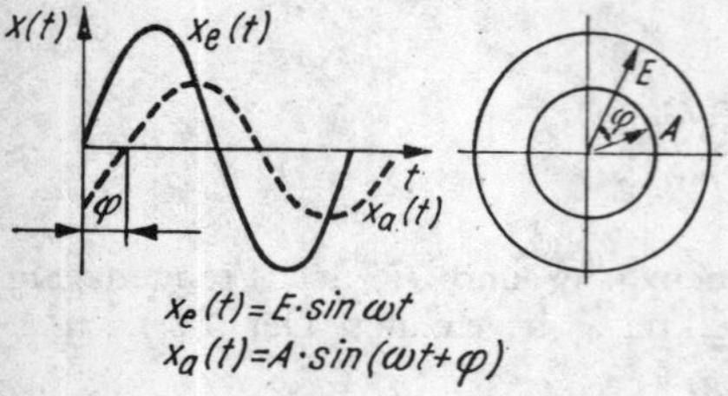

Zwei Sinusschwingungen als Zeitfunktionen und in Zeigerdarstellung

Haben die zwei Sinusschwingungen gleiche Frequenz, aber eine unterschiedliche Phasenlage, so bedeutet das, daß die beiden Zeiger mit der Winkelgeschwindigkeit ω rotieren und eine Phasenverschiebung φ gegeneinander besitzen, die sich im Laufe der Umdrehung nicht ändert.
Aus experimentell aufgenommenen Ortskurven von Regelstrecken lassen sich alle notwendigen Kennwerte zur Beschreibung des Regelvorganges entnehmen. Für die Charakterisierung ist es deshalb ausreichend, wenn man nur die Länge der Zeiger und deren Phasenlage für eine bestimmte Frequenz ω angibt. Der Zeiger für die sinusförmige Eingangsgröße $x_e = E \sin \omega t$ des Übertragungsgliedes wird in die reelle Achse der komplexen Ebene gelegt. Bei fester Eingangsamplitude E wird die Frequenz ω variiert. Für jede Frequenz ω ergibt sich eine sinusförmige Ausgangsgröße $x_a(t) = A \sin(\omega t + \varphi)$, die jeweils unterschiedliche Amplituden A und Phasenverschiebung φ besitzt. Trägt man die dazugehörigen Zeiger in die komplexe Ebene mit ein, so erhält man ein entsprechendes *Zeigerbild.* Variiert man ω zwischen 0 und ∞ und verbindet die Endpunkte der Zeiger, so erhält man

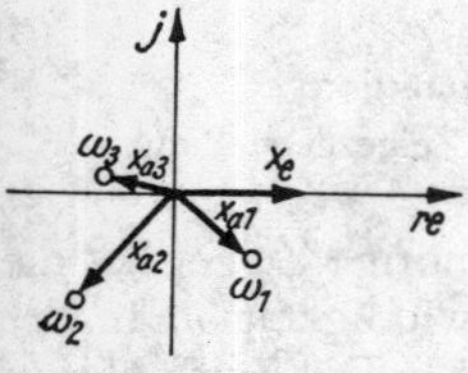

Zeigerbild

die Ortskurve des Frequenzganges. Ortskurven des Frequenzganges können zur Stabilitätsprüfung von Regelkreisen benutzt werden.

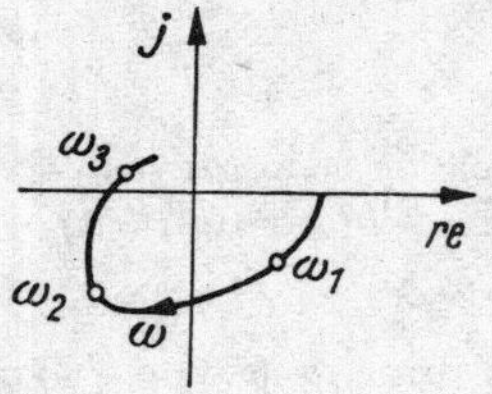

Ortskurve des Frequenzganges

Spezielle Ortskurven des Frequenzganges sind die *inverse Ortskurve* und die *negative Ortskurve*. Die *inverse Ortskurve* ist die grafische Darstellung des Kehrwertes $\frac{1}{F(j\omega)}$ der Ortskurve des Frequenzganges $F(j\omega)$. Bei der Konstruktion von $\frac{1}{F(j\omega)}$ aus

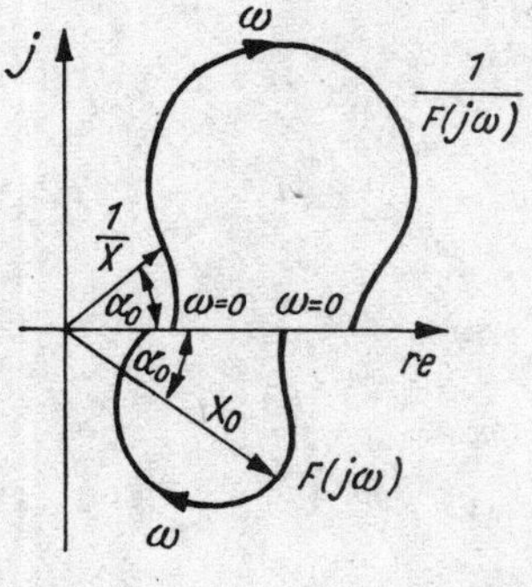

Beispiel für die Konstruktion einer inversen Ortskurve

$F(j\omega)$ ändert der Phasenwinkel α_0 sein Vorzeichen, und Beträge werden reziprok als $1/X_0$ gebildet. Die *negative Ortskurve* wird zum Unterschied von der Ortskurve des Frequenzganges $F(j\omega)$ in der komplexen Ebene als $-F(j\omega)$ aufgetragen. Bei der negativen Ortskurve sind alle Zeiger um 180° gedreht.

Bei der grafischen Darstellung des Frequenzganges $F(j\omega) = |F(j\omega)| \cdot e^{i\varphi}$ durch *Frequenzkennlinien* (Bode-Diagramm) wird die grafische Darstellung des Logarithmus des Betrages $|F(j\omega)|$ als Funktion des Logarithmus der Kreisfrequenz ω *Amplituden-*

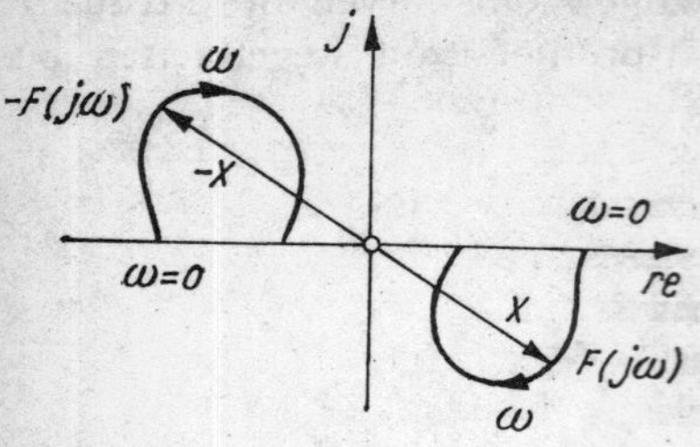

Konstruktion der negativen Ortskurve – $F(j\omega)$ aus $F(j\omega)$

kennlinie, die grafische Darstellung des Arguments φ von $F(j\omega)$ als Funktion des Logarithmus der Kreisfrequenz ω *Phasenkennlinie* genannt. Für die meisten technischen Systeme und für alle sog. Phasenminimumsysteme ist die Amplitudenkennlinie für die Beschreibung linearer Übertragungsglieder ausreichend.

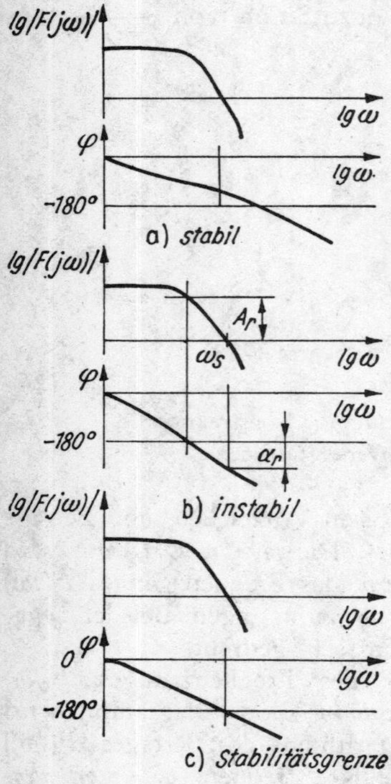

Frequenzkennlinien

Mit Hilfe von Frequenzkennlinien lassen sich Aussagen über die Stabilität des geschlossenen Regelkreises machen, wenn die Frequenzkennlinien des aufgeschnittenen Regelkreises $F_0(j\omega)$ bekannt sind. Bei den Beispielen a), b), c) sind für die drei Systemzustände „stabil", „instabil" und „Stabilitätsgrenze" die dazugehörigen Frequenzkennlinien angegeben. Das Stabilitätskriterium lautet:

Ist $F_0(j\omega)$ für sich stabil, so ist der geschlossene Regelkreis stabil, wenn die Phasenkennlinie $\varphi(\omega)$ für die Schnittfrequenz ω_s größere Werte als $-180°$ hat, d. h. $\varphi(\omega_s) < -180°$. Dabei ist ω_s die Frequenz, bei der die Amplitudenkennlinie die ω-Achse schneidet. Die Größen A_r (*Amplitudenrand*) und a_r (*Phasenrand*) lassen Rückschlüsse auf die Stabilitätsreserve zu. Ein in der Praxis üblicher Wert ist $a_r = 30 \cdots 60°$.

Schaltungen von Übertragungsgliedern. Die Darstellung des Signalflusses erfolgt im *Signalflußplan*, der aus der Kombination von Übertragungsgliedern aufgebaut ist. Für die Darstellung solcher Kombinationen wurden bezüglich rückwirkungsfreier Übertragungsglieder Regeln festgelegt. Sie seien anhand einiger Grundschaltungen gezeigt.

Bei der *Reihenschaltung* zweier Übertragungsglieder ist das Ausgangssignal des ersten Gliedes dem zweiten Glied als Eingangssignal zugeleitet; es gilt die Beziehung $x_{a1} = x_{e2}$.

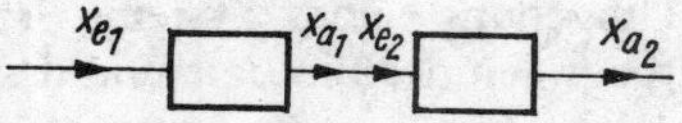

Reihenschaltung zweier Übertragungsglieder

Bei der *Parallelschaltung* zweier Übertragungsglieder wird jedem der beiden Glieder das gleiche Eingangssignal zugeleitet. Das

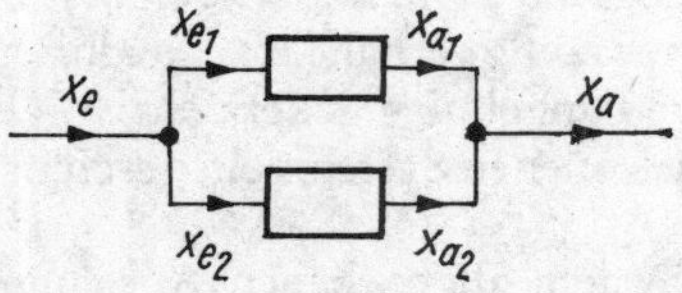

Parallelschaltung zweier Übertragungsglieder

Ausgangssignal ergibt sich durch Addition bzw. Subtraktion der Ausgangssignale der beiden Glieder; es gelten die Beziehungen

$$x_e = \quad x_{e1} = x_{e2} \quad (\textit{Verzweigungsstelle}),$$
$$x_a = \pm x_{a1} \pm x_{a2} \quad (\textit{Additionsstelle}).$$

Die *Rückführschaltung* ist eine Schaltung zweier Übertragungsglieder, bei der die Differenz oder die Summe von Eingangs- und Rückführsignal dem sog. *Vorwärtszweig* (1) zugeleitet wird. Das Ausgangssignal des Vorwärtsgliedes erzeugt über den *Rückführzweig* (2) das Rückführsignal.

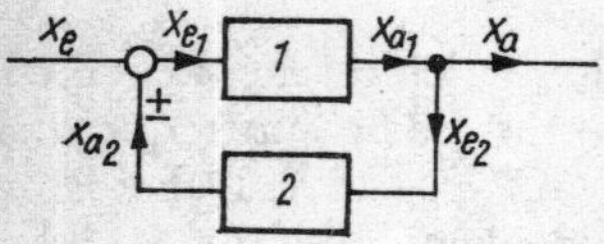

Rückführschaltung

Es gelten die Gleichungen:

$$x_{e1} = x_e \pm x_{a2},$$
$$x_a = x_{a1} = x_{e2}.$$

Eine positive Rückführung wird als *Mitkopplung*, eine negative als *Gegenkopplung* bezeichnet.

Umgebung (Milieu, Umwelt): Die Umgebung U eines Systems S ist die Gesamtheit aller Systeme U_1, U_2, ..., die mindestens ein Element besitzen, dessen Ausgang zugleich Eingang eines Elements von S ist, oder die mindestens ein Element enthalten, dessen Eingang zugleich Ausgang eines Elements von S ist.
Dieser *kybernetische* Begriff der Umgebung eines Systems ist durch Abstraktion aus den Umweltbegriffen der Biologie und der Gesellschaftswissenschaften entstanden. Ein System kann also nur dann als Umgebung eines anderen Systems betrachtet werden, wenn zwischen beiden Systemen irgendeine Kopplung besteht. Das bedeutet zugleich, daß eine Umgebung nur bei *offenen* Systemen vorhanden ist. Für geschlossene Systeme hat der Begriff der Umgebung keine Bedeutung. Häufig erhält man dadurch, daß man ein System, das mit seiner Umgebung gekoppelt ist, als Gesamtsystem auffaßt, anstelle eines offenen Systems ein geschlossenes.
Die von der Umgebung an das System abgegebenen Ausgänge haben häufig den Charakter von Störungen, die auf das System einwirken; es ist ein wesentliches Kennzeichen stabiler kybernetischer Systeme, daß sie sich trotz der Einwirkung solcher Störungen zu erhalten vermögen. Man spricht dann oft davon, daß sie ihr *inneres Milieu* gegenüber den äußeren Einwirkungen zu bewahren vermögen.

Der Begriff der Umgebung ist ebenso wie der des Systems relativ. Nicht alle Elemente und Kopplungen von Elementen der tatsächlichen naturgegebenen Umgebung eines wirklich existierenden Systems gehören zur Umgebung im angegebenen Sinne. Zur Umgebung eines mechanischen Systems etwa (z. B. unseres Sonnensystems, wobei nur die Gravitation und die Massen der Himmelskörper berücksichtigt werden) gehören nicht die elektromagnetischen u. a. Einwirkungen der natürlichen Umgebung dieses Systems.
Der Begriff der *Umgebung eines Systems* läßt sich sinngemäß auf den Begriff der *Umgebung eines Elements* (eines Systems) übertragen.
→ System

unendlicher Automat: digital-arbeitender Automat, der entweder unendlich viele verschiedene stabile Zustände annehmen, oder dessen Eingabe unendlich viele verschiedene Eingabesignalwerte aufnehmen, oder dessen Ausgabe unendlich viele verschiedene Ausgabesignalwerte abgeben kann.
Einfachste Beispiele sind die Analog-Digital-Wandler, also Automaten mit einem stabilen Zustand, die ein analoges Eingabesignal (mit unendlich vielen verschiedenen Signalwerten) durch Quantelung in ein diskretes Ausgabesignal (mit endlich vielen verschiedenen Signalwerten) umwandeln.
→ Automat

Unternehmensspiel: Simulationsmodell zum Training von Entscheidungssituationen für leitende Wirtschaftskader.
Das Hauptziel besteht dabei in der Ausbildung von Führungskräften der Wirtschaft bzw. in ihrer Weiterbildung auf dem Gebiet der Entscheidungsfindung. Entscheidungssituationen, wie sie im Verantwortungsbereich dieser Führungskräfte auftreten können, werden in vereinfachter Form modellhaft nachgebildet und im allgemeinen von mehreren Spielergruppen unter Leitung eines Schiedsrichters oder eines Schiedsrichterkollektivs „durchgespielt". Ein solches Ausbildungs- bzw. Weiterbildungsverfahren besitzt zwar den Charakter eines strategischen Spiels, hat aber mit der mathematischen Theorie der strategischen Spiele im allgemeinen nichts zu tun. Teilnehmer an solchen Unternehmensspielen können sich ohne allzu großen Aufwand und für den Betrieb oder ähnliche Einrichtungen risikolos Erfahrungen aneignen, die der Praxis um so mehr zugute kommen, je besser die benutzten Simulationsmodelle den realen Bedingungen angepaßt sind.

Es sind eine Reihe unterschiedlicher Unternehmensspiele entwickelt worden. Die kompliziertesten von ihnen erfordern den Einsatz elektronischer Datenverarbeitungsanlagen, mit deren Hilfe die von den einzelnen gegeneinander operierenden Spielergruppen getroffenen Entscheidungen ausgewertet und die sich daraus ergebenden Konsequenzen ermittelt werden. Aus- und Weiterbildungsverfahren dieser Art haben für die sozialistische Wirtschaftsführung eine große Bedeutung.

Varianzanalyse: Teilgebiet der mathematischen Statistik, das sich mit der Analyse von Beobachtungsergebnissen beschäftigt, die verschiedenen gleichzeitig wirkenden Einflüssen (Effekten) unterliegen zur Auswahl der wichtigsten Effekte und zur Einschätzung ihrer Wirkung.
Dazu ein typisches *Beispiel:* Bei der Untersuchung einer bestimmten Erscheinung unter verschiedenen Bedingungen wurden statistische Angaben gesammelt. Die Aufgabe besteht darin, festzustellen, ob und auf welche Weise die untersuchte Erscheinung von den Bedingungen abhängt, unter denen die Beobachtungen durchgeführt werden. Das Beobachtungsergebnis kann durch die Bedingungen, unter denen die Beobachtung durchgeführt wird, und durch zufällige Einflüsse verändert werden. Der Einfluß der Beobachtungsbedingungen drückt sich in Gestalt eines bestimmten Effektes und der zufällige Einfluß in Form einer bestimmten Zufallsgröße aus, die *normalverteilt* ist (eine grundlegende Voraussetzung der Varianzanalyse). Im allgemeinen ist der Effekt eine unbekannte Zufallsgröße. Bei der überwiegenden Mehrzahl der praktischen Probleme versteht man jedoch unter dem Effekt eine unbekannte Konstante, d. h., wir haben es mit einem sog. *Modell mit festen Effekten* zu tun.
Nehmen wir an, es liegen m Beobachtungsgruppen vor und jede von ihnen sei unter bestimmten Bedingungen gewonnen worden. Es wird nun vorausgesetzt, daß sich in der i-ten Gruppe, die n_i Zahlen enthält, jeder Beobachtungswert in folgende Komponenten zerlegen läßt: μ – eine allen Gruppen gemeinsame Konstante (allgemeines „Mittel"); α_i – Konstante (Effekt), die nur für die i-te Beobachtungsgruppe relevant ist und ξ_i – die normalverteilte Zufallsgröße; d. h., es wird für die i-te Gruppe folgende Gleichung vorausgesetzt:

$$\eta_i = \mu + \alpha_i + \xi_i,$$

wobei η_i ein beliebiger Beobachtungswert der i-ten Gruppe ($i = 1, 2, \ldots, m$) ist. Die Aufgabe der Varianzanalyse besteht darin, die Beziehungen zwischen den Konstanten abzuschätzen, um die Signifikanz der Unterschiede zwischen den Gruppen zu bestimmen. Die Signifikanz des Unterschiedes zwischen der i-ten und k-ten Beobachtungsgruppe wird durch Vergleich der Werte α_i

und α_k geprüft. Hierbei handelt es sich um ein *Modell mit einfacher Klassifikation.* Komplizierter ist ein *Modell mit zweifacher Klassifikation:*

$$\eta_{ij} = \mu + \alpha_i + \beta_j + \xi_{ij}.$$

Es kann angewendet werden, wenn die Beobachtungswerte nach zwei verschiedenen Faktoren klassifiziert werden. Die Beobachtungswerte des ersten Faktors seien in m Gruppen ($A_1, A_2, \ldots, A_m$) und die des zweiten Faktors in n Gruppen ($B_1, B_2, \ldots, B_n$) unterteilt. Dann ist η_{ij} ein beliebiger Beobachtungswert, der beim ersten Faktor zur Gruppe A_i und beim zweiten Faktor zur Gruppe B_j gehört; μ – die allen Beobachtungswerten gemeinsame Konstante (allgemeines „Mittel"); α_i – die zur Gruppe A_i gehörende Konstante (Effekt); β_j – die zur Gruppe B_j gehörende Konstante (Effekt) und ξ_{ij} die normalverteilte Zufallsgröße.
Mit Hilfe eines Modells mit zweifacher Klassifikation kann z. B. folgendes Problem behandelt werden: Einer der Faktoren hat eine signifikante Wirkung (Effekt) auf die untersuchte Erscheinung. Wenn nun z. B. alle $\alpha_i = 0$ ($i = 1, 2, \ldots, m$) sind, so ist der erste Faktor nicht signifikant. Analog dazu können Modelle mit drei- und vierfacher Klassifikation angegeben werden. Die Schätzwerte der Konstanten werden nach der Methode der kleinsten Quadrate ermittelt.

Vererbung: Weitergabe der Eigenschaften biologischer Systeme auf Systeme, die durch Reproduktion aus diesen entstanden sind.
Unter kybernetischen Gesichtspunkten ist die Vererbung eine besondere Form der Selbstorganisation und Selbstreproduktion, deren Programm in der Desoxyribonukleinsäure (DNS) verankert ist. Die DNS ist nach heutigen Vorstellungen Hauptträger der Erbinformationen und die einzige bis jetzt bekannte chemische Verbindung, die aufeinanderfolgende Generationen von Geschlechtszellen verknüpft. Sie besteht aus langen Molekülketten, die aus Phosphorsäure und Desoxyribose aufgebaut sind und an die die vier Basen *Adenin* (A), *Guanin* (G), *Cytosin* (C) und *Thymin* (T) angelagert sein können.
Zwei solcher Ketten bilden jeweils ein Doppelmolekül, das die Gestalt einer Doppelschraube (Doppelspirale) hat. Die Basen, die auf der gleichen Ebene liegen, sind durch Wasserstoffbrücken verknüpft. Die erwähnte Verknüpfungsbedingung führt dazu,

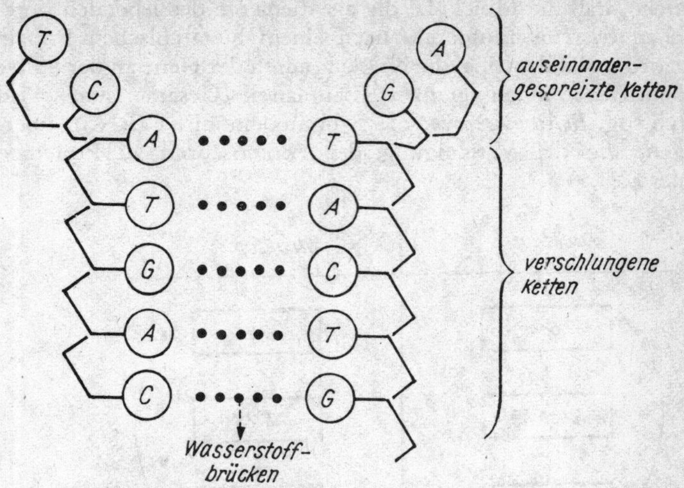

Schematische Darstellung der Molekülketten der DNS

daß die beiden Ketten stets zueinander komplementär sind. Die vier Basen bilden gewissermaßen ein Ensemble von Zeichen, mit dessen Hilfe die Erbinformation kodiert wird. Die Stoffwechselträgheit der DNS macht diese „Zeichen" relativ beständig und damit als Informationsträger geeignet. Die DNS-Moleküle enthalten die Informationen über die Struktur der Eiweiße der jeweiligen Organismen und über deren Kopplung zur Struktur des Systems. Sie haben den Charakter eines „Lochbandstreifens" und steuern gleichsam den Aufbau des Tochterorganismus. Die DNS werden von den Eltern auf die Kinder unverändert übertragen: diese Unveränderlichkeit ist die Grundlage der Kontinuität der Vererbung.

H. Zemanek hat abgeschätzt, daß die Information über den Aufbau der Systemelemente des Menschen und die Kopplung dieser Elemente zu einer Gesamtstruktur in etwa 25000 Signalelementen mit einem Informationsgehalt von je etwa 4 bit enthalten ist, was einer Gesamtinformation von 100000 bit entspricht. Die Art und Weise, wie diese Information über den Aufbau der Elemente des Systems und die Zusammenschaltung dieser Elemente zu einer Struktur konkret verwirklicht wird, ist äußerst kompliziert. Es gibt jedoch einige Hypothesen hierzu, die experimentell schon weitgehend überprüft sind. Nach G. Schramm muß man annehmen, daß die Moleküle, die als Elemente des lebenden organischen Systems fungieren, nach einem hierarchischen Prinzip angeordnet sind, wobei die Nukleinsäuren der Gene an der Spitze stehen. Der in ihnen verankerte Bauplan des Gesamtsystems wird durch sog. *Botensubstanzen*, die Ribonukleinsäuren (RNS), übertragen, die die Vereinigung der Aminosäuren zu Proteinen steuern.

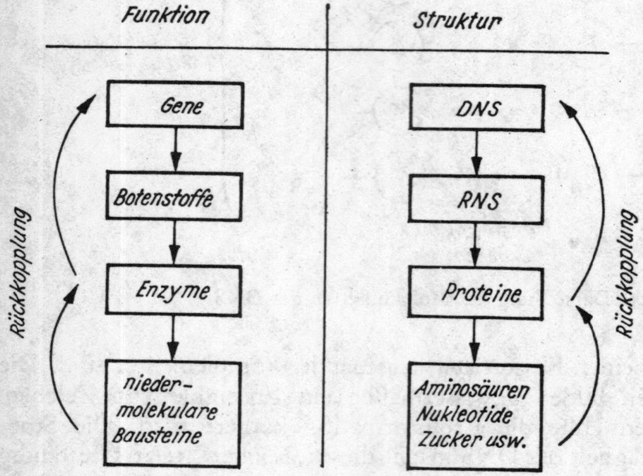

Hierarchie der Moleküle (nach G. SCHRAMM)

Das RNS-Molekül setzt sich aus Nukleotiden zusammen, die aus je einem Molekül Phosphorsäure und Zucker (Ribose) und einer Stickstoffbase bestehen. Als Stickstoffbasen kommen die Purinbasen *Adenin* und *Guanin* und die Pyrimidinbasen *Cytosin* und *Urazil* vor. Außerdem wurde in letzter Zeit das Vorkommen seltener Basen in den Molekülen der sog. *Transport*-RNS nachgewiesen (6-*Methylaminopurin*, *Pseudouridin*, *Thymin*, 5-*Methylcytosin*, 6-*Amino*-2-*Methylpurin* u. a.), von denen eine auf etwa 40 Standardbasen kommt.

Die RNS ist sowohl in den Chromosomen und Nukleolen des Zellkerns als auch in den Ribosomen und im freien Zytoplasma nachgewiesen worden. Die RNS übertragen die in den DNS gespeicherten Informationen (Strukturpläne) vom Zellkern in das äußere Zellplasma. Dort lagern sie sich an sog. *Mikrosomen* an und steuern auf der Grundlage dieser Informationen den Aufbau

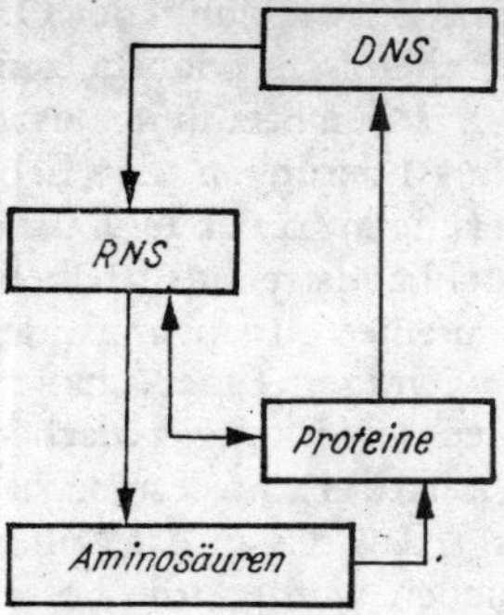

Schema für den Aufbau von Proteinen aus Aminosäuren

der Proteine aus Aminosäuren. Bestimmte Proteine werden ihrerseits wieder benötigt, um die DNS aufzubauen. Damit schließen sich alle diese Prozesse zu einem verschachtelten Rückkopplungsprozeß zusammen.

Die Vererbung hat man sich nach der Hypothese von SCHRAMM so vorzustellen, daß die beiden Stränge des Doppelmoleküls, die ineinander verschraubt sind, sich voneinander lösen, wobei jeder der beiden Stränge als „Matrize" für die Synthese eines zu ihm spiegelbildlichen Stranges dient. Die Spiegelbildlichkeit wird dadurch gewährleistet, daß jeweils nur bestimmte Basen des einen Stranges mit bestimmten Basen des anderen Stranges durch Wasserstoffbrücken verknüpft werden können. Dieser Prozeß ist ein Spezialfall der Reproduktion bestimmter Typen von selbstorganisierenden Systemen. Abstrakter ausgedrückt: es besteht eine Analogie zur Erzeugung einer Turingmaschine durch eine andere, indem die Information der ersten auf das Band der zweiten übertragen wird. Im Falle des organischen Systems führt diese Übertragung jedoch nicht immer zu einer kompletten, vollständigen Reproduktion. Gelegentlich treten gewisse Änderungen (Mutationen) auf.

Es ist heute möglich, Nukleinsäuren unter Bedingungen entstehen zu lassen, die denen auf unserer Erde vor 2 Milliarden Jahren ähnlich sind. Die so entstandenen Nukleotiden sind in diesen künstlich hergestellten Nukleinsäuren jedoch in Zufallsstrukturen angeordnet. Der Prozeß der Selbstorganisation, der auf der Grundlage von Versuch und Irrtum daraus Strukturen erzeugt, die Informationen enthalten, die den heute in den DNS verankerten gleichen, ist noch nicht im einzelnen bekannt.

Die Fähigkeit zur Vererbung der artspezifischen Merkmale steht

in Beziehung zur stammesgeschichtlichen Entwicklung der Organismen: Unter dem Einfluß bestimmter chemischer Substanzen, radioaktiver Strahlen (evtl. auch der kosmischen Strahlung) usw. entstehen *Mutationen*, d. h. sprunghafte Änderungen der Erbsubstanz. Sie führen zu Strukturveränderungen in der DNS, die den Charakter einer Änderung des „Lochbandstreifens“ haben. Derartige Mutationen führen zum Aufbau eines Organismus, der sich vom elterlichen Organismus in wichtigen Eigenschaften unterscheiden kann. Durch ständige Wechselwirkung zwischen den organischen Systemen und der Umwelt wird ein Auslesemechanismus in Gang gebracht, der dafür sorgt, daß die an das Milieu schlecht angepaßten Mutanten ausgeschieden werden, die besser angepaßten sich weiter fortpflanzen und schließlich durchsetzen.
→ Selektion

Verfahrensuntersuchung: Analyse technologischer Prozesse mit dem Ziel, geeignete mathematische Modelle anzugeben, die das interessierende Signalübertragungsverhalten mit für den jeweiligen Zweck hinreichender Genauigkeit widerspiegeln.
Man unterscheidet dabei zwei Methoden. Bei der einen werden, ausgehend von den technisch-physikalischen Prozessen, entsprechende Gleichungen aufgestellt und auf diese Weise ein selektiv aufgebautes Prozeßmodell erlangt. Bei der anderen Methode wird der zugrunde liegende Prozeß meßtechnisch analysiert, indem durch Inbeziehungsetzen der gemessenen Ein- und Ausgangsgrößen das „Klemmenverhalten“ bestimmt wird. Hierbei werden zumeist keine oder nur geringe Kenntnisse über den internen physikalisch-chemischen Prozeßablauf benötigt.

Verflechtungsbilanzierung: mathematische Darstellung des wechselseitigen Zusammenhangs – der *Interdependenzen* – zwischen Bereichen der Volkswirtschaft.
Jeder Produktionsbetrieb bezieht aus anderen Betrieben, Wirtschaftszweigen und über den Import Maschinen, Energie, Rohstoffe und Halbfabrikate (*sachliche Einsatzgrößen* des Produktionsprozesses). Die Betriebe beschäftigen zugleich Arbeitskräfte verschiedener Berufe (*personelle Einsatzgrößen* des Produktionsprozesses). Durch Kombination beider Arten von Einsatzgrößen im Produktionsprozeß werden neue Erzeugnisse hergestellt (Produktionsausstoß der Betriebe). Ein Teil des Produktionsausstoßes der Betriebe fließt in andere Betriebe oder Wirtschaftszweige und dient dort als Einsatzgröße. Hieraus ergibt sich die

innere Verflechtung der produktiven Bereiche der Volkswirtschaft, insbesondere der Industrie, der Landwirtschaft und des Verkehrs. Die den Haushalten zufließenden Konsumgüter und Dienstleistungen dienen teilweise der Reproduktion der Arbeitskräfte.
Aus allen diesen Interdependenzen entsteht eine bestimmte *Wirtschaftsstruktur*. Zwischen den Elementen des Systems, dem diese Struktur zukommt, fließt ein fortwährender Kreislaufstrom von Gütern und Dienstleistungen. Die Volkswirtschaft bildet also ein dynamisches System im Sinne der kybernetischen Systemtheorie, das Schleifen besitzt.
Die Verflechtungsbilanz (Einsatz-Ausstoß-Tabelle, Input-Output-Matrix, Schachbrettbilanz) ist eine mathematische Abbildung und ein Mittel für die *Struktur- und Kreislaufanalyse dieses Systems*. Sie erleichtert die Einsicht, ob und in welchem quantitativen Ausmaß einzelne Wirtschaftsbereiche durch Bezugs- und Absatzbeziehungen verbunden sind und welchen Beitrag die einzelnen Wirtschaftsbereiche zur Erzeugung des volkswirtschaftlichen Endprodukts leisten. Man stellt hierzu Input-Output-Tabellen (statistische Verflechtungsbilanzen) auf. Sie weisen die Erzeugnis- und Dienstleistungsströme zwischen den Bereichen (Sektoren) der Volkswirtschaft während eines Jahres aus. Eine Volkswirtschaft bestehe beispielsweise aus den Bereichen Landwirtschaft, Industrie und Haushalte. Die Haushalte stellen die Arbeitskräfte für die ersten beiden Sektoren und beziehen als Verbraucher von diesen die Konsumtionsmittel:

Produktionseinsatz kommt von den Sektoren \ Produktionsausstoß fließt in die Sektoren	Landwirtschaft 1	Industrie 2	Haushalte 3	Volkswirtschaftliches Bruttoprodukt (in jeweiligen Mengeneinheiten)
1 Landwirtschaft	10	10	30	50
2 Industrie	20	50	30	100
3 Haushalte	20	30	10	60

Zum Unterschied von diesem vereinfachten Modell sind die in der Praxis verwendeten Verflechtungsbilanzen mehr oder weniger stark aufgegliedert und umfassen manchmal Hunderte von Zeilen und Spalten. So enthält z. B. die Verflechtungsbilanz der DDR von 1972 über 160 verschiedene Erzeugnisgruppen und -leistungen.

In unserem Falle beträgt das jährliche Bruttoprodukt der Industrie 100 Mengeneinheiten. Davon verbleiben 50 Mengeneinheiten als Eigenverbrauch in der Industrie. 20 Mengeneinheiten werden der Landwirtschaft als industrielle Produktionsmittel geliefert, der Rest von 30 Mengeneinheiten fließt als Konsumtionsmittel in die Haushalte. Zur Erzeugung des Bruttoprodukts von 100 Mengeneinheiten setzt die Industrie 10 Mengeneinheiten Produktionsmittel aus der Landwirtschaft und 30 Mengeneinheiten Arbeitskraft aus den Haushalten ein. 50 Mengeneinheiten ihres Produktionsausstoßes verwendet die Industrie als Eigenaufkommen an Produktionsmitteln (innerzweiglicher Produktionsumsatz).

Zeile 1 der Tabelle enthält die Verteilung des landwirtschaftlichen Produktionsausstoßes von 50 Mengeneinheiten auf die 3 Sektoren der Volkswirtschaft. In Spalte 1 sind die aus den 3 Sektoren bezogenen Einsatzgrößen in Mengeneinheiten ausgewiesen, die zur Erzeugung des landwirtschaftlichen Bruttoprodukts benötigt wurden. In der gleichen Weise wird der Wirtschaftssektor 3 (Haushalte) behandelt. Zur „Erzeugung" von 60 Mengeneinheiten Arbeitskraft benötigte dieser Sektor 30 Mengeneinheiten landwirtschaftlicher und 30 Mengeneinheiten industrieller Güter (Spalte 3). Von den insgesamt geleisteten 60 Mengeneinheiten an Arbeitskraft wurden während des Jahres 20 Mengeneinheiten in der Landwirtschaft und 30 Mengeneinheiten in der Industrie produktiv (Zeile 3).

Die Aggregation sämtlicher Erzeugnisse und Dienstleistungen zu wenigen Sektoren (im Beispiel zu einer 3 × 3-Tabelle) vermittelt nur grobe Einsicht in die Struktur- und Kreislaufbeziehungen eines Wirtschaftssystems. Deshalb wird angestrebt, die Produktionsprozesse soweit wie möglich zu untergliedern. Sie werden durch die Spalten (-vektoren) charakterisiert. In der Verflechtungsbilanz gelten zwei technologische Produktionsprozesse als identisch, wenn sie dieselben Faktoren in gleichen Verhältnissen einsetzen. Im Idealfall hätte die Verflechtungsbilanz für jede Erzeugnisart so viele Spalten-und Zeilen(-vektoren), wie es für sie Produktionsprozesse gibt. Außerdem möchte man nur eng verwandte Güter zu einer Erzeugnisgruppe zusammenfassen. Dieser Untergliederung der Strukturbeziehungen sind jedoch Grenzen gesetzt. Sie werden vornehmlich durch den Erhebungs- und Berechnungsaufwand gesteckt, der mit dem gesonderten Ausweis jedes weiteren Sektors in der Verflechtungsbilanz rasch wächst.

Mit Hilfe von Digitalrechnern wurden aber bereits Verflechtungsbilanzen mit 800 Spalten- und Zeilen(-vektoren) ausgewertet. Für den allgemeineren Fall von n Prozessen und Erzeugnisarten (jede Erzeugnisart wird in genau einem Prozeß hergestellt) nimmt die statistische Input-Output-Tabelle folgende Gestalt an:

von \ an	1	2 … j … n	$X_i = \sum_{j=1}^{n} x_{ij}$ $(i = 1, 2, \ldots, n)$
1	x_{11}	$x_{12} \cdots x_{1j} \cdots x_{1n}$	X_1
2	x_{21}	$x_{22} \cdots x_{2j} \cdots x_{2n}$	X_2
…	…	…	…
i	x_{i1}	$x_{i2} \cdots x_{ij} \cdots x_{in}$	X_i
…	…	…	…
n	x_{n1}	$x_{n2} \cdots x_{nj} \cdots x_{nn}$	X_n

Der Produktionsausstoß des Sektors i beträgt insgesamt X_i Mengeneinheiten. Er wurde z. T. im eigenen Sektor verbraucht (Eigenverbrauch x_{ii}), der Rest $X_i - x_{ii}$ wird an die verbleibenden $n - 1$ Sektoren $(i \neq j)$ geliefert, und zwar in den Mengen $x_{i1}, x_{i2}, \ldots, x_{in}$, so daß für den Sektor i gilt:

$$(1) \quad \sum_{j=1}^{n} x_{ij} = X_i \quad (i = 1, 2, \ldots, n).$$

Diese n Gleichungen besagen, daß für jeden der Sektoren der gesamte Produktionsausstoß X_i der Summe seiner Lieferungen an alle Sektoren (einschließlich der eigenen Belieferung) entspricht.

Diese Gleichungen sind zunächst reine Identitätsgleichungen und geben lediglich Auskunft über zurückliegende Tatbestände. Damit diese statistischen Input-Output-Tabellen für wirtschaftliche Voraussagen, insbesondere aber für Planberechnungen, genutzt werden können, sind in die Verflechtungsbilanzen einige von der Wirtschaftstheorie ermittelte quantitative Gesetzmäßigkeiten über Struktur und Kreislauf in der Volkswirtschaft als Annahmen einzuführen: Die ermittelten Mengen an Input-Output-Größen x_{ij} müssen weitgehend stabile Relationen, d. h. Verhaltensweisen des Systems, vertreten, die – von geringfügigen Veränderungen abgesehen – auch in den folgenden Jahren gelten. Die Annahme wäre unzulässig, fallsgroße Sektoren vor umwälzenden Veränderungen stehen, die Qualität und Erzeugnisstruktur des Produktionsausstoßes und bzw. oder den technologischen Produktionsprozeß und damit die Struktur des Produktionseinsatzes stark beeinflußten. Insbesondere wird unterstellt, daß jede Einsatzgröße x_{ij} zum Produktionsausstoß X_j des Sektors j ($j = 1, 2, \ldots, n$) in einem konstanten proportionalen Verhältnis steht. $\sum_{j=1}^{n} x_{ij} = X_i$ wird dann als Gleichgewichtsbeziehung interpretiert. Dies ist problematisch, falls sich hinter den statistisch ermittelten Mengenrelationen Störungen in der harmonischen Entwicklung der Volkswirtschaft verbergen, die von einem optimalen Wachstumspfad (einer optimalen Führungsfunktion) des Systems wegführen.

Bei wenigstens annähernder Geltung der genannten Voraussetzungen kann jede Einsatzgröße x_{ij} als streng lineare Funktion des jeweiligen Produktionsausstoßes X_j definiert werden:

$$(2) \quad x_{ij} = a_{ij} X_j \quad (i, j = 1, 2, \ldots, n).$$

Der Proportionalitätsfaktor

$$(3) \quad a_{ij} = \frac{x_{ij}}{X_j}$$

wird als *technischer Koeffizient* (auch als Einsatz- bzw. Inputkoeffizient) bezeichnet.

In der ersten Tabelle beträgt der technische Koeffizient $a_{12} = \frac{x_{12}}{X_2} = \frac{10}{100} = 0{,}1$. Um ein industrielles Erzeugnis zu fertigen, wird $\frac{1}{10}$ Erzeugnis der landwirtschaftlichen Produktion benötigt.

Der künftige Bedarf des Sektors j an Erzeugnissen des Sektors i hängt somit bei gegebenem technischem Koeffizienten a_{ij} vom geplanten Bruttoprodukt des Sektors j, d. h. von X_j ab und beträgt $a_{ij} X_j = x_{ij}$. Aus der Annahme der Linearität der durch die technischen Koeffizienten ausgedrückten Verflechtungen folgt, daß für jedes weitere Erzeugnis des Sektors j vom Sektor i die gleiche Menge a_{ij} eingesetzt werden muß. Es ist in diesem Zusammenhang unerheblich, ob der Sektor j wenig oder viel erzeugt und wie er seinen Produktionsapparat nutzt.

Diese Annahme setzt kein Optimum der Produktion, bei dem der Einsatz a_{ij} zur Herstellung einer Erzeugniseinheit j minimal ist, voraus. Insbesondere sind die Vorteile einer Massenproduktion nicht berücksichtigt.
Strenge Konstanz soll für jeden der in der Verflechtungsbilanz benutzten technischen Koeffizienten a_{ij} gelten. Dann liegen auch die Einsatzverhältnisse sämtlicher technischer Koeffizienten eines Produktionsprozesses zueinander fest: $a_{1j} : a_{2j} : \ldots : a_{nj} =$ konstant. Veränderungen in der Technologie der Produktionsprozesse sind hierdurch ebenfalls annahmegemäß ausgeschlossen. Es gibt insbesondere keine Austausch-(Substitutions-)möglichkeiten zwischen verschiedenen Einsatzgrößen wie Kohle und Erdöl, Maschinen und Arbeitskräften. Hieraus folgt die Annahme der strikten Limitionalität zwischen den technischen Koeffizienten in der Verflechtungsbilanz.
Beide Annahmen gelten in Wirklichkeit nur annähernd. Für Vorausberechnungen über längere Zeiträume und bei starkem Wachstum der Volkswirtschaft verlieren die technischen Koeffizienten als Proportionalitätsfaktoren an Aussagekraft und sind durch kompliziertere Funktionen zu ersetzen.
Ein vollständiges System solcher technischer Koeffizienten aller Sektoren einer Volkswirtschaft in Form einer Tabelle wird *Struktur-(Koeffizienten-)matrix* genannt:

Produktionseinsatz kommt von den Sektoren \ Produktionsausstoß fließt in die Sektoren	Landwirtschaft 1	Industrie 2	Haushalte 3
1 Landwirtschaft	$a_{11} = 0{,}2$	$a_{12} = 0{,}1$	$a_{13} = 0{,}5$
2 Industrie	$a_{21} = 0{,}4$	$a_{22} = 0{,}5$	$a_{23} = 0{,}5$
3 Haushalte	$a_{31} = 0{,}4$	$a_{32} = 0{,}3$	$a_{33} = 0{,}17$

Die bisherigen Tabellen wurden in natürlichen Mengeneinheiten angegeben (z. B. Kartoffeln in 1000 t, Energie in Millionen kWh, Phosphordünger in t P_2O_5). Der Ausweis des Produktionsausstoßes aggregierter Sektoren wie des Maschinenbaus oder der Lebensmittelindustrie in solchen natürlichen Mengeneinheiten stößt auf Schwierigkeiten: Die Addition der in den Produktionsprozeß j (Spaltenvektor j) eingehenden Mengen an verschiedenen

Einsatzgrößen x_{ij} (bzw. a_{ij}) ist nicht möglich; auch die Produktionsleistungen X_j ($i = 1, 2, \ldots, n$) und damit die Bedeutung der verschiedenen Sektoren im Gesamtsystem der Volkswirtschaft lassen sich nicht ohne weiteres vergleichen.

Neben der Strukturanalyse nach Erzeugnis- und Dienstleistungsströmen im Kreislaufprozeß der Volkswirtschaft dient die Verflechtungsbilanz daher der *Analyse der Wertbeziehungen*. Die Leistungen der Sektoren sind deshalb in einem gemeinsamen ökonomischen Maß auszudrücken. Hierfür ist die Bewertung der Leistungen mit dem Gleichgewichtspreis P_j für die Mengeneinheit des Produktionsausstoßes X_j ($j = 1, 2, \ldots, n$) geeignet. Die letzte Tabelle verwandelt sich dann in die folgende *Werttabelle*:

Wert des Produktionseinsatzes von den Sektoren \ Produktionswert fließt in die Sektoren	1	2	⋯	j	⋯	n	M
1	$x_{11}P_1$	$x_{12}P_1$	⋯	$x_{1j}P_1$	⋯	$x_{1n}P_1$	X_1P_1
2	$x_{21}P_2$	$x_{22}P_2$	⋯	$x_{2j}P_2$	⋯	$x_{2n}P_2$	X_2P_2
⋯	⋯	⋯	⋯	⋯	⋯	⋯	⋯
i	$x_{i1}P_i$	$x_{i2}P_i$	⋯	$x_{ij}P_i$	⋯	$x_{in}P_i$	X_iP_i
⋯	⋯	⋯	⋯	⋯	⋯	⋯	⋯
n	$x_{n1}P_n$	$x_{n2}P_n$	⋯	$x_{nj}P_n$	⋯	$x_{nn}P_n$	X_nP_n

Unter den Bedingungen der einfachen Reproduktion, d. h. einer stationären Wirtschaft, muß im Sektor j ($j = 1, 2, \ldots, n$) für die Gleichgewichtspreise, die Aufkommen und Bedarf bilanzieren, folgende Gleichung gelten:

$$(4) \qquad \sum_i x_{ij}P_i = X_jP_j.$$

Die Wertsumme der im Sektor j eingesetzten Größen entspricht dessen (Brutto-)Produktionswert. Beträgt in der ersten Tabelle der Preis P_1 für die Mengeneinheit des landwirtschaftlichen Produktionsausstoßes 3,2 Geldeinheiten, der Preis P_2 für die Mengeneinheit des industriellen Produktionsausstoßes 2,8 Geldeinheiten und der Lohn für eine Arbeitskraft $P_3 = 3{,}6$ Geldeinheiten, so ergibt sich die folgende Werttabelle in Geldeinheiten:

Produktionseinsatz kommt von den Sektoren \ Produktionsausstoß fließt in die Sektoren	Landwirtschaft 1	Industrie 2	Haushalte 3	Wert des volkswirtschaftlichen Bruttoprodukts in Geldeinheiten
1 Landwirtschaft	32	32	96	160
2 Industrie	56	140	84	280
3 Haushalte	72	108	36	216
Wert des Produktionseinsatzes in Geldeinheiten	160	280	216	$\Sigma = 656$

Ist in der Spalte 3 auch der Staatshaushalt inbegriffen, so weist dieser Sektor unter den Bedingungen der einfachen Reproduktion den Wert des in den einzelnen Sektoren erwirtschafteten Nettoprodukts aus. In der Wertsumme von 216 Geldeinheiten stimmt das Nettoprodukt mit dem Gesamtwert von Zeile 3 überein. Dort sind die aus der Erzeugung des Nettoprodukts fließenden Einkommen in Form von Löhnen und Gewinnen ausgewiesen. In der Landwirtschaft wurde beispielsweise ein Bruttoprodukt im Werte von 160 Geldeinheiten erzeugt, davon entfielen 72 Geldeinheiten auf Löhne und Gewinne. Ein Vergleich der Bruttoproduktionswerte ergibt, daß die Landwirtschaft an diesem Wirtschaftssystem beträchtlichen Anteil hat. Das zeigt sich insbesondere an der Versorgung der Haushalte mit landwirtschaftlichen Konsumtionsmitteln im Werte von 96 Geldeinheiten gegenüber der Lieferung von industriellen Konsumtionsmitteln im Werte von nur 84 Geldeinheiten.
Teilt man die in den Spalten enthaltenen Zahlen durch den Wert des Produktionsausstoßes des jeweiligen Sektors, so erhält man die Wert-(Kosten-)Struktur für eine Geldeinheit Bruttoproduktionswert. Dies zeigt die folgende Werttabelle:

von \ an	Wert-(Kosten-)Struktur für eine Geldeinheit Bruttoproduktionswert der Sektoren Landwirtschaft 1	Industrie 2	Haushalte 3
1 Landwirtschaft	$b_{11} = 0{,}20$	$b_{12} = 0{,}114$	$b_{13} = 0{,}44$
2 Industrie	$b_{21} = 0{,}35$	$b_{22} = 0{,}50$	$b_{23} = 0{,}39$
3 Haushalte	$b_{31} = 0{,}45$	$b_{32} = 0{,}39$	$b_{33} = 0{,}17$
	$\Sigma = 1{,}00$	$\Sigma = 1{,}00$	$\Sigma = 1{,}00$

Die Landwirtschaft weist einen niedrigeren Materialkostenanteil ($b_{11} + b_{21} = 0{,}55$ Geldeinheiten) auf als die Industrie ($b_{12} + b_{22} = 0{,}61$ Geldeinheiten) und ist arbeitsintensiver. Im folgenden soll die Wertbildung jedoch nicht weiter behandelt werden.
Die bisherige Darstellung der Verflechtungsbilanz bezieht sich auf geschlossene Input-Output-Systeme der einfachen Reproduktion. In geschlossenen Systemen wird jeder der n Sektoren als endogener Produktionsprozeß aufgefaßt, dessen Umfang und Struktur von sämtlichen Sektoren bestimmt wird. Jeder Sektor ist von allen anderen Sektoren abhängig. Insbesondere wird der Sektor „Haushalte" formal als „Industrie" behandelt. Er „produziert" für das System die Arbeitskräfte, zu deren Reproduktion von sämtlichen Sektoren der Volkswirtschaft Güter und Dienstleistungen eingesetzt werden. Der Umfang des Produktionsausstoßes der Sektoren X_j ($j = 1, 2, \ldots, n - 1$) wird über die technischen Koeffizienten für Arbeitskräfte $a_{nj} = \frac{x_{nj}}{X_j}$ ($j = 1, 2, \ldots, n - 1$) vom verfügbaren Arbeitskräftefonds X_n begrenzt. Umgekehrt hängt die Bereitstellung von Arbeitskräften für das System in Höhe von X_n davon ab, ob die anderen Sektoren die benötigten Einsatzgrößen $x_{in} = a_{in}X_n$ ($i = 1, 2, \ldots, n - 1$) an Konsumgütern und Dienstleistungen aufbringen. Der Bevölkerungsverbrauch ist also eine vorgegebene technische, aber keine sozioökonomische Größe. Das begründet die Interdependenz sämtlicher Sektoren im geschlossenen System der Verflechtungsbilanzen.
Diese Darstellungsweise ökonomischer Zusammenhänge in der Verflechtungsbilanz wird jedoch der Wirtschaftspraxis nicht gerecht. Die Produktion von Gütern und Dienstleistungen ist nicht Selbstzweck, sondern im Sozialismus auf die ständig wachsende Bedarfsbefriedigung der Bevölkerung über das notwendige Maß hinaus gerichtet. Den Haushalten, allgemein dem Endverbrauch, wird daher eine bevorzugte Stellung im System eingeräumt. Künftiger Umfang und Struktur dieses Sektors werden durch wirtschaftspolitische Planziele begründet. Die in diesen Sektor fließenden Mengen an Gütern und Dienstleistungen x_{in} werden nicht mehr als vom Output X_n abhängige Einsatzgrößen $a_{in}X_n$ aufgefaßt, sondern als exogene, systemunabhängige Daten behandelt. Wird ein geschlossenes System auf diese Weise aufgetrennt, so verwandelt sich die in der Verflechtungsbilanz abgebildete Wirtschaft in ein *offenes System*. Der Sektor „Haushalte" (Spaltenvektor n) enthält dann die von den $n - 1$ Produktionssektoren gelieferten Endprodukte. Hierzu rechnen jene Güter, die nicht

mehr bearbeitet werden (z. B. Lebensmittelkonserven, Haushaltsmaschinen, Gebäude).

Die Landwirtschaft erzeugte beispielsweise ein Bruttoprodukt von 50 Mengeneinheiten (vgl. Tabelle S. 873). Davon verwendete sie 10 Mengeneinheiten als Eigenverbrauch, 10 Mengeneinheiten lieferte sie der Industrie als Produktionsmittel; der Rest von 30 Mengeneinheiten des Bruttoprodukts floß über den Handel der Bevölkerung als Endverbrauch zu oder diente dem gesellschaftlichen Verbrauch.

Die Herausnahme des Haushaltssektors (Spaltenvektor 3) aus der inneren volkswirtschaftlichen Verflechtung hat zur Folge, daß die Dienste der in den Produktionssektoren (Landwirtschaft, Industrie) beschäftigten Arbeitskräfte nicht mehr als Produktionseinsatz behandelt werden; sie werden nunmehr als Faktoreinsatz zusätzlich zu den Kreislaufströmen an Gütern und Dienstleistungen ausgewiesen. Der in der Tabelle S. 873 durch Zahlen verdeutlichte und in der Tabelle S. 875 verallgemeinerte Sachverhalt des geschlossenen Systems der Verflechtungsbilanz kann durch folgende n Gleichgewichtsbeziehungen ausgedrückt werden:

$$
\begin{aligned}
(5)\quad & a_{11}X_1 + a_{12}X_2 + \cdots + a_{1m}X_m + a_{1n}X_n = X_1 \\
& a_{21}X_1 + a_{22}X_2 + \cdots + a_{2m}X_m + a_{2n}X_n = X_2 \\
& \cdots\cdots\cdots\cdots\cdots\cdots\cdots\cdots\cdots\cdots\cdots \\
& a_{m1}X_1 + a_{m2}X_2 + \cdots + a_{mm}X_m + a_{mn}X_n = X_m \\
& a_{n1}X_1 + a_{n2}X_2 + \cdots + a_{nm}X_m + a_{nn}X_n = X_n
\end{aligned}
$$

Durch einfache Umformung entsteht das homogene Gleichungssystem

$$
\begin{aligned}
(5a)\quad & (a_{11} - 1)\, X_1 + a_{12}X_2 + \cdots + a_{1m}X_m + a_{1n}X_n = 0 \\
& a_{21}X_1 + (a_{22} - 1)\, X_2 + \cdots + a_{2m}X_m + a_{2n}X_n = 0 \\
& \cdots\cdots\cdots\cdots\cdots\cdots\cdots\cdots\cdots\cdots\cdots \\
& a_{m1}X_1 + a_{m2}X_2 + \cdots + (a_{mm} - 1)\, X_m + a_{mn}X_n = 0 \\
& a_{n1}X_1 + a_{n2}X_2 + \cdots + a_{nm}X_m + (a_{nn} - 1)\, X_n = 0
\end{aligned}
$$

Im offenen System der Verflechtungsbilanz tritt an die Stelle des homogenen Gleichungssystems n-ter Ordnung das folgende inhomogene Gleichungssystem m-ter Ordnung:

$$
\begin{aligned}
(6)\quad & -(a_{11} - 1)\, X_1 - a_{12}X_2 - \cdots - a_{1m}X_m = y_1 \\
& - a_{21}X_1 - (a_{22} - 1)\, X_2 - \cdots - a_{2m}X_m = y_2 \\
& \cdots\cdots\cdots\cdots\cdots\cdots\cdots\cdots\cdots\cdots\cdots \\
& - a_{m1}X_1 - a_{m2}X_2 - \cdots - (a_{mm} - 1)\, X_m = y_m.
\end{aligned}
$$

Die Verflechtungsbilanz des offenen Systems hat dann folgende Gestalt:

	Brutto-produktion der Sektoren in Mengen-einheiten	davon fließen in den produktiven Verbrauch der			in den End-verbrauch der Haushalte
		Land-wirt-schaft	Indu-strie	Insge-samt	
	BP	1	2		*y*
1 Landwirtschaft	50	10	10	20	30
2 Industrie	100	20	50	70	30
Einsatz von Arbeitskräften in den Sektoren		20	30	50	

Hierbei vertreten die y_i $(i = 1, 2, \ldots, m)$ die von den m Produktionssektoren an die Haushalte gelieferten Mengen an Endverbrauchsgütern. Dieser Sachverhalt läßt sich übersichtlicher in Matrizenschreibweise darstellen.
Ist

$$\mathbf{y} = \begin{bmatrix} y_1 \\ y_2 \\ \cdot \\ \cdot \\ \cdot \\ y_m \end{bmatrix}$$

der Endverbrauchsvektor (im Beispiel zuletzt angeführte Tabelle, Spalte y, also 30 landwirtschaftliche und 30 industrielle Güter),

$$\mathbf{x} = \begin{bmatrix} X_1 \\ X_2 \\ \cdot \\ \cdot \\ \cdot \\ X_m \end{bmatrix}$$

der Bruttoproduktionsvektor (im Beispiel dieselbe Tabelle, Spalte BP, also 50 landwirtschaftliche und 100 industrielle Güter),

$$\mathbf{A} = [a_{ij}] \quad (i,j = 1, 2, \ldots, m)$$

die Struktur-(Koeffizienten-)matrix des offenen Systems und $\mathbf{E}$ die Einheitsmatrix, so folgt aus (6):

$$(7) \quad (\mathbf{E} - \mathbf{A}) \cdot \mathbf{x} = \mathbf{y}.$$

Nach linksseitiger Matrizenmultiplikation mit der zu $(\mathbf{E} - \mathbf{A})$ inversen Matrix $(\mathbf{E} - \mathbf{A})^{-1}$ ergibt sich:

$$(8) \quad \mathbf{x} = (\mathbf{E} - \mathbf{A})^{-1}\mathbf{y}.$$

Die Matrix $(\mathbf{E} - \mathbf{A})^{-1}$ ist in der Literatur als LEONTIEF-*Inverse* (nach dem Wirtschaftstheoretiker W. W. LEONTIEF) bekannt. Sie ist vornehmlich von der Technologie der in die Verflechtungsbilanz des offenen Systems einbezogenen Sektoren bestimmt.
Bei Vorgabe des Endverbrauchsvektors $\mathbf{y}$ können der Vektor $\mathbf{x}$ und damit das benötigte Bruttoprodukt sämtlicher m Sektoren errechnet werden. Danach läßt sich beurteilen, ob die Planziele zu realisieren sind. Ferner kann man Maßnahmen ableiten, die die benötigte Bruttoproduktion gewährleisten. Das betrifft vor allem die Bereitstellung von Arbeitskräften und den Vollzug von Investitionen. Insbesondere hierin zeigt sich der Nutzen der Verflechtungsbilanzierung für Planung und Prognose.
Die Struktur-(Koeffizienten-)matrix der Verflechtungsbilanz des offenen Systems hat im Beispiel (vgl. wieder die letzte Tabelle) die folgende Gestalt (die Daten sind den Elementen im Schnittpunkt der Zeilen und Spalten 1 und 2 der Tabelle S. 877 zu entnehmen):

$$(9) \quad \mathbf{A} = \begin{bmatrix} 0{,}2 & 0{,}1 \\ 0{,}4 & 0{,}5 \end{bmatrix}.$$

Daraus folgt

$$(10) \quad (\mathbf{E} - \mathbf{A}) = \begin{bmatrix} 0{,}8 & -0{,}1 \\ -0{,}4 & 0{,}5 \end{bmatrix}$$

und schließlich die LEONTIEF-*Inverse*

$$(11) \quad (\mathbf{E} - \mathbf{A})^{-1} = \begin{bmatrix} A_{11} = 1{,}389 & A_{12} = 0{,}278 \\ A_{21} = 1{,}111 & A_{22} = 2{,}222 \end{bmatrix}.$$

Gibt man als Planziel beispielsweise die Endproduktgrößen $y_1 = 32$ Mengeneinheiten landwirtschaftlicher Konsumgüter und

$y_2 = 35$ Mengeneinheiten industrieller Konsumgüter vor, also den Planvektor des Endverbrauchs

$$\mathbf{y} = \begin{bmatrix} 32 \\ 35 \end{bmatrix},$$

so folgt gemäß (8) und (11) für den Planvektor des Bruttoprodukts:

$$(12) \quad \mathbf{x} = \begin{bmatrix} X_1 = 54{,}18 \\ X_2 = 113{,}32 \end{bmatrix}.$$

Soll im Planungszeitraum das Endprodukt an industriellen Erzeugnissen um 5 Mengeneinheiten und das Endprodukt an landwirtschaftlichen Erzeugnissen um 2 Mengeneinheiten erhöht werden, so ist das Bruttoprodukt der Industrie um etwa 13 Mengeneinheiten und das der Landwirtschaft um etwa 4 Mengeneinheiten zu steigern. Direkt in die Herstellung eines (zusätzlichen) industriellen Erzeugnisses gehen nur 0,1 Mengeneinheiten landwirtschaftlicher Erzeugnisse ein (vgl. (9)). Das ist der direkte (zusätzliche) Aufwand an landwirtschaftlichen Produktionsmitteln für eine (zusätzliche) Mengeneinheit industrieller Erzeugnisse. Um aber hierfür 0,1 Mengeneinheiten landwirtschaftlicher Erzeugnisse herzustellen, sind (zusätzlich) u. a. industrielle Produktionsmittel im Umfang von $0{,}1 \cdot 0{,}4 = 0{,}04$ Mengeneinheiten zu produzieren usw. Es ist deshalb zwischen dem *direkten Aufwand* zur Herstellung einer (zusätzlichen) Erzeugniseinheit Endprodukt und dem *vollen Aufwand* hierfür zu unterscheiden.

Der volle Aufwand an Erzeugniseinheit *i* zur Herstellung einer (zusätzlichen) Endprodukteinheit des Erzeugnisses *j* wird durch das Element A_{ij} der inversen Matrix $(\mathbf{E} - \mathbf{A})^{-1}$ ausgewiesen (vgl. (8) und (11)).

Die Elemente A_{ij} der LEONTIEF-Inversen drücken als vollen Aufwand sowohl den direkten als auch den indirekten Aufwand aus. So beträgt im Beispiel der volle Aufwand an industrieller Produktion zur Herstellung einer (zusätzlichen) Mengeneinheit an industriellem Endprodukt 2,222 Mengeneinheiten. Er setzt sich aus dem direkten (zusätzlichen) Aufwand von 0,5 Mengeneinheiten und dem indirekten Aufwand von 1,722 Mengeneinheiten zusammen. Der indirekte Aufwand an industriellen Produktionsmitteln entsteht dadurch, daß zur Erzeugung einer (zusätzlichen) Endprodukteinheit industrieller Güter auch

0,1 Mengeneinheiten landwirtschaftlicher Produktionsmittel benötigt werden, die ihrerseits industrielle Produktionsmittel benötigen usw.

Die Differenzen zwischen direktem und vollem Aufwand sind oft beträchtlich. So errechneten sowjetische Ökonomen, daß zur Herstellung eines Kilogramms Walzstahl-Endprodukt 0,226 kg Walzstahl direkter Aufwand, aber 1,085 kg indirekter Aufwand, insgesamt also ein voller Aufwand von 1,311 kg Walzstahl erforderlich ist. Die Strukturkoeffizienten des vollen Aufwands A_{ij} hängen von sämtlichen technischen Koeffizienten der Struktur-(Koeffizienten-)matrix **A** des offenen Systems (vgl. (9)) ab. Hierin zeigt sich der innere Zusammenhang und die wechselseitige Abhängigkeit der Strukturelemente des Systems der Verflechtungsbilanz.

Die Möglichkeit, den direkten und vollen Aufwand an Produktionsmitteln zur Herstellung einer Mengeneinheit „Endprodukt" nachzuweisen, ist ein Vorzug der Verflechtungsbilanz, der sie gegenüber allen bekannten Methoden zur Analyse wirtschaftlicher Struktur- und Kreislaufbeziehungen auszeichnet. Desgleichen ist es möglich, den direkten und vollen Aufwand an Produktionsfaktoren zu ermitteln. Zum Beispiel ergibt die Multiplikation der Komponenten X_j des Bruttoproduktionsvektors (12) mit den technischen Koeffizienten für den Arbeitseinsatz a_{3j}

$$(13) \quad a_{3j}X_j = x_{3j}$$

den direkten Arbeitsaufwand im Sektor j, der notwendig ist, um (in Zusammenarbeit mit den übrigen Sektoren) die geplanten Endproduktionsmengen herzustellen. Im Beispiel sind in der Landwirtschaft $a_{31} \cdot X_1 = 0{,}4 \cdot 54{,}18 = 21{,}67$ Arbeitseinheiten und in der Industrie $a_{32} \cdot X_2 = 0{,}3 \cdot 113{,}32 = 34$ Arbeitseinheiten, insgesamt also 55,67 Arbeitseinheiten einzusetzen, um das geplante Endprodukt von 32 landwirtschaftlichen und 35 industriellen Mengeneinheiten produzieren zu können.

Unter den Bedingungen der *erweiterten Reproduktion der Volkswirtschaft* ist die Verflechtungsbilanz zu modifizieren. Die ökonomischen Prozesse – wie Wachstum von Brutto- und Nettoprodukt – verlaufen in der Zeit. Die Produktionsanlagen und die Vorräte sind zu erweitern. Hierzu bedarf es Investitionen, die den Ersatz der verschlissenen Anlagen und der vorhandenen Materialbestände übersteigen. Produktionsaufkommen und -verbrauch weichen zeitweilig voneinander ab; es bilden und verändern sich daher die Bestände. Der Ausweis der Kreislaufströme x_{ij} an Gütern und Dienstleistungen sowie Faktoreinsätzen ist deshalb in der Verflechtungsbilanz durch den Nachweis von Bestandsgrößen und deren Veränderungen zu ergänzen. Dies betrifft insbesondere die Entwicklung der Materialvorräte und Maschinenkapazitäten. Ein Teil des Bruttoprodukts der Sektoren dient daher weder unmittelbar als Einsatzgröße der laufenden Produktion noch fließt er in den Endverbrauch der Bevölkerung. Dies betrifft beispielsweise die Errichtung von Energiekraftwerken, den Straßenbau, aber auch Exportgüter. Im Endproduktvektor ist deshalb der individuelle und gesellschaftliche Verbrauch durch den Ausweis der Akkumulationsmittel und Exportgüter zu ergänzen.

Bestimmte wirtschaftliche Maßnahmen werden mit einem *Zeitverzug* (engl. *lag*) wirksam. So kann die Zunahme des Endprodukts von Sektor i im Jahre t von einer Erweiterung der Maschinenkapazitäten der Jahre $t-1$, $t-2$ usw. herrühren. Diese Einflüsse werden in *dynamischen Verflechtungsbilanzen* berücksichtigt. Der Ausarbeitung umfassender dynamischer Verflechtungsbilanzen stehen erhebliche theoretische und praktische Schwierigkeiten entgegen. Sie lassen sich nur schrittweise in Gemeinschaftsarbeit zwischen Ökonomen, Ingenieuren und Mathematikern lösen. Insbesondere wird in der Sowjetunion Grundlagen- und angewandte Forschung zur schrittweisen Ablösung der statischen durch die dynamische Verflechtungsbilanzierung in großem Maßstab betrieben. Die statischen Modelle liefern die obigen Bilanzbeziehungen nur für einen bestimmten Zeitpunkt (als sog. „Momentaufnahme" der Volkswirtschaftsstruktur). Sie berücksichtigen vor allem nicht die in der Zeit ablaufenden Veränderungen (z. B. die Inbetriebnahme neuer Produktionsstätten). Dieser Nachteil wird durch die dynamische Verflechtungsbilanzierung überwunden. In ihr werden die produktiven Investitionen aus dem Endprodukt ausgesondert und als modell*interne* Variable in Abhängigkeit von den Produktions- bzw. Grundmittelbeständen berechnet. In den klassischen Modellen der dynamischen Verflechtungsbilanzierung müssen die Endverbrauchsvektoren (vgl. S. 882) für alle Punkte des Betrachtungszeitraums vor Beginn der Bilanzberechnungen vorgegeben werden. Das kann zu Mißverhältnissen zwischen der geplanten Entwicklung des Endverbrauchs und der Leistungskraft der Produktionsanlagen führen. Dadurch kann z. B. die den Modellen zugrunde gelegte Forderung nach voller Kapazitätsauslastung verletzt werden. Die Vor-

züge der dynamischen gegenüber der statischen Verflechtungsbilanzierung, die die Produktionskapazitäten gar nicht berücksichtigt, gingen dadurch teilweise verloren. Deshalb wird in *halbdynamischen Verflechtungsmodellen* der Endverbrauchsvektor nur für ein Jahr vorgegeben und bei Lösungswidersprüchen iterativ den jeweiligen Produktionskapazitäten angepaßt.
Durch Vorgabe von Restriktionen wie Mindestexport- und Investitionsraten, des Verhältnisses von Akkumulation zu Verbrauch können Varianten der Endverbrauchsentwicklung ermittelt werden, die ein optimales Wachstum gewährleisten. Damit wird die dynamische Verflechtungsbilanzierung zu einer Grundlage für Modelle der linearen und der nichtlinearen Optimierung der sozialistischen Volkswirtschaft.
Die Anwendungsmöglichkeiten von Verflechtungsbilanzen sind vielseitig. Neben *gesamtwirtschaftlichen Verflechtungsbilanzen* werden *Teilverflechtungsbilanzen* für einzelne Industriezweige und Betriebe aufgestellt. *Regionale Verflechtungsbilanzen* analysieren die wirtschaftliche Verflechtung einzelner Gebiete mit angrenzenden Gebieten oder der gesamten Volkswirtschaft. Hieraus lassen sich Maßnahmen für die Gebietsplanung der Industrie, der Landwirtschaft, des Transports, des Wohnungsbaus, der Arbeitskräfteentwicklung, des Imports und Exports usw. ableiten. Die Verflechtungsbilanz wird insbesondere zur Vorausschätzung von Nachfrage, Produktion, Beschäftigung, zur Beurteilung der Folgen der wissenschaftlich-technischen Revolution auf die Arbeitsproduktivität und die Ausbeutung von Naturschätzen benutzt. Die *wertmäßigen Verflechtungsbilanzen* ermöglichen Einsichten in die Einkommensentwicklung des Staatshaushalts und der Bevölkerung als Folge geplanter Preis-, Lohn- und Steueränderungen. In kombinierten Natural- und Wertbilanzen soll u. a. die Wichtigkeit einzelner Erzeugnisse berücksichtigt werden.
Die wirtschaftsmathematischen und -statistischen Methoden der Verflechtungsbilanzierung sind Hilfsmittel für Wirtschaftsprognose, -planung und -leitung. Zielstellung und Erkenntniswert der Verflechtungsbilanzierung hängen jedoch weitgehend von der Wirtschaftsordnung ab, in der sie angewandt wird. In den kapitalistischen Industrieländern bereitet z. B. die Beschaffung detaillierten und verläßlichen Zahlenmaterials für die Ausarbeitung von Verflechtungsbilanzen erhebliche Schwierigkeiten (Geheimhaltung wichtiger Kennziffern durch die Konzerne usw.). Die Realisierung der aus der Analyse von Verflechtungsbilanzen abgeleiteten Maßnahmen stößt an die Interessengrenzen

des Privatkapitals (ein Konzern wird Maßnahmen, die zwar der Bevölkerung dienen, aber seinen Gewinn schmälern, Widerstand leisten).

Die Verflechtungsbilanz ist ein für die sozialistische Wirtschaftsplanung geeignetes Instrument zur Analyse der Struktur- und Kreislaufbeziehungen im System der intensiv erweiterten Reproduktion der Volkswirtschaft, dessen grundlegendes Ziel die ständige Erhöhung des Lebensstandards der Werktätigen ist. Im vergangenen Jahrzehnt wurden deshalb Forschung und Praxis auf dem Gebiet der Verflechtungsbilanzierung in den sozialistischen Ländern weiter vorangetrieben.

Verhalten (Verhaltensweise): Gesamtheit der möglichen Reaktionen eines dynamischen Systems (*Systemverhalten*) oder des Elements eines solchen Systems (*Verhalten eines Elements*) auf äußere Einwirkungen. In der Kybernetik erfährt der Verhaltensbegriff eine mathematische Präzisierung, wobei je nach den eingesetzten Beschreibungsmitteln allerdings voneinander abweichende Bedeutungsnuancen auftreten.

Mit der angegebenen allgemeinen, aber mehr intuitiven Begriffsbestimmung stimmt am meisten die Definition des Verhaltens als die Gesamtheit der möglichen Werte, die die Ausgangsgrößen eines Systems (in Abhängigkeit von den möglichen Werten der Eingangsgrößen und den möglichen inneren Zuständen) annehmen können, überein. In diesem Sinne wird der Verhaltensbegriff in der kybernetischen Theorie der Automaten verstanden und präzisiert: Das Verhalten eines determinierten (abstrakten) Automaten wird durch zwei zweistellige Funktionen, nämlich durch die *Überführungsfunktion* und die *Ergebnisfunktion* beschrieben, wobei die Überführungsfunktion die Abhängigkeit der folgenden (inneren stabilen) Zustände von den vorhergehenden Zuständen und von den Werten der Eingangsgröße (den Eingabesignalwerten) und die Ergebnisfunktion die Abhängigkeit der Werte der Ausgangsgröße (der Ausgabesignalwerte) von denselben beiden anderen Größen angibt.

Im Falle eines endlichen Automaten, der als mathematisches Modell zur Beschreibung einer Vielzahl Typen von digitalen digitalarbeitenden kybernetischen Systemen dienen kann (z. B. von elektrischen Schaltsystemen, Nervennetzen u. ä.), läßt sich oft auch eine einfache tabellarische Veranschaulichung des Verhaltens des Automaten (seiner Arbeitsweise) angeben. Da ein endlicher Automat definitionsgemäß nur endlich viele verschiedene stabile

Zustände $z_1, z_2, \ldots, z_k$ annehmen kann, nur endlich viele verschiedene Eingabesignalwerte $x_1, x_2, \ldots, x_l$ aufnehmen und nur endlich viele verschiedene Ausgabesignalwerte $y_1, y_2, \ldots, y_m$ abgeben kann, läßt sich sein Verhalten in einem beliebigen Arbeitstakt für nicht zu große Zahlwerte *k*, *l* und *m* durch eine Art von Bimatrix-Darstellung beschreiben. Im Kreuzungspunkt eines bestimmten Wertes der Eingangsgröße und eines bestimmten Wertes des Zustandes werden dabei die zugehörigen Werte der Überführungsfunktion (vor dem Schrägstrich) und der Ergebnisfunktion (nach dem Schrägstrich) eingetragen. Für fünf angenommene Werte der Eingangsgröße und drei angenommene Werte des Zustandes könnte eine solche Darstellung folgende Gestalt haben:

	$x_1 = 2$	$x_2 = 3$	$x_3 = 4$	$x_4 = 5$	$x_5 = 6$
$z_1 = 4$	6/1	7/2	8/3	9/4	10/5
$z_2 = 6$	8/3	9/4	10/5	11/6	12/7
$z_3 = 8$	10/5	11/6	12/7	13/8	14/9

Für manche Untersuchungen (z. B. für allgemeine Stabilitätsbetrachtungen kontinuierlicher Systeme) kann es dagegen zweckmäßig sein, das Verhalten eines dynamischen Systems als Menge der zeitlich aufeinander folgenden möglichen Zustände, die es unter dem Einfluß innerer oder äußerer Wirkungen annehmen kann, zu definieren. Das System wird in diesem Falle durch eine Menge von Variablen beschrieben, deren zeitliche Veränderung oft durch ein System von Differentialgleichungen angegeben werden kann. Die gleichzeitigen Werte der Variablen zu einem bestimmten Zeitpunkt stellen jeweils einen Zustand des Systems, in dem es sich zu diesem Zeitpunkt befindet, dar. Bei einem System, das von nur zwei Variablen x_1, x_2 beschrieben werden kann, läßt sich das Verhalten auch grafisch veranschaulichen, z. B. in einem ebenen rechtwinkligen Koordinatensystem. Den beiden Achsen des Koordinatensystems werden die Systemvariablen zugeordnet. Jedem Zustand des Systems, d. h. jedem Paar von Werten, das die Variablen annehmen können, entspricht ein Punkt in der Koordinatenebene. Verändern sich die Variablen kontinuierlich, so werden die aufeinander folgenden Zustände durch eine Linie mit Richtungssinn abgebildet; sie wird *Verhaltenslinie* genannt, die Methodik dieser Veranschaulichung als *Darstellung in der Phasenebene* bezeichnet. Das *mögliche* Verhalten

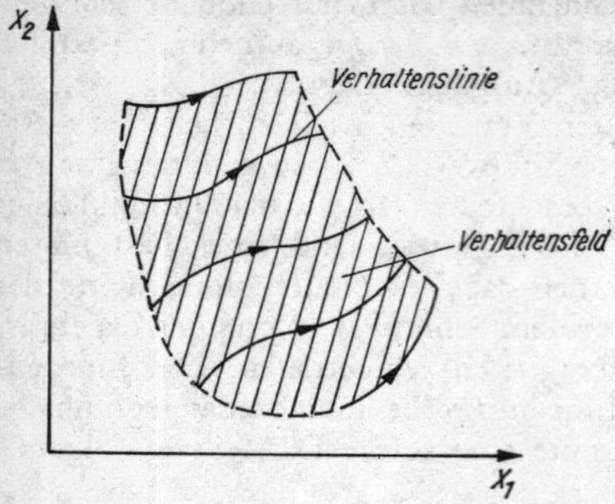

Darstellung von Systemverhalten in der Phasenebene

eines Systems kann durch ein *Verhaltensfeld* (z. B. in einem endlichen Bereich der Phasenebene) abgebildet werden, wobei jedes Verhaltensfeld eines Systems als Schar von Verhaltenslinien aufzufassen ist.

Diese Betrachtungsweise des Verhaltens dynamischer Systeme läßt sich auch auf den allgemeinen Fall von n Variablen ausdehnen, wobei allerdings eine grafische Veranschaulichung nicht mehr möglich ist. An die Stelle der Phasenebene tritt dann ein n-dimensionaler (abstrakter) Phasenraum (Hyperraum), in dem $(n - 1)$-dimensionale Verhaltenslinien verlaufen.

Die Verhaltensweise eines Systems als die Gesamtheit der Übergänge von einem Zustand in einen anderen kann mathematisch auch dadurch erfaßt und dargestellt werden, daß die Operationen untersucht werden, die z. B. einen bestimmten Zustand a in einen folgenden Zustand b überführen. Ist die Menge aller Übergänge jedes Zustandes in den nachfolgenden Zustand gegeben (etwa a in b, b in c usw.), so ist durch eine Transformation der folgenden Art ebenfalls eine Darstellung der Verhaltensweise möglich:

$$T = \begin{pmatrix} a & b & c & d \\ b & c & a & c \end{pmatrix}$$

Dabei stehen in der ersten Zeile die anfänglichen Zustände und in der zweiten Zeile darunter die Zustände, die jeweils auf den in der ersten Zeile angegebenen Zustand folgen.

Die Transformation der Zustände muß nicht notwendig eindeutig sein. Es braucht z. B. nicht auf jeden Zustand a ein Zustand b

zu folgen, es kann unter Umständen auch ein Zustand *c* eintreten, so daß sich etwa folgende Transformation ergibt:

$$T' = \begin{pmatrix} & a & & & b & & & c & & & d & \\ / & & \backslash & / & & \backslash & / & & \backslash & / & & \backslash \\ b & & c & a & & d & a & & b & b & & c \end{pmatrix}$$

Mehrdeutige Transformationen sind durch das Mitwirken des Zufalls bedingt und bringen die dialektische Einheit von Zufall und Notwendigkeit in einer speziellen mathematischen Form zum Ausdruck.

Da sich die Kybernetik vor allem mit Verhaltensweisen und Typen von Verhaltensweisen befaßt und nicht in *erster* Linie darauf ausgeht, die Ursachen dieses Verhaltens aufzudecken, kann sie bei Unkenntnis des dialektischen Materialismus leicht eine behavioristische Grundeinstellung, d. h. eine Verabsolutierung von Verhaltensanalysen begünstigen. Die Gefahr des Behaviorismus besteht dann, wenn man vergißt, daß in einem bestimmten Zusammenhang von den Ursachen des Verhaltens ausdrücklich abstrahiert worden ist.

In der Verabsolutierung des Verhaltensaspektes liegt auch eine der Wurzeln der positivistischen bzw. behavioristischen Behauptung, die Dinge seien auf Verhaltensweisen zu reduzieren. Der methodischen Haltung des Behaviorismus liegt außerdem die Auffassung zugrunde, daß es möglich sei, von unmittelbaren Messungen auszugehen, die uns unsere Sinnesempfindungen vermitteln, und von hier zu Theorien fortzuschreiten. W. R. Ashby spricht z. B. von „ursprünglichen Erkenntnissen", die nicht schon von vorhandenen Kenntnissen beeinflußt seien. Er erkennt den gesellschaftlichen Charakter der Erkenntnis und die Bedeutung der Tatsache nicht, daß jede neue Erkenntnis auf schon vorhandenem Wissen aufbauen muß. Dazu gehören in erster Linie die Erkenntnisse über die qualitativen Besonderheiten jenes Bereiches, dem die untersuchten dynamischen Systeme angehören sowie die mathematischen und logischen Hilfsmittel, die zur exakten Darstellung von Systemen unerläßlich sind. Die mathematische Darstellung des Verhaltens kann nicht nur eine Zusammenfassung von Beobachtungsdaten sein. Damit würde im Prinzip das Wesen der Dinge geleugnet und alles auf Erscheinungen reduziert. Dies wäre schon deshalb der Fall, weil in bloßen Beobachtungstabellen nur wirklich vorkommende Instanzen auftreten könnten, während jedes reale System neben diesen zugleich eine Summe von Möglichkeiten enthält. Wenn man nicht in der Lage ist, auch diese möglichen Verhaltensweisen einzuschätzen, ist es unmöglich, gewisse Parameter in einer gewünschten Weise zu beeinflussen. Dies ist aber der Inhalt des geplanten und bewußt durchgeführten kybernetischen Experiments, des Aufbaus und der zweckmäßigen Anwendung von Verhaltensmodellen.

Verläßlichkeit: in der technischen Zuverlässigkeitstheorie die Fähigkeit eines Systems, eine Aufgabe zu einem Zeitpunkt zu übernehmen, in dem es nicht prophylaktisch gewartet wird. Quantitativ wird die Verläßlichkeit durch die Wahrscheinlichkeit bestimmt, mit der sich ein System zwischen zwei prophylaktischen Wartungen nicht in Reparatur befindet. Sie wird durch das Verhältnis

$$V = \frac{\tau}{\tau + \tau_r}$$

abgeschätzt, wobei τ die Summe der Betriebsstunden und τ_r die Summe der Reparaturstunden ist.
Zeitpunkte prophylaktischer Wartung sind bei der Einsatzplanung für das System bekannt und lassen sich daher einplanen. Die Reparaturzeitpunkte und die Reparaturzeiten dagegen sind vom zufälligen Zeitpunkt des Ausfalls abhängig und lassen sich nicht einplanen.
→ Zuverlässigkeit

Versuch-und-Irrtum-Methode (Lernen durch Erfolg): Verfahren zur Erreichung von Zielen bei relativer Unkenntnis der Wege, die zu den Zielen führen. Die Versuch-und-Irrtum-Methode (engl. *trial and error method*) ist eine Form der heuristischen Methode und steht in enger Beziehung zur experimentellen Methode. Systemverhalten gemäß der Versuch-und-Irrtum-Methode (Trial-and-error-Verhalten) tritt immer dann auf, wenn ein entsprechend hochorganisiertes kybernetisches (z. B. ein selbstorganisierendes) System mit einer Umwelt (bzw. mit einzelnen Teilbereichen dieser Umwelt) in Kontakt kommt, die den Charakter eines Black-box hat. Durch eine Folge von diskreten Schritten oder von kontinuierlichen Änderungen eines Parameters macht das System solche Handlungsvarianten ausfindig, die es ihm schließlich gestatten, das angestrebte Ziel zu erreichen. Dabei können die ausgewählten Varianten entweder direkt als Handlungen gegenüber der Umwelt wirksam oder als Testwerte einem internen Modell der Umwelt eingegeben werden. Im letzten Falle erfolgen Aktionen gegenüber der Umwelt erst dann, wenn die Erprobung, das „Durchspielen" (meist mehrerer Varianten), am internen Modell zum Erfolg geführt hat. Diese Form des Versuch-und-Irrtum-Verhaltens ist gegenüber der zuerst genannten die höher entwickelte, weil eventuelle systemschädigende Reaktionen der Umwelt auf Aktionen gegenüber der Umwelt in dem Umfange vermieden werden können, in dem das interne Modell die betreffende Umweltsituation richtig abbildet. Dennoch spielen auch bei sehr hoch entwickelten kybernetischen Systemen mit internem Modell der Umwelt (z. B. auch beim Menschen) beide Formen von Versuch und Irrtum eine wesentliche Rolle, da ein Umweltmodell in jedem Falle Grenzen der Abbildungstreue hat. So haben z. B. die menschlichen Kenntnisse zwar den Charakter objektiver, zugleich aber auch den Charakter relativer Wahrheiten; ein am internen Modellversuch erfolgversprechendes Verhalten *kann* daher auch zum Mißerfolg führen, wenn es gegenüber der Umwelt wirksam gemacht wird. Auch hier beweist sich, daß die Praxis stets das in letzter Instanz entscheidende Wahrheitskriterium ist.

Unabhängig davon, in welcher Form die Versuch-und-Irrtum-Methode angewandt wird, müssen die diskreten oder kontinuierlichen Variationen des Verhaltensparameters nach einem *Erfolgskriterium* bewertet werden, wobei das Verfahren nicht divergieren darf. Ein solches Erfolgskriterium kann eine Zielnähefunktion sein oder durch die Erreichung von Zwischenzielen gegeben sein.

Auf lange Sicht geht es zwar stets darum, daß das betreffende kybernetische System ein inneres oder äußeres Ziel erreicht (einen stabilen Zustand, eine Veränderung des Milieus usw.). Aber oft besteht eine wesentliche Wirkung des Versuch-und-Irrtum-Verhaltens darin, durch die gewonnenen Informationen das interne Modell zu verbessern. In dieser Sicht erscheint auch die experimentelle Methode als eine Form der Versuch-und-Irrtum-Methode. Zugleich erweist sich Informationsgewinnung auf der Grundlage des Versuch-und-Irrtum-Verfahrens als elementare Form des Lernens.

Kybernetische Systeme (d. h. Systeme mit mindestens *einer* Rückkopplung) mit Versuch-und-Irrtum-Verhalten erscheinen für den äußeren Beobachter als indeterminierte Systeme. Sie gelangen von Zustand zu Zustand, bis sie das Ziel bzw. einen sta-

bilen Zustand erreicht haben. Die Folge dieser Zustände hat dabei den Charakter einer MARKOW-Kette. Wesentliches Kennzeichen Markowschen Verhaltens eines Systems ist es, daß der schließlich erreichte Systemzustand nicht von der Ausgangssituation abhängig ist. Auf diese Weise kann ein kybernetisches System auch dann, wenn es noch keinen Algorithmus des Verhaltens in bestimmten Situationen aufweist, dennoch seine Stabilität aufrechterhalten bzw. ein Ziel erreichen. Voraussetzung für den Erfolg derartiger Vorgänge ist ein hinlänglich großer Zeitraum. Viele Typen von organischen kybernetischen Systemen, die auf Versuch-und-Irrtum-Verhalten angewiesen waren, sind zugrunde gegangen, da sie nicht genügend Zeit hatten, eine Adaptation zu erreichen.
Die Mechanismen, mit deren Hilfe nach einem Erfolg des Versuch-und-Irrtum-Verhaltens die gewonnenen Informationen für künftiges Verhalten ausgenutzt werden können, sind vielfältig und bei verschiedenen Systemtypen von unterschiedlichem Charakter. In jedem Falle bestehen aber spezifische Rückkopplungsmechanismen (z. B. der Reafferenzmechanismus), die mit einem internen Modell der Umwelt oder mit einem Erfahrungsspeicher (Gedächtnis) in Verbindung stehen.
Von besonderem kybernetischen Interesse ist es, daß auch Automaten mit Versuch-und-Irrtum-Mechanismen der unterschiedlichsten Art ausgestattet werden können. Solche technischen Systeme sind in der Lage, Informationen auch dann zu verarbeiten, wenn keine Algorithmen im klassischen Sinne den Programmablauf festlegen. Man spricht in diesem Zusammenhang auch von *heuristischer Programmierung.*
Die Versuch-und-Irrtum-Methode ist in gewisser Weise universell, da sie *dem Prinzip nach* fast immer zu einer Lösung führt. In der Praxis scheint ein Erfolg der Methode freilich nicht in jedem Falle sicher zu sein, woraus sich wohl der gelegentlich anzutreffende Zweifel an der Universalität der Methode erklären läßt. Der Zweifel ist nur dann gerechtfertigt, wenn die Versuch-und-Irrtum-Methode zur *einzigen* zum Ziel führenden und damit zugleich auch zur *in jedem Falle zweckmäßigsten* Methode erklärt wird. Eine derartige Überbewertung erfolgte bisweilen unter dem Einfluß des Behaviorismus. Das kann z. B. darin zum Ausdruck kommen, daß sie als alleinige Methode der wissenschaftlichen Analyse eines Black-box aufgefaßt wird. Tatsächlich kann der erkennende Mensch über jeden beliebigen Black-box von vornherein bestimmte Sachverhalte voraussetzen (z. B., daß seine logische Struktur widerspruchsfrei ist, daß der Satz von der Erhal-

tung der Energie gilt usw.). Die Anwendung der Versuch-und-Irrtum-Methode ist stets an bestimmte, bereits früher gewonnene Erkenntnisse geknüpft, die freilich ihrerseits auch wiederum durch Versuch und Irrtum gewonnen worden sein können (relatives Apriori). Das Reafferenzschema P. K. Anochins, das sich unter Zugrundelegung der kybernetischen Abstraktionsmethode auch als Modell des menschlichen Erkenntnisvorganges interpretieren läßt, gibt eine hinreichende Begründung dafür, daß die Versuch-und-Irrtum-Methode nicht verabsolutiert werden darf. Auch lernfähige kybernetische Automaten, die diese Methode imitieren, sind zur Lösung komplizierter Lernaufgaben erst dann geeignet, wenn sie nicht mehr allein oder überwiegend auf das Durchprobieren aller möglichen Lösungsvarianten einer Aufgabe angewiesen sind, sondern wenn sie – ähnlich wie der denkende Mensch – für die Lösung von Teilaufgaben im „Gedächtnis" gespeicherte und entweder vom Menschen eingegebene oder durch frühere „Erfahrungen" gewonnene Methoden bzw. Algorithmen benutzen können.

In konkreten Fällen ist die Anwendung der Versuch-und-Irrtum-Methode und Versuch-und-Irrtum-Verhalten fast immer mit einer Vielzahl anderer Methoden und Verhaltensweisen verknüpft. So gehen z. B. systematische und unsystematische (stochastische) Suchprozesse meist Hand in Hand und werden bei ausreichender Speicherkapazität des jeweils zur Verfügung stehenden Gedächtnissystems gleichsam auf zunehmend höhere Ebenen verschoben: Beispielsweise ist Versuch-und-Irrtum-Verhalten in dieser oder jener Form in allen Bereichen menschlicher Tätigkeit zu finden, selbst in der abstrakten Tätigkeit wissenschaftlicher Theorienbildung. Das Suchen eines Beweises für einen Lehrsatz in einer einigermaßen reichhaltigen Theorie oder das Aufstellen von Hypothesen sind Prozesse, in denen stets auf die eine oder andere Weise die Versuch-und-Irrtum-Methode eine wesentliche Rolle spielt. Auch kybernetische Systeme mit einem relativ großen Vorrat an bereits bewährten Verhaltensweisen und erprobten Algorithmen der Informationsverarbeitung vermögen also auf diese Methode nicht zu verzichten.

So gesehen erscheint auch die vieldiskutierte Frage, ob Automaten zu schöpferischen Leistungen in der Lage sind, durchaus berechtigt. Denn wenn es zutreffend ist, daß selbst bei den höchsten geistigen Leistungen des Menschen die Versuch-und-Irrtum-Methode eine wesentliche Rolle spielt, so kann man es nicht für prinzipiell ausgeschlossen halten, daß durch geeignete künst-

liche Versuch-und-Irrtum-Mechanismen vergleichbare Leistungen hervorgebracht werden können. Freilich sind die Ergebnisse der Experimente, die in dieser Richtung bisher unternommen worden sind, noch recht bescheiden (Schach und andere strategische Spiele, spielende Automaten, automatische Beweisfindung u. ä.). Was z. B. den Problemkreis der automatischen Beweisfindung betrifft, konnten bislang nur einige verhältnismäßig einfache Beweise geometrischer und logischer Sätze automatisch ermittelt werden, die überdies schon seit langem bekannt sind. Indessen befindet sich die Entwicklung derartiger Automaten bzw. entsprechender Programme erst am Anfang.
Der Ausdruck „Versuch und Irrtum" im Zusammenhang mit der Erklärung bestimmter Verhaltensformen wurde zuerst im Rahmen der Tierpsychologie verwendet. Innerhalb der Kybernetik erfährt der Begriff des Versuch-und-Irrtum-Verhaltens jedoch eine Verallgemeinerung und wird als Verhaltensweise bzw. Methode hochentwickelter (insbesondere zielsuchender und selbstorganisierender) kybernetischer Systeme überhaupt angesehen.

Verzerrung: in der Übertragungstechnik unerwünschte Abweichung eines übertragenen Signals von einem Sollverlauf; man unterscheidet zwischen *linearen* und *nichtlinearen Verzerrungen.* Zur Gruppe der *linearen Verzerrungen* gehören alle Abweichungen, die durch die Frequenzabhängigkeit der Dämpfung einer Leitung (*Dämpfungsverzerrung*) und der Frequenzabhängigkeit der Gruppenlaufzeit zweier benachbarter Sinusschwingungen (*Laufzeitverzerrung*) hervorgerufen werden.
Eine Einrichtung, die die bei der Übertragung auftretenden Verzerrungen zu verringern bzw. zu beseitigen vermag, heißt *Entzerrer.* Je nach der Ursache, die für die Verzerrung verantwortlich ist, unterscheidet man zwischen *Dämpfungsentzerrern* und *Phasenentzerrern.* Die technische Realisierung von Entzerrern erfolgt gewöhnlich durch Vierpole, die aus Widerständen, Spulen und Kondensatoren aufgebaut werden.

Vorrangverarbeitung: Technik der Bearbeitung von Programmen in einem Digitalrechner nach zugeordneten Prioritäten; sie wird bei Echtzeitverarbeitung und bei einigen Formen des Time-sharing angewandt.
Bei der Echtzeitverarbeitung wird jedem abgespeicherten Programm vom Systemplaner eine Prioritätsnummer (Rangfolgenummer) zugewiesen. Während der Arbeit des Rechners unter Echtzeit-

bedingungen werden die Programme in Abhängigkeit von der Zeit, dem Bearbeitungsfortschritt anderer Programme oder von Meldungen des äußeren Prozesses aufgerufen (aktiviert) und entsprechend ihrer Priorität in eine Warteliste eingeordnet. Der Rechner bearbeitet das zum jeweiligen Zeitpunkt wichtigste Programm. Die Vorrangsteuerung wird programmtechnisch durch das Steuerprogrammsystem (Echtzeitmonitor) organisiert und stützt sich dabei auf das Programmunterbrechungssystem, das z. B. bereits gerätetechnische Wartelisten für Meldesignale organisiert.
Bei der Stapelverarbeitung zielt die Vorrangverarbeitung darauf ab, periphere Geräte und Übertragungseinrichtungen optimal zu nutzen (deren Bedienungsprogramme besitzen eine hohe Priorität).
Bei Benutzung der Time-sharing-Arbeitsweise beim Teilnehmerrechnerbetrieb können die Programme der einzelnen Teilnehmer in festgelegten Zeitabschnitten die höchste Priorität zugewiesen bekommen.

W

Wahrscheinlichkeit: Maßgröße für den Grad der Möglichkeit des Eintretens zufälliger Ereignisse.

Die Untersuchung der für zufällige Ereignisse geltenden mathematischen Gesetzmäßigkeiten erfolgt im Rahmen der *Wahrscheinlichkeitsrechnung*, die heute als axiomatische Theorie entwickelt wird. Bevor anhand einiger fundamentaler Begriffsbildungen diese axiomatische Denkweise der Wahrscheinlichkeitsrechnung dargestellt wird, seien einige Begriffe erläutert, die u. a. auch für die Anwendung auf Probleme der Informationstheorie, der Spieltheorie und auf Probleme anderer Teildisziplinen der Kybernetik bedeutungsvoll sind. Die Erfahrung lehrt, daß z. B. bei Versuchen, die unter gleichbleibenden Bedingungen sehr oft wiederholt werden, die relative Häufigkeit eines zufälligen Ereignisses A in unmittelbarer Nähe einer Zahl $P(A)$ bleibt ($0 \leqq P(A) \leqq 1$), wobei die Abweichungen von $P(A)$ mit wachsender Versuchszahl geringer werden. $P(A)$ nennt man dann die *Wahrscheinlichkeit* des zufälligen Ereignisses A. Oft spricht man im Zusammenhang mit Betrachtungen zur Wahrscheinlichkeitsrechnung auch einfach von „Ereignissen", meint dann aber stets *zufällige* Ereignisse.

Beispiel: Beim Würfeln mit einem idealen Spielwürfel ist die Wahrscheinlichkeit für das Werfen einer bestimmten Augenzahl (z. B. 3) in allen Fällen die gleiche, nämlich $\frac{1}{6}$.

Diese Erklärung des Wahrscheinlichkeitsbegriffes ist für viele Zwecke brauchbar. Als Grundlage für den Aufbau einer exakten Theorie ist sie jedoch ungeeignet; sie kann aber dem Anschluß einer mathematischen Theorie an die Erfahrung dienen.

In vielen praktisch bedeutungsvollen Fällen treten die einzelnen möglichen Versuchsausgänge (zum Unterschied von dem Beispiel des Würfelns) freilich nicht mit der gleichen Wahrscheinlichkeit auf. Das gilt z. B. für die Wahrscheinlichkeiten des Auftretens der einzelnen Buchstaben des lateinischen Alphabets innerhalb des Textes einer Sprache, die sich dieses Alphabets bedient. So ist z. B. die Wahrscheinlichkeit dafür, daß ein zufällig bestimmter Buchstabe des Textes dieser Druckseite ein *e* ist, wesentlich größer, als das er ein *y* ist. Eine allgemeine Theorie über zufällige Ereignisse muß dieser Tatsache und vielerlei anderen Besonderheiten Rechnung tragen. Eine andere Besonderheit, die zu einer wichtigen Begriffsbildung der Wahrscheinlichkeitsrechnung führt, läßt sich ebenfalls am Beispiel von Texten aus den Buchstaben einer Sprache erläutern. Die einzelnen Buchstaben des Alphabets einer Sprache treten nicht nur (einzeln für sich betrachtet) mit unterschiedlicher Wahrscheinlichkeit auf. Auch ihre Aufeinanderfolge innerhalb eines sinnvollen Textes einer Sprache unterliegt gewissen Wahrscheinlichkeitsgesetzen. So ist z. B. die Wahrscheinlichkeit dafür, daß in einem deutschen Text auf ein *s* ein *t* folgt eine andere als die, daß darauf ein *n* folgt. Allgemein betrachtet man hier die Wahrscheinlichkeit eines zufälligen Ereignisses A unter der Bedingung, daß das zufällige Ereignis B eingetreten ist. Dies führt zum – in der Wahrscheinlichkeitsrechnung exakt begründeten – Begriff der *bedingten Wahrscheinlichkeit.*

Das derzeit gebräuchlichste Axiomensystem der Wahrscheinlichkeitsrechnung geht auf A. N. KOLMOGOROW zurück. Zu den Grundbegriffen der axiomatischen Theorie der Wahrscheinlichkeitsrechnung gehören u. a. die Begriffe des *zufälligen Ereignisses* und der *Menge der Elementarereignisse.* Bei der Anwendung der Wahrscheinlichkeitsrechnung auf konkrete Probleme muß selbstverständlich jeweils genau festgestellt werden, was unter einem Elementarereignis zu verstehen ist, und die Menge der Elementarereignisse muß angegeben werden.

Beispiel: Beim Würfeln mit einem Spielwürfel sind insgesamt 6 unterscheidbare zufällige Ereignisse möglich, deren jedes darin besteht, daß bei jedem Wurf eine der Augenzahlen $i = 1, 2, 3, 4, 5, 6$ erzielt wird. In diesem Falle ist das Auftreten einer einzelnen der Zahlen i ein Elementarereignis e_i; die Menge $\{e_1, e_2, \ldots, e_6\} = \{1, 2, \ldots, 6\}$ ist die zugehörige Menge E der Elementarereignisse (sie enthält 6 Elemente). Die Menge der zufälligen Elementarereignisse darf aber nicht mit der Menge Z der im betrachteten Falle überhaupt möglichen zufälligen Ereignisse verwechselt werden. Jedes Eintreten eines der Elementarereignisse e_i stellt zwar ein zufälliges Ereignis (e_i) dar, ebenso ist aber z. B. auch das (dreielementige) Ereignis (e_2, e_4, e_6) (d. h. das Ereignis, eine gerade Augenzahl zu werfen) ein zufälliges Ereignis im Sinne der Wahrscheinlichkeitsrechnung. Im betrachteten Falle gibt es indessen noch eine Vielzahl weiterer zufälliger Ereignisse, nämlich außer den $\binom{6}{1} = 6$ einelementigen zufälligen Ereignissen $(e_1), \ldots, (e_6)$ die $\binom{6}{2} = 15$ zweielementigen zufälligen Ereignisse $(e_1, e_2), \ldots, (e_5, e_6)$, die $\binom{6}{3} = 20$ dreielementigen zufälligen Ereignisse $(e_1, e_2, e_3), \ldots, (e_4, e_5, e_6)$, die $\binom{6}{4} = 15$ vierelementigen zufälligen Ereignisse $(e_1, e_2, e_3, e_4), \ldots, (e_3, e_4, e_5, e_6)$

und die $\binom{6}{5} = 6$ fünfelementigen zufälligen Ereignisse $(e_1, e_2, e_3, e_4, e_5)$, ..., $(e_2, e_3, e_4, e_5, e_6)$. Die Konsequenz des mathematisch-logischen Denkens faßt aber noch zwei weitere Ereignisse als zufällige Ereignisse auf, nämlich das Ereignis $(e_1, e_2, e_3, e_4, e_5, e_6)$ (es heißt allgemein das *sichere Ereignis* und besteht im betrachteten Falle darin, daß bei jedem Wurf mit Bestimmtheit eine der 6 möglichen Augenzahlen geworfen wird) und das Ereignis $(\emptyset)$ (es heißt allgemein das *unmögliche Ereignis* und besteht im betrachteten Falle darin, daß keine der Augenzahlen 1, 2, ..., 6 geworfen wird), das der leeren Menge entspricht. Demnach enthält bei dem betrachteten Beispiel die Menge Z der zufälligen Ereignisse, die zu der aus 6 Elementen bestehenden Menge E der Elementarereignisse gehört, insgesamt 64 Elemente. Hat allgemein eine (endliche) Menge von Elementarereignissen n Elemente, so enthält die zugehörige Menge der zufälligen Ereignisse 2^n Elemente.

Bei endlichen Mengen E ist also die Menge Z die Menge aller Teilmengen von E und entspricht daher der Potenzmenge von E. Die Begriffsbildungen der axiomatischen Wahrscheinlichkeitsrechnung beschränken sich jedoch nicht auf endliche Mengen von Elementarereignissen, sondern schließen auch abzählbar unendliche Mengen von Elementarereignissen und solche ein, die die Mächtigkeit des Kontinuums haben. Haben die Mengen E der Elementarereignisse z. B. die Mächtigkeit des Kontinuums, so enthält die Menge Z der zufälligen Ereignisse nicht alle Ereignisse, d. h. nicht alle Teilmengen von E. Im allgemeinen Fall wird daher Z nicht als Potenzmenge von E definiert, sondern als Menge von Teilmengen von E mit genau definierten Eigenschaften (sie sollen hier nicht angegeben werden). Eine Menge mit jenen Eigenschaften heißt *Borelscher Mengenkörper*. Ein *zufälliges Ereignis* im exakt-mathematischen Sinne ist dann jedes Element des Borelschen Mengenkörpers.

Aufbauend auf diesem Begriff des zufälligen Ereignisses können im Rahmen einer sog. *Ereignisalgebra* Beziehungen zwischen zufälligen Ereignissen und Verknüpfungsoperationen für zufällige Ereignisse definiert werden. Es läßt sich zeigen, daß die Ereignisalgebra als Interpretation der Booleschen Algebra betrachtet werden kann; die Beziehungen zwischen Ereignissen und die für sie geltenden Verknüpfungsoperationen lassen sich durch mengentheoretische Beziehungen und Verknüpfungsoperationen ausdrücken. Hier können nur die wichtigsten Beziehungen und Operationen der Ereignisalgebra mitgeteilt werden.

Enthaltensein: Das Ereignis A ist in dem Ereignis B enthalten, wenn jedes Elementarereignis, das zur Menge A gehört, auch in der Menge B vorhanden ist: $A \subset B$.
Gleichheit: Ist insbesondere A in B und B in A enthalten, so heißen die Ereignisse A und B *gleich:* $A = B$.
Einander Ausschließen: Die Ereignisse A und B schließen einander aus, wenn sie kein Elementarereignis gemeinsam haben: $A \cap B = \emptyset$.
Summe: Das Ereignis V, das alle Elementarereignisse und nur diese enthält, die zu wenigstens einem der Ereignisse A, B gehören, heißt die *Summe* der Ereignisse A und B: $V = A \cup B$.
In der Ereignisalgebra handelt es sich allerdings vielfach um mehr als zwei Ereignisse, deren Summe zu bestimmen ist; im allgemeinen Falle schreibt man dann auch:

$$V = A_1 + A_2 + \cdots + A_i + \cdots = \sum_i A_i,$$

wo $A_1, A_2, \ldots, A_i, \ldots$ eine endliche oder abzählbare Folge von Ereignissen ist.
Produkt: Das Ereignis D, das alle Elementarereignisse und nur diese enthält, die zu jedem der Ereignisse A, B gehören, heißt das *Produkt* der Ereignisse A und B: $D = A \cap B$.
Handelt es sich wiederum darum, das Produkt von mehr als zwei Ereignissen zu bestimmen, so kann man schreiben:

$$D = A_1 \cdot A_2 \cdots A_i \cdots = \prod_i A_i.$$

Ebenfalls unter Benutzung dieses mathematisch präzisierten Begriffes des zufälligen Ereignisses kann jetzt der Begriff der *Wahrscheinlichkeit eines zufälligen Ereignisses* genau festgelegt werden, und durch ein geeignetes Axiomensystem können jene Gesetzmäßigkeiten mathematisch erfaßt werden, die auch für die Häufigkeit empirisch erfaßter zufälliger Ereignisse gelten. Wenn man den Begriff des zufälligen Ereignisses im skizzierten Sinne voraussetzt, läßt sich das bereits erwähnte Axiomensystem von KOLMOGOROW folgendermaßen formulieren:

(1) Jedem zufälligen Ereignis A ist eine Zahl $P(A)$, seine *Wahrscheinlichkeit*, zugeordnet, die die Ungleichung $0 \leqq P(A) \leqq 1$ erfüllt.

(2) Die Wahrscheinlichkeit des sicheren Ereignisses ist gleich Eins: $P(E) = 1$.

(3) Die Wahrscheinlichkeit einer Summe von endlich oder abzählbar vielen zufälligen Ereignissen A_k ($k = 1, 2, \ldots$), die einander paarweise ausschließen, ist gleich der Summe der Wahrscheinlichkeiten dieser Ereignisse (Eigenschaft der *vollständigen Additivität der Wahrscheinlichkeit*):

$$P\left(\sum_k A_k\right) = \sum_k P(A_k).$$

Auf der Grundlage dieses Axiomensystems läßt sich auch der bereits skizzierte Begriff der *bedingten Wahrscheinlichkeit* streng fassen. Das (bedingte) Ereignis „A unter der Bedingung B" bezeichnet man meist mit A/B und sinnentsprechend die bedingte Wahrscheinlichkeit des Ereignisses A unter der Bedingung B mit $P(A/B)$.
Wie sich beweisen läßt, gelten u. a. die folgenden wichtigen Beziehungen:

$$P(A/B) = \frac{P(A \cdot B)}{P(B)}, \quad (P(B) > 0).$$

Die bedingte Wahrscheinlichkeit des Ereignisses A unter der Bedingung B ist also gleich dem Quotienten aus der Wahrscheinlichkeit des Ereignisproduktes $A \cdot B$ und der Wahrscheinlichkeit des Ereignisses B.
Andererseits gilt:

$$P(B/A) = \frac{P(A \cdot B)}{P(A)}, \quad (P(A) > 0).$$

Aus den beiden letzten Beziehungen folgt:

$$P(A \cdot B) = P(B) \cdot P(A/B) = P(A) \cdot P(B/A),$$

d. h., die Wahrscheinlichkeit des Produktes $A \cdot B$ zweier Ereignisse ist gleich dem Produkt der Wahrscheinlichkeit des Ereignisses B mit der bedingten Wahrscheinlichkeit des Ereignisses A unter der Bedingung B oder gleich dem Produkt der Wahrscheinlichkeit des Ereignisses A mit der bedingten Wahrscheinlichkeit des Ereignisses B unter der Bedingung A.
In dem speziellen Falle, daß

$$P(A \cdot B) = P(A) \cdot P(B)$$

gilt, d. h., wenn die Wahrscheinlichkeit des Produktes $A \cdot B$ zweier Ereignisse gleich dem Produkt der Wahrscheinlichkeiten der Ereignisse A und B ist, so heißen die beiden Ereignisse *voneinander unabhängig*. Es läßt sich zeigen, daß man diese Begriffsbildung der Unabhängigkeit von Ereignissen auf allgemein endlich oder abzählbar viele zufällige Ereignisse ausdehnen kann. Dabei ist aber zu beachten, daß die paarweise Unabhängigkeit von Ereignissen (d. h. die Tatsache, daß je zwei beliebige Ereignisse unabhängig sind) sowie die Unabhängigkeit von drei, vier oder mehr Ereignissen voneinander nicht einschließt, daß sämtliche Ereignisse in allen überhaupt möglichen Kombinationen voneinander unabhängig sein müssen. Deshalb bezeichnet man in der Literatur über Wahrscheinlichkeitsrechnung die Unabhängigkeit von Ereignissen im zuletzt erwähnten Sinne auch als *insgesamt unabhängig* oder als *unabhängig en bloc*.
Bei der Anwendung der Wahrscheinlichkeitsrechnung ist es in vielen Fällen möglich, die betrachteten zufälligen Ereignisse als voneinander unabhängig anzusehen. In manchen Fällen – wenn die Abhängigkeit der Ereignisse ein bestimmtes Maß nicht überschreitet – ist es auch zulässig, die jeweiligen zufälligen Ereignisse als voneinander unabhängig zu betrachten; dann beruht die betreffende mathematische Untersuchung auf einer nur in bestimmten Grenzen gültigen Modellkonstruktion. Der allgemeine und in bezug auf Ereignisse in der objektiven Realität auch in letzter Instanz stets vorliegende Fall ist indessen der der Abhängigkeit von zufälligen Ereignissen.
Es versteht sich, daß die Überlegungen zur wahrscheinlichkeitstheoretischen Untersuchung solcher abhängiger zufälliger Ereignisse wesentlich schwieriger sind als die in bezug auf unabhängige Ereignisse. Einen wichtigen Anstoß zur detaillierten Untersuchung voneinander abhängiger Ereignisse gaben die Arbeiten von A. A. MARKOW, die zur Entdeckung eines bedeutsamen neuen Gebiets der Wahrscheinlichkeitsrechnung, zur Theorie der stochastischen *Markowschen Prozesse* führten.
Der Übergang von der Betrachtung zufälliger Ereignisse zur Betrachtung von *zufälligen Veränderlichen* (*Zufallsvariablen*, *Zufallsgrößen*) erfolgt, wenn jedem zu einer gewissen Menge E gehörenden Elementarereignis irgendeine Zahl zugeordnet wird. So kann man z. B. beim Würfeln den sechs möglichen Elementarereignissen die Augenzahlen 1, 2, 3, 4, 5, 6 zuordnen. Allgemein läßt sich auf der Menge E der Elementarereignisse eine eindeutige reelle Funktion derart definieren, daß die Wahrscheinlichkeit be-

stimmt ist, mit der diese Funktion gewisse Werte annimmt. Einen Zusammenhang dieser Art nennt man eine *Wahrscheinlichkeitsverteilung* (*Verteilung*, *Verteilungsgesetz*), durch die eine bestimmte Zufallsvariable eindeutig charakterisiert werden kann. Beim *Beispiel* des Würfelns ließe sich das Verteilungsgesetz durch die folgende Tabelle angeben:

1	2	3	4	5	6
1/6	1/6	1/6	1/6	1/6	1/6

Im allgemeinen Falle hätte eine solche Tabelle die Gestalt

x_1	x_2	...	x_n
P_1	P_2	...	P_n

wo $x_1, x_2, \ldots, x_n$ die Werte sind, die eine Zufallsvariable X annehmen kann, währenddem $P_1, P_2, \ldots, P_n$ die Wahrscheinlichkeiten sind, mit denen das jeweils geschieht. Ist das Verteilungsgesetz einer Zufallsvariablen bekannt, so lassen sich auf der Grundlage von Methoden der Wahrscheinlichkeitsrechnung alle mit ihr zusammenhängenden Fragen im Prinzip beantworten.

Wie sich aus der im Rahmen der Wahrscheinlichkeitsrechnung vorgenommenen strengen Definition einer Zufallsvariablen ergibt, handelt es sich dabei nicht um eine Variable im Sinne der Analysis, sondern um eine Funktion. Bei allen Untersuchungen von Zufallsvariablen und insbesondere bei damit verbundenen praktischen Anwendungen muß dies genau beachtet werden. So lassen sich z. B. formale Eigenschaften der Operationen mit Variablen in der Analysis nicht ohne weiteres auf Operationen mit Zufallsvariablen übertragen.

Unter den verschiedenen Klassen von Zufallsvariablen sind vor allem die diskreten von den stetigen zu unterscheiden. Eine Zufallsvariable X heißt *diskret*, wenn sie nur endlich oder höchstens abzählbar viele Werte annehmen kann; sie heißt *stetig*, wenn eine nichtnegative Funktion $f(x)$ existiert, die für jedes reelle x die Beziehung

$$F(x) = \int_{-\infty}^{x} f(t)\,dt$$

erfüllt, wo $F(x)$ die sog. *Verteilungsfunktion* der Zufallsvariablen X ist ($f(x)$ heißt die *Dichtefunktion* von X).
Allgemein wird die *Verteilungsfunktion* einer Zufallsvariablen X durch die Beziehung

$$F(x) = P(X < x)$$

definiert. Dabei gilt

$$F(-\infty) = 0,\ F(+\infty) = 1;\ F(x_1) \leqq F(x_2),$$

wenn $x_1 < x_2$, d. h., die Verteilungsfunktion ist nicht fallend.
Auch die Verteilungsfunktion charakterisiert die bereits erwähnte Wahrscheinlichkeitsverteilung. *Beispiel:* Betrachtet man wieder Würfe mit einem Spielwürfel, so lassen sich die Werte der Verteilungsfunktion $P(X < x)$ als Funktion der Veränderlichen x grafisch durch eine Treppenlinie darstellen.

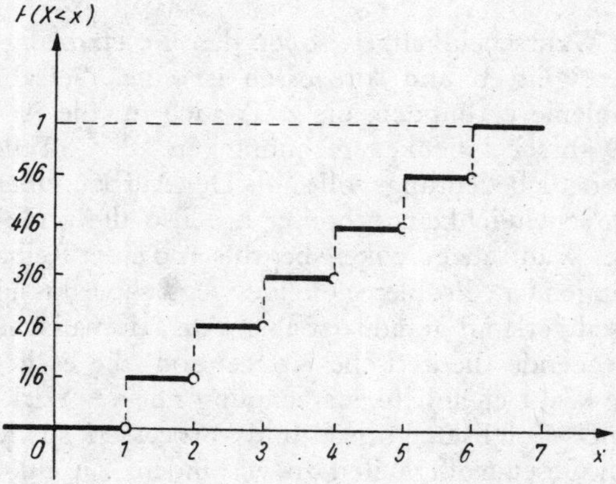

Verteilungsfunktion beim Würfeln mit einem (idealen) Spielwürfel

Eine wichtige Erweiterung der Wahrscheinlichkeitsrechnung besteht darin, neben höchstens abzählbaren auch nichtabzählbare Mengen von Zufallsvariablen sowie Zufallsfunktionen (zufällige Funktionen) zu betrachten. Dies führt zur sog. *Theorie der stochastischen Prozesse.*
Unter einem *stochastischen Prozeß* (Zufallsprozeß) versteht man dabei eine Menge von Zufallsvariablen X_t, die von einem Parameter t abhängen, der in einer gewissen reellen Zahlenmenge I

variiert; symbolisch: $\{X_t, t \in I\}$. Den Parameter t nennt man dabei gewöhnlich die *Zeit*. Ist I eine Folge (d. h. eine endliche oder abzählbare Menge), so heißt der stochastische Prozeß ein *Prozeß mit diskreter Zeit* (*diskreter stochastischer Prozeß*). Ist dagegen I eine nichtabzählbare Menge, so heißt der stochastische Prozeß ein *Prozeß mit stetiger Zeit* (*stetiger stochastischer Prozeß*).

In vielen Anwendungsfällen bedeutet t tatsächlich die Zeit, in der der betrachtete Vorgang abläuft. Die Theorie der stochastischen Prozesse ist aber nicht auf solche Fälle beschränkt; im allgemeinen kann t daher auch einen beliebigen anderen Parameter bedeuten.

Stochastische Prozesse treten in allen Bereichen von Natur und Gesellschaft auf. Ein bekanntes Beispiel ist der radioaktive Zerfall. Die Umwandlung eines einzelnen Atoms in einem radioaktiven Präparat ist zeitlich zufällig. Die mittlere Zerfallsgeschwindigkeit aber folgt für jedes chemische Element einem strengen Gesetz. Viele Störungen, die auf dynamische selbstregulierende Systeme einwirken, haben den Charakter stochastischer Prozesse im definierten Sinne.

Mit dem Begriff der Wahrscheinlichkeit sowie den Gesetzmäßigkeiten von Zufallsereignissen und -prozessen ist eine Vielzahl philosophischer Probleme verbunden, die z. T. auch für die Anwendungen der Wahrscheinlichkeitsrechnung in den Teildisziplinen der Kybernetik bedeutungsvoll sind. Der Aufbau einer axiomatisierten Wahrscheinlichkeitsrechnung hat also die philosophische Analyse des Wahrscheinlichkeitsbegriffs und einer Reihe damit zusammenhängender Probleme keineswegs überflüssig gemacht; im Gegenteil verlangt gerade der abstrakte axiomatische Aufbau eine entsprechende theoretische Konzeption, die es gestattet, jene abstrakte Wahrscheinlichkeitsrechnung mit der Wirklichkeit, mit den realen Zufallsereignissen und -prozessen sowie den für sie geltenden Gesetzmäßigkeiten zu verbinden. Zu einer theoretischen Konzeption gehören aber auch philosophisch-weltanschauliche Voraussetzungen. Im Falle einer Anwendung der Wahrscheinlichkeitsrechnung im Bereich der menschlichen Gesellschaft – insbesondere auf die Analyse von ökonomischen Prozessen im Sozialismus – kommen hierzu noch spezifische Erkenntnisse der marxistisch-leninistischen Gesellschaftswissenschaften als Voraussetzungen hinzu.

Ein wichtiges erkenntnistheoretisches Problem ist das der *Objektivität der Wahrscheinlichkeit:* Widerspiegeln die Wahrscheinlichkeitsgesetze objektive Gesetzmäßigkeiten der entsprechenden

realen Prozesse oder drückt sich in ihnen nur die relative Unvollständigkeit der Erkenntnis aus, die wir in bezug auf jene Prozesse besitzen? Obgleich es in diesem Zusammenhange auch Probleme gibt, die noch nicht vollständig geklärt sind, dürfte heute nicht mehr ernsthaft daran gezweifelt werden können, daß es in der objektiven Realität Gesetzmäßigkeiten von Wahrscheinlichkeitscharakter gibt. Ein wissenschaftsgeschichtlich und -theoretisch wichtiges Beispiel betrifft die Quantenmechanik und deren Wahrscheinlichkeitsaussagen. Hatte man zunächst geglaubt, durch die Annahme oder die tatsächliche Entdeckung gewisser „verborgener Parameter" jene Wahrscheinlichkeitsaussagen in vollständig deterministische verwandeln zu können, so weiß man seit dem Beweis des Theorems von der *prinzipiellen* Vollständigkeit der Quantenmechanik (J. v. NEUMANN, 1932), daß dies nicht möglich ist: Beliebige Annahmen bezüglich der Existenz irgendwelcher „verborgener Parameter", die den quantenmechanischen Zustand genauer bestimmen als dies durch die Gesetze der Quantenmechanik geschieht, sind mit den grundlegenden Sätzen dieser Theorie unvereinbar.
Andererseits kann indessen aus der Tatsache, daß in einem bestimmten Falle Wahrscheinlichkeitsaussagen vorgenommen werden bzw. die Wahrscheinlichkeitsrechnung angewandt wird, nicht ohne weiteres darauf geschlossen werden, daß die betreffenden objektiven Prozesse tatsächlich wesentlich von Wahrscheinlichkeitsgesetzen bestimmt werden. Daß dies nur der Fall sein *kann*, aber nicht sein muß, ist für das Verständnis einiger Methoden der kybernetischen Modellierung besonders wichtig. Bei ihnen erfolgt nämlich eine wahrscheinlichkeitstheoretische Beschreibung von Systemen häufig auch dann, wenn diese Systeme so komplex sind, daß eine deterministische Beschreibung allein aus diesem Grunde versagt. In der Praxis wird dabei sogar häufig darauf verzichtet, sich überhaupt darüber Rechenschaft abzulegen, ob das betreffende komplexe System letztlich von Wahrscheinlichkeitsgesetzen beherrscht wird oder nicht. Eine wahrscheinlichkeitstheoretische Untersuchung vermag jedoch ein bestimmtes Problem oft wesentlich zu vereinfachen und Ergebnisse zu liefern, die den Anforderungen der Praxis gerecht werden. Ein wichtiges Beispiel hierfür sind die Methoden der statistischen Modellierung, mit denen man sowohl statistisch determinierte als auch nicht statistisch determinierte Erscheinungen beschreiben kann. Wird z. B. eine komplizierte, aber vollständig determinierte funktionale Abhängigkeit durch die Simulation eines wahrschein-

lichkeitstheoretischen Modells (etwa auf einem Digitalrechner) untersucht, so widerspiegeln die dadurch gewonnenen Wahrscheinlichkeitsaussagen keine objektiv realen Wahrscheinlichkeitsbeziehungen, sondern sind Ergebnis der angewandten (wahrscheinlichkeitstheoretischen) Untersuchungsmethoden.
Subjektive Wahrscheinlichkeit ist die Wahrscheinlichkeit, mit der ein Beobachter den Eintritt eines Ereignisses (z. B. eines Versuchsausganges) erwartet. In diesem Zusammenhange ist sie ein psychisches Phänomen und normalerweise von der zugehörigen objektiven Wahrscheinlichkeit verschieden. Oft nähert sie sich aber im Prozeß eines wiederholt ablaufenden Rückkopplungsvorganges der objektiven Wahrscheinlichkeit zunehmend an.
→ mathematische Statistik

Wahrscheinlichkeitslernen (informationelle Akkomodation): Prozeß der Annäherung der subjektiven Widerspiegelung einer objektiven Häufigkeitsverteilung an die objektive Häufigkeitsverteilung. Es handelt sich dabei um eine unbewußte Widerspiegelung der objektiv-realen Häufigkeitsverteilung im Bewußtsein. Die Fähigkeit dazu haben im allgemeinen lebende kybernetische Systeme mit einem relativ hoch entwickelten Nervensystem. Die Grundlage des Wahrscheinlichkeitslernens und der zunehmend besseren Ermittlung der objektiven Häufigkeitsverteilung ist in einem Rückkopplungsprozeß zwischen dem betreffenden kybernetischen System und seiner Umgebung zu sehen: Wahrscheinlichkeitslernen ist eine spezielle Form der Adaptation. Informationstheoretisch gesehen bedeutet dies u. a. auch folgendes: Wenn ein statistisches Ensemble gegeben ist, so kommen den einzelnen Elementen dieses Ensembles aufgrund der betreffenden Häufigkeitsverteilung bestimmte Informationsinhalte zu. Werden diese Informationen von einem kybernetischen System (z. B. einem Menschen) aufgenommen, das über ein subjektives Abbild dieses objektiven Ensembles verfügt, so wird der Informationsinhalt der zugesandten Informationen an diesem subjektiven und nicht am objektiven Ensemble gemessen. Der subjektive Informationsinhalt weicht also vom objektiven in gewissem Umfange ab. Die Verminderung dieser Differenz ist einer der Aspekte des Erkenntnisprozesses.

Wahrscheinlichkeitslogik 1: Interpretation der Booleschen Algebra in der Wahrscheinlichkeitsrechnung.
→ Wahrscheinlichkeit

Wahrscheinlichkeitslogik 2 (probabilistische Logik): Logik, in der sich als Resultat der Verknüpfungsoperationen der klassischen zweiwertigen Logik die Wahrheitswerte *wahr* oder *falsch* nicht mit Sicherheit ergeben, sondern nur mit einer bestimmten Wahrscheinlichkeit. Dies mag am *Beispiel* der logischen Konjunktion und der Gegenüberstellung der klassischen Wahrheitswertetafel für diese Aussagenfunktion mit einem möglichen Fall aus der probabilistischen Logik (in der die Konjunktion mit $\hat{\approx}$ gekennzeichnet sei) veranschaulicht werden:

			$p \hat{\approx} q$	
p	q	$p \wedge q$	W	F
W	W	W	0,75	0,25
W	F	F	0,30	0,70
F	W	F	0,20	0,80
F	F	F	0,10	0,90

Die Wahrscheinlichkeitslogik kann u. a. für die Theorie der Schaltalgebra wichtig sein. In elektrischen Schaltnetzen treten häufig durch Abnutzung von Kontakten, Nichterreichung von Schwellenwerten infolge von Störungen usw. Sachverhalte auf, die gerade durch die probabilistische Logik adäquat beschrieben werden können.

Wandler: Gerät, das fähig ist, ein Eingangssignal in ein Ausgangssignal umzuwandeln. Das Ausgangssignal kann dabei einen anderen physikalischen Charakter als das Eingangssignal haben. Ein- und Ausgangssignale können beispielsweise verschiedene Dimensionen oder Informationsparameter aufweisen. Speziell von einem *Umformer* spricht man, wenn der Wandler analoge Eingangssignale in analoge Ausgangssignale um*formt*; von einem *Umsetzer* (Konverter), wenn der Wandler analoge in digitale oder digitale in analoge Signale um*setzt*. Dementsprechend unterscheidet man Analog-Digital-Umsetzer (A/D-Umsetzer) und Digital-Analog-Umsetzer (D/A-Umsetzer). Ebenfalls zu den Umsetzern gehören Digital-Digital-Wandler (D/D-Umsetzer) zur Umsetzung von digitalen Eingangssignalen in digitale Ausgangssignale eines anderen Kodes (*Kodewandler*). Ein Wandler heißt Verstärker, wenn er unter Benutzung von Hilfsenergie Signale oder Leistungen *verstärkt*. Verstärker erreichen mit ihrem Ausgang andere Meßbereiche (*Meßverstärker*), regenerieren Signale (*Signal-*

verstärker) oder erzeugen höhere Leistungen zur Steuerung von Effektoren (*Leistungsverstärker*).

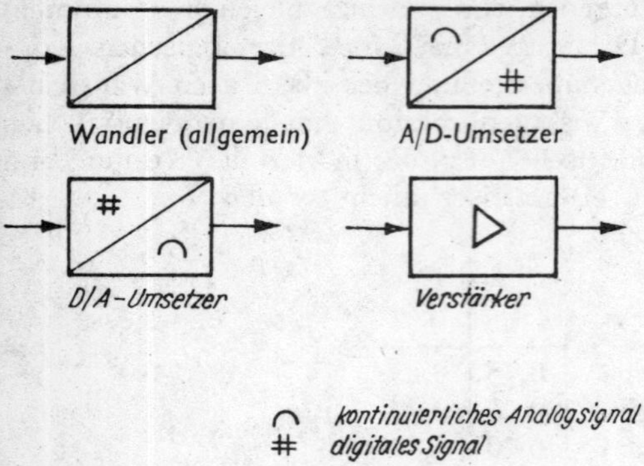

Symbole für Wandler

Zur Realisierung der unterschiedlichen Wandlerfunktionen werden verschiedenartige physikalische Gesetze ausgenutzt. So gibt es mechanisch-elektrische, thermisch-elektrische, magnetisch-elektrische u. a. Wandler.

Für die maschinelle Rechentechnik sind D/A-Wandler (-Umsetzer) und A/D-Wandler (-Umsetzer) von besonderer Bedeutung. Der *D/A-Wandler* vermag das umzusetzende Digitalwort in einem Schieberegister zu speichern. Jede Flip-flop-Stufe steuert einen Komparator, der am Ausgang je nach Inhalt (Binärziffer 0 oder 1) die analoge Spannung 0 oder 1 angibt. Diese wird entsprechend ihrer Wertigkeit mit einem der Faktoren 2^{-1}, 2^{-2}, … multipliziert und gelangt additiv zum Ausgang des Operationsverstärkers (Summators). Die Schnelligkeit der Umsetzung wird durch die Bandbreite des Verstärkers und die Arbeitsgeschwindigkeit der Schalter gegeben. Am Ausgang wird

$$x_a = a_1 2^{-1} + a_2 2^{-2} + \cdots + a_n 2^{-n}$$

gemessen.

Mit einem D/A-Wandler kann durch das angegebene Schema ein *A/D-Wandler* aufgebaut werden. Hierbei wird irgendeine zufällige im D/A-Wandler stehende digitale Größe mit der umzusetzenden Größe x im Komparator verglichen. Liegt die Differenz oberhalb der durch die kleinste Stelle im D/A-Wandler gegebenen

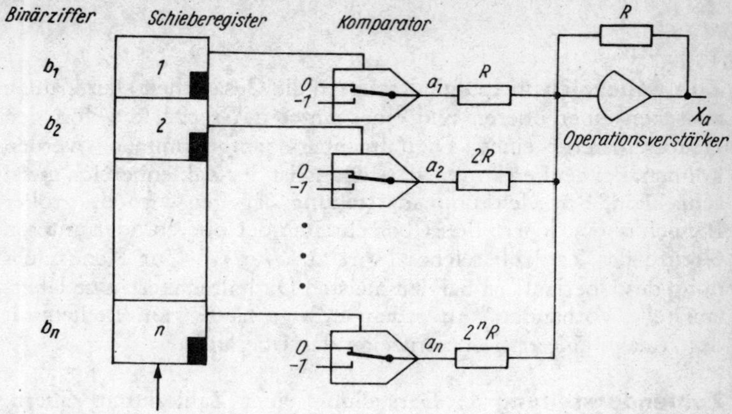

Schema eines D/A-Wandlers

Fehler, dann wird durch die Rückmeldung in der Steuerelektronik im D/A-Wandler eine neue Größe eingestellt und wieder verglichen. Liegt der Fehler unterhalb der gegebenen Größe, ist der Umsetzungsvorgang beendet. Die umgesetzte Größe wird am Schieberegister (jede Binärziffer an einem Flip-flop) abgenommen.

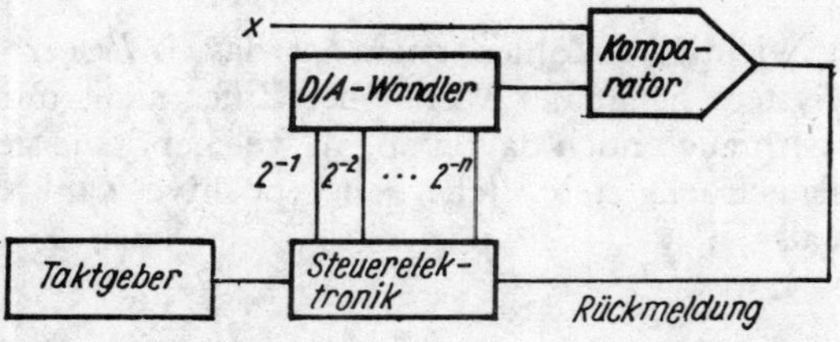

Schema eines A/D-Wandlers

Das Verändern der eingestellten Zahlen nach jedem Vergleichsschritt kann nach der Methode des Hochzählens, der des kontinuierlichen Zählens oder der der schrittweisen Annäherung geschehen.

Wandler dienen in der Automatisierungstechnik zur Anpassung der Regler bzw. Prozeßrechner an die Regelstrecke und in der Hybridrechentechnik in der speziellen Form als Umsetzer zur Kopplung von Analog- und Digitalrechner.

Z

Zahlenbereich: bei Digitalrechnern die Gesamtheit aller Zahlen zwischen einer oberen und einer unteren Grenze, die von den Hauptregistern eines Digitalrechners aufgenommen werden können. Bei der Festkommadarstellung ist der Zahlenbereich meist sehr klein, bei Gleitkommadarstellung dagegen wird ein großer Bereich überstrichen. Das Überschreiten der oberen oder unteren Grenze des Zahlenbereiches führt zu *Überlauf*. Zur Kennzeichnung des Überlaufs ist bei den meisten Digitalrechnern eine Überlaufstelle vorhanden. Außerdem erfolgt häufig am Bedienpult der Anlage eine optische Anzeige des Überlaufs.

Zahlendarstellung 1: Darstellung einer Zahl durch Ziffern, die nach bestimmten Regeln aneinandergereiht werden. Die Menge der Ziffern sowie die Regeln, durch die die Zahlen dargestellt werden, bilden ein *Zahlensystem*.
Zahlensysteme können auf vielfältige Weise konstruiert werden. Ihre Einführung begründet meist eine lange Tradition, die auf Konvention und praktischer Bewährung beruht. Im schwerfälligen römischen Zahlensystem z. B. wird eine Zahl durch die Summe der einzelnen Ziffern bestimmt: III ≙ drei, VIII ≙ acht usw.
Das heute weitaus wichtigste Zahlensystem ist das *Stellenwertsystem*. In diesem System hängt der Wert einer Ziffer nicht nur von ihr selbst, sondern auch noch davon ab, an welcher Stelle sie innerhalb des Zahlausdrucks steht. Jede ganze positive Zahl x läßt sich darstellen als

$$x = \sum_{i=0}^{n} x_i \cdot b^i,$$

wobei die x_i ($0 \leqq x_i < b$) die *Ziffern* der Zahl (die Zahlzeichen) sind; b ($\geqq 2$, positiv ganz) heißt die *Basis* des Stellenwertsystems.
Das am weitesten verbreitete Stellenwertsystem ist das *Dezimalsystem* mit $b = 10$. *Beispiel:*

$$23678 = 2 \cdot 10^4 + 3 \cdot 10^3 + 6 \cdot 10^2 + 7 \cdot 10^1 + 8 \cdot 10^0.$$

(Beim Aufschreiben werden die Zehnerpotenzen und die Additionszeichen weggelassen.) Gebrochene positive Zahlen werden durch Hinzunahme von Basispotenzen mit negativen Exponenten dargestellt, z. B.:

$$2{,}56 = 2 \cdot 10^0 + 5 \cdot 10^{-1} + 6 \cdot 10^{-2}.$$

Für die maschinelle Rechentechnik hat das *Dualsystem* (*dyadisches System*) mit $b = 2$ besondere Bedeutung (Ziffern 0 und 1 bzw. – zur Unterscheidung von den Ziffern im Dezimalsystem – O und L). Außerdem werden in der Rechentechnik noch das *Oktalsystem* mit $b = 8$ (Ziffern 0 ··· 7) sowie das *Hexadezimalsystem* mit $b = 16$ (Ziffern 0 ··· 9, A, B, C, D, E, F) benutzt. Im Oktalsystem z. B. entspricht der Dezimalzahl 79 die Zahl 117, da

$$79 = 1 \cdot 8^2 + 1 \cdot 8^1 + 7 \cdot 8^0 = (117)_8.$$

Negative Zahlen werden durch Voranstellen eines Minuszeichens oder als *Komplement* dargestellt. Darunter versteht man die Ergänzung $x' = Z - x$ einer Zahl x zu $Z = b^k$, wenn x im Zahlensystem zur Basis b dargestellt und der Zahlenbereich $Z = b^k$ betrachtet wird. Im Dezimalsystem ist dieses *b-Komplement* das Zehnerkomplement. Das ($b - 1$)-*Komplement* (im Dezimalsystem das Neunerkomplement) entsteht durch Subtraktion jeder Ziffer der Zahl x von ($b - 1$), im Dezimalsystem also von 9. Durch die Komplementdarstellung kann man in Digitalrechnern die Subtraktion (von x) auf die Addition (von x') zurückführen. Zum Beispiel ist $7329 - 4751 = 7329 + 5249 - 10000 = 2578$, da das Komplement von $4751 x' = 10000 - 4751 = 5249$ ist.
Digitalrechner arbeiten intern entweder im Dualsystem oder im binärverschlüsselten Dezimalsystem. Bei der *Arbeit im Dualsystem* müssen die Zahlen vom Dezimalsystem in das Dualsystem überführt werden. Dieser Vorgang heißt *Konvertierung* und ist im streng mathematischen Sinne eine Kodierung. So ergibt sich z. B. für die Zahl 43 durch Zerlegen in Zweierpotenzen $43 = 1 \cdot 32 + 0 \cdot 16 + 1 \cdot 8 + 0 \cdot 4 + 1 \cdot 2 + 1 \cdot 1 = 1 \cdot 2^5 + 0 \cdot 2^4 + 1 \cdot 2^3 + 0 \cdot 2^2 + 1 \cdot 2^1 + 1 \cdot 2^0$ die Darstellung 101011 oder LOLOLL. Bei der Ausgabe von Resultaten erfolgt die Konvertierung in umgekehrter Richtung, z. B. ist L,OLL $= 1 \cdot 2^0 + 0 \cdot 2^{-1} + 1 \cdot 2^{-2} + 1 \cdot 2^{-3} = 1 + 0{,}25 + 0{,}125 = 1{,}375$.
Die Konvertierung kann durch verdrahtete Schaltungen oder (das gilt besonders für moderne Anlagen) durch Konvertierungs*programme* realisiert werden. Bei der *Binärverschlüsselung von Dezimalzahlen* erfolgt die Darstellung von Zahlen des Dezimal-

systems durch binäres Verschlüsseln der Ziffern mittels Tetraden oder Pentaden. Die Binärverschlüsselung von Dezimalzahlen erspart zwar die Konvertierung in das Dualsystem, erfordert aber ein komplizierteres Rechenwerk als bei rein dualer Ausführung der Rechenoperationen. Man unterscheidet verschiedene Formen der Binärverschlüsselung von Dezimalzahlen. Bei *direkter Verschlüsselung* wird jede Ziffer durch eine entsprechende Tetrade im Dualsystem dargestellt, z. B. 5 durch OLOL; den 4 Dualstellen kommen die *Gewichte* 8, 4, 2, 1 zu. Im *Aiken-Kode* werden die Ziffern bis 4 direkt übersetzt, für die Ziffern 5 bis 9 aber die um 6 größeren Dezimalzahlen 11 bis 15 verwendet, z. B. 9 entspricht LLLL. Man erreicht dadurch einen symmetrischen Aufbau. Die Gewichte sind hier 2, 4, 2, 1. Bei der *Drei-Exzeß-Verschlüsselung* gibt jede Tetrade eine um 3 größere Dezimalziffer an, als die gegebene ist. Im *2-aus-5-Kode* (*$\binom{2}{5}$-Kode*) werden für jede Dezimalziffer 5 Bit verwendet (sie werden durch Pentaden dargestellt), wobei jede Pentade zwei Einsen und drei Nullen enthält. Dadurch wird der Kode prüfbar. Die durch 5 Kanäle erhaltene Redundanz dient damit der Kontrolle.

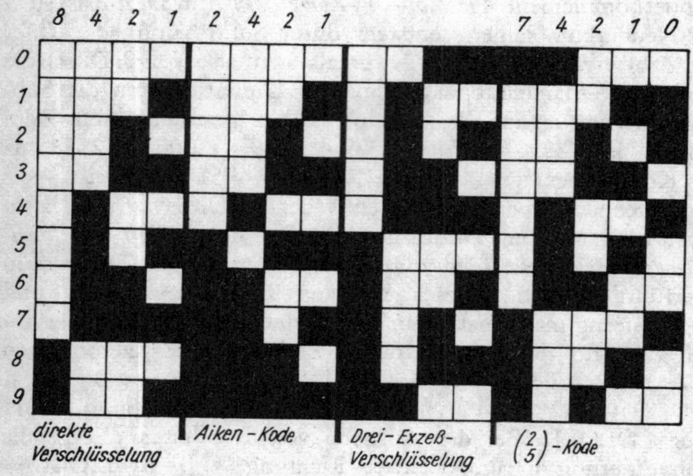

Binärverschlüsselung von Dezimalzahlen

Zahlendarstellung 2: in der maschinellen Rechentechnik die Festkommadarstellung und die Gleitkommadarstellung. Bei der *Festkommadarstellung* im Rechenwerk einer elektronischen Rechenmaschine wird das Komma an einem bestimmten Punkt der Ziffernfolge fixiert (z. B. am linken Rand, was zur Folge hätte, daß hier nur mit Dezimalbrüchen gearbeitet werden kann). Da in einer elektronischen Rechenmaschine nur eine begrenzte Zahl von Stellen untergebracht werden kann, ist der Bereich der Zahlen, mit denen gerechnet werden kann, ebenfalls begrenzt (acht bis zehn Zehnerpotenzen).

Bei *Gleitkommadarstellung* erfolgt eine sog. halblogarithmische Zahlendarstellung; sie kann automatisch vor sich gehen. Die *halblogarithmische Zahlendarstellung* ordnet einer Zahl $m \cdot B^k$ das Zahlenpaar m und k zu; m heißt *Mantisse*, k *Exponent*, B *Basis*. Digitalrechner arbeiten dabei nicht mit der Zahlendarstellung $m \cdot B^k$, sondern mit m und k, die beide Festkomma haben.

Als Basis wird üblicherweise die Zahl 2 oder die Zahl 10 gewählt. Diese Darstellung hat den Vorteil, daß der zweite Faktor des obigen Produkts nur durch seinen Exponenten k vertreten ist, der die Stellung des Dezimalkommas angibt. Durch dieses Verfahren erweitert sich der Bereich der darstellbaren Zahlen in gewissen Rechenautomaten außerordentlich.

Zahlenprüfeinheit: Baugruppe in nichtrechnenden Datenerfassungseinrichtungen zur Prüfung manuell eingegebener numerischer Ordnungsdaten, die mit einer Prüfziffer oder Prüfzahl versehen sind.

Die Zahlenprüfung erfolgt nach fest verdrahteten Prüfvorschriften. Bei Zahlenprüfeinheiten mit mehreren Prüfvorschriften ist eine manuelle Auswahl (durch Funktionstasten) oder programmierte Auswahl möglich. Die Zahlenprüfeinheit sperrt bei falscher Eingabe der zu prüfenden Begriffe die weitere Dateneingabe, signalisiert der Bedienungsperson einen Fehler und kann schon aufgezeichnete Daten als falsch kennzeichnen.

Zahlenprüfeinheiten, die als selbständiges Gerät mit eigener Stromversorgung und den Anschlußbedingungen verschiedener Datenerfassungseinrichtungen angepaßt werden können, heißen *Zahlenprüfgeräte*.

Zeichen: Bestandteil (Element) von Informationen. Als Bedeutungsträger eines Zeichens fungiert eine (in gewissen Grenzen variable) Struktur, die *Zeichengestalt*. Sie ist die Klasse (Abstraktionsklasse) der gleichgestalteten Zeichen. Dabei darf unter „gleichgestaltet“ jedoch nicht ausschließlich eine geometrische Ähnlichkeit verstanden werden: Zwischen den verschiedenen,

äußerst unterschiedlichen Formen geschriebener oder gedruckter Buchstaben etwa gibt es kaum eine solche Ähnlichkeit; in Wirklichkeit handelt es sich hier um eine komplizierte Invariantenbildung. *Beispiel:* Die Schrifttypen A, *A*, **A**, 𝔄 weichen in ihrer Struktur in gewissen Besonderheiten voneinander ab, repräsentieren jedoch alle ein und dieselbe Zeichengestalt; sie hat z. B. die Bedeutung „erster Buchstabe des lateinischen Alphabets".
Die nutzbringende Verwendung von Zeichen setzt alle wesentlichen Merkmale eines informationellen Prozesses voraus, insbesondere die Existenz eines gemeinsamen *Zeichenvorrats*, d. h. die Bedeutungen der benutzten Zeichen müssen allen Teilnehmern des informationellen Prozesses bekannt sein. Dabei sind eine oder mehrere Bedeutungen einem Zeichen (gewöhnlich in einem gesellschaftlich-historischen Prozeß des Erwerbs eines umfangreichen gemeinsamen Zeichenvorrats) *zugeordnet* und heften ihm nicht etwa in irgendeinem Sinne an. Ein Zeichen ist also ein „Zeichen *für* etwas", auf das es hinweist, für das es steht. In diesem Sinne gleichsam „echte" Zeichen dürfen nicht mit *Anzeichen* (*Symptomen*) verwechselt werden, bei denen ein kausaler Zusammenhang zu dem besteht, wofür sie Anzeichen sind (z. B. ist Rauch ein Anzeichen für Feuer). Beliebige Signale (akustische, elektrische, biochemische usw.) als Zustände materieller Systeme (Medien) oder Prozesse in ihnen sind nur *mögliche* Träger von Zeichen; sofern sie als Zeichen fungieren, vermögen sie dies also nicht durch ihre stofflich-energetischen Eigenschaften (wie dies für Anzeichen zutrifft), sondern durch jene objektiven Bedingungen, unter denen informationelle Prozesse zustande kommen können.
Die hier vorgenommene strenge Unterscheidung von Signal und Zeichen, die sich auf die strenge Unterscheidung von Signalprozessen und informationellen Prozessen gründet, ist für eine Einordnung der Zeichen- und Signalphänomene in das heutige wissenschaftliche Weltbild unerläßlich. Eine materialistische Begründung der informationellen Erscheinungen wird nur auf diese Weise möglich. Allerdings findet sich in der einschlägigen Literatur (namentlich in der technischen) auch noch die Auffassung, daß Zeichen gleichsam „ruhende Signale" seien, weshalb man dann z. B. von Schallwellen getragene Sprachlaute „Signale", die ihnen entsprechenden Buchstaben eines Alphabets einer natürlichen Sprache aber „Zeichen" nennt. Im Sinne der hier vorgenommenen Begriffsbestimmungen haben jedoch beide Erscheinungen Signalcharakter und *können* beide Zeichen

sein; das letzte trifft nämlich dann zu, wenn der betreffende Sprachlaut von einem möglichen Empfänger etwa als ein bestimmter Laut einer ihm bekannten Sprache und der betreffende Buchstabe als Buchstabe des Alphabets einer ihm bekannten Schriftsprache identifiziert werden kann. Sind dagegen solche Identifikationen nicht möglich, so haben beide Erscheinungen zwar dennoch Signalcharakter, sie verlieren aber ihren Zeichencharakter: Signale, die von niemandem verstanden werden, tragen keine Information. Diese Einsicht ist auch eine Widerlegung des platonischen Idealismus aller Schattierungen.

Zeichen werden in sehr verschiedener Weise klassifiziert. Im folgenden seien einige der wichtigsten Unterscheidungen erwähnt; die systematische Untersuchung von Zeichen, ihrer Aspekte und Funktionen erfolgt im Rahmen der Semiotik.

Je nachdem, ob zwischen den Zeichen und dem Ursprung ihrer Bedeutung ein Kausalzusammenhang besteht oder nicht, unterscheidet man manchmal *Symptome* (Anzeichen) von *Repräsentationen* (Repräsentationszeichen, eigentlichen Zeichen), obwohl Anzeichen gar keine „echten" Zeichen sind.

Mit den Symptomen in gewisser Weise verwandt, aber dennoch eigentliche Zeichen sind die *Ikone* (ikonischen Zeichen), bei denen zwar kein kausaler Zusammenhang zwischen Zeichen und damit bezeichnetem Objekt besteht, wohl aber eine Ähnlichkeitsbeziehung hinsichtlich gewisser Merkmale (etwa im Hinblick auf die Gestalt). *Beispiele* dafür sind manche Verkehrszeichen; aber auch einige schriftsprachliche Zeichensysteme alter Kulturvölker (z. B. der Ägypter) hatten ikonischen Charakter.

Die heutigen natürlichen Sprachen benutzen jedoch praktisch keine ikonischen Zeichen mehr, sondern ordnen den benutzten Zeichen und Zeichenkombinationen (z. B. den Wörtern einer Sprache) auf abstrakte Weise Bedeutungen zu (im Fall der Wörter sind dies die zugehörigen Begriffe). Solche Zeichen heißen *semantische Zeichen*. Die sprachlichen Zeichen sind die wichtigsten Zeichen, mit deren Hilfe die Menschen Informationen austauschen. Die heutige Wissenschaftsentwicklung wird dadurch gekennzeichnet, daß sie in zunehmendem Maße mit *künstlichen Zeichen* (Symbolen) arbeitet, die jeweils Bestandteil einer künstlichen Sprache sind. Das Operieren mit gedanklichen Gebilden (Begriffen, Aussagen) wird auf diese Weise durch Operationen mit zugehörigen sprachlichen Gebilden (Symbolen) ersetzt. Besonders bedeutungsvoll, insbesondere auch für die Kybernetik, ist dabei die „Sprache der Mathematik", deren Gebrauch den

großen praktischen Nutzen jenes Operierens mit Symbolen besonders eindrucksvoll zeigt.
Solche Symbole haben einen *eidetischen* und einen *operativen Sinn.* Der *eidetische Sinn* bezieht sich auf das, was die Symbole mit den Dingen, Gegenständen, Gedanken usw., die sie vertreten, gemeinsam haben. Der *operative Sinn* bezieht sich auf die Regeln des Umgangs mit den Symbolen. Wissenschaftliche Systeme von Symbolen vergrößern unsere Macht über die Wirklichkeit. Das „Durchspielen" von künftigen Außenweltsituationen im internen Modell der Außenwelt, wie es alle höherentwickelten kybernetischen Systeme haben, ist letztlich ebenfalls ein „Spiel" mit Symbolen.
Ein durch lineare Verknüpfung von vorgegebenen Elementarzeichen aus einer endlichen Menge solcher Zeichen (dem Alphabet) entstehendes (semiotisches) Gebilde heißt *Zeichenreihe*. Hierbei sind im allgemeinen zunächst weder Form und Substanz der Elementarzeichen noch die Art der Verkettung festgelegt. Eine Zeichenreihe kann z. B. eine zeitliche Folge von Stromimpulsen oder Lichtzeichen oder eine nebeneinandergeschriebene Kette von grafischen Symbolen sein. Wesentlich ist nur, daß die Elementarzeichen isoliert und als Exemplare eines Alphabets identifiziert werden können. Mathematisch läßt sich die Struktur von Zeichenreihen auf der Grundlage des Alphabets durch eine einfache algebraische Struktur, nämlich durch die der Halbgruppe, behandeln. Innerhalb der (unendlichen) Gesamtmenge aller möglichen Zeichenreihen, die aus einem Alphabet gebildet werden können, kann nun eine (wiederum unendliche) Teilmenge von *wohlgeformten Zeichenreihen* (im Rahmen der mathematischen Logik als *Ausdrücke* bezeichnet) unterschieden werden, wenn spezielle Regeln für die erlaubten Verknüpfungen der verschiedenen Elemente des Alphabets gegeben werden. Diese durch ein System von Regeln (eine Syntax) ausgesonderten Zeichenreihen bilden dann die *zulässigen Ausdrücke* oder *Formeln* eines Kalküls.
Wird den Zeichenreihen eines Kalküls eine Bedeutung zugeordnet, d. h., werden sie *interpretiert*, dann bilden die Zeichenreihen die Ausdrücke oder Sätze einer Sprache. Im Falle künstlicher Sprachen sind Zeichenreihen zumeist Folgen diskreter grafischer Symbole. Bei natürlichen Sprachen ist dagegen die Identifizierung und Ausfilterung der diskreten Elementarzeichen aus dem kontinuierlichen Schallstrom ein komplizierter Prozeß. Dies gilt z. T. auch für die Schriftzeichen (wegen unterschiedlicher Drucktypen bzw. Handschriften usw.). Identifizierung ist hier mit Ge-

stalterkennung verbunden – eine Form der Informationsverarbeitung, die beim Menschen zu hoher Vollkommenheit entwickelt ist. Technische kybernetische Systeme, die Vergleichbares leisten, befinden sich erst in der Entwicklung.
Auf die Bildung von Zeichenreihen gründet sich ein für die höheren geistigen Leistungen des Menschen außerordentlich wichtiger Abstraktionsvorgang, die sog. *Superierung* (Superzeichenbildung). Man versteht darunter die Konstituierung eines „Zeichens höherer Ordnung" (eines *Superzeichens*) aus ausgewählten Reihen von Elementarzeichen (a) oder auch die Konstruktion der Invarianten äquivalenter (Elementar-) Zeichen (b). *Beispiele* für beide Fälle: a) Die Buchstaben O, R, T, W des lateinischen Alphabets können zu der Zeichenreihe WORT zusammengefügt werden, die in der deutschen Sprache eine von der Bedeutung der einzelnen Zeichen (Buchstaben) unabhängige Bedeutung besitzt. WORT ist daher ein Superzeichen in bezug auf die (Elementar-) Zeichen des lateinischen Alphabets. b) Die unendliche Zeichenreihe 2, 4, 6, 8, ... aus dem Alphabet der natürlichen Zahlen läßt die Konstruktion einer die gesamte unendliche Reihe charakterisierenden Bedeutung zu, die durch das Superzeichen „gerade Zahlen" repräsentiert wird.
Die Bildung von Superzeichen spielt in der heutigen Wissenschaftsentwicklung eine zunehmend größere Rolle. Das gilt vor allem für den immer mehr Bereiche umfassenden Prozeß der Mathematisierung. Dies resultiert hauptsächlich aus zwei divergierenden Bedingungen: der komplexen Natur wissenschaftlicher Untersuchungsgegenstände mit den sich daraus ergebenden hohen Anforderungen an menschliche Informationsverknüpfung einerseits und der im Vergleich dazu relativ geringen Speicherkapazität des menschlichen Kurzzeitgedächtnisses, das jene Informationsverknüpfungen bewältigen muß. Die Bildung von Superzeichen bzw. allgemeiner die Bildung von Zeichen zunehmend höherer Ordnung (auch gleichrangige Superzeichen können wieder zu Zeichen einer höheren Ordnung, also gleichsam zu „Supersuperzeichen" zusammengefaßt werden usw.) vermag aber gerade die Kapazität des Kurzzeitgedächtnisses wesentlich besser auszunutzen und gehört daher zu den Mitteln, die die erforderliche Verknüpfungsleistung erheblich steigern können. Es liegt auf der Hand, daß die strengen Bildungsregeln unterworfenen Zeichensysteme der mathematischen Disziplinen für bewußt vollzogene Superierungsprozesse besonders geeignet sind. Darüber hinaus spielt aber Superierung in allen Bereichen der Informations-

verarbeitung (darunter auch in der unbewußt erfolgenden menschlichen) eine wesentliche Rolle.

Logisch gesehen ist die Eigenschaft eines Dinges, ein Zeichen zu sein, mindestens eine *zweistellige Relation:* Ein und dasselbe physikalische Signal z. B. kann für den einen, der es wahrnimmt, ein bestimmtes Zeichen sein, für einen anderen, der es ebenfalls wahrnimmt, gar kein Zeichen oder ein anderes Zeichen. Das gilt insbesondere für die sprachlichen Zeichen. Ein geschriebenes Wort ist zunächst nur eine Aneinanderreihung physikalischer Signale. Erst dadurch, daß dieses Wort eine Bedeutung hat und etwas bezeichnet, wird es zu einem Kommunikationsmittel für den Menschen. Die Bedeutung eines Wortes ist aber für die verschiedenen Menschen nicht die gleiche. Sie hängt vielmehr wesentlich von der Gesamtheit der im Gedächtnis des einzelnen Menschen gespeicherten Informationsmenge ab. Man vergleiche z. B. die Bedeutung, die das Wort „Sonne“ für einen Astronomieprofessor hat, mit der, die es für ein fünfjähriges Kind hat.

Im Rahmen der maschinellen Rechentechnik wird eine Vielzahl spezifischer Typen von Zeichen gebraucht, wie etwa *numerische Zeichen*, *alphanumerische Zeichen*, *mnemonische Zeichen*, *Binärzeichen* usw.

Zielfunktion: mathematischer Ausdruck von Eigenschaften, Relationen usw. ökonomischer, technischer u. a. Systeme, die optimiert werden sollen.

Zielfunktionen können beispielsweise mathematische Darstellungen der Kosten eines Produktionsprozesses, des Aufwandes an Energie beim Betrieb eines technischen Systems, des Einsatzes von Verwaltungskräften beim Aufbau einer Verwaltungsstruktur u. ä. sein.

Im speziellen Fall eines Problems der linearen Optimierung hat die Zielfunktion folgende Gestalt:

$$Z = c_1x_1 + c_2x_2 + \cdots + c_nx_n.$$

Aufgabe der linearen Optimierung ist es nun, Z zu einem Extremwert (Maximum oder Minimum) zu machen. Das geschieht durch entsprechende Wahl der Variablen $x_1, x_2, \ldots, x_n$, die gewöhnlich bestimmten Einschränkungen unterliegen.

Bei der Entwicklung eines mathematischen Modells bestimmter ökonomischer und technischer Systeme zum Zwecke der Optimierung ist es eine der schwierigsten Aufgaben, eine adäquate

Zielfunktion zu gewinnen. Oft wird es nicht möglich sein, einen expliziten mathematischen Ausdruck zu formulieren, und man wird eine Simulation des Systems vornehmen müssen.

Zufallszahlengenerator: technisches Gerät oder rechnerisches Verfahren zur Erzeugung von *Zufallszahlen*, d. h. Zufallsvariablen, die nur Zahlenwerte (insbesondere ganzzahlige Werte) annehmen können.
Ein „technisches Verfahren" zur Erzeugung von zufälligen dreistelligen Binärzahlen liegt z. B. vor, wenn jeweils dreimal hintereinander eine Münze in die Luft geworfen wird und dann, wenn „Ziffer" nach oben zu liegen kommt, eine 1, bei „Wappen" aber eine 0 festgehalten wird. In praktisch bedeutsamen Fällen wird zur Erzeugung von Zufallszahlen häufig ein radioaktives Präparat benutzt. Da der radioaktive Zerfall ein Zufallsprozeß ist, können die von diesem Präparat ausgesandten Elementarteilchen zur Erzeugung elektrischer Impulse verwendet werden, die nach entsprechender Verstärkung in einem Zählgerät registriert werden. Wird die registrierte Zahl in gleichen Zeitabständen abgelesen, so erweisen sich die einzelnen Werte als Werte einer Zufallsfunktion der Zeit.
Die Prozesse zur Herstellung von Zufallszahlen lassen sich auch auf Rechenautomaten durch Konstruktion entsprechender Programme simulieren. Der Einsatz von Zufallszahlengeneratoren zur Simulierung objektiv-realer Prozesse, in denen Zufallsvariable eine Rolle spielen, nimmt ständig zu. Die modellmäßige Darstellung solcher Probleme wie die zeitlich wechselnde Belastung eines Telefonnetzes, die Modellierung gewisser strategischer Probleme, ökonomischer Probleme des Angebots und der Nachfrage, versicherungsmathematischer Fragestellungen, von Problemen der Zuverlässigkeitstheorie oder der Bedienungstheorie u. ä. erfordert bestimmte Formen von Zufallszahlengeneratoren.

zulässige Lösung: Lösung eines Problems der mathematischen Optimierung, die den Einschränkungen genügt, aber nicht optimal zu sein braucht.
Eine zulässige Lösung ist unter den gegebenen Bedingungen realisierbar. Die Aufgabe der Optimierung besteht darin, unter allen zulässigen Lösungen die optimale zu bestimmen. Ist die Menge aller zulässigen Lösungen eines Problems der linearen Optimierung beschränkt, so läßt sich jede unter ihnen als konvexe Linearkombination von zulässigen Basislösungen darstellen.

Zuordnungsproblem: ein *Transportproblem*, bei dem die Gütermengen usw. an den Versand- und Empfangsorten aus je einer Einheit bestehen: *n* mindestens z.T. unterschiedliche Objekte sollen an *n* Stellen eingesetzt werden, so daß genau ein Objekt an eine Stelle kommt. Die Kosten (bzw. der Nutzen), die sich aus dem Einsatz jedes Objekts an jeder Stelle ergeben, bilden eine quadratische Matrix, die sog. *Kosten-* bzw. *Nutzenmatrix* mit $n \cdot n$ bekannten Elementen. Wie muß der Einsatz erfolgen, damit die Gesamtkosten minimal bzw. der Gesamtnutzen maximal werden?
Das Zuordnungsproblem kann mit Hilfe des Algorithmus für die Lösung des Transportproblems gelöst werden, jedoch ergeben sich wegen der starken Ausartung des Problems (es sind nur *n* Variable statt $n + n - 1$ positiv) gewisse Schwierigkeiten. Deshalb führt die sog. *ungarische Methode* schneller zum Ziel. Sie beruht auf einer leicht zu handhabenden schrittweisen Umformung der Kostenmatrix und kann auch für verhältnismäßig komplexe Probleme (bis zu etwa 20 Objekten) ohne Rechenautomaten angewandt werden.
Das Zuordnungsproblem kann auch für den Einsatz von Arbeitskräften an Maschinen herangezogen werden, wenn sich die unterschiedliche Eignung der einzelnen Arbeitskraft an jeder Maschine durch Zahlenwerte charakterisieren läßt.

Zuschnittproblem: Problem der linearen Optimierung, bei dem es sich darum handelt, große Mengen stangen- oder plattenförmigen Materials (z. B. Bleche, Stoffe) von gegebenen Abmessungen aus Rohmaterial von größeren Abmessungen so zuzuschneiden, daß der entstehende Abfall minimal wird.
Die Lösung des Zuschnittproblems gehört zu den ersten erfolgreichen Anwendungen der linearen Optimierung in der metall- und holzverarbeitenden sowie in der Papierindustrie.

Zustand: bei einem dynamischen System Gesamtheit der Werte der inneren Parameter dieses Systems in einem bestimmten Zeitpunkt; er kann als Vektor aufgefaßt werden, dessen Komponenten die Parameter sind, und ist also selbst ein Parameter, der allgemeinste innere Parameter des Systems.
Ein Zustand heißt *stabil*, wenn er bei Abwesenheit von Einwirkungen der Umgebung auf das System bestehenbleibt. Die Stabilität eines Zustandes darf nicht mit der des Systems verwechselt werden, die dann vorliegt, wenn das System trotz der Einwirkung von Störungen im Stabilitätsbereich bleibt.

Beispiel: Ein stabiler Zustand des „Systems Taschenlampe" ist der „Ruhezustand", in dem der Schalter geöffnet ist, also kein Strom fließt. Schließt man den Schalter, so entsteht zunächst ein instabiler Zustand, bei dem ein Strom fließt, die Wendel der Glühlampe aber noch kalt ist. Im weiteren erwärmt sich die Wendel auf die Arbeitstemperatur, und ein zweiter stabiler Zustand wird (nach Durchlaufen einer Reihe instabiler Zustände) erreicht. Wenn man davon absieht, daß die Batterie und auch die Wendel nur eine endliche Lebensdauer haben, bleibt dieser Zustand so lange bestehen, bis der Schalter wieder geöffnet wird, also eine Einwirkung aus der Umwelt auf dieses System erfolgt.
Bestimmt man den Zustand eines Systems, so wird von Parametern abstrahiert, die für das gegebene System unwesentlich sind. Ein solcher unwesentlicher Parameter für das „System Taschenlampe" ist z. B. (innerhalb gewisser Grenzen) die Temperatur.

Zuteilungsproblem: Aufgabe bei der mathematischen Optimierung, die sich ergibt, wenn a) ein oder mehrere Vorgänge (ökonomische oder technische Tätigkeiten, Prozesse, Aktivitäten) ausgeführt werden sollen, wobei es mehrere Ausführungsmöglichkeiten gibt, und b) nicht genügend Ressourcen (Material, Energie, Arbeitskräfte) vorhanden sind, um jeden Vorgang mit beliebig großer Intensität auszuführen. Das Problem besteht dann darin, Vorgänge und Ressourcen so zu kombinieren, daß der Gesamtnutzen maximiert wird.
Die Zuteilungsprobleme lassen sich in zwei Typen einteilen: 1. Ein bestimmtes Arbeitsergebnis soll erzielt werden. Dazu stehen gewisse Ressourcen zur Verfügung. In welcher Höhe und in welcher Kombination müssen die Ressourcen ausgenutzt werden, um das verlangte Ergebnis auf möglichst ökonomische Weise zu erzielen? 2. Bestimmte Ressourcen in gegebener Höhe können ausgenutzt werden, um gewisse Vorgänge auszuführen. Mit welcher Intensität und in welcher Kombination müssen diese Vorgänge ausgeführt werden, um den größten Nutzen zu erzielen?
Die Zuteilungsprobleme bilden eine bedeutende Klasse der Probleme, die bei der mathematischen Optimierung behandelt werden. Eine wichtige Teilklasse sind die *Verteilungsprobleme*, bei denen nur ein einziges Gut, das an mehreren Stellen verfügbar ist, möglichst ökonomisch auf mehrere Einsatzstellen zu verteilen ist.
Das Prinzip eines Zuteilungsproblems sei an einem einfachen Bei-

spiel erläutert: Es existiere ein Kraftfahrzeugwerk, das Autos und Motorräder gleichzeitig produziert. In diesem Werk soll es vier Hauptabteilungen geben:

1. Vorfertigung,
2. Maschinenfertigung,
3. Motorradmontage,
4. Automontage.

Rohmaterial soll von außerhalb des Betriebes zur Verfügung gestellt werden. Die monatlichen maximalen Produktionskapazitäten der Abteilungen haben folgende Werte:

1. in der Vorfertigung	80 Motorräder oder 70 Autos
2. in der Maschinenfertigung	60 Motorräder oder 100 Autos
3. in der Motorradmontage	50 Motorräder
4. in der Automontage	60 Autos.

Der Gewinn beim Verkauf eines Motorrades soll 1000,– M, beim Verkauf eines Autos 1500,– M betragen.
In diesem Falle liegen also zwei Prozesse vor, wobei es darauf ankommt, eine solche monatliche Verteilung beider zu bestimmen, daß der Gesamtgewinn des Werkes so groß wie möglich ist. Dies ist ein sog. *zweidimensionales Problem* und läßt sich deshalb *grafisch* veranschaulichen und *lösen*:

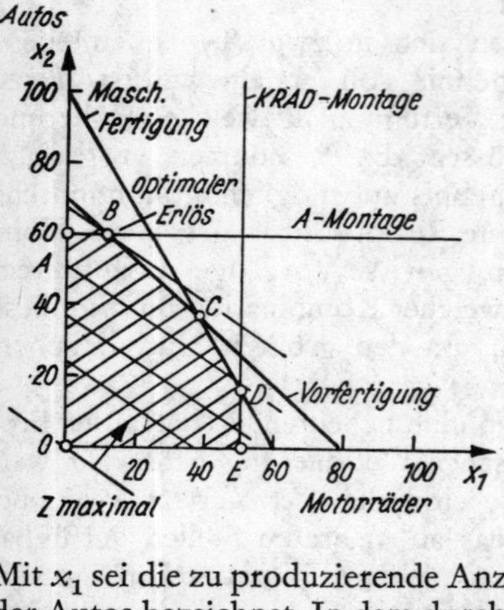

Beispiel für die grafische Lösung eines Zuteilungsproblems

Mit x_1 sei die zu produzierende Anzahl der Motorräder, mit x_2 die der Autos bezeichnet. In dem durch die Produktionsbeschränkungen der vier Abteilungen beschriebenen konvexen Polygon 0,

A, B, C, D, E ist B der Punkt, in dem rund 11 Motorräder und 60 Autos gefertigt werden und der Gewinn am größten ist. Für die gleichzeitige Produktion von Motorrädern und Autos benötigt man, um ein Motorrad zu produzieren, nach den angegebenen Daten $\frac{1}{80}$ der Produktionskapazität der Vorfertigungsabteilung oder 1,25% davon, $\frac{1}{60}$ oder 1,67% der Produktionskapazität der Maschinenfertigung und $\frac{1}{50}$ oder 2% der Produktionskapazität der Abteilung Motorradmontage. Die anderen Werte ergeben sich entsprechend: Um ein Auto zu produzieren, benötigt man 1,43% der Produktionskapazität der Abteilung Maschinenfertigung und 1,67% der Abteilung Automontage. Jede Abteilung kann selbstverständlich höchstens zu 100% ausgelastet werden. Die *analytische Formulierung* des Problems hat somit die Gestalt: Gesucht sind solche Anzahlen x_1, x_2 der zu produzierenden Motorräder und Autos, daß unter Einhaltung der angegebenen Kapazitätsbeschränkungen der Gewinn maximal wird:

(1) Negative Anzahlen x_1 und x_2 können nicht produziert werden:

$$x_1 \geqq 0$$
$$x_2 \geqq 0$$

(2) Die Abteilungen können höchstens zu 100% ausgelastet werden:

$$\begin{aligned} 1{,}25x_1 + 1{,}43x_2 &\leqq 100 \text{ (Vorfertigung)} \\ 1{,}67x_1 + x_2 &\leqq 100 \text{ (Maschinenfertigung)} \\ 2x_1 + 0x_2 &\leqq 100 \text{ (Motorradmontage)} \\ 0x_1 + 1{,}67x_2 &\leqq 100 \text{ (Automontage)} \end{aligned}$$

(3) Der Gewinn soll maximiert werden:

$$Z = 1000x_1 + 1500x_2 \Rightarrow \max.$$

Diese Aufgabe entspricht einer Normalaufgabe der linearen Optimierung.

Zuteilungsprobleme spielen nicht nur in Ökonomie und Technik eine große Rolle. Auch in organischen kybernetischen Systemen werden durch Anpassung oder Selektion häufig Zuteilungsprobleme gelöst. Bei nicht voll ausreichender Nahrungsaufnahme z. B. müssen Energie und „Halbfabrikate" (etwa Aminosäuren) so eingesetzt werden (auf die verschiedenen Körperorgane verteilt werden), daß ein Maximum an Funktionsfähigkeit und Stabilität erzielt wird.

Zuverlässigkeit: Funktionsfähigkeit dynamischer Systeme und ihrer Elemente bzw. Teilsysteme.
Die Funktionsfähigkeit dynamischer Systeme aufrechtzuerhalten wird um so schwieriger, je komplexer ein System ist und je größer der Zeitraum ist, in dem die Funktionstüchtigkeit gesichert sein soll. Daher begann die theoretische Durchdringung der Zuverlässigkeitsproblematik erst, als die technischen Systeme eine erhebliche Komplexität erlangten (wie z. B. die elektronischen Systeme in der maschinellen Rechentechnik, in Flugzeugen, Raketen u. ä.). Gleichzeitig wurde die Aufmerksamkeit auf die außerordentlich zuverlässig funktionierenden und zugleich hochkomplexen biologischen Systeme gelenkt. In ihnen hat die natürliche Evolution Schaltstrukturen von außerordentlicher Zuverlässigkeit realisiert.
Der Begriff der *Zuverlässigkeit* erfährt im Rahmen zuverlässigkeitstheoretischer Betrachtungen unter Ausnutzung von Wahrscheinlichkeitsrechnung und Statistik eine präzise Bestimmung. Dabei benutzen unterschiedliche theoretische Ansätze für verschiedene praktische Zwecke verschiedene Zuverlässigkeitsbegriffe. Gegenwärtig lassen sich hauptsächlich drei voneinander abgrenzen, zu denen jeweils ein entsprechender zuverlässigkeitstheoretischer Ansatz gehört:
1. Zuverlässigkeit eines dynamischen Systems ist die Wahrscheinlichkeit dafür, daß das System *bis zum Zeitpunkt t* nicht ausgefallen ist, wenn es im Zeitpunkt 0 zu arbeiten begann. In diesem Falle hängt die Zuverlässigkeit vom betrachteten Zeitpunkt (bzw. von der seit Arbeitsbeginn verflossenen Zeit) ab. Hierin spiegelt sich die Tatsache wider, daß die Lebensdauer irgendeines realen dynamischen Systems nicht genau bestimmbar, sondern eine zufällige Größe ist. Es ist daher nicht sicher bestimmt, ob ein System nach Ablauf einer gewissen Zeit *t* noch arbeitsfähig ist oder nicht.
2. Zuverlässigkeit eines dynamischen Systems ist die Wahrschein-

lichkeit dafür, daß das System *in einem gegebenen Zeitpunkt* funktioniert. In diesem Falle nimmt man im allgemeinen an, daß die Zuverlässigkeit nicht von der seit Arbeitsbeginn verflossenen Zeit abhängt. Dies berücksichtigt, daß manche Systeme mitunter Fehlleistungen vollbringen, obwohl sie (theoretisch) voll funktionstüchtig sind. So kann z. B. ein Staubkörnchen verhindern, daß sich die Kontakte eines Relais schließen, obwohl das Relais angezogen hat. Beim nächsten Arbeitstakt kann das Staubkörnchen abgefallen sein und das Relais normal funktionieren.

3. Zuverlässigkeit eines dynamischen Systems ist die Wahrscheinlichkeit dafür, daß das System (bis zu einem Zeitpunkt *t*, in einem gegebenen Zeitpunkt oder auch unabhängig von der Zeit) eine bestimmte Funktion in einem gewissen (zulässigen) Schwankungsbereich erfüllt. Diese Begriffsbestimmung berücksichtigt die Tatsache, daß sich im allgemeinen Falle das Zuverlässigkeitsproblem nicht auf den Grenzfall reduzieren läßt, bei dem die Elemente des Systems entweder funktionieren oder nicht funktionieren. Denn irgendein Fehler in einem Systemelement führt nicht notwendigerweise zum völligen Versagen dieses Elements, sondern die Ausgangsgröße nimmt einen veränderten Wert an, wobei gewisse, u. U. noch zulässige Abweichungen überschritten bzw. unterschritten werden.

Während die zuverlässigkeitstheoretischen Untersuchungen, die sich der ersten beiden Begriffsbildungen bedienen, bereits einen hohen Stand erreicht haben und zugleich in größerem Umfange praktisch angewandt wurden, befindet sich der zuverlässigkeitstheoretische Ansatz auf der Basis der zuletzt genannten Begriffsbildung noch mehr in den Anfängen (Begründer dieses im Vergleich zu den anderen allgemeineren, umfassenderen Ansatzes ist J. v. NEUMANN: *Probabilistic logics and synthesis of reliable organisms from unreliable components*, 1956).

Im Rahmen der verschiedenen Ansätze der Zuverlässigkeitstheorie lassen sich vor allem drei wesentliche Problemstellungen voneinander abgrenzen:

(1) Gegeben sind die Zuverlässigkeiten der Teilsysteme und die Struktur (die Konstruktion) eines Gesamtsystems, das aus diesen Teilsystemen aufgebaut ist. Welche Zuverlässigkeit hat das Gesamtsystem?

(2) Gegeben ist die Struktur eines Gesamtsystems in ihrem Aufbau aus gewissen Teilsystemen. Wie groß muß die Zuverlässigkeit der einzelnen Teilsysteme sein, damit das Gesamtsystem über eine geforderte Zuverlässigkeit verfügt?

(3) Gegeben ist die Zuverlässigkeit von Teilsystemen (z. B. Bauelementen), aus denen ein Gesamtsystem zu konstruieren ist. Wie muß dieses Gesamtsystem konstruiert, d. h. aus den Teilsystemen aufgebaut sein, damit es eine bestimmte Zuverlässigkeit hat? Wie ist dabei eine optimale Struktur beschaffen, z. B. in bezug auf die Anzahl von Reserveelementen?
Die *technische* Zuverlässigkeitstheorie hat einen hohen Stand erreicht und besitzt vor allem für diejenigen Industriezweige Bedeutung, die sich mit der Erzeugung von Bauelementen, Bausteinen oder mehr oder weniger komplizierten technischen Systemen befassen. Dabei sind ihre Untersuchungen sowohl auf die theoretische und praktische *Ermittlung* der Zuverlässigkeit der Elemente und Systeme gerichtet als auch auf deren *Verbesserung*.
Die Zuverlässigkeit wird durch die *Fehlerfreiheit* der Produkte, durch ihre *Lebensdauer* und durch ihre *Reparierbarkeit* bedingt. Die *Fehlerfreiheit* läßt sich aus der sog. *Fehlerrate* λ (Ausfallrate) ableiten. Als Fehler gilt in der technischen Zuverlässigkeitstheorie jeder Zustand eines Systems oder Produkts, durch den mindestens eine der für die Parameter festgelegten Forderungen verletzt wird. Die Einhaltung der Grundparameter sichert dabei eine normale Erfüllung der Funktionen. Zweitrangige Parameter charakterisieren die Bequemlichkeit des Einsatzes, das Aussehen u. a. Die Fehlerrate gibt den Anteil der Elemente oder Systeme des gleichen Typs an, der in der Zeiteinheit ausfällt. Bei *elektronischen* Bauelementen wird sie auch *p-Faktor* genannt (Dimension z. B. Prozent je 1000 Stunden).
Ein einfaches Beispiel möge zur Erläuterung dienen. Eine elektrische Relais- und Kontaktschaltung bestehe aus $n_1 = 400$ Kontakten und $n_2 = 320$ Relais des jeweils gleichen Typs. Die Fehlerrate (d. h. Ausfallwahrscheinlichkeit) p_1 für einen Kontakt sei 0,1 % pro Jahr (d. h., von 1000 Kontakten fällt einer im Jahr aus), die für ein Relais sei $p_2 = 0{,}5\%$. Die Pannenhäufigkeit P errechnet sich bei r verschiedenen Typen von Bauelementen mit den Stückzahlen $n_1, n_2, \ldots, n_r$ nach der Beziehung

$$P = n_1p_1 + n_2p_2 + \cdots + n_rp_r.$$

Im angenommenen Falle ergibt sich

$$P = 400 \cdot \frac{1}{1000} + 320 \cdot \frac{5}{1000} = 2,$$

d. h., im Durchschnitt wird das Netz zweimal im Jahre ausfallen. Häufig wird als Maß für die Fehlerhäufigkeit auch der Kehrwert der Fehlerrate $m = \frac{1}{\lambda}$, der sog. *mittlere Fehlerabstand*, benutzt. Der zeitliche Verlauf der Fehlerrate zeigt erhöhte Werte vor und nach dem Bereich der *Zufallsausfälle* (Zufallsfehler). Zufallsausfälle entstehen durch das zufällige Aufeinandertreffen ungünstiger Belastungen. Der *Frühausfall* wird durch Mängel bei der Fertigung und durch Instabilitäten verursacht, die vom Hersteller nicht beseitigt worden sind. Die Ursachen für *Ermüdungsausfälle* (Alterungsausfälle) sind Verschleiß sowie chemische Umsetzungen und andere Veränderungen des Materials.

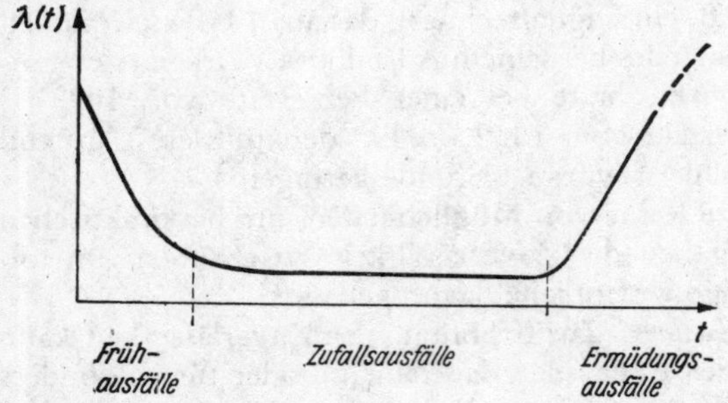

Die drei Bereiche der Fehlerrate

Unter der *Lebensdauer* versteht man die Zeit, die vom Neuzustand eines Elements oder Systems bis zum Ausfall vergangen ist. Die *mittlere Lebensdauer* ist der Mittelwert der Lebensdauer von mehreren Elementen oder Systemen. *Reparierbarkeit* ist die Tauglichkeit eines Systems oder Produkts für die Wiederherstellung des arbeitsfähigen Zustands und für die Aufrechterhaltung der Betriebsbrauchbarkeit durch rechtzeitiges Erkennen, Auffinden und Beseitigen von Fehlern und Ausfällen.
Zahlenmäßig bestimmt werden kann die Zuverlässigkeit in der technischen Zuverlässigkeitstheorie als Produkt aus der sog. *Verfügbarkeit* und der *Überlebenswahrscheinlichkeit*. Unter der *Verfügbarkeit* versteht man die Fähigkeit eines Systems, zu einem beliebigen Zeitpunkt die Erfüllung einer Aufgabe zu übernehmen. Quantitativ wird sie als die Wahrscheinlichkeit dafür angegeben, daß sich das System zu einem beliebigen Zeitpunkt nicht in Reparatur oder prophylaktischer Wartung befindet; die Verfügbar-

keit kann durch das Verhältnis $A = \frac{\tau}{\tau + \tau_r + \tau_p}$ abgeschätzt werden, wobei τ die aufsummierten Betriebsstunden, τ_r die aufsummierten Reparaturstunden und τ_p die aufsummierten Stunden prophylaktischer Wartung eines Systems oder einiger Systeme des gleichen Typs sind. Die *Überlebenswahrscheinlichkeit* ist die Wahrscheinlichkeit dafür, daß ein Element oder System, das ein bestimmtes Alter hat und bestimmten Betriebsbelastungen unterliegt, seine Funktion für eine vorgegebene Betriebszeit unter Einhaltung vorgegebener Leistungsgrenzen durchführt.

Die Notwendigkeit zuverlässigkeitstheoretischer Untersuchungen zur Sicherung einer hinreichend verläßlichen Arbeitsweise steigt mit der Kompliziertheit der eingesetzten Produkte. Ein elektronisches Gerät (z. B. ein Digitalrechner), das aus 10^6 Bauelementen besteht, von denen jedes bei seinem Ausfall das Versagen des ganzen Gerätes bewirkt, hätte bei einer Fehlerrate von $10^{-6}\,h^{-1}$ eine Gesamtfehlerrate von $1\,h^{-1}$, d. h., der mittlere Abstand zwischen zwei Fehlern würde 1 Stunde betragen.

Es gibt eine ganze Reihe von Möglichkeiten, um bei praktischen technischen Aufgaben die Zuverlässigkeit zu erhöhen. Im folgenden seien einige wesentliche davon genannt:

1. Einbau von Redundanz. Zur Erhöhung der Zuverlässigkeit kann Redundanz auf der Ebene der Bauelemente oder für (besonders störanfällige) Teilsysteme eingeführt werden. Bei *heißer Redundanz* arbeiten die Reserveelemente ständig (unter voller Belastung) mit und übernehmen bei Ausfall des Grundelementes dessen Funktion. Bei *kalter Redundanz* arbeitet das Reserveelement erst nach Ausfall der Grundeinheit. Kalte Redundanz erfordert allerdings in der Regel eine Fehleranzeige und eine Umschaltung nach dem Erkennen des Fehlers. (*Leere Redundanz* bedeutet Verwendung von Elementen, die weder für die Erfüllung der Funktion noch für die Erhöhung der Zuverlässigkeit eines Systems notwendig ist.)

Der Einbau von Redundanz ist die typische *kybernetische* Methode zur Erhöhung der Zuverlässigkeit eines Systems.

2. Verwendung zuverlässigerer Bauelemente. Dies ist die „klassische" Methode zur Erhöhung der Zuverlässigkeit von Systemen (Beispiel: Übergang von Röhren- zu Transistorenschaltungen). Sie versagt z. B., wenn die technischen Möglichkeiten zur Erhöhung der Zuverlässigkeit der Bauelemente erschöpft sind, zugleich aber eine weitere Erhöhung der Komplexität aufzubauender Systeme unumgänglich wird. In diesem Falle muß dann meist dazu übergegangen werden, auf irgendeine Weise Redundanz einzubauen.

3. Einführung von Überdimensionierung. Darunter versteht man die Auswahl von Bauelementen, die so dimensioniert sind, daß auch in (angenommenen oder sich aus der Erfahrung ergebenden) ungünstigen Fällen die Belastungsgrenzen (innere Belastungen wie Spannung oder Leistung und äußere wie Luftfeuchtigkeit oder aggressive Atmosphäre) nicht erreicht werden. Kybernetisch gesehen liegt in diesem Falle also eine Art von *funktioneller Redundanz* vor.

4. Schnellere Fehlererkennung. Dabei können sowohl gerätetechnische als auch programmtechnische Mittel eingesetzt werden. Natürlich wird schnellere Fehlererkennung erst dann für eine Erhöhung der Zuverlässigkeit wirksam, wenn sie sich hinreichend rasch in Fehlerbeseitigung bzw. -paralysierung umsetzen läßt.

5. Erhöhung der Reparierbarkeit. Auf diese Weise können die durch Ausfall eingetretenen Stillstandszeiten verringert werden. In der Regel ist hierfür die Verbesserung der Qualifikation des Wartungspersonals unerläßlich.

6. Verbesserung der Fertigungstechnologie. Dies bezieht sich sowohl auf die Herstellung der Bauelemente als auch auf die Technologie der Zusammenfügung zu komplexen Systemen (Beispiel: Übergang von der Verdrahtungstechnik zu gedruckten Schaltungen).

7. Verbesserung der Einsatzbedingungen. Sie kann selbstverständlich nur dort erfolgen, wo die Einsatzbedingungen tatsächlich beeinflußt werden können. In vielen praktischen Fällen (z. B. beim Bau von elektronischen Systemen für die Raumforschung) sind indessen die Einsatzbedingungen fest vorgegeben.

Bei allen diesen und jedweden anderen Maßnahmen zur Verbesserung der Zuverlässigkeit müssen stets deren Vorteile gegen ihre Kosten abgewogen werden. Insofern ist die Zuverlässigkeitsproblematik in der industriellen Praxis in der Regel zugleich auch ein grundlegendes ökonomisches Problem. So ist es rein technisch gesehen oft durchaus möglich, ein technisches System so zu konstruieren, daß es nahezu unbegrenzt zuverlässig funktioniert; der damit verbundene Material- und/oder Arbeitsaufwand ist dann aber ebenso oft volkswirtschaftlich untragbar. Andererseits werden bei Konstruktionen mit hohem Risiko für die Gesundheit oder gar das Leben von Menschen (z. B. im Flugzeugbau) außerordentlich hohe Anforderungen an die Zuverlässigkeit gestellt, und entsprechende ökonomische Aufwendungen werden unerläßlich.

Die technische Zuverlässigkeitstheorie umfaßt mehrere, relativ selbständige Teilgebiete mit spezifischen Methoden. So gehört zu ihren Aufgaben auch die *Ermittlung der Fehlerraten* der Produkte im Einsatz (*Einsatzzuverlässigkeit*) oder aus *Zuverlässigkeitstests*. Ein häufig angewandtes Testverfahren ist das *Zeitraffungsverfahren*. Hierbei wird eine Stichprobe von Elementen in verkürzter Zeit einer erhöhten Belastung ausgesetzt, woraus eine Prognose für die Zuverlässigkeit der Elemente, die normalen Belastungen ausgesetzt sind, gewonnen werden kann. Ein anderes wichtiges Teilgebiet der technischen Zuverlässigkeitstheorie ist die *Schwachstellenforschung*. Sie trachtet danach, solche Teile eines Systems oder Elements zu erkennen und zu beseitigen, die einen häufigen oder einen langzeitigen (bei schlechter Reparierbarkeit) Ausfall bewirken. Ein Mittel zur Erkennung von Schwachstellen ist die Auswertung von *Wartungslisten*, die vom Reparatur- oder Wartungspersonal geführt werden. In den Wartungslisten werden Ausfälle, Ausfallzeitpunkte, Ausfallumstände und -ursachen, Zeiten bis zur Fehlerentdeckung und -beseitigung usw. erfaßt.

Zweipunktregelung (Auf-Zu-Regelung, Ein-Aus-Regelung, Schwarz-Weiß-Regelung): Regelung, bei der das Arbeitsverhalten durch ein *Zweipunktglied* bestimmt wird.

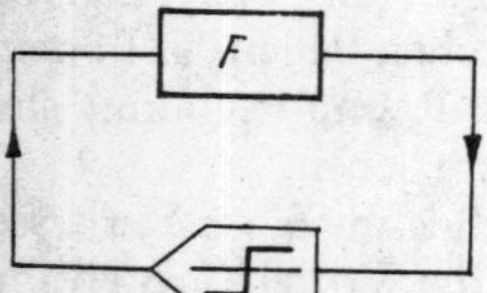

Zweipunktregelkreis

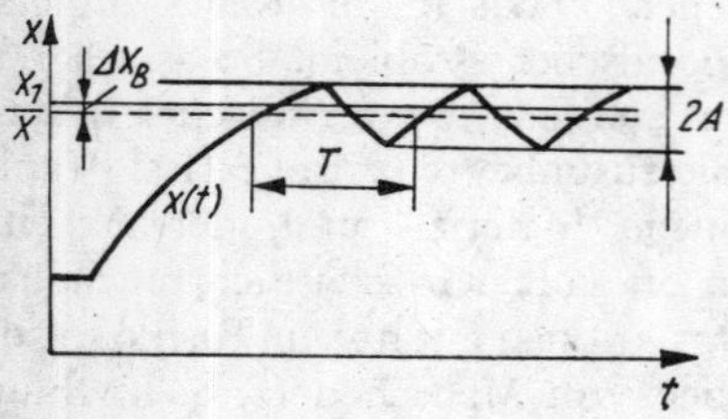

Arbeitsbewegung

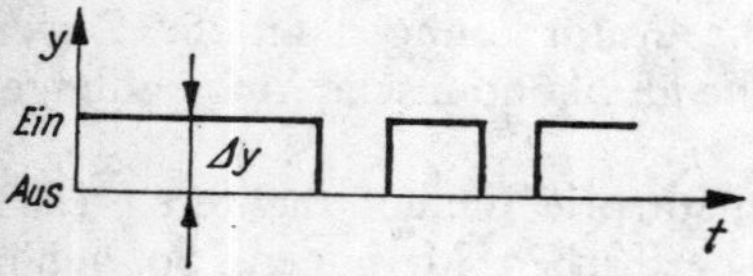

Stellgrößensprünge

Bei der angegebenen grafischen Darstellung eines Zweipunktregelkreises sind in F alle *linearen* Teile des Regelkreises zusammengefaßt. Der stationäre Gleichgewichtszustand einer Zweipunktregelung ist eine *Arbeitsbewegung*, deren zeitlicher Verlauf von der Struktur der Regelstrecke abhängig ist. Die Arbeitsbewegung wird durch folgende Größen charakterisiert:

$2A$ *Schwankungsbreite*: Differenz zwischen höchstem und niedrigstem Wert der Arbeitsbewegung.

T *Schwingungsdauer* (*Periode*).

$\bar{X}_B$ *mittlere bleibende Regelabweichung*: $\bar{X}_B = \bar{X} - X_s$, wo X_s der Sollwert ist und $\bar{X} = \frac{1}{T} \int_{t_1}^{t_1+T} x(t)\,\mathrm{d}t$ (Mittelwert einer Periode).

Die Stellgröße einer Zweipunktregelung wird durch Schaltsprünge ΔY charakterisiert.

Zweipunktregelungen sind häufig angewandte Regelungen, da sie sich relativ einfach (und daher auch mit relativ niedrigen Kosten) realisieren lassen, z. B. mit *Meßwerkreglern*.

Sachwörterverzeichnis

FISCHER WELTGESCHICHTE

1 **Vorgeschichte**

2 **Die Altorientalischen Reiche I**
Vom Paläolithikum bis zur Mitte des 2. Jahrtausends

3 **Die Altorientalischen Reiche II**
Das Ende des 2. Jahrtausends

4 **Die Altorientalischen Reiche III**
Die erste Hälfte des 1. Jahrtausends

5 **Griechen und Perser**
Die Mittelmeerwelt im Altertum I

6 **Der Hellenismus und der Aufstieg Roms**
Die Mittelmeerwelt im Altertum II

7 **Der Aufbau des Römischen Reiches**
Die Mittelmeerwelt im Altertum III

8 **Das Römische Reich und seine Nachbarn**
Die Mittelmeerwelt im Altertum IV

9 **Die Verwandlung der Mittelmeerwelt**

10 **Das frühe Mittelalter**

11 **Das Hochmittelalter**

12 **Die Grundlegung der modernen Welt**
Spätmittelalter, Renaissance, Reformation

13 **Byzanz**

14 **Der Islam I**
Vom Ursprung bis zu den Anfängen des Osmanenreiches

15 **Der Islam II**
Die islamischen Reiche nach dem Fall von Konstantinopel

16 **Zentralasien**

Fischer Taschenbuch Verlag